VUIBERT DROIT

Collection dirigée par Frédéric Debove

Directeur de l'Institut de droit et d'économie de l'université Panthéon-Assas
Ancien membre du Conseil national des universités

PROCÉDURE PÉNALE

12e édition

Gildas Roussel
Magistrat

François-Xavier Roux-Demare
Maître de conférences à l'université de Brest
Doyen de la faculté de droit, économie, gestion et AES

Vuibert

Composition intérieure : Le vent se lève...
Composition de couverture : Nathalie Dudek

ISBN 978-2-311-40840-9

Introduction

(1) La procédure pénale est sans doute, en matière pénale, la discipline de prédilection. C'est par elle que les principes fondamentaux seront observés ou non et c'est certainement celle qui présente la plus grande complexité ; elle fait constamment l'objet des attentions du législateur et invite à d'incessantes remises à jour. Les règles gouvernant le procès pénal exercent par ailleurs une très forte attraction sur l'ensemble des procédures répressives (disciplinaires, ordinales...).

LA PROCÉDURE PÉNALE ET LE DROIT DE FOND

(2) **La procédure pénale** est une discipline qui **appartient** à celle, plus large, du **droit pénal**, laquelle comporte trois subdivisions :

– **le droit pénal général**, qui contient les principes directeurs ainsi que le régime juridique de base applicables aux infractions et aux peines ;

– **le droit pénal spécial**, qui correspond à la détermination des infractions et de leurs sanctions. Dans le Code pénal, il prend la forme d'un catalogue d'infractions, accompagné de l'énoncé de la sanction encourue ;

– **la procédure pénale**, qui correspond aux règles de forme et de procédure, régissant la recherche de la vérité (enquêtes, instructions), le procès (organisation, compétence, déroulement) et les recours.

(3) Les principes généraux étudiés en droit pénal général demeurent applicables à la procédure pénale.

En revanche, les points de convergence avec le droit pénal spécial sont plus rares.

Sur le plan législatif, il est courant que des réformes interviennent à la fois en droit pénal de fond et en procédure pénale. Ainsi est-ce le cas de certaines réformes telles la loi n° 2008-174 du 25 février 2008 relative à la rétention de sûreté et à la déclaration d'irresponsabilité pénale pour cause de trouble mental, ou la deuxième loi n° 2011-267 du 14 mars 2011 d'orientation et de programmation pour la performance de la sécurité intérieure (LOPPSI 2), la loi n° 2016-731 du 3 juin 2016 renforçant la lutte contre le crime organisé, le terrorisme et leur financement, et améliorant l'efficacité et les garanties de la procédure pénale, ou encore la loi n° 2019-222 du 23 mars 2019 de programmation 2018-2022 et de réforme pour la justice.

(4) La procédure pénale a cependant une importance toute particulière : c'est par elle que les principes fondamentaux, comme la présomption d'innocence ou les droits de la défense, peuvent être respectés.

La procédure pénale étant vivante et complexe, il convient en outre de vérifier ses connaissances et sa compréhension de la matière.

Aussi, le lecteur pourra retrouver sur le site Vuibert un QCM et une méthodologie d'exercices et épreuve en procédure pénale[1].

1. www.vuibert.fr/site/406382

Première partie

Les principes

Il convient d'abord d'étudier les fondements mêmes de la procédure pénale (*Titre 1*) avant d'aborder les principes fondamentaux qui la gouvernent (*Titre 2*).

Titre 1. Les fondements

La procédure pénale est une procédure d'un genre bien particulier, ce qui s'explique par son histoire (*Chapitre 1*). Certes, les sources (*Chapitre 2*) classiques traditionnellement étudiées en faculté la régissent ; cependant, le fait qu'il s'agisse, d'une part, d'une matière pénale et, d'autre part, d'une matière processuelle appelle un certain nombre d'observations.

Chapitre 1

La nature de la procédure pénale

La procédure pénale est dite mixte parce qu'elle emprunte à deux logiques distinctes et même opposées, selon la phase du procès où l'on se trouve (*Section 1*), fruit de son histoire ancienne. Toutefois, dans la période plus récente, notamment depuis une quinzaine d'années, elle reçoit toutes les attentions des politiques (*Section 2*).

Section 1
UNE PROCÉDURE MIXTE

La procédure pénale est dite mixte car elle emprunte à deux types procéduraux opposés :

- les procédures inquisitoires ;
- les procédures accusatoires.

Expliquons d'abord ce que cela signifie (I), avant d'examiner s'il est juste de qualifier la procédure pénale française de « mixte » (II).

I. Les définitions

Il faut expliquer ce qu'est la procédure inquisitoire car, depuis que l'on peut véritablement parler de procédure pénale en France, c'est celle qui domine (B). Voyons néanmoins en premier lieu la plus ancienne, que l'on pourrait être tenté de ce fait de qualifier de plus « archaïque » si ce n'était celle de pays démocratiques comme les États-Unis, à savoir la procédure accusatoire (A).

I.1. Les procédures dites accusatoires

(5) Les procédures accusatoires sont **les plus anciennes** parce qu'elles peuvent s'adapter à des situations peu complexes. Plus précisément, elles remontent aux époques où c'était d'abord la famille, puis le clan, qui étaient en cause lorsqu'une infraction était commise, parce qu'il n'existait pas encore de différence entre procédures civile et pénale. Elles sont cependant encore fortement

représentées, à l'époque actuelle, dans des systèmes juridiques incontestablement modernes tels que le système américain.

(6) Dans ces procédures, la **caractéristique principale est que la poursuite relève de la personne privée**, victime, ou de ses ayants droit : sans accusateur privé, point d'action. La conséquence inévitable d'un tel système est que, si la victime se désiste, la procédure ne peut être poursuivie.

En droit français, la poursuite appartient au parquet et le désistement de la victime est sans effet.

(7) En même temps, ces procédures recherchent l'équilibre des droits des parties. Elles sont strictement **contradictoires.** De ce principe cardinal découlent de nombreux sous-principes, que nous étudierons *infra*, qui sont de ce fait plus certainement observés dans des procédures accusatoires : oralité (donc primauté de l'audience, de ce qui s'y dit ou démontre), publicité (comme garantie contre l'arbitraire).

En droit français, le principe contradictoire est ignoré dans la phase d'enquête, partiellement respecté dans la phase d'instruction (lorsqu'elle a lieu) et plus fortement respecté dans la phase de jugement, quoique moins dans le cas du jugement des délits et des contraventions.

(8) Dans les procédures purement accusatoires, **le juge est un arbitre** dans la recherche des preuves. Celles-ci lui sont présentées par l'accusation et la défense ; il tranche. Le défaut de ce système est que le coût de la recherche des faits va être reporté sur le prévenu. Les deniers publics sont exclusivement consacrés à démontrer sa culpabilité ; si celui-ci veut se défendre, il doit financer des enquêteurs. Sans argent, point de défense possible.

En France, la justice pénale est censée participer à l'établissement des faits, à la fois à charge et à décharge.

(9) Dans le même ordre d'idées, **la phase de l'instruction est réduite**, puisque le débat est immédiat entre les parties. D'ailleurs, il n'y a pas d'instruction proprement dite. La police est essentielle et en situation de monopole sur ces questions, ce qui peut constituer un danger sérieux car elle est sans véritable contrôle.

La France connaît, certes, une phase d'instruction, mais celle-ci concerne moins de 3 % des affaires donnant lieu à poursuites, voire moins de 2 % des affaires donnant lieu à réponse pénale.

(10) Les **règles régissant le déroulement de la procédure elle-même sont très proches de celles de la procédure civile** telle que nous la connaissons, ou telle qu'elle existe dans les pays pratiquant ce système.

(11) Quant aux orientations du procès, retenons que **la protection des personnes privées est placée à égalité**, voire au-dessus de toute autre considération – à l'inverse des procédures inquisitoires qui sont, d'abord et avant tout, voire exclusivement, orientées vers la défense de la société.

I.2. Les procédures dites inquisitoires

(12) Dans les procédures inquisitoires, le rôle des personnes physiques, victimes comme prévenus, est réduit, voire inexistant et l'essentiel appartient aux auto-

rités de police et de la justice : il est de fait retenu que le procès pénal, au contraire du procès civil, a pour but la protection du groupe social.

Dans ces systèmes, **l'action publique appartient à un représentant de la société**, lequel est, selon les pays :

– le même juge que celui qui statue sur le fond, ce qui correspond à notre ancien adage « tout juge est procureur général » ;

– un magistrat spécialisé.

(13) Certaines caractéristiques de ces procédures sont fort éloignées de l'idéal conventionnel du procès équitable.

Elles sont secrètes. Au point que, à certaines époques, le prévenu ne savait pas ce qu'on lui reprochait jusqu'au moment de l'audience de jugement.

Elles ne sont pas contradictoires. L'équilibre des droits des parties ne peut donc y être respecté. Ni le prévenu ni d'ailleurs la victime, pour l'essentiel écartée, ne peuvent véritablement s'y exprimer.

(14) Ces **procédures sont par ailleurs écrites**. Il n'est pas possible de se passer totalement d'une phase orale, celle au moins du procès, mais, en pareil cas, les écritures issues de l'enquête vont néanmoins jouer un rôle majeur par rapport à ce qui peut parfois même constituer un simple simulacre, les parties n'étant pas véritablement entendues.

Les **parties** étant finalement hors jeu dans ces procédures ne sont **pas associées à la recherche des preuves**, lesquelles relèvent essentiellement des institutionnels.

(15) Cet **accent mis sur la protection de la société** – une façon de la protéger qui se discute, car elle n'aboutit pas, loin s'en faut, à trouver les véritables coupables – conduit aussi à ce que les **libertés individuelles**, d'une manière générale, soient **ignorées**. Des détentions provisoires sont ainsi prononcées pour faire avouer ; elles comportent une mise au secret et peuvent durer fort longtemps. Il en va de même de la garde à vue, détention avant/sans procès qui livrait antérieurement l'individu aux seules mains de la police. Dans le pire des cas, cela peut conduire au recours à la torture, ce, afin d'extorquer des aveux ou d'obtenir des informations[1].

Naturellement, ces procédures sont celles qui se distinguent le plus des procédures civiles.

La France n'est pas à l'abri de certains de ces travers, nous allons le voir, même si elle présente une relative mixité.

1. De nos jours, certains pays n'hésitent pas à recourir à nouveau à la torture pour lutter contre le terrorisme, des procédures inquisitoires se mettant en place, par exception à un modèle de droit commun qui peut demeurer accusatoire. Un exemple topique est celui des États-Unis avec le centre de Guantanamo et la qualification d'ennemi combattant. *Cf.* par ex. E. N. Babissagana, *L'interdit de la torture en procès ?*, Publications des facultés universitaires Saint-Louis, Bruxelles, 2006 ; M. Delmas-Marty, *Libertés et sûreté dans un monde dangereux*, Seuil, 2010.

II. Le cas de la France

En France, la procédure pénale moderne se présente sous une forme mixte, ce, essentiellement en fonction de la phase dans laquelle on se situe (B). Il n'en a pas toujours été ainsi (A).

II.1. La procédure pénale antérieure au Code de procédure pénale

La France a d'abord connu des procédures accusatoires, puis des procédures fortement inquisitoires, avant de progresser quelque peu avant l'avènement du Code de procédure pénale[1].

A. Les procédures archaïques : accusatoires

(16) Dans les premières sociétés humaines regroupées en villages ou en clans, la procédure est avant tout accusatoire, puisque ce sont d'abord les familles ou le clan qui prennent en main l'accusation et demandent vengeance. La procédure est alors simple, nécessairement publique et rapide.

Cependant, à mesure que ces sociétés se développent, elles ne se sentent plus concernées par ces affaires privées. Elles peuvent en effet payer un lourd tribut à la vengeance, laquelle peut conduire à la destruction du groupe social puisqu'elle prend la forme de la vendetta.

(17) C'est à **Rome** qu'apparaissent pour la **première fois les procédures inquisitoires**.

Elles disparaissent avec la Rome antique pour laisser place à nouveau, du fait des invasions barbares, à la justice accusatoire, plus proche du peuple et plus simple, du moins sous ses formes historiques.

B. Les procédures canoniques : inquisitoires

(18) C'est sous l'**influence du droit canonique** – lui-même sur ce point sous l'influence du droit romain – que l'on s'est engagé très tôt dans la voie d'un système procédural, ainsi que de fond d'ailleurs, rationnel.

Le droit canon a notamment pour objet à cet égard :

– d'éviter de laisser la recherche des preuves entre les mains de l'arbitraire des parties ;

– d'écarter les moyens de preuve irrationnels.

Toutefois, d'autres influences sont à l'œuvre, notamment la lente prise en main par l'État de la justice répressive, en même temps que le **développement**, naturellement, d'un **État** proprement dit.

En **droit canonique**, l'on passe **progressivement, dès les XIIe et XIIIe siècles, de la procédure accusatoire à la procédure inquisitoire.** Le mouvement est notamment impulsé, indépendamment de toutes considérations juridiques, par le souhait du pape de contrôler un peu mieux la justice des clercs.

---

1. J.-M. Carbasse, *Histoire du droit pénal et de la justice criminelle*, PUF, 3e éd., 2014.

C'est en partie par imitation de cette procédure que la procédure laïque progresse petit à petit vers le système inquisitoire.

Le développement de l'État, sous forme monarchique bien entendu, impose un glissement équivalent au cours du XIVe siècle, du moins dans les juridictions royales.

(19) Au plan de la preuve, cela se traduit par un abandon des techniques irrationnelles (ordalies, duel, serment).

À la **renaissance du droit romain**, dès le XIIe siècle, on restaure les preuves classiques que sont l'aveu et le témoignage. L'aveu devient la reine des preuves (*probatio probatissima).*

(20) Croyant notamment pouvoir éviter le système de l'intime conviction et s'appuyer sur des éléments purement objectifs, **on développe une théorie des preuves légales.** Faute de disposer de telles preuves parfaites (comme les témoignages idoines, provenant de personnes censées être irréprochables...), on redécouvre la torture judiciaire qui existait en droit romain. Des applications en sont faites dès le XIIIe siècle, mais elle se répand surtout au XIVe siècle. Le recours à la « question » est né, paradoxalement, de la volonté de parvenir à la vérité de manière plus rationnelle.

Cela s'accompagne d'ailleurs d'un renversement : **l'accusé n'a plus à prouver qu'il est innocent ; il devient présumé tel.** C'est du Digeste que provient la règle selon laquelle mieux vaut ne pas punir un coupable que punir un innocent.

(21) En pratique, il faut tout de même de fortes présomptions de culpabilité pour user de la question, ou des preuves insuffisantes qu'il convient de compléter. De plus, la torture n'est possible que pour les crimes dits « capitaux ». Des abus sont cependant inévitables, en raison de l'obsession de l'aveu.

La procédure pénale reste, malgré tout, fondée sur des règles coutumières et jurisprudentielles, d'où un manque d'uniformité et de cohérence.

Avec le développement du pouvoir royal, cela va changer.

C. Le développement du pouvoir royal

(22) Il se traduit par une série de textes marquants.

L'ordonnance de Blois (1498)

– précise notamment le régime de la question ;

– pose le principe du secret de l'instruction et du jugement.

L'ordonnance de Villers-Cotterêts (1539) est beaucoup plus complète. C'est un vrai « petit Code de procédure pénale », qui restera en vigueur jusqu'en 1670.

Elle renforce le secret de la procédure. Par ailleurs, elle distingue nettement, pour la première fois, la phase d'instruction et celle de jugement. Enfin, elle fait réaliser l'instruction par un juge unique tout-puissant.

Quant au jugement par le siège, il se fait sans audition de témoins et sur la seule base des procès-verbaux établis pendant l'instruction.

Une ordonnance civile est adoptée en 1667 ; puis en **1670**, sous Louis XIV, une **grande ordonnance criminelle** reprend, pour l'essentiel, les principes fixés en 1498 et 1539 mais se rapproche plus fortement de la procédure pénale moderne. En effet, désormais, ressortent bien les cinq étapes de la procédure pénale telles qu'elles sont étudiées aujourd'hui, à savoir :

– la mise en mouvement de l'action publique ;
– l'instruction préparatoire ;
– l'instruction définitive (d'audience) ;
– le jugement ;
– les recours.

L'instruction est en outre confiée à un magistrat unique qui réalise des interrogatoires, des auditions, etc. La phase d'instruction est secrète. Elle ne connaît pas les droits de la défense.

(23) Cependant, des différences essentielles existent avec ce que nous connaissons aujourd'hui, notamment les points suivants :

– la mise en mouvement de l'action publique, contrairement à ce qui a cours de nos jours, se fait sans ministère public. On dit alors que « *tout juge est procureur général* », ce qui signifie que tout juge peut s'autosaisir d'une affaire :

– le civil et le pénal ne sont pas aussi distincts qu'aujourd'hui, puisque le juge d'instruction peut *in fine* choisir entre un « procès ordinaire », de nature civile, contradictoire avec dommages et intérêts, ou un procès « extraordinaire », *i.e.* pénal, secret, non contradictoire ;

– l'instruction d'audience se fait elle aussi dans des conditions de secret où domine le dossier d'instruction. L'accusé, assis sur un tabouret (la sellette) en contrebas du tribunal, en face des juges qui le voient pour la première fois, présente seul sa défense. Il n'a droit à aucun avocat à quelque moment que ce soit ;

– les jugements peuvent être de deux types : soit interlocutoires, ce qui permet à l'intéressé d'évoquer des faits justificatifs (dont le sens est plus large qu'aujourd'hui, puisque ceux-ci s'analysent en tout fait pouvant l'innocenter), mais il est alors soumis à la question – recours toutefois soumis à un appel automatique ; soit définitifs, ce qui renvoie à une condamnation proprement dite, ainsi qu'à l'absolution, ce sans motivation, ou presque ;

– en cas de peine corporelle, aux galères, au bannissement perpétuel, à la mort, l'appel est automatique et, donc, obligatoire. Il semble que seule une sentence de mort sur deux est confirmée par le Parlement de Paris. Après l'appel, un recours en grâce ou en cassation (dans les deux cas, il s'agit de justice retenue du roi) est possible, mais s'avère très difficile à exercer en raison de délais extrêmement courts : les sentences sont exécutées le jour même.

(24) D'une manière générale, les historiens modernes tendent à penser que les abus n'étaient pas si nombreux, les annulations pour cause d'erreurs de forme étant alors nombreuses – bien plus qu'aujourd'hui !

Ce système s'est appliqué jusqu'à la **Révolution**.

D. Le Droit intermédiaire

(25) Au cours de la Révolution, il y a **débat** entre :

– les partisans de « l'ordonnance », qui veulent un système inquisitoire ;
– ceux du « jugement par jurés », qui est plus favorable à un système accusatoire.

(26) Avec la Révolution, la phase de jugement devient sans conteste accusatoire et le restera. En revanche, l'on ne cessera de voir dans l'instruction une phase où doivent dominer les intérêts de l'État, de la société, par rapport à ceux de la personne poursuivie. Aussi demeurera-t-elle longtemps fortement inquisitoire.

(27) **Sous la Constituante**, on assiste d'abord à une période de flottement entre 1789 et 1791, époque à laquelle est maintenu, sous réserve de quelques modifications, le système de 1670. Puis, en 1791, apparaît un système accusatoire fortement inspiré de l'Angleterre, du moins dans la phase de jugement.

De même, les procédures correctionnelle et criminelle se différencient fortement.

Le principe fondamental de séparation de la poursuite et du jugement et de la police et de la justice est posé, la justice étant spécialement chargée de la défense contre les abus et la police de défendre la société.

(28) Par la suite, le système inquisitoire reprendra cependant rapidement le dessus.

Le poids de l'Histoire est à cet égard considérable. Cela s'explique aussi par un souci répressif face à l'essor particulier de la criminalité, ainsi que par un certain désenchantement vis-à-vis du jury qui, à l'usage, subit trop facilement les pressions des politiques ou des brigands.

E. Le Code d'instruction criminelle

(29) En **1808** est adopté le **Code d'instruction criminelle**, lequel va connaître une stabilité remarquable dans son ensemble. Ce Code réalise les modifications suivantes :

– **l'émergence d'un monopole de l'action publique**. Il n'apparaît plus satisfaisant d'abandonner la poursuite à l'aléa des dénonciations et des plaintes ;

– **la création d'un ministère public** ainsi que, formellement, d'**un juge d'instruction.**

(30) Toutefois, en ce début de XIXe siècle, la police est encore peu développée, si bien que le juge d'instruction effectue lui-même – surtout dans les zones rurales mais, de fait, partout en province – les actes de police judiciaire.

Le juge d'instruction est avant tout un policier, plutôt qu'un magistrat. Il est d'ailleurs officier de police judiciaire. Du reste, dans le Code d'instruction criminelle, les normes qui le régissent figurent au Livre I « *De la police* » et son supérieur hiérarchique est le parquet.

(31) Pour le fonctionnement de l'instruction, le Code d'instruction criminelle se présente comme une **recopie de pans entiers de l'ordonnance de 1670**, avec notamment :

– **le retour du secret** : le prévenu est interrogé dans le secret sans savoir quelles charges pèsent contre lui : il ne le saura qu'à l'occasion de la phase de jugement ;

– **l'information** essentiellement **écrite** : elle domine les débats, même si ceux-ci sont oraux et publics ;

– **un juge d'instruction travaillant seul** dans le secret, menant l'enquête et l'instruction. Il se dit rapidement de lui qu'il est « *l'homme le plus puissant de France* ».

F. Du Code d'instruction criminelle au Code de procédure pénale

(32) L'évolution ultérieure tend vers :

la réduction des pouvoirs d'enquête du juge d'instruction ;

l'évolution de ses fonctions juridictionnelles.

Cependant, ce dernier ne perd pas fondamentalement de sa puissance. **En dehors de l'instruction, la procédure change peu.**

(33) Allant dans le sens de cette évolution, on assiste, à partir de la IIIe République, au **développement** d'**une reconnaissance des droits de la personne poursuivie**.

Justement, des voix s'élèvent contre la toute-puissance du juge d'instruction et des abus que commettent nombre d'entre eux. Dans le même ordre d'idées, le secret absolu et l'absence de contradiction sont de moins en moins admis. Enfin, la critique porte sur le fait que le juge d'instruction détienne à la fois des pouvoirs d'enquêteur et de juge. Il est déjà fort difficile d'enquêter à charge et à décharge ; s'il faut en outre juger...

Divers projets sont élaborés pour remédier à ces défauts, dont certains – et cela est une tendance que l'on retrouvera toujours au cours de l'Histoire – préconisent d'adopter un système accusatoire.

(34) C'est dans ce cadre qu'interviennent les **lois Constans du 8 décembre 1897**. Si la réforme ne porte que sur certains points (en seulement dix articles, d'ailleurs), elle apparaît à l'époque comme une véritable révolution. C'est la première fois que des garanties et des droits de la défense sont reconnus au cours de l'instruction. Parmi celles-ci, citons :

– le droit de ne faire aucune déclaration lors de la première comparution ;

– le droit d'être assisté d'un conseil lors des interrogatoires devant le juge d'instruction ;

– le droit pour le conseil d'accéder au dossier d'instruction avant chaque interrogatoire.

(35) Ces droits, s'agissant notamment de l'accès au dossier par l'avocat, seront par la suite étendus en **1921**. À compter de **1933**, la chambre d'accusation comme juridiction d'appel prend un ton plus accusatoire. De même, à cette époque, perquisitions et saisies deviennent juridiquement des actes d'instruction et, comme tels, plus contradictoires.

(36) **La perte des pouvoirs de police du juge d'instruction**, corollaire du développement de son pouvoir juridictionnel, correspond aussi, à la fin du XIXe siècle et au début du XXe, à l'**essor de la police**. Ceci tient, d'une part, à sa pratique de l'enquête officieuse comme de la garde à vue et, d'autre part, à l'évolution de son organisation (décret du 20 mai 1903 sur la gendarmerie, étatisation de la police dans les grandes villes, création des brigades à compétence nationale au sein de la Sûreté par le décret du 30 décembre 1907, dites « brigades du Tigre » surnom de Georges Clémenceau alors ministre de l'Intérieur).

(37) À la ***veille de la Seconde Guerre mondiale***, des projets de réforme libéraux sont élaborés, notamment par la commission présidée par le très célèbre procureur général Matter en 1938. La guerre mettra toutefois tout esprit libéral en sommeil.

Après la Libération, une nouvelle **commission**, présidée par le non moins éminent **Henri Donnedieu de Vabres** (qui fut juge à Nuremberg), veut restituer au juge d'instruction ses pouvoirs d'enquête. Et pour cause, hélas : la confiance en la police n'est pas très grande après la Seconde Guerre mondiale. Il est donc envisagé de confier l'enquête au ministère public, ce qui déclenche un véritable tollé auprès des Cours, des barreaux et des facultés de droit. Il est vrai que le parquet est soumis à la tutelle hiérarchique de l'exécutif.

Aussi, aucun projet n'est alors déposé. Les progrès se feront par étapes.

II.2. La procédure pénale issue du Code de procédure pénale

Le Code de procédure pénale traduit un équilibre de la procédure pénale encore fortement empreint de ses origines. Si demeure la mixité, nettement dépendante des phases du « procès » pénal, d'autres évolutions sont à signaler dans la période plus récente.

A. L'équilibre du Code d'origine

(38) **Le Code de procédure pénale de 1959** (1958 pour la partie législative, 1959 pour la partie réglementaire) pose surtout :

– la reconnaissance de l'enquête préliminaire et de la garde à vue ;

– une nette séparation entre la poursuite et l'instruction ;

– le fait, essentiel, que le juge d'instruction n'est plus officier de police judiciaire ni, donc, sous la tutelle du procureur général. Il est d'ailleurs désigné par le président du TJ et non plus par le procureur.

Toutefois, la séparation de la poursuite et de l'instruction n'est pas totale.

(39) **S'agissant de la phase de jugement, les choses restent fondamentalement les mêmes qu'en 1670 :**

– la procédure pénale demeure divisée en cinq phases ;

– la phase de jugement présente trois caractères : l'oralité, la publicité et la contradiction. La procédure est donc plus accusatoire qu'inquisitoire. La victime demeure l'oubliée de cette phase, comme de la phase préparatoire. En outre, les parties participent peu à l'établissement des faits, le parquet et le prévenu ne sont pas à égalité ;

– l'instruction et surtout l'enquête restent fortement inquisitoires. L'avocat apparaît timidement en garde à vue en 1993 (à ce jour, il n'a encore qu'un rôle de soutien psychologique). Le contradictoire demeure absent de cette phase.

(40) L'histoire de la procédure pénale pèse encore lourdement sur l'équilibre adopté à l'occasion du Code de procédure pénale, distinguant encore nettement la phase préparatoire, toujours inquisitoire et la phase de jugement, accusatoire. Cependant, cet équilibre, inchangé malgré des améliorations, est rompu dans la période récente, du fait d'autres évolutions.

B. Les nouveaux équilibres

(41) Les actes terroristes ayant frappé les États-Unis et les pays européens, notamment la France, ainsi que la volonté de lutter contre les facteurs d'insécurité et la délinquance organisée, ont incité la plupart des pays occidentaux à modifier leur procédure pénale afin de rendre plus efficace la répression des infractions. Avec les attentats de New York, de Londres, de Madrid, de Paris par deux fois, de Nice et de Bruxelles, de Berlin, la lutte contre le terrorisme concentre les efforts des États. Ceux-ci se dotent de moyens très intrusifs, parfois au détriment du droit commun – comme la création du camp de Guantanamo par le gouvernement américain –, parfois dans le cadre de la police administrative – comme le droit français avec la loi n° 2015-912 du 24 juillet 2015 relative au renseignement qui introduit en droit administratif des techniques d'obtention des informations jusqu'ici l'apanage de la procédure pénale au profit des services de renseignements[1].

La loi n° 2016-731 du 3 juin 2016 et celle n° 2016-987 du 21 juillet 2016 lui emboîtent le pas sur le versant judiciaire en renforçant, après celle du 9 mars 2004, le caractère intrusif des pouvoirs d'investigation de la police judiciaire lors de l'enquête et du procureur de la République et le rôle du juge des libertés et de la détention. La loi n° 2017-1510 du 30 octobre 2017 renforçant la sécurité intérieure et la lutte contre le terrorisme est quant à elle venue introduire en droit commun des dispositions de l'état d'urgence, notamment en matière de police administrative (mesure individuelles de surveillance, fermeture préventive de lieux de culte, périmètres de protection autour de grands évènements et perquisition administrative sur autorisation du juge des libertés de Paris et de la détention saisi par le préfet et après avis du procureur de la République)[2]. Du point de vue judiciaire, la loi ajoute la géolocalisation aux opérations que les policiers affectés dans les services de police judiciaire chargés de lutter contre le terrorisme peuvent être autorisés, par une décision du procureur de la République, à poursuivre durant quarante-huit heures après l'ouverture d'une instruction (C. pr. pén., art. 706-24-2). Le juge d'instruction ne pourra intégrer la décision du procureur au dossier qu'à l'issue des opérations prolongées par celui-ci. La loi étend les contrôles d'identité destinés à prévenir la criminalité transfrontière dont la durée maximale est portée à douze heures consécutives. Ils pourront être effectués non seulement dans les gares ferroviaires et routières ouvertes au trafic international mais également « aux abords » de celles-ci et dans un rayon maximal de dix kilomètres autour des ports et aéroports qui constituent des points de passage frontaliers désignés par arrêté « en raison de l'importance de leur fréquentation et de leur vulnérabilité » (C. pr. pén., art. 78-2, al. 9 et 10). La loi n° 2019-222 du 23 mars 2019 de programmation 2018-2022 et de réforme pour la justice modifie, elle, les règles relatives à l'enquête, à l'instruction et au jugement en tenant compte des évolutions jurisprudentielle mais aussi de la réflexion des magistrats eux-mêmes.

Dans le même temps, sous l'impulsion du droit constitutionnel, du droit européen, du droit de la Convention européenne des droits de l'homme, les droits

---

1. G. Roussel, « L'encadrement des techniques de renseignements par la loi du 24 juillet 2015 », *AJ pénal* nov. 2015, p. 520.
2. O. Cahn, J. Leblois-Happe, « Loi n° 2017-1510 du 30 octobre 2017 renforçant la sécurité intérieure et la lutte contre le terrorisme : perseverare diabolicum », *AJ pénal* 2017, p. 468.

fondamentaux des suspects et des victimes ont été renforcés de manière très significative : en 2000, 2011, 2014, 2016 et 2019 les droits de la défense ont été renforcés lors de l'enquête par une présence plus importante de l'avocat, par son accès à certaines pièces de la procédure et la possibilité de faire des demandes d'actes avant l'audience. L'information de la victime sur la suite de la procédure a, elle aussi, été renforcée notamment par la loi du 17 août 2015.

(42) Reste qu'une telle évolution existe bien, comme le révèlent certains signes :

– gardes à vue pouvant aller jusqu'à 144 heures ;

– possibilité donnée à des agents de sécurité de réaliser des fouilles (vigiles des aéroports, par exemple) ;

– augmentation des procédures de jugement rapide ;

– méthodes d'enregistrement sonore et vidéo à l'initiative du parquet ;

– développement des fichiers de police ;

– perquisitions nocturnes.

(43) D'autres évolutions majeures sont également à signaler :

– la procédure est de plus en plus atomisée : création de catégories de délinquants spécifiques (délinquance organisée, notamment terroristes, trafiquants de stupéfiants, délinquants sexuels...) ;

– la procédure tend vers toujours plus de rapidité et à vouloir gérer des flux massifs de contentieux ;

– la procédure subit l'influence des pressions européennes et internationales, ainsi que le rôle croissant des conventions (exemple : création du mandat d'arrêt européen ; interconnexion des casiers judiciaires...) ;

– la procédure subit un transfert de plus en plus rapide et important de compétences au profit des parquets, y compris de fonctions de jugement ou de quasi-jugement : composition pénale, comparution sur reconnaissance préalable de culpabilité, ordonnance pénale délictuelle ;

– les pouvoirs du parquet sont également plus importants encore dans la direction de l'enquête, ce qui traduit aussi la régression continue du recours à l'instruction. La police a des pouvoirs accrus, les parquets également ; la phase d'enquête est de plus en plus déterminante, d'autant plus que les procédures de jugement rapides ou alternatives se multiplient[1].

Toutefois, des signes de renversement de logique se font jour. D'abord, la place du juge d'instruction se voit progressivement réduite[2]. Ensuite, la qualité de magistrat impartial du procureur de la République a été déniée par la Cour européenne des droits de l'homme[3] ainsi que par la Cour de cassation[4] en raison de sa soumission à l'exécutif. Une modification de son statut devra intervenir sur ce point. Elle est d'ailleurs souhaitée par les magistrats

1. *Cf.* G. Roussel, *Suspicion et procédure pénale équitable*, L'Harmattan, 2010.

2. G. Roussel, « L'érosion du juge d'instruction », *Cahiers français*, n° 388, La Documentation française, 2015, p. 64.

3. CEDH, 10 juill. 2008, req. n° 3394/03 et 29 mars 2010, req n° 3394/03, *Medvedyev c/ France* ; 23 nov. 2010, *Moulin c/ France*, req. n° 37104/06.

4. Cass. Crim., 15 déc. 2010, pourvoi n° 10-83.674 ; 18 janvier 2011, pourvoi n° 10-84980, *AJ pénal* 2011, p. 198, obs. L. Ascensi ; Cass. Crim., 22 oct. 2013, n° 13-81.945, *AJ pénal* 2013, p. 668, obs. L. Ascensi.

eux-mêmes[1] même si le Conseil constitutionnel a considéré que la subordination du parquet au pouvoir exécutif est conforme à la Constitution[2].

Enfin, les droits du suspect (droit au et à l'assistance de son avocat, accès à certaines pièces) se sont vus reconnaître en garde à vue et lors des auditions par la Cour européenne des droits de l'homme[3], le Conseil constitutionnel[4], la Cour de cassation[5], l'Union européenne[6]. C'est ainsi que la loi n° 2011-392 du 14 mars 2011 sur la garde à vue et la loi n° 2014-535 du 27 mai 2014 sur le droit à l'information sont venues renforcer les droits de la défense pendant l'enquête.

(44) En dehors de la logique de lutte contre la délinquance, les impératifs de santé publique ont influencé la procédure pénale comme le reste du droit français lors de l'année 2020. L'épidémie de Covid-19 a en effet entraîné la mise en place d'un état d'urgence sanitaire à l'échelon national et le confinement de la population française par la loi n° 2020-290 du 23 mars 2020 (C. santé publique, art. L. 3131-12 et suivants). Dans le cadre de cet état d'urgence, les règles de procédure pénale ont été adaptées par l'ordonnance n° 2020-303 du 25 mars 2020, afin de tenir compte de la fermeture des tribunaux au public, de la réduction des effectifs judiciaires et policiers présents sur site, et du contrôle des déplacements des citoyens pour éviter une propagation de l'épidémie. L'ordonnance modifie notamment, pendant le temps de l'état d'urgence sanitaire, les délais de comparution immédiate et de comparution à délai différé, la durée de détention provisoire, ainsi que les délais d'appel. Elle suspend les délais de prescription, réduit la publicité des audiences et développe la visioconférence. Elle permet l'intervention à distance de l'avocat en garde à vue et en facilite la prolongation sans présentation devant un magistrat. Elle rend possible la prolongation de la détention sans débat contradictoire devant le juge des libertés et de la détention. Elle permet même de transférer la compétence d'une juridiction pénale empêchée à une autre juridiction et de faire siéger les juridictions collégiales à juge unique. Face à la persistance d'un contexte sanitaire épidémique difficile, l'ordonnance n° 2020-1401 du 18 novembre 2020 poursuit ce processus d'adaptation de la procédure pénale par le maintien ou la création de mesures spéciales, notamment pour recourir à la visioconférence, transférer tout ou partie du contentieux d'une juridiction paralysée par l'épidémie à une juridiction voisine de même nature, assurer l'adoption de règles relatives à l'accueil du public dans les juridictions dans le respect des règles sanitaires impératives ou

1. *Cf.* J.-L. Nadal, *Refonder le ministère public*, Rapport à Madame la garde des sceaux, ministre de la Justice, novembre 2013.

2. Cons. Const., déc. n° 2017-680 QPC du 8 déc. 2017.

3. CEDH, 27 novembre 2008, *Salduz c/ Turquie*, req. n° 36391/02 ; 11 oct. 2009, *Dayanan c/ Turquie*, Req. n° 7377/03 ; 14 oct. 2010, *Brusco c/ France*, req. n° 1466/07 ; 26 nov. 2013, *Emilian-George Igna c/ Roumanie*, req. n° 21249/05.

4. Cons. const., déc. n° 2010-14/22 QPC du 30 juill. 2010.

5. Ass. Plén., 15 avr. 2011, pourvois n° 10-17.049, 10-30.313, 10-30.316, 10-30.242.

6. *Cf.* Directive 2012/13/UE du 22 mai 2012 relative au droit à l'information dans le cadre des procédures pénales et Directive 2013/48/UE du 22 octobre 2013 relative au droit d'accès à un avocat dans le cadre des procédures pénales.

permettre la tenue d'audiences de juridictions collégiales par un juge unique[1]. L'impératif sanitaire a ainsi créé un droit procédural d'exception temporaire relativisant certaines garanties fondamentales de la défense.

(45) **En résumé, le système français est plutôt mixte.**

– Il est plutôt inquisitoire dans la phase préparatoire.

En effet, celle-ci est plutôt secrète et non contradictoire et les représentants de la société jouent un rôle essentiel dans la recherche des preuves. Toutefois, depuis quelques décennies, elle comporte un peu de contradictoire et laisse une petite place à la victime.

– Il est plutôt accusatoire dans la phase décisoire.

Il comprend un débat contradictoire, est oral et public. Cependant, la pratique s'en éloigne en faisant la part belle à l'écrit. De plus, les procédures rapides n'accordent qu'une place dérisoire au contradictoire.

Quoi qu'il en soit, le choix entre les deux est affaire de convictions absolument fondamentales quant au rôle de l'appareil répressif, quant à la place, dans le procès pénal, du suspect ainsi qu'à celle de la victime. Ces choix peuvent prendre une forte coloration politique.

1. Sont concernés la chambre de l'instruction, le tribunal correctionnel, la chambre des appels correctionnels et la chambre spéciale des mineurs, le tribunal de l'application des peines, la chambre de l'application des peines et le tribunal pour enfants.

Chapitre 2

Les sources de la procédure pénale

Les sources dominantes de la procédure pénale sont naturellement internes. Cependant, l'influence du droit conventionnel est considérable.

Section 1 LES SOURCES INTERNES

I. La Constitution

(46) Le droit constitutionnel est une source à ne pas négliger en matière pénale :

– d'une part, en tant qu'il répartit les compétences entre le législatif et l'exécutif ;

– d'autre part, en tant qu'il fournit des principes fondamentaux, dont se sert le Conseil constitutionnel pour tempérer des enthousiasmes législatifs parfois liberticides.

(47) L'importance de la jurisprudence constitutionnelle, en particulier, n'a cessé de croître ces dernières années. Le Conseil n'hésite pas à censurer des lois, ou plutôt des parties de lois, qui heurtent des principes fondamentaux directement ou indirectement contenus dans la Constitution, même si, dans la période plus récente, il a manifesté plus de « compréhension » à cet égard.

Quelques exemples :

La ***décision « Juge unique » du 23 juillet 1975***[1]. Le Conseil ne s'est pas prononcé contre le principe du juge unique, lequel n'a d'ailleurs cessé de s'étendre au cours des réformes ultérieures, mais a en revanche censuré le fait que le choix, dossier par dossier, de statuer à juge unique ou à juge collégial ne relevait pas de généralités légales mais de la décision du président de chaque juridiction, ce qui entraînait une inégalité devant la loi.

---

1. *JCP* 1975, II, 18200.

La ***décision du 5 août 1993***[1], relative aux contrôles d'identité, a estimé que le contrôle uniquement fondé sur l'ordre public portait une trop vive atteinte aux libertés individuelles et devait être compris (réserve d'interprétation) comme obligeant le parquet à expliquer quelles circonstances particulières le justifiaient.

Dans la ***décision du 2 février 1995***[2] sur l'injonction pénale, le Conseil a estimé contraire à la Constitution le fait que ce soit le parquet qui se prononce concernant les personnes ayant reconnu leur culpabilité et non une juridiction de jugement. Il en a été tenu compte quelques années plus tard, lors de l'instauration de la comparution sur reconnaissance préalable de culpabilité (CRPC), qui suppose précisément l'homologation du juge du siège.

Dans la ***décision du 29 août 2002***[3], le Conseil érige l'autonomie du droit pénal des mineurs en principe fondamental reconnu par les lois de la République qui impose l'atténuation de la responsabilité pénale en fonction de l'âge, la recherche du relèvement éducatif et moral par des mesures adaptées, la seule compétence de juridictions spécialisées ou de procédures appropriées. Ce principe a ainsi permis au Conseil de censurer les dispositions de la LOPPSI 2 qui prévoyait la possibilité pour le parquet de citer directement les mineurs devant le tribunal pour enfants[4] si des investigations supplémentaires sur les faits n'étaient pas nécessaires et que des investigations sur la personnalité avaient été accomplies à l'occasion d'une procédure précédente de moins de six mois. Le Conseil censure d'une part l'absence de distinction selon l'âge du mineur, ses antécédents ou la gravité des faits et d'autre part, l'absence de recherche du relèvement éducatif et moral en raison de l'absence d'information récente concernant le prévenu. Par cette censure, le Conseil stoppe la tendance à l'accélération de la justice pénale des mineurs et son rapprochement avec celle des majeurs. Il faut souligner la récente réforme de la justice pénale des mineurs par l'ordonnance nº 2019-950 du 11 septembre 2019 portant partie législative du Code de la justice pénale des mineurs (CJPM), entrant en vigueur le 30 septembre 2021. Dans le strict respect de cette décision du Conseil constitutionnel, ce code débute par un article préliminaire qui dispose que « *le présent code régit les conditions dans lesquelles la responsabilité pénale des mineurs est mise en œuvre, en prenant en compte l'atténuation de cette responsabilité en fonction de leur âge et la nécessité de rechercher leur relûvement éducatif et moral par des mesures adaptées à leur âge et leur personnalité, prononcées par une juridiction spécialisée ou selon des procédures appropriées* ».

Signalons aussi la ***décision du 2 mars 2004***[5] relative à la loi « Perben 2 » (future loi nº 2004-204 du 9 mars 2004), qui a consisté pour une bonne part. à aggraver le sort au fond et en procédure des auteurs d'actes de délinquance organisée. Si le Conseil a validé cette aggravation, il a néanmoins émis quelques réserves d'interprétation consistant à exiger qu'elle porte sur des actes d'une gravité suffisante. Cette décision a aussi validé la CRPC.

1. Déc. nº 93-323 DC du 5 août 1993.
2. *JCP* 1995, I, 3864.
3. Déc. nº 2002-461 DC du 29 août 2002.
4. Cons. Const., déc. nº 2011-625 DC du 10 mars 2011.
5. Cons. Const., déc. nº 2004-492 DC du 2 mars 2004.

Cette influence de la Constitution et de la jurisprudence du Conseil constitutionnel se renforce avec l'introduction en droit français de l'exception d'inconstitutionnalité par la réforme constitutionnelle du 23 juillet 2008 et la loi organique n° 2009-1523 du 10 décembre 2009. Depuis le 1er mars 2010, lorsqu'il estime qu'une disposition législative porte atteinte aux droits et libertés que la Constitution garantit, tout justiciable peut soulever au cours d'une instance pénale une ***question prioritaire de constitutionnalité***. Cette question est alors transmise à la Cour de cassation qui la renvoie ou non au Conseil constitutionnel. Lorsque ce dernier est saisi, il se prononce sur la constitutionnalité de la disposition attaquée. Lorsqu'elle est déclarée inconstitutionnelle, cette disposition est abrogée[1]. La QPC a permis au Conseil constitutionnel de prononcer l'inconstitutionnalité de diverses dispositions procédurales[2]. Ont été censurées au nom du principe d'égalité devant la loi les dispositions de l'article 207 du Code de procédure pénal permettant à la chambre de l'instruction de se réserver le contentieux de la détention provisoire et du contrôle judiciaire en cas de censure d'une décision du juge des libertés et de la détention ou du juge d'instruction[3]. L'égalité et les droits de la défense ont aussi permis au Conseil de censurer l'article 575 C. pr. pén. qui prévoyait que la partie civile ne pouvait se pourvoir en cassation contre un arrêt de non-lieu de la chambre de l'instruction en l'absence de pourvoi du ministère public[4]. L'indépendance du juge a aussi permis de sanctionner la composition du tribunal maritime commercial lorsqu'il doit se prononcer en matière pénale[5].

Surtout, la QPC a permis au Conseil de déclarer dans sa décision du ***30 juillet 2010*** que les articles 62, 63, 63-1, 63-4 alinéas 1er à 6 et 77 du Code de procédure pénale relatifs à la garde à vue[6] étaient contraires à la Constitution car ils méconnaissaient les articles 9 et 16 de la Déclaration des droits de l'homme et du citoyen du 26 août 1789. Le Conseil a estimé que la personne gardée à vue ne pouvait « bénéficier de l'assistance effective d'un avocat » ni recevoir « la notification de son droit de garder le silence ». De ce fait, il a considéré que le régime de la garde à vue était déséquilibré. Cela entraînait, selon le Conseil, la violation du principe des droits de la défense ainsi que du principe de rigueur nécessaire posés par les articles 9 et 16 de la Déclaration de 1789. Le même raisonnement fut tenu pour censurer l'article 323, 3° du Code des douanes relatif à la retenue douanière[7] Cependant, le Conseil n'a pas censuré le régime dérogatoire qui retardait l'intervention de l'avocat dans le cadre de la garde à vue applicable en matière de criminalité organisée et de terrorisme[8]. La censure du régime de la garde à vue a été à l'origine directe de la

1. Art. 61-1 et 62 de la Constitution de 1958 et art. 23-1 Ord. n° 58-1067 du 7 nov. 1958.
2. *Cf.* Tellier-Cayrol, « La constitutionnalisation de la procédure pénale », *AJ pénal* 2011, p. 283.
3. Cons. Const., déc. n° 2010-81QPC du 17 déc. 2010.
4. Cons. Const., déc. n° 2010-15/23 QPC du 23 juill. 2010.
5. Cons. Const., déc. 2010-10 QPC du 2 juill. 2010.
6. Cons. Const., déc. 2010-14/22 QPC du 30 juillet 2010.
7. Cons. Const., déc. n° 2010-32 QPC du 22 sept. 2010.
8. Cons. Const., déc. n° 2010-31 QPC du 22 sept. 2010.

réforme du 14 mars 2011, le Conseil ayant octroyé au législateur jusqu'au 1er juillet 2011 pour adopter une telle réforme.

C'est aussi la QPC qui a permis au Conseil constitutionnel de confirmer que le rôle spécifique du juge des enfants constituait bel et bien un principe essentiel de procédure pénale. Dans sa décision du ***8 juillet 2011***, le Conseil a, au nom du principe d'impartialité, déclaré non conforme à la Constitution l'article L. 251-3 du Code de l'organisation judiciaire qui permettait au juge des enfants ayant instruit l'affaire de présider le tribunal des enfants jugeant les mineurs délinquants (Cons. const., déc. n° 2011-147 QPC du 8 juillet 2011). La loi n° 2011-1940 du 26 décembre 2011 en tire conséquence et modifie la rédaction de l'article L. 251-3 qui dispose désormais : « Le juge des enfants qui a renvoyé l'affaire devant le tribunal pour enfants ne peut présider cette juridiction », mais permet à un autre juge des enfants d'un tribunal du ressort de la cour d'appel de siéger.

La décision n° 2019-778 DC du 21 mars 2019, loi de programmation 2018-2022 et de réforme pour la justice est la plus longue du Conseil puisque touchant à la justice civile et à la justice pénale. La censure de certains articles du projet de loi a permis au Conseil de définir la mission d'un acteur devenu important de la procédure pénale, le juge des libertés et de la détention.

II. Les lois

(48) **L'essentiel de la procédure pénale figure dans le Code de procédure pénale** de 1958. En effet, l'article 34 de la Constitution de cette même année désigne expressément la procédure pénale comme relevant du législateur. Aussi la loi est-elle amenée à traiter non seulement des principes, mais aussi des détails de la procédure pénale ; or, en procédure, le détail est souvent l'essentiel.

(49) Le Code de procédure pénale comporte **une partie législative**, consacrée :

- à l'action publique et civile ;
- à l'instruction ;
- aux juridictions de jugement ;
- aux voies de recours ;
- aux règles de procédure spéciales (terrorisme, par exemple) ;
- aux procédures d'exécution.

(50) *Nota :* le maniement du Code de procédure pénale doit s'apprendre dès le début du semestre d'enseignement de cette discipline. Il faut systématiquement rechercher les dispositions citées en cours afin d'apprendre rapidement à les retrouver et, par ailleurs, à distinguer les différentes subdivisions du Code (partie législative/réglementaire ; partie consacrée à l'action civile et publique, à l'enquête, etc.).

III. Le règlement

(51) La loi traitant de l'essentiel, la partie réglementaire du Code de procédure pénale, pourtant fort volumineuse, ne concerne que peu cette discipline *stricto sensu*.

Cette partie réglementaire est composée de règlements d'administration publique et de décrets simples, voire d'arrêtés. Ils apportent des précisions aux points abordés dans la partie législative.

(52) La **partie R**, qui a pris du volume ces dernières années, comprend effectivement des précisions de détail sur la procédure pénale, sur les transports, perquisitions et saisies, sur le cautionnement, sur le recours devant la commission nationale de réparation des détentions, sur les amendes forfaitaires, sur certaines procédures particulières, comme en matière économique et financière, etc. Elle comporte aussi des dispositions sur l'exécution des peines (surveillance électronique) ou le post-sentenciel (casier judiciaire national, frais de justice).

La partie R commence, comme la partie L, par un titre préliminaire qui énonce des règles sur les actions des associations prétendant agir en justice pour défendre des intérêts collectifs.

Cette partie R va de l'article R1 (celui-là) à l'article R. 429.

(53) La **partie D**, beaucoup plus volumineuse, concerne pour l'essentiel l'exécution des peines. Les articles D 48 à D 600 sont consacrés à l'exécution des peines et notamment, pour partie, aux procédures applicables dans ce cadre, lesquelles empruntent au modèle de la procédure pénale.

(54) Citons également la **partie A**, arrêtés, qui traite de la police judiciaire et détaille ainsi les épreuves pour passer les concours (art. A 23).

(55) Enfin, la **partie C**, qui n'est publiée par aucun éditeur, comporte la grande circulaire de présentation générale du Code de procédure pénale, datant de 1959 et qui a été parfois actualisée (par exemple en 1993) en respectant sa numérotation C1 à environ C 900. Elle n'a toutefois que valeur de circulaire.

IV. Les textes infranormatifs

(56) Les circulaires ne devraient avoir aucune part en droit pénal et, plus encore, en procédure, en raison de :

– l'indépendance de la justice, qui s'oppose naturellement à ce que l'exécutif lui donne des consignes ;

– le principe même de légalité.

Pour autant, il en existe et de deux sortes.

(57) **En premier lieu, les circulaires de politique pénale, qui s'adressent aux parquets.** Il serait scandaleux d'adresser des consignes aux magistrats du siège, mais cela ne pose pas de difficulté quant au parquet, soumis au principe hiérarchique. Ces circulaires ont pour objet de demander aux parquets de privilégier telle ou telle action, telle ou telle démarche. Si les grandes circulaires de politique pénale sont devenues rares, il en existe en revanche de plus spécifiques. Ainsi, une circulaire du 27 avril 2006 relative aux aménagements de peine et aux alternatives à l'incarcération[1] demande-t-elle aux parquets « de prendre... des réquisitions tendant au prononcé de peines alternatives aux peines d'emprisonnement, de mesures d'aménagement de peine... » et, ce, y compris « dans le cadre des procédures de comparution immédiate ».

(58) **En second lieu, les circulaires de présentation, qui s'adressent aux parquets comme au siège** et ont pour objet d'expliciter les dispositions législatives, voire réglementaires. Elles sont très nombreuses. Elles présentent parfois

1. NOR : JUSD0630051C, BOMJ n° 102.

le risque de voir déformer quelque peu l'intention du législateur ou de restreindre les avancées législatives. Citons à titre d'exemple la circulaire CRIM du 4 décembre 2000, qui présentait la loi de présomption d'innocence et indiquait notamment comment entendre la modification de l'article 64 du Code de procédure pénale, aux termes de laquelle il convenait désormais d'indiquer dans le procès-verbal à quelle heure les gardés à vue avaient mangé. Selon la circulaire, cela ne s'appliquait que si la garde à vue durait suffisamment longtemps : alimenter le suspect ne serait par exemple pas nécessaire, énonçait-elle, pour une garde à vue s'étendant de 13 à 20 heures.

Rappelons que les juges du siège ne sont jamais tenus d'appliquer les circulaires.

V. La jurisprudence

(59) Nous traiterons de cette question dans le titre suivant, car la réponse à la question « Peut-il y avoir de la jurisprudence créatrice de droit en procédure pénale ? » dépend de la réponse à la question « Le principe de légalité s'applique-t-il en procédure pénale ? ».

VI. Les principes généraux du droit

(60) Comme la procédure civile, la procédure pénale est le domaine par excellence où les principes généraux ont pu prospérer et, ce pour plusieurs raisons.

D'abord parce que, comme nous l'avons vu, elle fut pendant longtemps de nature surtout inquisitoire, donc tournée avant tout vers une idée répressive de la protection de la société, ce qui se traduisait par « la fin justifie les moyens ». Cette attitude ayant engendré des abus, il n'est pas étonnant que la procédure pénale plus moderne ait eu à cœur de créer des contrepoids.

Or – seconde raison –, ces garanties n'ayant par définition pas été prévues dans des textes, la jurisprudence a dû faire mine de les « découvrir »... et, pour ce faire, a dû se fonder sur un corpus judiciaire global, dépassant la seule procédure pénale.

Parmi les principes généraux de procédure, sur lesquels nous reviendrons *infra*, on trouve notamment :

- le principe contradictoire ;
- la séparation des fonctions ;
- le double degré de juridiction...

(61) Comme nous le verrons *infra*, la procédure pénale a longtemps souffert d'un déficit textuel, lequel paraît certes difficile à imaginer à l'heure actuelle, marquée plutôt par un entassement incohérent de réformes. Il suffit de comparer un Code de 1990 à celui de 2017 : ce déficit quantitatif se doublait d'un déficit qualitatif quant aux garanties, aux libertés individuelles et aux droits des parties.

(62) Les juridictions demeuraient sourdes aux exigences conventionnelles. Elles préféraient citer les principes généraux du droit français que les articles 5 et 6 de la Convention EDH.

Tout cela n'est plus vrai. Les textes législatifs sont nombreux ; qualitativement, ils ont pris de la hauteur Par ailleurs, le Code de procédure pénale comporte un article préliminaire (dont nous reparlerons), lequel énonce un certain nombre de principes, dont certains relevaient naguère encore de principes généraux « découverts » par la jurisprudence. En outre, le juge national n'hésite plus à se référer à la Convention EDH.

Section 2
LES SOURCES SUPRANATIONALES

Il n'est pas question de traiter de la totalité des sources supranationales du droit processuel pénal : celles-ci sont extrêmement nombreuses, que ce soit dans l'ordre onusien ou européen (à la fois dans l'Europe du Conseil de l'Europe et, à un degré moindre, dans celle de l'Union européenne).

Jusque récemment (hormis dans le cadre du procès de Nuremberg), il s'agissait seulement d'une coopération, toujours modeste, toujours insuffisante, entre États (I), ou d'un corpus juridique fait de principes processuels généraux (II). Depuis le début des années 1990, l'on est passé à la vitesse supérieure en instaurant d'authentiques juridictions pénales internationales (III).

I. Les règles organisant la coopération internationale

(63) Il est souvent question, sur la scène médiatico-politique, de l'absence de coopération judiciaire et même policière entre États. Cela n'est pas totalement faux, en dehors du continent européen en tout cas. La raison en est connue : le droit pénal, certes à un degré moindre que la justice militaire, a longtemps constitué le « noyau dur » de la souveraineté nationale ; il est donc régi par chaque droit national et traité par ses propres organes policiers et judiciaires. Cela ne va pas sans poser de sérieuses difficultés dans la poursuite effective de délinquants. Il existe néanmoins de nombreux accords de coopération bilatérale et, plus rarement, multilatérale qui construisent progressivement une entraide au niveau international[1].

(64) La scène européenne est doublement différente : en premier lieu, elle s'est rendue plus vulnérable quant à la criminalité en organisant la libre circulation de ses marchandises et de ses personnes ; ensuite et précisément pour pallier les risques qu'elle a créés, elle a organisé une coopération au niveau européen. L'entraide pénale est en train de construire une Europe pénale tendant vers l'harmonisation des procédures et la coopération des institutions[2].

L'Europe présente au demeurant un double cadre institutionnel : le Conseil de l'Europe (Europe à 47 États) et l'Union européenne (Europe à 27 États).

1. T. Herran, *Essai d'une théorie générale de l'entraide policière internationale*, Thèse, Pau, 2012.
2. F.-X. Roux-Demare, *De l'entraide pénale à l'Europe pénale*, thèse, Lyon 3, 2012, Dalloz, 2014.

Il est naturellement impossible de faire état de la totalité des réalisations sur ces deux niveaux, aussi nous bornerons-nous à en citer quelques exemples.

I.1. Exemple de coopération au niveau transnational

(65) Nous évoquerons ici la coopération policière au niveau international.

Les premières formes de coopération policière s'observent dans le cadre européen à la fin du XIXe siècle ; cependant, elle fédère plutôt des policiers entre eux. C'est la création **d'Interpol**[1] qui va véritablement marquer le début d'une coopération active sur la scène supranationale.

Sa création a été précédée, en 1923, de celle d'une Commission internationale de police criminelle (CIPC). Cependant, il s'agit, là encore, d'un « club des polices », que la France rejoint en 1928. Elle prend le nom d'Interpol en 1946. Son siège est alors à Paris ; il sera transféré à Lyon en 1989.

Aujourd'hui, Interpol fédère 186 pays. Il s'agit d'un organe de centralisation d'informations, de diffusion d'informations aux États membres (24 heures sur 24, 7 jours sur 7) concernant la criminalité transfrontière.

Interpol peut aussi, dans le cadre de conventions d'extradition entre États, réaliser des arrestations provisoires pour le compte de l'un d'entre eux, en vue de sa remise à un autre.

Ses quatre langues de travail sont l'anglais, le français, l'espagnol et l'arabe.

I.2. Exemples de coopération au niveau de l'Union européenne

(66) Citons ici les **accords Schengen** : signés dans cette ville du Luxembourg le 19 juin 1990, ils concernent les États de l'Union européenne, à l'exception de la Grande-Bretagne et de l'Irlande du Nord. Ces accords ont entraîné la suppression des contrôles aux frontières entre les États signataires et organisé, en contrepartie, une coopération entre les services de police. De plus, les contrôles aux frontières extérieures ont été renforcés.

La coopération policière se traduit également par l'institution d'une unité centrale de coopération policière internationale, dite C-SIS, qui a son siège à Strasbourg.

Comme nous le verrons en étudiant les contrôles d'identité, Schengen a aussi permis de remplacer les contrôles aux frontières entre membres de l'Union européenne par des contrôles « volants » dans le territoire du pays, soit au hasard, soit sur renseignement mais aussi un droit de poursuite. Ainsi, si des policiers belges repèrent un malfaiteur, ils peuvent le suivre jusqu'en France, moyennant une coopération sur le terrain avec les policiers français.

L'article 47 de la Convention Schengen du 19 juin 1990 a organisé le détachement de fonctionnaires de liaison auprès de services de police étrangers. Une décision du Conseil européen n° 2003/170/JAI en date du 27 février 2003 est venue préciser les missions de ces officiers de liaison. Elle les charge d'« *entre-*

---

1. *Cf.* http://www.interpol.int.

tenir des contacts avec les autorités de ce ou ces pays ou organisations en vue de contribuer à prévenir ou à élucider des infractions pénales » (art. 1er). Les officiers « *contribuent en outre à la collecte et à l'échange d'informations qui peuvent être utiles pour lutter contre les formes graves de criminalité transfrontière* » (art. 2).

(67) Citons en second lieu **Europol, qui ne doit pas être confondu avec le C-SIS**. L'Office européen de police, Europol, implanté à La Haye, n'est pas une police européenne, dans le sens où elle fournirait des policiers intégrés aptes à agir sur le territoire de plusieurs États.

En revanche, elle est – comme cela se passe toujours à l'échelle supranationale – chargée de faire circuler l'information : elle facilite les enquêtes concernant plusieurs États membres ; elle participe à des formations ; elle offre un soutien technique à ces derniers.

Sont particulièrement concernées les infractions transnationales, au titre desquelles :

- le terrorisme ;
- le trafic de matières nucléaires ;
- le trafic de drogue ;
- le blanchiment ;
- la traite des êtres humains ;
- l'immigration clandestine ;
- la fausse monnaie ;
- le trafic de véhicules volés.

Europol fournit un système informatisé qui enregistre des données à caractère personnel et relatives, bien entendu, aux infractions commises. Il s'agit de données relatives aux personnes ayant commis des faits graves dans l'un des pays et dont l'on peut penser qu'elles pourraient en commettre dans les autres.

La décision du Conseil « Justice et Affaires intérieures » de l'Union européenne en date du 6 avril 2009[1] remplace la convention Europol de 1995 et transforme Europol en une agence de l'Union européenne au même titre que son pendant judiciaire Eurojust ou le Collège européen de police[2].

Citons de même **Eurojust.** Cette agence de l'Union Européenne a été créée par une décision du Conseil de l'Union européenne en date du 28 février 2002[3] afin de réaliser l'équivalent judiciaire d'Europol, soit de lutter contre les formes graves de criminalité et de renforcer la coopération en matière judiciaire[4].

(68) Citons aussi **le mandat d'arrêt européen**, qui est sans doute la réalisation la plus complète de l'UE[5]. Il a pour origine une décision-cadre du 13 juin 2002 (2002/584/JA) du Conseil de l'Union européenne, relative au mandat d'arrêt

1. *JO* L. 121 du 15 mai 2009.

2. A. De Moor, G. Vermeulen, « Europol, quoi de neuf ?, Une approche critique de la décision europol », *Recf. int. dr. pén.* 2011, p. 158.

3. Déc. n° 2002/7187/JAI.

4. N. L.C. Thwaites, « Eurojust : autre brique dans l'édifice de la coopération judiciaire en matière pénale ou solide mortier ? », *RSC* 2003. 45.

5. G. Roussel et F.-X. Roux-Demare, « Le Mandat d'arrêt européen, succès de l'Europe pénale ? » *Cahiers de la sécurité et de la justice*, n° 38, 2017, p. 38.

européen et aux procédures de remise entre États. Ce mandat a été intégré dans le Code de procédure pénale par la loi du 9 mars 2004 (art. 695-11 et s. C. pr. pén.). Compte tenu de l'atteinte à la souveraineté nationale qu'il réalise, il a fallu réaliser pour cela une réforme constitutionnelle[1].

Il s'est agi de remplacer le système traditionnel de l'extradition par un mécanisme nouveau et simplifié, permettant le retour rapide des personnes vers les pays où elles étaient poursuivies ou condamnées. Mais la discrimination entre nationaux et étrangers a été condamnée par la Cour de Luxembourg[2].

Il s'est agi ensuite de faire en sorte qu'aucun délinquant ne puisse se cacher dans un État de l'Union. Le mandat d'arrêt européen permet de poursuivre, d'arrêter et même de mettre à exécution des peines prononcées à l'égard de condamnés qui se seraient réfugiés à l'étranger dans les États de l'Union européenne.

La coopération en matière de procédure pénale au sein de l'Union européenne se renforce constamment. L'Union européenne a adopté le 19 décembre 2008 une décision-cadre relative au mandat européen d'obtention des preuves[3].

Surtout, le **traité de Lisbonne** entré en vigueur le 1er décembre 2009 remodèle complètement le droit communautaire. Ce traité contient le traité sur l'Union européenne (TUE) et le traité sur le fonctionnement de l'Union européenne (TFUE). Ce dernier prévoit un espace de liberté, de sécurité et de justice au sein duquel les pouvoirs d'initiative de la Commission, du Parlement et du Conseil sont renforcés afin d'édicter des normes minimales en matière de coopération et de procédure pénales.

Le TFUE renforce le développement de la coopération policière. Le Parlement et le Conseil peuvent ainsi prendre des mesures portant sur la collecte, l'analyse et l'échange d'informations pertinentes, la formation policière, la recherche en criminalistique, les techniques communes d'enquête (art. 87 TFUE).

Par ailleurs, la **Cour de justice de l'Union européenne** (CJUE) acquiert une compétence générale sur l'ensemble du droit de l'UE et par conséquent sur l'espace de sécurité et de justice (art. 38 TUE). La CJUE peut donc être saisie de toute question préjudicielle concernant cet espace.

Elle a ainsi censuré le régime des contrôles d'identité frontaliers[4] de l'article 78-2 C. pr. pén., obligeant le législateur à en modifier le régime lors de la loi du 14 mars 2011 dite LOPPSI 2[5]. Elle a aussi censuré le recours à la garde à vue, obligeant la loi du 31 décembre 2012 à prévoir un régime de rétention *ad hoc* à l'article L.611-1-1 CESEDA.

Dans une importante affaire *Melloni*, la cour s'est prononcée sur le respect des droits de la défense dans le cadre d'un mandat d'arrêt européen. Elle a ainsi appliqué et visé la Charte des droits fondamentaux de l'Union européenne. Elle

1. L. n° 2003-267, 25 mars 2003, *JO* 26 mars 2003.
2. CJUE, 5 sept. 2012, C-42-11, *AJ pénal*, 2013, p. 11, obs. J. Lelieur.
3. Déc. n° 2008/978/JAI.
4. CJUE, gr. ch., 22 juin 2010, aff. C-188/10 et C-189/10 : *D.* 2010. 1254, note Levade ; *AJ pénal* 2010, p. 343, obs. J.-B. Perrier.
5. CJUE, gr. ch., 28 avr. 2011, *El Dridi*, aff. C-61/11 CPU, et 6 déc. 2011, *Achughbabian*, aff. C329/11.

rappelle le principe de primauté du droit de l'UE et refuse la position selon laquelle un État pourrait faire prévaloir des standards plus élevés de protection des droits fondamentaux. Elle décide que l'article 53 de la Charte ne permet pas à un État de subordonner la remise d'une personne condamnée par défaut à la condition que cette condamnation puisse être révisée dans l'État demandant la remise[1].

(69) Citons aussi **la décision d'enquête européenne**. L'ordonnance n° 2016-1636 du 1er décembre 2016 a transposé en droit français la directive 2014/41/UE du Parlement européen et du Conseil du 3 avril 2014[2]. Le régime de cette décision est prévu aux articles 694-15 et suivants du Code de procédure pénale. Selon l'article 694-16 il s'agit d'une décision judiciaire émise par un État membre, appelé État d'émission, demandant à un autre État membre, appelé État d'exécution, en utilisant des formulaires communs à l'ensemble des États, de réaliser dans un certain délai sur son territoire des investigations tendant à l'obtention d'éléments de preuve relatifs à une infraction pénale ou à la communication d'éléments de preuve déjà en sa possession. La décision d'enquête européenne peut également avoir une finalité conservatoire et avoir pour objet d'empêcher provisoirement sur le territoire de l'État d'exécution toute opération de destruction, de transformation, de déplacement, de transfert ou d'aliénation d'éléments susceptibles d'être utilisés comme preuve. Elle peut aussi avoir pour objet le transfèrement temporaire dans l'État d'émission d'une personne détenue dans l'État d'exécution, afin de permettre la réalisation dans l'État d'émission d'actes de procédure exigeant la présence de cette personne, ou le transfèrement temporaire dans l'État d'exécution d'une personne détenue dans l'État d'émission aux fins de participer sur ce territoire aux investigations demandées.

L'article 695-17 prévoit que les États membres reconnaissent sans aucune formalité une décision d'enquête européenne et ils l'exécutent de la même manière et selon les mêmes modalités que si la demande émanait d'une autorité judiciaire nationale. La décision d'enquête européenne n'a pas lieu d'être lorsqu'est mise en place une équipe commune d'enquête.

Au niveau français, l'article 694-20 prévoit que l'émission d'une décision d'enquête européenne appartient au procureur de la République, au juge d'instruction, à la chambre de l'instruction et son président ainsi qu'aux juridictions de jugement ou d'application des peines et leurs présidents. L'émission est faite d'office ou à la demande de la personne suspecte ou poursuivie, de la victime ou de la partie civile. La demande fera l'objet d'une traduction et sera transmise aux autorités de l'État d'exécution par tout moyen permettant de laisser une trace écrite et d'en établir l'authenticité. Lorsque la décision est émise en vue de déterminer si une personne détient ou contrôle un compte auprès d'un établissement bancaire, le magistrat indique dans sa demande les raisons pour lesquelles il considère que les informations demandées sont susceptibles d'être utiles à la manifestation de la vérité (art. 694-27).

Lorsqu'il émet une décision d'enquête aux fins de mise en place d'une interception de télécommunications, le magistrat précise les informations néces-

1. CJUE gr. Ch., Aff. *Stefano Melloni c/ Ministerio fiscal*, 26 févr. 2013, C-399/11.

2. F.-X. Roux-Demare, « La décision d'enquête européenne ou l'adoption d'un instrument inédit de l'Europe pénale », *AJ pénal* 2017, p. 115.

saires à l'identification de la personne visée par la demande d'interception, la durée souhaitée de l'interception et toutes les données techniques nécessaires à la mise en place de la mesure (art. 694-28).

L'article 694-32 liste les catégories d'infractions pour lesquelles une décision d'enquête européenne ne peut pas être refusée : participation à une organisation criminelle ; terrorisme ; traite des êtres humains ; exploitation sexuelle des enfants et pédopornographie ; trafic de stupéfiants et de substances psychotropes ; trafic d'armes, de munitions et d'explosifs ; corruption ; fraude, y compris la fraude portant atteinte aux intérêts financiers des Communautés européennes ; blanchiment ; faux-monnayage et contrefaçon de monnaie ; cybercriminalité ; crimes et délits contre l'environnement, y compris le trafic d'espèces animales menacées et le trafic d'espèces et d'essences végétales menacées ; aide à l'entrée et au séjour irréguliers ; homicide volontaire, coups et blessures graves ; trafic d'organes et de tissus humains ; enlèvement, séquestration et prise d'otage ; racisme et xénophobie ; vol en bande organisée ou main armée ; trafic illicite de biens culturels ; escroquerie ; extorsion ; contrefaçon et piratage ; falsification de documents administratifs et trafic de faux ; falsification de moyens de paiement ; trafic illicite de substances hormonales et d'autres facteurs de croissance ; trafic illicite de matières nucléaires et radioactives ; trafic de véhicules volés ; viol ; incendie volontaire ; crimes et délits relevant de la Cour pénale internationale ; détournement illicite d'aéronefs ou de navires ; sabotage.

L'article 694-33 vise quant à lui les mesures pour lesquelles une décision d'enquête ne peut être refusée : obtention d'informations ou d'éléments de preuve déjà en possession des autorités françaises et qui auraient pu être obtenus dans le cadre d'une procédure pénale ou aux fins de la décision d'enquête européenne ; obtention d'informations contenues dans des fichiers mis en œuvre par les services de la police nationale et de la gendarmerie nationale ou les autorités judiciaires directement accessibles dans le cadre d'une procédure pénale ; audition d'un témoin, d'un expert, d'une victime, d'un suspect, d'une personne poursuivie ou d'un tiers ; identification d'abonnés titulaires d'un numéro de téléphone spécifique ou de personnes détentrices d'une adresse de protocole internet spécifique ; toute autre mesure d'enquête non intrusive qui ne porte pas atteinte aux droits ou libertés individuels.

La décision d'enquête est exécutée conformément aux formalités et procédures expressément indiquées par l'autorité d'émission dans les meilleurs délais et au plus tard dans les quatre-vingt-dix jours suivant la date de la décision.

I.3. Exemples de coopération au niveau du Conseil de l'Europe

(70) Au niveau du Conseil de l'Europe, il existe aussi de nombreuses réalisations en termes de coopération.

Citons par exemple la **Convention européenne d'extradition du 13 décembre 1957**. Elle n'est entrée en vigueur, pour la France, qu'en 1986, à l'occasion d'un décret du 14 mai (n° 86-737).

Elle a remplacé, pour les États parties, les accords bilatéraux qui existaient auparavant entre eux. En revanche, elle est désormais en partie concurrencée par le mandat d'arrêt européen, pour ce qui concerne les États parties à ce système, puisqu'il est justement censé réaliser une remise directe aux États concernés, moyennant une protection des droits de la défense, en une procédure judiciarisée et non plus avec un rôle essentiel des États eux-mêmes.

Concernant les relations entre les États non parties au dispositif du mandat d'arrêt européen, ou les relations entre l'un de ces États et un État non partie, cette convention conserve cependant sa pertinence.

(71) De même, citons la **Convention de Strasbourg du 21 mars 1983, relative au transfert des personnes condamnées**. Entrée en vigueur plus rapidement, le 1er juillet 1985 (car elle a été publiée par le décret n° 85-1053, 30 septembre 1985), elle permet à des personnes condamnées dans l'un des États signataires du Conseil de l'Europe à des peines privatives de liberté d'être transférées vers l'État dont ils sont les ressortissants. Le transfert suppose le consentement libre et éclairé du condamné. À l'arrivée de l'intéressé, sa peine peut devoir être adaptée si elle ne trouve pas d'équivalent en droit interne.

I.4. Exemples de coopération entre plusieurs États

(72) Au niveau des États, il arrive que des formes de coopération soient mises en place, d'abord à titre expérimental, avec pour projet d'être pérennisées, puis étendues ensuite au niveau d'autres États. Elles ne sont alors pas pilotées par les instances européennes, mais concernent plusieurs États coopérant entre eux.

(73) Un exemple de ce type de coopération est l'**interconnexion des casiers judiciaires**, particulièrement utile dans le contexte européen. Elle était jusqu'à présent rendue difficile (et le demeure pour la plupart des pays) par les différences de fonctionnement, notamment techniques, des différents casiers concernés, ainsi que par les classifications différentes des infractions.

Cependant, au cours de l'année 2006, elle a pu se mettre en place, pour une quarantaine d'infractions environ, entre les casiers judiciaires français, allemand, espagnol et belge.

Dès lors, comme l'a prévu la loi n° 2005-1549 du 12 décembre 2005, si une infraction est enregistrée dans l'un de ces pays et transmise à la France, elle peut constituer le premier terme de la récidive (C. pén., art. 132-16-6). Les magistrats français peuvent ainsi accéder, par simple demande Intranet, à la totalité des antécédents judiciaires d'une personne[1].

(74) Citons une seconde forme de coopération d'État à État, encouragée cette fois par l'Union européenne : l'institution des **magistrats de liaison**. Ces magistrats travaillent dans d'autres pays que le leur ; leur rôle est de faciliter les relations entre les ministères de la Justice et les autorités judiciaires des deux pays concernés (celui d'origine du magistrat et celui d'accueil)[2].

1. *Cf.* Circ. CRIM, 7 avril 2006, NOR :JUSD0630048C, BOMJ, n° 102.

2. J.-P. Rivaud et Caroline Gontran, « Le magistrat de liaison, facilitateur de la coopération judiciaire », *AJ pénal* 2017, p. 118.

Ils doivent aussi faciliter la coopération judiciaire en droit pénal et civil ; améliorer la connaissance des deux systèmes juridiques en cause ; enfin, faciliter les échanges juridiques entre les deux pays.

Supposons qu'un magistrat français doive lancer une commission rogatoire dans un État voisin afin d'y entendre un témoin ; il pourra hésiter à le faire car il ne sait pas comment les choses se passent là-bas. Disposer de quelqu'un sur place, qui traduit, est utile. Le magistrat de liaison recevra par fax ou mail de son collègue français un projet de commission rogatoire, le corrigera sous tels ou tels aspects pour qu'il « passe » dans l'État destinataire où il officie. À l'inverse, il aidera également les « locaux » à agir en France.

La France dispose un peu partout de ces magistrats et pas seulement en Europe : à Londres, La Haye, Madrid, Rome, Berlin, Prague, Washington, Rabat, Ottawa, Moscou, Pékin, Zagreb.

II. Les règles destinées à garantir un procès équitable

De nombreuses conventions existent, qui prévoient des règles relatives à ce que doit être un procès pour être équitable. Cependant, beaucoup n'ont pas d'effet direct, c'est-à-dire ne peuvent être directement appliquées sans être traduites en droit interne ni invoquées devant les juridictions françaises.

Nous ne citerons que les deux d'effet direct en France : d'une part, la Convention EDH de 1950 et ses protocoles additionnels ; d'autre part, le Pacte international Onusiens de 1966.

II.1. La Convention européenne des droits de l'homme

A. Données historiques

(75) Le concept de droit de l'homme sur lequel est assise la Convention EDH est particulièrement ancien. Il est à trouver en Grande-Bretagne ; il remonte plus précisément au 12 juin 1215, avec la **Magna Carta**, texte comportant 63 articles qui énumèrent des privilèges et garanties applicables aux vassaux du roi et aux autres personnes : libre circulation des personnes et des marchandises, etc.

La royauté britannique, contrairement à la nôtre, a très tôt été une monarchie douce, contrôlée par des règles. La Magna Carta avait été imposée au roi John of England par ses barons, qui l'avaient forcé à la signer.

Ce document devait par la suite avoir une influence considérable, notamment sur la Bill of Rights des États-Unis. Le roi John lui-même allait en violer plusieurs clauses, mais tel ne fut pas le cas de ses successeurs.

(76) En 1679, la Grande-Bretagne produit **l'Habeas Corpus**.

Toutefois, de fait, l'*habeas corpus* était déjà présent dans la Magna Carta, puisque celle-ci protégeait les barons des emprisonnements illégaux. Pour certains historiens, elle précéderait même la Magna Carta.

Quoi qu'il en soit, l'habeas corpus est une règle fondamentale de la procédure anglo-saxonne. Elle signifie que, si une personne est privée de liberté, elle a le droit d'exiger sa comparution devant une juridiction, laquelle doit questionner la cause de sa privation de liberté et, si celle-ci n'est pas valable ou convaincante, faire libérer la personne sur le champ. Cette règle est un principe fondamental qui n'a pas besoin de trouver un quelconque support textuel. Cependant, après avoir décapité leur roi en 1649, les citoyens britanniques exigèrent un système juridique moins liberticide encore : c'est ainsi que fut édictée la loi Habeas Corpus de 1679 (Habeas Corpus Act). Ce texte sera ensuite suivi d'une **Bill of Rights** en **1689**.

(77) L'Habeas Corpus Act influencera à son tour la **Déclaration française des droits de l'homme de 1789** – l'ensemble influencera les **Bill of Rights** des différents États américains et, pour finir, la grande Bill of Rights de 1791.

(78) À l'évidence, l'habeas corpus est un élément essentiel de la Convention EDH, comme nous allons le voir par la suite.

Cette Convention elle-même a été rendue nécessaire par la Seconde Guerre mondiale. Elle fait suite, **en 1950, à la Déclaration universelle des droits de l'homme des Nations unies de 1948**, laquelle est moins intéressante dans la mesure où elle n'a jamais reçu l'effet direct en droit français.

La Convention, quant à elle, a bien l'effet direct : signée à Rome le 4 novembre 1950, elle n'est ouverte qu'à la signature des États du Conseil de l'Europe. Cela concerne néanmoins beaucoup de pays : quarante-sept.

Nous nous bornerons ici à évoquer les droits procéduraux de cette Convention et verrons principalement trois de ses stipulations.

B. L'article 3 de la Convention EDH

(79) L'article 3 a une vocation générale ; il ne concerne pas uniquement la matière pénale. Cependant, il peut souvent en être fait application en pénal, puisque celui-ci est souvent l'occasion d'actes de coercition pouvant être considérés comme des tortures ou des traitements inhumains ou dégradants.

Il énonce : « *Nul ne peut être soumis à la torture ni à des peines ou traitements inhumains ou dégradants.* »

(80) **L'influence** de cette règle est clairement anglo-saxonne. La **Bill of Rights britannique de 1689** énonçait déjà la protection contre tout « *cruel and unusual punishment* ». Cette règle fut reprise par le **Bill of Rights américain** au **huitième amendement** : « *Excessive bail shall not be required, nor excessive fines imposed, nor cruel and unusual punishments inflicted.* »

Toutefois, l'article 3 est à la fois plus restrictif et plus large que ces textes :

– *plus restrictif* : il suppose des atteintes plus graves que cruelles ou inhabituelles puisqu'elles doivent être inhumaines, dégradantes, voire constituer des tortures. Cela dit, les standards de protection utilisés par la Cour EDH ces dernières années sont plus exigeants qu'au départ et nous rapprochent des notions anglo-américaines ;

– *plus large* : il ne concerne pas que des punitions ou sanctions, il peut s'appliquer à la sphère familiale dès lors que l'État ne fait rien pour les empêcher (exemple : les châtiments corporels sur les enfants).

(81) L'article 3 est l'une des **règles absolues de la Convention.** Contrairement à d'autres (par exemple l'article 8), il ne comporte pas de second paragraphe qui laisse une certaine marge de manœuvre aux États, si bien qu'il ne souffre aucune dérogation *(CEDH, 25 avril 1978, Tyrer c/ Royaume-Uni)*. Il est vrai que, après le droit à la vie (art. 2), c'est l'un des droits les plus essentiels.

(82) L'utilisation de l'article 3 dans des procédures pénales concerne surtout des pays à la démocratie peu assurée, comme la Turquie, souvent impliquée dans des décès ou des disparitions suspectes d'opposants politiques.

Être condamné sur le terrain de l'article 3 représente donc une mise au ban des pays européens. La France, hélas, a connu le triste privilège d'être condamnée sur ce fondement dans le contexte pénal.

Dans une affaire *Tomasi contre France,* du *27 août 1992*[1], M. Tomasi avait été arrêté et placé en garde à vue à Bastia : il était soupçonné d'avoir participé à un attentat du FLNC. La France a été condamnée pour traitement inhumain par rapport à cette garde à vue.

Pire encore : dans une affaire *Selmouni contre France*[2], ce pays a été condamné dans un contexte similaire, cette fois pour torture ! M. Selmouni avait été placé en garde à vue dans le cadre d'un dossier de stupéfiants. Il fut établi qu'il avait été frappé à coup de batte de type base-ball, qu'il avait reçu des coups de pied et de poing, qu'on lui avait tiré les cheveux ; l'un des policiers aurait uriné sur lui ; enfin, il aurait été sodomisé à l'aide d'un bâton. À l'arrivée de M. Selmouni à la maison d'arrêt de Fleury-Mérogis, le médecin releva sur son corps et sa tête des dizaines d'hématomes, des excoriations.

Dans le contexte carcéral, d'autres condamnations de la France ont eu lieu pour traitements inhumains et dégradants pour l'usage de fouilles corporelles répétées et injustifiées dans un arrêt *Frérot contre France*[3] suivi d'un arrêt *Khider contre France*[4] et d'un autre *El Shennawy contre France*[5], en ce que ces fouilles étaient utilisées pour rabaisser, voire humilier la personne qui les subissait et se voyait parfois filmée. La surpopulation carcérale et la vétusté des locaux ont aussi conduit à la condamnation de la France pour violation de l'article 3[6]. Les violences policières sur mineurs placés en garde à vue ou en vérification d'identité ont aussi contribué à deux autres condamnations pour traitements inhumains et dégradants dans les affaires *Rivas*[7] *et Darraj contre France*[8].

(83) Il est à noter, en plus du contrôle par la Cour EDH de l'application de l'article 3, celui du **Comité de prévention de la torture** (CPT).

---

1. Série A n° 241A.
2. Grande chambre, 28 juill. 1999, Rec. 1999-V.
3. CEDH, 12 juin 2007, *Frérot c/ France*, *AJ pénal* 2007, p. 336, obs. M. Herzog-Evans.
4. CEDH, 9 juill. 2009, *Khider c/ France*, req. n° 39364/05, *D.* 2009. 2462 obs. M. Herzog-Evans.
5. CEDH, 20 janv. 2011, *El Shennawy c/ France*, n° 51246/08, *AJ pénal* 2011, p. 88, obs. M. Herzog-Evans.
6. CEDH, 25 avr. 2013, *Conali c/ France*, rep. n° 40119/09 est aussi source de condamnation, notamment lorsque le détenu, seul face à plusieurs surveillants, ressort blessé de sa cellule.
7. CEDH, 1er avr. 2004, *Rivas c/ France*, req. n° 59584/00.
8. CEDH, 4 nov. 2010, *Darraj c/ France*, req. n° 34588/07.

Le CPT, habilité à pénétrer dans n'importe quel lieu clos de détention, garde à vue, prison, lieu de rétention des étrangers..., est venu à plusieurs reprises en France : 1991, 1994, 2000, 2004, 2006, 2010. Chaque fois, la France n'a guère été épargnée, non seulement quant aux prisons, mais aussi quant aux conditions de garde à vue : locaux abjects, absence de nourriture, allégations de violence répétées mettant particulièrement en cause la police (beaucoup plus rarement la gendarmerie)...

C. L'article 5 de la Convention EDH

(84) La règle contenue à l'article 5 est directement inspirée de l'habeas corpus.

Cet article énonce notamment, dans son **paragraphe 1er**, que « *toute personne a droit à la liberté et à la sûreté. Nul ne peut être privé de sa liberté, sauf dans les cas suivants et selon les voies légales...* ». Il s'attache alors à énumérer ces situations, connues dans notre droit pénal (voir liste *infra*).

Le paragraphe 2 énonce : « *Toute personne arrêtée ou détenue doit être informée, dans le plus court délai et dans une langue qu'elle comprend, des raisons de son arrestation et de toute accusation portée contre elle.* »

Le **paragraphe** 3 dispose que cette personne arrêtée ou détenue doit être « *aussitôt traduite devant un juge ou un autre magistrat habilité par la loi à exercer des fonctions judiciaires, et a le droit d'être jugée dans un délai raisonnable ou libérée durant la procédure. La mise en liberté peut être subordonnée à une garantie assurant la comparution de l'intéressé à l'audience.* »

Le **paragraphe** 4 évoque le droit de recours en ce cas.

Le **paragraphe 5** évoque le droit à réparation pour les détentions dans des conditions illégales au sens du paragraphe I.

(85) Tâchons de déterminer le domaine exact de l'article 5. Il vise **la privation de liberté** ; or il se trouve que l'article 2 du quatrième protocole additionnel vise, quant à lui, les restrictions à la liberté de mouvement. Comment distinguer alors atteintes à la liberté et restrictions de la liberté ?

Évidemment, la Cour EDH s'est donné le droit d'interpréter souverainement cette différence et, pour cela, a énoncé qu'il n'y avait entre les deux qu'« *une différence de degré ou d'intensité* » et non pas une différence « *de nature ou d'essence* » (6 nov. 1980, *Guzzardi*, Série A n° 39). S'agissant d'un mafieux, qui avait été contraint de rester durant seize mois avec son épouse et ses enfants sur une île inhabitée de 2,5 km^2, elle devait retenir qu'il s'agissait bien d'une privation de liberté (même affaire).

(86) **L'article 5** ne protège pas par essence contre la privation de liberté : il **protège contre la privation de liberté illégale** – non pas dans les conditions du droit national – et ne répondant pas à certaines garanties procédurales.

La privation de liberté doit par ailleurs s'inscrire dans le cadre de l'une des situations admises par l'article 5 :

– personne condamnée par un tribunal compétent ;

– personne détenue pour avoir violé une ordonnance prise par une juridiction compétente pour violation d'une obligation prescrite par la loi ;

– personne détenue préventivement et régulièrement lorsqu'existent des raisons plausibles de soupçonner qu'elle a commis une infraction et que, par ailleurs, elle risque, soit de recommencer, soit de se sauver ;

– détention régulière d'un mineur pour son éducation surveillée ou sa présentation ultérieure à une juridiction compétente ;

– personne malade susceptible de propager une maladie contagieuse, ou aliéné, toxicomane, alcoolique ou vagabond ;

– personne qu'il faut empêcher de pénétrer irrégulièrement sur le sol national ou contre laquelle une procédure d'extradition ou d'expulsion est en cours.

Chaque fois, il est renvoyé à la régularité ou à la légalité de la procédure suivie.

De plus, l'article 5 donne droit à la personne privée de liberté d'être présentée à une autorité judiciaire.

(87) **La France a été concernée plusieurs fois** par l'application de l'article 5 et notamment dans quatre affaires.

Dans une affaire *Bozano contre France* du 18 décembre 1986[1], il était reproché à cet individu, en Italie, un enlèvement suivi d'une séquestration, avec dissimulation de cadavre, tentative d'extorsion de fonds et actes obscènes sur la personne de quatre femmes. Il fut condamné à la perpétuité après bien des incidents de procédure et, pour finir, jugé par contumace (il ne pouvait assister à l'audience du fait de colites néphrétiques). Réfugié en France, il parvint à y vivre un certain temps dans la clandestinité. Arrêté à la suite d'un contrôle de routine, il fit l'objet d'une demande d'extradition de la part de l'Italie. La France s'y refusa, car la contumace italienne ne préservait pas les droits de la défense et, au surplus, ne pouvait être purgée. M. Bozano demeura cependant détenu en France, car il y avait fait l'objet d'une inculpation d'« escroqueries, contrefaçon, falsification, altération de document administratif et usage », laquelle devait aboutir à un non-lieu.

Bien que nous ayons refusé d'extrader M. Bozano, nous nous en débarrassâmes néanmoins en l'expulsant quelque temps plus tard sans autre forme de procès *(sic)* que l'intervention de la police. Il avait demandé un titre de séjour, mais la Préfecture avait conservé un silence prudent et prétendu n'avoir pas trouvé trace de sa demande – ce qui était peu vraisemblable, son avocat ayant écrit sur le document même de la requête de son client. M. Bozano fut expulsé vers la Suisse, qui l'extrada, ô surprise, vers l'Italie, laquelle avait été informée de cette expulsion avant même qu'elle ait eu lieu.

La Cour reprocha alors à la France (§ 59) : les *« circonstances du transport forcé du requérant jusqu'à la frontière franco-suisse »* ; la notification tardive de cette expulsion, qui l'avait empêché d'exercer des voies de recours ; l'information donnée à l'Italie, *via* Interpol, de l'expulsion vers la Suisse ; la rocambolesque perte de documents par la Préfecture ; la soudaineté de l'interpellation... et devait conclure qu'il s'était agi d'une *« mesure d'extradition déguisée »* (§ 60).

La France fut encore condamnée le 22 mars *1995* dans une affaire *Quinn contre France*[2]. M. Quinn, Américain résidant en France, y avait été condamné à quatre ans pour une complexe affaire d'escroquerie, puis extradé vers la Suisse

1. Req. n° 9990/82, Série A, n° 111.
2. Req. n° 18580/91.

après avoir purgé sa peine. Il avait été placé sous écrou extraditionnel, à la demande de la Suisse, dès sa détention provisoire, alors que la chambre de l'accusation (ancien terme pour désigner la chambre de l'instruction) avait prononcé sa mise en liberté. L'écrou extraditionnel avait permis de faire échec à cette mise en liberté : là résidait l'illégalité constatée par la Cour, qui avait dû rappeler à la France que « *la liste des exceptions au droit à la liberté figurant à l'article 5 par. 1 (art. 5-1) revêt un caractère exhaustif, et que seule une interprétation étroite cadre avec le but et l'objet de cette disposition* » (§ 42).

La France fut aussi condamnée dans une célèbre affaire *Medvedyev contre France*, laquelle donna lieu à deux arrêts. M. Medvedyev faisait partie de l'équipage d'un cargo dénommé *Winner* soupçonné de se livrer au trafic de stupéfiant. Le cargo fut arraisonné par la marine nationale dans l'océan Atlantique, puis convoyé vers le port de Brest. À bord, les marins trouvèrent plusieurs tonnes de stupéfiants. Après quinze jours de mer, les membres de l'équipage, jusqu'alors retenus dans leur propre navire, furent débarqués sur le sol français, puis placés en garde à vue. Dans un premier arrêt, la Cour de Strasbourg[1] devait condamner la France pour non-respect de l'article 5 § 3, les suspects n'ayant pas été présentés aussitôt à un magistrat indépendant et impartial, mais au procureur de la République.

La France ayant demandé que l'affaire soit à nouveau examinée, un deuxième arrêt fut rendu par la Grande Chambre, laquelle condamna la France sur le fondement de l'article 5 §1, c'est-à-dire sur les motifs d'arrestation et non sur le fondement de l'article 5 § 3, car il s'était avéré que les suspects avaient été présentés à un juge d'instruction[2].

Cette condamnation fut en partie à l'origine de l'adoption de la loi du 5 janvier 2011, qui introduisit aux articles L. 1521-11 à L. 1521-18 du Code de la défense un régime de rétention *ad hoc* pour les personnes arrêtées en mer sous le contrôle du parquet et du juge des libertés et de la détention[3].

La France fut aussi condamnée dans une triste affaire *Moulin contre France.* Madame Moulin, avocate au barreau de Toulouse, fut arrêtée à Orléans, sur commission rogatoire de deux juges d'instruction dans le cadre d'une information judiciaire ouverte pour trafic de stupéfiants et blanchiment. Elle fut soupçonnée du délit de révélation d'informations issues d'une enquête ou d'une instruction en cours. Placée en garde à vue le 13 avril 2005, elle fut conduite à Toulouse aux fins de perquisition de son cabinet en présence des magistrats instructeurs orléanais. Le 14 avril 2005, un juge d'instruction du tribunal judiciaire de Toulouse ordonna la prolongation de sa garde à vue sans l'avoir entendue. La fin de sa garde à vue lui fut notifiée le 15 avril 2005. Les juges orléanais ayant décerné mandat d'amener, elle fut présentée au procureur adjoint

1. CEDH, 10 juill. 2008, *Medvedyev c/ France*, req. nº 3394/03, *RSC* 2009. 176, obs. J.-P. Marguenaud.

2. CEDH, Gr. Ch, 29 mars 2010, *Medvedyev c/ France*, req. nº 3394/03. *Cf.* aussi pour une condamnation de même type CEDH, 27 juin 2013, req. nº 62736/09, *Vassis et autres c/ France*, *AJ pénal* 2013.549, obs. G. Roussel.

3. L. 2011-13 du 5 janv. 2011 relative à la lutte contre la piraterie et à l'exercice des pouvoirs de police de l'État en mer, *JO* 6 janv.

du TJ de Toulouse, qui ordonna sa conduite à la maison d'arrêt de la ville en vue de son transfèrement à Orléans. Après transfèrement, le 18 avril 2005, elle fut présentée aux deux juges d'instruction en charge de l'affaire et mise en examen. Le juge des libertés et de la détention ordonna alors son placement en détention provisoire. Devant les juges européens, l'avocate argua de la violation des dispositions de l'article 5, au motif qu'elle n'avait été « *aussitôt traduite* » auprès d'un « *juge ou à un autre magistrat habilité par la loi à exercer des fonctions judiciaires* ». En effet, elle avait été détenue durant cinq jours avant d'être présentée physiquement à un tel magistrat. La France se défendit en soulevant le fait que l'avocate avait été conduite devant un magistrat du parquet toulousain. Pour la Cour de Strasbourg, ce magistrat ne présentait pas de garanties suffisantes pour satisfaire aux exigences conventionnelles. La Cour européenne a ainsi considéré que le procureur de la République ne constituait pas une autorité judiciaire parce que, d'une part, il ne présentait pas de garanties suffisantes d'indépendance et d'impartialité et que, d'autre part, il possédait la qualité de partie poursuivante[1]. Cette conception a été reprise par la Cour de cassation française[2], mais point par le Conseil constitutionnel qui estime toujours que « l'autorité judiciaire comprend à la fois les magistrats du siège et du parquet »[3]. En outre, la Cour de justice de l'Union européenne a considéré que le parquet offrait une certaine indépendance fonctionnelle du fait de l'absence de directive individuelle lors de l'émission des mandats d'arrêt européens[4]. Cette conception de la CEDH ouvre tout de même la voie à l'intervention du juge du siège en tant que seul garant de la liberté individuelle pendant la garde à vue[5].

En conclusion, l'on peut résumer en disant que l'article 5 constitue l'*Habeas corpus* européen[6].

D. L'article 6 de la Convention EDH

L'article 6 contient toute une série de règles précises énonçant en quoi doit constituer un procès équitable. Il soulève au préalable des interrogations quant à son domaine d'application.

1. Le domaine d'application

(88) Les règles du procès équitable s'appliquent aux **procédures civiles et pénales**, énonce l'article 6 § 1. Les autres paragraphes concernent tous les accusés en matière pénale.

(89) Ces notions de matière civile et, pour ce qui nous concerne, pénale, ne sont pas interprétées par les États eux-mêmes en vertu de leurs droits nationaux. C'est au regard du droit conventionnel qu'il convient de se fonder, a retenu la Cour

1. D. Roets. *RSC* 2011. 208, note sous CEDH, 23 nov. 2010 *Moulin c/ France*.

2. Cass. Crim., 15 déc. 2010, pourvoi n° 10-83. 674 ; 18 janvier 2011, pourvoi n° 10-84980, *AJ pénal* 2011, p. 198, obs. L. Ascensi.

3. Déc. n° 2010-14/22 QPC du 30 juill. 2010 et déc. n° 2004-492 DC du 2 mars 2004.

4. CJUE 12 déc. 2019, n° C-566/19 PPU et C-626/19 PPU.

5. *Cf.* sur ce point, A. Giudicelli, « Le ministère public n'est pas une autorité judiciaire au sens de la Convention de sauvegarde des droits de l'homme : quelles conséquences sur le contrôle de la garde à vue ? », *RSC* 2011. 142 ; G. Roussel, *Suspicion et procédure pénale équitable*, préc, p. 226.

6. D. Roets, note sous CEDH, 23 nov. 2010, préc.

EDH[1] ; elle se réserve donc, pour l'application de l'article 6, d'imposer aux États (qui peuvent être tentés de lui donner un domaine trop étroit) sa propre interprétation de la notion de matière pénale.

Pour raisonner, la Cour a retenu trois critères qui, s'ils sont réunis, renvoient à la notion de matière pénale : ce qu'en dit le droit national compte comme premier critère, mais ne doit pas jouer de manière décisive ; la nature est la gravité de l'infraction ; la nature et la gravité de la sanction – ces deux derniers critères pouvant être alternatifs.

(90) La notion de **matière pénale** est en outre **à interpréter de manière large**, estime la Cour : dans une société démocratique, il faut raisonner de manière matérielle et non formelle pour assurer un bon niveau de protection[2].

C'est ainsi que la Cour étend l'application de l'article 6 à des domaines que la France refuse de qualifier comme relevant du droit pénal : sanctions fiscales[3], administratives (exemple : le retrait de points du permis[4]), disciplinaires (Ordre des médecins)[5].

Une affaire célèbre (*Campbell et Fell c/ Royaume-Uni, du 26 juin 1984*[6]) portait sur la discipline carcérale. Le droit britannique prévoyait, au titre des sanctions, le retrait des crédits de réductions de peine (« rémission ») accordés en début de peine. La Cour a estimé que cela relevait de la matière pénale. Non pas qu'intrinsèquement toute sanction disciplinaire relevant de la matière pénale. Tel était le cas en revanche dès lors qu'elle entraînait un allongement de la peine par rapport à ce que pouvait escompter initialement le condamné ; c'est donc au regard de la nature de la sanction, essentiellement, que la notion de matière pénale a été retenue.

Cette solution initialement proclamée par la Cour dans l'arrêt *Campbell et Fell c. Royaume-Uni*, où il s'était ensuivi un allongement de 570 jours de la peine, a été reprise dans des arrêts ultérieurs[7] à l'occasion d'affaires dans lesquelles l'augmentation du nombre de jours de détention était pourtant nettement moins significative : respectivement 56, 40 et 7 jours.

(91) La France marque une mauvaise volonté certaine lorsqu'il s'agit de se plier à l'application de l'article 6 en dehors du strict domaine pénal. La question a ainsi

---

1. CEDH 8 juin 1976, *Engel et autres c/ Pays-Bas*, ANFDI, 1977, 481, obs. Pelloux, *Cah. Dr. eur.* 1978, 364, obs. Cohen-Jonathan.

2. CEDH, 27 fév. 1980, *Deweer c/ Belgique*, Série A, n° 35, *Cah. Dr. Eur.* 1982, p. 196, obs. Cohen-Jonathan, *Ann. Fr. dr. Int.* 1981, 286, obs. Pelloux, Clunet 1982, 197, obs. v Rolland.

3. CEDH, 24 fév. 1994, *Bendenoun c/ France*, Série 1, n° 284, *JCP* 1995, I, n° 3823, obs. Sudre, *Ann. fr. dr. Int.* 1994, 658, obs. Cousirat-Coustère, Clunet 1995, 752, obs. Decaux et Tavernier, *Petites affiches* 11 mai 1994, p. 21, note Flauss, *RSC* 1994, 38, obs. Massias, *RSC* 1994, 612, obs. Pettiti.

4. CEDH, 23 sept. 1998, *Malige c/ France*, Rec. 1998-VII.

5. CEDH, 26 sept. 1995, *Diennet c/ France*, Série A, n° 325-A, *Gaz. Pal.* 1996, 2, 529, obs. Flécheux.

6. Clunet 1986, 1058, obs. Rolland et Tavernier.

7. *Delazarus c/ Royaume-Uni*, 16 fév. 1993, req. n° 17525/90 ; *Ezeh et Connors c. Royaume-Uni*, 15 juill. 2001, req. n°s 39665 et 40086/98 ; Grde ch., *Ezeh et Connors c. Royaume-Uni*, 9 oct. 2003, req. n°s 39665 et 40086/98, *D.* 2004, chron. J.-P. Céré, *JCP* 2004, I, 107, n° 4 et *Dr. Pén.* 2004, n° 7, p. 6, étude de E. Vergès.

été posée de savoir si l'ancienne contrainte par corps (« contrainte judiciaire » depuis la loi du 9 mars 2004), à savoir la privation de liberté pour non-paiement de dettes, notamment fiscales ou douanières (depuis la loi de 2004, uniquement les dettes relatives aux amendes pénales), constituait une peine et, de ce fait, devait être prononcée dans des conditions procédurales respectueuses des exigences de l'article 6. La Cour avait clairement énoncé, il y a treize ans, qu'il s'agissait d'une peine justiciable de cet article[1]. Pourtant, la chambre criminelle devait par la suite persister à résister à cette solution[2] tandis que, au demeurant, la chambre commerciale s'y pliait[3].

Le législateur est intervenu, à l'occasion de la loi du 9 mars 2004, en modifiant le régime de la contrainte, devenue judiciaire, qui est également prononcée désormais par un juge pénal ou par le juge d'application des peines (Jap) dans des conditions respectueuses du contradictoire, quoique non pas de la règle de la publicité, laquelle sera étudiée *infra*.

2. Le contenu

(92) La notion de procès équitable renvoie à la fois à la notion anglo-saxonne de ***due process*** et à des garanties connues du droit procédural français, souvent sur la base de principes généraux du droit.

(93) Ce texte, intitulé « *Droit à un procès équitable* », se décompose en trois paragraphes, le troisième comportant en outre cinq sous-paragraphes numérotés de a) à e).

Le paragraphe 1er énonce plusieurs droits[4] qui sont dus en matière pénale à la personne accusée, notamment :

– *être entendue dans un délai raisonnable* par une juridiction statuant sur le principe ;

– *bénéficier d'une audience publique* (sauf exceptions limitativement énumérées...).

Le paragraphe 2 énonce la règle de la *présomption d'innocence* due à la personne accusée d'une infraction et applicable « *jusqu'à ce que sa culpabilité ait été légalement établie* »[5].

---

1. CEDH, 8 juin 1995, *Jamil c. France*, Série A, n° 317-B ; *RSC* 1996, chron. R. Koering-Joulin, p. 471.

2. Cass. Crim., 24 sept. 1996, *Bathmann, Bull. Crim.* n° 328 et Cass. Crim., 29 janv. 2003, *Bull. Crim.* n° 20 ; D. 2003, IR p. 807 ; JCP 2003, IV, 1597 ; *D.* 2004, chron. p. 1100, M. Herzog-Evans.

3. Cass. Com., 18 juin 2002, *Bull. Civ.* IV, n° 107, *D.* 2000, p. 609, note Djoudi ; et Cass. Com., 18 juin 2002, *Bull. Civ.* IV, n° 107 ; *D.* 2002, IR p. 2170 ; *D.* 2004, chron. p. 1100, M. Herzog-Evans.

4. Il énonce que : « *Toute personne a droit à ce que sa cause soit entendue équitablement, publiquement et dans un délai raisonnable, par un tribunal indépendant et impartial, établi par la loi, qui décidera, soit des contestations sur ses droits et obligations de caractère civil, soit du bien-fondé de toute accusation en matière pénale dirigée contre elle. Le jugement doit être rendu publiquement, mais l'accès de la salle d'audience peut être interdit à la presse et au public pendant la totalité ou une partie du procès dans l'intérêt de la moralité, de l'ordre public, de la sécurité nationale dans une société démocratique, lorsque les intérêts des mineurs ou la protection de la vie privée des parties au procès l'exigent, ou dans la mesure jugée strictement nécessaire par le tribunal, lorsque, dans des circonstances spéciales, la publicité serait de nature à porter atteinte aux intérêts de la justice.* »

5. Comme le précise l'article 5 de la directive (UE) 2016/343 du 9 mars 2016, cette présomption implique de ne pas présenter les personnes poursuivies par le recours à des mesures de contraintes physiques à l'audience, sauf mesures de sécurité nécessaires. À l'appui du droit au procès équitable

Le paragraphe 3 énonce d'autres droits dus à la personne accusée, que nous citerons ici *in extenso :*

a) être informé, dans le plus court délai, dans une langue qu'il comprend et d'une manière détaillée, de la nature et de la cause de l'accusation portée contre lui ;

b) disposer du temps et des facilités nécessaires à la préparation de sa défense ;

c) se défendre lui-même ou avoir l'assistance d'un défenseur de son choix et, s'il n'a pas les moyens de rémunérer un défenseur, pouvoir être assisté gratuitement par un avocat d'office, lorsque les intérêts de la justice l'exigent ;

d) interroger ou faire interroger les témoins à charge et obtenir la convocation et l'interrogation des témoins à décharge dans les mêmes conditions que les témoins à charge ;

e) se faire assister gratuitement d'un interprète, s'il ne comprend pas ou ne parle pas la langue employée à l'audience.

L'application de ces différents droits a généré, pour la France, un certain nombre de décisions.

3. Illustrations : application de l'article 6 concernant la France

Nous allons évoquer plusieurs difficultés ayant conduit à une condamnation de la France pour violation de l'article 6.

(94) La première concerne **la question de l'application de la règle de la consignation** pour former une plainte avec constitution de partie civile. Elle s'est posée dans une affaire *Aït-Mouhoub c/ France* du 28 octobre 1998[1]. M. Aït-Mouhoub avait été condamné à douze ans de réclusion criminelle et à sept ans de période de sûreté. Il déposa une plainte avec constitution de partie civile contre des gendarmes, pour diverses forfaitures concernant l'enquête. Il demanda l'aide juridictionnelle, mais le bureau d'aide juridictionnelle rejeta sa demande au motif que, bien qu'il disposât, si l'on ose dire, de ressources évaluées à zéro franc, cette demande était irrecevable parce que le recours qu'il avait formé contre l'arrêt de la cour d'assises était encore pendant. En appel, le doyen des juges d'instruction fixa la consignation pour sa plainte avec constitution de partie civile à hauteur de 80 000 francs, notamment parce qu'il n'avait pas l'aide juridictionnelle. Entre-temps, son pourvoi contre l'arrêt de la cour d'assises qui l'avait condamné devait être rejeté. De ce fait, il demanda à nouveau l'aide juridictionnelle, puisque la cause de rejet précédente avait disparu : il lui fut cette fois répondu qu'il n'avait pas consigné les 80 000 francs. Pour sanctionner la France sur le fondement de l'article 6 § 1, la Cour EDH a retenu que « *la fixation d'une somme aussi élevée par le doyen des juges d'instruction était disproportionnée, étant donné l'absence totale de ressources financières* » (§ 57).

---

et de l'interdiction de la torture, la comparution dans un box vitré a été contestée. Toutefois, si le box métallique n'est plus toléré, un enclos en verre ne porte pas atteinte à ces principes dès lors que la personne poursuivie y est libre de ses mouvements, sans entrave et qu'il existe un dispositif permettant à ce même accusé de communiquer librement et secrètement avec ses avocats (Cass. Crim. 10 avr. 2019, n° 18-83.053).

1. Rec 1998-VIII, *D.* 1999, Somm. 268, obs. Renucci, *RSC.* 1999, 399, obs. Koering-Joulin.

(95) La **deuxième difficulté** concernant la France portait sur **l'obligation de se constituer prisonnier soit avant une audience criminelle, soit pour exercer un pourvoi**, qui s'imposait auparavant en droit français. Elle a fait l'objet de deux décisions.

Dans une première, *Poitrimol contre France*, du 23 novembre 1993[1], ce monsieur avait amené en Turquie ses deux enfants, sur lesquels il n'exerçait pas la garde permanente mais seulement un droit de visite. À l'issue de celui-ci, il n'avait pas ramené ceux-ci en France et, de ce fait, fut condamné à un an d'emprisonnement. Resté en Turquie le temps de la procédure, il avait été légalement représenté par un avocat. Il devait faire l'objet d'un mandat d'arrêt international. Il fit appel et demanda encore à être représenté. Toutefois, cette fois, son absence ne fut pas admise. L'arrêt confirma le premier jugement, sans qu'il puisse donc cette fois être défendu. Il voulut former un pourvoi en cassation, mais il lui fut objecté qu'il n'avait pas obéi au mandat d'arrêt : il aurait dû se constituer prisonnier. La Cour qualifia ainsi la difficulté juridique : « *Savoir si un accusé qui évite délibérément de comparaître reste en droit d'"avoir l'assistance d'un défenseur de son choix", au sens de l'article 6 par. 3 c)* » (cf. commentaire p. 6). Si elle admettait que la comparution d'un prévenu fût d'une « importance capitale » et qu'il fût légitime que les États pussent essayer de « *décourager les abstentions injustifiées* » (§ 35), elle devait néanmoins retenir la violation de l'article 6 du fait que le pourvoi soit irrecevable pour un tel motif, car il fallait justement être en mesure d'avoir un contrôle juridictionnel des motifs d'absence du condamné (§ 38 et § 39).

La question s'est à nouveau posée à propos de M. **Papon** en **2002**[2]. Celui-ci fut libéré au cours de la procédure de jugement, en raison de son état de santé. Il comparut donc libre et fut condamné à dix ans. Il forma néanmoins un pourvoi en cassation contre l'arrêt de la cour d'assises. Cependant, il lui fut demandé de se constituer prisonnier, comme l'exigeait l'article 583 du Code de procédure pénale avant la loi du 15 juin 2000. Il en demanda la dispense. La Cour de cassation conclut au rejet de son pourvoi sur la question de la dispense, comme contre l'arrêt de la cour d'assises, l'estimant précisément déchu de ce pourvoi faute de s'être constitué prisonnier. La Cour EDH devait condamner la France, estimant qu'il y avait eu atteinte au droit d'accès de M. Papon à un tribunal (§ 100).

Une troisième difficulté s'est présentée avec la notification du droit au silence. S'il n'est pas explicitement énoncé par la Convention européenne des droits de l'homme, la Cour de Strasbourg a estimé dans son arrêt *Funke c. France* que l'article 6 attribuait à l'accusé en matière pénale le droit « *de se taire et de ne point contribuer à sa propre incrimination* »[3]. Toutefois, dans son arrêt *John Murray c. Royaume-Uni*, la Cour a admis sa relativité : « *s'il est manifestement incompatible avec le droit de se taire et de ne pas contribuer à sa propre incrimination, de fonder une*

1. Série A n° 277-1, *Ann. Fr. dr. Int.* 1994, 658, obs. Cousirat-Coustère, Clunet 1994, 821, Obs. Decaux et tavernier, *RSC* 1994, 362, obs. Koering-Joulin, *Dr. pénal* 1994, 16 ; obs. Maron, *RUDH* 1993, 377, obs. Sudre *et al.*, *RTDH*, 1999, 235, obs. Vailhé.

2. CEDH, *Papon c/ France*, 25 juill. 2002, req. n° 54210/00, *D.* 1992, Somm., 2572, obs. Renucci.

3. CEDH, 25 févr. 1993, *Funke c/ France*, § 44, série A, n° 256-A ; *D.* 1993, somm., p. 387, obs. J.-F. Renucci.

condamnation exclusivement ou essentiellement sur le silence du prévenu ou sur son refus de répondre à des questions ou de déposer, il est tout aussi évident que ces droits ne peuvent et ne sauraient empêcher de prendre en compte le silence de l'intéressé dans des situations qui appellent assurément une explication de sa part, pour apprécier la force de persuasion des éléments à charge »[1]. Le droit français a quant à lui toujours été ambivalent face à ce droit. Pendant longtemps, il n'a pas été explicitement formulé dans le Code de procédure pénale. À l'inverse, jusqu'à la loi du 4 janvier 1993, les gardés à vue avaient d'ailleurs l'obligation de déposer[2]. La loi du 15 juin 2000 avait inséré sa notification immédiate à l'article 63-2 du Code de procédure pénale. Cédant aux protestations des syndicats de police, la loi du 4 mars 2002 introduisit une nouvelle rédaction en vertu de laquelle la personne placée en garde à vue était informée de son « *choix* » et non plus de son droit « *de faire des déclarations, de répondre aux questions qui lui seront posées ou de se taire* ». Le silence devenait ainsi l'ultime alternative du suspect pendant la garde à vue, la première étant celle de parler. Les syndicats de police n'étant toujours pas satisfaits, la loi du 18 mars 2003 abrogea totalement l'information sur le droit au silence qui continuait néanmoins d'exister. Jusqu'à ce qu'intervienne l'arrêt *Brusco contre France*[3], il y avait donc là un droit essentiel du suspect, dont celui-ci n'était pourtant pas informé de manière à ce qu'il puisse effectivement l'exercer.

Dans cette affaire, le requérant avait été placé en garde à vue en 1999. Après avoir prêté serment de « dire toute la vérité, rien que la vérité », il avait été interrogé par les officiers de police judiciaire et avait alors reconnu avoir versé de l'argent aux auteurs d'une agression dans le but d'intimider la victime, mais non point de la tuer. Il fut condamné pour complicité de violences volontaires aggravées après que ses demandes d'annulation de la procédure en raison de sa prestation de serment ont été rejetées. Devant la Cour de Strasbourg, M. Brusco soutint que l'obligation de prêter serment pour une personne gardée à vue portait atteinte à ses droits au silence et au fait de ne point contribuer à sa propre incrimination.

La Cour devait énoncer que « *le fait d'avoir dû prêter serment avant de déposer a constitué (...) une forme de pression, et que le risque de poursuites pénales pour témoignage mensonger a assurément rendu la prestation de serment plus contraignante* ». Elle en déduisit qu'avait été commise une « *atteinte au droit du requérant de ne pas contribuer à sa propre incrimination et de garder le silence, tel que garanti par l'article 6 § 1 et 3 de la Convention* ». De manière concomitante, la Cour de cassation devait s'aligner sur la jurisprudence de la Cour européenne et exiger elle aussi que les gardés à vue devaient être informés de leur droit de se taire[4]. En conséquence de cette condamnation européenne et de la décision du Conseil constitutionnel, la loi du 14 avril 2011 sur la garde à vue est venue préciser la portée du droit au silence dans le Code de procédure. Elle a introduit d'abord à l'article préliminaire un nouvel alinéa

1. CEDH, 8 févr. 1996, *John Murray c/ Royaume-Uni*, Rec. 1996-I, § 68 ; *JCP* 1997 I, 4000, obs. F. Sudre.

2. Art. 62 C. pr. pén. dans sa rédaction de l'époque.

3. CEDH, 14 oct. 2010, req. n° 1466/07, *Brusco c/ France*, *D.* 2010. 2950, note J.-F. Renucci, *RSC* 2011. 211, note. D. Roets.

4. Cass. Crim., 19 oct. 2010, *JCP* 2010, 1104, obs. H. Matsopoulou.

disposant que « *En matière criminelle et correctionnelle, aucune condamnation ne peut être prononcée contre une personne sur le seul fondement de déclarations qu'elle a faites sans avoir pu s'entretenir avec un avocat et être assistée par lui* » ; elle a modifié ensuite la rédaction de l'article 63-1 dont le 3° dispose désormais que l'OPJ doit informer la personne placée en garde à vue « *du droit, lors des auditions, après avoir décliné son identité, de faire des déclarations, de répondre aux questions qui lui sont posées ou de se taire* ».

E. L'article 8 de la Convention EDH

Il convient, ici encore, de présenter le contenu de ce texte avant d'en étudier quelques applications relatives à la France en matière pénale.

(96) De prime abord, cette stipulation concerne peu la matière pénale et moins encore la procédure pénale. Il énonce en effet dans son **paragraphe 1er** : « *Toute personne a droit au respect de sa vie privée et familiale, de son domicile et de sa correspondance.* »

Néanmoins, la procédure pénale pourra justement porter atteinte à la vie privée, à la vie familiale, au domicile et à la correspondance. C'est toutefois ici qu'intervient le paragraphe 2 : contrairement à d'autres stipulations, l'article 8 ne prévoit pas un droit absolu. Des atteintes peuvent être portées aux droits protégés par le paragraphe 1er, dans les limites prévues par ce paragraphe 2. À la lecture de ce dernier, l'on constate que, précisément, apparaissent nombre d'impératifs présents dans le cadre pénal. **Le paragraphe 2** stipule en effet : « *Il ne peut y avoir ingérence d'une autorité publique dans l'exercice de ce droit que pour autant que cette ingérence est prévue par la loi et qu'elle constitue une mesure qui, dans une société démocratique, est nécessaire à la sécurité nationale, à la sûreté publique, au bien-être économique du pays, à la défense de l'ordre et à la prévention des infractions pénales, à la protection de la santé ou de la morale, ou à la protection des droits et libertés d'autrui.* »

(97) La jurisprudence européenne en a fait application à de nombreuses situations, comme, par exemple :

– les correspondances entre un détenu et son avocat[1] ;

– les perquisitions douanières[2].

Précisément, illustrons l'application de l'article 8 à propos d'une situation bien précise ayant concerné la France.

F. Illustration : l'application de l'article 8 à la France

(98) Le téléphone date de la fin du XIXe siècle mais, en tant que moyen de communication largement répandu, il est très récent. En outre, les écoutes téléphoniques ont longtemps été peu discrètes (« clic » très audible !). Les risques de violation de la vie privée par ce biais ne sont donc apparus que bien plus tard. Les juges du fond furent les premiers saisis de ces affaires et la plupart admirent la validité du procédé.

La **chambre criminelle** eut l'occasion de se prononcer avant même le Code de procédure pénale dans une affaire *Imbert*[3], puis, plus clairement encore, avec

1. CEDH, 25 mars 1992, *Campbell c/ Royaume-Uni*, Série A n° 233, *Ann. Fr. dr. Int.* 1992, 629, obs. Cousirat-Coustère, *RUDH* 1993, 1, obs. F. Sudre *et al.*

2. CEDH, 25 fév. 1993, *Funke c/ France*, Série A n° 256-A ; 25 fév. 1993, *Crémieux c/ France*, Série A n° 256-B ; 25 fév. 1993, *Miailhe c/ France*, Série A n° 256-C.

3. Cass. Crim., Imbert,12 juin 1952, *S.* 1954, I, 69, note Légal.

une affaire *Tournet*[1], laquelle fit même intervenir l'Assemblée plénière en 1989[2]. La Cour de cassation devait admettre la validité des écoutes sur le fondement, notamment, de l'article 81, qui donne au juge d'instruction de larges compétences. Elle exigeait toutefois que les écoutes fussent décidées par le juge d'instruction, dans des conditions de loyauté ne portant pas atteinte aux droits de la défense.

Cela ne suffit cependant pas à épargner une condamnation de la France : le fondement juridique était en effet insuffisant. La condamnation devait tomber à l'occasion d'un arrêt *Kruslin et Huvig* du 24 avril 1990[3]. Au regard des exigences de la chambre criminelle, les écoutes étaient valables (instruction, commission rogatoire du juge, loyauté et respect des droits de la défense). C'est d'ailleurs, naturellement, après épuisement des voies de recours en France que le requérant s'était tourné vers le juge européen. La question de droit qui devait être posée était celle de savoir si la loi française était conforme aux exigences posées par le § 2 de l'article 8 pour justifier l'atteinte portée à la vie privée, protégée par le § 1 – ce texte exige notamment qu'une loi prévoie une telle atteinte. L'article 8 § 1, complété par la jurisprudence, était-il suffisant à cet égard ? La Cour ne l'a pas estimé, parce qu'il manquait à la loi un certain nombre de précisions, notamment quant à :

– sa prévisibilité : la protection aménagée par la jurisprudence à cet égard était insuffisante ;

– la détermination des personnes pouvant faire l'objet d'écoutes ;

– la détermination des infractions pouvant donner lieu à écoutes ;

– l'indication des limites de durée des écoutes ;

– la détermination des conditions relatives aux procès-verbaux ;

– la détermination de garanties quant à l'exactitude des retranscriptions des enregistrements ;

– la détermination de ce qu'il adviendrait des écoutes par la suite, spécialement après non-lieu ou relaxe.

Cette affaire a été la cause de l'instauration, dans le Code de procédure pénale, des articles 100 et suivants, à l'occasion d'une loi du 10 juillet 1991. La Cour européenne des droits de l'homme a ensuite eu l'occasion de préciser le droit de toute personne concernée par des écoutes téléphoniques, même pratiquées dans une autre procédure à bénéficier d'un « contrôle efficace » de la légitimité de l'ingérence dans sa vie privée[4].

Dorénavant, l'un des nouveaux enjeux de la protection de la vie privée provient de l'utilisation exponentielle par la police judiciaire de fichiers informatisés qui contiennent nombre de données à caractères personnels sur les suspects, les condamnées, les victimes et les témoins d'infraction[5]. Ces fichiers posent la question du respect de la vie privée concernant la nature des données

1. Cass. Crim., Tournet, 9 oct. 1980, G.A. n°12 : *D.* 1981, 332 ; *JCP* 1981, II 15578.
2. Ass. Plén., 24 nov. 1989, *Bull. Crim.* n° 440 ; *D.* 1990, 34 et chron. p. 15.
3. *RSC* 1990, 615, obs. Pettiti.
4. CEDH, 29 mars 2005, *Matheron c/ France, JCP* 2005, II, 10091, note L. Di Raimondo.
5. *Cf.* V. Gautron, « La prolifération incontrôlée des fichiers de police », *AJ pénal* 2007, p. 57.

concernées, la qualité des personnes visées et la durée de conservation des enregistrements. La Cour européenne des droits de l'homme a ainsi condamné le Royaume-Uni, pays en pointe quant à l'utilisation de fichiers, pour des durées excessives d'enregistrement de données relatives à des suspects d'infraction[1].

La France a quant à elle été épargnée par la censure européenne, dans trois arrêts *Bouchacourt c/ France, Gardel c/ France* et *M. B. c/ France*[2] à propos du fichier judiciaire nationale automatisé des auteurs d'infractions sexuelles ou violentes (FIJAIS, C. pr. pén., art. 706-53-1). Ce fichier créé par la loi du 9 mars 2004 contient des informations relatives à l'identité, aux successives des auteurs et à leur décision de condamnation. Ces informations sont accessibles aux autorités judiciaires, aux officiers de police judiciaire, aux préfets et à certaines administrations. L'inscription au fichier entraîne de nombreuses obligations telles la justification plusieurs fois par an et celles d'informer de tout changement d'adresse. Ces obligations perdurent le temps de l'inscription qui est de vingt ou trente ans selon les infractions ayant justifié la condamnation. La Cour n'a pas pour autant conclu à la violation de l'article 8. Elle a considéré que l'ingérence dans la vie privée était prévue par la loi et poursuivait des buts légitimes de « défense de l'ordre public » et de « prévention des infractions pénales ». Elle a en outre relevé que les personnes inscrites possédaient un droit à l'effacement des données et avaient à cet égard un recours auprès du juge des libertés et de la détention. Elle en a déduit que la durée de conservation des données n'était « *pas disproportionnée au regard du but poursuivi par la mémorisation des informations* ». Enfin, quant à l'accès au fichier, la Cour a constaté que le fichier était « *exclusivement accessible à des autorités astreintes à une obligation de confidentialité et dans des circonstances déterminées* ».

À l'inverse, la durée d'inscription au fichier automatisé des empreintes digitales et les maigres garanties d'effacement ont fondé la condamnation de la France dans l'affaire M.K. La Cour a en effet considéré que la possibilité d'effacement était une garantie « théorique et illusoire » et que la durée d'archivage de 25 ans des données constituait une « *pratique assimilable à une conservation indéfinie* »[3]. Dans l'affaire *Brunet*, la Cour européenne a condamné l'absence de recours possible contre la décision du procureur de ne pas effacer du STIC, principal fichier de police, les données concernant une personne ayant bénéficié d'un classement sans suite[4].

Enfin, c'est sur le fondement de l'article 8 de la Convention que la Cour de cassation a censuré l'absence de contrôle par un juge du siège des géolocalisations réalisées pendant les enquêtes de police en raison de la gravité d'ingérence dans la vie privée[5]. Cette censure est à l'origine de la précision du régime des géolocalisations par la loi du 28 mars 2014.

---

1. *Cf.* V. Gautron, « Usages et mésusages des fichiers de police : la sécurité contre la sûreté ? », *AJ pénal* 2010, p. 266.
2. CEDH, 17 déc. 2009, *Bouchacourt c/ France, Gardel c/ France et M. B. c/ France*, *RSC* 2010, 240 note D. Roets.
3. CEDH, 18 avr. 2013, *M.K c/ France*, req. n° 19522/09.
4. CEDH, 18 sept. 2014, n° 2010/10, *Brunet c/ France*, *AJ pénal* 2014, p. 538, obs. G. Roussel.
5. Cass. Crim., 22 oct. 2013, n° 13-81.945 et 13-81.349, *AJ pénal* 2013, p. 668, obs. L. Ascensi.

II.2. Le Pacte international de 1966

(99) De source onusienne, le Pacte international est très proche de la Convention européenne. En réalité, ce texte est rarement cité, parce qu'existe dans l'ordre européen la Convention EDH, précisément et que les praticiens ont surtout été formés à l'utilisation de cette dernière. Cela s'explique en outre par l'absence de juridiction supranationale chargée de sanctionner les États qui n'en respecteraient pas les stipulations. Pourtant, le Pacte est lui aussi d'effet direct.

(100) Certaines de ses stipulations sont particulièrement intéressantes ; tel est notamment le cas de **l'article 14**. Certes, celui-ci reprend nombre de garanties énumérées dans la Convention EDH, mais il apporte sur certains points des éléments supplémentaires. Ainsi, il énonce :

> « 1. Tous sont égaux devant les tribunaux et les cours de justice. Toute personne a droit à ce que sa cause soit entendue équitablement et publiquement par un tribunal compétent, indépendant et impartial, établi par la loi, qui décidera soit du bien-fondé de toute accusation en matière pénale dirigée contre elle, soit des contestations sur ses droits et obligations de caractère civil. Le huis clos peut être prononcé pendant la totalité ou une partie du procès, soit dans l'intérêt des bonnes mœurs, de l'ordre public ou de la sécurité nationale dans une société démocratique, soit lorsque l'intérêt de la vie privée des parties en cause l'exige, soit encore dans la mesure où le tribunal l'estimera absolument nécessaire lorsqu'en raison des circonstances particulières de l'affaire la publicité nuirait aux intérêts de la justice ; cependant, tout jugement rendu en matière pénale ou civile sera public, sauf si l'intérêt de mineurs exige qu'il en soit autrement ou si le procès porte sur des différends matrimoniaux ou sur la tutelle des enfants.
>
> 2. Toute personne accusée d'une infraction pénale est présumée innocente jusqu'à ce que sa culpabilité ait été légalement établie.
>
> 3. Toute personne accusée d'une infraction pénale a droit, en pleine égalité, au moins aux garanties suivantes :
>
> a) à être informée, dans le plus court délai, dans une langue qu'elle comprend et de façon détaillée, de la nature et des motifs de l'accusation portée contre elle ;
>
> b) à disposer du temps et des facilités nécessaires à la préparation de sa défense et à communiquer avec le conseil de son choix ;
>
> c) à être jugée sans retard excessif ;
>
> d) à être présente au procès et à se défendre elle-même ou à avoir l'assistance d'un défenseur de son choix ; si elle n'a pas de défenseur, à être informée de son droit d'en avoir un et, chaque fois que l'intérêt de la justice l'exige, à se voir attribuer d'office un défenseur, sans frais, si elle n'a pas les moyens de le rémunérer ;
>
> e) à interroger ou faire interroger les témoins à charge et à obtenir la comparution et l'interrogatoire des témoins à décharge dans les mêmes conditions que les témoins à charge ;
>
> f) à se faire assister gratuitement d'un interprète si elle ne comprend pas ou ne parle pas la langue employée à l'audience ;
>
> g) à ne pas être forcée de témoigner contre elle-même ou de s'avouer coupable.
>
> 4. La procédure applicable aux jeunes gens qui ne sont pas encore majeurs au regard de la loi pénale tiendra compte de leur âge et de l'intérêt que présente leur rééducation.

> 5. Toute personne déclarée coupable d'une infraction a le droit de faire examiner par une juridiction supérieure la déclaration de culpabilité et la condamnation, conformément à la loi.
> 6. Lorsqu'une condamnation pénale définitive est ultérieurement annulée, ou lorsque la grâce est accordée parce qu'un fait nouveau ou nouvellement révélé prouve qu'il s'est produit une erreur judiciaire, la personne qui a subi une peine en raison de cette condamnation sera indemnisée, conformément à la loi, à moins qu'il ne soit prouvé que la non-révélation en temps utile du fait inconnu lui est imputable en tout ou partie.
> 7. Nul ne peut être poursuivi ou puni en raison d'une infraction pour laquelle il a déjà été acquitté ou condamné par un jugement définitif, conformément à la loi et à la procédure pénale de chaque pays. »

C'est notamment ce dernier paragraphe qui présente une différence avec la Convention EDH, dans sa version d'origine : il énonce en effet la règle dite *non bis in idem*. Certes, cette règle a été ensuite insérée à l'article 4 du protocole additionnel n° 7 à la Convention EDH ; toutefois, si la France a émis une réserve d'interprétation[1] sur ce dernier texte, par laquelle elle entend restreindre l'application de cette règle aux seules « *infractions relevant en droit français de la compétence des tribunaux statuant en matière pénale [, qui] doivent être regardées comme des infractions au sens des articles 2 à 4* » du Protocole, elle a omis de faire la même réserve concernant l'article 14. L'enjeu est important, puisque nous avons vu que la France refusait d'appliquer les règles du procès équitable en dehors du champ strictement pénal.

D'ailleurs, dans une affaire *Bykowski*[2], la chambre criminelle devait refuser de faire application de la règle *non bis in idem* – il est vrai que le demandeur au pourvoi n'avait invoqué que l'article 6 de la Convention et non l'article 14 du Pacte – s'agissant d'un cumul de sanctions pénales (huit mois d'emprisonnement), d'application de la peine (non-octroi de réductions de peine) et disciplinaires pénitentiaires (placement en cellule disciplinaire) pour un fait unique (possession d'un quart de gramme de cannabis dans sa cellule).

II.3. Le Droit de l'Union européenne

(101) Comme nous l'avons énoncé précédemment, le Traité de Lisbonne a permis à l'Union européenne de renforcer la coopération policière et judiciaire. Mais ce traité lui permet aussi d'intervenir plus directement dans la définition de règles touchant au cœur de la procédure pénale. Ces règles ont bien sûr pour objectif d'harmoniser les procédures sur le territoire de l'Union mais aussi de renforcer les garanties des justiciables et partant, le procès pénal équitable. Par exemple, le Conseil de l'Union européenne a proposé une feuille de route visant à instaurer des « normes minimales » concernant les garanties procédurales des suspects et

1. Contenue dans l'instrument de ratification déposé le 17 fév. 1986.
2. Cass. Crim., 27 mars 1997, *Bykowski*, *Bull. Crim.* n° 128 ; *RSC* 1997, 830, obs. B. Bouloc ; *D.* 1998, somm. p. 172, obs. J. Pradel ; *Rev. pénit.* 1998, p. 71, note M. Herzog-Evans.

des victimes[1]. Celles-ci se déclinent au sein de différentes directives qui progressivement sont transposées en droit interne :

– Directive 2010/64/UE du 20 octobre 2010 relative aux droits à l'interprétation et à la traduction dans le cadre des procédures pénales renforçant le droit à la traduction et à l'interprétation a donné lieu à la (dite « directive A ») ;

– Directive 2012/13/UE du 22 mai 2012 relative au droit à l'information dans le cadre des procédures pénales (dite « directive B ») renforçant le droit d'être informé de ses droits et des accusations portées contre soi ;

– Directive 2013/48/UE du 22 octobre 2013 relative au droit d'accès à un avocat dans le cadre des procédures pénales et des procédures relatives au mandat d'arrêt européen, au droit d'informer un tiers dès la privation de liberté et au droit des personnes privées de liberté de communiquer avec des tiers et avec les autorités consulaires (dite « directive C ») renforçant le droit à l'assistance juridique et le droit de communiquer avec ses proches, ses employeurs et les autorités consulaires ;

– Directive 2012/29/UE du 25 octobre 2012 renforçant la protection des victimes.

La transposition de ces directives est ainsi à l'origine de la loi n° 2013-711 du 5 août 2013 portant diverses dispositions d'adaptation dans le domaine de la justice en application du droit de l'Union européenne et des engagements internationaux de la France qui renforce le droit à la traduction et à l'assistance d'un interprète pendant la procédure. Elle est aussi à l'origine de la loi n° 2014-535 du 27 mai 2014 portant transposition de la directive 2012/13/UE du Parlement européen et du Conseil, du 22 mai 2012, relative au droit à l'information dans le cadre des procédures pénales qui introduit un statut de suspect libre et réforme les droits des personnes placées ou en garde à vue ou poursuivies.

La loi du n° 2015-993 du 17 août 2015 portant adaptation de la procédure pénale au droit de l'Union européenne est aussi venue transposer plusieurs textes européens afin de renforcer les droits des victimes, la coopération judiciaire, la reconnaissance mutuelle des décisions de justice et des décisions de probation au sein de l'Union :

– la Décision-cadre 2009/948/JAI du Conseil, du 30 novembre 2009, relative à la prévention et au règlement des conflits en matière d'exercice de la compétence dans le cadre des procédures pénales ;

– la Décision-cadre 2009/829/JAI du Conseil, du 23 octobre 2009, concernant l'application, entre les États membres de l'Union européenne, du principe de reconnaissance mutuelle aux décisions relatives à des mesures de contrôle en tant qu'alternative à la détention provisoire ;

– la Décision-cadre 2008/947/JAI du Conseil, du 27 novembre 2008, concernant l'application du principe de reconnaissance mutuelle aux jugements et aux décisions de probation aux fins de la surveillance des mesures de probation et des peines de substitution ;

1. Conseil de l'Union européenne, Feuille de route visant à renforcer les droits procéduraux des suspects ou des personnes poursuivies dans le cadre des procédures pénales, Bruxelles, 24 novembre 2009, 15434-09 DROIPEN 149 COPEN 220.

– la Directive 2011/99/UE du Parlement européen et du Conseil, du 13 décembre 2011, relative à la décision de protection européenne ;

– la Directive 2012/29/UE du Parlement européen et du Conseil, du 22 octobre 2012, établissant des normes minimales concernant les droits, le soutien et la protection des victimes.

III. Les juridictions pénales internationales

Après les tribunaux de Nuremberg et de Tokyo, aucune juridiction pénale internationale n'avait été mise en place pour sanctionner les crimes de guerre ou contre l'humanité.

Il fallut deux autres conflits particulièrement mortifères (en ex-Yougoslavie, en 1992 et au Rwanda, en 1994) pour que soient créées des juridictions *ad hoc* (A). Des juridictions consacrées uniquement à des conflits déterminés ayant paru insuffisantes, on a institué la Cour pénale internationale, permanente (B).

III.1. Des Tribunaux pénaux internationaux...

(102) Deux Tribunaux pénaux internationaux (TPI) ont été institués à la suite des conflits de l'ex-Yougoslavie et du Rwanda. Leurs règles de procédure et de fond (notamment la détermination des crimes en cause) sont largement similaires. Pour la création de ces juridictions, l'influence du modèle anglo-saxon accusatoire a été forte, comme d'ailleurs à Nuremberg, même si les victimes n'y participent pas directement. À signaler, néanmoins, l'existence d'un juge de la mise en état, inspiré du droit français, qui a été instauré au TPI de La Haye et repris ensuite à la Cour pénale internationale.

Ces juridictions, comme à Nuremberg, ne traitent que des criminels ayant joué un rôle décisionnel et non ayant agi directement, ces derniers étant laissés aux juridictions nationales.

(103) **Le TPI d'Arusha** (Tanzanie) a été créé par une Résolution n° 955 du Conseil de sécurité des Nations unies. Il comporte deux chambres de première instance et une chambre d'appel (dix-huit juges, qui ne travaillent toutefois pas en même temps), un bureau du procureur et un greffe. Il est compétent pour le génocide, les crimes contre l'humanité, les crimes de guerre commis entre le 1er janvier 1994 et le 31 décembre 1994 par des Rwandais sur le territoire du Rwanda ou dans les territoires voisins, ou par d'autres que des Rwandais au Rwanda.

Le TPI d'Arusha a connu plusieurs dizaines d'affaires. Il a condamné quatre ministres, dont un Premier ministre, un préfet, des maires.

Toutefois, il revient au pays même de juger le quart de la population, auteur des exactions sur le reste de celle-ci. Si l'on confiait cela aux juridictions nationales, mille ans seraient nécessaires ! C'est pour cette raison qu'ont été créées également des juridictions *gaçaça*, assemblées villageoises au cours desquelles les prévenus doivent comparaître et reconnaître les faits.

Les langues de travail y sont le français, l'anglais et le kinyarwanda.

Il existe un programme d'accompagnement des témoins et victimes (soins, garde des enfants lorsqu'ils ont dû se déplacer depuis leur pays, protection de leur ferme...) et aussi de protection (dissimulation de leur identité...).

Les peines sont exécutées en Afrique. En revanche, il existe une prison préventive (quartier pénitentiaire comprenant 56 cellules), comme pour les autres cours internationales.

(104) **Le TPI de La Haye** a été créé également par une résolution du Conseil de sécurité ; il est compétent pour les mêmes crimes qu'Arusha, commis toutefois dans le territoire de l'ex-Yougoslavie en 1992. La procédure, le fonctionnement sont les mêmes qu'à Arusha.

Ce TPI a cependant été beaucoup plus actif : il a déjà mis en accusation plus de 161 personnes et clôturé 113 procédures. Il a condamné 55 personnes et les peines ont été jusqu'à vingt-cinq ans. Le TPI a fermé ses portes en 2017.

III.2. ... à la Cour pénale internationale

(105) Sa création doit beaucoup à des personnalités comme celle de M. Badinter. Elle est fondée sur un « plus jamais ça », doublé du constat que les cours pénales internationales ont un domaine limité dans le temps et leur objet – d'où l'idée d'une Cour permanente.

Elle a été instaurée le **17 juillet 1998** par la Conférence diplomatique des plénipotentiaires des Nations unies sur la création d'une Cour pénale internationale **(Statut de Rome)**.

Malgré son nom, le Statut de Rome est bien une convention internationale. Il ne lie que les États qui acceptent de se soumettre à sa juridiction. En octobre 2011, il était signé par **119 États**, mais pas par les États-Unis – alors que ceux-ci sont parties aux TPI et notamment à celui du Rwanda, où siège l'un de leurs juges. Le Statut est entré en vigueur le 1er juillet 2002.

La compétence de la Cour ne concerne que les crimes commis après cette date.

(106) La Cour, qui siège à La Haye, a élu ses **18 premiers juges** en 2003. Ces derniers ont été élus pour trois, six ou neuf ans, ce afin d'en assurer le renouvellement. Tous les juges ont un passé brillant. Ainsi, l'un des juges français, Claude Jorda, a été procureur général près de la Cour d'appel de Paris et président du TPI pour l'ex-Yougoslavie. Un autre, Bruno Cotte, a été président de la Chambre criminelle de la Cour de cassation. De nouvelles élections de juges ont eu lieu en décembre 2014.

(107) L'organisation et la procédure suivie ressemblent beaucoup à celles des TPI. Le **bureau du Procureur**, qui peut recevoir les plaintes, comprend plusieurs magistrats : un procureur et des procureurs adjoints. Le procureur adjoint Mme Fatou Bensouda a ainsi remplacé au poste de Procureur l'emblématique Luis Moreno-Campo. Tous les magistrats en poste à la CPI possèdent un *curriculum vitae* impressionnant. Cependant, les équipes d'enquêteurs du bureau du Procureur ne semblent pas encore suffisamment composées de véritables professionnels de l'investigation[1].

(108) **La compétence de la CPI** concerne seulement les crimes les plus graves : il s'agit du génocide, des crimes contre l'humanité, des crimes de guerre, que le Statut définit très précisément. Pour mettre en conformité le droit français avec

1. *Le Monde*, 9 déc. 2011.

le statut de la CPI, la loi n° 2010-930 du 9 août 2010 est venue introduire un certain nombre d'infractions notamment les crimes et délits de guerre (art. 461-1 à 462-11 C. pén.) et modifier le régime de compétences des juridictions françaises (art. 689-11 C. pr. pén.). Celle n° 2011-1862 du 13 décembre 2011 a créé au sein du TJ de Paris des juridictions spécialisées pour les poursuites, l'instruction et le jugement des crimes contre l'humanité et des crimes et délits de guerre (art. 628 à 628-10 C. pr. pén.).

La compétence de la Cour s'étendra même au crime d'agression d'un État contre un autre lorsqu'une définition de celle-ci aura été adoptée par les États parties. Où l'on commence à entrevoir pourquoi les États-Unis n'ont pas signé le traité...

Même pour ces crimes, la CPI n'est compétente que si l'État en cause n'a pas fait le nécessaire, au travers de sa justice nationale, pour les sanctionner – soit qu'il n'ait pas voulu, soit qu'il n'ait pas pu le faire. C'est la règle de la subsidiarité.

(109) **Les poursuites** peuvent être engagées de trois manières différentes :

– les États eux-mêmes, parties au traité, saisissent le procureur ;

– le Conseil de sécurité des Nations unies saisit le procureur – dans ce cas, il faut noter que la règle de la subsidiarité que nous venons d'évoquer ne s'applique pas ;

– le procureur peut lui-même ouvrir une procédure s'il a reçu des informations de sources dignes de confiance – celles-ci peuvent donc être initiées par les victimes. Dans ce dernier cas, on ne peut toutefois parler de saisine directe, puisque le procureur doit, pour se saisir, demander une autorisation préalable à l'une des chambres de la Cour appelée la Section préliminaire.

(110) Le **parquet est totalement indépendant**, notamment vis-à-vis de tous les États parties, des organisations non gouvernementales (ONG), des Nations unies et, bien sûr, des personnes privées. Il ne peut accepter la moindre pression ou instruction, ni d'ailleurs en solliciter.

(111) La Cour est divisée en **plusieurs sections** :

– Chambre préliminaire ;

– Chambre de première instance ;

– Chambre des appels.

Le Greffe joue, comme dans toute juridiction, un rôle majeur ; il sert notamment à accueillir, orienter, soutenir et aider les victimes. À cet égard, la CPI innove : contrairement aux autres juridictions pénales internationales, **elle permet aux victimes** de :

– participer directement à la procédure ;

– demander réparation (monétaire notamment), soit à l'auteur, soit au travers d'un fonds d'indemnisation créé par les États.

(112) La CPI a rendu un certain nombre d'arrêts construisant la jurisprudence de la Cour relative aux notions du Statut de Rome tels les crimes de guerre ou le recours à des enfants soldats[1]. Le 1er décembre 2014, la chambre d'appel a rendu sa première décision dans laquelle elle rejette notamment de nouveaux moyens de preuve[2].

1. CPI, 7 mars 2014, *Le Procureur c. Katanga*, ICC-01/04-01/07.

2. CPI, chambre d'appel, 1er décembre 2014, *Le Procureur c. T. Lubanga Dyilo*, *AJ pénal* 2015, p. 136 obs., R. Nollez-Goldbach ; 25 juin 2015, *Le Procureur c. Germain Katanga*, ICC-01/04-01/07-3458.

Titre 2.
Les principes fondamentaux

En matière pénale, le principe cardinal est celui de la légalité. Il reçoit toutefois une application peu stricte en ce qui concerne la procédure pénale (*Chapitre 1*). Il est vrai qu'y prévaut souvent, outre ce qui est perçu comme constituant les nécessités de la répression, la notion processuelle classique de bonne administration de la justice (*Chapitre 2*). Fort heureusement, s'appliquent également des principes protecteurs des parties (*Chapitre 3*).

Chapitre 1

Le principe de légalité en procédure pénale

Pour la plupart des auteurs, la procédure pénale constitue l'une des branches principales du droit pénal *lato sensu.* Ainsi entendue, elle comprend « *les règles relatives à la découverte du coupable, à sa poursuite et à son jugement* ». Cette proximité de la procédure et du droit de fond assied le plus souvent l'idée selon laquelle les principes fondamentaux du second vaudraient généralement pour la première et qu'il en serait tout particulièrement ainsi du principe de légalité. Pourtant, ce rattachement n'est pas suffisant à fonder son applicabilité en cette matière (*Section 1*). En outre, le contenu qui en est habituellement proposé est fort éloigné de celui qu'il revêt en droit de fond (*Section 2*).

Section 1
LE CONTENU DU PRINCIPE DE LÉGALITÉ EN PROCÉDURE PÉNALE

Les professeurs Levasseur et Vitu ont eu le mérite de soulever une question jusqu'alors écartée. Cependant, ils se plaçaient dans un cadre historique particulier, en réaction à des abus bien déterminés – la création de juridictions d'exception –, ce qui renvoie à l'un des effets de la légalité que l'on pourrait formuler ainsi : « Pas de compétence sans texte »[1].

Depuis lors, personne n'a songé à aller au-delà et, notamment, à poser clairement la règle « Pas d'acte de procédure sans texte » (§ 1) et ses conséquences classiques, à savoir l'application stricte (§ 2) et l'interdiction pour la jurisprudence de créer du droit (§ 3).

1. M. Levasseur s'insurgeait aussi contre l'effet rétroactif des lois de procédure.

I. Application de la règle « Pas de procédure sans texte »

Il est hélas courant que la jurisprudence admette des actes sans texte, ou sur la base de textes flous.

I.1. Les actes sans texte

(113) La jurisprudence a ainsi admis au XIXe siècle **l'enquête « officieuse »**, sans le moindre support textuel, laquelle allait être fort heureusement intégrée ultérieurement, quoique tardivement, au Code de procédure pénale sous l'appellation d'« enquête préliminaire ».

Pendant longtemps, un vide juridique a permis de justifier la rétention policière à fin de **vérifications d'identité**. Pour une fois légaliste, la Cour de cassation devait d'ailleurs les invalider en dehors de la commission de toute infraction[1]. Il allait falloir attendre 1981 pour que le législateur se décide enfin à leur donner une assise textuelle.

(114) Plus surprenant encore, jusqu'en 1958, la **garde à vue** elle-même ne faisait au départ l'objet d'aucune disposition textuelle. Pour la justifier, il fut parfois renvoyé au décret propre à la gendarmerie, mais c'était oublier que le raisonnement par analogie est prohibé en matière pénale.

(115) Le caractère plus complet du décret du 20 mai 1903 applicable aux gendarmes et abrogé par la loi n° 2009-971 du 3 août 2009 appartient désormais à l'Histoire. Il est longtemps demeuré en matière de **fouilles corporelles**, y compris intégrales[2], le seul texte prévoyant la réalisation de ces actes (art. 307 et 308 du décret), alors que rien d'équivalent n'existait dans le Code de procédure pénale. L'ancien article 63-5 Code de procédure pénale traitait quant à lui d'un acte distinct, les investigations corporelles internes pratiquées par un médecin sur demande d'un officier de police judiciaire (OPJ). Pourtant, la Cour de cassation a utilisé un raisonnement par analogie pour valider les fouilles intégrales : elle les a assimilées à des perquisitions[3] ! Heureusement, la loi du 14 avril 2011 est venue encadrer la mise en œuvre des fouilles intégrales et les investigations corporelles internes en garde à vue et dans les différents cas de retenue de personnes. L'article 63-5 modifié les soumet au respect du principe de dignité ; l'article 63-6 les interdit comme mesures de sécurité ; enfin, l'article 63-7 en encadre strictement la décision et la mise en œuvre. Pour les palpations de sécurité, il a fallu attendre le décret n° 2013-113 du 4 décembre 2013 introduisant l'article R. 434-16 du Code de la sécurité intérieure. La loi n° 2017-258 du 28 février 2017 les encadre en matière pénitentiaire sur les personnes autres que détenues (L. n° 2009-1436 du 24 nov. 2009, art. 12-1).

---

1. Cass. Crim., 5 janvier 1973, *Friedel*, *D.* 1973, p. 541, note G. Roujou de Boubée.
2. *Cf.* M. Herzog-Evans, « Fouilles corporelles et dignité de l'homme », *RSC* 1998, p. 735 et « Fouilles corporelles », *Encyclopédie de droit pénal*, Dalloz.
3. Cass. Crim., 22 janvier 1953, *Isnard*, *D.* 1953, p. 533, note LAPP ; Cass. Crim. 21 juillet 1982, *Bull. Crim.* n° 196.

I.2. Les actes sur la base de textes généraux

(116) La jurisprudence a parfois validé des actes en se référant à des textes manquant étonnamment de précision. Ainsi, les articles 81[1] et 151[2] du Code de procédure pénale ont-ils suffi à la chambre criminelle pour fonder les **écoutes téléphoniques**, alors que, nous l'avons vu, ils n'ont pas suffi à la Cour EDH, précisément pour leur manque de précision.

(117) Il ne faut pas néanmoins confondre absence de rédaction et rédaction généraliste.

Un texte écrit de manière généraliste permet ainsi à la pratique de s'adapter aux évolutions de la délinquance et au progrès technique sans nécessité de nouvelles lois ni de complexifier le Code. L'article 81 du Code de procédure pénale, certes insuffisant pour décider la mise sur écoutes, a permis de décider la réalisation d'un portrait-robot génétique[3]. La rédaction généraliste laisse plus de liberté aux praticiens sous le contrôle de la Cour de cassation, mais elle suppose de la part du législateur un effort de qualité rédactionnelle.

(118) La violation du principe de légalité se rencontre parfois dès que l'on recourt à la **notion fourre-tout d'ordre public**, bien éloignée de l'exigence à valeur constitutionnelle de clarté des lois pénales. Il est notamment recouru à cette notion :

– à propos des contrôles d'identité dits administratifs à l'article 78-2 al. 3 et s. ;

– à propos du placement en détention provisoire à l'article 144, même si, comme nous le verrons, cette notion a fait l'objet d'un encadrement, lui-même insuffisant cependant. Beaucoup plus utile sera la dernière phrase ajoutée par la loi n° 2007-291 du 5 mars 2007, qui dispose : « *Toutefois, le présent alinéa n'est pas applicable en matière correctionnelle* ». C'est le résultat – enfin ! – de l'affaire d'Outreau…

II. Application de la règle de l'interprétation stricte

(119) L'interprétation des textes répressifs est, en application du principe de légalité, censée être très stricte. Sont notamment interdits des procédés interprétatifs, comme l'analogie. L'on ne recourt par ailleurs à l'intention du législateur qu'en présence d'un authentique problème d'interprétation et non pour combler ce qui est perçu comme « un vide juridique ».

Le fait qu'un acte ne soit pas prévu par un texte est pourtant perçu comme un vide juridique à combler par l'analogie. Comme nous l'avons vu, cela conduit en fait à d'authentiques créations jurisprudentielles. C'est souvent la notion de bonne administration de la justice, interprétée de manière pour le moins compréhensive, qui y conduit. L'idée est que les actes accomplis dans cet esprit sont nécessairement favorables au prévenu.

---

1. « Le juge d'instruction procède, conformément à la loi, à tous les actes d'information qu'il juge utiles. »
2. Qui permet au juge d'instruction de donner commission rogatoire à un autre juge d'instruction ou à un officier de police judiciaire et, pour son collègue, afin qu'il procède « à tous actes d'information qu'il estime nécessaires ».
3. Cass. Crim., 25 juin 2014, n° 13-87.493, *RSC* 2014.595, note J. Danet.

Ce faisant, la jurisprudence pénale s'arroge finalement le droit, en procédure, de créer purement et simplement du droit.

III. La jurisprudence créatrice de droit en procédure pénale ?

(120) Comme il a été dit *supra*, la jurisprudence, bien que source non autorisée de droit, tout spécialement en matière pénale, en crée en réalité.

La doctrine, pour sa part, ne traite d'ailleurs généralement pas des sources du droit processuel pénal, sauf pour n'évoquer et souvent de manière rapide, que des sources écrites.

Chacun sait pourtant que la jurisprudence est créatrice de droit. C'est d'ailleurs à son intégration que s'attachent généralement, pour une bonne part, les rédacteurs de nouveaux Codes (Code de procédure pénale remplaçant le CIC, Code pénal remplaçant l'ancien...). Les illustrations que nous en avons données *supra* (rétention, garde à vue, écoutes téléphoniques...) démontrent que, faute de texte, la jurisprudence autorise néanmoins les praticiens à réaliser des actes. Au demeurant, dans l'affaire des écoutes téléphoniques, la Cour EDH n'a pas écarté la possibilité de création jurisprudentielle, ce qui s'explique par la diversité en son sein des influences provenant de cultures juridiques différentes. Cependant, en France, le juge ne peut apporter de la sorte autant de précisions que l'exige la Cour EDH, précisément en application de ce qui s'apparente, nous l'avons vu, au principe de légalité. Mais il peut, par son interprétation des textes, leur donner une portée qui influera considérablement sur leur application.

Section 2
L'ARTICLE PRÉLIMINAIRE DU CPP[1]

(121) C'est à l'occasion de la **loi « présomption d'innocence »** n° 2000-516 du 15 juin 2000 qu'a été introduit dans le Code de procédure pénale un article préliminaire. Antérieurement, ce Code commençait directement par l'énoncé de règles matérielles.

(122) L'intérêt de l'avoir qualifié de **préliminaire** est d'entraîner son application à la totalité des matières embrassées par le Code de procédure pénale. Il aurait été plus difficile de le soutenir, par exemple, s'il avait constitué l'article 1er du premier livre. S'il concerne toutes les parties et matières traitées dans le Code de procédure pénale, cela signifie qu'il s'applique à l'enquête, à l'instruction, au jugement, à la mise à exécution et à l'application des peines, ainsi qu'au post-sentenciel. Certes, comme nous allons le voir, son contenu a été conçu essentiellement au regard de l'enquête, un peu moins du jugement ; néanmoins, ses dispositions s'imposent dans d'autres pans de la procédure pénale.

---

1. *Cf.* C. Lazerges, « De l'écriture à l'usage de l'article préliminaire du Code de procédure pénale », *Le champ pénal : mélanges en l'honneur du professeur Reynald Ottenhof*, Dalloz, 2006, p. 71.

(123) Les principes contenus dans l'article préliminaire existaient déjà, soit dans le droit conventionnel, essentiellement de la Convention EDH, soit dans des principes généraux du droit. Toutefois, l'article préliminaire n'est pas une simple compilation de principes. Il donne l'esprit du Code de procédure pénale. Chaque article du Code doit s'y conformer car la Cour de cassation n'hésite pas à le viser pour censurer des décisions de justice[1].

L'article préliminaire comporte plusieurs paragraphes. Les premier et troisième paragraphes comportent plusieurs principes ; le deuxième n'en comporte qu'un.

> « *I.-La procédure pénale doit être équitable et contradictoire et préserver l'équilibre des droits des parties.*
> *Elle doit garantir la séparation des autorités chargées de l'action publique et des autorités de jugement.*
> *Les personnes se trouvant dans des conditions semblables et poursuivies pour les mêmes infractions doivent être jugées selon les mêmes règles.*
> *II.-L'autorité judiciaire veille à l'information et à la garantie des droits des victimes au cours de toute procédure pénale.*
> *III.-Toute personne suspectée ou poursuivie est présumée innocente tant que sa culpabilité n'a pas été établie. Les atteintes à sa présomption d'innocence sont prévenues, réparées et réprimées dans les conditions prévues par la loi.*
> *Elle a le droit d'être informée des charges retenues contre elle et d'être assistée d'un défenseur.*
> *Si la personne suspectée ou poursuivie ne comprend pas la langue française, elle a droit, dans une langue qu'elle comprend et jusqu'au terme de la procédure, à l'assistance d'un interprète, y compris pour les entretiens avec son avocat ayant un lien direct avec tout interrogatoire ou toute audience, et, sauf renonciation expresse et éclairée de sa part, à la traduction des pièces essentielles à l'exercice de sa défense et à la garantie du caractère équitable du procès qui doivent, à ce titre, lui être remises ou notifiées en application du présent Code.*
> *Les mesures de contraintes dont la personne suspectée ou poursuivie peut faire l'objet sont prises sur décision ou sous le contrôle effectif de l'autorité judiciaire. Elles doivent être strictement limitées aux nécessités de la procédure, proportionnées à la gravité de l'infraction reprochée et ne pas porter atteinte à la dignité de la personne.*
> *Il doit être définitivement statué sur l'accusation dont cette personne fait l'objet dans un délai raisonnable.*
> *Au cours de la procédure pénale, les mesures portant atteinte à la vie privée d'une personne ne peuvent être prises, sur décision ou sous le contrôle effectif de l'autorité judiciaire, que si elles sont, au regard des circonstances de l'espèce, nécessaires à la manifestation de la vérité et proportionnées à la gravité de l'infraction.*
> *Toute personne condamnée a le droit de faire examiner sa condamnation par une autre juridiction.*
> *En matière criminelle et correctionnelle, aucune condamnation ne peut être prononcée contre une personne sur le seul fondement de déclarations qu'elle a faites sans avoir pu s'entretenir avec un avocat et être assistée par lui.*

Le premier paragraphe énonce, à n'en pas douter, les principes les plus importants.

Le **contradictoire**, en particulier, est à la fois un principe général, d'équité et un principe de fonctionnement. Comme il impose qu'une personne soit informée

1. Cass. Crim., 19 sept. 2006, *D.* 2006. 3045, note G. Royer.

de la procédure, que l'article 6 Conv. EDH impose que cette information soit réalisée dans une langue qu'elle comprend et que le législateur devait transposer la directive 2010/64 du Parlement européen et du Conseil du 20 octobre 2010 relative au droit à l'interprétation et à la traduction dans le cadre des procédures pénales, la loi n° 2013-711 du 5 août 2013 est venue insérer un nouveau paragraphe posant le droit pour les suspects « ***à la traduction des pièces essentielles à l'exercice de sa défense*** *et à la garantie du caractère équitable du procès qui doivent, à ce titre, lui être remises ou notifiées* ». La loi du 17 octobre 2015 a même étendu ce droit à la traduction au bénéfice de la victime ainsi qu'à l'assistance d'un interprète (article 10-3 C. pr. pén.).

Pour permettre l'application de ce droit, la loi a ensuite introduit un article 803-5 C. pr. pén. qui énonce notamment « *s'il existe un doute sur la capacité de la personne suspectée ou poursuivie à comprendre la langue française, l'autorité qui procède à son audition ou devant laquelle cette personne comparaît vérifie que la personne parle et comprend cette langue. À titre exceptionnel, il peut être effectué une traduction orale ou un résumé oral des pièces essentielles qui doivent lui être remises ou notifiées en application du présent Code* »[1], Puis le décret n° 2013-958 du 25 octobre 2013 a introduit dans la partie réglementaire du Code la liste des décisions devant être traduites : décisions de placement en détention provisoire, de prolongation ou de maintien de la détention, ou de rejet d'une demande de mise en liberté et les ordres d'incarcération prononcés dans le cadre de l'exécution d'un mandat d'arrêt européen ; décisions de saisine de la juridiction de jugement ; décisions statuant sur l'action publique et portant condamnation ; procès-verbal de première comparution ou de mise en examen supplétive (art. D. 594-6 C. pr. pén.). Le Code précise aussi que le cas échéant, « *l'assistance de l'interprète doit intervenir sans délai* » (art. D. 594-1). Cet interprète peut intervenir pendant les entretiens avec un avocat au cours d'une garde à vue, avant une audition devant un magistrat, la comparution devant une juridiction, le dépôt d'un recours ou d'une demande en liberté (art. D. 594-3).

Le **caractère équitable du procès, l'équilibre** du droit des parties, sont des principes naturellement souhaitables, mais qui demeurent difficiles à mettre en œuvre. Cela tient non seulement au fait que les hommes sont perfectibles, mais aussi, et surtout, aux règles techniques de procédure. Ainsi, par exemple, l'équilibre des droits des parties n'a pas de sens dans un pays où le parquet a des pouvoirs considérables pour l'établissement des faits et où, au cours de l'audience, il est placé en position de domination tant institutionnelle que physique.

La **présomption d'innocence** apparaît aussi tant elle est fondamentale en procédure pénale. L'assistance par un défenseur et la proportionnalité des atteintes à la liberté et à la vie privée sous le contrôle de l'autorité judiciaire s'avèrent aussi très importantes.

Le **droit de ne pas s'auto-incriminer** apparaît de manière indirecte dans l'ultime alinéa qui interdit d'utiliser les déclarations réalisées sans avocat avec

---

1. Le défaut de traduction écrite des pièces essentielles de procédure ne constitue pas une cause d'annulation des actes devant être traduit dès lors que la défense peut en demander ultérieurement une traduction. Cass. crim., 7 janv. 2015, n° 14-86.226, *AJ pénal* 2015, p. 152, obs. D. Brach-Thiel. En revanche, le refus opposé à une demande de traduction doit être motivé, Cass. Crim., 4 nov. 2015, n° 15-84.012, *AJ pénal* 2016, p. 219, obs. J. Gallois.

tout de même une ambiguïté de rédaction. Le terme « seul » semble permettre d'utiliser les aveux en complément d'autres preuves[1]. La Chambre criminelle de la Cour de cassation, s'appuyant sur l'article 6 Conv. EDH a ainsi d'abord estimé qu'un tel aveu ne pouvait fonder une condamnation ni corroborer d'autres preuves[2]. Puis elle est revenue sur sa position en admettant l'inverse[3]. Il suffit pour la Cour que la déclaration de culpabilité ne se soit pas fondée « ni exclusivement ni même essentiellement » sur les auditions du suspect dépourvu d'avocat[4]. Le risque de condamnation européenne pour non-respect du droit à l'auto-incrimination demeure donc.

De plus, la Cour de cassation avait estimé que seul devait recevoir notification du droit au silence étaient les personnes gardées à vue ou faisant l'objet d'une rétention douanière[5], la loi du 27 mai 2014 a étendu l'énoncé de ce droit auprès des personnes faisant l'objet d'une audition libre (C. pr. pén., art. 61-1, 4°). Elle a imposé que ce droit soit expressément rappelé au témoin assisté (art. 113-4), lors de l'interrogatoire de première comparution (art. 116), en cas de comparution devant la chambre de l'instruction[6], lors du déferement devant le procureur de la République (art. 393), au prévenu devant le tribunal de police et le tribunal correctionnel (art. 406), à l'accusé devant la cour d'assises (art. 328). Tous les suspects, parce qu'ils sont suspects et quel que soit leur statut, disposent donc du droit de se taire. Le rappel de ce droit pendant les audiences permettra à certains suspects de ne pas tomber dans le piège de reconnaître les faits à l'audience alors que leurs déclarations en garde à vue réalisées sans avocat n'auraient pas permis de les faire condamner. Dès lors, la méconnaissance de cette obligation d'informer le prévenu ou l'accusé de son droit de se taire lui fait nécessairement grief[7]. En outre, imposer à un suspect de prêter serment porte atteinte à ce droit de ne pas s'autoaccuser et ainsi s'avère contraire à la Constitution[8]. Reste que de nombreux suspects préfèrent parler à tort et à travers plutôt que de se taire.

Les autres règles sont des règles fondamentales mais techniques, qui seront étudiées dans le présent cours.

1. J. Danet, « Le nouvel alinéa de l'article préliminaire du Code de procédure pénale nous prémunit-il des erreurs judiciaires ? », *AJ pénal* 2011, p. 331.

2. Cass. Crim., 11 mai 2011, pourvoi n° 10-84.251, *RSC* 2011. 414, obs. J. Danet.

3. Cass. Crim., 6 déc. 2011, n° 11-80.326, *Gaz. Pal.* 22-24 janv. 2012, p. 7, note O. Bachelet.

4. Cass. Crim., 14 mars 2012, n° 11-85-827, *RSC* 2012, p. 631, obs. J. Danet ; 24 avr. 2013, n° 12-83-602.

5. Cass. Crim., 3 avr. 2013, n° 11-87.333.

6. La Cour de cassation est venue imposer l'obligation de notifier le droit au silence à la personne lors d'une audience examinant la détention provisoire, à l'appui de l'article 6 de la Convention EDH (Cass. Crim., 24 févr. 2021, n° 20-86.537), avant que l'article 199 du Code de procédure pénale ne soit déclaré contraire à la Constitution par la décision n° 2021-895/901/902 QPC du 9 avril 2021 du Conseil constitutionnel. Si l'abrogation est reportée au 31 décembre 2021, la chambre de l'instruction doit informer la personne mise en examen qui comparaît devant elle de son droit de se taire, dans l'attente de l'entrée en vigueur de la nouvelle loi ou jusqu'à la date de l'abrogation de l'article.

7. Cass. Crim., 8 juill. 2020, n° 19-85.954 ; Cass. Crim., 14 mai 2019, n° 19-81.408 ; Cass. Crim., 8 juillet 2015, n° 14-85.699, *AJ pénal* 2015, p. 555 obs. C. Porteron.

8. Cons. Const., déc. n° 2016-594 QPC du 4 nov. 2016 censurant l'article 153 al. C. pr. pén.

Chapitre 2

Les principes garantissant la bonne administration de la justice

Cinq principes sont essentiellement invoqués, en matière pénale, au titre de la bonne administration de la justice. Certains d'entre eux, comme la séparation des fonctions, l'oralité et la publicité de la procédure, ont au moins autant pour fondement l'exigence plus globale du procès équitable ; il en va de même, mais à un degré moindre, des deux autres – la célérité des procédures et la collégialité des juridictions de jugement.

Section 1
LA SÉPARATION DES FONCTIONS

I. Les fondements de la séparation des fonctions

(124) Au cours de la procédure pénale, différentes autorités judiciaires sont appelées à intervenir :

– *le parquet*, qui dirige la police judiciaire, en tant qu'elle enquête, puis lance les poursuites, prend des réquisitions au cours du procès pénal, met les sentences pénales à exécution, requiert à nouveau au cours des procédures d'application des peines puis, enfin, instruit les procédures post-sentencielles (relèvements divers, réhabilitation...) ;

– *le juge et les autres juridictions d'instruction*, qui interviennent en cas d'ouverture d'une information ;

– enfin, *les juridictions de jugement,* qui réalisent l'instruction d'audience puis se prononcent au fond et, au cours des phases ultérieures du procès pénal, prononcent des aménagements de peine ou décident dans le post-sentenciel.

(125) Les magistrats du parquet appartiennent à la justice « debout » ; les juges intervenant dans les juridictions d'instruction et de jugement appartiennent à la justice assise, ou « du siège ». Tous ont néanmoins été formés par la même école, l'École nationale de la magistrature (ENM), et ont passé à cette fin un concours

identique même si les voies de recrutement tendent à se diversifier pour intégrer des personnes ayant une expérience de la vie autre que les seuls auditeurs passant le concours juste après leurs études de droit. Il est naturellement possible, au cours d'une même carrière, de passer du siège au parquet et inversement. Cette possibilité n'est d'ailleurs pas sans poser des interrogations car les magistrats peuvent conserver les réflexes de leurs précédentes fonctions. Peut-être serait-il souhaitable qu'à partir d'une certaine ancienneté, les magistrats choisissent définitivement d'appartenir au parquet ou au siège. Il est vrai néanmoins que dans les faits, les allers et retours entre les fonctions tendent à ralentir, les magistrats choisissant de plus en plus de faire carrière soit au parquet, soit au siège.

(126) **L'article préliminaire** énonce au paragraphe 1er, alinéa 2, que la procédure pénale « *doit garantir la séparation des autorités chargées de l'action publique et des autorités de jugement* ». C'est la reprise d'un principe général du droit ancien, en vertu duquel les trois fonctions présentées *supra* ne sauraient, pour une même affaire, être exercées par le même organe.

Ce principe correspond certes à un **impératif organisationnel** : la procédure pénale est divisée en phases au cours desquelles, pour des raisons techniques, différentes personnes sont appelées à intervenir. Cependant, ce fondement ne suffit pas à donner à la séparation des fonctions sa nature impérative.

Dans un ordre d'idée approchant, il est encore invoqué que cela serait **plus efficace en termes répressifs** : chacun interviendrait de manière plus ciblée, plus compétente, en raison de sa nature même. Il s'agirait encore de permettre aux magistrats d'être plus efficaces : à chaque fonction ses personnels, ses services, ses règles de fonctionnement et de procédure. À ce titre, le principe de séparation des fonctions est bien une règle fondée sur la volonté de **mieux administrer la justice**.

(127) Cependant, ainsi compris, le principe renvoie uniquement au fait, pour des personnes différentes – voire des services distincts –, d'être affectées aux différentes phases que nous avons présentées *supra*. Or le principe de séparation des fonctions a aussi un **sens** différent, plus **substantiel**, qui renvoie cette fois à **l'équité** de la procédure et signifie alors qu'un magistrat qui serait intervenu au cours de l'une de ses phases ne pourrait intervenir au cours des autres. Ce principe, classiquement, est surtout entendu pour la poursuite, l'instruction et le jugement (comme il sera vu dans le paragraphe suivant), soit dans les phases du procès pénal où est en cause le prononcé de la culpabilité. Dans ce cadre, il signifie par exemple qu'une même personne ne peut avoir été magistrat du ministère public statuant dans une affaire donnée, puis se trouver au siège dans la formation de jugement pour cette même affaire, au gré des changements de carrière des uns et des autres ou encore des différents postes occupés dans un même ressort.

L'objectif est alors de garantir **l'impartialité** des magistrats – autre principe général de procédure[1]. Ce principe d'impartialité a d'ailleurs été expressément posé pour les magistrats du parquet par la loi n° 2013-669 du 25 juillet 2013 modifiant l'article 31 C. pr. pén. Cette impartialité s'avère ici surtout

1. S. Josserand, *L'impartialité du magistrat en procédure pénale*, LGDJ, 1998.

déontologique plus que statutaire[1]. Comme nous le voyons, la plupart des principes de procédure sont à rattacher à d'autres. C'est avant tout sous cet aspect que nous allons traiter de la séparation des fonctions.

II. Les conséquences de la séparation des fonctions

Le principe de séparation intervient à plusieurs niveaux : la poursuite et l'instruction ; la poursuite et le jugement ; l'instruction et le jugement.

II.1. Le principe de séparation de la poursuite et de l'instruction

(128) Le principe de séparation des phases de lancement des poursuites et d'instruction a les effets suivants :

– deux organes séparés en connaissent : le parquet, pour la mise en mouvement de l'action et le juge, voire une juridiction d'instruction, pour l'information ;

– le magistrat instructeur ne peut se saisir lui-même ; le ministère public a le monopole des poursuites ;

– les juridictions d'instruction ne sont pas tenues de déférer aux réquisitions du parquet pour mener l'information. Cependant, ce dernier exerce de fait une grande influence sur l'instruction. De plus, le fait que l'instruction soit en réalité très rare confère à l'enquête policière, aux ordres du parquet, une importance considérable.

II.2. Le principe de séparation de la poursuite et du jugement

(129) Le principe de la séparation de la poursuite et du jugement était antérieurement rattaché à l'article 253 du Code de procédure pénale[2], relatif aux assises, qui avait cependant été étendu par la jurisprudence à toutes les juridictions. Depuis la loi du 15 juin 2000, il figure, comme nous l'avons vu, au nombre des principes généraux visés à l'article préliminaire.

Le principe de la séparation de la poursuite et du jugement suppose :

– que les personnes ayant eu à connaître de l'enquête ne doivent pas participer au jugement d'une même affaire, ce afin de garantir l'impartialité des magistrats[3] ;

– que les juridictions répressives statuant au fond ne peuvent s'autosaisir, l'exercice des poursuites appartenant au seul parquet[4].

---

1. Art. 31 C. pr. pén. : « *Le ministère public exerce l'action publique et requiert l'application de la loi, dans le respect du principe d'impartialité auquel il est tenu.* »

2. Ce texte dispose : « *Ne peuvent faire partie de la cour en qualité de président ou assesseur les magistrats qui, dans l'affaire soumise à la cour d'assises, ont, soit fait un acte de poursuite ou d'instruction, soit participé à l'arrêt de mise en accusation ou à une décision sur le fond relative à la culpabilité de l'accusé.* »

3. Cass. Crim., 29 oct. 1979, *Bull. Crim.* n° 296 ; 24 mai 2005, *Bull. Crim.* n° 152.

4. Il en va cependant différemment pour les infractions d'audience, *i. e.* commises à l'audience. *Cf.* les articles 675 à 678 du C. pr. pén.

II.3. Le principe de séparation de l'instruction et du jugement

(130) Il n'est pas plus sain que les mêmes organes instruisent et jugent, car instruire comporte le risque d'être *a priori* défavorable au prévenu. En outre, le juge du fond doit aborder chaque affaire avec un regard neuf.

Le principe de la séparation de l'instruction et du jugement n'est pourtant pas repris dans l'article préliminaire. En revanche, l'article 49, alinéa 2, du Code de procédure pénale dispose que **le juge d'instruction** « ***ne peut****, à peine de nullité,* ***participer au jugement des affaires pénales*** *dont il a connu en sa qualité de juge d'instruction* ».

Il n'existe pas de texte équivalent pour les magistrats de la chambre de l'instruction[1]. Cependant, l'article 6-1 de la Convention EDH va sans doute dans le même sens, qui impose que la juridiction répressive soit impartiale. Ainsi, il y a violation de l'article 6-1 lorsque participent à la juridiction de jugement des conseillers de la chambre de l'instruction qui avaient exprimé un pré-jugement sur la réalité et l'ampleur de la culpabilité du suspect dans les motifs de leur décision de placement en détention provisoire[2]. Notons cependant une exception importante au principe : qui a fait long feu. Jusqu'à ce que le Conseil constitutionnel en décide autrement (déc. n° 2011-147 QPC du 8 juillet 2011), le juge des enfants pouvait instruire et juger lui-même ou comme membre du tribunal pour enfants. Désormais, il peut instruire l'affaire et la juger en chambre du conseil seulement s'il n'entend pas prononcer de peine et si le mineur n'a pas déjà bénéficié de cette procédure. Le jugement en chambre du conseil n'est pas non plus possible si le mineur a plus seize ans et se voit soupçonné d'avoir commis une infraction punie d'une peine d'au moins sept ans d'emprisonnement, voire trois ans en cas de récidive (ord. 2 fév. 1945, art. 8 dans sa rédaction issue de la loi n° 2011-939 du 10 août 2011). Avec le Code de la justice pénale des mineurs (CJPM), le juge des enfants perd sa compétence pour instruire en matière délictuelle, au titre d'une simplification de la procédure pénale. En revanche, et selon le nouvel article L. 121-4, il peut statuer en chambre du conseil, sur réquisitions du procureur de la République, si les circonstances et la personnalité du mineur le justifient, et condamner un mineur âgé d'au moins treize ans aux peines de confiscation de l'objet ayant servi à commettre l'infraction, de stage ou de travail d'intérêt général[3].

(131) Concrètement, donc, cela signifie que le magistrat ne saurait siéger dans une juridiction statuant au fond sur la culpabilité d'une personne, dans une affaire à propos de laquelle il aurait antérieurement instruit. Cela est un risque non négligeable dans de petits ressorts où les juges d'instruction sont sollicités pour d'autres tâches dans la juridiction. Ainsi, est notamment prohibé le fait, pour un magistrat, d'avoir participé à la chambre d'accusation s'étant prononcée

1. Sauf à se fonder sur l'article 253 précité.
2. CEDH, 5e sect. 22 avr. 2010, *Chesne c/ France*, *RSC* 2010. Chron. 690, obs. D. Roets.
3. Le prononcé du TIG est conditionné au fait que le mineur soit âgé d'au moins seize ans au moment du prononcé de la peine.

sur la détention provisoire, puis de faire partie de la cour d'assises statuant au fond[1].

Ce principe est entendu très strictement. Il a ainsi été jugé incompatible, pour une personne, de siéger dans une juridiction de jugement alors qu'elle avait été antérieurement auditrice de justice assistant le juge d'instruction[2].

Le principe comporte néanmoins des limites, faute de quoi l'activité des juridictions serait rendue impossible ; ainsi ne vaut-il qu'à l'égard d'un prévenu déterminé. Il a été jugé, par exemple, que la participation d'un conseiller de la chambre des appels correctionnels aux débats relatifs à deux poursuites successives, exercées toutefois contre deux prévenus différents, ne violait pas le principe de séparation des fonctions[3].

(132) Un second effet de la séparation de l'instruction et du jugement consiste à **réduire le poids du dossier d'instruction** lors de l'audience au fond, ce qui est par ailleurs lié au principe d'oralité de l'audience. Cela est particulièrement net s'agissant des procédures criminelles, puisque, lors des délibérations, les membres du jury ne peuvent emporter le dossier d'instruction.

Section 2
LA CÉLÉRITÉ DE LA PROCÉDURE

I. Les fondements en opportunité

(133) **La célérité des procédures est indispensable, pour diverses raisons** tenant aux intérêts de chaque partie.

Pour l'accusation, il s'agit naturellement d'économiser les deniers publics et de faire en sorte que, à l'égard du public, l'institution judiciaire fonctionne de manière efficace.

Pour le prévenu, il est particulièrement indispensable d'être rapidement fixé sur son sort : son honneur est mis en cause et il peut être même privé de liberté.

Pour la partie civile, il est bien évidemment nécessaire d'être indemnisé dans un délai utile et de pouvoir ensuite passer à une autre étape de la vie.

(134) Reste que **la célérité ne présente pas que des avantages.**

Aller trop vite – que ce soit lors de l'établissement des faits ou lors de la phase de jugement –, c'est prendre le risque de commettre des erreurs. Or les erreurs en la matière sont particulièrement lourdes de conséquences.

Aller trop vite signifie interdire à une défense utile de s'exercer ; c'est même prendre le risque que la victime elle-même n'ait pas le temps de mettre en état la présentation de ses intérêts.

---

1. Cass. Crim., 12 oct. 1983, *Bull. Crim.* n° 243.
2. Cass. Crim., 21 juin 1978, *Bull. Crim.* n° 209.
3. Cass. Crim., 29 février 2000, *Bull. Crim.* n° 89.

C'est ce qui se passe parfois avec les comparutions immédiates : enquête rapidement bouclée ; jugement expédié ; défense quasiment impossible ; victime le plus généralement absente de l'audience.

(135) Il ne faut pas confondre juger « de manière rapide » et juger « de manière expéditive ». Aussi l'expression « délai raisonnable », est souvent retenue en droit positif, pour rendre à la fois compte de la nécessité d'aller vite mais pas, pour autant, d'aller trop vite. La relation entre célérité et qualité de la justice est ainsi très complexe. Elle est liée à celle des gains de productivité d'une justice confrontée à une hausse du nombre de procédures[1].

Précisément, c'est à la fois sur le plan européen et sur le plan interne que le principe du délai raisonnable a été énoncé.

II. Les fondements textuels

Nous allons voir que le droit européen va au-delà de l'exigence générale de délai raisonnable. Il commande aussi que certains actes soient réalisés très rapidement. Pour ce qui concerne le droit français, nous en resterons à un niveau de généralité ; les délais spéciaux seront repris au cours des développements techniques de ce cours.

II.1. Les fondements conventionnels

(136) C'est surtout à **l'article 5** de **la Convention EDH** que se trouvent formulées des exigences de célérité :

– à l'article 5 § 2, il est dit : « *Toute personne arrêtée doit être informée,* dans le plus court délai *et dans une langue qu'elle comprend, des raisons de son arrestation et de toute accusation portée contre elle.* » C'est le principe de notification des charges. Il n'est plus question d'un délai seulement « raisonnable », mais bel et bien d'aller vite ;

– à l'article 5 § 3, il est dit : « *Toute personne arrêtée ou détenue, dans les conditions prévues au paragraphe 1.c du présent article, doit être* aussitôt traduite *devant un juge ou un autre magistrat habilité par la loi à exercer des fonctions judiciaires et a le droit d'être* jugée dans un délai raisonnable, *ou libérée pendant la procédure. La mise en liberté peut être subordonnée à une garantie assurant la comparution de l'intéressé à l'audience.* » Nous trouvons ici deux principes : l'obligation de faire en sorte que toute personne arrêtée et/ou détenue puisse rencontrer immédiatement un juge ; le principe général de jugement pénal dans un délai raisonnable ;

– à l'article 5 § 4, il est dit : « *Toute personne privée de sa liberté par arrestation ou détention a le droit d'introduire un recours devant un tribunal, afin qu'il statue* à bref délai *sur la légalité de sa détention et ordonne sa libération si la détention est illégale.* » Ici, plus qu'un délai raisonnable, c'est à nouveau un bref délai qui est exigé, cette fois à propos des voies de recours.

(137) Cependant, l'exigence générale de traitement d'une affaire dans un délai raisonnable ne concerne pas que les personnes privées de liberté. Aux termes de **l'article 6 § 1**, en cas d'« *accusation en matière pénale dirigée contre* » une personne,

1. J. Danet, R. Brizais, S. Lorvellec, « La célérité de la réponse pénale », *in*. J. Danet (coord.), *La réponse pénale. Dix ans de traitement des délits*, Presses Universitaires de Rennes, p. 255.

celle-ci « *a droit à ce que sa cause soit entendue équitablement, publiquement et dans un* ***délai raisonnable****, par un tribunal indépendant et impartial* ».

Le **§ 3-a) de l'article 6** vise quant à lui une règle technique : « ... *être informé, dans* ***le plus court délai****, dans une langue (que le prévenu) comprend et d'une manière détaillée, de la nature et de la cause de l'accusation portée contre lui* ».

Inversement – et cela traduit bien la complexité de ces questions –, l'article 6-3-b) retient quant à lui que la personne accusée en matière pénale doit « disposer du temps *et des facilités* nécessaires *à la préparation de sa défense* ». Une bonne justice est donc celle qui va, certes, à un pas suffisamment rapide pour tout le monde, mais laisse pour autant suffisamment de temps à la défense.

II.2. Les fondements de droit interne

(138) En droit français, l'**article préliminaire** se borne à énoncer au **paragraphe III, avant-dernier alinéa** : « *Il doit être définitivement statué sur l'accusation dont cette personne fait l'objet dans un délai raisonnable.* » La personne en question est, aux termes du premier alinéa de l'article préliminaire, paragraphe III, celle qui est « *suspectée ou poursuivie* ». Elle est alors « *présumée innocente tant que sa culpabilité n'a pas été établie* ».

La Cour EDH vérifie que les délais ont bien été respectés. Elle tient compte, d'une part, des buts de la Convention (éviter notamment les détentions excessivement longues, pour ce qui concerne le délai raisonnable ; éviter les détentions arbitraires, pour ce qui concerne la traduction rapide devant un juge) et, d'autre part, des circonstances de la cause[1].

Reste que la sanction du non-respect du délai raisonnable consiste dans l'indemnisation de l'intéressé et non la nullité de la procédure, ni même l'extinction de l'action publique[2].

Section 3
LA COLLÉGIALITÉ

(139) Le principe de collégialité suppose que **plusieurs magistrats** (en général trois) interviennent dans la prise des décisions, notamment lors de la phase de jugement.

Malgré ses nombreux avantages, il est combattu dans les faits par l'existence de juges uniques (d'instruction, de police, des enfants, d'application des peines) et, surtout, par la multiplication des cas où le tribunal correctionnel statue à juge unique.

Il n'est pas formulé dans la Convention EDH, non plus dans l'article préliminaire du Code de procédure pénale.

---

1. *Cf.* par ex. CEDH, 26 mars 1992, *Éditions Périscope c/ France*, Req., n° 11760/85 ; CEDH 31 juill. 2001, *Zanouti c/ France*, req., n° 4221/98 ; CEDH, 3 juill. 2001, *Romo c/ France*, *D.* 2002, Somm. 689, obs. S. Pérez.

2. Cass. Crim., 24 avril 2013, n° 12-82.863.

(140) **Les avantages** de la collégialité sont multiples et c'est pour cela qu'elle demeure la procédure de référence. Il est avancé que :

– elle contribuerait à *réduire le risque d'erreur* en permettant, par la discussion, d'examiner une question sous ses différents angles, là où un magistrat seul pourrait n'en voir qu'un ;

– elle *limite surtout les risques d'arbitraire*, ou tout au moins de partialité ou *de préjugé* que pourrait avoir tel ou tel magistrat ;

– elle *édulcore* le risque que les magistrats subissent des *pressions extérieures* ou, plus exactement, y succombent après les avoir reçues ;

– elle contribue par ailleurs – et ce n'est pas négligeable – à la *formation des jeunes* magistrats siégeant aux côtés de leurs aînés.

(141) Pour autant, il convient de ne pas idéaliser totalement les procédures collégiales, lesquelles **peuvent présenter des inconvénients**, notamment :

– *un coût nécessairement plus élevé :* il faut plus de place (encore qu'une audience tenue par un seul juge mobilise également une salle pour lui seul...) et, surtout, plus de personnel. C'est cette considération, majeure, qui explique que l'on écarte de plus en plus la collégialité en correctionnelle ;

– par ailleurs, il existe indéniablement, dans les faits, une *tendance* des juridictions collégiales *à rechercher le consensus*. Or le consensus n'est pas toujours la vérité, alors qu'en matière pénale elle seule compte ;

– en pratique, on constate que, lorsque plusieurs magistrats travaillent de concert, il y a *partage du travail*, si bien que deux vont se reposer sur celui qui connaît le mieux le dossier ou, plus simplement, sur celui qui dirige les débats ;

– le *risque d'arbitraire n'est pas totalement écarté*, même s'il est, dans ses formes extrêmes, réduit par la présence de plusieurs magistrats. Il existe une connivence de corps, une manière d'appréhender les justiciables et les faits sociaux qui est largement commune à la justice. Cette communauté de pensée va donc parfois renforcer les uns et les autres dans leur opinion au lieu de favoriser le doute, souvent salvateur.

(142) La collégialité, **en droit positif, ne concerne** cependant **pas** l'instruction, sauf au second degré. Néanmoins la collégialité des juges d'instruction reste possible en cas d'affaire complexe (art. 83-1 C. pr. pén.). La loi du 5 mars 2007 a prévu de faire de cette collégialité la norme. Cependant, cette réforme a été repoussée plusieurs fois en raison des problèmes de moyens qu'elle soulevait avant que la loi n° 2016-1547 du 18 novembre 2016 ne vienne totalement l'abandonner. Reste que la collégialité est devenue rare en matière correctionnelle où elle a été évincée au profit des audiences à juge unique, dont la compétence en matière correctionnelle s'est encore étendue avec la loi du 23 mars 2019. Mais elle demeure pour les affaires les plus graves ou celles pour lesquelles aucune autre orientation n'a été réalisée. Elle ne concerne pas le juge des enfants, sauf lorsqu'il statue, précisément, au sein du tribunal pour enfants. Elle ne concerne pas non plus le tribunal de police. Enfin, elle ne concerne qu'une petite partie des dossiers d'application des peines, ceux qui relèvent du tribunal de l'application des peines (C. pr. pén., art. 712-3).

Sur ce point, la seule exigence du Conseil constitutionnel dans sa décision du 23 juillet 1975[1], précisément intitulée *Juge unique*, a été la suivante : que le législateur qui instaure une procédure à juge unique en matière pénale n'abandonne pas à un tiers le soin de décider dans quelles affaires existera ce juge unique : il faut en effet que les citoyens soient égaux devant la loi.

Cela n'empêche pas, cependant, que se mettent en place des « politiques de service » différentes quant au choix des filières pénales, notamment depuis le développement des alternatives aux poursuites et des procédures rapides de jugement. Cela est particulièrement vrai en matière de composition pénale, de comparution sur reconnaissance préalable de culpabilité, d'ordonnance pénale délictuelle et de poursuites classiques : on ne choisit pas d'affecter les mêmes dossiers à Nanterre ou Paris qu'à Châlons-en-Champagne, Nantes ou Quimper.

(143) Par ailleurs, la collégialité **ne concerne pas du tout le parquet**. Cependant, le parquet, étant indivisible, fonctionne de manière hiérarchisée et la discussion est constante. L'on pouvait naguère ajouter que le parquet n'était pas en position de jugement si bien que cela n'était pas aussi indispensable. Tel n'est toutefois plus le cas aujourd'hui dès lors qu'il se prononce en parallèle des magistrats du siège au cours des procédures alternatives aux poursuites et des comparutions sur reconnaissance préalable de culpabilité. Une véritable réflexion s'installe au parquet sur les peines proposées. Comme il agit sur l'impulsion de la politique décidée par le procureur, ses membres, paradoxalement, travaillent en équipe.

(144) Inversement, l'idée que la collégialité est une meilleure forme de justice se retrouve indéniablement dans le fait qu'elle est **toujours respectée en appel**. À noter, toutefois : certaines affaires sont confiées au président de chambre – non sur des questions relatives à la culpabilité pénale, il est vrai – en matière d'exécution des peines, avec la compétence du Président de la chambre de l'application des peines pour certaines décisions : C. pr. pén., art. 712-11-1° et 712-12[2].

(145) En réponse à l'épidémie de Covid-19, l'ordonnance du 25 mars 2020, en ses articles 8 à 12, a rendu possible la composition à juge unique des juridictions collégiales en application d'un décret constatant la persistance d'une crise sanitaire de nature à compromettre le fonctionnement des juridictions malgré la mise en œuvre de la visioconférence, de la publicité restreinte, etc. Le cas échéant, pourraient se tenir à juge unique les audiences de la chambre de l'instruction, du tribunal correctionnel, de la chambre des appels correctionnels, de la chambre spéciales des mineurs, du tribunal d'application des peines et du tribunal pour enfants. En cas d'affaire grave ou complexe, le président du tribunal correctionnel peut toutefois renvoyer à la formation collégiale.

---

1. Décision n° 75-56 DC, *AJDA* 1976, p. 44 note J. Rivero, *D.* 1977, p. 629, note L. Hamon et G. Levasseur, *RDP* 1975, p. 1313, note L. Favoreu.

2. *Cf.* Cass. Crim., 10 juin 2009, *Bull. Crim.* n° 121, *AJ pénal* 2009, p. 419, obs. M. Herzog-Evans.

Section 4
L'ORALITÉ DE LA PROCÉDURE

I. Les fondements

(146) Ce principe **signifie** deux choses :

– que les parties doivent pouvoir s'exprimer de manière verbale et non pas seulement par voie d'écriture ;

– que ce qui se dit le jour de l'audience doit compter de manière déterminante, plus, voire uniquement, que sur les écritures.

(147) Ce principe est donc étroitement **lié à celui de défense**. Il ne concerne cependant pas que la défense, mais aussi l'accusation et les victimes. Chacun doit être entendu en ses observations.

Il est également lié à l'idée même d'audience : en matière pénale, celle-ci doit permettre de réaliser une seconde instruction que l'on l'appelle précisément l'instruction d'audience. Cela n'a de sens que s'il est bien tenu compte de ce qui s'est dit à l'audience.

Cela a aussi pour fondement d'éviter de faire tout reposer sur la construction du dossier par la police et le parquet : cela est donc tout spécialement important dans les affaires où il n'y a pas eu l'intermédiaire d'un juge d'instruction. Ce sont hélas précisément ces affaires-là qui échappent le plus souvent *et* à une instruction *et* à un temps suffisant pour que l'oralité et donc l'instruction d'audience, soient déterminantes sur le jugement.

Enfin, l'oralité est liée au principe de publicité des audiences pénales.

(148) Le principe de l'oralité de la procédure renvoie en réalité à celui de **l'oralité de l'audience.** La phase préparatoire n'est pas orale en principe. Cela ne signifie pas le silence des uns et des autres, mais que les éléments matériels, les pièces, les écritures, font partie de la construction du dossier tout comme ce qui se dit ; ce qui se dit étant d'ailleurs consigné par écrit (procès-verbaux) d'une manière plus ou moins fidèle (voir *infra*). L'oralité tend néanmoins à se développer, notamment depuis la suppression des observations sommaires devant la chambre de l'instruction par la loi du 5 mars 2007 (C. pr. pén., art. 199 al. 2) ou la possibilité pour l'avocat de poser des questions aux personnes interrogées par le juge d'instruction ou l'officier de police judiciaire (C pr. pén., art. 120 et art. 63-4-3).

(149) Sur le plan de ses **fondements textuels**, l'oralité n'est pas très bien soutenue, du moins en tant que principe directeur général. Elle ne figure pas dans un texte général qui l'énoncerait ; elle n'est pas mentionnée à l'article préliminaire. Elle n'est pas plus mentionnée dans la Convention EDH. Fort heureusement, la jurisprudence a décidé qu'il s'agissait d'un principe général du droit[1].

En revanche, l'oralité est **reprise** dans de **nombreuses dispositions techniques**. Cela est particulièrement vrai de la procédure suivie à la cour d'assises. Évoquons, parmi bien d'autres :

1. Cass. Crim., 31 mars 1965, *Bull. Crim.* n° 94.

– la règle selon laquelle les témoins doivent déposer oralement (C. pr. pén., art. 452) ;

– la règle selon laquelle la cour d'assises n'emporte pas dans la salle de délibérations le dossier écrit de l'affaire (C. pr. pén., art. 347).

En matière correctionnelle aussi, il en est question avec la règle selon laquelle les experts doivent déposer oralement (C. pr. pén., art. 168).

En pratique, le principe d'oralité est insuffisamment respecté dans la procédure pénale française. Si l'exercice de la plaidoirie d'avocat demeure important, son espace procédural se réduit.

II. L'application

(150) Dans la pratique, l'oralité subit tout d'abord **des atteintes** :

– elle est réduite, de fait, chaque fois que le temps consacré au jugement de l'affaire est limité pour des raisons fonctionnelles. C'est notamment vrai pour les comparutions immédiates ou en cas de surcharge de dossiers (mais cela dépend beaucoup des magistrats...) ;

– elle est réduite du fait que, mis à part en matière criminelle, les magistrats peuvent se fonder sur le dossier écrit ;

– elle est atteinte chaque fois que la comparution personnelle des intéressés est négligée (de fait, en matière de comparution immédiate, les victimes n'ont le plus souvent pas le temps de venir), voire non prévue (en appel des procédures d'application des peines, le condamné est évincé) ;

– elle devient secondaire dans les procédures alternatives aux poursuites, mais aussi dans les procédures de CRPC et d'ordonnance pénale délictuelle dans lesquelles l'audience est sinon absente, au moins réduite à une simple validation ou homologation des accords pris en amont.

L'audience se voit transformée avec le développement de la visioconférence (C. pr. pén., art. 706-71, R. 53-33 et s.) qui modifie grandement la prise de parole en la privant parfois de réactivité ou de spontanéité, en l'empêchant de s'appuyer sur les « expressions corporelles » des participants[1].

Face à la crise du Covid-19, l'ordonnance du 25 mars 2020 a, dans son article 5, généralisé le recours à la visioconférence devant l'ensemble des juridictions pénales autres que criminelles, sans qu'il soit nécessaire de recueillir l'accord des parties, ce pendant l'état d'urgence sanitaire. L'ordonnance n° 2020-1401 du 18 novembre 2020 vient étendre le recours à la visioconférence, poursuivant l'application des dispositions de l'ordonnance de mars 2020. Néanmoins, le Conseil constitutionnel censure la largesse du texte, déclarant contraire à la Constitution les mots « devant l'ensemble des juridictions pénales », figurant à l'article 2 de cette dernière ordonnance[2].

(151) L'oralité est en outre naturellement **limitée** par le nombre d'écritures réalisées au cours de l'audience :

1. *Cf.* sur cette question, J. Danet, « Rituel d'audience et visioconférence », in *La justice pénale entre rituel et management*, PUR, 2010, p. 197.

2. Cons. const., 4 juin 2021, n° 2021-911/919 QPC.

– notes d'audience tenues par les greffiers ;
– réquisitions du parquet, dont il existe une trace écrite ;
– conclusions que les parties peuvent déposer ;
– *a fortiori* lorsque, comme en appel des mesures quasi juridictionnelles d'application des peines, seules des écritures sont recevables et fondent la conviction du président de la chambre de l'application des peines, à l'exclusion de toute comparution et même de toute présence de l'avocat, voire du parquet.

Section 5
LA PUBLICITÉ DES AUDIENCES

I. Fondements

(152) **En opportunité**, la publicité de l'audience a une place à part, non seulement parce qu'elle est liée au bon fonctionnement de la justice, aux principes de l'oralité et du contradictoire, mais surtout en ce qu'elle est la base même d'une justice fonctionnant dans une **société démocratique**. Le principe de la publicité est indispensable dans un tel système, car il permet de montrer aux citoyens comment la justice est rendue. Ainsi, en premier lieu, l'arbitraire et les excès en tous genres sont-ils en grande partie évités, qui pourraient se manifester aisément dans le cadre de procédures secrètes.

(153) En deuxième lieu, ce principe repose sur la nécessité de faire œuvre de **pédagogie** à l'endroit du public sur la justice en marche. Plus précisément, l'un des fondements de la répression pénale étant le souci de prévenir la commission d'infractions dans le public, il convient qu'il reçoive à ce sujet une **information**.

(154) De nos jours, de nouveaux fondements apparaissent. Il s'agit aussi, symboliquement, de présenter à la société le fait que les parties civiles sont bien les victimes de telle infraction, de tel auteur, et inversement, de **nommer le coupable**.

Naturellement, à l'inverse, la publicité présente l'inconvénient de porter atteinte à l'honneur des personnes qui sont jugées. Si celles-ci sont déclarées innocentes, la publicité sera *a fortiori* nécessaire pour leur rendre cet honneur ; si elles sont condamnées, en revanche, il peut être retenu que l'atteinte à leur réputation provient de leur seule faute, mais il est certain que la publicité des débats peut contribuer à réduire leurs chances de réinsertion.

Quant aux victimes, toutes ne sont pas protégées par la publicité ; certaines peuvent la redouter. Cependant, elles peuvent parfois obtenir le huis clos.

De plus, l'intimité de la vie privée des parties, leurs difficultés sociales ou professionnelles, leurs troubles psychiques ou leurs addictions, sont dévoilés à tous lors des audiences publiques ce qui peut aussi inciter certains à demander le huis clos ou à préférer des procédures plus discrètes.

(155) **Sur le plan textuel**, il faut d'abord évoquer les fondements conventionnels, qui sont les plus solides car formulés en termes généraux.

La Convention EDH retient le principe de la publicité à l'article 6 § 1. Cependant, ce texte tolère qu'il y soit porté des atteintes dans des cas déterminés. Il énonce : « *Le jugement doit être rendu publiquement, mais l'accès de la salle d'audience peut être interdit à la presse et au public pendant la totalité ou une partie du procès dans l'intérêt de la moralité, de l'ordre public ou de la sécurité nationale dans une société démocratique, lorsque les intérêts des mineurs ou la protection de la vie privée des parties au procès l'exigent, ou dans la mesure jugée strictement nécessaire par le tribunal, lorsque dans des circonstances spéciales la publicité serait de nature à porter atteinte aux intérêts de la justice.* »

La jurisprudence européenne admet par ailleurs que le prévenu puisse renoncer à la publicité des débats si, du moins, il le fait librement, sans y avoir été contraint et, par ailleurs, de manière non équivoque[1].

Le droit interne, quant à lui, ne pose pas le principe de publicité en termes généraux. Il n'en est ainsi pas fait mention à l'article préliminaire ; seules des dispositions techniques le reprennent. Il en est ainsi, par exemple, pour la cour d'assises, de **l'article 306** du Code de procédure pénale, lequel énonce « *Les débats sont publics, à moins que la publicité ne soit dangereuse pour l'ordre ou les mœurs* ».

Le principe de publicité est néanmoins globalement bien observé en procédure pénale.

II. Application

Le principe de publicité comporte toutefois des limites et il y est parfois porté atteinte.

(156) Il comporte tout d'abord des **limites**. Chaque fois qu'une raison contraire impérative le commande, la juridiction peut décider du **huis clos**. Le huis clos a pour conséquence de faire sortir le public et certains témoins de la salle d'audience, dont la porte est fermée. Tel est notamment le cas lorsque la victime l'a demandé.

Lorsque la juridiction retient le huis clos, dans les conditions déjà citées *supra* de l'article 306 (la publicité s'avère pour telle affaire « *dangereuse pour l'ordre ou les mœurs* »), elle doit cependant se prononcer sur ce point par jugement public et, en tout état de cause, le jugement sur le fond est toujours prononcé en audience publique (C. pr. pén., art. 306, al. 5).

De plus, il est également dit dans ce texte que l'accès à la salle peut être interdit à des mineurs : il s'agit alors de les protéger face au contenu de certains dossiers mais également, sans doute, d'éviter l'agitation ou le bruit qu'ils pourraient causer.

En principe, il est retenu que la juridiction est souveraine pour apprécier s'il échet de prononcer ou non le huis clos[2]. Cependant, lorsque la victime le demande et que les faits constituent un viol, une torture ou un acte de barbarie, une traite des êtres humains ou du proxénétisme, il est de droit (C. pr. pén., art. 306, al. 3). Le huis clos est aussi une possibilité ouverte pour procéder à l'audition d'un témoin si sa déposition publique paraît dangereuse pour lui ou

1. CEDH, 30 nov. 1987, *H. c/ Belgique*, Série A, n° 127-B.
2. Cass. Crim., 12 févr. 1986, *Bull. Crim.*, n° 57.

ses proches en matière de crime contre l'humanité ou de crime et délit de guerre (C. pr. pén., art. 306-1 et 400-1).

Inversement, dans les autres affaires, le huis clos ne peut être accordé que si la victime ne s'y oppose pas (même texte). Cette règle montre bien à quel point la publicité est présumée profiter aussi à la victime.

En matière correctionnelle, l'article 400 comporte des règles très proches. Par ailleurs, le président de la juridiction peut faire expulser les personnes qui troubleraient les débats (C. pr. pén., art. 321 et 404).

(157) **Des atteintes** sont par ailleurs apportées au principe de publicité. Ainsi les arrêts de la chambre de l'instruction sont-ils rendus sans publicité, sauf si l'intéressé le demande dès l'ouverture des débats, à moins que la publicité ne soit nuisible aux nécessités de l'instruction ou à la dignité de la personne, ou encore aux intérêts des tiers (C. pr. pén., art. 199). Toutefois, lorsque la chambre procède à une audience portant sur l'irresponsabilité pénale pour trouble mental d'un mis en examen, les débats se déroulent et l'arrêt est rendu en audience publique, sauf application des cas de huis clos visés à l'article 306 (C. pr. pén., art. 706-119).

Les décisions du juge d'instruction sont également prises dans le cadre d'une procédure non publique. Pour la chambre criminelle, cela est conforme au droit européen[1].

Par ailleurs, pour ce qui concerne les mineurs, l'article 8 de l'ordonnance de 1945 dispose que les audiences devant le juge des enfants sont rendues en chambre du conseil, par souci pour leur insertion future (CJPM, art. L. 513-1). Les audiences devant le tribunal pour enfants et le tribunal correctionnel pour mineurs sont soumises à une publicité restreinte (Ord. 2 févr. 1945, art. 14 ; CJPM, art. L. 513-4). Seuls sont admis dans la salle d'audience la victime, les témoins, les membres de la famille du mineur, les membres du barreau, les personnes œuvrant dans le domaine de la protection de l'enfance et les experts[2].

En droit de l'application des peines et dans le post-sentenciel, c'est au contraire le principe de la procédure en chambre du conseil qui prévaut (*cf.* not. C. pr. pén., art. 712-6 et 712-13). Dans cette dernière phase du procès pénal, il s'agit en effet de rendre possible la réinsertion. Des considérations pratiques peuvent également expliquer cette règle (difficulté d'accès du public aux établissements pénitentiaires, lorsque c'est en leur sein que les débats se déroulent).

(158) Face à la crise du Covid-19, l'ordonnance du 25 mars 2020 a, dans son article 7, facilité le recours à la publicité restreinte ou, en cas d'impossibilité de garantir les conditions nécessaires, à la protection de la santé des personnes présentes à l'audience, à huis clos, pendant l'état d'urgence sanitaire. La décision est prise avant l'audience par le président. Les jugements peuvent être rendus selon les mêmes modalités. Les journalistes peuvent toutefois assister à l'audience dans les conditions définies par le président. Ces dispositions s'appliquent aussi devant le JLD et la chambre de l'instruction.

---

1. Cass. Crim., 10 sept. 2002, *Procédures*, déc. 2002, n° 237, obs. J. Buisson.
2. Cass. Crim., 8 nov. 2000, *Bull. Crim.*, n° 332.

Chapitre 3

Les principes protecteurs des parties

Le droit interne pose le principe selon lequel l'autorité judiciaire est la gardienne des libertés individuelles. D'une manière générale, il est toutefois inégalement respectueux de principes directement dirigés vers la protection de ces libertés, comme la présomption d'innocence, la nécessité, la proportionnalité et la dignité dans l'usage de la contrainte. Il malmène également souvent le principe de l'égalité des armes et celui, cardinal, du contradictoire. En revanche, le système juridique français ouvre assez largement l'exercice de voies de recours.

Section 1 L'AUTORITÉ JUDICIAIRE GARDIENNE DES LIBERTÉS INDIVIDUELLES

I. Fondement

(159) **L'article 66 de la Constitution** rappelle que « *Nul ne peut être arbitrairement détenu* ». Il ajoute que « *L'autorité judiciaire, gardienne des libertés individuelles, assure le respect de ce principe dans les conditions prévues par la loi* ». Pour l'ordonnance de 1958 régissant le statut de la magistrature et le Conseil constitutionnel, cette autorité judiciaire se compose des magistrats du siège, les juges et des magistrats du parquet, procureur général, procureur de la République, substitut[1].

Ce grand principe selon lequel l'autorité judiciaire est la gardienne des libertés individuelles est rattaché, dans cette même disposition, à la procédure pénale et, spécifiquement, à la question de la détention. Il en découle que, chaque fois qu'une personne est privée de liberté, un membre de celle-ci, magistrat du parquet ou du siège[2], doit intervenir. Cela concerne notamment :

1. Ord. n° 58-1270 du 22 déc. 1958, art. 1er ; Cons. Const., déc. n° 2004-492 DC du 2 mars 2004, déc. n° 2010-14/22 QPC du 30 juill. 2010.

2. Cons. Const., déc. n° 2010-14/22 QPC préc.

– le moment de l'arrestation – même si ce concept n'est pas régi par une disposition précise en droit français. Relevons toutefois que l'article 73 du Code de procédure pénale fait référence à l'appréhension de l'auteur d'une infraction ;

– la garde à vue et la retenue douanière ;

– la retenue pour vérification d'identité ;

– bien évidemment, la détention provisoire ;

– enfin, la privation de liberté en tant que peine.

Concrètement, cela suppose qu'un magistrat doit intervenir, *a minima,* à titre de contrôle en tant que « gardien » des libertés individuelles et, *a maxima*, pour prendre les décisions relatives à la liberté. En outre, le Conseil constitutionnel exigea de l'autorité judiciaire qu'en plus de la liberté individuelle, elle protège les principes directeurs de la procédure pénale posés par le Code de procédure : « *il appartient à l'autorité judiciaire de veiller au respect de ces principes rappelés à l'article préliminaire du Code de procédure pénale dans l'application des règles de procédure pénale spéciales instituées par la loi* »[1].

(160) Le **droit européen** ne proclame pas que l'autorité judiciaire est gardienne des libertés individuelles. Cependant, l'article 5 de la Convention EDH exige en plusieurs points, comme nous l'avons vu, qu'intervienne une autorité judiciaire dès lors qu'une personne est privée de sa liberté. Il traite donc de la conséquence du principe. Pour autant, à la différence du droit français et de la jurisprudence du Conseil constitutionnel, la Cour de Strasbourg ne considère pas le procureur de la République comme offrant à l'heure actuelle des garanties suffisantes d'impartialité et d'indépendance pour appartenir à l'autorité judiciaire[2].

(161) La loi française sous-tend une seconde règle, révélée par les applications du principe en droit interne. Elle n'est pas énoncée en tant que telle, mais se déduit de la lecture des textes et se voit affirmée par la jurisprudence constitutionnelle[3] : plus la liberté est atteinte, plus le droit au juge est renforcé. Cela signifie que le degré de protection offert par le juge judiciaire est renforcé à chaque étape.

Cependant, le Conseil constitutionnel a réduit le domaine d'intervention de l'autorité judiciaire en décidant que l'article 66 de la Constitution du 4 octobre 1958 ne s'applique qu'aux privations de la liberté d'aller et venir[4]. Ainsi, pour le Conseil, les perquisitions mettent en jeu, non la liberté individuelle de l'article 66 mais le droit à la vie privée de l'article 2 de la Déclaration de 1789[5]. Ce faisant, la perquisition n'est pas soumise systématiquement à l'autorisation préalable du juge judiciaire. Le juge administratif devient alors seul compétent en matière de perquisition administrative[6] ou de contrôle des techniques de

1. Cons. Const., déc. n° 2004-492 DC préc., cons. n° 6.

2. CEDH, 10 juill. 2008, req. n° 3394/03 et 29 mars 2010, req n° 3394/03, *Medvedyev c/ France* ; 23 nov. 2010, *Moulin c/ France*, req. n° 37104/06.

3. *Cf.* G. Roussel, « Les garanties de la défense pénale dans les premières décisions rendues sur QPC », *AJ pénal*, 2011, p. 286.

4. Cons. const., déc. n° 99-416 DC du 23 juill. 1999.

5. Cons. const., déc., n° 2013-357 QPC du 29 nov. 2013.

6. Cons. const., déc. n° 2016-536 QPC du 19 février 2016, cons. n° 10.

renseignement[1]. Le principe selon lequel l'autorité judiciaire est gardienne de la liberté individuelle voit ainsi son champ très nettement réduit. Le domaine de compétence des magistrats de l'ordre judiciaire est ainsi limité au profit de celui des magistrats administratifs.

II. Applications

(162) Il est manifeste que le droit interne fait **croître la protection** offerte par l'autorité judiciaire **à mesure que s'accroît l'atteinte à la liberté** individuelle. Cela se traduit naturellement par diverses règles matérielles plus exigeantes lorsque la privation de liberté est en cause, comme nous le verrons dans le présent ouvrage.

Cela se traduit aussi par une seconde idée : **il existe une hiérarchie dans la protection offerte aux justiciables, quant à la détermination même des autorités judiciaires appelées à intervenir**. Ainsi, au premier degré de la protection, se trouve le parquet ; au-dessus se trouvent des magistrats du siège.

(163) Depuis quelques années, l'on assiste même à une spécialisation de ces magistrats pour ce qui concerne la privation de liberté. Cette spécialisation est le fait de la jurisprudence du Conseil constitutionnel. Celui-ci a maintes fois réaffirmé et décliné la modulation de l'intervention de l'autorité judiciaire en fonction de la durée de la privation de liberté. À partir de 48 heures de privation de liberté, un juge doit obligatoirement être saisi[2].

Le parquet paraît être ressenti comme moins protecteur de la liberté individuelle[3], parce qu'il dirige la police judiciaire, est en charge de l'accusation et soumis à la hiérarchie du pouvoir exécutif. Il serait donc susceptible d'avoir plus à cœur d'écouter l'argumentation des enquêteurs que le juge du siège ; en outre, devant défendre la société, il serait susceptible d'avoir une attitude plus répressive et partiale. Au contraire, le magistrat du siège, statutairement indépendant, serait habitué à avoir une position neutre face aux dossiers et aux personnes, puisqu'il est précisément en situation de juger.

À titre d'exemple, lors d'une garde à vue :

– le procureur de la République doit être immédiatement informé (C. pr. pén., art. 63, I, pour l'enquête de flagrance, 77 pour l'enquête de flagrance) ;

– c'est lui qui accorde le renouvellement de la garde à vue de droit commun ou le premier renouvellement, s'agissant des régimes exorbitants du droit commun (C. pr. pén., art. 63, II, pour l'enquête de flagrance ; au juge d'instruction s'il s'agit d'une information avec présentation obligatoire à celui-ci : C. pr. pén., art. 154) ;

– à l'issue de la garde à vue, la personne peut être déférée devant le magistrat du ministère public en cas de poursuite (C. pr. pén., art. 63-8) ;

– en revanche, lors des autres renouvellements (jusqu'à un maximum de 96 heures supplémentaires pour la délinquance organisée : C. pr. pén.,

1. Cons. const., déc. n° 2015-713 DC du 23 juillet 2015.

2. Cons. Const., déc. 80-127 DC du 19-20 janv. 1981 ; déc. 2004-492 DC du 2 mars 2004 ; déc. n° 2010-31 QPC du 22 sept. 2010.

3. Et ce même par le Conseil constitutionnel, *cf.* déc. n° 2010-80 QPC du 17 déc. 2010.

art. 706-88) et 144 heures pour le terrorisme (C. pr. pén., art. 706-88-1), c'est le juge du siège qui intervient, plus précisément le juge des libertés et de la détention ou, selon les cas, le juge d'instruction, qui se prononce par décision écrite et motivée.

(164) Il ne convient pas, toutefois, de s'illusionner quant aux conséquences de ces différentes règles sur les libertés individuelles. Rappelons que les magistrats sont des êtres humains, au surplus chargés d'appliquer la loi. La notion d'impartialité tient autant d'une discipline individuelle que de dispositions légales. Par ailleurs, le procureur connaît assez bien les enquêtes qu'il est à même de bien contrôler, tandis que le juge du siège est plus distant, excepté le juge d'instruction. Par ailleurs, ce contrôle, sauf lorsque la personne doit être présentée physiquement devant le magistrat, s'effectue le plus souvent par téléphone ou par courrier électronique. Il repose donc sur le lien de confiance entre le magistrat et l'officier de police judiciaire avec le risque que parfois, le contrôle soit un peu trop distendu.

Il était donc plus efficace de retenir que l'avocat devrait être présent durant les interrogatoires afin de faire intervenir un tiers rompant le face-à-face entre enquêteur et suspect dans le huis clos de la garde à vue. Cette présence semble également de nature à rééquilibrer les droits des parties. Reste que, comme le souligne le rapport du Procureur Jacques Beaume, le procureur constitue un premier niveau opérationnel et provisoire de protection de la liberté individuelle[1].

Section 2
L'ÉQUILIBRE DES DROITS DES PARTIES ET L'ÉGALITÉ DES ARMES

(165) **En opportunité**, le principe de l'équilibre des droits des parties a pour fondement la nécessité d'organiser une procédure équitable. Il est de l'essence même de l'équité que les parties ne soient pas en situation déséquilibrée. En matière pénale, on entend par parties, l'accusation, le suspect et la victime. En droit français, l'accusation relève du monopole du parquet. Au sens strict, la qualité de partie est dévolue au suspect lorsqu'il est poursuivi[2] et à la victime lorsqu'elle s'est constituée partie civile. L'équilibre des droits des parties renvoie plus largement à l'équilibre de la procédure et se rattache ainsi au droit à un procès équitable[3]. La *Common Law* en connaît un équivalent avec le *Due process of law*.

1. J. Beaume, *Rapport sur la procédure pénale*, juillet 2014, p. 27.
2. *Cf.* Cass. Crim., 21 juin 2005, *Procédures* 2005, comm. n° 238, obs. J. Buisson ; 12 déc. 2007, pourvoi n° 06-87. 702 refusant la qualité de partie au témoin assisté.
3. S. Guinchard, « Le procès équitable : un droit fondamental ? », *AJDA* 1998, n° spécial, p. 194 et « Vers une démocratie procédurale » in *Ce qui a changé dans la justice depuis 20 ans*, *Justices*, numéro spécial 2000, p. 91.

D'un point de vue textuel, ce droit au procès équitable est posé par l'article 6 de la Convention EDH. Il constitue pour la Cour européenne des droits de l'homme un principe général d'ordre public[1] qui s'applique dès la phase préparatoire de la procédure[2], lors de l'instruction[3] comme lors de l'enquête de police[4]. Au plan interne, le Code de procédure pénale affirme ce principe d'équilibre au premier paragraphe de l'article préliminaire selon lequel « *La procédure pénale doit être équitable et contradictoire et préserver l'équilibre des droits des parties* ». Surtout, l'équilibre des droits des parties renvoie à l'équilibre plus global de la procédure. Cet équilibre se trouve au cœur de la jurisprudence du Conseil constitutionnel. Lorsqu'il contrôle la constitutionnalité des lois pénales, le Conseil vérifie ainsi toujours l'équilibre de la « *conciliation entre, d'une part, la prévention des atteintes à l'ordre public et la recherche des auteurs d'infractions et, d'autre part, l'exercice des libertés constitutionnellement garanties* »[5]. En outre, le Conseil estime que le respect des droits de la défense implique la garantie de l'équilibre des droits des parties[6].

(166) L'égalité des armes est une composante de l'équilibre de la procédure. Sur le **plan textuel**, l'égalité des droits des parties est prévue, tant en droit interne qu'en droit conventionnel.

En droit conventionnel, la Commission[7] et la Cour EDH[8] rattachent ce principe à la règle du procès équitable posée à l'**article 6 § 1** : « *Toute personne a droit à ce que sa cause soit entendue équitablement.* » Pour la jurisprudence européenne, le principe d'égalité des armes vise ainsi à assurer un équilibre entre les parties[9]. Au plan interne, le principe d'égalité est posé par l'article 6 de la Déclaration des droits de l'homme et du citoyen du 26 août 1789 intégré au bloc de constitutionnalité. Le Conseil constitutionnel censure toute disposition qui aurait pour objet ou effet de porter atteinte à cette égalité[10]. Il admet toutefois des dérogations à cette égalité, mais seulement lorsqu'elles « *ne procèdent pas de distinctions injustifiées et que soient assurées aux justiciables des garanties égales* »[11].

(167) **En réalité**, si l'égalité des droits s'est renforcée en droit français depuis notamment, les lois du 15 juin 2000, du 5 mars 2007, du 14 avril 2011, elle n'est pas encore absolue :

1. CEDH, 20 mars 2001, *Stroeck c/ Belgique*, Req. n° 36449/97 et 36467/97, § 27.
2. CEDH, 24 nov. 1993, *Imbrioscia c/ Suisse*, Série A, n° 27.
3. CEDH, 15 juill. 2002, *Demoulin c/ Belgique*, § 39, req. n° 37370/97.
4. CEDH, 11 juill. 2000, *Dikme c/ Turquie*, § 108, *Rec.* 2000-VIII.
5. Cons. Const., déc. n° 2003-467 DC du 13 mars 2003 ; n° 2004-492 DC du 2 mars 2004 ; déc. n° 2010-25 du 16 sept. 2010, cons. n° 11.
6. Cons. Const., déc. n° 2010-15/23 QPC du 23 juill. 2010, cons. n° 4 ; déc. n° 2010-14/22 QPC du 30 juill. 2010, cons. n° 29.
7. Commission EDH, avis 30 juin 1959, *Szwabowitcz c/ Suède*, req. n° 434/58, Annuaire, II, p. 535.
8. CEDH, 18 févr. 1997, *Nideröst-Hubber c/ Suisse*, *Rec.* 1997, p. 101, § 23.
9. CEDH, 29 mai 1986, *Feldbrügge c/ Pays-Bas*, série A n° 99, § 44.
10. *Cf.* Cons. Const., déc. n° 2010-15/23 QPC du 23 juill. 2010, déc. censurant l'art. 475-1 ; déc. n° 2010-81 QPC du 17 déc. 2010 censurant l'art. 207 al. 1er C. pr. pén.
11. Cons. Const., déc. n° 89-125 DC du 19 déc. 1980.

– le parquet dirige les enquêteurs et oriente la procédure tandis que le suspect n'a pas encore les pleins moyens juridiques de participer lui aussi à la détermination des faits sauf un peu lors de l'instruction (il est vrai qu'il est présumé innocent) ;

– la victime dispose certes de droits et garanties dès son dépôt de plainte. Ce n'est toutefois qu'avec la constitution de partie civile qu'elle peut obtenir la possibilité d'influer véritablement sur la procédure en déclenchant ainsi la mise en mouvement de l'action publique, en ayant la possibilité de demander des actes, en pouvant critiquer la procédure et en pouvant participer au débat sur la culpabilité ;

– lors de l'audience de jugement, l'architecture des salles révèle l'inégalité car le parquet est en hauteur, sur le côté par rapport aux magistrats et non situé à égalité de niveau et de position par rapport au prévenu et son conseil, à la victime et son conseil, même si la CEDH n'a pas jugé cette différence contraire au procès équitable[1].

(168) La **Cour EDH** a d'ailleurs précisé que l'égalité des armes ne s'entendait pas nécessairement d'une égalité stricte mais, à tout le moins, qu'il fallait **éviter** que, pour présenter sa cause, une partie soit dans une situation de « ***net désavantage*** » par rapport à une autre[2].

Section 3
LE CONTRADICTOIRE

Le principe contradictoire est certainement le plus fondamental de la procédure pénale. Il est, au demeurant, un principe processuel général qui consiste en le droit de connaître les charges et de les discuter avant d'être jugé[3]. Pourtant, ce principe est fort inégalement observé selon les phases de la procédure pénale.

I. Fondements

(169) Ce principe est sans doute le plus essentiel de tous : il est à la fois un objectif à atteindre et une règle de fonctionnement technique, que l'on doit retrouver à tous les stades de la procédure.

Il est en effet **lié à la plupart des autres principes :** il n'est pas de principe d'égalité des armes sans contradictoire ; il n'est pas de défense sans contradictoire ; il n'est pas de droits des victimes sans contradictoire ; l'oralité est inhérente au contradictoire, etc.

Par ailleurs, le principe contradictoire est de **meilleure administration de la justice :** il permet, par la confrontation des points de vue arbitrés par le juge, d'avoir une meilleure chance d'approcher de la vérité.

---

1. CEDH, 31 mai 2012, Diriöz c. Turquie, n° 38560/04.
2. CEDH, 23 oct. 1993, Série A, n° 274, *JCP* 1994, I, n° 3742, note F. Sudre.
3. *Cf.* L. Ascensi, *Du principe de la contradiction*, LGDJ, 2006, n° 7, p. 11.

(170) Le principe contradictoire a d'abord été énoncé comme **principe général du droit** par la jurisprudence durant la phase préparatoire[1] et durant la phase décisoire[2].

Il l'a été encore, d'une manière générale, en tant qu'il était rattaché aux droits de la défense, que ce soit pour l'Assemblée plénière de la Cour de cassation[3] ou pour le Conseil constitutionnel[4].

La jurisprudence a également posé qu'il s'agissait d'un principe général du droit en contentieux administratif[5]. Il est vrai que non seulement il existe en matière pénale, mais il est **partagé par la totalité des procédures**, civiles, administratives et même, de manière croissante, disciplinaires ou ordinales. Chaque fois qu'un progrès procédural est réalisé dans un domaine, plus spécialement dans un domaine répressif, on tend vers plus de contradictoire. Cela a été le cas, par exemple, de la discipline pénitentiaire, de la discipline ordinale ou encore de l'application des peines.

(171) Il est si important qu'il a été repris à **l'article préliminaire**, lequel, pourtant, ne comporte finalement que peu de principes généraux de procédure. Si important, même, qu'il est énoncé dès le premier alinéa du paragraphe 1er : « *La procédure pénale doit être équitable et* contradictoire *et préserver l'équilibre des droits des parties.* »

(172) Ce principe se voit aussi affirmé comme **principe directeur du droit international**[6] et il est repris devant les juridictions pénales internationales[7]. Il n'est **pas** en tant que tel **proclamé dans la Convention européenne**, mais il ressort de nombreuses exigences techniques **posées à l'article 6**. La Cour EDH, quant à elle, utilise le terme de contradictoire et le rattache en effet à l'équitabilité du procès : le procès équitable « *englobe aussi le droit fondamental au caractère contradictoire de l'instance* »[8] et que « *le droit à un procès équitable contradictoire implique par principe, pour une partie, la faculté de prendre connaissance des observations ou des pièces produites par l'autre, ainsi que d'en discuter* »[9]. Le contradictoire est avec notamment l'égalité des armes, l'un des éléments du procès équitable.

II. Applications

(173) Le principe contradictoire a de **multiples conséquences techniques** et concrètes. Citons-en quelques-unes :

– la possibilité laissée à chacune des parties de s'exprimer lors de l'audience ;

---

1. Cass. Crim., 12 oct. 1972, *Bull. Crim.* n° 286 ; *JCP* G 1973, II, 17554, note Chambon.
2. Cass. Crim., 5 déc. 1978, *Bull. Crim.* n° 346 ; *D.* 1979, p. 50, note Kherig.
3. Cass. Ass. Plén., 30 juin 1995, *Bull.* n° 4, *JCP* 1995, II, n° 22478, concl. Jeol et note Perdriau ; *D.* 1995, conc. Jeol et note Drago.
4. Cons. Const., 17 janv. 1989, décis. n° 88-248 DC ; Cons. Const., 13 août 1993, décis. n° 93-325 DC, *Justices* 1995, I, 201, obs. Molfessis.
5. CE, 12 mai 1961, *Sté La Huta, Rec. CE,* 313 ; 16 janv. 1976, *Gate, Rec. CE,* p. 39.
6. Art. 14 § 1 du Pacte international des droits civils et politiques.
7. Art. 67 Statut de la Cour pénale internationale.
8. CEDH, 23 juin 1992, *Ruiz Mateos c/ Espagne*, Série A n° 262, § 63 ; 12 mars 2003, *Oçalan c. Turquie*, req. n° 00046221/99, § 166.
9. CEDH, 24 févr. 1995, *Mc Mickaël c. Royaume-Uni*, série A, n° 307-B ; 18 fév. 1997, *Nideröst c. Suisse*, Rec. 1997, p. 101, § 24.

– le droit pour le prévenu de comparaître à l'audience ;

– le droit de se défendre soi-même, si le prévenu le souhaite (art. 6 § 3-c Conv. EDH) ;

– le droit d'être informé des charges et de discuter des preuves ;

– la possibilité d'être assisté d'un avocat (art. 6 § 3-c Conv. EDH et art. préliminaire III, al. 2), d'interroger des témoins (art. 6 § 3-d Conv. EDH), de comprendre ce qui se passe à l'audience (d'où le droit à un interprète si cela s'impose : art. 6 § 3-e Conv. EDH).

(174) En droit interne, toutefois, **le principe contradictoire ne régit pas** pour autant **toutes les phases de la procédure.**

Il est quasiment *absent de la phase d'enquête*. Au cours de celle-ci, le suspect est certes informé de ses droits et de la nature de l'infraction qui lui est reprochée. Cependant, il n'est pas informé de la nature des preuves recueillies contre lui. Il ne peut sérieusement les discuter. Il peut certes être confronté à un témoin ou à la victime mais ce n'est pas lui qui l'interroge. Il est dans une situation qui reste déséquilibrée face à l'accusation. L'intervention de l'avocat à ce stade, surtout si le suspect est gardé à vue, est toutefois moins anecdotique qu'antérieurement. Le conseil peut s'entretenir avec son client, a accès à certains documents et assiste aux auditions et confrontation. Toutefois, il ne peut réaliser aucune copie des procès-verbaux, n'a pas accès au dossier complet et ne peut poser de question qu'en fin d'audition sous le contrôle de l'officier de police judiciaire. Il peut certes faire des observations écrites mais pas de demandes d'acte d'enquête (ou alors les suggérer).

Durant l'instruction, depuis le XIXe siècle, des débats relativement contradictoires ont fort heureusement été inscrits dans le droit positif, notamment au cours des interrogatoires et des prises de décision en matière de détention provisoire. Cependant, le juge d'instruction peut encore refuser de faire droit aux demandes d'actes.

Au cours de la *phase de jugement,* le principe contradictoire ne saurait souffrir d'exception. Le degré de contradiction est toutefois étroitement dépendant de la nature de la juridiction saisie et de la filière pénale empruntée : ridicule, voire inexistant en matière correctionnelle pour des procédures rapides comme les comparutions immédiates ; considérable à la cour d'assises.

Le principe du contradictoire prévaut naturellement aussi en appel devant la chambre des appels correctionnels.

Ce principe est ainsi garanti de manière incomplète pendant la procédure pénale. Il impose néanmoins au juge de respecter le débat entre les parties lorsqu'il envisage une requalification[1] ou encore une prescription de l'action publique[2].

1. Cass. Crim., 27 janv. 2015, n° 14-81.723, *AJ pénal* 2015.255 obs. G. Pitti.
2. Cass. crim,. 23 juin 2015, n° 14-83.836, *RSC* 2015.675 obs. A. Giudicelli.

Section 4
LA PRÉSOMPTION D'INNOCENCE

I. Les fondements

(175) Les fondements textuels de ce principe abondent. Évoquons d'abord la **Déclaration des droits de l'homme et du citoyen de 1789**, laquelle dispose à l'**article 9** : « *Tout homme étant* présumé innocent *jusqu'à ce qu'il ait été déclaré coupable, s'il est jugé indispensable de l'arrêter, toute rigueur qui ne serait pas nécessaire pour s'assurer de sa personne doit être sévèrement réprimée par la loi.* »

D'ailleurs, le Conseil constitutionnel a énoncé à plusieurs reprises le caractère constitutionnel de ce principe :

– décision des 19-20 janvier 1981, *Sécurité et liberté* précitée ;

– décision du 11 août 1983, 93-326 DC, *Garde à vue* ;

– décision du 2 février 1995, 95-369 DC, *Injonction pénale.*

(176) À son tour, l'**article préliminaire, paragraphe III, alinéa 1er**, a repris ce principe.

« *Toute personne suspectée ou poursuivie est* présumée innocente *tant que sa culpabilité n'a pas été établie. Les atteintes à sa* présomption d'innocence *sont prévenues, réparées et réprimées dans les conditions prévues par la loi.* »

(177) Sur le plan européen, il en est fait mention à **l'article 6 § 2 de la Convention EDH** : « *Toute personne accusée d'une infraction est* présumée innocente *jusqu'à ce que sa culpabilité ait été légalement établie.* » La Cour européenne des droits de l'homme la qualifie de droit fondamental et la rattache au droit au procès équitable[1].

II. Applications

(178) La présomption d'innocence est un principe général de droit qui porte sur toutes les phases du procès pénal, ce jusqu'au prononcé de la condamnation.

Elle constitue une **règle de fond** favorable qui signifie que, durant tout le temps qui précède la condamnation éventuelle, une personne ne peut être dite coupable, que ce soit dans la procédure elle-même ou dans la presse et que des précautions sont susceptibles d'être prises à son égard pour ne pas la placer dans une situation qui serait irrémédiable si elle était finalement déclarée innocente[2]. Elle protège la personne contre les abus de pouvoirs et les préjugements[3].

(179) La présomption d'innocence ne paralyse pas pour autant l'action répressive. Elle n'est pas absolue mais relative. Il ne s'agit pas de traiter cette personne, du début

1. CEDH, 25 mars 1983, *Minelli c. Suisse*, § 30, série A, n° 62 ; *Barberà, Messegué et Jabardo c. Espagne*, 6 déc. 1990, § 67.

2. Sur cette question, *cf.* J. Morange, « La protection de la réputation ou des droits d'autrui et la liberté d'expression », *in Mélanges Cohen-Jonathan*, Bruylant, 2004, p. 1252 ; B. de Lamy, *La liberté d'opinion et le droit pénal*, LGDJ, 2000.

3. *Cf.* Cass. Crim., 25 sept. 2002, pourvoi n° 01-88.111.

à la fin de la procédure, de manière identique à tout homme libre non concerné par une action pénale. Bien au contraire, au fur et à mesure que croît la suspicion, c'est-à-dire la technique permettant d'inférer la culpabilité probable d'une personne, cette dernière peut faire l'objet de coercition ou de contrainte, là encore de manière croissante. Au vrai, ce principe est sans doute celui qui incarne le mieux l'idée que la procédure pénale doit réaliser un équilibre juste entre, d'une part, les atteintes aux libertés individuelles et, d'autre part, l'efficacité de la répression. Il est toutefois difficile de soutenir qu'il est réalisé : il subit constamment des réécritures, dans un sens ou un autre, que l'on observe spécialement à propos d'institutions portant atteinte à la liberté d'aller et venir, comme la garde à vue ou la détention provisoire[1]. Toutefois, cela ne veut pas dire pour autant que la présomption d'innocence est une fiction juridique irréaliste. Au contraire, elle se révèle être un principe juridique qui permet d'orienter la procédure vers une logique cultivant le doute sur la culpabilité jusqu'à sa démonstration complète[2]. Elle est une présomption-postulat favorable à l'intéressé que devra défaire l'accusation[3].

(180) Elle suppose aussi que la presse, quoique libre, ne puisse détenir et publier des pièces de la procédure tant que l'on n'en est pas arrivé au stade de l'audience publique, sauf à être condamné pour recel de violation de secret de l'instruction[4]. La Cour européenne des droits de l'homme analyse souvent une telle condamnation en une ingérence disproportionnée dans le droit à la liberté d'expression[5]. Par ailleurs, en aucun cas, les journalistes ne peuvent être inquiétés dans le but de les contraindre à révéler leurs sources depuis la loi n° 2010-1 du 4 janvier 2010 modifiant l'article 2 de la loi du 29 juillet 1881. Le champ de la présomption d'innocence se réduit encore plus face à l'allégation d'une condamnation même si le prévenu a fait appel[6].

De même, les autorités publiques ne sauraient faire des déclarations publiques dans la presse affirmant la culpabilité de telle personne encore présumée innocente[7]. Si le juge a été relevé en première instance, le juge saisi de l'appel sur les seuls intérêts civils ne peut donc pas énoncer que les faits contiennent une infraction sauf à violer la présomption d'innocence[8].

D'ailleurs, l'article 9-1 du Code civil dispose que « *lorsqu'une personne est présentée publiquement, avant toute condamnation, comme coupable des faits faisant l'objet*

---

1. G. Roussel, *Suspicion et procédure pénale équitable*, L'Harmattan 2010.
2. H. Henrion, *La nature juridique de la présomption d'innocence,* Thèse Montpellier 1, 2004.
3. A.-B. Caire, *Relecture du droit des présomptions à la lumière du droit européen des droits de l'homme*, Pédone 2012.
4. Cass. Crim., 19 juin 2001, D. 2001, p. 2538, note Beignier et de Lamy ; 12 juin 2007, *AJ pénal* 2007, p. 439, obs. G. Royer.
5. CEDH, 7 juin 2007, *Dupuis et a. c/ France*, *JCP* 2007, II, 10127, note E. Derieux ; 6 mai 2010, *Brunet Lecomte et Lyon Mag c/ France*, req. n° 17265/05 11 mai 2010, *Fleury c/ France*, req. n° 29784/06.
6. *Cf.* CEDH, 1re section, 24 mai 2011, n° 53466/07, *Konstas c/ Grèce*, *RSC* 2011. 711 obs. D. Roets.
7. CEDH, *Allenet de Ribemont c/ France*, 7 août 1996, Rec. 1996-III, p. 903, *RTDH* 1998, p. 65, note S. Marcus-Helmons. *Cf.* J. Morange, « La protection de la réputation ou des droits d'autrui et la liberté d'expression », *in Mélanges Cohen-Jonathan*, Bruylant, 2004, p. 1252 ; B. de Lamy, *La liberté d'opinion et le droit pénal*, LGDJ, 2000.
8. Cass. Crim., 13 oct. 2015, n° 14-82.272.

d'une enquête ou d'une instruction judiciaire, le juge peut, même en référé, ordonner toutes mesures, telles que l'insertion d'une rectification ou la diffusion d'un communiqué, aux fins de faire cesser l'atteinte à la présomption d'innocence ». La présomption d'innocence est ainsi source d'un droit subjectif protecteur de la réputation des personnes soupçonnées. Selon la jurisprudence : « *L'atteinte à ce droit est rédigée chaque fois qu'avant sa condamnation irrévocable, une personne est publiquement présentée comme nécessairement coupable des faits pénalement répréhensibles pour lesquels elle est poursuivie.* »[1]

(181) Nous verrons que la présomption d'innocence est également **une règle de preuve** : elle fait peser la charge de la preuve sur l'accusation[2].

Toutefois, précisément, une première limite à la présomption d'innocence résulte de l'admission, en droit positif, de l'existence de présomptions de culpabilité.

Ces présomptions ont été admises par la justice européenne, dès lors qu'elles n'empêchaient pas la preuve contraire[3]. Le Conseil constitutionnel devait à son tour les valider[4] ; tout en posant le principe inverse, naturellement, il admet de telles présomptions à « titre exceptionnel » et, comme le juge européen, dès lors que la preuve contraire est possible. Il ajoute que les faits doivent néanmoins induire raisonnablement la vraisemblance de l'imputabilité et que les droits de la défense soient respectés. L'on retrouve ces présomptions en matière routière et de criminalité organisée[5].

Section 5 CONTRAINTE : NÉCESSITÉ, PROPORTIONNALITÉ ET RESPECT DE LA DIGNITÉ

(182) **L'article préliminaire, paragraphe III, alinéa 3**, du Code de procédure pénale dispose : « *Les mesures de contraintes dont (une) personne peut faire l'objet sont prises sur décision ou sous le contrôle effectif de l'autorité judiciaire. Elles doivent être strictement limitées aux nécessités de la procédure, proportionnées à la gravité de l'infraction reprochée et ne pas porter atteinte à la dignité de la personne.* »

Trois principes sont donc ainsi consacrés : la nécessité de la contrainte, sa proportionnalité et le respect de la dignité de la personne.

Ces principes sont souvent rappelés dans des dispositions techniques qui prévoient précisément l'exercice de la contrainte. Pour autant, ils ne sont pas

1. Cass. Civ. 1re, 10 avr. 2013, n° 11-28.406.

2. Faustin Helie, *Traité de l'instruction criminelle, ou Théorie du Code d'instruction criminelle*, t. 4, *De l'instruction écrite*, Paris, H. Plon, 2e éd., 1867, n° 1560.

3. CEDH, 7 oct. 1988, *Salabiaku c/ France*, Série A, n° 141-A, *RSC* 1989, p. 167, obs. L. E. Pettiti et P. Teitgen.

4. Cons. Const., 16 juin 1999, déc. n° 99-411 DC, Sécurité routière ; déc., n° 2009-580 DC du 10 juin 2009, loi favorisant la diffusion et la protection de la création sur internet.

5. C. route, art. L. 121-2 et L. 121-3 ; C. pén., art. 321-6.

nécessairement observés, que ce soit précisément au regard de ce que prévoient lesdites dispositions, de la manière dont la jurisprudence l'envisage, ou encore de la pratique qui en est faite[1].

(183) **Quant à la nécessité**, elle est expressément mentionnée. L'article 63-5 du Code de procédure pénale déclare : « *seules peuvent être imposées à la personne gardée à vue les mesures de sécurité strictement nécessaires* ». L'article 63-7 du même Code précise quant à lui qu'une fouille intégrale d'une personne gardée à vue ou une investigation corporelle interne doit être « *indispensable pour les nécessités de l'enquête* ». Selon l'article 56 de ce Code, les personnes présentes à une perquisition ne peuvent être retenues sur les lieux que « *le temps strictement nécessaire à l'accomplissement des opérations* ». Il en va de même pour l'immobilisation des véhicules soumis à des fouilles selon l'article 78-2-2 du Code de procédure pénale. Les témoins ne peuvent être retenus que « *le temps strictement nécessaire à leur audition* ». En outre, l'ancien article 63 de ce Code prévoyait que la garde à vue n'était possible que « *pour les nécessités de l'enquête* ». Désormais, l'article 62-2 énonce que cette mesure de contrainte doit « *constituer l'unique moyen de parvenir à l'un au moins des objectifs* » posés par la loi (continuité des investigations, protection des preuves, des témoins, des victimes, etc.). La nécessité est bien présente, même si elle demeure implicite.

Elle est *a fortiori* en cause dans la formule utilisée à l'article 144 du même Code, qui exige que le placement en détention provisoire soit l'unique moyen de protéger les témoins, de conserver les preuves, etc.

(184) **La proportionnalité** n'est pas rappelée dans des dispositions techniques, mais elle ressort de la progressivité de celles-ci quant à l'exercice de la contrainte. D'une part, et de manière générale, cette contrainte va croissant en fonction seulement du degré de suspicion à l'égard de la personne ; d'autre part, certaines formes plus fortes de contrainte ne sont exercées que pour des infractions d'une gravité suffisante. Ainsi, par exemple, n'y a-t-il pas de détention provisoire pour les contraventions (il est vrai que la peine privative de liberté est également proscrite à leur égard) et la durée maximale de celle-ci est par ailleurs moindre pour les délits que pour les crimes (C. pr. pén., art. 145-1). Observons également que la notion de délai raisonnable, qui est rappelée à l'article 144-1 du Code de procédure pénale, est notamment corrélée, pour la détention provisoire, à « *la gravité des faits reprochés à la personne mise en examen* ». La durée de la garde à vue dépend aussi de la nature de l'infraction reprochée au suspect, le régime dérogatoire de l'article 706-88 ne s'appliquant qu'en matière de criminalité organisée. Par ailleurs, en théorie, le fait de soumettre un suspect au port de menottes (mains) ou d'entraves (pied) est soumis à une condition de dangerosité ou de risque de fuite aux termes de l'article 803 du Code de procédure pénale parfois oublié des praticiens[2]. Le port des menottes est ainsi accepté par la Cour européenne des droits de l'homme. Toutefois, celle-ci apprécie ses circonstances

1. Sur l'affranchissement par certains policiers des règles encadrant la contrainte, *cf.* F. Jobard, *Bavures policières ? La force et ses usages*, La Découverte, 2002.

2. *Cf.* tout de même un arrêt de cour d'appel dénonçant un port de menotte injustifié, Paris, 7 janv. 1997, *RSC* 1999. 105, obs. J.-P. Delmas Saint-Hilaire.

et la régularité de la procédure[1]. Enfin, selon la jurisprudence, si tout citoyen peut parfaitement appréhender l'individu suspect d'infraction flagrante comme le permet l'article 73 du Code de procédure pénale, c'est à la condition que « *l'usage de la force soit nécessaire et proportionné aux conditions de l'arrestation* »[2].

Les forces de l'ordre peuvent en outre, au titre de l'usage de la force, recourir à des armes. Déjà soumise aux règles pénales substantielles de la légitime défense (C. pén., art. 122-5) ou de l'état de nécessité (C. pén., art. 122-7), l'utilisation des armes doit être qualifiée d'acte de contrainte et ainsi se voir assujettie aux règles procédurales de nécessité et de proportionnalité. La Cour européenne des droits de l'homme applique un tel raisonnement en matière de recours létal à la force armée « rendu absolument nécessaire »[3]. Elle a considéré ainsi le droit positif français encadrant l'usage des armes par les forces de l'ordre conforme à l'article 2 de la Convention. Mais, elle a tout de même estimé que le fait de tirer sur un gardé à vue s'enfuyant par la fenêtre constituait un usage d'une force manifestement excessive[4]. Il semblerait que la Cour de cassation délaisse aussi parfois la légitime défense pour appliquer le principe de nécessité[5]. Les forces de l'ordre disposant de nombreux moyens matériels de contrainte (gestes d'intervention, menottes, matraques, bombes lacrymogènes, armes à létalité réduite, armes à feu, etc.) devront choisir le plus proportionné pour agir.

(185) **La dignité** est garantie de manière indirecte par l'article 3 de la Convention EDH prohibant la torture et les traitements inhumains ou dégradants. Cet article a valu quelques condamnations de la France. Les acteurs de la procédure ne doivent donc pas avoir recours à des procédés d'humiliation ou de torture contre les suspects afin de les faire avouer ou de les sanctionner. La Cour de Strasbourg fait une interprétation large de l'atteinte à la dignité d'une personne privée de liberté. Pour la Cour, « *l'usage de la force physique qui n'est pas rendue strictement nécessaire par le comportement de ladite personne porte atteinte à la dignité humaine* »[6]. Lors de la réforme de la garde à vue, le législateur a réaffirmé **ce principe de dignité**. L'article **63-5 alinéa 1er** du Code de procédure pénale rappelle ainsi que « *la garde à vue doit s'exécuter dans des conditions assurant le respect de la dignité de la personne* ». Il prohibe ainsi tout dénigrement, tutoiement irrespectueux, détention dans des locaux délabrés, position pénible pendant un interrogatoire, etc. L'article **63-6 alinéa 2** précise quant à lui que « *la personne gardée à vue dispose, au cours de son audition, des objets dont le port ou la détention son nécessaire au respect de sa dignité* ». Ceci a notamment eu pour objet de mettre fin à la pratique consistant à faire ôter systématiquement aux personnes leurs lunettes

1. CEDH, 16 déc. 1997, *Raninen c/ Finlande*, *RTDH* 1999, 277 note. J.-M. Larralde ; 29 oct. 2009, *X c/ France*, req. n° 17020/05.
2. Cass. Crim., 13 avr. 2005, *Bull. Crim.*, n° 131 ; 28 mars 2006, *Bull. Crim.*, n° 88.
3. CEDH, 27 sept. 1995, *Mc Cann et a. c/ Royaume-Uni*, eq. n° 18984/91 ; 23 févr. 2006, *Tzekov c. Bulgarie*, *JCP* 2006, I, 164, chron. F. Sudre.
4. CEDH, 17 avril 2014, *Guerdner et autres c/ France*, req. n° 68780/10.
5. Cass. Crim., 16 juill. 1986, *D.* 1988. 390, note Dekeuwer. *Cf.* aussi un arrêt ambigu du 13 avr. 2005 (préc.) pour l'usage maîtrisé d'une arme par un particulier n'invoquant pas l'application de la légitime défense mais de l'article 73 C. pr. pén.
6. CEDH, 18 oct. 2001, *Indelicato c/ Italie*, *JCP* 2002, I, 105, note F. Sudre.

et, pour les femmes, leur soutien-gorge. Ce principe de dignité vaut pour toutes les retenues policières. En ce qui concerne les fouilles corporelles, le principe de dignité est indirectement posé par le régime posé par l'article 63-7 du Code de procédure pénale : décision par officier de police judiciaire, réalisation dans un espace fermé par une personne de même sexe, utilisation prioritaire de la palpation ou de moyens de détection électronique. S'il n'est pas expressément fait mention du principe de dignité quant aux investigations corporelles internes, ce principe est néanmoins présent dès lors que leur mise en œuvre doit nécessairement impliquer un médecin et n'est possible que lorsque leur réalisation est « *indispensable pour les nécessités de l'enquête* ».

Observons que, par ailleurs, l'article R. 57-7-81 du Code de procédure pénale dispose, en ce qui concerne les fouilles imposées aux détenus, qu'elles doivent préserver « *le respect de la dignité inhérente à la personne humaine* » et doivent être réalisées par une personne de même sexe. Il va de soi que l'écrire ne suffit pas à ôter à l'acte son caractère hautement attentatoire à la dignité de la personne qui en fait l'objet.

Section 6
LE DROIT DE RECOURS

Le droit de recours est un droit fondamental qui renvoie à trois types d'action contentieuse :

- le droit d'appel = droit à un second degré de juridiction ;
- le droit à un pourvoi en cassation ;
- le droit de saisir une juridiction.

I. Le droit à un second degré de juridiction

(186) Les **fondements en opportunité** de ce principe sont pluriels. Il s'agit au premier chef d'offrir une seconde chance au plaideur d'obtenir une meilleure solution ; en second lieu, il s'agit de donner une autre possibilité à la société tout entière de voir une solution adéquate l'emporter, en droit comme en fait, les magistrats statuant en appel étant plus expérimentés.

(187) Pour autant, le droit à un second degré de juridiction engendre des coûts importants et ralentit la justice ; d'ailleurs, les cours d'appel sont les juridictions les plus chroniquement engorgées. C'est pourquoi, dans de nombreux domaines du droit, l'appel est réservé à un certain degré de gravité et d'importance du litige. Cependant, il n'est pas pour autant question de l'écarter pour ce qui concerne la matière pénale, où sont en cause les libertés individuelles, voire la Liberté.

(188) **Sur le plan textuel**, le droit à un second degré de juridiction est repris par le droit conventionnel. Au vrai, il n'avait pas été posé par la Convention EDH ; il n'a été formulé que dans le **protocole additionnel n° 7, à l'article 2**

§ 1 : « *Toute personne déclarée coupable d'une infraction pénale par un tribunal a le droit de faire examiner par une juridiction supérieure la déclaration de culpabilité ou la condamnation.* »

Le **Pacte international**, quant à lui, proclamait déjà ce droit à l'**article 14** § 5.

(189) Par ailleurs, dans la décision ***Sécurité et Liberté*** précitée, le **Conseil constitutionnel** a posé également qu'il y avait là un principe quasiment constitutionnel (fondé dans cette affaire sur le principe d'égalité)[1]. Il a ensuite renforcé et décliné ce droit au recours en matière de contestation d'amende forfaitaire[2], de demande d'élargissement[3] ou de pourvoi en cassation de la partie civile[4].

(190) Pour certains auteurs, il constituerait en outre un principe général du droit judiciaire[5]. D'ailleurs, la **Cour de cassation** a été jusqu'à énoncer qu'il existait, quand bien même la loi ne le prévoyait pas[6].

(191) Un appel est donc **concrètement** presque toujours possible en matière pénale.

Il est possible en matière d'instruction et relève alors de la chambre de l'instruction de la Cour d'appel ; il est possible pour les contraventions et délits et relève alors de la Cour d'appel, chambre des appels correctionnels.

Il a longtemps été prohibé en matière criminelle, alors même qu'il s'agissait là des faits les plus graves et des enjeux les plus élevés. Il est vrai que l'on considérait alors que, puisque la cour d'assises était composée de jurés incarnant la volonté populaire, ses arrêts ne pouvaient être contestés. La loi du 15 juin 2000 a cependant instauré un tel appel : il a suffi, pour contourner la difficulté, d'en confier l'examen à une autre cour d'assises comportant davantage de jurés (C. pr. pén., art. 296 et 380-1).

(192) Conjuguant le délai raisonnable et le droit au recours, et s'inspirant du droit administratif, l'article 802-1 énonce que, lorsque la loi ne prévoit pas un recours spécifique, dans toutes les hypothèses où le ministère public ou une juridiction est saisi d'une demande à laquelle il doit être répondu par une décision motivée susceptible de recours. L'absence de réponse dans un délai de deux mois vaut décision implicite de rejet, qui est elle-même susceptible de recours.

II. Le droit à un pourvoi en cassation

(193) Si le droit à un pourvoi en cassation est de « découverte » plus récente, **ses fondements** n'en sont pas moins sérieux. Il ne s'agit pas de fournir au plaideur une troisième chance, même si, concrètement, c'est ce qu'il représente le plus souvent à ses yeux – ce, d'autant plus que, dans ce cas, il y aura souvent renvoi à une autre juridiction de second degré. Il s'agit par contre, cette fois pour la

1. Cons. Const., déc. 19-20 janv. 1981.
2. Cons. Const., déc. n° 2010-38-QPC du 29 sept. 2010.
3. Cons. Const., déc. n° 2010-71 QPC du 26 nov. 2010.
4. Cons. Const., déc. n° 2010-15/23 QPC du 23 juill. 2010.
5. *Cf.* R. Perrot, *Institutions judiciaires*, Montchrestien, n° 79.
6. Cass. Crim., 13 mars 1961, *Bull. Crim.* n° 84.

société tout entière, de permettre une application uniforme et correcte de la loi, ce qui est naturellement plus important encore s'agissant d'une branche du droit où domine le principe de légalité.

La jurisprudence semble l'avoir retenu[1], y compris, comme pour le second degré de juridiction, *contra legem*[2], dès lors, du moins, que la loi ne l'écarte pas expressément, ce qu'elle avait énoncé déjà de longue date[3]. En outre, ce droit à un recours devant le juge de cassation peut aussi s'analyser comme lié à l'exercice des droits de la défense[4].

III. Le droit de saisir une juridiction

(194) Le droit au recours peut consister dans la possibilité de saisir une juridiction pénale. L'article 16 de la Déclaration de 1789 permet au Conseil constitutionnel de considérer qu'il « *ne doit pas être porté d'atteintes substantielles au droit des personnes intéressées d'exercer un recours effectif devant une juridiction* »[5]. Ce droit au recours permet donc à la victime de déposer plainte avec constitution de partie civile (C. pr. pén., art. 2) ou citer directement le prévenu devant le tribunal correctionnel (C. pr. pén., art. 390). En revanche, le droit au recours n'exclut pas que soient posées des conditions de recevabilité.

Le droit au recours est aussi en jeu lorsqu'une personne souhaite contester une décision prise par une autorité publique devant une juridiction. Ainsi, toute personne arrêtée ou détenue doit pouvoir saisir une juridiction afin de faire contrôler la légalité de son arrestation de sa détention (Conv. EDH, art. 5 § 4). Les personnes visées par une visite domiciliaire doivent aussi pouvoir contester l'autorisation de cette visite[6]. Les propriétaires d'objets saisis doivent enfin pouvoir saisir une juridiction pour contester la saisie[7] (art. 479 C. pr. pén., devant le tribunal correctionnel) ou la destruction des objets saisis[8] (art. 41-4 et 41-5 C. pr. pén.). Les conducteurs visés par un avis d'amende forfaitaire peuvent réaliser une requête en exonération, une réclamation, une requête en contestation d'irrecevabilité de son recours, devant la juridiction de police compétente (C. pr. pén., art. 520-10 à 531)[9]. La Cour de cassation considère d'ailleurs que la requête en incident contentieux, qui constitue un recours juridictionnel effectif, est recevable lorsque le demandeur prétend que l'avis d'amende

1. Cass. Crim., 26 fév. 1997, *Bull. Crim.* n° 78, *D.* 1997, p. 297, note J. Pradel, JCP 1997, II, n° 22865, note H. Matsopoulou.
2. Cass. Crim., 30 juin 1999, *Bull. Crim.* n° 167 ; *Dr. pén.* 1999, somm. 156, obs. Maron.
3. Cass. 12 mai 1812, *Juris. Gén. Cf.* Cassation, n° 94.
4. Cons. Const., déc. n° 2010-15/23 QPC du 23 juill. 2010.
5. Cons. Const., déc. n° 99-416 DC du 23 juill. 1999, cons. 38.
6. Cons. Const., déc. n° 2014-387 QPC du 4 avr. 2014. V. aussi CEDH, 21 févr. 2008, *Ravon c/ France* et Cons. Const., n° 2013-357 du 29 nov. 2013 en matière de visite de navire (*cf.* C. Douanes, art. 62 et 63 modifiés par la loi n° 2014-742 du 1er juillet 2014).
7. Cons. Const., déc. n° 201-208 QPC du 13 janv. 2012.
8. Cons. Const., déc. n° 2014-390 QPC du 11 avr. 2014 ; déc. n° 2014-406 QPC du 9 juill. 2014.
9. Cons. Const., déc. n° 2015-467 QPC du 7 mai 2015.

forfaitaire majorée ne lui a pas été envoyé. Pour la Cour, il appartient au juge de vérifier si la preuve de l'envoi de l'avis au contrevenant est rapportée par le ministère public avant de se prononcer sur la recevabilité de la réclamation adressée à l'officier du ministère public[1].

1. Cass. Crim., 18 mai 2016, n° 15-86.095.

Deuxième partie

La phase préparatoire du procès pénal

La phase préparatoire comporte deux périodes : la recherche de faits (*Titre 2*) ; l'action (*Titre 1*). Au vrai, l'action fait le plus souvent suite à la recherche des faits. Elle soulève toutefois des questions préalables, qu'il nous paraissait judicieux d'aborder de prime abord.

Titre 1. L'action

L'infraction causant un tort direct à la victime, il appartient à celle-ci de défendre ses intérêts civils au moyen de l'action civile (*Chapitre 2*).

Elle cause aussi un tort à la société tout entière. L'objet du système répressif est d'en obtenir la sanction, d'une part pour réparer le trouble causé, d'autre part pour prévenir sa réitération : c'est l'action publique (*Chapitre 1*).

Chapitre 1

L'action publique

Définition. L'action publique est le fait, pour le ministère public, de saisir la juridiction répressive de faits de nature pénale, afin de voir prononcer, le cas échéant, une peine à l'encontre de son (ses) auteur(s)[1].

L'action publique ne peut être exercée indéfiniment (*Section 2*). Elle répond en outre à des règles strictes quant à sa mise en œuvre (*Section 1*).

Section 1
LE RÉGIME DE L'ACTION PUBLIQUE

(195) L'action publique ne peut être exercée que par certaines personnes habilitées (Sous-section 1). Cependant, depuis une quinzaine d'années, le législateur a créé des voies alternatives qui permettent autant de choix pour le parquet, rendant ainsi particulièrement protéiforme la chaîne pénale (Sous-section 2).

Sous-section 1
LES ACTEURS

(196) Aujourd'hui, l'action publique est loin de relever du monopole du parquet ; d'autres acteurs peuvent intervenir. En effet, **l'article 1er du Code de procédure pénale** dispose que « *L'action publique pour l'application des peines est mise en mouvement et exercée par les magistrats ou par les fonctionnaires auxquels elle est confiée par la loi* ».

Relevons tout d'abord l'utilisation impropre, dans le droit positif actuel, de la formule « *pour l'application des peines* » : ce n'est pas uniquement pour l'application des sentences pénales que le parquet intervient. D'ailleurs, il existe à cet égard l'article 708 du même Code. Quoi qu'il en soit, l'alinéa 2 de l'article 1er dispose à son tour que « *Cette action peut être mise en mouvement par la partie lésée, dans les conditions déterminées par le présent Code* ».

En conséquence, la mise en mouvement de l'action publique appartient principalement :

---

1. *Cf.* F. Molins, « Action publique », *Encyclopédie de droit pénal et procédure pénale*, Dalloz.

– au parquet, cité en premier lieu ;
– à des fonctionnaires, mais uniquement en tant que la loi le prévoit ;
– à la partie civile, dans certaines conditions prévues par le Code de procédure pénale.

I. Le parquet

I.1. Les pouvoirs du parquet

(197) C'est le parquet qui, en premier lieu, exerce l'action publique. En effet, l'article 31 du Code de procédure pénale dispose que « *Le ministère public exerce l'action publique et requiert l'application de la loi* » : c'est donc lui qui est principalement chargé de cette mission d'intérêt général. L'esprit de la loi est par ailleurs clair : il requiert l'application de la loi. Nous voyons ici deux aspects fondamentaux du rôle du parquet :
– poursuivre, donc aller dans le sens de la répression ;
– faire appliquer la loi.

(198) C'est plus précisément le **procureur de la République** qui a le droit d'exercer l'action publique.

Cependant, il peut l'exercer au travers de ses **substituts** (C. pr. pén., art. 39) ; ces derniers n'ont pas besoin d'une habilitation spéciale, puisque, par principe, le parquet est indivisible[1]. Néanmoins, lorsqu'un substitut du procureur agit, il ne le fait pas en tant que tel mais, à cette fin, du fait de sa délégation légale (et non individuelle et directe), précisément au nom du principe d'indivisibilité. De fait, s'il ne poursuivait pas, le procureur pourrait le faire à sa place.

(199) Toutefois, deux lois du 6 décembre 2013 sont venues donner un léger coup de canif à l'indivisibilité du parquet selon laquelle les magistrats du ministère public sont interchangeables.

En effet, la loi organique n° 2013-1115 du 6 déc. 2013, et la loi n° 2013-1117 du 6 déc. 2013 ont créé un procureur de la République financier. Ce dernier possède une compétence nationale. Cette compétence est concurrente de celle des autres parquets en matière d'infractions économiques et financières. Elle est exclusive en cas de délits d'initié et de manipulation des cours (Ord. n° 58-1270 du 22 déc. 1958, art. 38-2 ; C. pr. pén., art. 705 et 705-1)[2]. S'inspirant de ce système, la loi du 23 mars 2019 a créé le procureur antiterroriste (C. pr. pén., art. 706-17-1). Il représente le ministère public auprès des juridictions compétentes en matière de terrorisme et la cour d'assises spéciale compétente en cette matière. Il peut requérir par délégation judiciaire tout procureur de la République de procéder ou faire procéder aux actes nécessaires à la recherche et à la poursuite des infractions terroristes. Dans certains tribunaux dans le ressort desquels est susceptible de se trouver une forte concentration de personnes soutenant ou adhérant à des thèses incitant à la commission d'actes de terrorisme, des magistrats du parquet peuvent être d'ailleurs chargés d'une activité d'information et de suivi en lien avec le procureur antiterroriste (COJ ; art. L. 213-12).

1. Cass. Crim., 3 juillet 1990, *Bull. Crim.*, n° 275.
2. E. Vergès, « Le procureur de la République financier: entre projet politique et recherche de l'efficacité », *RSC*.2014.143.

(200) Il existe par ailleurs un **principe hiérarchique** au sein du parquet : si le procureur de la République ne poursuivait pas une infraction, le procureur général, son supérieur au niveau de la Cour d'appel de son ressort, pourrait ainsi prendre des réquisitions écrites l'enjoignant à le faire. Notons bien : « à le faire » ; jamais « à ne pas le faire ». Le procureur général pourrait aussi saisir lui-même directement la juridiction en cause (C. pr. pén., art. 36).

Le procureur de la République doit naturellement, pour pouvoir agir, être informé de l'existence d'une infraction.

I.2. L'information du parquet

(201) **Comment** le procureur de la République est-il informé de l'existence d'une infraction ?

Il existe un premier niveau général d'information spontané, provenant de la société environnante : **médias**, **rumeur**, témoins...

(202) Un deuxième niveau, lui aussi informel, réside dans la **dénonciation** : provenant d'une tierce personne, laquelle informe, de manière anonyme ou non, en désignant l'auteur présumé ou non, elle est adressée soit à la police, soit au parquet, soit encore à d'autres vecteurs, officiels (douanes, impôts...) ou non (presse...).

(203) De manière plus directe et à un troisième niveau, le parquet peut être informé par l'action des **victimes qui ont déposé plainte**. Celles-ci ont pu agir soit directement auprès de lui (C. pr. pén., art. 40), soit par l'intermédiaire des services de police ou de gendarmerie qui sont obligés de recevoir les plaintes (C. pr. pén., art. 15-3) et ont à leur tour l'obligation de tenir informés le parquet (C. pr. pén., art. 19 et 54) ou d'autres organismes (inspection du travail, etc.).

(204) Tout aussi direct : le quatrième niveau, où l'auteur **se dénonce**, en se rendant soit au commissariat ou à la gendarmerie, soit, plus exceptionnellement, chez le procureur de la République.

(205) Toutefois, il est un cinquième niveau, celui qui **oblige certaines personnes à dénoncer** l'existence d'infractions dont elles ont connaissance :

– outre les officiers et agents de police judiciaire de la police et de la gendarmerie, comme vu *supra*, les fonctionnaires sont obligés de signaler toutes les infractions dont ils ont connaissance dans l'exercice de leurs fonctions et ce, « *sans délai* » (C. pr. pén., art. 40, al. 2) ;

– tout citoyen doit dénoncer un crime, tant qu'il est encore possible de le prévenir ou d'en limiter les effets, à peine de sanction pénale (C. pén., art. 434-1) ;

– toute personne ayant connaissance de sévices sur un mineur de quinze ans doit les dénoncer (C. pén., art. 434-3).

(206) Ajoutons à cela que la loi gratifie parfois le délinquant qui dénonce ses complices. Ces gratifications, qui étaient encore rares avant la loi du 9 mars 2004, ont été considérablement étendues depuis lors. Elles consistent tantôt en une réduction de la moitié de la peine, tantôt en son exemption pure et simple[1].

1. G. Roussel, « L'introduction du "repenti" ou le pragmatisme appliqué du législateur », *AJ pénal* 2005, p. 363.

La loi prévoit ainsi des **réductions de la moitié de la peine** ou, s'agissant de peines perpétuelles, de la ramener à vingt ans pour celui, auteur ou complice, qui avertit l'autorité administrative ou judiciaire d'une infraction déterminée, de sorte de permettre de mettre fin à des agissements et d'identifier les autres coupables.

Ces infractions sont : l'assassinat (C. pén., art. 221-5-3, al. 2), l'attentat et le complot (C. pén., art. 412-4), le détournement de moyen de transport (C. pén., art. 224-8-1, al. 2), l'empoisonnement (C. pén., art. 221-5-3, al. 2), l'extorsion (C. pén., art. 312-6-1, al. 2), la fausse monnaie (C. pén., art. 442-10), le proxénétisme (C. pén., art. 225-11-1, al. 2), le terrorisme (C. pén., art. 422-2), les tortures et actes de barbarie (C. pén., art. 222-6-2, al. 2), le trafic de stupéfiants (C. pén., art. 222-43), la trahison ou l'espionnage (C. pén., art. 411-4, 411-5, 411-7, 411-8 et 414-4), la traite des êtres humains (C. pén., art. 225-4-9, al. 2), le vol en bande organisée (C. pén., art. 311-9-1, al. 2).

La loi prévoit, dans des cas analogues, des **exemptions de peine** lorsque c'est l'infraction elle-même ou la mort de la personne qui a été évitée.

Il en va ainsi pour : l'assassinat (C. pén., art. 221-5-3, al. 1), l'association de malfaiteurs (C. pén., art. 450-2), l'attentat (C. pén., art. 414-2), le complot (C. pén., art. 412-2 et 414-3), le détournement de moyen de transport (C. pén., art. 224-8-1, al. 1), l'empoisonnement (C. pén., art. 221-5-3, al. 1), l'extorsion (C. pén., art. 312-6-1, al. 1), l'évasion (C. pén., art. 434-37), la fausse monnaie (C. pén., art. 442-9), le proxénétisme (C. pén., art. 225-11-1, al. 1), le sabotage (C. pén., art. 411-9 et 414-2), le terrorisme (C. pén., art. 422-1), les tortures et actes de barbarie (C. pén., art. 222-6-2, al. 1), le trafic de stupéfiants (C. pén., art. 222-43-1), la trahison ou l'espionnage (C. pén., art. 411-2, 411-3, 411-6, 411-9 et 414-2), la traite des êtres humains (C. pén., art. 225-4-9, al. 1), le vol en bande organisée (C. pén., art. 311-9-1, al. 1), blanchiment (C. pén., art. 325-6-1).

La loi a également investi d'autres personnes que le procureur de la République de la fonction d'exercer l'action publique.

II. Les autres autorités

(207) Il s'agit toujours de **fonctionnaires.** Ceux-ci ont reçu à cet effet une habilitation spéciale, pour un **domaine limité** ; ils n'ont donc pas de compétence générale, comme celle du parquet[1]. En outre, dans ces domaines spéciaux, le procureur de la République conserve toujours son droit d'agir. Dans l'hypothèse où les fonctionnaires ont également le droit d'intervenir à l'audience, cela n'empêche pas le procureur de requérir également et, le cas échéant, dans un sens opposé.

Dans certains cas, lesdits fonctionnaires peuvent agir seuls ; dans d'autres, ils ne le peuvent qu'avec le procureur de la République, de manière conjointe.

1. *Cf.* A. Germon, *Le rôle d'initiative des administrations dans l'action publique*, L'Harmattan, 2014.

(208) **Peuvent agir seuls** les fonctionnaires des administrations suivantes :

– *administration fiscale* (administration des douanes et des contributions indirectes) pour des infractions punies de pénalités fiscales, avec compétence pour lancer l'action fiscale devant le tribunal correctionnel (LPF, art. L. 235 et Cass. Crim., 4 mars 1991, *Bull. Crim.*, n° 107)[1] ;

– *douanes pour les contraventions* : en l'absence de poursuite du parquet, la douane peut exercer l'action publique devant le tribunal de police en raison du caractère mixte de l'amende douanière (C. douanes, art. 356)[2] ;

– administration des forêts (C. for., art. L. 161-22) ;

– *administration* chargée des *voiries routières* (C. voirie routière, art. L. 116-4 et L. 116-5).

(209) Peuvent exercer l'action publique avec le concours du ministère public les fonctionnaires des douanes[3].

Cette administration poursuit en théorie de manière indépendante pour ce qui concerne les délits pour l'application des sanctions fiscales. Son « action fiscale », qui possède le caractère d'une action publique[4], est autonome et peut être exercée indépendamment de l'action publique de droit commun[5]. Le parquet conserve la poursuite des infractions douanières punies d'emprisonnements douaniers pour le droit commun et l'application de la peine pénale[6]. Le parquet peut aussi exercer l'action fiscale accessoirement à l'action publique en cas d'inaction de la douane (C. douanes, art. 343, al. 2)[7] ;

(210) Dans une certaine mesure, l'on peut affirmer que ces autorités ont un pouvoir supérieur au parquet, car elles agissent non seulement pour poursuivre l'auteur des faits, mais aussi pour obtenir réparation du préjudice causé. À cette fin, certaines d'entre elles ont obtenu le droit de transiger. Il en va ainsi, notamment, de l'administration fiscale, avec l'accord toutefois du procureur de la République (LPF, art. L. 248 et L. 249), ou de l'administration chargée de la voirie routière (C. voirie routière, art. L. 116-8), de la douane (C. douanes, art. 350), par le préfet en matière environnementale (C. env., art. 173-12 et R. 173-1).

Lorsqu'elle intervient avant le jugement, la transaction éteint l'action publique (C. pr. pén., art. 6, al. 3) : le parquet ne pourra alors plus poursuivre.

1. En cas d'appel sur la seule action fiscale, la cour d'appel ne peut pas se prononcer sur l'action publique, Cass. Crim., 21 oct. 2009, *Bull. Crim.*, n° 174, *AJ pénal* 2010, p. 139, obs. G. Roussel.

2. Cass. Crim. 23 nov. 1987, *Bull. Crim.*, n° 422, 26 févr. 1990, *Bull. Crim.*, n° 93.

3. *Cf.* A. Germon, « L'interdépendance entre l'action publique et l'action fiscale », *AJ pénal* 2015, p. 73.

4. Cass. Crim., 6 févr. 1997, *Bull. crim.* n° 51.

5. Cass. Crim., 7 mars 1996, *Bull. crim.* n° 108.

6. Cass. Crim., 30 mai 1994, n° 93-82.430, *Bull. crim.* n° 209. P. Philippi, « Les spécificités de la poursuite des infractions douanières », *AJ pénal* 2009, p. 213.

7. Cependant, la douane reste recevable à exercer son action en appel, Cass. Crim., 16 juin 2011, pourvoi n° 10-86. 808, *AJ pénal* 2011, p. 529, obs. G. Roussel.

III. Le rôle des victimes dans le déclenchement de l'action publique

(211) Le droit positif reconnaît d'abord l'action des victimes individuelles d'infraction. Plus récemment, il a également admis l'action de victimes se prévalant d'intérêts collectifs.

C'est ce que nous étudierons dans le chapitre consacré à l'action civile.

Sous-section 2
LA CHAÎNE PÉNALE

(212) Exercer l'action publique ne veut pas dire nécessairement poursuivre. Plus précisément, le parquet n'a pas seulement le *droit* de poursuivre ; il a aussi la *possibilité* de poursuivre (exercice). Il possède au demeurant d'autres choix, qu'il peut exercer du fait de l'existence de ce que l'on appelle la « chaîne pénale ».

(213) Cette large palette de possibilités est récente : longtemps, le parquet n'a eu d'autre choix que de poursuivre ou de classer, voire uniquement de classer sans suite, même avant que la pratique n'invente le classement sous conditions. Ce choix binaire avait l'avantage de préserver le rôle classique des juridictions qui jugeaient l'affaire après une audience orale et contradictoire pendant laquelle les parties s'exprimaient. Cependant, en raison de la longueur des audiences, du faible nombre de magistrats et de l'augmentation du contentieux pénal et en raison de politiques visant à ne laisser échapper à la chaîne pénale aucune infraction, la préservation de ce système passait par un classement toujours plus important de certaines affaires avec de vraies inégalités de traitement entre justiciables. En effet, à infractions égales, certains étaient jugés et d'autres pas. Le législateur a donc dû diversifier le nombre de voies pour traiter les infractions constatées, notamment les délits de manière à apporter une réponse pénale à un maximum d'infractions. Sont donc progressivement apparues de nouvelles voies alternatives aux poursuites et, au sein même des poursuites, de nouvelles voies alternatives aux audiences correctionnelles. Le tribunal correctionnel n'est plus saisi, en principe, que des délits les plus graves ou complexes. Évidemment, la diversification au profit de circuit court peut interpeller puisqu'elle modifie le rôle du juge du siège et renforce la dimension « conseil » de l'intervention de l'avocat pénaliste. Il n'est pas pour autant certain que les justiciables y soient défavorables si l'on en croit les taux élevés d'exécution des mesures ou de paiement des amendes prononcées. De plus, comme moins d'affaires sont renvoyées à l'audience correctionnelle, cette dernière peut, du moins en théorie, passer plus de temps sur au jugement de chacune tout en finissant à des heures correctes et non plus en début ou milieu de nuit.

En tout cas, l'apparition des alternatives aux poursuites transforme le visage de la justice pénale, laquelle ne peut plus être résumée à la seule audience contradictoire devant une juridiction collégiale recevant les conclusions, entendant les réquisitions orales du parquet et les plaidoiries de la partie civile et de la défense. Il est même probable qu'à l'avenir beaucoup de délits échappent au tribunal correctionnel.

La diversification actuelle de ses modes d'action est telle qu'elle questionne le rôle du parquet et celui du juge. En effet, dans le cas notamment de la composition pénale et de la comparution sur reconnaissance préalable de culpabilité (CRPC), il agit en lieu et place du juge du siège, même si ce dernier conserve le dernier mot. L'ordonnance pénale délictuelle donne également au procureur un pouvoir très important.

Le choix d'orientation de l'affaire vers telle ou telle voie relève du parquet. Ce choix est réalisé à réception du dossier transmis par la police judiciaire ou sur saisine de la victime. De manière générale, avant transmission, le parquet est déjà au courant de l'affaire parce la police judiciaire l'en a informé par voie téléphonique ou informatique dans le cadre du traitement en temps réel des infractions. Les parquets sont ainsi organisés pour qu'un service de traitement direct composé de magistrats de permanence puisse être joint à tout moment par les enquêteurs[1]. Le parquetier donne alors ses consignes à la police judiciaire sur le devenir de la procédure et du suspect quand il n'a pas déjà rédigé des instructions permanentes.

Or le parquet, soumis à l'autorité hiérarchique, doit appliquer des politiques pénales même s'il possède une marge d'appréciation en fonction des situations locales, comme nous l'avons vu, en sorte qu'il est plus difficile de lui reconnaître le degré d'impartialité qui est nécessaire dans toute procédure équitable...

I. Le principe du choix : l'exercice de l'action

C'est bien le procureur de la République qui a le droit d'agir. Cependant, il ne le fait pas nécessairement : c'est le principe de l'opportunité des poursuites. Dans ses choix, il est parfois contraint par ses supérieurs, voire par les incitations de l'exécutif : c'est le principe de la politique pénale.

I.1. L'opportunité de l'action

(214) **L'article 40, alinéa 1er, du Code de procédure pénale** dispose que « *Le procureur de la République reçoit les plaintes et dénonciations et apprécie la suite à leur donner conformément aux dispositions de l'article 40-1* ».

De ce texte a été dégagée la théorie de l'opportunité des poursuites : le procureur de la République apprécie s'il doit poursuivre ; par ailleurs, du fait du renvoi à l'article 40-1, il a encore le choix des modalités de la poursuite.

(215) **L'article 40-1** énonce à son tour que, si le procureur estime que les faits constituent une infraction dont l'auteur est identifié et que l'on connaît son adresse, il a le choix :

– de poursuivre ;

1. C. Miansoni, « Le procureur de la République dirige-t-il la police judiciaire ? », *AJ pénal* 2013, p. 374.

– ou de mettre en œuvre une procédure alternative aux poursuites ;

– ou de classer sans suite « dès lors que les circonstances particulières liées à la commission des faits le justifient ».

– Cet article date de la loi du 9 mars 2004 laquelle marque un vrai tournant pour les nouveaux modes de traitements des délits en modifiant les régimes du rappel à la loi, de la médiation, de la composition pénale et en introduisant la CRPC. La loi de 2004 a marqué une nouvelle approche du traitement des délits et a dégradé le classement comme dernière opportunité ouverte au parquet.

(216) Lorsqu'il ne dispose pas de ces éléments, il fait alors réaliser une **enquête**. Lorsqu'il s'agit d'actes d'enquête devant être exécutés dans un autre ressort que celui du tribunal judiciaire, il peut demander au procureur de la République territorialement compétent d'y procéder ou d'y faire procéder par un officier de police judiciaire. Il peut toutefois également requérir directement tout officier de police judiciaire sur l'ensemble du territoire national de procéder à ces actes (C. pr. pén., art. 41). S'il s'agit d'un crime, il est obligé d'ouvrir une **instruction** (C. pr. pén., art. 79) ; dans les autres cas, l'instruction est facultative. Elle est ouverte parce que les faits sont complexes ou graves, ou aussi, obligatoirement, pour ce qui concerne les mineurs (ord. 2 février 1945, art. 5 ; CJPM, art. L. 423-3). Il faut nécessairement un réquisitoire introductif du parquet pour ouvrir une instruction (C. pr. pén., art. 80).

Le choix entre ces différentes voies n'est pas totalement libre ; il est en grande partie dicté par ce que l'on appelle les politiques pénales.

I.2. La politique pénale

(217) La politique pénale représente les choix des autorités publiques, notamment de l'exécutif, quant aux priorités répressives et aux modalités de l'exercice de la répression[1]. Elle est à la fois :

– un ensemble de choix opérés au niveau de l'exécutif et du législatif, visibles au travers de l'analyse des lois et règlements adoptés ;

– des directives directement adressées (par voie de circulaires) par l'exécutif, pris en la personne du garde des Sceaux.

(218) Le **garde des Sceaux est le supérieur hiérarchique** ultime du parquet, se situant au niveau national : en effet, l'ordonnance n° 58-1270 du 22 décembre 1958, portant loi organique relative au statut de la magistrature, dispose que « *Les magistrats du parquet sont placés sous la direction et le contrôle de leurs chefs hiérarchiques et sous l'autorité du garde des Sceaux, ministre de la Justice* » (art. 5 de l'ord.)[2].

(219) Le droit d'adresser des **circulaires de politique pénale** repose sur l'article 20, alinéa 1er, de la Constitution, lequel énonce que « *le Gouvernement détermine et conduit la politique de la Nation* » : il est généralement admis que la politique criminelle en fait partie.

1. Y. Charpenel, *Les rendez-vous de la politique pénale*, Armand Colin, 2006.

2. *Cf.* Cons. Const., déc. n° 2017-680 QPC du 8 déc. 2017 selon lequel les mots « *et sous l'autorité du garde des sceaux, ministre de la justice* » figurant à la première phrase de cet article 5 sont conformes à la Constitution.

Par ailleurs, depuis les lois du 4 mars 2004 et 25 juillet 2013, l'article 30 du Code de procédure pénale précise que le ministre de la Justice conduit la politique pénale du gouvernement, veille à son application sur le territoire et publie un rapport annuel sur celle-ci. Mais, afin d'éviter les ingérences politiques dans les dossiers, l'article 30 interdit au ministre d'adresser des instructions dans les affaires individuelles. Seules des circulaires de politique pénale donnent ainsi aux parquets des consignes générales pour mettre l'accent sur la répression de tel ou tel type d'infraction et la manière de moduler la réponse pénale à y apporter en termes de sanction[1]. Reste qu'il serait très utile que soit mis en place un Conseil national de politique pénale[2].

(220) La politique pénale nationale n'est d'ailleurs pas exclusive de modulations locales définies au niveau des cours d'appel. L'article 35 C. pr. pén. permet ainsi au procureur général d'animer et coordonner l'action des procureurs et veiller à l'application de la politique pénale dans son ressort. Depuis 2013, il doit en outre informer l'assemblée des magistrats du siège et du parquet de cette politique. Naturellement, au niveau du TJ, le procureur possède aussi une politique propre. Le législateur l'a bien compris en introduisant un article 39-1 qui dispose dans son alinéa 1er que « *En tenant compte du contexte propre à son ressort, le procureur de la République met en œuvre la politique pénale définie par les instructions générales du ministre de la justice, précisées et, le cas échéant, adaptées par le procureur général* ». Les choix législatifs et judiciaires aboutissent donc à une mise en concurrence des procédures[3] dont l'utilisation sera fonction d'un schéma d'orientation[4]. Il serait ainsi très utile pour tous les acteurs de la chaîne pénale (siège, police judiciaire, barreau, partenaires locaux), qu'un tel schéma puisse faire l'objet de diffusion[5].

II. Choix du classement

Lorsqu'il décide de classer, le procureur de la République peut le faire « sans suite » ou « sous conditions ». Le classement sans suite constitue le mode de traitement de moins favorisé par le législateur même s'il est apparu avec le Code de procédure pénale en 1958.

1. *Cf.* par exemple, la circulaire n° 2015/0213/A13 du 12 janvier 2015 suite aux attentats commis les 7, 8 et 9 janvier 2015.
2. *Cf.* J.-L. Nadal, Rapport préc., proposition n° 17.
3. J. Danet, *La justice pénale entre rituel et management*, PUR, 2010, p. 109.
4. S. Grunvald, « Les choix et schémas d'orientation », *in* J. Danet (coord.), *La Réponse pénale*, préc., p. 83 ; J. Danet, « La notion de schéma d'orientation », *Les cahiers de la Justice*, ENM/Dalloz, 2013/4, p. 21.
5. *Cf.* J.-L. Nadal, Rapport préc., proposition n° 24.

II.1. Classement sans suite

A. Les fondements du classement sans suite

(221) De prime abord, on imagine sans doute que le procureur de la République, chargé de poursuivre les infractions, est tenu de les poursuivre toutes : ne pas le faire constituerait une abstention à garantir l'ordre et la sécurité publique et choquerait sans doute la plupart des citoyens. Un tel système s'appellerait celui de **la légalité des poursuites** ; il contraindrait le procureur de la République à poursuivre, dès lors qu'il y aurait constatation d'une infraction, sans pouvoir d'appréciation.

(222) Ce **système n'est** cependant **pas viable** dans un grand pays comme la France. Il nous faudrait en effet des moyens dont nous ne disposons pas, notamment :

– infiniment plus de policiers ;

– sans doute infiniment plus de juges d'instruction, encore que la plupart des infractions alors poursuivies seraient de moindre importance et ne nécessiteraient pas d'information ;

– infiniment plus de procureurs et de substituts ;

– infiniment plus de personnels (pénitentiaires ou forces de l'ordre) pour assurer les transferts, extractions, conduites en maisons d'arrêt ;

– infiniment plus de maisons d'arrêt pour accueillir les prévenus et les condamnés à de courtes peines (déjà les plus surpeuplées) ;

– infiniment plus de juges du siège et leurs greffiers pour juger ces milliers d'infractions sortant de l'anonymat ;

– infiniment plus de centres de détention et de maisons centrales pour accueillir les condamnés et leurs personnels ;

– infiniment plus de juges de l'application des peines et leurs greffiers, de personnels dans les bureaux et services de l'exécution des peines, de travailleurs sociaux, etc.

Notre pays n'est pas en état de supporter un tel coût financier et humain. À moins, naturellement que cette politique ne s'accompagne d'une nouvelle vision de la sanction : plus tournée vers l'indemnisation de la victime et le retour à la vie citoyenne, moins vers la répression pure et simple... Cela est peu probable à l'heure actuelle. C'est pour cette raison que notre droit retient le principe de l'opportunité des poursuites.

Une autre raison tient au fait que le **principe de la légalité des poursuites** comporte le **risque** de voir les plaintes se multiplier et d'entraîner des effets fâcheux : le parquet serait le lieu où se régleraient les comptes personnels.

(223) Indéniablement, le **système de l'opportunité des poursuites comporte** toutefois également **des inconvénients**, plus particulièrement celui de voir l'arbitraire se glisser dans les choix effectués entre les différentes voies. Il génère aussi des inégalités : les choix effectués dans les ressorts sont nécessairement fort différents. C'est poser la question de la légitimité de politiques pénales distinctes entre Bourg-en-Bresse et Lyon, entre Nantes et La Roche-sur-Yon, Reims et Châlons-en-Champagne, Paris et Bobigny, Rennes et Quimper...

Cela peut paraître choquant aux justiciables, qui aspirent à être traités également sur tout le territoire. Cependant, cela se justifie souvent par d'authentiques distinctions propres aux ressorts en cause : par exemple, le vol violent du sac d'une personne âgée dans les rues de La Roche-sur-Yon a nécessairement plus de retentissement auprès de la population de cette ville qu'à Nantes ou à Paris.

Sur une plus petite échelle, le principe de l'opportunité des poursuites apparaît plus viable ; c'est ainsi qu'il peut être utilisé dans d'autres pays, comme certains cantons suisses, régions d'Allemagne ou d'Espagne. Toutefois, ces pays disposent aussi d'autres systèmes de règlement des conflits.

B. Les causes du classement sans suite

Le procureur de la République va décider de classer sans suite dans deux types de situations. Dans une première série de cas, dits « objectifs », il n'agit pas en vertu du principe de l'opportunité des poursuites : il est obligé, juridiquement, de classer. Dans une seconde série de cas, dits « subjectifs », il y a véritablement appréciation de sa part.

1. Les causes « objectives »

(224) Les causes de classement dites « objectives » sont en réalité des **causes légales** de classement. Elles relèvent de diverses situations, que nous pouvons énumérer comme suit :

– **il n'y a pas d'infraction** (cela ressort de l'article 40-1, qui énonce que le parquet agit pénalement « *lorsqu'il estime que les faits... constituent une infraction* ») : l'infraction est amnistiée ou prescrite (voir *infra* prescription) ;

– il existe **une cause légale s'opposant aux poursuites** : les faits sont prescrits ou ont été amnistiés, l'auteur est décédé, il bénéficie d'une cause d'irresponsabilité ou a transigé... ;

– **il n'est pas possible d'en découvrir les auteurs** ou bien l'infraction n'est pas suffisamment caractérisée. Pour de nombreuses infractions sans gravité, notamment sans atteinte aux personnes (petits vols, cambriolages dans de très grandes villes...), lorsque les indices sont minces quant à l'identité des auteurs, voire inexistants, il n'est pas possible de faire supporter à la collectivité les frais de leur recherche : aussi le classement va-t-il être retenu en raison de choix et de possibilités budgétaires et matérielles.

Cette dernière cause objective, nous le voyons, est teintée de subjectivisme, puisqu'elle intègre des éléments comme l'appréciation de la gravité des faits, la prise en compte de particularités locales, les moyens dont dispose la juridiction...

2. Les causes « subjectives »

(225) Les causes « subjectives » de classement sans suite sont les seules à véritablement se fonder sur la notion d'opportunité des poursuites. Le parquet exerce un choix en opportunité de classer en raison d'éléments divers.

Ces éléments peuvent tenir bien que cela puisse de prime abord paraître choquant à **l'honorabilité du délinquant.** Imaginons un élève de classe de première issu d'une famille irréprochable, jusque-là sans histoires ; il a dérobé un flacon de parfum dans un grand magasin car il voulait imiter son meilleur ami, plus habitué de ce type de comportement, qu'il l'accompagnait ce jour-là. Il pourra être judicieux de ne pas mettre en œuvre l'action pénale brutale, au risque de le déstabiliser sur le plan familial et social et de faire ainsi le lit d'actes délinquants ultérieurs. Son risque de récidive, en l'état, est très faible : classer l'affaire n'est donc pas aberrant.

Un second élément pouvant intervenir dans le choix de classer est l'**indemnisation de la victime.** Si, lorsque le parquet est informé de l'infraction, cette indemnisation a déjà été réalisée ou est en voie de l'être de manière spontanée, il peut paraître opportun de ne pas poursuivre. Soit un jeune homme ayant, en état d'ivresse, le jour de son anniversaire, arraché toutes les fleurs du jardin de sa voisine, une centenaire... : avant d'être convoqué dans le bureau du substitut, il a déjà fait livrer des fleurs avec leur bulbe, qu'il a fait replanter dans ledit jardin par un jardinier professionnel et a de surcroît adressé une immense gerbe de fleurs à la victime avec un charmant mot d'excuse. Le préjudice a déjà été réparé ; il n'est nul besoin de poursuivre. L'effacement d'un tag, la réparation d'un rétroviseur cassé pourra entraîner de même un classement.

(226) Naturellement, le classement sans suite n'intervient jamais pour des infractions graves ; il est exclu en matière criminelle, où nous avons vu d'ailleurs que le parquet était obligé d'ouvrir une information. Les faits de violence volontaire, plus particulièrement lorsqu'ils ont entraîné des conséquences physiques pour la victime, ne sauraient être classés sur le fondement de l'opportunité.

C. Les suites *(sic)* du classement sans suite

(227) Le procureur de la République doit **archiver** les affaires qu'il a classées : il pourra en effet être nécessaire de les reprendre à l'avenir. Cela vaut particulièrement pour les affaires classées faute de preuves suffisantes, lorsque de nouveaux éléments sont découverts ultérieurement. L'on cite souvent à cet effet l'exemple du suicide apparent, confirmé comme tel après une première enquête, dont il appert ultérieurement qu'il est très probablement un meurtre.

(228) Juridiquement, la possibilité de reprendre d'anciens dossiers s'explique par les pouvoirs propres que la loi confère au procureur de la République. Elle se justifie ensuite par la position jurisprudentielle immuable qui retient que le **classement est un acte d'administration judiciaire**[1], sur lequel, en tant qu'autorité, il peut librement revenir (jurisprudence constante) et non un acte juridictionnel qui aurait alors, en tant que tel, l'autorité de la chose jugée. De même, le parquet n'a pas à s'expliquer s'il décide de reprendre les poursuites[2]. Le classement peut ainsi être provisoire et ne constitue pas un déni de justice[3].

(229) En revanche, **lorsqu'il classe, le parquet doit informer** de ce classement sans suite ainsi que de ses motivations juridiques ou en opportunité (C. pr. pén., art. 40-2, al. 2) :

1. Cass. Crim., 5 déc. 1972, *Bull. Crim.*, n° 375, *D.* 1973, somm., 21, *RSC* 1973, 716, obs. Robert.
2. Cass. Crim., 5 déc. 1972, loc.cit. et Cass. Crim., 12 mai 1992, *D.* 1992, 427, note Mayer ; *RSC*, 1992, 606, obs. Braunschweig.
3. Cass. Crim., 14 nov. 2013, n° 12-85.085.

– les plaignants ou autorités publiques, fonctionnaires, visés à l'article 40 du C. pr. pén. ;

– les victimes, dès lors qu'elles sont identifiées.

À l'inverse, une fois qu'il a lancé les poursuites, il ne peut plus mettre fin à l'action en se désistant.

(230) Il était traditionnellement enseigné que la nature de mesure d'administration judiciaire du classement sans suite entraînait une absence totale de recours contre celui-ci. Pourtant, la loi n° 2004-204 du 9 mars 2004 prévoit à l'article 40-3 du Code de procédure pénale que ce **classement peut être contesté par la «** ***personne qui a dénoncé les faits*** **»**. Le recours est porté devant le procureur général. Le cas échéant, ce dernier pourrait contraindre le procureur de la République à engager des poursuites, énonce ce même article ce, en application de l'article 36 du Code de procédure pénale. Dans le cas inverse, « *s'il estim{ait} le recours infondé, il en informe{rait} l'intéressé* ». Cela ne contredit pas véritablement la nature d'administration judiciaire du classement ; il ne s'agit pas en effet d'un recours juridictionnel, mais uniquement d'un recours hiérarchique, qui, de fait, était déjà reconnu en pratique.

(231) Les procureurs de la République sont en outre tenus d'adresser au procureur général un **état annuel des affaires** (art. 35, al. 3).

(232) Lorsque des **affaires** sont dites **signalées**, cela signifie dans le jargon des parquets que les supérieurs hiérarchiques ont pris l'affaire en main, comme les y autorise l'article 36. Une pastille rouge est alors apposée sur le dossier, afin que chacun, depuis le parquet jusqu'à la juridiction de jugement, en passant par le juge d'instruction, en soit informé. Néanmoins, la loi du 25 juillet 2013 a supprimé les interventions de gardes des Sceaux dans les affaires (art. 30, alinéa 3).

Nulle part n'existe dans les textes **un critère officiel de signalement**. Ceux-ci peuvent toutefois être devinés à l'usage :

– *affaires posant une question de principe*, ou, par exemple, lorsqu'une loi *nouvelle* trouve à s'appliquer pour la première fois, ou encore lorsqu'une loi ancienne trouve à s'appliquer pour la première fois à une situation nouvelle (tel a pu être le cas dans le cadre médical pour les premières affaires de contamination par le sida) ;

– *affaires dites « sensibles » ou « délicates », voire « réservées »*, qui mettent en cause les intérêts de personnes importantes, publiques, politiques, de la haute finance, etc. Une idée parfaitement légitime peut justifier cette perception : il serait regrettable sauf à vouloir l'enterrer de confier un tel dossier à un magistrat sans expérience et sans capacité de résister aux pressions.

Il faut noter que la loi n'a pas prévu la transmission des affaires sensibles au ministère de la Justice. La pratique continue cependant à « en référer », ce, afin d'attendre des consignes. Ce qui est prévu au Code de procédure pénale, en revanche, est la possibilité pour le ministre de donner des ordres. Il s'agit nécessairement de l'ordre de poursuivre, jamais de classer ; depuis la loi n° 2004-204, cet ordre doit être écrit et consigné au dossier (C. pr. pén., art. 36). Il n'est plus question, depuis lors, de gestion secrète de ces affaires.

(233) Quoi qu'il en soit, cela existe, et cela met en lumière deux risques majeurs :

– l'indulgence excessive envers ses amis ;
– la sévérité excessive envers ses ennemis.

Le pire est le premier cas de figure, car la sévérité conduit finalement à une action normale, soit le lancement de poursuites, tandis que l'indulgence conduit à l'étouffement de l'affaire. Il est admis qu'un chef de parquet puisse poursuivre malgré un ordre contraire du ministère ; en réalité, il pourrait voir son avancement bloqué. Quant au substitut, il ne peut poursuivre si le procureur de la République ne le veut pas ; de plus, si le procureur lui donne un ordre contraire, cela le dessaisit.

En fait, lorsque l'on a vraiment décidé de bloquer une affaire, le seul moyen pour la partie civile d'empêcher l'étouffement est d'agir : aucun classement n'est alors possible.

(234) Avant que ne soient instaurées la composition pénale et la CRPC, les classements sans suite étaient fort nombreux, ce qui a semblé scandaleux à nos concitoyens. Aussi ont été **développées**, ces dernières années, **des alternatives** de plus en plus variées à la traditionnelle opposition poursuite/classement. Il n'apparaissait pas judicieux, en termes de crédibilité de la justice, de protection de la société voire d'égalité des citoyens devant la loi pénale, qu'un nombre important d'infractions ne soit pas poursuivi. De fait, le classement sans suite est de moins en moins utilisé. Avant que ne se développent, en législation, des alternatives comme la médiation ou la composition pénale, une forme de classement accompagnée de conditions avait été créée en pratique.

II.2. Classement sous condition

(235) Cette technique, née de la pratique, a pour objet de permettre de ne pas rester enfermé dans l'alternative entre le classement pur et les poursuites. Dans ce cadre, le prévenu est convoqué par le ministère public et se voit accorder un classement, à la condition d'accomplir certains actes, notamment l'indemnisation de la victime. Ce classement se double parfois d'un rappel à la loi, d'avertissement, de menace de poursuites, etc.

C'est sur cette base qu'ont été imaginées les techniques modernes d'alternative aux poursuites qui se sont développées depuis lors.

III. Choix d'une alternative aux poursuites : la « troisième voie »

(236) La loi n° 99-515 du 23 juin 1999 renforçant l'efficacité de la procédure pénale a créé à la fois la médiation pénale et la composition pénale. En réalité, pour ce qui concerne la médiation pénale, ce n'était en partie que la reprise d'une loi plus ancienne du 4 janvier 1993. La médiation pénale est régie par l'article 41-1, au 5°, la composition pénale par l'article 41-2. Ces alternatives aux poursuites sont souvent appelées « troisième voie » en référence aux voies d'orientation de l'affaire, la première étant la poursuite et la deuxième le classement. S'y ajoute aussi le rappel à la loi voire, de manière très réduite, la transaction. Les alterna-

tives peuvent être regroupées en deux catégories. Existe à ce titre, d'un côté les alternatives simples (rappel à la loi, orientation, médiation), lesquelles n'entraînent pas la sanction de l'auteur, ni d'ailleurs la déclaration de sa culpabilité ; et, de l'autre autre, une alternative punitive, la composition pénale, laquelle sanctionne la personne reconnaissant sa culpabilité. Toutefois, les alternatives aux poursuites ont dépassé leur qualification de troisième voie pour s'intégrer au processus de gradation de la réponse pénale[1].

III.1. Le rappel à la loi, la réalisation d'un stage, la réparation du dommage ou la résidence hors du domicile

(237) L'article 41-1 1° à 4° permet au parquet de proposer ou faire proposer par l'intermédiaire d'un OPJ ou d'un délégué à l'auteur l'accomplissement de différents actes de manière à échapper aux poursuites. Il s'agit ici avant tout de faire prendre conscience à l'auteur de l'illégalité de son acte et, le cas échéant, de réparer le faible dommage issu d'une infraction peu grave. Sont concernés les délits les moins importants et les auteurs les moins dangereux : essentiellement les primo-délinquants. Ces propositions représentent l'expression la moins répressive de la réponse pénale. Elles n'établissent d'ailleurs pas la culpabilité de l'auteur puisqu'elles sont décidées par l'autorité de poursuite et non le juge du siège[2].

Le parquet peut d'abord procéder ou faire procéder auprès de l'auteur à **un rappel à la loi** (C. pr. pén., art. 41-1, 1°). Pratique d'origine prétorienne dès les années 1980, le rappel à la loi a été consacré par la loi le 23 juin 1999 (n° 99-515) renforçant l'efficacité de la procédure pénale. Le procureur, l'OPJ ou le plus souvent le délégué du procureur convoque l'auteur et lui rappelle le contenu de la loi violée, la peine encourue et le risque de poursuite en cas de réitération.

Le parquet peut aussi **orienter l'auteur** vers une structure sanitaire, sociale ou professionnelle C. pr. pén., art. 41-1, 2°). Au sein de la structure, l'auteur peut accomplir à ses frais et, selon les cas, un stage de citoyenneté, un stage de responsabilité parentale, un stage de sensibilisation aux dangers de l'usage de produits stupéfiants, un stage de sensibilisation à la sécurité routière, un stage de responsabilisation et de lutte contre les violences conjugales ou contre les achats sexuels.

Le parquet peut demander à l'auteur de **régulariser sa situation** au regard de la loi ou des règlements : passer son permis de conduire, obtenir une autorisation administrative quelconque, demander un titre de séjour sur le territoire national, etc. (C. pr. pén., art. 41-1, 32°). La loi n° 2021-401 du 8 avril 2021 améliorant l'efficacité de la justice de proximité et de la réponse pénale précise cette mesure, qui peut consister à se dessaisir au profit de l'État de la chose qui a servi ou était destinée à commettre l'infraction ou qui en était le produit, ou au bénéfice d'une personne morale à but non lucratif dans les conditions citées.

1. *Cf.* S. Grunvald, « Les choix et schémas d'orientation », préc.
2. En revanche, l'inscription de la personne non reconnue coupable dans un fichier de police peut poser question. *Cf.* Cass. Crim., 6 déc. 2011, pourvoi n° 11-80419 ; CEDH 18 sept. 2014, *Brunet c/ France*, préc.

Le parquet peut demander à l'auteur de **réparer** matériellement ou pécuniairement le dommage causé par l'infraction, par exemple en remboursant les frais de réparation d'un bien dégradé (C. pr. pén., art. 41-1, 4°). Le projet de loi de programmation et de réforme de la justice prévoit en outre l'interdiction de paraître dans le lieu où l'infraction a été commise ou dans lesquels réside la victime. La loi n° 2021-401 du 8 avril 2021 précitée complète l'article, en prévoyant expressément la restitution, la remise en état ou le versement pécuniaire en contrepartie des frais engagés pour remettre en état les lieux ou les choses dégradés.

La loi n° 2021-401 du 8 avril 2021 vient ajouter plusieurs mesures, par la création des paragraphes 8° à 11° de cet article.

Le procureur peut demander à l'auteur des faits de ne pas rencontrer, recevoir ou entrer en relation, pour une durée qui ne peut excéder six mois, la ou les victimes de l'infraction (C. pr. pén., art. 41-1, 8°) ou le ou les coauteurs ou complices (C. pr. pén., art. 41-1, 9°).

Le procureur peut également demander à l'auteur des faits de s'acquitter d'une contribution citoyenne auprès d'une association d'aide aux victimes mentionnée aux articles 10-2 et 41 du présent code du ressort du tribunal judiciaire ou, à défaut, de la cour d'appel. Il fixe le montant de cette contribution, qui ne peut excéder 3 000 euros, en tenant compte de la gravité des faits, des ressources et des charges de l'auteur des faits (C. pr. pén., art. 41-1, 10°).

Enfin, le procureur peut – après avoir recueilli l'avis du maire – demander à l'auteur des faits de répondre à une convocation du maire en vue de conclure une transaction (C. pr. pén., art. 41-1, 11°). Le parquet peut demander aux conjoints, concubins, ex-conjoints ou concubins violents, de **résider hors du domicile** du couple ou de la victime et de ne pas y paraître (C. pr. pén., art. 41-1, 6°). Si nécessaire, ils devront se soumettre à une prise en charge sanitaire, sociale ou psychologique. Le parquet apporte ici une première réponse aux cas les moins graves de violences conjugales. La mesure est prise après recueil de l'avis de la victime et peut durer six mois. Une téléprotection peut être mise en place en cas de danger par le biais du téléphone grave danger (C. pr. pén., art. 41-3-1). Le parquet peut aussi demander à l'auteur des faits de ne pas paraître, pour une durée qui ne saurait excéder six mois, dans un ou plusieurs lieux déterminés dans lesquels l'infraction a été commise ou dans lesquels réside la victime (C. pr. pén., art. 41-1, 7°).

Le fait de subir un rappel à la loi, de suivre un stage, de réparer le dommage, de quitter le domicile ou une autre des mesures prévues par cet article n'a qu'un **effet suspensif sur l'action publique (C. pr. pén., art. 41-1 dern. al.).** Il en découle que l'auteur peut faire l'objet de poursuites ultérieures pour les mêmes faits à l'initiative du parquet[1] ou même de la victime citant l'auteur devant le tribunal correctionnel[2] aussi bien en cas d'inexécution de la demande du parquet ou du délégué qu'en cas d'exécution.

---

1. *Cf.* ainsi en matière de rappel à la loi, Cass. Crim., 21 juin 2011, pourvoi n° 11-80003, *D.* 2011, p. 2379, note. F. Desprez ; *AJ pénal* 2011, p. 584, obs. L. Belfanti.
2. Cass. Crim., 17 janv. 2012, pourvoi n° 10-88.226.

III.2. La médiation pénale

La médiation pénale est une procédure assez ancienne puisqu'elle date de la loi n° 93-2 du 4 janvier 1993 (C. pr. pén., art. 41-1, 5°). Son régime a été modifié plusieurs fois depuis[1]. La médiation participe d'une forme de justice restauratrice[2]. D'ailleurs, la loi du 15 août 2014 a ajouté un article 10-1 au Code de procédure disposant qu'une mesure de justice restauratrice peut être proposée à tous les stades de la procédure.

A. Les fondements de la médiation pénale

(238) **Les raisons** ayant animé le législateur, lorsqu'il a consacré la médiation pénale, sont multiples :

– il s'est inspiré tout d'abord de la médiation et de la conciliation existant en droit civil ;

– il a voulu économiser temps et deniers publics, en évitant les frais d'un procès ;

– il a voulu obtenir l'indemnisation effective de la victime ;

– il a pensé que la médiation serait souvent plus à même de ramener la paix sociale par un règlement pacifié des conflits ;

– il a voulu instaurer une proximité avec la victime qui permette de confronter directement le délinquant à cette réalité, qu'il tend souvent à nier : il a bel et bien fait une victime par son acte ;

– il a voulu épargner à la victime les frais préalables à une action civile (consignation, avocat, déplacements, etc.).

(239) Comme pour toutes les alternatives aux poursuites, il a naturellement pu être **reproché à la médiation pénale** :

– de donner au parquet des pouvoirs équivalents à ceux du juge du siège, sans garantir de manière équivalente les droits de la défense ;

– de s'adresser à des personnes dont la culpabilité n'avait pas été judiciairement prouvée ;

– de prendre le risque que le délinquant n'en comprenne pas le sens véritable et se dise qu'il s'en est « bien sorti » ;

– de prendre le risque que la victime soit frustrée de l'absence de procès. Il est vrai, toutefois, qu'elle peut refuser la médiation si elle ressent ce sentiment.

Cela dit, le pragmatisme et, notamment, la volonté de gérer des flux importants de dossiers l'ont emporté.

B. Les conditions de mise en œuvre de la médiation pénale

(240) La médiation pénale est l'une des mesures pouvant être proposées en application de l'article 41-1, dont elle constitue le 5°. Les différentes mesures de médiation pénale sont mises en œuvre uniquement si sont réunies les conditions énumérées à l'alinéa 1er de l'article 41-1 du Code de procédure pénale. Il s'agit d'abord de conditions de fond, puis de conditions de procédure.

1. *Cf.* P. Mbanzoulou, *La médiation pénale*, 2012, L'Harmattan, coll. La justice au quotidien ; S. Pokora, « La médiation pénale », *AJ pénal* 2003, p. 58 et s.

2. M. Caro, *Justice restauratrice. Principes et promesses*, L'Harmattan, 2e éd., 2010.

Au titre des conditions de fond, il est nécessaire que :

– la mesure soit susceptible d'assurer la réparation du dommage causé à la victime ;

– la mesure puisse contribuer au reclassement de l'auteur des faits.

La loi ne le dit pas mais, pour la médiation elle-même, il faut naturellement que victime et auteur soient clairement identifiés. Autre critère non plus mentionné par la loi : cela ne peut concerner que des infractions sans gravité.

(241) **Au titre des conditions de procédure**, la médiation pénale va être mise en œuvre par un médiateur, personne physique ou membre d'une association agréée. En général, le médiateur[1] adresse une convocation aux parties dans des délais rapprochés et les reçoit ensemble. Il leur rappelle l'utilité de la médiation, quels en sont les objectifs. Ensuite, il entend la victime, puis le mis en cause.

(242) **La médiation n'est naturellement possible qu'avec l'accord de la victime ou à sa demande.** Une solution amiable ne pourra être trouvée à chaque fois ; ce ne sera notamment pas possible lorsque le mis en cause sera dans le déni quant aux faits, quant à la souffrance ou au tort causé à la victime, ou encore s'il reste dans une attitude agressive ou vindicative. Il n'est pas plus de solution amiable possible lorsque le conflit entre les deux parties est ancien et enraciné.

Les parties peuvent naturellement venir avec leur avocat, même si la plupart ne le font pas. Lorsque l'avocat est présent, l'on peut regretter qu'il n'ait accès au dossier qu'au moment même de la médiation, ce qui l'empêche de conseiller son client de manière adéquate.

(243) En matière de violences conjugales, le législateur a limité l'usage de cette mesure. Depuis la loi du 4 août 2014, la médiation n'est possible que si la victime « *en a fait expressément la demande* ». L'auteur subira en plus un rappel à la loi et, en cas de réitération, aucune autre médiation ne sera possible. Des poursuites ou une composition pénale sont alors prévues (C. pr. pén., art. 41-1 5°).

(244) La médiation suppose en outre que l'auteur des faits s'engage à indemniser celle-ci. Elle n'est réussie que s'il y a accord constaté par le médiateur qui fait signer les parties et signe lui-même un procès-verbal. Ce document pourra être utilisé par la victime afin d'être directement indemnisée, au moyen des procédures d'injonction de payer du droit civil. L'absence de signature du médiateur sur l'accord de médiation laisse entendre l'échec de la médiation et permet au procureur d'engager des poursuites[2].

C. Les effets de la médiation pénale

(245) L'accord de médiation constitue une transaction de droit civil au sens de l'article 2044 du Code civil[3]. **Si les obligations sont observées** par l'intéressé, la médiation a pour effet de **suspendre l'action publique**, comme le prévoit le

1. Il s'agit d'une personne agréée à titre personnel, ancien policier, enseignant... ou d'une personne adressée par une association elle-même agréée par l'assemblée des magistrats du parquet et du siège : C. pr. pén., art. R. 15-33-30.

2. Cass. Crim., 24 mai 2011, pourvoi n° 10-88. 046.

3. Cass. 1re civ., 10 avril 2013, pourvoi n° 12-13.672.

dernier alinéa de l'article 41-1 du Code de procédure pénale. Suspension n'est toutefois **pas extinction** : contrairement à la composition pénale, la médiation pénale ne protège donc pas le coupable de poursuites ultérieures.

(246) **Si les obligations ne sont pas observées** et que cela est dû au « *comportement de l'auteur des faits* », ce même texte prévoit que le procureur de la République retrouve le droit, à moins d'un élément nouveau (ce qui sous-tend « à moins d'un élément démontrant l'innocence de l'intéressé »), de choisir entre deux voies :

– poursuivre ;

– ou, comme cela est d'ailleurs évoqué en premier lieu, « *mettre en œuvre une composition pénale* ».

III.3. Composition pénale

La composition pénale s'est vue introduite par la loi du 23 juin 1999 en tant qu'alternative aux poursuites[1]. Elle a évolué de façon importante depuis, avec pas moins de sept modifications : lois du 9 septembre 2002, 9 mars 2004, 26 janvier 2005, 12 décembre 2005, 4 avril 2006, 5 mars 2007, 14 mars 2011, 17 mai 2011 (C. pr. pén., art. 41-2).

A. Les fondements de la composition pénale

(247) Les fondements de la composition pénale sont plus pragmatiques encore : il s'agit avant tout de traiter la masse d'affaires qui encombre les juridictions, ce, rapidement et à moindres frais. Au-delà de cet aspect, il s'agit de donner une réponse à ce contentieux si important que les parquets en étaient jusque-là incapables, faute de moyens. L'idée de maintien de la cohésion sociale s'éloigne donc quelque peu au profit de la gestion des flux pénaux.

Il a également fallu créer une mesure qui ressemble à la transaction, que le législateur avait essayé d'instaurer en 1995, mais qui avait été invalidée par le Conseil constitutionnel[2].

B. Les conditions de la composition pénale

(248) Dans la pratique, le domaine d'application de la composition pénale regroupe essentiellement les **infractions de masse**, comme la conduite sous l'empire d'un état alcoolique ; ce sont, en outre surtout les primo-délinquants qui bénéficient de cette procédure. Le domaine d'application est cependant décidé, dans chaque ressort, en concertation par le parquet et le siège. Sur un plan concret, la mise en œuvre de la composition pénale a nécessité la collaboration des parquets et du siège.

(249) Il ne peut y avoir de recours à la composition pénale qu'à un certain nombre de conditions, de fond et de procédure.

1. J. Danet, S. Grunvald, « Brèves remarques tirés d'une première évaluation de la composition pénale », *AJ pénal* 2004, p. 196.

2. Cons. Const., déc. n° 95-360 DC du 2 févr. 1995, *JO* 7 fév., *RFD Const.* 1995.405, note T. S. Renoux, *D.* 1997, somm. 130, obs. T. S. Renoux, *RD publ.* 1996.56, obs. D. Rousseau ; J. Volf, « Un coup pour rien ! L'injonction pénale et le Conseil constitutionnel », *D.* 1995, chron. 203.

Au titre des **conditions de fond**, la composition pénale a pour particularité de nécessiter *la reconnaissance des faits*. C'est de ce fait le pendant, avant poursuite, de la CRPC que nous étudierons au titre des méthodes de poursuite[1].

En second lieu, *les faits reconnus* doivent être :

– un ou plusieurs *délits*, *punis* à titre principal d'une peine d'amende ou d'une peine d'emprisonnement d'une *durée inférieure ou égale à cinq ans* (un seuil donc relativement élevé) ;

– ou une ou plusieurs contraventions qui leur soi(en)t connexe(s).

(250) Avant la loi du 9 mars 2004, la composition pénale n'était possible que pour des infractions listées par la loi ; le domaine en était donc spécial. La loi a décidé d'étendre considérablement le domaine de cette alternative aux poursuites, en supprimant cette condition de spécialité. En outre, la loi du 23 mars 2019 l'a ouverte aux personnes morales.

(251) Jusqu'à la loi du 5 mars 2007, la composition pénale était exclue pour les mineurs : l'on pensait que la procédure était insuffisamment protectrice des libertés individuelles, faute de relever entièrement du judiciaire et que, par ailleurs, la condition de consentement ne pouvait valablement être remplie par une personne ne jouissant pas, *de jure*, de toute sa capacité civile.

L'adultomorphisme qui caractérise indubitablement, à l'heure actuelle, la politique pénale des mineurs[2] a conduit à écarter ces arguments : l'article 41-2 du Code de procédure pénale n'exclut que les **mineurs de moins de treize ans**. Pour ce qui les concerne, la composition pénale est soumise à des conditions procédurales particulières, prévues à un nouvel article 7-2 de l'ordonnance du 2 février 1945 (CJPM, art. L. 422-3).

(252) La composition pénale est également soumise à des **conditions procédurales**.

Elle est mise en œuvre, comme pour la médiation pénale, **avant** que **l'action publique** ne soit mise en mouvement. La proposition en est faite à l'intéressé soit par la police ou la gendarmerie, soit dans une maison de justice et du droit, soit directement au palais de justice par le parquet.

Les **auteurs** peuvent être convoqués individuellement ou collectivement. Ils doivent donner leur **accord** : ils le donnent, en général, car ils préfèrent cela à une comparution devant la juridiction. Ils peuvent être assistés d'un avocat, s'ils le désirent et sont d'ailleurs informés de la possibilité de l'être. Tout cela fait l'objet d'un **procès-verbal.** Dans le cas où **l'intéressé ne donnerait pas son accord** à la mesure, le procureur de la République devrait **mettre obligatoirement**, à moins d'un élément nouveau, **l'action publique en mouvement**.

(253) En cas d'accord, il y a ensuite une étape **de validation par un magistrat du siège** : cette exigence vise à compenser le fait que l'ensemble de la procédure

1. C. Saas, « De la composition pénale au plaider coupable, le pouvoir de sanction du procureur », *RSC* 2004, p. 827.

2. À l'exact opposé des recommandations européennes et internationales sur ce point. V. F. Dünkel et I. Prain, « Young adult offenders in juvenile and criminal justice systems in Europe », *in* F. Lösel, A. Bottoms et D. P. Farrington, *Young adult offenders – lost in transition ?*, Routledge, 2012, p. 11-38.

se passe sous la responsabilité du procureur de la République. Concrètement, le **président du tribunal** ou le magistrat du siège qu'il a délégué est saisi par requête de ce dernier. L'auteur des faits et la victime en sont informés. Le président du tribunal peut demander à entendre auteur et victime, assistés, le cas échéant, de leur avocat. La loi du 23 mars 2019 a précisé que le juge refuse de valider la composition pénale s'il estime que la gravité des faits, au regard des circonstances de l'espèce, ou que la personnalité de l'intéressé, la situation de la victime ou les intérêts de la société justifient le recours à une autre procédure, ou lorsque les déclarations de la victime – si celle-ci a été entendue par lui – apportent un éclairage nouveau sur les conditions dans lesquelles l'infraction a été commise ou sur la personnalité de son auteur.

S'il y a validation, la décision est exécutoire. À défaut, la proposition de mesure devient caduque.

La décision du président du tribunal, quelle qu'elle soit, n'est pas susceptible de recours.

La loi du 23 mars 2019 a simplifié la procédure de composition pénale. La proposition de composition n'est pas soumise à validation lorsque, pour un délit puni d'une peine d'emprisonnement d'une durée inférieure ou égale à trois ans, elle porte sur une amende de composition n'excédant pas le montant prévu au premier alinéa de l'article 131-13 du Code pénal, c'est-à-dire 3 000 euros ou sur la mesure de dessaisissement d'une chose, à la condition que la valeur de la chose remise n'excède pas elle non plus 3 000 euros. En conséquence, la loi a supprimé la procédure de transaction par un officier de police judiciaire qui devenait alors redondante.

Dans le cas où la victime n'aura pas été associée à la procédure et que l'indemnisation ne fera pas partie des mesures proposées par le parquet, l'article 41-2 prévoit que la victime pourra, après exécution de la composition pénale ayant entrainé l'extinction de l'action publique, demander au procureur de la République de citer l'auteur des faits à une audience devant le tribunal, pour lui permettre de se constituer partie civile. Lorsqu'il citera l'auteur des faits devant le tribunal correctionnel, le procureur devra informer la victime de la date de l'audience.

Les personnes morales sont aussi concernées par la procédure (C. pr. pén., art. 41-3-1A). L' amende de composition et l'indemnisation de la victime sont applicables à une personne morale dont le représentant légal ou toute personne bénéficiant d'une délégation de pouvoir à cet effet reconnaît sa responsabilité pénale pour les faits qui lui sont reprochés. Le montant maximal de l'amende de composition pouvant être proposée est alors égal au quintuple de l'amende encourue par les personnes physiques. La composition pénale exécutée devra être inscrite au casier judiciaire des personnes morales en application de l'article 768-1 du Code de procédure pénale.

(254) En ce qui **concerne le mineur**, l'article 7-2 de l'ordonnance du 2 février 1945 auquel renvoie l'article 41-2 du Code de procédure pénale, que la loi du 5 mars 2007 a créé, prévoit que l'accord de ses représentants légaux doit être recueilli en plus du sien propre (CJPM, art. L. 422-4). La **présence d'un avocat** est alors **obligatoire**.

C'est le **juge des enfants** qui est naturellement compétent pour **homologuer** l'accord. Il peut entendre au préalable le mineur ou ses représentants légaux. Il faut noter que la règle selon laquelle l'audition est de droit si les intéressés le réclament (supprimée pour les majeurs, par la loi n° 2002-1138 du 9 septembre 2002, dite Perben 1) a été prévue au contraire pour ce qui concerne les mineurs et ses représentants légaux.

C. Les mesures pouvant être prises dans le cadre de la composition pénale

(255) Elles sont listées à l'article 41-2 du Code de procédure pénale, et ont été considérablement étendues par le législateur.

Il s'agit de :

– verser une **amende**, d'un montant naturellement plafonné au maximum de l'amende encourue. Il est encore précisé, ce qui est la règle habituelle, qu'elle est fixée, d'une part, en raison de la gravité des faits, d'autre part, en fonction des ressources et charges de l'intéressé. Son paiement peut être échelonné, mais au maximum sur une durée d'un an ;

– « ***se dessaisir*** au profit de l'État **de la chose** qui a servi ou était destinée à commettre **l'infraction** ou qui en est le produit » ;

– **remettre son véhicule**, qui sera immobilisé. En ce cas, la personne en est privée pour un maximum de six mois ;

– **remettre son permis de conduire**, ici encore pour une durée maximale de six mois, au greffe du TJ ;

– suivre un programme de réhabilitation et de sensibilisation aux dangers de l'alcool avec installation d'un éthylotest anti-démarreur sur son véhicule pour une période comprise entre six mois et trois ans ;

– **remettre son permis de chasser** au greffe du TJ, pour la durée de six mois ;

– **accomplir un travail** « ***au profit de la collectivité*** ». Les durées maximales, qui étaient très inférieures à celles du TJ (avec seulement 60 heures maximum), sont portées au plafond de 100 heures par la loi n° 2021-401 du 8 avril 2021. En revanche, il en va de même de la durée au cours de laquelle elles doivent être accomplies, maintenue à six mois maximum ;

– « ***suivre un stage ou une formation*** dans un service ou un organisme sanitaire, social ou professionnel » (obligation déjà rencontrée avec la médiation pénale). Ici, la durée du stage est au maximum de trois mois et elle doit être accomplie dans un délai maximal de dix-huit mois ;

– **ne pas émettre de chèques**, sauf des chèques pour retirer de l'argent ou des chèques certifiés (chèques de banque) et **ne pas utiliser de carte bancaire**. En ce cas, la durée maximale est de six mois ;

– **ne pas paraître, pour une durée qui ne saurait excéder six mois, dans le ou les lieux désignés par le procureur de la République et dans lesquels l'infraction a été commise ou dans lesquels réside la victime** ;

– **ne pas rencontrer ou recevoir les victimes, complices ou co-auteurs**, désignés par le procureur de la République, pour une durée maximale de six mois ;

– **ne pas quitter le territoire national** et remettre son passeport, pour une durée maximale de six mois ;

– accomplir un stage de citoyenneté ;

– si l'infraction a été commise sur le concubin ou le conjoint (ou l'ex-), **résider hors du domicile de ce dernier, voire ne pas y paraître** (après recueil de son avis), ni aux abords immédiats pendant une durée de six mois et, le cas échéant, **faire l'objet de soins** ;

– accomplir un stage de responsabilisation aux violences conjugales et sexistes ou à la lutte contre l'achat d'actes sexuels ;

– accomplir un stage de responsabilité parentale ;

– accomplir un stage de sensibilisation aux dangers de l'usage de produits stupéfiants ;

– se soumettre à une mesure d'activité de jour, de type formation professionnelle ou mise à niveau scolaire ;

– se **soumettre à une mesure d'injonction thérapeutique** pendant vingt-quatre mois maximum, dans le cadre des articles L. 3413-1 à L. 3413-4 du Code de la santé publique, lorsqu'il apparaît que l'intéressé est consommateur de stupéfiants ou, en excès, d'alcool.

(256) À cela s'ajoute, pour le parquet, l'**obligation de proposer à l'intéressé d'indemniser la victime** lorsque celle-ci est identifiée, à moins, naturellement, que la réparation ait déjà été effectuée. Cette réparation doit alors être réalisée dans un délai de six mois. Elle peut, depuis la loi du 5 mars 2007, consister, avec l'accord de la victime, en une remise en état du bien endommagé du fait de l'infraction : dans ce cas, la victime doit en être d'accord. En cas de grave danger menaçant une victime de violence conjugale, un dispositif de téléprotection (téléphone grand danger) voire de géolocalisation peut lui être attribué (C. pr. pén., art. 41-3-1).

(257) Il faut ajouter, **pour ce qui concerne les mineurs, d'autres mesures** encore pouvant être proposées en plus de la liste de l'article 41-2 (art. 7-2, ord. 2 février 1945 ; CJPM, art. L. 422-3), à savoir :

– accomplir un stage de formation civique ;

– **suivre** régulièrement une **scolarité** ou une **formation** professionnelle ;

– **respecter une décision** que le juge aurait prononcée **antérieurement**, comme le placement dans une institution ou dans un établissement public ou privé d'éducation ou de formation professionnelle habilité ;

– consulter un psychiatre ou un psychologue ;

– accomplir une mesure d'activité de jour.

Il est ajouté que, pour ce qui concerne les mineurs, la durée maximale des mesures, quelles qu'elles soient, est d'une année.

D. Les effets de la composition pénale

(258) Les actes visant à la mise en œuvre de la composition pénale ou à son exécution sont depuis la loi du 9 mars 2004 interruptifs de la prescription. Auparavant, ils étaient seulement cause de suspension de celle-ci. En revanche, si les obligations demandées à l'intéressé sont accomplies, l'action publique s'éteint.

De son côté, la victime conserve le droit de faire délivrer une citation directe devant le tribunal correctionnel. Cependant, ce dernier ne pourra alors statuer que sur les intérêts civils.

La composition pénale exécutée est inscrite au bulletin n° 1 mais ne constitue pas un premier terme de récidive.

III.4. Transaction pénale

(259) **Le législateur avait essayé d'instaurer une procédure générale de transaction pénale.** Il a été contraint de faire machine arrière par la décision précitée du Conseil constitutionnel (n° 95-360 DC du 2 févr. 1995). La transaction demeure cependant possible, aux termes de l'article 6 du Code de procédure pénale « *lorsque la loi en dispose expressément* »[1]. Il faut donc une loi qui le prévoie spécialement. Elle est notamment possible en matière de :

– **contributions indirectes** (art. L. 248 et L. 249 du Livre des proc. Fisc.) ;

– **douanes** (art. 350 C. douanes) ;

– **voirie routière** (art. L. 116-8 C. voirie routière) ; dans ce cas, avec l'accord de l'autorité judiciaire compétente ;

– **forêts** (art. L. 161-25 C. forestier) ;

– **transports publics terrestres** (C. pr. pén., art. 529-3) ;

– **environnement** (C. env., art. 173-12 et R. 173-1).

(260) Il faut encore signaler deux nouvelles formes de transactions créées par la loi n° 2006-396 du 31 mars 2006 et le décret n° 2006-641 du 1er juin 2006.

En premier lieu, la **transaction proposée par le maire** (C. pr. pén., art. 44-1) concerne les contraventions que les agents de police municipale sont habilités à constater par procès-verbal, en application des articles L. 511-1 et L. 512-2 du Code de la sécurité intérieure. Il s'agit là d'infractions en matière de police municipale, de police routière, de santé publique et certaines infractions pénales. Avant toute mise en œuvre de l'action publique, le maire peut proposer à l'auteur de réparer le préjudice. La transaction, qui n'est possible que si celui-ci accepte, fait l'objet d'une homologation, non par un juge du siège mais par le procureur de la République.

Le maire, toutefois, peut également proposer un travail au profit de la commune, d'une durée de trente heures. Dans ce cas, il faut une homologation, selon la nature de la contravention par le juge du tribunal de police.

Allant plus loin encore, l'article 44-1 énonce que, lorsque le préjudice n'a pas été réalisé au détriment de la commune mais que la contravention a été causée sur son territoire, le maire peut proposer une mesure tirée des articles 41-1 à 41-3, soit une médiation pénale ou une composition pénale. Cette proposition est faite au procureur de la République qui doit le tenir informé des suites données. L'exécution de cette « transaction » éteint l'action publique[2].

---

1. *Cf.* J.-B. Perrier, *La transaction en matière pénale*, LGDJ, 2014 ; J.-C. Crocq, « Le pouvoir de transaction et de sanction du procureur de la République : le chaînon manquant », *RSC* 2015.595.
2. V. Cass. Crim., 19 mai 2015, n° 14-85.885 *AJ pénal* 2015, p. 443, obs. J.-B. Perrier sur les preuves de la correcte et complète exécution des obligations résultant de la transaction.

(261) Une seconde forme de **transaction**, également instaurée par le décret précité du 31 mars 2006, peut être **proposée par le Défenseur des droits**, s'agissant des discriminations qui relèvent de sa compétence (L. n° 2011-333 du 29 mars 2011, art. 28 et C. pr. pén., art. D 1-1). Ce pouvoir s'applique, comme toujours, à condition que l'action publique n'ait pas encore été lancée. La transaction, qui suppose l'accord *et* de l'auteur *et* de la victime, porte sur le versement d'une amende (3 000 euros pour les personnes physiques) et, le cas échéant, sur l'indemnisation de la victime. Elle doit être homologuée par le procureur de la République. Si elle est exécutée, elle éteint l'action publique.

(262) La loi n° 2014-896 du 15 août 2014 avait introduit la possibilité de **transaction par officier de police judiciaire** (C. pr. pén., art. 41-1-1)[1]. Cependant le Conseil constitutionnel a censuré le régime de cette procédure pour incompétence négative du législateur et en posant une réserve d'interprétation insistant sur les droits du suspect. Puis le Conseil d'État a censuré son décret d'application empêchant ainsi sa mise en œuvre[2]. Enfin, la loi du 23 mars 2019 a supprimé cette transaction par OPJ en raison des modifications apportées à la composition pénale.

(263) La loi n° 2016-1691 du 9 décembre 2016 est venue enfin introduire une forme de transaction au bénéfice des **seules personnes morales en matière de corruption, trafic d'influence, blanchiment de fraude fiscale** (C. pr. pén., art. 41-1-2). Les représentants légaux de la personne morale mise en cause demeurent responsables en tant que personnes physiques.

Le procureur propose à la personne morale de conclure **une convention judiciaire d'intérêt public** imposant une ou plusieurs des obligations suivantes[3]. La première obligation consiste dans le versement d'une amende d'intérêt public au Trésor public dont le montant est fixé de manière proportionnée aux avantages tirés des manquements constatés, dans la limite de 30 % du chiffre d'affaires moyen annuel calculé sur les trois derniers chiffres d'affaires annuels connus à la date du constat de ces manquements. Son versement peut être échelonné, selon un échéancier fixé par le procureur de la République, sur une période précisée par la convention qui ne peut être supérieure à un an. La deuxième obligation consiste à se soumettre, pour une durée maximale de trois ans et sous le contrôle de l'Agence française anticorruption, à un programme de mise en conformité destiné à s'assurer de l'existence et de la mise en œuvre en son sein d'un code de conduite, d'un dispositif d'alerte interne, d'une cartographie des risques, de procédures d'évaluation de la situation des clients, de procédures de contrôles comptables, d'un dispositif de formation des cadres et des personnels exposés aux risques de corruption et de trafic d'influence, et d'un régime disciplinaire (C. pén., art. 131-39-2).

1. C. Mansoni, « La transaction par officier de police judiciaire ou TOPJ », *AJ pénal* 2015, p. 469.
2. Cons. Const., déc. n° 2016-569 QPC du 23 sept. 2016 et CE 24 mai 2017 n° 395321.
3. Astrid Mignon Colombet, « La convention judiciaire d'intérêt public : vers une justice de coopération ? », *AJ pénal* 2017, p. 68.

Lorsque la personne morale mise en cause donne son accord à la proposition de convention, le procureur de la République saisit par requête le président du tribunal judiciaire aux fins de validation. La proposition de convention est jointe à la requête.

Le président du tribunal ou tout juge désigné par lui procède à l'audition, en audience publique, de la personne morale mise en cause et de la victime assistées, le cas échéant, de leurs avocats. Il valide ensuite ou non la proposition de convention. Sa décision n'est pas susceptible de recours.

En cas de validation, la personne morale mise en cause dispose d'un délai de dix jours pour exercer son droit de rétractation, laquelle sera notifiée au procureur de la République par lettre recommandée avec demande d'avis de réception. Si la personne morale mise en cause n'exerce pas ce droit de rétractation, les obligations que la convention comporte sont mises à exécution.

L'ordonnance de validation n'emporte pas déclaration de culpabilité et ne possède pas la nature ou les effets d'un jugement de condamnation. La convention judiciaire d'intérêt public n'est pas inscrite au bulletin n° 1 du casier judiciaire. Elle fait néanmoins l'objet d'un communiqué de presse du procureur de la République. L'ordonnance de validation, le montant de l'amende d'intérêt public et la convention sont publiés sur le site internet de l'Agence française anticorruption.

La prescription de l'action publique est suspendue durant l'exécution de la convention. L'exécution des obligations prévues par la convention éteint l'action publique. Les personnes ayant subi un préjudice du fait des manquements constatés peuvent néanmoins demander la réparation de leur préjudice devant la juridiction civile. L'ordonnance de validation peut aussi servir à la victime pour demander le recouvrement des dommages et intérêts que la personne morale s'est engagée à lui verser suivant la procédure d'injonction de payer.

En cas de refus de validation, de rétractation ou d'inexécution des obligations, le procureur de la République met en mouvement l'action publique. À peine de nullité, le procureur de la République notifie à la personne morale l'interruption de l'exécution de la convention. L'amende d'intérêt public est restituée mais pas les autres frais supportés par la personne morale. Lors de poursuites, il est tenu compte de l'exécution partielle des obligations prévues par la convention. Il ne peut en revanche être fait état devant la juridiction d'instruction ou de jugement des déclarations faites ou des documents remis par la personne morale au cours de la procédure prévue au présent article.

Cette procédure est possible lors de l'instruction (C. pr. pén., art. 180-2) à la demande ou avec l'accord du parquet. L'instruction est suspendue s'agissant de la personne morale concernée même si le contrôle judiciaire est maintenu. L'instruction se poursuit à l'égard des autres parties à la procédure. En cas d'échec de la procédure, l'instruction reprend.

La première convention judiciaire d'utilité publique a été homologuée par le président du TJ de Paris le 14 novembre 2017. Elle a concerné une banque. L'amende s'est élevée à 157 975 422 euros soit le maximum légal autorisé par l'article 41-1-2 du code de procédure pénale, à savoir 30 % du chiffre d'affaires de cette banque entre 2014 et 2016[1]. Deux autres ont été homologuées par le président du TJ de Nanterre concernant deux sociétés le 23 février 2018 avec des amendes respectives de 2,71 millions d'euros et 800 000 euros[2].

IV. Choix de poursuivre

Le parquet peut naturellement choisir de poursuivre le(s) auteur(s) de l'infraction ; il est cependant des cas où il est contraint de le faire.

IV.1. Obligation de poursuivre

(264) Comme nous l'avons vu, le parquet a l'obligation de poursuivre chaque fois que ses supérieurs hiérarchiques directs lui en **donnent l'ordre**. Depuis la loi du 9 mars 2004, il ne peut s'agir que du **procureur général** (C. pr. pén., art. 35 et 36), le ministre de la Justice n'ayant plus cette possibilité.

L'expression est connue : « **La plume est serve, mais la parole est libre.** » Justement : si le procureur peut être obligé de poursuivre, une fois à l'audience il est libre de ses demandes. D'ailleurs, l'**article 33** du Code de procédure pénale énonce que, s'il « *est tenu de prendre des réquisitions écrites conformes aux instructions qui lui sont données* », en revanche, il « *développe librement les observations orales qu'il croit convenables au bien de la justice* ».

(265) Nous avons également vu que le procureur était également contraint de poursuivre lorsque **la victime s'était constituée partie civile**. Plus précisément, il est alors obligé d'ouvrir une information, du moins si les faits correspondent bien à une infraction (C. pr. pén., art. 86).

(266) Il existe aussi un dernier cas d'obligation de poursuivre qui correspond au fait, pour la **chambre de l'instruction, d'avoir ordonné la mise en examen de personnes qui n'auraient pas été renvoyées devant elle** pour des faits qui sont visés dans la procédure dont elle aurait à connaître, en application des articles 202 et 204 du Code de procédure pénale.

IV.2. Modalités de la poursuite

(267) Nul ne peut être condamné par un tribunal s'il n'a pas été régulièrement cité devant celui-ci ou s'il n'a pas volontairement comparu[3]. Il faut donc, pour amener le prévenu devant le juge répressif, qu'il ait été convoqué dans des conditions régulières. Cependant, avant de comparaître devant une juridiction, il sera parfois nécessaire de poursuivre les investigations. C'est le cas dans les affaires complexes ou d'une particulière gravité, lesquelles nécessitent l'ouverture d'une information.

1. Ophélia Claude, « Réflexions sur la première convention judiciaire d'intérêt public », *AJ pénal* 2018, p. 30.
2. TGI Nanterre, 23 févr. 2018, n° 11245045572 (ordonnance), *AJ pénal* 2018. 200 obs. G. Poissonnier.
3. Cass. Crim., 4 juillet 1929, *DH* 1929, p. 429.

Pour les autres, le parquet peut choisir l'une des nombreuses procédures permettant une sanction plus ou moins rapide de la personne en saisissant directement la juridiction de jugement ou en orientant l'affaire vers une troisième voie.

Le choix du parquet n'est pas anodin car il va conditionner les délais de comparution devant un délégué ou un juge mais aussi les droits de la défense du suspect. Si une instruction préparatoire est ouverte, le suspect aura accès au dossier et pourra demander des actes. Si le parquet choisit de ne pas saisir de juge mais d'ouvrir une enquête préliminaire qui sera suivie d'une convocation devant le TJ ou d'une comparution immédiate, le suspect n'aura pas accès au dossier pendant l'enquête et devra attendre pour faire des demandes d'actes. La Cour de cassation ne trouve pas que cette différence est une cause d'inégalité devant la loi car pour elle la personne poursuivie possède « *devant la juridiction, des garanties équivalentes à celles dont elle aurait bénéficié si l'affaire avait fait l'objet d'une information* »[1]. En outre, la loi du 27 mai 2014 a amélioré les conditions d'accès au dossier des personnes poursuivies par citation ou convocation ainsi que leur possibilité de faire réaliser des actes avant l'audience (art. 388-4, 388-5 et 390-2).

A. Ouverture d'une information

(268) Le **réquisitoire introductif** (on parle aussi de réquisitoire à fins d'informer) est l'acte par lequel le procureur de la République requiert du juge d'instruction qu'il ouvre une information.

(269) Le juge d'instruction n'est pas autorisé à ouvrir une information de son propre chef sans qu'il y ait un réquisitoire introductif (C. pr. pén., art. 80, al. 1). Concrètement, le réquisitoire prend la forme d'un acte écrit, que le procureur de la République date et signe. La date est indispensable : sans elle, le réquisitoire serait nul[2].

(270) L'article 80, alinéa 2, du Code de procédure pénale énonce qu'il est « *pris contre* ***personne dénommée ou non dénommée*** ». Il est pris contre une personne dénommée lorsque la suspicion s'est exercée contre celle-ci ; il est pris contre personne non dénommée lorsque l'identité du ou des auteurs doit encore être découverte.

(271) **L'ouverture d'une information est obligatoire** :

– dans les affaires criminelles (C. pr. pén., art. 79) ;

– pour les mineurs sauf exceptions en matière délictuelle notamment pour les mineurs de plus de seize ans et en cas de récidive (ord. 2 fév. 1945, art. 5, 8-3, 14-2 ; CJPM, art. L. 423-2, L. 423-4).

Elle est **facultative en matière de délit** sauf si la loi en dispose autrement, comme pour les mineurs et *a fortiori* en matière de **contraventions** (C. pr. pén., art. 79), domaine où elle est exceptionnelle.

(272) En pratique, une information est ouverte lorsqu'une **affaire est grave et/ou complexe**. Ce critère ne va nécessairement jouer que pour les délits, plus exceptionnellement pour les contraventions. Elle est de moins en moins

---

1. Cass. Crim., 6 mars 2013, n° 12-90.078.
2. Cass. Crim., 23 avril 1971, *Bull. Crim.* n° 115.

ouverte uniquement sur le constat du manque d'éléments dans le dossier, car, nous le verrons, le parquet détient de très importants pouvoirs en matière d'enquête depuis la loi du 9 mars 2004 : dans un grand nombre de cas, il n'a donc plus besoin du juge d'instruction.

Le nombre d'informations ouvertes est ainsi en chute libre et ne concerne plus que les crimes[1]. Même les délits complexes (ex. les trafics de stupéfiants) tendent à passer par la seule enquête préliminaire sous le contrôle du parquet pour déboucher ensuite vers un renvoi plus ou moins rapide devant le tribunal correctionnel.

(273) Le réquisitoire introductif a **pour effet de dessaisir le procureur de la République**.

Cela est logique : la recherche de la vérité passe entre les mains du juge d'instruction, qui va éventuellement agir rogatoirement. Il en découle notamment que, une fois qu'il a choisi cette voie, il ne peut plus revenir en arrière et en choisir une autre.

(274) La **saisine** est ***in rem***, ce qui signifie que le juge d'instruction ne peut, s'il découvre d'autres faits, étendre par lui-même sa saisine ; il doit demander au procureur de la République un réquisitoire supplétif. Toutefois, il peut réaliser des vérifications sommaires non coercitives pour établir ces faits nouveaux[2]. En revanche, comme il n'est pas saisi *in personam,* il peut, s'il découvre des complices non cités dans le réquisitoire introductif, faire à leur encontre des actes d'instruction. Il peut faire procéder à l'audition en qualité de témoin des personnes nouvellement identifiées, afin de s'assurer de leur participation aux faits visés par le réquisitoire[3].

(275) Puisque la saisine se fait *in rem*, le **réquisitoire introductif doit naturellement préciser quels sont les faits** à propos desquels l'instruction est ouverte.

Sur ce point, la jurisprudence n'est pas toujours cohérente. Dans certains cas, elle apparaît très légaliste. Ainsi, dans une affaire non publiée[4], une information avait été ouverte contre un M. X de faits de viols, d'agression sexuelle et de corruption de mineure de quinze ans par personne ayant autorité. Sa concubine, Mme Y, allait ensuite être mise en examen par le juge d'instruction pour des faits d'abstention volontaire d'empêcher un crime ou un délit contre l'intégrité corporelle. La chambre de l'instruction de la Cour d'appel de Paris refusa d'annuler cette mise en examen. Le problème n'était pas, dans ce cas, que le réquisitoire n'avait pas désigné Mme Y (rappelons que la saisine du juge d'instruction n'est pas *in personam*), mais qu'il ne visait pas les faits pour lesquels celle-ci était mise en examen. D'ailleurs, la chambre criminelle devait prononcer la cassation en énonçant : « *Mais attendu qu'en statuant ainsi, alors qu'elle constatait que l'information n'avait été ouverte que*

1. 17 766 saisines sur un total de 600 652 décisions de poursuites en 2013, soit 2,95 %, *Les chiffres clés de la Justice* 2014, Ministère de la Justice, déc. 2014, p. 14.

2. Cass. Crim., 6 févr. 1996, *Bull. Crim.* n° 60 ; *RSC* 1996. 690, obs. J.-P. Dintilhac.

3. Cass. crim., 18 nov. 2014, n° 14-85.640, 6 janv. 2015, n° 14-84-82. Est ainsi prohibée l'audition du témoin sous curatelle sans l'assistance de son avocat afin qu'il confirme les déclarations incriminantes faites à la police. Cass. Crim., 8 juin 2017, n° 17-80.709.

4. Cass. Crim., 10 mai 2001, pourvoi : 01-81959, inédit titré.

des chefs de viols et agressions sexuelles aggravés ainsi que de corruption de mineure, la chambre de l'instruction a méconnu le sens et la portée des textes. »

Parfois, la Cour de cassation est néanmoins beaucoup plus souple. Ainsi dans cette autre affaire, un an plus tard[1], le procureur de la République avait visé dans son réquisitoire introductif la constitution de partie civile. Il ouvrit une information pour des faits de faux et usage, escroquerie, abus de confiance et banqueroute par détournement d'actif qui avaient été allégués par la victime, la société civile immobilière Y. Cependant, le juge d'instruction mit en examen M. X. pour banqueroute par emploi de moyens ruineux, détournement d'actif, augmentation frauduleuse du passif et tenue d'une comptabilité incomplète ou irrégulière. M. X contesta cette mise en examen : selon lui, il y avait dépassement des limites de la saisine, pour ce qui concernait la banqueroute par emploi de moyens ruineux. La chambre de l'instruction refusa d'annuler la mise en examen, estimant en effet que « *la qualification des faits par le réquisitoire (n'était) que provisoire et indicative et que les pièces jointes à ce réquisitoire, soit, en particulier, la plainte des créanciers de la société civile immobilière précitée, dénonçaient bien des faits d'emploi de moyens ruineux pour se procurer des fonds* ». Le pourvoi fut rejeté. La Cour de cassation estima que le procureur de la République, en visant la plainte avec constitution de partie civile, avait mené l'équivalent d'une « *analyse de ces pièces, qui déterminent, par les indications qu'elles contiennent, l'objet exact et l'étendue de la saisine du juge d'instruction* ».

B. Procédures directes

(276) Lorsque l'affaire est en état d'être jugée et, s'agissant des délits et des contraventions, la juridiction de jugement peut être saisie. Elle peut l'être au moyen d'une procédure tantôt simple, tantôt rapide. Dans tous les cas, la justice cherche, de manière croissante, à rendre les choses aisées et, surtout, à faire en sorte que le jugement de l'infraction tarde le moins possible. C'est ce que l'on appelle la **justice en temps réel**.

Il existe plusieurs procédures simples pour saisir la juridiction répressive d'une **affaire pénale en état d'être jugée**. Elles permettent d'assigner directement le prévenu devant la juridiction de jugement.

1. L'avertissement

(277) La première procédure simple s'appelle l'avertissement. Celui-ci, simplement délivré par le procureur de la République, doit comporter des mentions minimales : délit poursuivi, texte de loi le réprimant (C. pr. pén., art. 389). Il comporte par ailleurs, naturellement, l'indication de la date de l'audience. Pour le surplus, les règles de forme de la citation (voir *infra*), telles que prévues aux articles 550 et suivants du Code de procédure pénale, sont applicables.

Cependant, cette modalité de poursuite est imparfaite : elle n'acquiert cette qualité que si l'intéressé se rend à l'audience de manière volontaire. En ce cas, l'avertissement dispense d'une citation. Lorsque l'intéressé est un détenu, l'avertissement suppose obligatoirement son consentement à être jugé sans citation préalable (C. pr. pén., art. 389). Même lorsque tel est le cas, toutefois, la

1. Cass. Crim., 11 avril 2002, pourvoi : 02-80778, *Bull. Crim.* n° 87.

juridiction répressive n'est valablement saisie que si le ministère public prend des réquisitions[1]. L'avertissement est rarissime en pratique.

2. La citation directe

(278) La deuxième procédure simplifiée applicable aux affaires en état d'être jugées est la citation directe (C. pr. pén., art. 388). En pratique, celle-ci est peu utilisée, presque par défaut de n'avoir pas utilisé d'autres modes de renvoi. Elle est alors usitée surtout lorsque le prévenu est libre, n'a pas fait l'objet d'une garde à vue, et qu'il n'est pas à craindre qu'il prenne la fuite. À défaut, il est préférable de dresser contre lui un mandat de dépôt alors qu'il se trouve déjà entre les mains des forces répressives, ou, s'il est en fuite, un mandat d'arrêt et d'user par la suite d'autres voies.

(279) C'est un exploit d'huissier qui doit obligatoirement comprendre certaines **formalités** prévues aux articles 550 et suivants du Code de procédure pénale.

Il doit notamment comporter : le nom du requérant, la date, le nom et le prénom ainsi que l'adresse de l'huissier, les nom(s), prénom(s), adresse du destinataire, sa dénomination et son siège, s'il s'agit d'une personne morale (C. pr. pén., art. 550). Il précise si la personne est convoquée en tant que civilement responsable, témoin de la personne citée ou du prévenu (C. pr. pén., art. 551, al. 3). Il doit également mentionner les faits faisant l'objet de la poursuite et viser le texte qui les réprime (C. pr. pén., art. 551, al. 2). S'agissant d'une convocation, la citation directe doit naturellement indiquer le jour et l'heure précis ainsi que le lieu où se tiendra l'audience (C. pr. pén., art. 551, al. 3). Elle doit obligatoirement être remise à la personne elle-même (signification à personne), à défaut à domicile et, en ce cas, remise à un parent ou allié, voire, à défaut encore, en mairie.

(280) Ces formalités ne sont cependant prescrites à peine de nullité que si elles ont lésé les intérêts de la personne poursuivie. Tel n'est pas le cas lorsqu'elle ne pouvait se tromper sur le sens et la portée précis de la convocation[2]. Inversement, l'erreur quant au tribunal saisi[3], au lieu de l'audience[4] ou à l'heure de l'audience[5] entraîne la nullité de la citation.

(281) La citation directe doit intervenir au plus tard dix jours avant la date de la comparution si la personne citée réside en France métropolitaine ou si, résidant outre-mer, elle est convoquée devant un tribunal de ce département (C. pr. pén., art. 552, al. 1). Dans les autres cas, le délai est porté à un mois, ou à deux si elle réside à l'étranger (C. pr. pén., art. 552, al. 2).

L'article 57 de la loi du 23 mars 2019 a complété l'article 559 du Code de procédure pénale afin de rationaliser la procédure de citation à parquet. Lorsqu'il est établi en procédure que l'adresse d'une personne physique ou morale est

1. Cass. Crim., 7 juin 2000, *Procédures* 2000, comm. 221, obs. J. Buisson.
2. Cass. Crim., 13 juin 1995, *Bull. Crim.* n° 217.
3. Cass. Crim., 31 mai 1958, *Bull. Crim.* n° 422, *JCP* 1958, II, 10737, note Chambon.
4. Cass. Crim., 7 mai 1996, *Bull. Crim.* n° 193 et Cass. Crim., 4 mai 2006, *Bull. Crim.* n° 121, *AJ pénal* 2006, p. 317.
5. Cass. Crim., 22 mai 1990, *Bull. Crim.* n° 208.

inconnue, l'intervention d'un huissier de justice ne constituera plus un préalable nécessaire à la citation à parquet. Un procès-verbal du procureur de la République se substituera à l'exploit d'huissier, constatant cette situation de fait.

3. La citation en justice

(282) Il existe une troisième procédure beaucoup plus rapide encore : la **convocation en justice** visée à l'article 390-1 du Code de procédure pénale. Ce texte énonce que celle-ci « *vaut citation à personne* ». Elle consiste, pour le procureur de la République, à demander à un greffier ou à un officier de police judiciaire, ou au chef d'établissement pénitentiaire, si le prévenu est détenu (ce qui, concrètement, renvoie au service du greffe judiciaire pénitentiaire), de convoquer celui-ci.

(283) Les mentions obligatoires prévues par la loi sont similaires aux cas précédents : énonciation des faits poursuivis, indication du texte qui les réprime, du tribunal saisi, du lieu et de la date ainsi que de l'heure de l'audience. Il doit également être mentionné que le prévenu peut se faire assister par un avocat. La citation en justice doit par ailleurs préciser au prévenu qu'il doit comparaître à l'audience avec des justificatifs de ses revenus, ainsi que ses avis d'imposition ou de non-imposition.

Le prévenu doit signer le procès-verbal qui l'accompagne et une copie doit lui être remise.

S'il ne comparaissait pas, la procédure de l'article 410 du Code de procédure pénale (défaut) serait applicable : sans excuse valable, il serait néanmoins jugé. En cas de citation à l'OPJ, la défense peut demander la réalisation d'acte d'investigation avant l'audience (C. pr. pén., art. 388-5)[1].

La loi du 23 mars 2019 a ajouté l'ensemble des fonctionnaires et agents des administrations auxquels des lois spéciales attribuent certains pouvoirs de police judiciaire dans la liste des personnes pouvant délivrer, sur instruction du procureur de la République, des convocations en justice valant citation. Une disposition spécifique ayant le même objet figure dans le nouvel article 365-1 du Code des douanes.

4. La convocation par procès-verbal, la comparution immédiate et la comparution à délai différé

Conditions communes

(284) La **convocation par procès-verbal** (C. pr. pén., art. 394) **et la comparution immédiate** (C. pr. pén., art. 395) sont des procédures qui s'appliquent lorsque les faits sont en état d'être jugés. Elles ont remplacé en 1983 (L. n° 83-466 du 10 juin) celle des « flagrants délits ». Elles permettent un jugement très rapide des affaires pénales parfois trop, sans doute, en termes de droits de la défense et d'individualisation de la sanction[2]. Le législateur en est d'ailleurs conscient, qui les écarte s'agissant des mineurs (C. pr. pén., art. 397-6) ainsi que, par ailleurs, des délits de presse, des délits politiques ou des délits pour lesquels une procédure spéciale est applicable. Pour le même motif, elles sont écartées pour les crimes. Toutefois, afin de sanctionner plus rapidement les délits de

---

1. *Cf. infra.*
2. *Cf.* H. Vlamynck, « La procédure de comparution immédiate : vitesse ou précipitation ? », *AJ pénal* 2011, p. 10.

provocation aux actes de terrorismes et d'apologie de terrorisme, la loi n° 2014-1353 du 13 novembre 2014 les a sortis de la loi de 1881 sur la presse pour les insérer dans le Code pénal (C. pén., art. 421-2-5). La procédure de comparution immédiate peut ainsi leur être appliquée comme l'y incite la circulaire n° 2015/0213/A13 du 12 janvier 2015.

Conditions propres à la convocation par procès-verbal

(285) La convocation par procès-verbal est appliquée de préférence à la comparution immédiate lorsque **le procureur de la République pense que l'intéressé peut être laissé en liberté.** Toutefois, il peut présenter ce prévenu au juge des libertés et de la détention, à qui il demandera de le placer sous contrôle judiciaire (C. pr. pén., art. 394, al. 3).

(286) La convocation par procès-verbal **consiste, pour le procureur de la République, à inviter le prévenu à comparaître** devant le tribunal à une date située entre dans dix jours et dans deux mois (C. pr. pén., art. 394, al. 1). Pour raccourcir encore ce délai, il est possible de lui demander d'accepter d'être jugé plus rapidement. En ce cas, afin de s'assurer de la liberté de son consentement, la loi requiert qu'il réalise une renonciation expresse devant son avocat. Celui-ci a le droit de consulter « *sur le champ* » le dossier (C. pr. pén., art. 393, al. 3).

Les formalités de l'article 393 sont prescrites à peine de nullité ; c'est une nullité textuelle, expressément mentionnée par le dernier alinéa de ce texte. Mais la convocation est un acte distinct de la garde à vue : la nullité de cette dernière ne l'affecte pas[1].

(287) À l'issue de leur garde à vue les personnes faisant l'objet d'une CPPV ou d'une comparution immédiate font l'objet d'un **déferement** devant le procureur de la République (C. pr. pén., art. 393). Ce déferement a lieu le jour même ou au plus tard dans les vingt-quatre heures de la fin de garde à vue. La personne est alors détenue au dépôt du palais de justice. Le prévenu doit pouvoir s'alimenter, faire prévenir un proche, être examiné par un médecin, rencontrer son avocat (C. pr. pén., art. 803-2 et 803-3). Puis elle comparaît devant le magistrat. La loi du 27 mai 2014 est venue préciser le régime de cette comparution.

Le procureur doit constater l'identité du prévenu, et l'informer de son droit d'être assistée par un interprète. Il doit ensuite l'informer des faits qui lui sont reprochés et de leur qualification juridique, du droit à l'assistance d'un avocat. Ce dernier a accès au dossier. Si la personne choisit de se défendre seule, elle dispose aussi d'un accès au dossier. Puis, le magistrat informe la personne de son droit au silence. La personne est alors interrogée. Son avocat peut présenter des observations portant sur les faits, leur qualification mais aussi sur la régularité de la procédure ou les modalités de poursuite de son client. Il peut aussi faire valoir l'insuffisance de l'enquête et suggérer de nouveaux actes. Le magistrat prend ensuite sa décision sur l'action publique ou sur la reprise de l'enquête (au cours de laquelle la personne pourra être assistée d'un avocat lors des auditions). Le tribunal sera saisi des faits notifiés au prévenu lors de l'interrogatoire[2].

---

1. Cass. Crim., 18 sept. 2012, n° 12-80.526.
2. Cass. Crim., 15 déc. 2013, n° 13-81.168.

Conditions propres à la comparution immédiate

(288) Si le **procureur de la République estime qu'il convient de placer le prévenu sous détention provisoire**, il doit nécessairement user de la comparution immédiate. Cependant, cette procédure n'est applicable que pour des infractions de gravité suffisante, encore que les seuils antérieurement requis aient été fortement rabaissés par la loi nº 2002-1138 du 9 septembre 2002, dite Perben I.

(289) Si le délit était flagrant, la comparution immédiate est envisageable uniquement si la peine encourue est d'au moins six mois (contre un an auparavant). Si le délit n'était pas flagrant, elle est envisageable si la peine encourue est d'au moins deux ans. La loi de 2002 a supprimé le maximum encouru, qui était antérieurement de sept ans. Aussi la comparution immédiate est-elle toujours possible à partir d'un seuil somme toute très bas, mais y compris pour des infractions correctionnelles graves.

(290) Dans ce cas précis, la loi ajoute des conditions subjectives que le parquet doit apprécier : charges réunies apparaissant suffisantes, affaire en état d'être jugée et éléments de l'espèce justifiant une comparution immédiate. Les pratiques suivies d'un ressort à un autre sont très diverses à cet égard : dans les ressorts moins denses en population, le retentissement sur la population des faits de la cause jouera un rôle ; dans les autres, il sera tenu compte, par exemple, de la violence exercée.

La condition selon laquelle l'affaire doit être en état d'être jugée est à entendre littéralement, car, avec la comparution immédiate, la personne va être jugée « *sur le champ* » (C. pr. pén., art. 395, al. 3), ce qui peut être le jour même. Dans ce cas, le dernier alinéa de l'article 395 du Code de procédure pénale fournit un titre à la privation de liberté de l'intéressé : « *Le prévenu est retenu jusqu'à sa comparution, qui doit avoir lieu le jour même ; il est conduit sous escorte devant le tribunal.* » En revanche, l'exigence d'une comparution « le jour même » de la présentation de l'intéressé au parquet ne saurait être interprétée comme la nécessité de le juger impérativement avant minuit, mais comme celle de le faire comparaître au cours de l'audience considérée, quand bien même celle-ci se terminerait après minuit en raison de contraintes diverses[1].

Cependant, la réunion du tribunal ne peut toujours avoir lieu le jour même ; dans la plupart des ressorts, les audiences de comparution immédiate se tiennent seulement certains jours. Il faut donc distinguer selon la possibilité ou non de réunir le tribunal le jour même, selon les prescriptions de l'article 395 du Code de procédure pénale.

(291) **S'il est impossible de réunir le tribunal le jour même** (concrètement, l'affaire est en état d'être jugée un jour où les audiences de comparution immédiate n'ont pas lieu[2]), le procureur de la République a deux possibilités : il peut estimer que l'intéressé peut être laissé en liberté jusqu'à l'audience, mais aussi qu'il doit être placé en détention provisoire. Pour cela, il va saisir le juge des

1. Cass. Crim., 12 janv. 2021, nº 20-80.259.

2. Il est toutefois à noter que la jurisprudence n'exige pas que le procureur de la République apporte la preuve de l'impossibilité concrète et effective de la réunion du tribunal : Cass. Crim., 23 mai 2006, *Bull. Crim.* nº 142, *RSC*, 2007, p. 120, note Giudicelli.

libertés et de la détention, qui va se prononcer dans le cadre d'une procédure non publique (chambre du conseil) mais contradictoire, puisque le prévenu ou son avocat est entendu en ses observations et que le ministère public prend des réquisitions. Sa décision consiste cependant en une ordonnance qui n'est pas susceptible d'appel[1] ; le législateur a privilégié la rapidité de la procédure, au détriment des principes fondamentaux de procédure.

La décision, en effet, peut consister en une privation de liberté valable jusqu'à la comparution du prévenu devant le tribunal. Celle-ci doit répondre aux conditions de forme et de fond prévues en matière de détention provisoire, respectivement aux articles 137-3 et 144 du Code de procédure pénale. Elle est notifiée au prévenu de manière verbale. Cependant, les conditions de fond posées par l'article 143-1, notamment quant à la peine encourue, ne sont pas applicables à la détention provisoire prononcée en attendant un jugement en comparution immédiate[2].

La privation de liberté, dans ce cas, ne doit toutefois pas excéder trois jours (ce délai était de deux jours avant la loi n° 2004-204 du 9 mars 2004, dite Perben II), puisque le prévenu devra comparaître « *au plus tard le troisième jour ouvrable suivant* » la décision de placement en détention provisoire. À défaut, il serait d'ailleurs immédiatement remis en liberté.

En cas d'état d'urgence sanitaire, comme lors de l'épidémie de Covid-19, l'article 17 de l'ordonnance du 25 mars 2020 a porté le délai de comparution à six jours.

Le juge des libertés et de la détention (JLD) peut toutefois aussi décider d'un contrôle judiciaire. Dans ce cas, la date et l'heure de l'audience sont notifiées à l'intéressé pour qu'il puisse s'y rendre spontanément : il s'agit alors d'une convocation par procès-verbal, puisque l'article 396, dernier alinéa, qui le prévoit renvoie à cet égard aux formalités de l'article 394. Cette passerelle a été instaurée par la loi Perben II.

Dans tous les cas, le JLD ne peut statuer qu'après avoir pris connaissance d'une enquête sociale rapide, réalisée par le service pénitentiaire d'insertion et de probation. Cela est d'autant plus indispensable que la rapidité extrême de la procédure rend impossible, en dehors de cette enquête, toute réunion d'éléments de personnalité de nature à permettre l'individualisation de la peine.

(292) **Lorsque le tribunal est disponible immédiatement**, ou lorsqu'il se réunit trois jours ouvrables (ou six en état d'urgence sanitaire) au maximum après la période de détention provisoire subie par le prévenu, l'article 397 du Code de procédure pénale prévoit dans quelles conditions doit se tenir l'audience. Les règles que comporte cet article ont pour objet d'observer, au moins formellement, les droits et intérêts de la défense.

Ainsi est-il d'abord prévu que le prévenu donne avant tout son consentement au fait d'être jugé sur le champ. C'est la première question que doit lui poser le tribunal. Ce consentement doit être recueilli en présence de son avocat

1. Pour un exemple d'ordonnance insusceptible d'appel dans laquelle le JLD n'a pas mis en détention le prévenu, *cf.* Cass. Crim., 6 janv. 2016, n° 05-86.186.

2. Cass. Crim., 5 oct. 2011, n° 11-85.499.

ou d'un avocat commis d'office. Accepter d'être jugé immédiatement signifie en effet prendre le risque d'être défendu imparfaitement, par un avocat qui n'a eu que très peu de temps pour prendre connaissance du dossier et à peine plus pour s'entretenir avec son client. Inversement, refuser signifie prendre le risque d'être maintenu ou placé en détention provisoire. Si le prévenu refuse d'être jugé immédiatement et demande un délai, le tribunal ne pourra que se prononcer sur une remise en liberté, un contrôle judiciaire ou un maintien de détention après débat contradictoire sur ce point.

La nouvelle audience à laquelle il sera renvoyé que le prévenu ait refusé d'être jugé immédiatement ou que le tribunal, comme il en a le droit, ait estimé souverainement[1] que l'affaire n'était pas en état d'être jugée doit avoir lieu dans un délai relativement court (au maximum six semaines ; dix semaines en cas d'état d'urgence sanitaire en application de l'article 17 de l'ordonnance du 25 mars 2020) mais qui, pour autant, ne saurait être inférieur à deux semaines (C. pr. pén., art. 397-1, al. 2). Ce délai est cependant plus long lorsque la peine encourue est supérieure à sept ans d'emprisonnement : minimum deux mois et maximum quatre mois (C. pr. pén., art. 397-1, al. 3 ; six mois en cas d'état d'urgence sanitaire en application de l'article 17 de l'ordonnance du 25 mars 2020). Il permet à l'avocat de préparer la défense dans des conditions plus réalistes et, le cas échéant, d'obtenir des éléments d'information complémentaires que le dernier alinéa de l'article 397-1 l'autorise à solliciter du tribunal. Certes, ce dernier pourrait les lui refuser, mais il devrait à cette fin rendre un jugement motivé. Une difficulté peut apparaître s'agissant de l'information du prévenu quant au type de délai de renvoi lorsque la peine est supérieure à sept ans, ce qui est le cas en matière de trafic de stupéfiant, infraction fréquemment jugée en comparution immédiate. Le tribunal doit-il informer le prévenu qu'il peut demander un délai long de renvoi ou la simple présence de l'avocat suffit-elle à assurer une telle connaissance ? Le premier alinéa de l'article 397-1 énonce que le tribunal reçoit les observations de l'avocat tandis que l'alinéa 2 dispose que le prévenu est « *informé de l'étendue de ses droits* ». La jurisprudence considère que le prévenu assisté par un avocat est présumé avoir renoncé à un nouveau report s'il ne le sollicite[2]. Peut-être considère-t-elle que le prévenu a été informé par son conseil des possibilités de report, cependant, il pourrait être judicieux que le tribunal l'informe le cas échéant de l'existence de plusieurs délais de renvoi.

De lui-même, d'ailleurs, le tribunal peut naturellement estimer que l'affaire mérite des investigations complémentaires et, pour cela, renvoyer le dossier au procureur de la République (C. pr. pén., art. 397-2, al. 2)[3]. En cas de comparution immédiate, lorsque le renvoi au procureur est réalisé en raison de la complexité de l'affaire et des investigations supplémentaires à réaliser, le magistrat doit requérir l'ouverture d'une information[4]. Dans l'attente de sa

1. Cass. Crim., 26 avril 1994, *Bull. Crim.* n° 149.
2. Cass. Crim., 28 nov. 2012, *Bull. Crim.*, n° 264.
3. La décision n'est pas susceptible d'appel, Cass. Crim., 29 oct. 2008, *Bull. Crim.* n° 218, *AJ pénal* 2008, p. 39, obs. L. Ascensi.
4. Cass. Crim., 21 nov. 2012, n° 12-80.621.

présentation au juge d'instruction, la personne poursuivie est maintenue sous main de justice jusqu'à sa comparution, sans nécessité d'un nouveau débat sur le maintien en détention provisoire au regard des dispositions de l'article 144 du Code de procédure pénale[1]. Mais en cas de convocation par procès-verbal, le tribunal n'est pas habilité à renvoyer le dossier au procureur[2]. Il doit donc assurer lui-même le complément d'information par le biais de l'un de ses membres. Le tribunal doit ensuite statuer sur le maintien éventuel du prévenu en détention provisoire avant qu'il ne comparaisse devant un juge d'instruction. Cette comparution doit avoir lieu le jour même, faute de quoi il doit être remis en liberté immédiatement.

(293) Durant le temps qui le sépare de l'audience de jugement ainsi repoussée, le prévenu pourrait être placé sous contrôle judiciaire (C. pr. pén., art. 397-3, al. 1er), mais la détention provisoire, prévue à l'article 397-3, alinéa 2, serait alors plus probable. Le placement en détention devrait alors être ordonné dans les conditions de forme de l'article 137-3 et 464-1 du Code de procédure pénale et de fond de l'article 144 du même Code. La détention provisoire n'est cependant envisageable que si la peine encourue est égale ou supérieure à un an d'emprisonnement en cas de délit flagrant et de deux ans en l'absence de flagrance.

En cas de détention provisoire, le jugement au fond devrait être rendu au plus tard dans les deux mois suivant le jour de la première comparution (quatre mois en cas d'état d'urgence sanitaire en application de l'article 17 de l'ordonnance du 25 mars 2020). À défaut, le prévenu devrait être remis d'office en liberté. Ce délai serait porté à quatre mois dans le cas où la peine encourue serait supérieure à sept ans (six mois en cas d'état d'urgence sanitaire en application de l'article 17 de l'ordonnance du 25 mars 2020).

(294) Il est très courant, hélas, que la comparution immédiate débouche sur le prononcé d'une peine ferme. Lorsque celle-ci est totalement ferme, quelle qu'en soit alors la durée, la juridiction peut décerner un mandat de dépôt « *par décision spécialement motivée* », énonce l'article 397-4 du Code de procédure pénale. La pratique révèle en pareil cas une utilisation très fréquente, pour ne pas dire quasi systématique, du mandat de dépôt.

L'intéressé a la possibilité de faire appel : dans ce cas, il a été prévu tout de même que l'appel soit jugé dans un délai relativement rapproché de quatre mois, à défaut de quoi, s'il n'est pas détenu pour autre cause, il doit être remis en liberté[3]. Cependant, la Cour de cassation ne sanctionne pas par la nullité le dépassement de ce délai[4].

---

1. Cass. Crim., 5 févr. 2019, n° 18-86.405.
2. Cass. Crim., 10 juill. 2013, n° 13-81.599.
3. Les motifs de l'article 144 C. pr. pén. ne s'appliquent pas pour le placement ou le maintien en détention provisoire prononcé à l'issue d'une comparution provisoire en attendant que la cour d'appel se prononce. Cass. Crim., 13 avr. 2010, *Bull. Crim.*, n° 65, *AJ pénal* 2010, p. 450, obs. G. Roussel.
4. Cass. Crim., 13 janvier 1992, *Bull. Crim.* n° 8 ; *RSC* 1993, p. 129, obs Braunschweig.

(295) En dehors de toute prolongation, la comparution immédiate est une procédure expéditive qui ne nuit pas seulement à l'intéressé : elle porte également préjudice aux victimes, qui n'ont souvent pas le temps de s'organiser ni même d'être présentes à l'audience. Le procureur doit toutefois les aviser par tous les moyens (C. pr. pén., art. 393-1). Le législateur a pourtant estimé nécessaire de renforcer encore les modes de traitement rapides des affaires pénales. Dans un contexte général de transfert des pouvoirs du juge du siège vers le parquet, il en a confié la maîtrise au procureur de la République.

Afin d'éviter de multiplier les audiences, l'article 393 permet au procureur, en cas de poursuites en comparution par procès-verbal ou comparution immédiate, de regrouper dans la même audience les précédentes procédures dont la personne fait l'objet pour d'autres délits, cette décision devant intervenir au moins dix jours avant la date de l'audience, le prévenu et son avocat en étant informés sans délai. Selon le Conseil constitutionnel, ce regroupement ne peut concerner des délits exclus du champ des procédures de convocation par procès-verbal ou de comparution immédiate, à savoir les délits de presse ou politiques ou dont la poursuite est prévue par une loi spéciale. En cas de comparution immédiate, ne peuvent être regroupées les autres poursuites relatives à des délits insusceptibles, en vertu de l'article 395 du même Code, de faire l'objet d'une telle procédure, soit des délits flagrants punis de moins de six mois d'emprisonnement, soit des délits non flagrants punis de moins deux ans d'emprisonnement[1].

À l'audience à laquelle les dossiers sont regroupés, le tribunal peut soit décider de la jonction des procédures, si la nature des délits en cause le justifie, ce qui le conduira à ne rendre qu'un seul jugement, soit décider que les différents dossiers sont examinés à la même audience et à la suite, en rendant pour chacun un jugement distinct.

(296) **Conditions propres à la comparution à délai différé**

Suite au déferement, la loi du 23 mars 2019 a inséré à côté de la convocation par procès-verbal et de la comparution immédiate, la procédure de comparution à délai différé, prévue par l'article 397-1-1 du Code de procédure pénale. Dans les cas permettant le recours à la comparution immédiate (délits flagrants punis d'au moins six mois d'emprisonnement ou délits non flagrants punis d'au moins deux ans d'emprisonnement), s'il existe contre la personne des charges suffisantes pour la faire comparaître devant le tribunal correctionnel, mais que l'affaire n'est pas en état d'être jugée selon la procédure de comparution immédiate parce que n'ont pas encore été obtenus les résultats de réquisitions, d'examens techniques ou médicaux déjà sollicités, le procureur de la République peut le poursuivre devant le tribunal correctionnel selon cette nouvelle procédure. Celle-ci n'est possible que si le prévenu est assisté par un avocat choisi par lui ou désigné par le bâtonnier, comme c'est le cas en matière de comparution immédiate.

La procédure ne peut être décidée par le procureur qu'à l'issue de la présentation devant lui après un déferement et après avoir entendu les observations du prévenu et de son avocat. Le prévenu est alors présenté devant le juge

1. Déc. n° 2019-778 DC du 21 mars 2019, considérant n° 283.

des libertés et de la détention, qui statue sur les réquisitions du ministère public aux fins de contrôle judiciaire, d'assignation à résidence avec surveillance électronique ou de détention provisoire, après avoir recueilli les observations éventuelles du prévenu ou de son avocat. Les réquisitions du procureur doivent préciser les raisons justifiant le recours à la procédure de comparution différée, en indiquant, s'il y a lieu, les actes en cours dont les résultats sont attendus.

La détention provisoire ne peut être ordonnée que si la peine d'emprisonnement encourue est égale ou supérieure à trois ans. Elle n'est pas possible pour les délits flagrants punis de six mois ou les délits non flagrants punis de deux ans d'emprisonnement (contrairement à la comparution immédiate). L'ordonnance rendue est susceptible d'appel dans un délai de dix jours devant la chambre de l'instruction. L'ordonnance prescrivant le contrôle judiciaire, l'assignation à résidence avec surveillance électronique ou la détention provisoire, énonce les faits retenus et saisit le tribunal ; elle est notifiée verbalement au prévenu et mentionnée au procès-verbal dont copie lui est remise sur-le-champ. Ces règles sont identiques à ce qui est prévu en cas de comparution par procès-verbal ou de comparution immédiate. Si le juge des libertés et de la détention place la personne sous contrôle judiciaire ou sous assignation à résidence avec surveillance électronique alors que le procureur avait requis une détention provisoire, le tribunal reste valablement saisi.

Le prévenu doit comparaître devant le tribunal au plus tard dans un délai de deux mois, à défaut de quoi il sera mis fin d'office au contrôle judiciaire, à l'assignation à résidence avec surveillance électronique ou à la détention provisoire. En cas d'état d'urgence sanitaire, comme lors de l'épidémie de Covid-19, l'article 17 de l'ordonnance du 25 mars 2020 a porté le délai de comparution à quatre mois.

Les procès-verbaux ou autres pièces résultant des réquisitions – examens techniques ou médicaux dont les résultats étaient attendus – seront versés au dossier de la procédure dès leur accomplissement et mis à la disposition des parties ou de leur avocat.

Jusqu'à l'audience de jugement, le prévenu ou son avocat peuvent demander au président du tribunal la réalisation de tout acte qu'ils estiment nécessaire à la manifestation de la vérité selon l'article 388-5. Si le prévenu est détenu, la demande peut être faite au moyen d'une déclaration auprès du chef de l'établissement pénitentiaire.

Lorsqu'il sera fait application de la procédure de comparution différée, la victime doit en être avisée par tout moyen. Elle peut se constituer partie civile et déposer des demandes d'actes.

À l'audience de jugement, le tribunal correctionnel disposera des mêmes possibilités qu'en cas de comparution immédiate. Il pourra, à la demande des parties ou d'office, ordonner un supplément d'information, ou, s'il estime que la complexité de l'affaire nécessite des investigations supplémentaires approfondies, renvoyer le dossier au procureur de la République, aux fins d'ouverture d'une information.

S'il condamne le prévenu alors que celui-ci est en détention provisoire, il pourra maintenir le prévenu en détention par décision spécialement motivée quel que soit le montant de la peine d'emprisonnement prononcée.

5. La procédure simplifiée de l'ordonnance pénale délictuelle

(297) La procédure de l'ordonnance pénale est une procédure simplifiée de poursuite des délits laissée à l'initiative du procureur (art. 495 C. pr. pén.)[1]. Elle est simplifiée et rapide car elle permet la condamnation d'un prévenu sans organiser un débat contradictoire sur les faits. Évidemment, elle ne s'applique que pour les infractions simples, essentiellement les infractions objectives pour lesquelles les faits sont difficilement contestables et d'une gravité moindre, ce, notamment en matière routière (conduite sous l'empire d'un état alcoolique ou de stupéfiants). Cependant, cette procédure tend à se développer, dans le cadre des objectifs managériaux désormais habituels tenant à l'allégement de la charge des juridictions et au prononcé de sanctions rapides pour les infractions de moindre gravité.

Conditions

La loi n° 2001-1862 du 13 décembre 2011 relative à la répartition des contentieux et à l'allégement de certaines procédures juridictionnelles est venue considérablement étendre son champ d'application. Elle est désormais applicable pour juger les infractions suivantes : vol (art. 311-3 C. pén.) ; recel (art. 321-1 C. pén.) ; filouterie (art. 313-5 C. pén.) ; détournement de gage ou objet saisi (art. 314-5 et 314-6 C. pén.) ; destructions, dégradations et détériorations d'un bien privé ou public (art. 322-1 et 322-2 C. pén.) ; délit de fuite commis à l'occasion de la conduite d'un véhicule (art. 434-10 C. pén.) ; vente à la sauvette (art. 446-1 et 446-2 C. pén.) ; délits prévus par le Code de la route ; délits en matière de réglementation des transports terrestres ; délits prévus au titre IV du livre IV du Code de commerce pour lesquels une peine d'emprisonnement n'est pas encourue ; usage de produits stupéfiants (art. L. 3421-1 al. 1 CSP) ; occupation des espaces communs ou des toits des immeubles collectifs d'habitation (art. L. 126-3 C. cons. hab.) ; contrefaçons commises au moyen d'un service de communication au public en ligne (art. L. 335-2, L. 335-3 et L. 335-4 C. prop. int.) ; délits en matière de chèques (art. L. 163-2 et L. 163-7 C. mon. fin.) ; et, enfin, port ou transport d'armes blanches (art. L. 317-1 CSI).

En revanche, la procédure n'est pas applicable :

– aux mineurs ;

– aux majeurs en cas de récidive ;

– en cas de citation par la victime ;

– si le délit a été commis en même temps qu'une infraction pour laquelle la procédure d'ordonnance pénale n'est pas possible.

Le choix de recourir à cette procédure pour réprimer le port reste une possibilité pour le procureur de la République. Les critères posés par le Code sont les suivants :

– des faits simples et établis par l'enquête de police ;

– l'existence d'information suffisante quant à la personnalité de l'intéressé ;

– l'existence d'information suffisante quant aux charges et aux ressources du prévenu ;

– le respect des droits de la victime.

1. G. Roussel, « L'essor de l'ordonnance pénale délictuelle », *Droit et société*, 88/2014, p. 607.

Mise en œuvre

La difficulté provient du fait que l'ordonnance pénale délictuelle constitue la procédure de poursuite la moins contradictoire du Code de procédure pénale. En effet, aucune place n'est faite à l'oralité et aux droits de la défense. Aucun débat préalable entre le ministère public et le prévenu n'est organisé devant le juge. Le procureur communique au président du tribunal judiciaire le dossier de la procédure et ses réquisitions (art. 495-1 C. pr. pén.). Sur la base de ces seuls éléments, le président rend une ordonnance prononçant la relaxe ou la condamnation. Dans ce dernier cas, il se prononce sur la peine. L'ordonnance motivée mentionne les noms, prénoms, date et lieu de naissance et domicile du prévenu, la qualification légale, la date et le lieu du fait imputé, la mention des textes applicables et, en cas de condamnation, la ou les peines prononcées (art. 495-2 C. pr. pén.). L'ordonnance peut aussi se prononcer sur les dommages et intérêts alloués à la victime (art. 495-2-1 C. pr. pén.). Ensuite, la décision est portée à la connaissance du prévenu et de la victime (pour cette dernière, seulement sur les intérêts civils) par lettre recommandée avec accusé de réception. Depuis la loi du 9 mars 2004 l'ordonnance pénale délictuelle peut être notifiée par le procureur ou par un délégué du procureur. L'auteur est ainsi convoqué au tribunal pour notification. Cette notification doit être complète, effective et notamment porter sur le délai d'opposition[1].

La seule voie de recours ouverte pour contester cette décision est une opposition à former dans les quarante-cinq jours à compter de la date d'envoi (art. 495-3 et 495-3-1 C. pr. pén.). L'opposition peut être réalisée soit par lettre adressée au greffier en chef, soit par déclaration faite directement auprès du greffier. Ce n'est qu'après opposition régulièrement formée que l'affaire fera l'objet d'un débat contradictoire en audience publique du tribunal correctionnel devant lequel le prévenu pourra être assisté par avocat (art. 495-4 C. pr. pén.). Côté ministère public, l'ordonnance lui est aussi communiquée et il dispose d'un délai de dix jours pour former opposition ou en poursuivre l'exécution.

En l'absence d'opposition par les parties, l'ordonnance « *a les effets d'un jugement passé en force de chose jugée* », mais « *l'ordonnance pénale statuant uniquement sur l'action publique n'a pas l'autorité de la chose jugée à l'égard de l'action civile en réparation des dommages causés par l'infraction* » (art. 495-5 C. pr. pén.). De toute façon, lorsque la victime n'a pas pu faire de demande de réparation, le procureur l'informe de sa possibilité de lui demander de citer le prévenu devant le tribunal correctionnel, lequel statuera sur les seuls intérêts civils (art. 495-5-1 C. pr. pén.).

Du point de vue de la sanction, aucune peine d'emprisonnement, même assortie du sursis, ne peut être prononcée. Seules peuvent l'être une peine d'amende et, le cas échéant, une ou plusieurs peines complémentaires. Le montant maximal de l'amende est de la moitié de celui de l'amende encourue et ne peut excéder 5 000 euros (art. 495-1 C. pr. pén.).

Le développement de l'ordonnance pénale délictuelle est tel que celle-ci constitue parfois la première option de poursuites. Le fait qu'elle s'applique à des

1. Cass. Crim., 12 nov. 2014, n° 13-88.103.

infractions difficilement contestables avec une sanction mesurée conduit néanmoins à ce que seul un nombre infinitésimal d'auteurs y fasse opposition.

La loi du 23 mars 2019 a étendu la procédure de l'ordonnance pénale délictuelle à tous les délits relevant du juge unique, excepté les atteintes aux personnes. Elle supprime l'exclusion de cette procédure en cas de récidive et élargit les peines prononçables en permettant de prononcer des peines alternatives, notamment le travail d'intérêt général et le jour-amende.

C. La Comparution sur Reconnaissance Préalable de Culpabilité (CRPC)[1]

(298) La « comparution sur reconnaissance préalable de culpabilité » est une procédure qui permet au procureur de la République de proposer à la personne qui a reconnu les faits une peine qui, si elle l'accepte et que le président du TJ l'homologue, emporte les mêmes conséquences qu'un jugement de condamnation. Elle est ainsi très proche dans son fonctionnement de la composition pénale qui est quant à elle une alternative aux poursuites.

1. Les fondements de la CRPC

(299) Le législateur a souhaité, avec la CRPC, créer une forme de *plea bargaining* à la française même si aucun plaidoyer de culpabilité n'est prévu. Cette procédure rapide est destinée à remplacer la saisine de la juridiction judiciaire, sous la responsabilité et la conduite du parquet et s'applique aux personnes ayant reconnu leur culpabilité. « Faute avouée est à moitié pardonnée » : le législateur a également prévu que les peines prononcées seraient inférieures à celles normalement encourues, du moins s'agissant des peines d'emprisonnement. C'est donc, d'une certaine manière, la récompense de l'aveu de l'intéressé, qui permet ainsi à l'institution judiciaire de gagner du temps.

(300) Il s'agit ici, une fois de plus, d'accélérer le traitement des affaires pénales, d'assurer une répression d'un plus grand nombre d'entre elles, tout en simplifiant celui-ci, d'éviter de renvoyer devant le tribunal correctionnel.

Cette procédure est concurrente des procédures rapides déjà étudiées[2]. D'ailleurs, elle s'adresse aux personnes convoquées par procès-verbal.

(301) Comme il a été dit, elle ne porte pas *a priori* atteinte à la présomption d'innocence et « *n'interdit pas à une personne de reconnaître librement sa culpabilité* »[3].

(302) La CRPC s'adresse, dans l'esprit de la loi, à des personnes qui ne nécessitent ni un placement en détention provisoire, ni une réponse pénale urgente. Elle a « *vocation à se substituer aux poursuites par voie de convocation en justice, de citation directe ou même de convocation par procès-verbal, voire à certaines compositions pénales pour lesquelles*

---

1. *Cf.* J. Danet, « La CRPC : du modèle législatif aux pratiques... et des pratiques vers quel(s) modèle(s) ? », *AJ pénal* 2005, p. 433 et s. ; A. Valoteau, « Le jugement sur reconnaissance préalable de culpabilité : une autre procédure de jugement ou une autre manière de juger ? », *Dr. pénal*, 2006, chron. n° 8.

2. J. Danet, « La concurrence des procédures pénales », in *Le droit pénal*, Paris, Dalloz-Sirey, coll. « Archives de philosophie du droit », tome 53, 2010, 543 p., 200-211.

3. Décision du Conseil constitutionnel du 22 juillet 2005, n° 520.

le parquet aurait préféré engager des poursuites si l'encombrement des audiences correctionnelles ne l'en avait pas dissuadé » (circ. CRIM 04-12 E8 du 2 septembre 2004, art. 2.1.1.2.). Pour la circulaire, la CRPC traite ici de personnes impliquées dans des affaires simples, qui sont naturellement en état d'être jugées, pour lesquelles il n'est point nécessaire de mener des investigations complémentaires sur l'intéressé, le préjudice, les faits, ni de réaliser d'importants débats. Toutefois, les parquets sont parfaitement libres de passer en CRPC des affaires un peu plus complexes, voire parfois sérieuses pour lesquelles les faits sont établis et la culpabilité admise.

2. Le domaine de la CRPC

À l'origine, la CRPC concernait des infractions de faible ou de moyenne gravité, obligatoirement des délits. Devait être encourue soit une peine d'amende soit une peine d'emprisonnement inférieure ou égale à cinq ans (C. pr. pén., art. 495-7).

Toutefois, la loi n° 2001-1862 du 13 décembre 2011 relative à la répartition des contentieux et à l'allégement de certaines procédures juridictionnelles est venue étendre le champ de cette procédure. Elle est désormais applicable « ***pour tous les délits*** », même les plus graves. La limite des cinq ans de peine encourue a effet été abrogée.

Elle est aussi applicable **après une instruction préparatoire** lorsque le juge d'instruction estime que les faits constituent un délit. Le magistrat prend alors une ordonnance de renvoi de l'affaire au procureur (art. 180-1 C. pr. pén.) alors même que s'il y a eu instruction les faits apparaissaient graves ou complexes. Des crimes pourront alors être correctionnalisés, certes avec l'accord des parties et faire l'objet d'une CRPC. L'on pense bien évidemment à certains viols dont l'ambiguïté probatoire amènera à une correctionnalisation en agression sexuelle. Cependant et surtout, la passerelle créée entre instruction et CRPC ouvre le champ de cette procédure aux infractions complexes (infractions au droit du travail, au droit des affaires). Les suspects ont tout intérêt à passer par la CRPC en raison de son caractère confidentiel et de la marge de négociation que le parquet voudra bien leur laisser.

Ces extensions marquent bien une volonté de généralisation de cette voie en plein développement.

Sont en revanche exclus, aux termes des articles 495-7 et 495-16 du Code de procédure pénale, les délits commis par les mineurs, les délits de presse, les homicides involontaires, les délits politiques et, enfin, les délits soumis à des procédures spéciales (chasse, pêche).

(303) **Les peines pouvant être proposées** dans le cadre de la CRPC sont visées à l'article 495-8 du Code de procédure pénale. Le procureur de la République peut choisir[1] parmi une ou plusieurs d'entre elles :

– **l'emprisonnement** : en ce cas, la peine ne peut être supérieure à trois ans depuis la loi du 23 mars 2018, ni excéder la moitié de la peine encourue. Cela peut sembler intéressant ; cependant, la juridiction répressive eut peut-être prononcé de fait

1. Il est à noter qu'il lui est prescrit d'adapter la peine à la personnalité de l'auteur et à la gravité des faits, comme le ferait le juge du siège, en application de l'article 132-24 du Code pénal, auquel il est renvoyé par l'article 495-8 du Code de procédure pénale.

une peine moindre ou alternative. La circulaire CRIM précitée retient que le parquet doit proposer une peine qui soit inférieure à ce qu'aurait prononcé la juridiction (art. 2.2.2.1.). Le procureur de la République peut toutefois l'assortir en tout ou partie du sursis. Cette peine pourra aussi bien être mise à exécution immédiatement que renvoyée au Jap pour aménagement éventuel soit la semi-liberté, soit un placement extérieur, soit le placement sous surveillance électronique statique ;

– **la révocation du sursis** : le procureur peut aussi proposer que la peine révoquera un ou plusieurs sursis précédemment accordés ;

– **l'amende** : en ce cas, le montant peut être égal au montant encouru. Il peut toutefois aussi être assorti du sursis.

– **une ou plusieurs peines complémentaires** : selon le type de peine complémentaire encourue pour l'infraction commise (: interdiction, déchéance, incapacité ou retrait d'un droit, injonction de soins ou obligation de faire, immobilisation ou confiscation d'un objet, confiscation d'un objet ou d'un animal, fermeture d'un établissement, affichage de la décision) ;

– le relèvement d'une interdiction, d'une déchéance ou d'une incapacité résultant de plein droit de la condamnation, en application du second alinéa de l'article 132-21 du Code pénal, ou l'exclusion de la mention de la condamnation du bulletin n° 2 ou n° 3 du casier judiciaire.

3. Les conditions de la CRPC

Aveu et convocation

(304) **L'intéressé doit avoir avoué les faits** ou être susceptible de le faire. Concrètement, l'aveu ou l'absence de contestation pourra avoir été recueilli au cours de l'enquête.

(305) L'auteur des faits doit être **convoqué par le parquet** soit lors du déferement, soit plus tard, dans le cadre d'une convocation (C. pr. pén., art. 495-7). La loi du 12 mai 2009 a donné au magistrat la possibilité de recourir à une convocation en vue d'une comparution sur reconnaissance préalable de culpabilité et à une convocation en justice (C. pr. pén., art. 495-15-1)[1]. La CRPC déferement est souvent utilisée comme procédure de poursuite rapide à la place de la comparution immédiate.

(306) Le parquet peut choisir cette voie soit d'office, soit sur **demande de l'intéressé** ou de son avocat (C. pr. pén., art. 495-7). Nombre de justiciables, en effet, préfèrent le caractère discret de la procédure de CRPC. Le prévenu qui a été ainsi convoqué par citation directe ou convocation en justice peut de lui-même, ou par l'intermédiaire de son avocat, indiquer (par lettre recommandée avec avis de réception adressée au procureur de la République) qu'il reconnaît les faits et souhaite bénéficier de la CRPC.

Si le parquet accepte de le suivre, la citation directe ou la convocation en justice est caduque, sauf si l'intéressé refuse ensuite la peine qui lui est proposée ou si le juge judiciaire refuse l'homologation. Cependant, il faut que ces circons-

1. Cette double convocation, forme de pression sur le suspect, est validée par le Conseil constitutionnel, Cons. Const., déc. n° 2010-77 QPC du 10 déc. 2010, *AJ pénal* 2011, p. 188, obs. J.-B. Perrier.

tances surviennent plus de dix jours avant la date de l'audience devant le tribunal correctionnel qui était visé dans l'acte de poursuite (C. pr. pén., art. 495-15).

Dans le cas où le parquet refuse de mettre en œuvre la CRPC, la loi ne lui fait pas obligation d'en informer le prévenu ou son avocat. Toutefois, la loi du 23 mars 2019 a complété l'article 495-8 par un alinéa précisant que le procureur de la République peut, avant de proposer une peine conformément aux dispositions du cinquième alinéa de cet article, à savoir en présence de son avocat, informer par tout moyen la personne ou son avocat des propositions de peines qu'il envisage de formuler.

Ces dispositions viennent ainsi consacrer les pratiques suivies dans certaines juridictions, en vue de favoriser l'acceptation des peines proposées, permettant un échange préalable entre le parquet et la personne ou son avocat, une forme de négociation en quelque sorte.

(307) **Rencontre avec le procureur et proposition de peine**

En présence du procureur de la République, l'intéressé énonce qu'il avoue les faits. Il doit être assisté obligatoirement d'un avocat et ne peut y renoncer. La peine lui est proposée dans les mêmes conditions.

(308) L'avocat a accès au dossier et son client peut **s'entretenir** avec lui au cours d'un entretien préalable, qui permet de peser l'opportunité d'accepter la peine proposée.

Si nécessaire, l'intéressé peut même bénéficier d'un **délai de réflexion de dix jours** en ce sens. Toutefois, dans ce cas, il peut être placé par le JLD soit sous **contrôle judiciaire**, soit **en détention provisoire**. La détention provisoire n'est toutefois possible que si la peine proposée est au moins égale à deux mois ferme et que le procureur en proposait l'exécution immédiate, exclusion faite de toute transmission au Jap (C. pr. pén., art. 495-10).

Si l'une de ces mesures avait été prise, la nouvelle comparution doit intervenir dans un délai compris entre dix et vingt jours à compter de la décision du JLD ; à défaut, il faudrait mettre fin au contrôle judiciaire ou à la détention provisoire.

Acceptation et audience d'homologation

(309) ***Si l'intéressé accepte la peine proposée***, soit d'emblée, soit après le délai de réflexion de l'article 495-8 du Code de procédure pénale, il doit être « *aussitôt* » présenté devant le président du TJ ou le juge délégué. Il comparaît alors assisté de son avocat (C. pr. pén., art. 495-9).

(310) Le président du TJ doit naturellement opérer des vérifications minimales quant aux faits et à leur qualification. Il est libre de ne pas homologuer, mais l'homologation est le cas le plus courant. Dans une étude réalisée par l'Université de Nantes sur 102 juridictions[1], 6 629 décisions d'homologation avaient été prises sur 7 914 dossiers, contre 262 rejets.

(311) **L'audience qui se tient devant le président du TJ est publique**, énonce l'article 495-9 du Code de procédure pénale. Cette règle ne se trouvait pas initialement dans la loi du 9 mars 2004 qui avait instauré la CRPC. Le Conseil Constitu-

1. *Cf.* J. Danet, « La CRPC : un an après... », *AJ pénal* 2005, p. 433.

tionnel[1] allait l'imposer en énonçant qu'il y avait là violation des articles 6, 8, 9 et 16 de la Constitution. Il est vrai que la publicité des débats, comme nous l'avons étudié *supra*, est une garantie importante dans un État républicain et démocratique : c'est une barrière contre l'arbitraire. Inversement, la CRPC est une procédure qui se veut discrète et c'est précisément cela que peuvent rechercher les prévenus.

(312) Un débat avait eu lieu pour **déterminer si le procureur de la République devait impérativement être présent au cours de cette audience**. La position du Conseil constitutionnel, qui imposait la publicité, semblait bien renvoyer à l'idée d'un débat public de droit commun, où, en vertu des principes régissant habituellement la procédure pénale, un représentant du parquet devait naturellement être présent. L'article 32 du Code de procédure pénale dispose d'ailleurs que le procureur de la République est « *représenté auprès de chaque juridiction répressive* ». La Cour de cassation s'était prononcée pour la présence obligatoire du parquet[2].

Inversement, la circulaire CRIM 04-12 E8 du 2 septembre 2004 se prononçait pour le caractère facultatif de la présence du parquet. Il est vrai que la loi était initialement muette sur ce sujet. Cependant, à son tour, le Conseil d'État devait suspendre en référé cette circulaire, précisément sur ce point précis[3].

Le législateur, par la loi n° 2005-847 du 27 juillet 2005, devait intervenir à nouveau pour énoncer, à l'article 495-9, que « *la présence du procureur de la République à cette audience n'est pas obligatoire* ». Le Conseil constitutionnel allait, cette fois, énoncer que cette loi n'avait méconnu aucun principe[4].

(313) En revanche, la **convocation**, sinon la présence, **de la victime** à l'audience d'homologation est assurée. L'article 495-13 du Code de procédure pénale prévoit que la victime, du moins lorsqu'elle est identifiée, est invitée à comparaître lors de l'audience, accompagnée le cas échéant de son avocat, ce, afin de se constituer partie civile et de demander réparation de son préjudice.

La victime peut aussi s'être déjà manifestée, en application de l'article 420-1 du Code de procédure pénale, auquel il est renvoyé par l'article 495-13, en se constituant partie civile par lettre recommandée adressée 24 heures au plus tard avant l'audience ou même par déclaration auprès d'un OPJ qui en a dressé procès-verbal ; il faut toutefois alors l'accord du procureur de la République. Dans ce cas, l'article 420-1, alinéa 3, énonce que sa comparution est facultative. L'intérêt de cette règle est considérable : la CRPC est une procédure très rapide, du moins en dehors du temps de réflexion que nous avons évoqué, si bien que la victime pourra avoir manqué de temps. Pourtant, la circulaire CRIM précitée énonce que le parquet ne doit accepter la constitution de partie civile devant l'OPJ qu'en présence de simples dommages matériels ou d'une demande de restitution, mais pas en cas de préjudice corporel ; il est vrai que l'évaluation de ce préjudice peut être chronophage.

1. Décision du 2 mars 2004, n° 2004-492 DC.
2. Cass. Avis n° 005 0004P du 18 avril 2005, *Bull. Crim.* (Avis), n° 1, *D* 2006, p. 1200, note J. Pradel, *JCP* 2005, Actualités n° 252, *RSC* 2005, p. 592, note A. Giudicelli.
3. C.E. 11 mai 2005, *RSC*, 2005, p. 592, note A. Giudicelli.
4. Cons. Const., déc. n° 2005-520 DC du 22 juill. 2005.

Dans ce dernier cas, le procureur de la République doit informer la victime de son droit de faire citer l'auteur des faits à une audience du tribunal correctionnel, lequel statuera alors uniquement sur les intérêts civils (C. pr. pén., art. 495-13, al. 2). En pratique, la demande d'indemnisation de la victime entraîne parfois le choix d'une autre voie procédurale que la CRPC.

4. Les effets de la CRPC

(314) Le président **ne peut qu'homologuer ou refuser d'homologuer**. Il ne peut pas, par exemple, modifier la peine proposée. Selon l'article 495-11-1, le président peut refuser l'homologation s'il estime que la nature des faits, la personnalité de l'intéressé, la situation de la victime ou les intérêts de la société justifient une audience correctionnelle ordinaire ou lorsque les déclarations de la victime, entendue en application de l'article 495-13, apportent un éclairage nouveau sur les conditions dans lesquelles l'infraction a été commise ou sur la personnalité de son auteur.

(315) ***S'il homologue***, il rend alors une ordonnance qui a « ***les effets d'un jugement de condamnation*** », énonce l'article 495-11, alinéa 2. Elle est par ailleurs immédiatement exécutoire.

Si la peine est un emprisonnement, ce même texte précise que l'intéressé est alors soit immédiatement incarcéré en maison d'arrêt, soit convoqué devant le Jap en application de l'article 495-8, comme il a été dit précédemment, en vue d'un aménagement de sa peine.

L'ordonnance qui homologue doit en outre être **motivée**. Cette motivation porte notamment sur le constat de la reconnaissance des faits en présence de l'avocat et de l'acceptation, par l'intéressé, de la peine ou des peines proposées. Pour respecter les principes posés à l'article 132-24 du Code pénal, il est en outre requis que le magistrat motive au regard de la justification de la peine et des circonstances de l'infraction et de la personnalité de l'auteur (C. pr. pén., art. 495-11, al. 1).

Puisque l'ordonnance vaut jugement, elle peut être logiquement **frappée d'appel**, ce qu'énonce expressément l'article 495-11, alinéa 3. L'appel peut être interjeté par le condamné non par le parquet, puisqu'il a été à l'origine de la proposition de peine. Cependant, ce dernier pourrait former un appel incident.

(316) ***Si l'intéressé n'accepte pas la peine proposée,*** **ou si le président a refusé d'homologuer** la peine, le procureur de la République doit saisir le tribunal correctionnel en empruntant l'une des voies de droit commun énumérées à l'article 388 : la citation, la convocation par procès-verbal ou la comparution immédiate. Il peut aussi ouvrir une information (C. pr. pén., art. 495-12, al. 1).

Lorsque la personne est convoquée par procès-verbal ou dans le cadre d'une comparution immédiate, l'article 495-12, alinéa 2, permet au procureur de la République de retenir l'intéressé jusqu'à l'audience, soit devant le tribunal correctionnel, soit devant le juge d'instruction, selon les cas. La loi utilise le verbe « *retenir* » car il n'est pas question ici de détention provisoire : il est en effet aussitôt énoncé que l'audience doit avoir lieu le même jour. Si cette audience ne pouvait se tenir immédiatement, il serait fait application des règles déjà étudiées de l'article 396 du Code de procédure pénale : le procureur de la République pourrait faire traduire l'intéressé devant le JLD, qui pourrait alors prononcer soit la détention provisoire, soit le contrôle judiciaire. C'est plus fréquemment par leur non-comparution que les prévenus reprennent le chemin du droit commun car, pour le reste, l'essentiel des CRPC est homologué.

Dans tous les cas, depuis la loi n° 2007-308 du 5 mars 2007 réformant la protection juridique des majeurs, le tuteur ou le curateur ainsi que le juge des tutelles doivent être informés de toute décision de poursuites ou d'alternatives aux poursuites. Le tuteur ou le curateur doit être avisé de la date d'audience (C. pr. pén., art. 706-113)[1]. Le défaut d'information est une cause de nullité, dès lors que les intérêts de la personne ont été lésés[2].

Les juridictions développent de plus en plus les CRPC-déferement (ou CRPC-D) avec possibilité d'incarcération immédiate, de manière à éviter certaines comparutions immédiates lorsque les faits sont reconnus. La procédure démarre par un déferement devant le procureur, qui propose une peine au prévenu assisté d'un avocat et reconnaissant les faits. Le prévenu, toujours assisté de son avocat, est ensuite traduit devant un juge, qui s'assurera de la reconnaissance des faits et homologuera ou non la peine.

Section 2
L'EXTINCTION DE L'ACTION PUBLIQUE

Dans un certain nombre de cas, le parquet ne pourra plus poursuivre l'auteur de l'infraction. Ces circonstances, visées à l'article 6 du Code de procédure pénale et dont il devra d'ailleurs vérifier l'existence avant d'agir, peuvent tantôt provenir du fait des parties (§ 1), tantôt du fait de l'écoulement du temps (§ 2), tantôt encore du fait de l'existence d'une décision de justice (§ 3) ou de la loi elle-même (§ 4).

I. Le fait des parties

Les parties peuvent chacune être à l'origine de l'impossibilité juridique de poursuivre. Ce sera le cas de l'auteur lui-même, s'il décède ; ce sera, plus exceptionnellement, le fait de la victime qui aura retiré sa plainte.

I.1. Le décès

(317) « *L'action publique pour l'application de la peine s'éteint par la mort du prévenu...* », énonce l'article 6 du Code de procédure pénale.

Le juge répressif serait également incompétent si la personne décédait avant qu'il ne se soit prononcé au fond[3]. Il serait encore compétent, en revanche, dès

1. Cass. Crim., 14 avr. 2010, *Bull. Crim.* n° 74.

2. Cass. Crim., 28 sept. 2010, *Bull. Crim.*, n° 144. *Cf.* Cass. Crim., 19 sept. 2017, n° 17-81.919 : en cas de doute sur l'existence d'une mesure de protection juridique, le procureur de la République ou le juge d'instruction doit faire procéder aux vérifications nécessaires afin d'en aviser le curateur de l'intéressé.

3. Cass. Crim., 7 mars 1936, *DH* 1936, p. 238.

lors qu'il aurait déjà statué, tant sur l'action publique que sur l'action civile[1]. Tel est notamment le cas lorsque l'affaire est déjà arrivée en appel ou en cassation. Dans ce cas, il n'est naturellement plus possible de se prononcer sur l'action publique, mais il reste possible de statuer sur les intérêts civils[2].

(318) Le décès du prévenu **n'empêche** cependant **pas l'action civile de s'exercer**, puisque les intérêts civils, quant à eux, entrent dans le patrimoine du *de cujus*[3] ; cependant, le juge d'instruction étant dessaisi, le juge répressif serait incompétent pour statuer sur les intérêts civils[4].

(319) Les **effets** de l'extinction de l'action pénale sont **limités à la personne du *de cujus***. Les co-auteurs et même les complices pourraient toujours être poursuivis[5].

(320) Rappelons par ailleurs que **l'administration fiscale** dispose de la possibilité de poursuivre contre les héritiers l'application des sanctions pour le dommage causé au Trésor public (LPF, art. L. 235). Il faudrait toutefois, pour cela, que l'action ait été engagée devant le tribunal correctionnel tant que l'auteur était vivant[6].

I.2. Le retrait de plainte

(321) Comme il a été déjà dit *supra*, le principe est que le retrait de la plainte n'éteint pas l'action publique. Cependant, l'article 6, alinéa 3, du Code de procédure pénale énonce que l'action publique s'éteint également « *en cas de retrait de **plainte***, lorsque celle-ci est une **condition nécessaire de la poursuite** ». Pour que le retrait de la plainte éteigne l'action publique, il faut donc que cette plainte soit nécessaire à la poursuite, **la loi le prévoyant expressément.** Il en va ainsi :

– des délits et contraventions de presse : article 49 de la loi du 29 juillet 1881 ;

– du délit d'atteinte à la vie privée de l'article 226-6 du Code pénal ;

– des infractions fiscales (art. 1741 A du CGI et L. 228 du Livre des proc. fiscales) : le procureur de la République ne peut engager des poursuites qu'après plainte de l'administration fiscale déposée sur avis conforme de la Commission des infractions fiscales elle-même saisie par le ministre du budget. Ce mécanisme est très critiquable car il fait dépendre la poursuite judiciaire de la réactivité du pouvoir exécutif mais il a été jugé conforme à la Constitution[7]. Cependant il n'est pas applicable au blanchiment de fraude fiscale[8].

(322) Lorsque, dans ces cas, la victime retire sa plainte, le **juge répressif** est **obligé de constater que l'action est éteinte**. Il ne peut pas entrer en voie de

1. Cass. Crim., 22 mai 1995, *Bull. Crim.* n° 181.
2. Cass. Crim., 15 juin 1977, *Bull. Crim.* n° 221, *D* 1977, IR, 355.
3. Cass. Crim., 18 fév. 1915, *DP* 1919, 1, 71.
4. Cass. Crim., 5 mai 1998, *Bull. Crim.* n° 149.
5. Cass. Crim., 23 juill. 1974, *JCP* 1975, II, n° 18091, note P. Chambon.
6. Cass. Crim., 9 mars 1992, *Bull. Crim.* n° 4 et Cass. Crim., 2 mai 1994, *Bull. Crim.* n° 160.
7. Cons. const., déc. n° 2016-555 QPC du 22 juill. 2016.
8. Art. 28-2 C. pr. pén. modifié par la loi n° 2013-1117 du 6 déc. 2013.

condamnation, comme dans cette affaire relative à l'ancienne incrimination d'abandon de foyer : les juges du fond avaient valablement constaté que le retrait de la plainte par le mari avait éteint l'action publique[1] et dans cette autre, s'agissant, pour la période moderne, du délit d'atteinte à la vie privée[2].

II. Le fait du temps

(323) La prescription de l'action publique empêche, lorsqu'elle est acquise, toute action contre le(s) auteur(s) de l'infraction car elle ôte aux faits tout caractère délictueux[3]. Elle intervient par suite de l'écoulement d'un temps variable selon la nature de l'infraction considérée. Elle peut, toutefois, être parfois prorogée.

Elle est une exception d'ordre public qui doit, comme telle, être relevée d'office par le juge répressif[4]. Le juge doit toutefois organiser un débat contradictoire pour que les parties en débattent[5]. Elle repose sur des fondements aujourd'hui contestés (A) en sorte que, du moins sous ses formes de droit commun, son champ d'application se réduit (B), alors que, à l'inverse, les cas où elle est prorogée n'ont cessé de croître (C).

II.1. Fondements de la prescription[6]

(324) Sur le **plan textuel**, c'est l'article 6, alinéa 1, du Code de procédure pénale qui dispose que l'action publique s'éteint par la prescription. La prescription est ensuite régie par les articles 7 et suivants.

(325) **En opportunité**, elle repose sur divers fondements.

Elle serait, en premier lieu, la sanction de l'abstention du parquet à exercer l'action publique et de l'action publique uniquement, l'action civile étant toujours possible devant les juridictions civiles dans les délais de droit civil. Ce fondement est fortement critiqué : pourquoi les victimes et la société tout entière seraient-elles privées d'un procès du fait de l'abstention fautive d'un magistrat ?

Il est invoqué, en deuxième lieu, que la prescription serait nécessaire à la paix sociale : il serait préférable, dans bien des cas, de ne pas raviver des plaies qui ont eu le temps de se refermer, car cela présenterait le risque de troubles plus grands encore. Cette grande loi de l'oubli est d'une validité variable selon les infractions ; toutefois, la durée même des prescriptions ayant été modulée sur leur gravité, il demeure relativement pertinent.

Un troisième fondement généralement invoqué tient à la situation du délinquant durant l'écoulement du temps nécessaire à la prescription. Il se scinde lui-même en deux : il est d'abord énoncé que cette prescription lui

1. Cass. Crim., 25 fév. 1965, *Bull. Crim.* n° 216, *D.* 1965, p. 803, rapp. Combaldieu.
2. Cass. Crim., 14 janv. 1997, *Bull. Crim.* n° 9.
3. Cass. Crim., 27 oct. 1993, *Bull. Crim.* n° 320.
4. Cass. Crim., 3 mai 1990, *Bull. Crim.* n° 168.
5. Cass. Crim., 8 janvier 2013, n° 12-81.405 ; 23 juin 2015, n° 14-83.836, *RSC* 2015.675, obs. A. Giudicelli.
6. *Cf.* J. Danet, S. Grunvald, M. Herzog-Evans, Y. Le Gall, *Prescription, amnistie et grâce en France*, Mission de recherche Droit et Justice, juill. 2006, Dalloz, 2008.

occasionne une souffrance. Il est, en second lieu, fait valoir que l'obligation qu'il a eue de se dissimuler l'aura contraint à s'insérer. Ces affirmations ne sont pas si fantaisistes qu'elles puissent le paraître : il est souvent vrai que la crainte d'être arrêté a contraint le délinquant à vivre dans la clandestinité, à s'éloigner durablement de ses proches (chez lesquels on ira le plus volontiers le rechercher) ou des lieux où il avait ses habitudes. Il sera également souvent nécessaire qu'il s'abstienne de tout comportement délinquant durant l'écoulement de la prescription, ce, afin précisément d'éviter d'attirer l'attention. Cette souffrance et cette nécessité de s'insérer sont cependant étroitement dépendantes de sa personnalité et, par ailleurs, de la durée même de la prescription. L'argument est sans doute de ce fait plus pertinent s'agissant de la prescription de la peine.

Un quatrième fondement, sans doute le plus juste, tient à la déperdition des preuves, à la difficulté de les retrouver dans l'état originel. Les témoins peuvent mourir, perdre la mémoire précise des faits, les éléments matériels peuvent ne pas se conserver en l'état, les lieux sont susceptibles de changer, etc. Cependant, cet argument a perdu de sa valeur aujourd'hui, du fait du développement de la police scientifique surtout utilisée toutefois, notons-le, dans les affaires les plus graves. Reste évidemment la question de la peine dès lors que des années après les faits, l'auteur n'a pas réitéré voire s'est inséré socialement.

Toutefois, et il est important de le noter, la prescription de l'action publique ne fait l'objet d'**aucune protection constitutionnelle**. D'abord, elle n'apparaît pas dans le bloc de constitutionnalité. Ensuite, le Conseil constitutionnel n'a jamais proclamé que la prescription de l'action publique était un principe à valeur constitutionnelle admettant ainsi l'imprescriptibilité des crimes contre l'humanité[1]. Il a aussi relevé qu'il n'existe pas de principe fondamental reconnu par les lois de la République en matière de prescription des poursuites disciplinaires[2]. Ce raisonnement vaut pour la matière pénale. De son côté, l'Assemblée plénière de la Cour de cassation a refusé de transmettre les QPC fondées sur la méconnaissance d'un quelconque principe constitutionnel de prescription de l'action publique. Pour la Cour, « *la prescription de l'action publique ne revêt pas le caractère d'un principe fondamental reconnu par les lois de la République et ne procède pas des articles 7 et 8 de la Déclaration des droits de l'homme et du citoyen du 26 août 1789, ni d'aucune disposition, règle ou principe de valeur constitutionnelle* »[3].

(326) Inversement, **il est reproché à la prescription** de sanctionner la victime, qui aurait, elle aussi, intérêt au déroulement d'un procès pénal alors même que la faute est reprochée aux autorités de poursuite.

Il est invoqué par ailleurs qu'elle serait génératrice de tensions sociales, puisqu'elle donne l'impression au public d'une justice incapable d'agir. Cela est

1. Cons. Const., déc. n° 99-408 DC du 22 janvier 1999, cons. n° 19 : « *aucune règle ni principe de valeur constitutionnelle n'interdit l'imprescriptibilité des crimes les plus graves* ».

2. Cons. Const., déc. n° 2011-199 QPC du 25 nov. 2011, cons. n° 5.

3. Cass., Ass. Plén., 4 arrêts, 20 mai 2011, pourvoi n° 11-90.025, n° 11-90.032, n° 11-90.033 et n° 11-90.042, *D.* 2011. 1346, obs. A. Lienhard ; *RSC* 2011, p. 656, note J. Danet ; *JCP* 2011. 670, obs. B. Mathieu.

naturellement plus sensible s'agissant de faits d'une exceptionnelle gravité, comme les atteintes sur mineurs ou les homicides[1].

Il est encore ajouté qu'elle profite au délinquant, suffisamment rusé pour ne pas être pris.

Des phénomènes sociaux comme l'allongement de la vie humaine et le développement des médias ont conduit à une demande forte d'allongement des délais de prescription, voire de leur suppression. En outre, pendant l'instruction, le mis en examen et le témoin assisté disposent d'un délai de six mois pour soulever la prescription (C. pr. pén. art. 82-3).

II.2. Détermination des délais de prescription

En procédure, chaque fois que des délais sont posés (1), il faut avoir égard à leur computation (2), laquelle est déterminante pour leur appréhension. La loi n° 2017-242 du 27 février 2017 a profondément réformé le régime de la prescription en matière pénale. Elle a doublé le délai de prescription de droit commun de l'action publique en matière criminelle et délictuelle, précisé le point de départ du délai de prescription, consacré les positions jurisprudentielles en matière de report, suspension et interruption et a posé un délai butoir. Par nature, cette loi est d'application immédiate (C. pén, art. 112-2-4°). Le législateur est venu toutefois dans une disposition transitoire préciser que « *la présente loi ne peut avoir pour effet de prescrire des infractions qui, au moment de son entrée en vigueur, avaient valablement donné lieu à la mise en mouvement ou à l'exercice de l'action publique à une date à laquelle, en vertu des dispositions législatives alors applicables et conformément à leur interprétation jurisprudentielle, la prescription n'était pas acquise* » (L. 27 févr. 2017, art. 4).

A. Les différents délais de prescription

(327) **Des délais de droit commun** sont prévus aux articles 7, 8 et 9 du Code de procédure pénale. Ils sont de :

– vingt ans pour les crimes (C. pr. pén., art. 7) ;
– six ans pour les délits (C. pr. pén., art. 8) ;
– un an pour les contraventions (C. pr. pén., art. 9) et pour tous les délits de presse à caractère discriminatoire (L. 29 juill. 1881, art. 65-3)[2].

Ces délais de droit commun connaissent des exceptions dans certains cas.

(328) **Des délais spéciaux, plus courts,** existent :

– trois mois pour les délits commis par voie de presse (art. 65-1 de la loi sur la presse du 29 juillet 1881) ;
– six mois pour certaines infractions électorales (C. élec., art. L. 114).

(329) **Des délais spéciaux, plus longs**, existent de manière plus fréquente.

1. *Cf.* J. Danet, « La prescription de l'action publique : quels fondements et quelle réforme ? », *AJ pénal* 2006, pp. 285 et s.
2. Depuis la L. n° 2014-56 du 27 janv. 2014, *JO* 28 janv.

Ces délais sont posés **en matière criminelle** par l'article 7 alinéa 2 du Code de procédure pénale :

– trente ans pour les crimes de terrorisme ;

– trente ans pour les crimes de trafic de stupéfiants ;

– trente ans pour les crimes de prolifération d'armes de destruction massive ;

– trente ans pour les crimes de guerre ;

– trente ans pour les crimes de disparition forcée ;

– trente ans pour les crimes d'eugénisme et de clonage reproductif ;

– trente ans pour les crimes de meurtre ou d'assassinat commis sur un mineur ;

– trente ans pour les crimes de tortures ou d'actes de barbarie et crimes de violences sur un mineur de quinze ans ayant entraîné une mutilation ou une infirmité permanente ;

– trente ans pour les crimes de viol sur mineurs ;

– trente ans pour les crimes de traite des êtres humains à l'égard d'un mineur ;

– trente ans pour les crimes de proxénétisme à l'égard d'un mineur.

Ces délais sont posés **en matière délictuelle** par l'article 8 alinéa 2 à 4 du Code de procédure pénale :

– dix ans pour les délits sexuels sur mineurs, excepté les agressions et atteintes sexuelles sur mineur de 15 ans ;

– vingt ans pour les violences ayant causé une ITT de plus de 8 jours, les agressions sexuelles, les atteintes sexuelles sur mineur de 15 ans ;

– vingt ans pour les délits de prolifération d'armes de destruction massive punis de dix ans d'emprisonnement ;

– vingt ans pour les délits de terrorisme excepté la provocation, la transmission de données d'apologie et la consultation de site Internet ;

– vingt ans pour les délits de trafic de stupéfiants ;

– vingt ans pour les délits de guerre.

La loi n° 2021-478 du 21 avril 2021 visant à protéger les mineurs des crimes et délits sexuels et de l'inceste consacre le principe de la « prescription glissante ». Ainsi, l'article 7 du Code de procédure pénale prévoit, s'il s'agit d'un viol, en cas de commission sur un autre mineur par la même personne, avant l'expiration de ce délai, d'un nouveau viol, d'une agression sexuelle ou d'une atteinte sexuelle, que le délai de prescription de ce viol est prolongé, le cas échéant, jusqu'à la date de prescription de la nouvelle infraction. L'article 8 du Code de procédure pénale introduit une disposition comparable pour les agressions sexuelles et les atteintes sexuelles commises sur un mineur.

B. La computation des délais de prescription

1. Les principes

(330) Ainsi que le précisent les articles 7, 8 et 9 C. pr. pén., l'action publique se prescrit en années révolues à compter du jour où l'infraction a été commise. **Le principe** est que **la prescription court à compter du jour où l'infraction a été commise**, ce jour n'étant pas compté dans le délai ; en revanche, le jour du

terme de la prescription est compté[1]. Comme l'énonce la Cour de cassation, le « *délai, qui ne commence à courir que le lendemain du jour où l'infraction aurait été commise, le terme révolu excluant le jour où le délit a été perpétré du délai pendant lequel court le temps de la prescription, se calcule de quantième à quantième et expire le dernier jour à minuit* »[2]. Ce point de départ vaut pour tous les participants, même si l'activité délictueuse de certains a cessé antérieurement.

Pour certaines infractions, le législateur a été jusqu'à poser un principe plus sévère encore d'**imprescriptibilité** : tel est le cas pour les **crimes contre l'humanité** (C. pr. pén., art. 7 al. 3).

Cependant, la jurisprudence puis la loi du 28 février 2017, laquelle en a repris les positions, ont repoussé le point de départ.

2. Les reports posés par la jurisprudence

(331) C'est d'abord le cas de la jurisprudence, qui a jugé que les règles de droit commun n'étaient applicables que pour les **infractions instantanées**, soient celles qui sont commises en un seul trait de temps[3].

(332) Au contraire, cette solution a été jugée trop favorable pour les **infractions continues**. Aussi, pour ces infractions impliquant une prolongation de l'activité délictueuse, la jurisprudence a-t-elle retenu que la prescription ne commençait à courir qu'**à compter du jour où l'état délictueux prend fin**[4]. Concrètement, cela signifie, pour le recel, que la prescription commence à courir du jour où la détention de l'objet volé a cessé.

Pour les **infractions d'habitude** qui supposent la commission de deux ou plusieurs mêmes actes, comme par exemple l'exercice illégal de la médecine, la jurisprudence a ensuite retenu que la prescription ne commençait à courir **qu**'au jour du dernier acte manifestant l'état d'habitude[5].

(333) La jurisprudence a encore repoussé le point de départ de certaines infractions déterminées. Elle retient notamment, pour des **infractions par nature clandestines**, que la prescription commence à courir du « *jour où le délit est apparu et a pu être constaté* » de telle sorte que l'action soit possible, formule reprise dans chaque cas. Ainsi en est-il de l'abus de bien social[6], du recel d'abus de confiance[7], du délit de dissimulation de produits de jeu[8], de la simulation et de la dissimulation d'enfant[9].

---

1. L'article 801 du Code de procédure pénale n'est pas applicable (Cass. Crim., 30 oct. 2001, *Bull. Crim.* n° 224), ce texte visant les délais relatifs à l'accomplissement d'un acte ou d'une formalité. Les règles qu'il retient, selon lesquelles le délai expire le dernier jour à 24 heures ou est prorogé au premier jour ouvrable lorsqu'il expirait un samedi, un dimanche ou un jour férié ou chômé, sont donc écartées.
2. Cass. Crim., 9 janv. 16-86.735.
3. Sur cette notion, *cf.* M. Herzog-Evans, G. Roussel, *Droit pénal général*, *op. cit.*, n° 236.
4. Cass. Crim. 19 fév. 1957, *Bull. Crim.* n° 166.
5. *Cf.* par ex. Crim. 8 juill. 1970, *Bull. Crim.* n° 229.
6. Cass. Crim., 10 août 1981, *Bull. Crim.* n° 244 ; Cass. Crim., 6 février 1997, *Bull. Crim.* n° 48 ; 30 janv. 2013, n° 12-80.10 ; 2 mai 2014, 2013-80.010.
7. Cass. Crim., 7 mai 2002, *Bull. Crim.* n° 108. *Cf.* pour l'abus de confiance, Cass. Crim., 11 déc. 2013, n° 12-86.62.
8. Cass. Crim., 29 oct. 1984, *Bull. Crim.* n° 323.
9. Cass. Crim., 23 juin 2004, *Dr. pénal* 2004, comm. 143, obs. M. Véron.

Par contre, elle a écarté l'application de ce report s'agissant de l'atteinte au secret professionnel, faute pour cette infraction d'être par nature clandestine[1]. La Cour a aussi refusé de fixer comme point de départ la date à laquelle la victime s'est souvenue du viol commis à son encontre[2].

3. Les reports consacrés par la loi

(334) À son tour, le législateur a repoussé le point de départ de prescription. Ces reports étaient éparpillés dans les différents articles relatifs à la prescription avant que la loi du 27 février 2017 ne les regroupe dans un article 9-1 et que la loi du 8 août 2018 ne transfère le report de cet article vers l'article 7 s'agissant des mineurs.

Avant de les aborder, il convient de citer que **l'article 6-1 du Code de procédure pénale** dispose que, pour les crimes ou délits prétendument commis « *à l'occasion d'une poursuite judiciaire* » qui impliquerait la violation d'une disposition de procédure pénale, « *l'action publique ne peut être exercée que si le caractère illégal de la poursuite ou de l'acte accompli a été constaté par une décision* » de justice définitive[3] ; la prescription commence à courir à compter de cette décision.

L'article 314-8, alinéa 3, du Code pénal prévoit aussi que, pour l'infraction prévue à l'article 314-7 du même Code, soit l'organisation frauduleuse de son insolvabilité en vue d'échapper à une décision répressive, la prescription « *ne court qu'à compter de la condamnation à l'exécution de laquelle le débiteur a voulu se soustraire* ». Ce texte ajoute un correctif lorsque le dernier agissement en vue d'organiser son insolvabilité a eu lieu après la condamnation. En ce cas, la prescription court à compter de ce dernier agissement.

Désormais, selon l'article 7 du Code de procédure pénale, le délai de prescription de l'action publique des crimes contre un mineur, mentionnés précédemment, **court à compter de la majorité de ce dernier**.

Le délai court à compter de la majorité de l'enfant né du crime de clonage reproductif.

De plus, reprenant la jurisprudence de la Cour de cassation, notamment l'arrêt d'Assemblée plénière du 7 novembre 2015 évoqué ci-après, relative aux interruptions et suspensions en cas d'infraction clandestine, l'article 9-1 pose une définition des infractions occultes et des infractions dissimulées qui vont permettre de reporter le point de départ de la prescription.

L'**infraction occulte** est celle qui, en raison de ses éléments constitutifs, ne peut être connue ni de la victime ni de l'autorité judiciaire.

L'**infraction dissimulée** est celle dont l'auteur accomplit délibérément toute manœuvre caractérisée tendant à en empêcher la découverte.

Pour ces deux types d'infractions, le délai de prescription de l'action publique court à **compter du jour où l'infraction est apparue et a pu être**

1. Cass. Crim., 8 nov. 2005, *Bull. Crim.* n° 284.
2. Cass. Crim., 18 déc. 2013, n° 13-81.128.
3. Ce qui n'est pas le cas dans l'hypothèse d'un classement sans suite, Cass. Crim., 30 mars 2016, n° 14-87.251.

constatée dans des conditions permettant la mise en mouvement ou l'exercice de l'action publique[1].

L'article 9-1 va toutefois poser un délai butoir, une limite ne pouvant être dépassée. Ce délai butoir est le double du délai de droit commun soit **douze années révolues pour les délits** et **trente années révolues pour les crimes**. Ce délai butoir court à compter du jour où l'infraction a été commise. Aucun délai butoir n'est posé en matière contraventionnelle.

Il reste que l'allongement du délai de prescription à trente ans et le report du point de départ de ce délai à la majorité de la victime s'agissant des crimes notamment sexuels commis contre mineurs possède pour conséquence de permettre un dépôt de plainte jusqu'à l'âge de 48 ans. Il n'est pas certain que cette conséquence de la loi du 3 août 2018 soit si favorable aux victimes que ne le pense le législateur ; lequel oublie parfois que les preuves n'attendent pas trente ans pour disparaître.

Le report du point de départ de la prescription n'a pas été la seule technique employée par la jurisprudence et le législateur pour en écarter l'application.

II.3. Prorogations de la prescription

Une prescription ayant commencé à courir peut se trouver prorogée par l'effet de la survenance d'une cause de suspension ou d'interruption.

A. Suspension du délai de prescription

(335) La suspension du délai de prescription a pour effet d'arrêter l'écoulement du temps ; elle laisse cependant intact le temps déjà écoulé. Lorsqu'elle pourra reprendre, suite à la fin de la cause de suspension, elle recommencera à courir là où elle s'était arrêtée.

Elle est tantôt prévue par la loi, tantôt par la jurisprudence.

1. Causes de suspension prévues par la jurisprudence

(336) La jurisprudence a également créé une cause de suspension tenant à l'existence de ce qu'elle qualifie un obstacle de droit à l'exercice de l'action publique. Pour certains auteurs[2], il s'agit là, en réalité, d'obstacles découlant implicitement de la loi et ayant empêché plus ou moins durablement la poursuite de s'exercer. Quoi qu'il en soit, il s'agit notamment :

– de l'impossibilité de poursuivre le président de la République devant les juridictions de droit commun durant son mandat[3] ;

– des exceptions préjudicielles jusqu'à ce qu'elles soient résolues[4] ;

– de l'exercice d'un pourvoi en cassation[5] ;

---

1. *Cf.* pour une dissumulation de cadavre, Cass. Crim., 13 déc. 2017, n° 17-83.330, *AJ pénal* 2018. 97, obs. M. Lacaze. Toutefois, la Cour précise que la seule dissimulation du corps ne caractérise pas un obstacle insurmontable à l'exercice des poursuites qui justifierait la suspension de la prescription.

2. Par ex. J. Buisson et S. Guinchard, *Procédure pénale*, Litec, 10e éd. 2014, n° 1367.

3. Cass. Ass. Plén. 10 oct. 2001, *Bull. Crim.* n° 206.

4. Cass. Crim., 29 mars 1897, *S* 1901, I, p. 452 ; Cass. Crim., 30 mai 1967, *Bull. Crim.* n° 165 ; Cass. Crim., 8 juin 1999, *Procédures* 1999, n° 255, obs. J. Buisson.

5. Cass. Crim., 8 nov. 1955, *Bull. Crim.* n° 644.

– du temps nécessaire à la fixation d'une consignation[1] ;

– du temps que l'auteur de l'infraction soit détenu dans un État étranger qui refuse son extradition[2] ;

– des délais nécessaires au règlement de l'instruction posés par l'article 175 C. pr. pén.[3].

(337) Une affaire particulièrement dramatique a été l'occasion pour la Cour de cassation de consacrer le principe de suspension de la prescription en cas d'obstacle insurmontable rendant impossible des poursuites.

Cette affaire commence avec la découverte en juillet 2010 des corps de deux nouveau-nés dans le jardin de la maison ayant appartenu aux parents de la mère de ces enfants. Celle-ci indique ensuite où trouver six autres cadavres. Les expertises médico-légales concluent à des décès survenus entre fin 1989 et octobre 2000 (pour sept d'entre eux plus de dix ans auparavant). La mère reconnaît avoir tué les enfants à la naissance et avoir dissimulé leurs cadavres. La cour d'appel de Douai rejette l'exception de prescription et valide le renvoi de la mère devant une cour d'assises. Saisie d'un pourvoi, la chambre criminelle de la Cour de cassation censure la décision des juges du fond et renvoie devant la cour d'appel de Paris[4]. Celle-ci ne s'incline pas et rejette elle aussi l'exception de prescription[5].

L'Assemblée plénière est alors saisie et rend un arrêt de principe le 7 novembre 2014[6] qui énonce :

« *Mais attendu que si, selon l'article 7, alinéa 1er, du Code de procédure pénale, l'action publique se prescrit à compter du jour où le crime a été commis, la prescription est suspendue en cas d'obstacle insurmontable à l'exercice des poursuites ;*

Et attendu que l'arrêt retient que les grossesses de Mme Y..., masquées par son obésité, ne pouvaient être décelées par ses proches ni par les médecins consultés pour d'autres motifs médicaux, que les accouchements ont eu lieu sans témoin, que les naissances n'ont pas été déclarées à l'état civil, que les cadavres des nouveau-nés sont restés cachés jusqu'à la découverte fortuite des deux premiers corps le 24 juillet 2010 et que, dans ces conditions, nul n'a été en mesure de s'inquiéter de la disparition d'enfants nés clandestinement, morts dans l'anonymat et dont aucun indice apparent n'avait révélé l'existence ;

Qu'en l'état de ces constatations et énonciations procédant de son appréciation souveraine des éléments de preuve, la chambre de l'instruction, qui a caractérisé un obstacle insurmontable à l'exercice des poursuites, ce dont il résultait que le délai de prescription avait été suspendu jusqu'à la découverte des cadavres, a, par ces seuls motifs, légalement justifié sa décision. »

L'Assemblée plénière ne recourt pas ici au report du point de départ de la prescription en cas de dissimulation comme elle le fait, nous l'avons vu, pour certains délits, mais pas pour les crimes de sang. L'arrêt ne fait point référence à

1. Cass. Crim., 22 déc. 1976, *Bull. Crim.* n° 165.
2. Cass. Crim., 2 juin 1964, *Bull. Crim.* n° 189.
3. Cass. Crim., 25 oct. 2011, pourvoi n° 11-80.017.
4. Cass. Crim. 16 oct. 2013, n° 13-85.232, *AJ pénal* 2014, p. 30, note J. Pradel ; *D.* 2013. 2673, note Y. Mayaud.
5. Paris, 19 mai 2014, *D. actu.*, 26 mai 2014, obs. M. Blombled.
6. Cass., Ass. Plén., 7 nov. 2014, n° 14-83.739, *D. actu.* 12 nov. 2014, obs. J. Danet.

la dissimulation de manière à éviter toute confusion avec la technique du report. Au contraire, la Cour considère la prescription suspendue en raison d'un obstacle insurmontable rendant impossible l'exercice des poursuites. Elle applique ainsi à la matière pénale l'adage *contra non valentem agere non currit praescriptio* (« la prescription ne court pas contre celui qui a été empêché d'agir »). Cet adage a d'ailleurs été consacré en matière civile par la loi du 17 juin 2008 (C. civ., art. 2234).

L'Assemblée plénière consacre ainsi **une cause prétorienne de suspension de la prescription de l'action publique fondée sur la présence d'un obstacle insurmontable à l'exercice des poursuites**. Ce critère de l'obstacle constitue un outil somme toute plus solide et contrôlable que celui de la seule date de découverte de l'infraction beaucoup trop contingente d'une espèce à l'autre et ainsi difficilement acceptable en matière criminelle. D'ailleurs, la Cour de cassation contrôle ici la caractérisation de cet obstacle par la cour d'appel (même si la référence à l'apparence physique de l'accusé peut sembler discutable).

Reste qu'une fois encore, la jurisprudence neutralise le champ de prescription dont le régime devient particulièrement chaotique. Cette **imprescriptibilité de fait** de certaines infractions se vérifie avec les causes d'interruption.

2. Causes de suspension prévues par la loi

(338) ***Des textes spéciaux*** prévoient des causes de suspension. Par exemple, l'article L. 230 du Livre des procédures fiscales retient une suspension pour une durée maximale de six mois à partir de la saisine de la Commission des infractions fiscales, chaque fois que la loi exige sa saisine.

Par ailleurs, l'article 65-2 de la loi du 29 juillet 1881 sur la presse énonce aussi que le délai de prescription de trois mois prévu à l'article 65 de la même loi est « *rouvert ou court à nouveau au profit de la personne visée à compter du jour où est devenue définitive une décision pénale intervenue sur ces faits et ne la mettant pas en cause* ».

Surtout, **le Code de procédure pénale** prévoit des causes de suspension. C'est, en premier lieu, le cas de l'**article 6, alinéa 2**, qui vise la situation où un jugement de condamnation viendrait révéler la fausseté du jugement ou de l'arrêt qui aurait déclaré l'action publique éteinte. Dans ce cas, la prescription de cette dernière serait « *considérée comme suspendue depuis le jour où le jugement ou l'arrêt était devenu définitif jusqu'à celui de la condamnation du coupable de* ***faux ou usage de faux*** ».

C'est ensuite le cas de l'article 41-1, avant-dernier alinéa du Code de procédure pénale, qui prévoit la suspension de l'action publique en cas de mise en œuvre d'une mesure de **médiation pénale**. C'est aussi le cas de l'article 41-1-2 en cas de procédure de conclusion avec une personne morale d'une **convention judiciaire d'intérêt public**.

(339) C'est surtout **l'article 9-3 qui énonce de manière générique** que la prescription est suspendue par « *tout obstacle de droit, prévu par la loi, ou tout obstacle de fait insurmontable et assimilable à la force majeure, qui rend impossible la mise en mouvement ou l'exercice de l'action publique* ». Ainsi la prescription est

suspendue pendant les délais prévus par l'article 175 du Code de procédure pénale lors de la clôture de l'instruction[1].

(340) Face à la crise du Covid-19, l'ordonnance du 25 mars 2020 a, dans son article 3, suspendu l'ensemble des délais de prescription jusqu'à la cessation de l'état d'urgence sanitaire.

B. Interruption du délai de prescription

(341) L'interruption du délai de prescription **a pour effet** de rendre caduque le délai déjà écoulé. Soit, par exemple, six mois écoulés sur le délai de trois ans en matière correctionnelle lorsque survient une cause d'interruption : ces six mois sont caducs et la prescription recommence à courir, lorsque cesse la cause d'interruption, pour une nouvelle durée de trois ans. Étudions ces fondements, ses différentes causes et ses effets.

1. Fondements

(342) Reprenant la jurisprudence, l'**article 9-2** du Code de procédure pénale pose les différents cas d'interruption, à l'appui d'une énumération non limitative[2].

Sont interruptifs :

– **Tout acte, émanant du ministère public ou de la partie civile, tendant à la mise en mouvement de l'action publique,** prévu aux articles 80, 82, 87, 88, 388, 531 et 532 du présent Code et à l'article 65 de la loi du 29 juillet 1881 sur la liberté de la presse ;

– **Tout acte d'enquête** émanant du ministère public, tout procès-verbal dressé par un officier de police judiciaire ou un agent habilité exerçant des pouvoirs de police judiciaire tendant effectivement à la recherche et à la poursuite des auteurs d'une infraction ;

– **Tout acte d'instruction** prévu aux articles 79 à 230 du présent Code, accompli par un juge d'instruction, une chambre de l'instruction ou des magistrats et officiers de police judiciaire par eux délégués, tendant effectivement à la recherche et à la poursuite des auteurs d'une infraction ;

– **Tout jugement ou arrêt**, même non définitif, s'il n'est pas entaché de nullité.

Les causes de l'interruption sont donc des **actes d'instruction, de poursuite ou de jugement**. Il s'agit de ne pas laisser courir la prescription alors que l'autorité de poursuite ou ses agents agissent effectivement pour découvrir ou confondre les coupables. Rappelons que la prescription a notamment pour **fondement** de sanctionner leur abstention ; il ne serait pas logique, inversement, de les sanctionner en cas d'action.

Que représentent ces actes ? Nous allons voir que la jurisprudence en a donné une interprétation de plus en plus compréhensive, toujours dans le but de limiter les effets de la prescription avant que la loi ne les précise. Plusieurs séries d'actes sont à étudier.

1. Cass. Crim., 3 avril 2019, n° 18-84.468, *AJ Pénal* 2019, p. 456, obs. G. Roussel.
2. Cass. Crim., 21 janv. 2020, n° 19-84.450.

2. Première série d'actes interruptifs : les actes de poursuites

(343) L'article 9-2 renvoie aux actes prévus par les articles 80, 82, 87, 88, 388, 531 et 532 du présent code et à l'article 65 de la loi du 29 juillet 1881 sur la liberté de la presse. L'article9-2 adopte ainsi la définition classique et technique des actes de poursuites : acte ayant pour objet la mise en mouvement de l'action publique par la saisine d'une juridiction pénale : réquisitoire introductif, citation, convocation.

La jurisprudence a eu quant à elle une interprétation tout aussi large de cette notion. Citons-en quelques exemples parmi bien d'autres :

– la dénonciation par une autorité étrangère officielle aux autorités françaises d'un délit commis à l'étranger par un Français[1] ;

– les actes accomplis par la Mission interministérielle d'enquête sur les marchés dans le but de constater des infractions[2] ;

– le procès-verbal constatant la dénonciation d'une infraction[3], mais pas le procès-verbal de synthèse d'enquête[4] ;

– divers actes, pourtant apparemment éloignés de la poursuite elle-même, accomplis par le procureur de la République, comme la transmission de la procédure au ministère public d'une autre juridiction, territorialement compétente[5] ou le soit-transmis du procureur à la direction de l'aide sociale à l'enfance afin de s'informer sur le sort de certaines victimes[6] ;

– toute réquisition, d'une manière générale, faite par le procureur de la République[7].

(344) **L'initiative de la victime** avait d'abord été écartée, du moins lorsqu'elle ne formait pas une constitution de partie civile[8]. Toutefois, la jurisprudence a par la suite retenu qu'était interruptive la constitution de partie civile, même sans consignation, dès lors que, par la suite, elle avait obtenu l'aide juridictionnelle[9] ou celle dont la consignation avait été versée dans le délai fixé[10]. Est également interruptive la constitution de partie civile par voie d'intervention[11]. L'article 9-2 reprend cette jurisprudence. En revanche, la plainte simple n'est pas interruptive[12], ni la sommation par voie d'huissier[13].

---

1. Cass. Crim., 12 oct. 2005, *Bull. Crim.* n° 260, D 2005, IR, 2822.
2. Cass. Crim., 30 nov. 2005, *Bull. Crim.* n° 313.
3. Cass. Crim., 9 juill. 2003, *Bull. Crim.* n° 139, *AJ pénal* 2003, p. 67 ; *RSC*, 2004, p. 136, obs. A. Giudicelli.
4. Cass. Crim., 15 sept., n° 14-83.740.
5. Cass. Crim., 6 fév. 2007, *D.* 2007, *AJ pénal* 2007, p. 234.
6. Cass. Crim., 20 févr. 2002, *Bull. Crim., n° 42, RSC 2003.* 585, obs. A. Giudicelli (affaire des disparues de l'Yonne).
7. Cass. Crim., 27 avril 2004, *Bull. Crim.* n° 99.
8. Cass. Crim., 10 mai 1972, *Bull. Crim.* n° 167.
9. Cass. Crim., 14 nov. 1995, *Bull. Crim.* n° 347.
10. Cass. Crim., 9 déc. 1980, *Bull. Crim.* n° 341 et, plus récemment, Cass. Crim., 22 nov. 2005, *Bull. Crim.* n° 304, *AJ pénal* 2006, p. 124, obs. J. Leblois-Happe.
11. Cass. Crim., 1er oct. 2003, *Bull. Crim. n° 178, D. 2004, somm.* 667, obs. J. Pradel, *RSC* 2004, p. 136, obs. A. Giudicelli.
12. Cass. Crim., 11 juill. 2012, n° 11-87.589.
13. Cass. Crim., 25 févr. 2015, n° 13-85.049, *AJ pénal* 2015.264, obs. D. Luciani-Mien.

3. Deuxième série d'actes interruptifs : les actes d'enquêtes

(345) L'article 9-2 insère explicitement les actes d'enquêtes dans les actes interruptifs en les distinguant bien des actes de poursuites et des actes d'instruction. Les actes d'enquêtes possèdent pour objet de constater les infractions, en rassembler les preuves et en rechercher les auteurs comme l'indique la définition de la police judiciaire. Ils ont pour finalité de permettre au parquet de prendre une décision relative à l'exercice des poursuites. Dès lors, leur effet interruptif est indéniable. La définition proposée par l'article 9-2 s'avère pertinente. Il n'est pas illogique d'intégrer les actes émanant du ministère public. En effet, si celui-ci exerce l'action publique, il dirige la police judiciaire procède ou fait procéder à tous les actes nécessaires à la recherche et à la poursuite des infractions à la loi pénale et a tous les pouvoirs et prérogatives attachés à la qualité d'officier de police judiciaire (C. pr. pén. art. 41).

Dès lors tous les actes accomplis pendant les différentes enquête de police, quel que soit leur cadre (flagrance, préliminaire, sous commission rogatoire, de mort ou blessures suspectes, sur disparition inquiétante), sont interruptifs.

4. Troisième série d'actes interruptifs : les actes d'instruction

(346) L'article 9-2 renvoie aux actes prévus par les articles 79 à 230 C. pr. pén. Il s'agit donc des actes qu'accomplit le juge d'instruction lui-même en vue de la découverte de la vérité.

La loi reprend ainsi les positions jurisprudentielles. La Chambre criminelle retient que tel est le cas de *« toute ordonnance rendue par le juge d'instruction »*[1]. La jurisprudence a étendu cette notion aux actes accomplis par les OPJ dans l'enquête de flagrance et même préliminaire[2], soit les perquisitions, auditions et interrogatoires, ou même les réquisitions[3].

Parmi divers exemples jurisprudentiels, citons :

– le soit-communiqué d'un juge d'instruction au procureur de la République aux fins de réquisitions relatives à l'action publique[4] ;

– la convocation d'une personne que le juge d'instruction envisage de mettre en examen comportant énonciation de ses droits[5] ;

– l'avis à la partie civile, lui indiquant qu'elle peut faire une demande d'acte ou déposer une requête en annulation[6] ;

– l'avis de fin d'information[7].

5. Quatrième série d'actes interruptifs : les décisions de justice

(347) Il s'agit évidemment des jugements ou arrêts. L'article 9-2 précise que ces décisions juridictionnelles n'ont pas à être définitives. Il ne précise pas non plus

1. Cass. Crim., 6 janv. 1965, *Bull. Crim.* n° 4.
2. Cass. Crim. 15 avr. 1967, *Bull. Crim.* n° 76.
3. Sur la réquisition d'un OPJ aux fins d'identification au fichier des empreintes génétiques, *cf.* Cass. Crim., 12 déc. 2012, n° 12-85274. Mais les actes accomplis en dehors des réquisitions ne sont pas interruptifs selon Cass. Crim., 16 sept. 2014, n° 13-85.457.
4. Cass. Crim., 23 juin 1998, *Bull. Crim.* n° 203.
5. Cass. Crim., 9 juill. 2003, *Bull. Crim.* n° 139, *RSC*, 2004, p. 136, obs. A. Giudicelli.
6. Cass. Crim., 9 juin 1998, *Bull. Crim.* n° 188.
7. Cass. Crim., 3 avril 2019, n° 18-84.468, *AJ Pénal* 2019, p. 456, obs. G. Roussel.

leur nature pénale, civile, commercial, sociale administrative, en référé. Mais il n'évoque pas les ordonnances. En rappelant que le délai de prescription de l'action publique est interrompu par tout jugement, même non définitif, s'il n'est pas entaché de nullité, la Cour de cassation a jugé que tel était le cas de l'ordonnance pénale[1]. Autre exemple spécifique, la délivrance d'un titre exécutoire de l'amende forfaitaire majorée constitue un tel acte interruptif[2].

6. Cinquième série d'actes interruptifs : composition pénale et transaction

(348) Il y a aussi interruption de la prescription, en vertu des articles 41-2 et 41-1-1 du Code de procédure pénale, en cas de mise en œuvre ou d'exécution d'une transaction ou d'une composition pénale.

7. Effets de l'interruption

(349) Selon l'article 9-2, l'acte interruptif fait courir un délai de prescription d'une durée égale au délai initial. Lorsque le fait interruptif survient, il entraîne donc le **déclenchement d'une nouvelle prescription dans toute sa durée**. Soit un fait interruptif survenu neuf ans après un fait criminel : un nouveau délai de dix ans commence à courir. Il suffit de réaliser de temps à autre un acte quelconque de poursuite ou d'instruction pour éviter qu'un dossier soit prescrit.

L'effet de l'acte interruptif joue sur les faits et non seulement sur les personnes : il joue *in rem* et non *in personam*. Il relance donc l'affaire pour tous ses protagonistes : en clair, ils peuvent tous être poursuivis[3]. Reprenant la jurisprudence[4], l'article 9-2 dispose en outre que **l'interruption s'étend aussi aux infractions connexes** ainsi qu'aux auteurs ou complices même non visés par l'un acte interruptif. L'effet interruptif s'étend aux faits connexes ou indivisibles, même s'ils font l'objet de procédures distinctes[5]. La loi n° 2021-478 du 21 avril 2021 citée précédemment renforce cette application de la connexité en prévoyant, à l'article 9-2 du Code de procédure pénale, que l'acte interruptif de prescription interrompt la prescription non seulement dans l'affaire considérée, mais aussi dans les autres procédures dans lesquelles serait reprochée au même auteur la commission d'un autre viol, d'une agression sexuelle ou d'une atteinte sexuelle commis sur un mineur.

Inversement, lorsque les faits sont prescrits, ils le sont à l'égard de tous. L'effet *in rem* a même été étendu à l'action fiscale douanière[6]. Désormais, le nouvel article 351 du Code des douanes dispose que la prescription en matière douanière se prescrit dans les mêmes délais et dans les mêmes conditions que l'action publique en matière de délits de droit commun.

---

1. Cass. Crim., 21 janv. 2020, n° 19-81.066.
2. Cass. Crim., 21 janv. 2020, n° 19-84.450.
3. Cass. Crim., 5 juillet 1993, *Bull. Crim.* n° 239.
4. Cass. Crim., 15 oct. 1990, *Bull. Crim.* n° 22 ; Cass. Crim., 8 fév. 1991, *Bull. Crim.* n° 55 ; Cass. Crim., 1er déc. 2004, *Bull. Crim.*, n° 304, *Dr. pénal* 2005, comm. n° 31, obs. Maron ; Cass. Crim., 18 janv. 2006, *Dr. pénal* 2006, n° 76, obs. Maron.
5. Cass. Crim., 3 nov. 2015, n° 14-80.844.
6. Cass. Crim., 22 janv. 2014, n° 12-88.211.

III. Le fait d'une décision de justice

(350) Lorsqu'une décision de justice a été rendue, elle rend impossible de nouvelles poursuites à propos des mêmes faits. C'est l'**autorité de la chose jugée**[1].

L'article 6, alinéa 1 du Code de procédure pénale dispose que l'action publique s'éteint notamment par « *la chose jugée* ».

Ce principe fondamental est repris également par les conventions internationales principales ratifiées par la France. Il est énoncé à l'**article 14.7 du Pacte international** relatif aux droits civils et civiques de 1966 : « *Nul ne peut être poursuivi ou puni en raison d'une infraction pour laquelle il a déjà été acquitté ou condamné par un jugement définitif conformément à la loi et à la procédure pénale de chaque pays.* » Il ne figurait pas dans la Convention EDH, mais a été inséré à l'**article 4.1 du protocole additionnel n° 7** à celle-ci en ces termes : « *Nul ne peut être poursuivi ou puni pénalement par les juridictions du même État en raison d'une infraction pour laquelle il a déjà été acquitté ou condamné par un jugement définitif conformément à la loi et à la procédure pénale de cet État.* »

(351) La règle *non bis in idem* ne s'applique naturellement que pour **des faits jugés définitivement** ; il n'y a de vérité judiciaire qu'en ce cas. Une décision est définitive :

– soit que les voies de recours aient été épuisées et que la dernière juridiction saisie se soit prononcée ;

– soit qu'elles ne l'aient pas été et que les délais soient écoulés.

Tant qu'un recours est pendant, il n'y a pas d'autorité de la chose jugée. Tel est, par exemple, le cas d'une décision qui a fait l'objet d'un appel[2].

(352) Par ailleurs, l'autorité de la chose jugée ne s'attache qu'à des **faits identiques et relatifs aux mêmes personnes**. Il a ainsi été jugé, après une relaxe du chef d'abus de confiance[3], que la cause était différente et, partant, la poursuite toujours possible pour abus de bien social. Inversement, la Cour de cassation a cassé l'arrêt d'appel qui avait condamné pour agression sexuelle aggravée une personne antérieurement relaxée pour harcèlement sexuel, s'agissant exactement des mêmes faits[4]. En revanche, le jugement définitif de dessaisissement d'un tribunal correctionnel fait obstacle à sa remise en cause par une chambre de l'instruction[5].

(353) L'autorité de la chose jugée ne s'attache naturellement qu'**aux jugements rendus en France**, en vertu du principe de territorialité. Tel n'était pas le cas, par exemple, de la condamnation définitive prononcée par la Cour d'appel de Rabat contre un étranger, même pour des faits d'enlèvement de mineur, de viols et d'assassinat commis à Montpellier. Il pouvait donc fort bien être jugé en France pour les mêmes faits[6].

1. *Cf.* J. Danet, « Chose jugée (Autorité de) ». *Encyclopédie de droit pénal et procédure pénale*, Dalloz.
2. Cass. Crim., 25 fév. 2003, *Bull. Crim.* n° 51, *Dr. pénal* 2003, Comm. 72, obs. Véron.
3. Cass. Crim., 2 avr. 1990, *Bull. Crim.* n° 141, *D.* 1990, Somm. 375, obs. J. Pradel.
4. Cass. Crim., 19 janv. 2005, Bull. Crim. n° 25, *AJ pénal* 2005, p. 196, obs. C. Porteron.
5. Cass. Crim., 12 déc. 2012, n° 12-82305.
6. Cass. Crim., 17 mars 1999, *Bull. Crim.* n° 44.

(354) Rappelons en outre que la France a émis une réserve en ratifiant le protocole additionnel n° 7 concernant notamment l'article 4, par laquelle elle retient que les stipulations de cette dernière ne concernent que les « *infractions relevant en droit français de la compétence des tribunaux statuant en matière pénale* ». Cette réserve permet ainsi à la jurisprudence nationale d'accepter le cumul des poursuites pénales et des poursuites administratives[1], disciplinaires[2], douanières[3] ou fiscales[4]. Il ne faut effet pas confondre cumul des sanctions et cumul des poursuites. Néanmoins, la Cour européenne des droits de l'homme réalise une interprétation du protocole n° 7 considérant que le principe *Non bis in idem* devait s'appliquer aux poursuites visant des faits identiques, quelle que soit la qualification ou la nature de l'organe qui a statué sur les poursuites[5].

De son côté, le Conseil constitutionnel n'a pas reconnu de valeur constitutionnelle au principe *Non bis in idem* auquel une loi peut déroger moyennant contrôle de proportionnalité en cas de cumul de sanction[6]. Il accepte parfaitement le cumul de poursuites[7] et énonce clairement que : « *le principe de nécessité des délits et des peines ne fait pas obstacle à ce que les mêmes faits commis par une même personne puissent faire l'objet de poursuites différentes aux fins de sanctions de nature administrative ou pénale en application de corps de règles distincts devant leur propre ordre de juridiction* »[8]. En matière de fraude fiscale, il considère que « *si l'éventualité que deux procédures soient engagées peut conduire à un cumul de sanctions, le principe de proportionnalité implique qu'en tout état de cause le montant global des sanctions éventuellement prononcées ne dépasse pas le montant le plus élevé de l'une des sanctions encourues* »[9]. S'agissant de l'article 6 C. pr., pén. et des effets d'une décision administrative de condamnation sur une procédure pénale, le Conseil considère que « *s'il résulte des dispositions contestées de l'article 6 du Code de procédure pénale qu'une décision définitive d'une autorité administrative prononçant une sanction ayant le caractère d'une punition ne constitue pas une cause d'extinction de l'action publique, ces dispositions ne méconnaissent en elles-mêmes aucun autre droit ou liberté que la Constitution garantit* »[10].

---

1. Cass. Crim., 1er mars 2000, n° 99-86.299 ; Cass. Com., 8 févr. 2011, n° 10-10.965.
2. Cass. Crim., 27 mars 1997 n° 96-82.669.
3. Cass. Crim., 4 septembre 2002, n° 01-84.011 et 01-85.816.
4. Cass. Crim., 20 juin 1996, n° 94-85.796.
5. CEDH, 10 février 2009 *Zolotoukhine c. Russie, req. n°* 14939/03 ; 4 mars 2014 *Grande Stevens et autres c. Italie* req n°18640/10 ; 27 nov. 2014 *Lucky Dev c. Suède* req. n° 7356/10.
6. Cons. Const., déc. n° 82-143 DC du 30 juillet 1982 ; n° 89-260 DC du 28 juillet 1989.
7. Cons. Const., déc. n° 2012-289 QPC du 17 janvier 2013 déc. n° 2014-423 QPC du 24 octobre 2014.
8. Cons. Const., déc. n° 2014-453/454 QPC et 2015-462 QPC du 18 mars 2015, cons. 19.
9. Cons. Const., déc. n° n° 2016-545 QPC du 24 juin 2016, cons. 24.
10. *Ibid.*, cons. 33.

IV. Le fait de la loi

IV.1. L'amnistie

(355) « *L'amnistie est une mesure de clémence accordée par le législateur, qui ôte à l'infraction, rétroactivement, sa nature pénale et, partant, proscrit toute poursuite, toute condamnation ou l'exécution d'une peine, que ce soit à raison de sa nature, de celle de la peine ou du quantum de celle-ci ou au regard de la personne de son auteur.* »[1]

(356) La **Constitution de 1958** prévoit simplement à l'**article 34** que l'amnistie relève du domaine législatif. Chaque loi d'amnistie définit ainsi elle-même son régime et son champ d'application. En étudiant les différentes lois qui se sont succédé, on en distingue plusieurs types, qui forment une « **trilogie** »[2] :

– l'amnistie réelle, qui porte sur des qualifications pénales ;

– l'amnistie personnelle, qui porte sur des catégories de personnes (résistants, anciens combattants ou leurs conjoints et enfants, déportés, mineurs de vingt et un ans...) ;

– l'amnistie *au quantum*, qui porte sur la peine, en fonction de son *quantum* mais aussi de sa nature, par exemple les amendes ou jours-amendes.

Les amnisties présidentielles, qui interviennent à l'occasion de chaque élection présidentielle, réunissent les trois types d'amnistie.

(357) Les **effets de l'amnistie** sont multiples :

– les condamnations entrant dans le champ de l'amnistie sont purement et simplement effacées (C. pén., art. 133-9) ;

– puisque la peine a disparu, elle doit être supprimée des fichiers du Casier judiciaire national (C. pr. pén., art. 769) ;

– il est interdit à toute personne en ayant eu connaissance dans l'exercice de ses fonctions de faire état de faits effacés par l'amnistie (C. pén., art. 133-11).

(358) Pour ce qui concerne **l'action publique**, les effets de l'amnistie sont simples : les faits entrant dans le champ de l'amnistie ne peuvent pas faire l'objet de poursuites.

Hélas, cela entraîne souvent un relâchement, d'une part, dans l'exercice de la répression et, d'autre part, dans les comportements des Français (notamment en matière de délinquance routière) dans les mois précédant une loi d'amnistie dont la survenance est prévisible, comme les amnisties présidentielles. C'est pourquoi il faut se réjouir que les dernières élections présidentielles n'ont pas donné lieu à des lois d'amnistie.

IV.2. Les immunités

(359) Les immunités constituent des obstacles légaux aux poursuites. Elles sont rattachées à la qualité ou au titre de la personne qui en bénéficie : bien qu'auteur

1. M. Herzog-Evans, *Droit de l'exécution des peines*, 4e éd., Dalloz 2011, n° 1021-161.
2. S. Grunvald, « Amnistie », *in* J. Danet, S. Grunvald et M. Herzog-Evans, *op. cit.*

d'une infraction, celle-ci ne pourra être poursuivie pénalement. Certaines immunités sont toutefois plus fortes que d'autres[1].

Il y a plusieurs façons de considérer les immunités. Pour certains auteurs, elles relèvent de la procédure pénale[2] ; pour d'autres, du droit pénal général[3], en tant que cause judiciaire d'exemption de la peine. Pour notre part, nous y voyons une règle de fond qui consiste, pour la loi elle-même, à autoriser des personnes à commettre une infraction.

V. L'abrogation de la loi pénale

(360) La loi pénale d'incrimination peut disparaître et rendre sans objet une procédure pénale en cours. Du fait du principe, déjà étudié en droit pénal général, de la rétroactivité *in mitius*, elle s'applique immédiatement aux faits commis avant son entrée en vigueur et toujours en cours, soit avant toute décision passée en force de chose jugée. L'article 6 du Code de procédure pénale énonce que « *L'action publique pour l'application de la peine s'éteint par... l'abrogation de la loi pénale* ».

(361) La jurisprudence a eu à connaître d'un cas particulier. Deux textes réglementaires s'étaient succédé à propos d'une incrimination, le défaut de maîtrise d'un véhicule terrestre à moteur : le décret du 28 août 1991 et le décret du 23 novembre 1992, qui avaient successivement modifié l'article R. 232.2° de l'ancien Code de la route. Cependant, les faits litigieux avaient été commis entre l'abrogation du premier et l'entrée en vigueur du second : logiquement, les faits échappaient à toute possibilité de poursuite[4]. Il a cependant été jugé que la personne relaxée pour harcèlement sexuel pouvait ensuite être poursuivie par la partie civile, par voie de citation directe, pour agression sexuelle aggravée, alors qu'il s'agissait des mêmes faits[5]. L'abrogation du délit de harcèlement sexuel a fait obstacle aux poursuites sur ce fondement avant l'entrée en vigueur de la loi nouvelle[6].

(362) **L'action civile est cette fois également éteinte**, puisque le fait même n'est plus infractionnel. Cette extinction a cependant été limitée par la jurisprudence au seul cas où aucune décision n'était intervenue sur le fond avant l'abrogation de la loi pénale. Dans ce cas, toutefois, la victime devrait se tourner vers le juge civil pour porter son action[7]. Si, au contraire, un jugement au fond intervenait avant l'abrogation de la loi pénale, le juge répressif pourrait continuer à statuer sur l'action civile, mais sur celle-ci seulement[8].

---

1. Sur la constitutionnalité des immunités tenant à la pratique de la corrida, *cf.* Cons. Const., déc. n° 2012-271 QPC du 21 sept. 2012.
2. Par ex. S. Guinchard, J. Buisson, *Procédure pénale*, *op. cit.*, n° 1410.
3. Par ex. B. Bouloc, *Droit pénal général*, Dalloz, 2011.
4. Cass. Crim., 2 mars 1994, pourvoi : 93-82921, *Bull. Crim.*, n° 86.
5. Cass. Crim., 19 janvier 2005, *Bull. Crim.*, n° 25.
6. Cons. Const., déc. n° 2012-240 QPC du 4 mai 2012 puis L. n° 2012-954 du 6 août 2012.
7. Cass. Crim., 12 oct. 1987, *Bull. Crim.* n° 346.
8. Cass. Crim., 16 mars 1987, *Bull. Crim.* n° 104, *D.* 1988, 40.

Chapitre 2

L'action civile

L'action civile est exercée par la personne qui a elle-même été victime de l'infraction, ou par ses ayants droit. Cependant, le droit français autorise également, de manière encore timide, l'action de groupements.

Section 1 PERSONNES INDIVIDUELLEMENT VICTIMES DE L'INFRACTION

I. L'objet de l'action civile[1]

(363) Les victimes d'infraction exercent l'action civile qui a pour objet **d'obtenir la réparation** de leur préjudice. Cette action peut être exercée, comme il sera développé plus loin, tantôt devant le juge répressif, tantôt devant le juge civil.

(364) Sur le **plan « psycho-criminologique »**, il est souvent énoncé que l'action civile a un triple objet :

– obtenir le prix de la souffrance et, à ce titre, faire souffrir à son tour le coupable par l'existence du procès ou les dommages et intérêts ;

– « faire le deuil » de celle-ci, formule qui a reçu un fort écho médiatique *et démagogique* dévoyant totalement le rôle de la justice pénale ;

– s'assurer de l'absence de répétition de l'acte soit sur soi-même, soit sur autrui.

(365) Ces fonctions pour partie antagonistes renvoient à diverses fonctions de l'action exercée par la victime sur le plan juridique :

– en agissant, la victime informe souvent par là même les autorités répressives et notamment de poursuite, de l'existence de l'infraction ;

– elle agit au plan civil pour obtenir la réparation du dommage ;

– elle contribue au lancement de la poursuite lorsqu'elle agit par la constitution de partie civile. Son action n'est toutefois pas nécessaire pour que les poursuites soient lancées. De même, son désistement n'aurait pas nécessairement de conséquence sur l'action publique.

---

1. *Cf.* C. Ambroise-Castérot, Action civile, *Encyclopédie de droit pénal et procédure pénale*, Dalloz.

– Sur le plan juridique, l'action civile produit un double effet. D'abord, elle assure à la victime la possibilité d'obtenir réparation de son préjudice. Ensuite, elle lui octroie la qualité de partie, ce qui lui permet de participer à la procédure et à la discussion sur la culpabilité du suspect. L'action civile s'avère ainsi à la fois indemnitaire et vindicative. Mais l'action principale reste celle l'action publique du parquet. L'action civile n'est qu'accessoire. Une décision de relaxe devenue définitive éteint donc la première et rend la deuxième irrecevable lorsqu'introduite postérieurement devant le juge pénal[1].

Compte tenu de la particularité de la matière et de la centralisation au TJ de Paris des demandes d'indemnisations en matière de terrorisme (COJ, art. L. 217-6), l'art. 706-16-1 du Code de procédure pénale précise que « lorsqu'elle est exercée devant les juridictions répressives, l'action civile portant sur une infraction qui constitue un acte de terrorisme ne peut avoir pour objet que de mettre en mouvement l'action publique ou de soutenir cette action. Elle ne peut tendre à la réparation du dommage causé par cette infraction ».

II. Les conditions de l'action civile

Quel que soit le mode d'action choisi par la victime, elle doit prouver l'existence d'un préjudice.

II.1. Existence d'un préjudice

(366) La victime est qualifiée par le droit positif uniquement à raison de l'existence d'un dommage. Elle doit donc faire état d'un préjudice : « Pas de préjudice, pas d'action ».

Une affaire[2] permet de l'illustrer. M. Louis X est condamné pour contrefaçon de vins au détriment du couple baron et baronne Philippe de Y ; il attaque à son tour pour usurpation du titre de baron et baronne. Sa constitution de partie civile n'était naturellement pas recevable, puisqu'il ne pouvait faire état d'aucun préjudice lié à cette prétendue infraction.

Le préjudice doit par ailleurs revêtir certaines caractéristiques, que l'on retrouve aussi en matière de responsabilité délictuelle.

II.2. Préjudice présentant certains caractères

(367) **L'article 2 du Code de procédure pénale** dispose que « *L'action civile en réparation du dommage causé par un crime, un délit ou une contravention appartient à tous ceux qui ont personnellement souffert du dommage directement causé par l'infraction* ». Le dommage doit donc être causé par une infraction et être personnel. Il doit, en outre, être certain.

1. Cass. Crim., 18 nov. 2014, n° 13-88.240, *AJ pénal* 2015, p. 149, obs. J.-B. Perrier : « *Les tribunaux répressifs ne sont compétents pour connaître de l'action civile en réparation du dommage né d'une infraction qu'accessoirement à l'action publique ; qu'il en découle que ces tribunaux ne peuvent se prononcer sur l'action civile qu'autant qu'il a été préalablement statué au fond sur l'action publique.* »

2. Cass. Crim., 9 mars 2004, *Bull. Crim.* n° 61, *JCP* 2004, IV, 1957.

A. Le préjudice doit être certain

(368) Cette règle, qui est posée à l'identique en droit de la responsabilité civile, suppose que le préjudice soit déjà réalisé ou, même s'il est futur, qu'il n'existe pas de doute sérieux quant à sa réalisation. Le préjudice certain peut donc être actuel ou futur.

(369) **Préjudice actuel** : il est déjà réalisé. Cependant, cela ne signifie pas que la preuve même du préjudice existe avant l'audience de jugement : il appartient justement au juge de l'apprécier. Au moment où celui-ci statue, le préjudice peut être seulement possible. Possible dans le sens de vraisemblable et non pas fantaisiste... En ce sens, la Cour de cassation retient une formule type : « *Attendu qu'il suffit, pour qu'une demande de constitution de partie civile soit recevable, que les circonstances sur lesquelles elle s'appuie permettent au juge d'admettre comme possible l'existence du préjudice allégué et la relation directe de celui-ci avec une infraction à la loi pénale.* »[1]

(370) Le **préjudice** peut toutefois être **futur** ; un préjudice existant lors de l'examen de l'action peut soit s'aggraver dans le futur, soit n'apparaître que dans le futur. Il ne faut cependant pas qu'il soit hypothétique. Un exemple[2] permet de l'illustrer. M. Lannes, condamné pour homicide involontaire à l'occasion d'un accident de la route, avait dû indemniser les proches de la mère de famille décédée dans l'accident. Le mari de cette dame, M. Lacrampe, était marin au long cours. Il avait donc besoin d'une personne et en aurait encore besoin dans le futur, pendant de longues années, à domicile et de manière permanente, pour s'occuper des enfants comme le faisait leur mère : c'est ce préjudice futur dont il réclamait réparation. Les juges du fond avaient fait droit à sa demande sur ce point. La Cour de cassation devait cependant casser leur décision. Elle énonçait d'abord : « *Attendu que l'évaluation du dommage causé à la victime d'un accident doit être faite par les tribunaux en appréciant les divers éléments de ce dommage au moment où ils rendent leur décision.* » Ce n'est pas le caractère futur du préjudice qui l'a conduit à prononcer la cassation, mais le fait que, « *en mettant à la charge du prévenu, sans avoir procédé à leur évaluation, des dépenses futures indéterminées, la Cour d'appel a méconnu le principe ci-dessus énoncé* ». Il aurait donc fallu chiffrer précisément le préjudice.

(371) Comme en droit civil, la **perte d'une chance** peut être indemnisable et permettre la constitution de partie civile ; elle n'est cependant pas facile à démontrer. Illustrons-le, là encore, à l'aide d'exemples jurisprudentiels. Le père d'un jeune homme décédé n'a pu demander la réparation de la perte d'une chance de s'associer avec celui-ci pour une activité économique, comme ils en avaient fait le projet, car on ne pouvait être certain que ce projet aurait apporté au père de nouveaux revenus dans l'avenir : le préjudice n'était donc pas assez certain[3]. Ne pouvait pas non plus demander réparation du préjudice économique une jeune femme contaminée par le virus de l'hépatite C, suite à des transfusions de sang faisant suite elles-mêmes à un accident de la circulation, parce qu'il n'avait pas été établi, au moment du jugement, qu'elle aurait le

1. Cass. Crim., 17 janv. 1967, *Bull. Crim.* n° 24 ; Cass. Crim., 13 juin 1978, *Bull. Crim.* n° 193, *D.* 1979, IR, 9 ; Cass. Crim., 27 mai 2009, *AJ pénal* 2009, p. 363, obs. C. Duparc.
2. Cass. Crim., 6 mai 1987, *Bull. Crim.* n° 180.
3. Cass. Crim., 16 fév. 1981, *Bull. Crim.* n° 58.

moindre déficit physiologique ou la moindre incapacité qui soit en relation directe avec sa contamination[1].

B. Le préjudice doit être né d'une infraction

(372) S'agissant de l'irruption de la victime dans le champ pénal, il faut encore que son préjudice soit bien né d'une infraction. À défaut, elle relève éventuellement de la seule responsabilité civile.

Cela signifie qu'il faut connaître les éléments constitutifs de l'infraction elle-même pour apprécier si cette personne est bien une victime personnelle. Ainsi a-t-il été jugé que le client d'un expert-comptable, qui s'avérait avoir usurpé ce titre et, précisément, faisait l'objet de poursuites pour exercice illégal de cette profession, ne pouvait pas alléguer l'existence d'un préjudice personnel, du moins lié à cette infraction. De fait, les éléments constitutifs de celle-ci ne comprennent pas l'existence d'un dommage causé à la clientèle[2]. De même, les universités de Lyon ne pouvaient se constituer partie civile suite à la distribution de tracts négationnistes et antisémites sur le campus de la faculté de Lyon III : les universités étaient mentionnées sur les tracts, mais leur préjudice n'était pas né de l'infraction de diffusion d'écrits négationnistes et antisémites[3]. Mais est recevable la Constitution de partie civile de l'enfant né du viol incestueux de sa mère car il se voit privé du droit de faire établir sa filiation et souffre de traumatisme psychique[4]. Est aussi recevable le préjudice né de l'angoisse de mort imminente[5].

C. Le préjudice doit être personnel

(373) Toute personne peut se constituer partie civile dès lors qu'elle est elle-même la victime d'un dommage causé par l'infraction. Cela ne veut pas dire que les proches des victimes ne peuvent pas non plus agir ; en fait, tout dépend de la réalité de leur préjudice. Évidemment, il n'existe aucune difficulté quant à **la victime directe**, qui a subi elle-même les effets de l'infraction. Cette condition s'analyse finalement dans la droite ligne de la précédente : une infraction ; un lien entre le dommage allégué et celle-ci.

(374) La question est plus complexe, nécessairement, pour **les proches** : ils ne peuvent être indemnisés que si eux-mêmes ont supporté un dommage direct, personnel, causé par l'infraction subie par la victime directe. Tel était bien le cas dans l'affaire suivante : un évêque avait été mis en examen pour ne pas avoir dénoncé des faits de viols sur mineur commis par l'un des prêtres dont il était le supérieur hiérarchique et les parents demandaient réparation de leur préjudice personnel. Les juges retinrent que celui-ci était lié au fait qu'ils avaient été privés *« d'une information qui leur eût permis de comprendre le comportement de (leur fils) et d'adopter envers eux* une attitude propre à apaiser (ses) difficultés à un âge difficile

1. Cass. Crim., 19 mars 1997, *Bull. Crim.* n° 109.
2. Cass. Crim., 5 nov. 1997, *Bull. Crim.* n° 374.
3. Cass. Crim., 19 fév. 2002, *Bull. Crim.* n° 34.
4. Cass. Crim., 13 sept. 2010, n° 09-84108.
5. Cass. Crim., 23 oct. 2012, n° 11-83.770.

de (son) existence ». Il fut encore retenu que le silence de l'évêque les avait empêchés « *de faire obstacle à la poursuite des rencontres entre (celui-ci) et le prêtre* »[1]. De même, le viol est de nature à causer directement préjudice non seulement au mineur, mais également à ses parents, peu importe que les faits n'aient pas été dénoncés par la victime[2].

Plus original, la Cour de cassation a fait application de l'adage de l'*infans conceptus*, en considérant que l'enfant peut demander réparation du préjudice résultant du décès accidentel de son père survenu alors qu'il était conçu, considérant qu'il devra se contenter des souvenirs de sa mère et de ceux de ses proches pour connaître son père et construire son identité, et souffrira de l'absence définitive de son père, qu'il ne connaîtra jamais[3].

La question s'est aussi posée de savoir si les héritiers trouvant dans le patrimoine du *de cujus* une prestation compensatoire prononcée dans le cadre du divorce du *de cujus* et étant de ce fait tenus de la lui verser, pouvaient se retourner contre l'auteur de l'infraction en se constituant partie civile. La Cour de cassation ne l'a pas admis, en retenant que le versement de la rente « *n'est qu'une modalité d'exécution d'une obligation résultant du divorce de la victime, qui, si elle avait donné lieu à un versement en capital, se serait imputée sur l'actif successoral ; qu'ils ajoutent que la charge de cette rente ne résulte pas de l'accident, mais de la transmission universelle du patrimoine du défunt* »[4]. Par contre, les héritiers peuvent demander réparation auprès du juge pénal, comme en matière civile, du préjudice né dans le patrimoine de leur proche, décédé[5] ou qui viendrait à décéder en cours d'instance[6]. Toutefois, la jurisprudence est assez restrictive sur les conditions de cette action. Lorsque la victime directe décède sur le coup ou ne s'est pas constituée partie civile avant de mourir, les héritiers ne peuvent plus agir seuls à sa place devant les juridictions pénales[7]. Ils ne peuvent agir que dans deux cas : soit lorsque l'action civile a déjà été engagée par le défunt de son vivant et elle se transmet alors avec son patrimoine ; soit l'action publique a déjà été mise en mouvement par le parquet[8]. Les héritiers peuvent alors intervenir à l'instance pour obtenir réparation du préjudice subi par le défunt. Il ne serait pas nécessaire que tous les héritiers agissent ; un seul pourrait le faire[9]. Dans les autres cas, seule la voie civile reste ouverte, sauf lorsque les héritiers agissent pour obtenir la réparation de leur préjudice propre.

1. Cass. Crim., 27 fév. 2001, *Bull. Crim.* n° 48.
2. Cass. Crim., 26 févr. 2020, n° 19-82.119.
3. Cass. Crim., 10 nov. 2020, n° 19-87.136, AJ pénal 2021, p. 31, obs. Y. Mayaud.
4. Cass. Crim., 18 nov. 1998, *Bull. Crim.* n° 304, *D.* 1999, Somm. 323, obs. J. Pradel.
5. Cass. Chambre Mixte, 2e espèce, *Bull. Crim.* n° 135, *D.* 1977, p. 185, note Contamine-Raynaud.
6. Cass. Crim., 9 oct. 1985, *Bull. Crim.* n° 305, *D.* 1987, p. 93, note A. Breton.
7. Cass. Crim., 27 avr. 2004, *Bull. Crim.*, n° 96 *RSC* 2004. 904, note. D.-N. Commaret ; Cass. Ass. Plén., 9 mai 2008, *Bull. Ass. Plén.* 2008, n° 1, *AJ pénal* 2008, p. 366, obs. C. Saas.
8. Cass. Crim., 1er sept. 2010, pourvoi n° 09-87.624, *AJ pénal* 2011, p. 34 obs. J. Lasserre Capdeville.
9. Cass. Crim., 28 juin 2000, *Bull. Crim.* n° 248, *D.* 2000, IR, 277.

(375) Une **personne morale** peut, elle aussi, se constituer partie civile en tant que victime d'une infraction. Il lui faudra, comme les personnes physiques, démontrer un dommage personnel. Cela n'est en vérité pas toujours simple, comme le montre la jurisprudence : n'était qu'indirect, en effet, le préjudice d'une société dont les deux dirigeants de fait avaient commis des infractions aux marchés publics[1]. N'était pas plus recevable, faute d'être né de l'infraction, le préjudice tenant à l'atteinte à la réputation de France Télécom, suite à des faits de mise en ligne sur le Minitel d'images à caractère pornographique lui ayant valu une condamnation sur l'article 227-24 du Code pénal (diffusion de messages à caractère pornographique susceptibles d'être vus ou perçus par un mineur)[2]. N'est pas non plus recevable à agir la collectivité territoriale suite à l'infraction commise au préjudice d'une société d'économie mixte dont elle est l'associée ou la créancière, sauf à démontrer l'existence d'un préjudice propre distinct et du préjudice social[3]. À l'inverse, une commune est recevable à se constituer partie civile contre son propre maire soupçonné de corruption en raison du préjudice moral issu de l'atteinte grave à sa notoriété[4]. Plus largement, les collectivités territoriales peuvent se faire indemniser le préjudice écologique issu d'une atteinte à l'environnement suite à une pollution[5]. Elles ne peuvent agir du fait du préjudice subi par l'un de leurs agents. Mais, en application de l'article 11 de la loi du 13 juillet 1983, elles se sont subrogées dans leurs droits et peuvent demander remboursement des frais avancés par leur défense au titre de la protection fonctionnelle[6].

(376) Les **créanciers** de la victime ne peuvent, quant à eux, se prévaloir d'un préjudice directement causé par l'infraction[7]. Des **tiers** sont *a fortiori* écartés, même s'ils ont perdu de l'argent du fait de l'infraction, si cette perte n'est qu'indirecte. Ainsi la Fondation Brigitte Bardot ne pouvait-elle demander au pénal la réparation du préjudice pécuniaire résultant de la prise en charge d'animaux maltraités qu'elle avait réalisée à celui qui avait été condamné pour ces mauvais traitements, quand bien même il s'agissait de trois cents bovins, cinq chevaux et six chiens. Il est vrai que ce dommage n'était pas né directement des infractions poursuivies, mais de l'arrêté préfectoral qui avait placé ces animaux à la Fondation[8].

---

1. Cass Crim., 8 juin 1999, *Bull. Crim.* n° 123.
2. Cass. Crim., 12 sept. 2000, *Bull. Crim.* n° 265, *RSC* 2001, p. 405, obs. Commaret.
3. Cass. Crim., 3 déc. 2014, n° 13-84.663.
4. Cass. Crim., 14 mars 2007, *Dr. pénal.* 2007, comm. 85, obs. M. Véron.
5. Cass. Crim., 25 sept. 2012, n° 10-82.770 (Erika).
6. Cass. Crim., 2 sept. 2014, n° 13-84.663.
7. Cass. Crim., 16 janvier 1964, *Bull. Crim.* n° 16, *D.* 1964, p. 194, note J.M.
8. Cass. Crim., 19 avril 2005, *Bull. Crim.* n° 134, *JCP* 2005, IV, 2351.

III. Les modalités de l'action civile

III.1. Dépôt de plainte

(377) La victime d'un préjudice peut agir de différentes manières.

Elle peut déposer une plainte simple auprès d'un **local de gendarmerie ou de police** quelconque. Les policiers et gendarmes ont l'obligation de recevoir la plainte quitte à la transmettre au service territorialement compétent (art. 15-3 C. pr. pén.). Un récépissé du dépôt est délivré et sur demande, une copie du procès-verbal est remise à la victime. Cette plainte simple ne lui offre certes pas la garantie de voir l'action publique corrélativement déclenchée. En revanche, si la victime formule une demande de réparation lors de sa plainte, cette demande vaudra constitution de partie civile lorsque l'affaire sera renvoyée devant un tribunal (art. 420-1 al. 2 C. pr. pén.).

De manière à simplifier et faciliter le dépôt de plainte, la loi du 23 mars 2019 de programmation 2018-2022 et de réforme pour la justice a prévu la possibilité pour la victime de porter plainte par voie électronique (art. 15-3-1) et a prévu que les officiers ou agents de police judiciaire qui reçoivent une plainte par procès-verbal peuvent s'identifier dans ce procès-verbal par leur numéro d'immatriculation administrative (art. 15-3).

(378) La loi du 17 août 2015 a renforcé de manière notable les droits des victimes. Selon l'article 10-2 C. pr. pén., l'officier de police judiciaire doit les informer de leurs droits :

– d'obtenir la réparation de leur préjudice, par l'indemnisation de celui-ci ou par tout autre moyen adapté, y compris, s'il y a lieu, par une mesure de justice restaurative ;

– de se constituer partie civile, soit dans le cadre d'une mise en mouvement de l'action publique par le parquet, soit par la voie d'une citation directe de l'auteur des faits devant la juridiction compétente ou d'une plainte portée devant le juge d'instruction ;

– d'être, si elles souhaitent se constituer partie civile, assistées d'un avocat qu'elles peuvent choisir ou qui, à leur demande, est désigné par le bâtonnier de l'Ordre des avocats près la juridiction compétente, les frais étant à la charge des victimes, sauf si elles remplissent les conditions d'accès à l'aide juridictionnelle ou si elles bénéficient d'une assurance de protection juridique ;

– d'être aidées par un service relevant d'une ou de plusieurs collectivités publiques ou par une association conventionnée d'aide aux victimes ;

– de saisir, le cas échéant, la commission d'indemnisation des victimes d'infraction, lorsqu'il s'agit d'une infraction mentionnée aux articles 706-3 ou 706-14 du présent Code ;

– d'être informées sur les mesures de protection dont elles peuvent bénéficier ;

– de bénéficier d'un interprète et d'une traduction des informations indispensables à l'exercice de leurs droits ;

– d'être accompagnées chacune, à leur demande, à tous les stades de la procédure, par leur représentant légal et par la personne majeure de leur choix ;

– de déclarer comme domicile l'adresse d'un tiers, sous réserve de l'accord exprès de celui-ci.

Sur ce dernier point, la loi du 23 mars 2019 a prévu la possibilité pour les victimes qui se constituent partie civile de déclarer l'adresse d'un tiers, sous réserve de l'accord exprès de celui-ci. Les victimes dépositaires de l'autorité publique ou chargées d'une mission de service public peuvent aussi déclarer comme adresse leur adresse professionnelle sans avoir à justifier de l'accord de leur autorité hiérarchique (C. pr. pén., art 10-2, 40-4-1 et 89).

En outre, dès que possible, les victimes font l'objet d'une évaluation personnalisée, afin de déterminer si elles ont besoin de mesures spécifiques de protection au cours de la procédure pénale (art. 10-5).

À tous les stades de l'enquête, la victime peut, à sa demande, être accompagnée par son représentant légal et par la personne majeure de son choix, sauf décision contraire motivée prise par l'autorité judiciaire compétente (art. 10-4).

Si elle ne comprend pas le français, la victime a droit à l'assistance d'un interprète et à la traduction, dans une langue qu'elle comprend, des informations qui sont indispensables à l'exercice de ses droits (art. 10-3).

De plus, la victime qui souhaite se constituer partie civile peut déclarer une adresse personnelle ou l'adresse d'un tiers avec son accord (art. 40-4-1). Le projet de loi de programmation 2018-2022 et de réforme pour la justice prévoit toutefois la possibilité pour les victimes dépositaires de l'autorité publique ou chargées d'une mission de service public de déclarer dans la procédure leur seule adresse professionnelle, sans l'accord de leur employeur ou l'autorisation du parquet.

L'article 15-3 du Code de procédure pénale est modifié par la loi du 27 février 2017 et prévoit que le récépissé remis à la victime lors du dépôt de plainte doit mentionner les délais de prescription de l'action publique définis aux articles 7 à 9 ainsi que la possibilité d'interrompre le délai de prescription par le dépôt d'une plainte avec constitution de partie civile, en application de l'article 85 du Code de procédure pénale.

(379) La victime peut déposer une plainte auprès du **procureur de la République**. Il s'agit là encore d'une plainte simple, que ne lui donne pas plus de garantie à cet égard. Toutefois, la victime dispose alors du droit d'être avisée des suites données à la procédure (art. 40-2 C. pr. pén.) et d'un recours devant le procureur général en cas de classement sans suite (art. 40-3 C. pr. pén.). Évidemment, en présence d'une infraction d'une gravité certaine, ces démarches suffisent : le parquet ne s'abstiendra pas d'y donner suite.

En troisième lieu, il est possible à la victime de **se constituer partie civile** auprès du doyen des juges d'instruction. La constitution de partie civile, nous allons le voir, exerce un effet sur l'action publique. Cependant, et pour cette raison, elle répond à un certain nombre de conditions : en effet, il n'est pas possible de permettre à toute personne privée de contraindre le système répressif à poursuivre en toutes circonstances.

Par ailleurs, et dans cet esprit, la Cour de cassation retient que « *l'exercice de l'action civile devant les tribunaux répressifs est un droit exceptionnel* »[1]. L'action civile conserve un caractère accessoire à l'action publique.

---

1. Cass. Crim., 8 juillet 1958, *Gaz. Pal.*, 1958, 2, 227 ; Cass. Crim., 9 nov. 1992, *Bull. Crim.* n° 361.

III.2. Choix de la juridiction

(380) La victime a le choix entre l'action civile devant les juridictions civiles ou l'action civile devant les juridictions pénales (C. pr. pén., art. 5). En principe, l'option est irrévocable. C'est la règle dite « ***Electa una via*** »[1]. Mais la règle ne s'applique pas lorsque les deux actions n'ont pas le même objet. Ainsi, un salarié peut très bien agir devant le Conseil des prud'hommes pour discrimination, puis se constituer partie civile sur le plan pénal. La première action porte sur le préjudice né du licenciement. La seconde porte sur l'atteinte à la dignité née de la discrimination[2].

Cependant, l'article 5 ajoute : « *Il n'en est autrement que si elle a été saisie par le ministère public avant qu'un jugement sur le fond ait été rendu par la juridiction civile.* » Il est donc possible d'abandonner la voie civile au profit de la voie pénale tant qu'aucun jugement au fond n'est intervenu[3].

À l'inverse aucun texte n'interdit à la partie civile de choisir la voie civile après avoir d'abord choisi la voie pénale (art. 426 C. pr. pén., en matière délictuelle). Son désistement est de toute façon sans conséquence sur l'action pénale, qui, elle, se poursuit (C. pr. pén., art. 2, al. 2). La voie pénale est ainsi toujours révocable.

IV. La procédure applicable

La victime peut agir soit par intervention, soit par voie d'action.

IV.1. L'intervention

(381) Il y a intervention lorsque la victime agit alors que l'action publique a déjà été exercée ou qu'une autre victime s'est déjà constituée partie civile.

S'il y a une **instruction**, elle est possible « *à tout moment* » (C. pr. pén., art. 87), ce, y compris au moyen d'une lettre simple. Elle est possible ensuite à l'**occasion de l'audience répressive**.

(382) Elle se fait, selon les termes de l'article 419 du Code de procédure pénale, « *soit avant l'audience au greffe, soit pendant l'audience par déclaration consignée par le greffier ou par dépôt de conclusions* ». Cependant, à peine d'irrecevabilité, la constitution doit se réaliser avant les réquisitions du ministère public (art. 420-2 C. pr. pén.).

Avant l'audience, ce peut être plus informel encore : l'article 420-1 prévoit que la victime peut aussi se constituer partie civile en envoyant simplement une lettre recommandée ou une télécopie au tribunal, ou encore par voie dématérialisée, ce, au minimum 24 heures avant l'audience dans le cas où sa demande consiste soit en la restitution d'objets, soit en une indemnisation.

---

1. Pour une illustration récente, *cf.* Cass. Crim., 3 avril 2007, pourvoi n° 06-86.748, *AJ pénal* 2007, p. 328, obs. C. Saas.
2. *Cf.* Cass. Crim., 19 nov. 2013, n° 12-83.294.
3. Cass. Crim., 4 déc. 1997, *Bull. Crim.*, n° 414.

Ce même texte est encore plus souple lorsqu'il énonce, en son alinéa 2, que la demande en restitution ou d'indemnisation peut être formulée par la victime au cours de l'enquête de police, auprès d'un officier ou d'un agent de police judiciaire qui en dresse procès-verbal. Cependant, il faut alors que le procureur de la République donne son accord, ce afin de protéger celle-ci du risque d'une demande évaluée trop faible par rapport à la réalité du préjudice.

La loi du 23 mars 2019 a complété l'article 391 du Code de procédure pénale qui prévoit désormais que lorsque l'avis d'audience a été adressé à la victime mais qu'il n'est pas établi que cet avis a bien été reçu par celle-ci, le tribunal qui statue sur l'action publique, parce qu'il estime que la présence de la victime n'est pas indispensable aux débats, peut renvoyer le jugement de l'affaire sur l'action civile à une audience ultérieure. Le tribunal doit alors fixer la date de cette audience et la victime doit en être avisée.

(383) **Lors de l'audience** elle-même, l'intervention de la victime est possible par déclaration consignée (C. pr. pén., art. 419). Il est souvent difficile aux victimes d'intervenir à l'audience lors de procédures pénales très rapides. Elles n'ont pas pour cela besoin d'un avocat ; elles doivent agir avant les réquisitions du ministère public (pr. pén. art. 421).

La loi du 23 mars 2019 a aussi modifié l'article 10 du Code de procédure pénale qui prévoit désormais que, lorsque la juridiction répressive a omis de se prononcer sur une ou plusieurs demandes de la partie civile régulièrement constituée, celle-ci peut ressaisir la juridiction afin qu'il soit statué sur sa demande. Cette option suppose que la partie civile ait formulé expressément lors de l'audience une ou plusieurs demandes civiles auxquelles la juridiction répressive n'a pas répondu. Il peut ainsi s'agir d'une omission partielle ou totale de statuer sur les intérêts civils.

L'article 10 permet aussi de prendre en compte les droits des victimes en cas d'indisponibilité du prévenu en raison de son état de santé. Il s'agit de l'hypothèse dans laquelle une expertise a constaté que l'état de la personne lui interdit durablement d'être jugée au pénal, cette impossibilité pouvant résulter d'un état physique, comme le fait que la personne soit dans le coma à la suite d'un accident, ou mental, si la personne souffre de graves troubles psychiques ou neuropsychiques ne lui permettant plus de comprendre un procès.

Si ces conditions sont remplies, le président de la juridiction pourra décider de convoquer la partie civile et l'avocat représentant la personne poursuivie en vue d'une audience publique au cours de laquelle il sera statué sur les intérêts civils.

(384) Lorsque la victime a agi par voie d'intervention, elle devient partie civile. L'action publique ne dépend pas d'elle : elle était déjà lancée. Elle sera au contraire en situation de lancer l'action publique dans le cas de l'action *(sic)*. Il est à noter que si elle souhaite voir indemniser le préjudice corporel, la victime doit mettre en cause les organismes de Sécurité sociale. Depuis la loi du 18 novembre 2016, l'intervention de la caisse de Sécurité sociale peut intervenir après les réquisitions du parquet si l'assuré victime d'une infraction pénale est constitué partie civile et que le juge n'ait pas statué sur le fond de ses demandes

(CSS art. L. 376-1). Selon la Cour de cassation, cette mise en cause peut en outre se faire par lettre recommandée avec accusé de réception[1].

IV.2. L'action

(385) La victime peut également agir par action, soit avant, soit en dehors de toute action d'une autre victime ou du ministère public. Le droit positif est moins souple, car la constitution de partie civile a pour résultat d'obliger la justice à lancer l'action publique. Si les choses étaient trop faciles, les abus se multiplieraient, mettant peut-être à mal des innocents et contraignant les acteurs de la chaîne pénale à œuvrer pour rien. La victime doit donc avoir la capacité d'agir. Le mineur non émancipé ou le majeur sous tutelle doivent être représentés par leur administrateur légal ou leur tuteur (art. 389-3, 474 et 475 C. civ.). Lorsqu'une personne majeure protégée a été victimisée par son curateur ou tuteur, le juge d'instruction demande au juge des tutelles la désignation d'un curateur ou d'un tuteur *ad hoc* (art. 706-114 C. pr. pén.). L'organe exécutif d'une personne morale de droit public est recevable à agir à la condition d'avoir été habilité par la collectivité (art. L. 2122-22, L. 3221-10 et L. 4231-7 CGCT). Il en va de même pour le président d'une association. L'habilitation doit être prévue par les statuts et, le cas échéant, faire l'objet d'une délibération en assemblée générale. Pour les autres personnes morales de droit privé, l'action est exercée par leur organe ou représentants[2] : président directeur général ou directeur général de société anonyme ; président de société par actions simplifiées ; ou gérant de société à responsabilité limitée.

(386) **Si l'affaire n'est pas en état d'être jugée**, la victime agira par voie d'action. Cette action peut être introduite directement devant le tribunal correctionnel ou de police par le biais d'une **citation directe**. En pratique, les cas de citation sont extrêmement rares, sauf en matière contraventionnelle. Le plus souvent, l'action sera introduite devant le juge d'instruction ou, s'il y en a plusieurs au sein de la juridiction, auprès du doyen des juges d'instruction. Aucune formalité n'est exigée : **une lettre simple suffit** (C. pr. pén., art. 85). En revanche, celle-ci doit être précise. Elle doit faire clairement et explicitement état de la constitution de partie civile[3], des faits reprochés, de leur qualification pénale, des textes d'incrimination et de la répression applicables, de la caractérisation du préjudice allégué, de la réclamation d'une indemnisation quant aux faits. Il suffit que les circonstances sur lesquelles s'appuie la plainte permettent au juge d'admettre comme possible l'existence du préjudice allégué[4]. Cette lettre détermine l'étendue de la saisine du juge.

1. Cass., avis n° 16005 du 13 juin 2016, demande 16-70003.
2. Les directeurs de caisses primaires d'assurance maladie possèdent la qualité pour agir, Cass. Crim., 5 mai 2009, pourvoi n° 08-82.660.
3. À défaut, l'action est irrecevable, Cass. Crim., 25 juin 1970, *Bull. Crim.*, n° 218. *Cf.* aussi pour la censure d'un arrêt de chambre de l'instruction trop prompte à déclarer irrecevable l'action, Cass. Crim., 15 mai 2002, *Bull. Crim.*, n° 116 ; *D.* 2003. Somm. 29, obs. J. Pradel.
4. Cass. Crim., 4 janv. 1990, *Bull. crim.* n° 7 ; 3 mars 2015, n° 13-88.514, *AJ pénal* 2015, p. 432, obs. J. Lasserre Capdeville.

Elle ne suffit néanmoins pas à elle seule à lancer l'action. Deux autres conditions de recevabilité sont posées.

En premier lieu, la partie civile doit **consigner une somme** dont le montant est fixé par le juge d'instruction (art. 88 et 88-1 C. pr. pén.)[1]. Elle doit la déposer au greffe dans le délai fixé par le juge dans son ordonnance de consignation. Cette somme est destinée à garantir le paiement de l'amende civile de 15 000 euros que le juge peut prononcer en cas de non-lieu (art. 177-2 C. pr. pén.). Le défaut de consignation rend irrecevable la plainte.[2] En second lieu, dans sa lettre adressée au doyen des juges d'instruction, la victime doit justifier en matière délictuelle d'un **dépôt de plainte préalable** entre les mains du parquet ou de la police judiciaire. Ce n'est que si le parquet fait connaître sa volonté de ne pas poursuivre ou s'il ne prend pas de décision dans les trois mois de la plainte que la victime pourra alors déposer plainte devant la juridiction d'instruction (art. 85 al. 2 C. pr. pén.). Le recours de la victime qui ne justifierait pas de ce dépôt préalable serait donc irrecevable[3]. Cette plainte préalable n'est à l'inverse pas requise pour les crimes, les délits de presse et les délits électoraux. Par dérogation à l'article 5 du Code de procédure pénale, depuis la loi du 23 mars 2019, la victime qui a exercé son action devant une juridiction civile pendant le délai de trois mois peut se constituer partie civile devant le juge d'instruction après s'être désistée de l'instance civile.

Le juge d'instruction ordonne communication de la plainte avec constitution de partie au procureur de la République pour qu'il prenne ses réquisitions, Depuis la loi du 23 mars 2019, le procureur peut aussi demander au juge d'instruction un délai supplémentaire de trois mois pour permettre la poursuite des investigations avant de faire connaître ses réquisitions. Il est précisé que la décision du juge d'instruction constitue une mesure d'administration judiciaire insusceptible de recours.

Ces dispositions ont pour objet de permettre au procureur de continuer l'enquête commencée à la suite de la simple plainte déposée par la victime en application de l'article 85, lorsqu'il lui apparaît que cette continuation est susceptible d'apporter des éléments nouveaux qui lui seront utiles pour orienter le sens de ses réquisitions, et spécialement pour le conduire à prendre des réquisitions de refus d'informer, et de prévenir ainsi l'ouverture d'informations inutiles.

Depuis la loi du 23 mars 2019, l'article 86 alinéa 4 du Code de procédure pénale prévoit un nouveau cas de refus d'informer. Lorsque les investigations réalisées au cours de l'enquête effectuée à la suite de la plainte de la victime ont permis d'établir qu'une personne majeure mise en cause pour les faits de nature délictuelle reprochés par la victime pourrait faire l'objet de poursuites mais que l'action publique n'a pas été mise en mouvement par le procureur de la République, celui-ci peut requérir du juge d'instruction de rendre une ordonnance de refus d'informer, tout en invitant la partie civile à engager des poursuites par voie de

1. Est dispensée de cette consignation la victime qui bénéficie de l'aide juridictionnelle totale ou partielle, Cass. Crim., 4 févr. 1998, *Procédures*, 1998, n° 155 obs. J. Buisson.

2. Cass. Crim., 28 mai 2002, pourvoi n° 02-80.275.

3. Cass. Crim., 9 juin 2009, *D.* 2009, Chron. 1721, obs. Degorce.

citation directe. Si la victime décide d'engager des poursuites par voie de citation directe, elle n'aura pas besoin de verser une consignation (C. pr. pén., art. 391).

Il s'agit d'éviter l'ouverture d'informations inutiles, sans porter atteinte aux intérêts de la victime.

(387) **Si l'affaire est en état d'être jugée** et que l'on se trouve en matière contraventionnelle (C. pr. pén., art. 706-72, 553) ou correctionnelle (C. pr. pén., art. 388, 390, 392 et 551), la victime peut aussi délivrer une citation directe signifiée par exploit d'huissier.

La citation doit préciser :

- les faits pour lesquels le suspect est poursuivi ;
- le texte de loi qui les réprime ;
- le tribunal saisi ;
- les lieux, date et heure de l'audience ;
- la possibilité d'assistance et de représentation par un avocat.

Le juge devra fixer le montant de la consignation destinée à garantir l'amende civile prévue en cas d'abus de la victime.

(388) **L'effet** de la constitution de partie civile par **voie d'action est de lancer les poursuites**. Cette conséquence est admise depuis le célèbre *arrêt Laurent-Atthalin* du 8 décembre 1906[1]. Cela avait été décidé du temps du Code d'instruction criminelle. L'article 1er du Code de procédure pénale confirme, à l'alinéa 2, que l'action civile peut également être mise en mouvement par la partie lésée. L'action civile de la victime possède donc une nature en partie vindicative. La victime peut d'ailleurs se prononcer sur la culpabilité du suspect.

IV.3. L'objet de la demande

(389) La victime demande réparation de son préjudice civil. L'objet juridique de sa demande n'est pas l'application d'une peine déterminée, même si, au cours de l'audience, il n'est malheureusement pas rare d'entendre les victimes ou leurs avocats s'exprimer à ce sujet. L'action civile est ainsi avant tout indemnitaire.

Il n'est cependant pas nécessaire de demander une indemnisation pour être recevable à exercer l'action civile. Tel était le cas dans cette affaire, où les parents d'un enfant décédé accidentellement dans une école avaient d'abord été jugés irrecevables à exercer l'action civile car ils devaient poursuivre l'État pour la réparation de leur préjudice. La chambre criminelle devait casser l'arrêt, s'étant ainsi prononcée en retenant au contraire que la victime pouvait se constituer partie civile uniquement dans le but de corroborer l'action publique et, ainsi, de participer à la répression[2]. Toutefois, si la faute de la victime ne peut être retenue comme cause d'irresponsabilité, elle peut être prise en compte pour le calcul des dommages et intérêts en matière d'infraction contre les biens ou contre les personnes[3].

1. *DP* 1907, rapp. Laurent-Athalin, note F.T., S. 1907, 1, p. 377, note Demogue.
2. Cass. Crim., 8 juin 1971, *Bull. Crim.* n° 182, *D.* 1971, p. 594, note J. Maury.
3. Cass. Crim., 19 mars 2014, n° 12-87.416, D. 2014.912, note J. Lasserre Capdeville (affaire *Jérôme Kerviel c/ Société générale*), au visa des articles 2 du Code de procédure pénale et 1382 du Code civil. V. aussi Cass. Crim., 23 sept. 2014, n° 13-83.957, *AJ pénal* 2015, p. 32 obs. C. Renaud-Duparc.

Section 2 GROUPEMENTS AGISSANT AU NOM D'UN PRÉJUDICE COLLECTIF

(390) Des groupements ont été récemment autorisés à agir pour défendre des intérêts collectifs. Il ne s'agit ni de l'intérêt de victimes déterminées, car alors l'action leur appartient en propre, ni de celui de la société en général, car alors l'action appartient au parquet.

C'est d'abord l'action de la jurisprudence qui a permis cette entorse aux règles fixées à l'article 2 du Code de procédure pénale. Progressivement, le législateur a donné à ce mouvement une assise textuelle.

Le mouvement a été initié en jurisprudence à propos des ***syndicats professionnels***. À l'occasion de l'arrêt des chambres réunies du 5 avril 1913, *Syndicat national de défense de la viticulture française*[1], la haute juridiction admit qu'un tel syndicat pouvait exercer l'action civile non seulement pour défendre son intérêt propre, mais aussi pour « *assurer la protection de l'intérêt collectif de la profession envisagée dans son ensemble* » qu'elle avait pour objet même de défendre.

Par la suite, une loi du 12 mars 1920 est venue consacrer ce droit, qui figure désormais au Code du travail (ancien Code du travail, art. L. 411-11 et nouveau Code du travail, art. L. 2132-3).

Par la suite, la jurisprudence a dû préciser que le syndicat pouvait défendre :

– bien entendu, comme toute personne morale, son intérêt personnel ;

– mais uniquement l'intérêt collectif qui est, dans les affaires pénales, l'atteinte à l'intérêt collectif de la profession qu'il défend.

En revanche, il ne peut pas défendre :

– l'intérêt individuel de l'un de ses membres ;

– l'intérêt collectif de la société tout entière.

Plus récemment, la jurisprudence a admis néanmoins que, derrière l'intérêt général, pouvait se cacher un intérêt propre à la profession dont le syndicat professionnel pouvait défendre les intérêts[2].

Malgré la faveur jurisprudentielle, à l'origine de l'action des syndicats professionnels, leur droit d'agir est cependant difficile à mettre en œuvre. Il suppose en effet que le préjudice porté à la profession soit directement lié à la violation de l'intérêt spécialement protégé par la qualification pénale qui a été violée par l'auteur de l'infraction. C'est le cas en cas d'infraction d'homicide involontaire ou blessures involontaires constitutive d'accident de travail par manquement aux règles d'hygiène et de sécurité édictées pour assurer la sécurité

1. *D.* 1914, 1, 65.
2. Cass. Crim., 19 mars 1985, *Bull. Crim.* n° 113.

des travailleurs[1]. Le préjudice né de la mise en examen d'un membre du syndicat est insuffisant[2].

(391) À leur tour, ***les ordres professionnels*** se sont vu reconnaître le droit d'agir. Un ordre professionnel est un organisme qui représente une profession, la défend, mais aussi organise sa discipline interne et édicte une réglementation qui lui est propre, d'ordre déontologique. Il existe des ordres pour les avocats, les notaires, les médecins, les sages-femmes, les kinésithérapeutes, etc. La loi est intervenue pour certains d'entre eux (par ex. l'Ordre des médecins ; Code de la santé publique, art. L. 4122-1) mais pas pour d'autres (notaires). La jurisprudence a alors donné à ces derniers un tel droit[3].

Là encore, les intérêts de la profession doivent être atteints. Par exemple, l'Ordre des pharmaciens ne pouvait se prévaloir de la vente de produits illicites par l'un d'eux, lequel ne portait qu'indirectement atteinte à leurs intérêts[4]. Par contre, a été tenu pour porter atteinte à la profession d'avocats le fait, pour une personne non avocate, d'avoir réalisé des consultations et rédigé des actes juridiques[5].

(392) Pour ce qui concerne ***les associations***, en revanche, la jurisprudence n'est pas du tout aussi favorable. Cela paraît logique : celles-ci ne sont pas des groupements réglementés comme les syndicats et les ordres ; elles sont très faciles à créer et extrêmement nombreuses. Leur ouvrir le droit de se constituer partie civile pour défendre des intérêts collectifs signifierait engorger les juridictions, paralyser sans doute la justice pénale et, souvent, dans des situations injustifiées, dilatoires ou fantaisistes. D'où une réponse négative de principe apportée très tôt par la jurisprudence[6].

Elles ont toutes, naturellement, le droit de défendre leurs intérêts propres en tant que personne morale (L. 1er juillet 1901, art. 6). Cependant, par exception, la loi a autorisé certaines associations à défendre des intérêts collectifs spécifiques. Le lecteur trouvera l'essentiel de ces exceptions, tout de même assez nombreuses, aux articles 2-1 à 2-24 du Code de procédure pénale. Il existe d'autres textes dans des Codes spéciaux (par ex. Code de l'action familiale et sociale, art. L. 211-3, pour ce qui concerne les unions nationales et départementales d'associations familiales, C. consom., L. 621-1 par les associations de consommateurs).

(393) Ces articles ne donnent pas ce droit à une association désignée nominativement. Ils désignent un intérêt spécifique et fixent ensuite **les conditions**, pour chacun, que devront remplir les associations qui voudraient agir. Il s'agit **en général** :

1. Cass. Crim., 11 oct. 2005, *Bull. Crim.* n° 254 ; *D.* 2005. IR. 2821 ; CA Pau, 21 févr. 2008, n° 07/00673. À défaut d'une violation aux règles d'hygiène et de sécurité, l'action civile du syndicat n'est pas recevable, Cass. Crim. 4 févr. 1998, pourvoi n° 97-81.140.
2. Cass. Crim., 10 mai 2011, pourvoi n° 10-84.037, *AJ pénal* 2011, p. 525 obs. J. Lasserre Capdeville.
3. Par exemple pour les notaires : Cass. Crim., 4 nov. 1991, *Bull. Crim.* n° 391.
4. Cass. Crim., 12 février 2002, *Bull. Crim.* n° 27.
5. Cass. Crim., 8 juin 1995, *Bull. Crim.* n° 211 ; Cass. Crim., 5 nov. 1997, *Bull. Crim.* n° 377.
6. Cass. Crim., 18 octobre 1913, *Comité bordelais de vigilance pour la protection morale de la jeunesse*, *S.* 1920, 1, 321.

– d'être régulièrement constitué depuis au moins cinq ans ;

– d'avoir pour objet de combattre tel ou tel fléau spécialement défini et délimité par la loi et pour ce qui concerne les articles 2-1 et suivants : racisme, violences sexuelles, enfance en danger, crimes contre l'humanité, intérêts de la Résistance, discriminations contre des catégories de personnes (sexe, mœurs, situation de famille, personnes malades ou handicapées...), lutte contre l'exclusion sociale ou culturelle ou la grande pauvreté, anciens combattants, lutte contre la délinquance routière, protection des animaux, défense de la langue française, défense des victimes d'accidents collectifs, lutte contre la toxicomanie ou le trafic de stupéfiants, lutte contre les sectes, défense des victimes d'accidents du travail, défense des locataires, propriétaires et bailleurs, étude et protection archéologiques, lutte contre la traite des êtres humains et l'esclavage, lutte contre la corruption, l'assistance des étudiants et élèves d'établissements d'enseignement victimes de bizutage, lutte contre l'habitat insalubre.

Une exception : les associations défendant les intérêts des élus municipaux n'ont qu'à s'affilier à l'Association des maires de France (C. pr. pén., art. 2-19).

(394) Cela fait beaucoup d'intérêts collectifs encore que l'on aurait pu songer à d'autres encore : défense de la santé, de l'environnement, des intérêts de l'enfance, pas nécessairement en danger (action préventive), petits porteurs...

Si le législateur a admis ces exceptions, c'est qu'il a vu dans ces groupements et ces causes l'idée d'un soutien, dans ces domaines, à l'action du parquet. Ainsi, le législateur a-t-il octroyé à certaines associations un droit par voie d'action sans autre condition. Ces associations sont alors érigées en « substituts extérieurs »[1] au parquet, voire en quasi ministère public[2]. D'autres associations ne peuvent qu'intervenir à la procédure, mais alors elles renforcent l'action répressive. Certaines ont besoin de l'accord préalable de la victime directe pour agir, d'autres non. En revanche, il ne peut être nié que l'action des associations permet souvent la reconnaissance des droits des victimes et leur apporte un soutien précieux dans une procédure pénale parfois difficile à comprendre ou à supporter.

Enfin, depuis la loi du 18 novembre 2016, **toute fondation** reconnue d'utilité publique peut exercer les droits reconnus à la partie civile dans les mêmes conditions et sous les mêmes réserves que l'association mentionnée au présent article.

En revanche, suite à l'affaire d'Uzbin dans laquelle la Cour de cassation avait admis la constitution de partie civile des familles de soldats français morts en Afghanistan dans le cadre d'une plainte[3], la loi n° 2013-116 du 18 décembre 2013 est venue empêcher toute action civile par voie d'action lorsque les faits en cause ont été commis par un militaire français dans le cadre de sa mission (C. pr. pén., art. 698-2), ce qui n'est pas sans poser problème du point de vue du droit à un recours même si d'un point de vue symbolique, cela signifie qu'un militaire mort au combat n'est pas une victime.

---

1. S. Guinchard, J. Buisson, *Procédure pénale*, *op. cit.* n° 1123.
2. F. Casorla, « La victime et le juge pénal », *Rev. pénit. dr. pén.* 2003, p. 639.
3. Cass. Crim., 10 mai 2012, n° 12-81.197, *RSC* 2012, p. 353, obs. P.-J. Delage.

Titre 2.
L'établissement des faits

La procédure pénale obéit à des règles de preuve qui se distinguent fortement des autres droits processuels (*Chapitre 1*). Des acteurs spécifiques sont chargés de l'établissement des faits, tantôt dans le cadre d'une enquête (*Chapitre 2*), tantôt dans le cadre d'une instruction (*Chapitre 3*).

Chapitre 1

Les règles de preuve

La matière pénale se distingue à la fois quant aux règles régissant la charge de la preuve (*Section 1*) et à celles régissant les modes de preuve (*Section 2*).

Section 1
LA CHARGE DE LA PREUVE

Dès lors qu'une personne est poursuivie en matière pénale s'applique une règle fondamentale, celle de la présomption d'innocence. En revanche, si cette personne invoque des causes d'irresponsabilité, la charge de la preuve de celles-là pèse sur elle. Par ailleurs, à certaines conditions, des présomptions de culpabilité sont retenues en droit positif.

I. Principe : présomption d'innocence

I.1. La preuve de l'infraction incombe à l'auteur des poursuites

(395) La notion de présomption d'innocence recouvre deux acceptions : ce peut être une règle de fond comme une règle de forme.

En tant que **règle de fond**, elle est un droit subjectif qui s'impose à tous. Elle vise notamment à protéger la personne non encore jugée définitivement contre des jugements de valeur sur sa culpabilité, que ce soit par les magistrats, les autorités politiques ou la presse.

En tant que **règle de forme**, elle est précisément une présomption : elle indique sur qui va peser la charge de la preuve. Au cours du procès pénal, elle va peser sur le ministère public ; c'est sous cet aspect qu'elle nous intéresse ici.

(396) Elle se fonde sur de nombreux textes, internes comme supranationaux. Sur le plan interne, elle repose d'abord sur **l'article préliminaire** du Code de procédure pénale, qui dispose au **paragraphe III** que : « *Toute personne suspectée ou poursuivie est présumée innocente tant que sa culpabilité n'a pas été établie* » et ajoute que « *Toutes les atteintes à sa présomption d'innocence sont prévues, réparées et réprimées*

dans les conditions prévues par la loi. » La loi vise ici les deux aspects de la présomption d'innocence : règle de procédure ; règle de fond.

C'est uniquement en tant que règle de fond que, de manière plus ancienne, **l'article 9-1 du Code civil** disposait depuis la loi du 4 janvier 1993, modifiée par celle du 24 août 1993 puis rétablie en 2000 dans sa version d'origine, que « *lorsqu'une personne est présentée publiquement avant toute condamnation, comme coupable de faits faisant l'objet d'une enquête ou d'une procédure judiciaire, le juge peut, même en référé, ordonner toutes mesures, telles que l'insertion d'une rectification ou la diffusion d'un communiqué aux fins de faire cesser l'atteinte à la présomption d'innocence* ».

(397) Sur le plan conventionnel, la présomption d'innocence est prévue aux articles :

– **11-1 de la Déclaration universelle** des droits de l'homme de 1948 : « Toute personne accusée d'un acte délictueux est présumée innocente jusqu'à ce que sa culpabilité ait été légalement établie au cours d'un procès public où toutes les garanties nécessaires à sa défense lui seront assurées » ;

– **14.2 du Pacte international** sur les droits civils et politiques de 1966 : « Toute personne accusée d'une infraction pénale est présumée innocente jusqu'à ce que sa culpabilité ait été légalement établie » ;

– **6-2 de la Convention EDH** : « Toute personne accusée d'une infraction est présumée innocente jusqu'à ce que sa culpabilité ait été légalement établie. »

(398) Il faut signaler que le Conseil constitutionnel a reconnu la **valeur constitutionnelle** du principe de présomption d'innocence, en sorte que la loi ne peut y porter atteinte[1]. La présomption d'innocence est en effet visée à **l'article 9 de la Déclaration des droits de l'homme de 1789** : « *Tout homme étant présumé innocent jusqu'à ce qu'il ait été déclaré coupable, s'il est jugé indispensable de l'arrêter, toute rigueur qui ne serait pas nécessaire pour s'assurer de sa personne doit être sévèrement réprimée.* » Le Conseil constitutionnel en déduit bien que la charge de la preuve pèse sur l'accusation. Il en va de même pour le juge européen, qui exige des preuves suffisantes de culpabilité[2] et rattache par ailleurs la présomption d'innocence aux règles du procès équitable[3].

I.2. Détermination de la partie poursuivante

(399) La partie chargée de la démonstration de la culpabilité est naturellement le **ministère public.** Cependant, en présence d'une victime, il est de fait aidé par celle-ci, qui va apporter ses propres éléments de preuve allant naturellement dans le sens de l'accusation. Pour autant, la charge de la preuve de la culpabilité ne pèse naturellement pas sur la partie civile.

Concrètement, la présomption d'innocence suppose, à l'inverse, que le prévenu n'a pas en principe à apporter la preuve de son innocence. Cependant, en pratique, il serait fort mal inspiré d'attendre passivement de la justice qu'elle l'établisse.

1. Déc. des 19 et 20 janvier 1981, DC n° 80-127.
2. CEDH, 6 déc. 1988, *Barbera, Messegue et Jabardo c/ Espagne*, Série A, n° 146.
3. CEDH, 23 avr. 1998, *Bernard contre France, Jcp* 1999, I, 105, obs. F. Sudre, *RSC* 1999, p. 404, obs. R. Koering-Joulin.

I.3. Détermination de l'objet de la preuve

(400) L'objet de la preuve a été **défini** comme suit **par la Cour de cassation** : « *tous les éléments constitutifs de l'infraction et... absence de tous les éléments susceptibles de la faire disparaître* »[1]. De cette délimitation ressort donc la nécessité, pour l'accusation, d'apporter la preuve de plusieurs éléments. Il s'agit en premier lieu de la preuve de l'infraction, laquelle se découpe à son tour, concrètement, en deux éléments classiques (voire trois) : d'une part l'élément légal, d'autre part l'élément matériel et enfin, lorsque cela est légalement requis, l'élément moral.

La Cour de cassation exige par ailleurs la recherche objective portant aussi sur des éléments contraires.

A. Preuve de l'élément légal

(401) La preuve de l'élément légal consiste dans le visa du texte, législatif ou réglementaire, selon le cas, qui donne aux faits leur qualification pénale et répréhensible. Il est sans doute exagéré de parler ici de « preuve » : il s'agit plus simplement de fournir la base juridique de la poursuite et ultérieurement, le cas échéant, de la condamnation. Cependant, cet élément est naturellement indispensable.

Il arrive couramment que les faits dont font état les victimes, lorsqu'elles agissent sans être assistées par un conseil, ne correspondent pas en réalité à une infraction pénale.

B. Preuve de l'élément matériel

(402) Il est plus adéquat de parler de preuve dans le cas de l'élément matériel, qui est le cœur de la charge de la preuve. L'élément matériel est le fait, tenant en une commission ou une abstention qui correspond aux **éléments constitutifs**, voire, pour certaines qualifications, aux conditions préalables, de l'infraction. Il faut donc apporter la démonstration que ces faits ont été réalisés. Ce sera généralement aisé puisqu'il suffit d'en opérer le constat, sauf dans certaines situations, comme l'homicide prétendu d'une personne dont le corps n'est pas retrouvé, ou encore d'une personne dont l'autopsie ne permet pas d'établir avec certitude les causes de la mort.

(403) La preuve de l'élément matériel porte, en second lieu, sur le lien entre les faits et telle personne que l'on entend poursuivre. C'est la preuve de **l'imputation des faits**. C'est naturellement sur ce plan que les choses sont les plus complexes : le cambriolage d'un appartement sera raisonnablement démontré par l'effraction et le désordre des lieux, mais sa commission par tel ou tel devra résulter quant à elle d'indices, témoignages, traces ou prélèvements, qui seront collectés dans le cadre de l'enquête.

C. Preuve de l'élément moral

(404) Rappelons que l'élément moral est requis en toutes circonstances en matière criminelle et ordinairement en matière correctionnelle (C. pén., art. 121-3).

Sa preuve est en principe également apportée par la partie poursuivante. Cependant, en pratique, les juges la déduisent le plus souvent des faits de la

1. Cass. Crim., 29 mai 1980, *Bull. Crim.* n° 164.

cause et, plus particulièrement, de l'élément matériel tel qu'il a été défini au point précédent. La Cour de cassation n'est donc pas très exigeante : il suffit que les juges du fond fassent mention de ce constat de l'élément moral.

(405) Rappelons en outre que l'élément moral n'est pas le mobile, sauf cas particulier (not. infraction de terrorisme : C. pén., art. 421-1).

Pour certaines infractions, la loi requiert cependant la preuve d'une intention spéciale : par exemple, la volonté de tuer dans l'homicide (C. pén., art. 221-1[1]). En pareil cas, l'exigence probatoire sera plus grande à l'endroit de l'accusation.

D. Preuves contraires

(406) La formule précitée utilisée par la Cour de cassation invitait par ailleurs à considérer que la preuve portait aussi en principe sur **les éléments opposés à la culpabilité** du prévenu.

Cela signifie que le ministère public, de même que les enquêteurs, sous son contrôle le plus souvent, doivent porter leur attention non seulement sur les éléments matériels, les « pistes » pointant en direction du prévenu, mais également sur d'autres éléments, d'autres orientations pouvant au contraire l'innocenter. S'il n'est généralement pas évoqué pour autant qu'ils enquêtent à charge et à décharge, comme cela est supposé être le cas du juge d'instruction, cela signifie indubitablement, en revanche, que sont requis de leur part une objectivité et un professionnalisme inattaquables.

La formule de la Cour de cassation invite sans doute aussi le ministère public à écarter, avant de poursuivre, les causes excluant la possibilité de poursuivre : prescription, décès, etc.

(407) **L'adage *in dubio pro reo*** signifie que le doute, en principe, profite au prévenu. Le respect de ce principe ainsi que de celui de la présomption d'innocence fait notamment l'objet du serment des jurés de cour d'assises, puisqu'ils doivent jurer de se « *rappeler que l'accusé est présumé innocent et que le doute doit lui profiter* » (art. 304 C. pr. pén.). Cependant, en pratique, le juge n'exige pas toujours une preuve absolue de culpabilité : il juge en son intime conviction et peut être convaincu par divers éléments, sans avoir pour autant une certitude totale. Inversement, la chambre criminelle a pu approuver une juridiction du fond qui avait retenu que « *en dépit des charges relevées contre les prévenus, il n'en subsiste pas moins un doute sérieux sur leur culpabilité, qui doit leur bénéficier* »[2] une solution qui n'est cependant pas représentative de la pratique.

(408) Soulignons aussi que le **juge européen déduit de l'article 6** et, plus précisément, à la fois de la règle du procès équitable et de celle de la présomption d'innocence, un principe tiré des droits anglo-saxons, selon lequel on ne saurait contraindre une personne à s'incriminer elle-même[3]. Cette règle est par ailleurs expressément mentionnée à l'article 14-3-g du **Pacte international**, qui vise le droit pour la personne accusée d'une infraction pénale « *à ne pas être forcée de*

1. Disposition qui vise « le fait de donner volontairement la mort à autrui ».
2. Cass. Crim., 21 mars 1990, *Bull. Crim.* n° 125.
3. *Cf.* not. CEDH, 25 fév. 1993, *Funke c/ France*, req. n° 10828/84 ; 8 févr. 1996, *John Murray c/ Royaume-Uni*, *Rec.* 1996-I.

témoigner contre elle-même ou de s'avouer coupable » ou encore à l'article 55 du Statut de la CPI. La Cour EDH interdit notamment de forcer quelqu'un par la contrainte à fournir des preuves l'accusant, ainsi que de tirer argument de son seul silence[1].

II. Atténuation : preuve des causes d'exonération

(409) Par exception au principe selon lequel la charge de la preuve pèse sur la partie poursuivante, celle-ci est déplacée sur la partie poursuivie chaque fois qu'elle invoque une cause de nature à l'exonérer. Il s'agit de l'application à la matière pénale de la règle générale de procédure : *reus in excipiendo fit actor*. Cela s'applique le plus souvent aux **causes d'irresponsabilité** que le prévenu pourrait invoquer pour échapper à une condamnation pénale : contrainte, légitime défense, erreur de droit, etc.

(410) L'auteur de l'infraction devrait aussi apporter la démonstration de ce qu'il peut prétendre aux **causes d'exemption ou d'atténuation de peine**, désormais largement prévues en matière pénale, spécialement pour ce qui concerne la délinquance organisée. Il devrait concrètement apporter la preuve de ce que l'ensemble des éléments requis pour leur bénéfice est réuni (dénonciation à l'autorité administrative ou judiciaire, prévention de la commission de l'infraction, etc.).

III. Exception : les présomptions de culpabilité

En opposition directe au principe de présomption d'innocence, sont parfois créées des présomptions de culpabilité qui vont contraindre le prévenu à apporter la preuve de son innocence. Leur licéité a pu cependant être admise (A), il est vrai dans des domaines limités (B).

III.1. La licéité des présomptions de culpabilité

(411) Pour justifier de la possibilité même d'instaurer des présomptions de culpabilité, la doctrine évoque parfois le caractère relatif de la présomption d'innocence[2]. Il est vrai que ces présomptions ne paraissent pas soulever de difficultés sur le plan constitutionnel comme conventionnel. La loi pénale peut donc logiquement les instaurer.

(412) **Sur le plan constitutionnel**, le Conseil constitutionnel a posé dans sa décision du 16 juin 1999, *Sécurité routière*[3], à propos de la présomption selon laquelle le propriétaire d'un véhicule terrestre à moteur est l'auteur de l'infraction commise au volant de celle-ci, que s'il résulte en effet de l'article 9 de la Constitution que l'on ne peut instituer des présomptions de culpabilité, à titre exceptionnel cela est admissible. Il en allait ainsi en matière de contraventions, dès lors que la présomption n'était pas irréfragable.

1. *Cf.* les célèbres arrêts, CEDH, 27 nov. 2008, *Salduz c/ Turquie, req.* n° 36391/02 ; CEDH, 13 oct. 2009 *Dayanan c/ Turquie, req.* n° 7377/03 ; CEDH, 14 oct. 2010, *Brusco c/ France*, req. n° 1466/07.
2. *Cf.* E. Guilhermont, *La présomption d'innocence dans le discours doctrinal*, th. Perpignan, 2006.
3. Cons. Const., déc. n° 99-411 DC du 16 juin 1999.

(413) Antérieurement, la Chambre criminelle avait également admis que des présomptions n'étaient pas nécessairement contraires à **l'article 6 de la Convention EDH**[1]. Il s'agissait d'une présomption établie par l'article 396 du Code des douanes pesant sur le commissionnaire en douanes. Elle avait admis sa licéité, dès lors que le texte en cause prenait « *en compte la gravité de l'enjeu* » et laissait par ailleurs « *entiers les droits de la défense* », une formule empruntée à la jurisprudence de la Cour EDH dans un arrêt du 7 octobre 1988 concernant précisément la France et le Code des douanes (cette fois dans l'art. 392-1)[2]. Pourtant, le commissionnaire en douane, doit bel et bien prouver son innocence, alors même qu'il n'est pas établi à son encontre d'élément matériel de commission de l'infraction.

(414) En conclusion, il ressort de cette jurisprudence que des présomptions de culpabilité sont admissibles dès lors que :

– elles ont un caractère exceptionnel ;
– elles ne sont pas irréfragables ;
– elles portent sur des enjeux suffisamment graves ;
– elles préservent les droits de la défense.

III.2. La détermination des présomptions

(415) Il n'est pas possible d'évoquer ici la totalité des présomptions existantes en droit positif. Elles sont en effet relativement nombreuses, malgré l'exigence posée par le Conseil constitutionnel qu'elles demeurent exceptionnelles. Trop, sans doute et dans des domaines pour lesquels la difficulté probatoire ou encore la masse des infractions en cause a servi de fondement au législateur et non pas toujours, manifestement, la gravité de l'enjeu, élément requis par la jurisprudence précitée. Il reste néanmoins difficile d'admettre que ces présomptions peuvent se voir à la fois justifiées par la faible de gravité et à l'inverse par l'excès de gravité des comportements visés. Nous évoquerons ici seulement quelques exemples de présomptions portant tantôt sur l'élément matériel, tantôt sur l'élément moral.

A. Exemples de présomptions portant sur l'élément matériel

(416) Citons ici, d'une part, deux exemples tirés du Code pénal et, d'autre part, deux exemples tirés du Code des douanes.

S'agissant du **Code pénal**, citons :

– **l'infraction de proxénétisme**, visée à l'article 225-6 du Code pénal, notamment présumée commise par la personne qui ne peut « justifier de ressources correspondant à son train de vie tout en vivant avec une personne qui se livre habituellement à la prostitution ou tout en étant en relations habituelles avec une ou plusieurs personnes se livrant à la prostitution ». Relevons que cette formule a notamment été étendue au terrorisme par la loi n° 2003-239 du 18 mars 2003 (C. pén., art. 421-2-3) ;

1. Cass. Crim., 10 fév. 1992, *Bull. Crim.* n° 62.
2. CEDH, *Salabiaku c/ France*, 7 oct. 1988, *RTDH* 1989, p. 167, obs. Cohen-Jonathan, *RSC*, 1989, p. 16, obs. Pettiti et Teitgen, *Clunet* 1989, p. 829, obs. Rolland et Tavernier.

– ***le recel***, ordinairement visé à l'article 321-6 du Code pénal, est également constitué, sous une forme aggravée, par la personne qui a autorité sur l'auteur, mineur, d'un crime ou d'un délit et qui ne peut justifier de ses ressources (C. pén., art. 321-6-1).

(417) S'agissant du **Code des douanes**[1], citons :

– la présomption d'introduction en contrebande ou de sortie sans acquittement des droits afférents pour des marchandises prohibées, dès lors que ces dernières sont saisies dans le rayon douanier sans titre valable (C. douanes, art. 2 *ter*, armes et explosifs ; art. 215, marchandises dangereuses pour la santé, la sécurité ou la moralité publiques, contrefaçons, marchandises prohibées au titre d'engagements internationaux ; art. 215 *bis,* marchandises d'origine médicale ou humaine, représentations d'un mineur à caractère pornographique ; art. 215 *ter*, biens culturels ou trésors nationaux ; art. 426, marchandises prohibées)[2] ;

– la présomption portant sur les **commissionnaires en douanes** agréés à raison des opérations dont ils ont la charge (C. douanes, art. 396, qui limite toutefois l'application des peines d'emprisonnement aux seules fautes personnelles).

– S'agissant du **Code de la Route**.

– Selon les articles L. 121-2 et L. 121-3 du Code de la route, le titulaire de la carte grise d'un véhicule est présumé responsable des infractions :

– relatives au stationnement ;

– d'excès de vitesse d'acquittement des péages ;

– de dépassement des vitesses maximales autorisées ;

– de violation des distances de sécurité entre les véhicules ;

– de violation des textes relatifs à l'usage des voies et chaussées réservées à certaines catégories de véhicules ;

– de violation des textes relatifs à la signalisation imposant l'arrêt des véhicules.

– Lorsque la carte grise est établie au nom d'une personne morale, la responsabilité pécuniaire incombe à son représentant. Le cas échéant, cette présomption pèse aussi sur le locataire, ou l'acquéreur.

– L'intention peut elle aussi se voir présumée.

La jurisprudence précise néanmoins que le Code de la route ne pose aucune présomption de culpabilité mais seulement une présomption de responsabilité pécuniaire. Le propriétaire du véhicule doit s'acquitter des amendes et peut les contester s'il démontre qu'il n'était pas au volant. En revanche, il ne peut être déclaré coupable, aucun point ne peut lui être retiré de son permis s'il n'est pas établi par l'accusation qu'il était en train de conduire. Il est nécessaire par exemple que la photographie du radar permette son identification[3].

---

1. G. Roussel, « Les originalités du droit pénal douanier », *AJ pénal* 2009, p. 201.
2. Pour la censure d'un arrêt de cour d'appel voulant renverser le renversement de la charge de la preuve, Cass. Crim., 22 oct. 2008, pourvoi n° 08-80.843, *AJ pénal* 2009, p. 33, obs. G. Roussel.
3. Cass. Crim., 7 déc. 2011, n° 11-85.020 ; 18 sept. 2012, n° 10-88.027 ; 29 mai 2013, n° 12-85.303.

B. Exemples de présomptions portant sur l'élément moral

(418) Elles ne sont pas nombreuses. Sans surprise, c'est une fois de plus dans un domaine largement exorbitant du droit commun, le droit douanier, que l'on en trouve. **L'article 399** du **Code des douanes**, qui vise le fait pour des personnes ayant participé comme intéressés d'une manière quelconque à un délit de contrebande ou à un délit d'importation ou d'exportation sans déclaration, désigne comme « réputées *intéressées* » différentes catégories de personnes dont la liste est encore étendue par l'article 400 du Code des douanes.

Section 2 LES MODES DE PREUVE

Le droit français a abandonné depuis longtemps le système moyenâgeux de la preuve légale[1]. C'est la règle inverse de la liberté qui prévaut (I). Cependant, cette liberté connaît des limites tenant à la légalité ainsi qu'à la loyauté (II) de la preuve et des atténuations du fait de la force probante particulière de certains procès-verbaux (III).

Nota : nous étudierons ici uniquement les principes gouvernant les modes de preuve, car les modalités de leur établissement seront examinées à l'occasion de l'étude des enquêtes ainsi que de l'instruction.

I. Le principe général de la liberté des preuves

I.1. Fondements

(419) **En opportunité**, le principe général de la liberté de la preuve repose d'abord sur le constat de ce qu'il est naturellement impossible, tant à l'accusation qu'aux victimes, de se préconstituer des preuves. Il repose en second lieu sur le caractère d'ordre public de la répression pénale : celle-ci est réputée viser la protection de la sécurité des personnes et des biens, intérêts naturellement supérieurs au nom desquels il peut apparaître souhaitable de ne pas faire preuve de restrictions ou exigences formelles trop lourdes.

(420) **Sur le plan textuel**, la liberté de la preuve est visée à **l'article 427 alinéa 1** du Code de procédure pénale en ces termes : « *Hors les cas où la loi en dispose autrement, les infractions peuvent être établies par tout mode de preuve.* » Pour la matière contraventionnelle, il est renvoyé à cette règle (C. pr. pén., art. 536), qui a été prévue en matière correctionnelle. Elle est plus généralement tenue pour s'appliquer à toute la matière pénale.

1. *Cf.* A. Laingui, A. Lebigne, *Histoire du droit pénal*, t. 2, *La procédure criminelle*, Cujas, 1979 ; J.-M. Carbasse, *Histoire du droit pénal et de la justice criminelle*, PUF, 2000.

I.2. Conséquences

Le principe de la liberté de la preuve entraîne un certain nombre de conséquences.

A. Liberté des modes de preuve

(421) Le principe de la liberté de la preuve **permet** en premier lieu **de se fonder sur tous modes de preuve**. Il en va ainsi des témoignages, des indices matériels, des procès-verbaux établis par les OPJ ou APJ, de l'aveu, des éléments apportés par la police scientifique. Pour l'essentiel, les preuves consistent en des aveux, témoignages. La preuve scientifique se développe toutefois en France ces dernières années.

(422) **L'aveu** consiste, pour une personne, à reconnaître avoir commis une infraction. Comme en procédure civile, il convient de distinguer entre :

– l'*aveu judiciaire*, qui est connu des juges directement et est fait en justice ;

– l'*aveu extra-judiciaire*, qui est connu des juges indirectement, fait devant des tiers et émanant d'un écrit du prévenu ou de l'enregistrement de ses propos.

En principe, compte tenu de la liberté des modes de preuve, il n'y a pas de différence de valeur probante entre les deux formes d'aveu, ni d'ailleurs entre l'aveu et les autres modes de preuve. Cependant, en pratique, il est indéniable que les juges accordent une importance supérieure à l'aveu fait devant eux qu'à celui qui a été recueilli de manière indirecte.

Longtemps considéré comme la reine des preuves, l'aveu, par ailleurs, n'est pas toujours sûr :

– il n'est pas rare que des personnes avouent et se rétractent ensuite ;

– certaines personnes (malades mentaux, ivrognes, etc.) avouent volontiers des faits dont elles sont innocentes.

(423) **Les *témoignages* sont :** la déclaration de faits, dont une personne a eu connaissance indirectement ou, de préférence, directement, à un juge ou un officier de police judiciaire.

Leur caractère peu fiable est connu. Le témoin peut être malhonnête, avoir des préjugés, être distrait, myope, etc. En tout état de cause, les souvenirs, s'estompent et se déforment rapidement. Malgré cela, le témoignage est souvent pris très au sérieux. Ainsi la Cour européenne des droits de l'homme admet-elle qu'un témoignage puisse constituer la preuve unique ou déterminante d'une condamnation pénale dès lors qu'il est contrebalancé par de solides garanties procédurales[1].

(424) Il est parfois **obligatoire de révéler les faits** dont on a été le témoin, sous peine de sanctions pénales. Il en est ainsi en cas de :

– *devoir de dénoncer*, par exemple en cas de connaissance d'un crime, alors qu'il est encore possible d'en limiter les effets ou de prévenir la récidive (C. pén., art. 434-1 et 434-2) ou en cas de connaissance de certaines infractions à l'encontre de mineurs de 15 ans (C. pén., art. 434-3) ;

---

1. CEDH, gde ch., 15 déc. 2011, req. n° 26766/05 et 22228/06, *Al-Khawaja et Tahery c/ Royaume-Uni*.

– *devoir de révéler des faits* dont on a connaissance. C'est notamment le cas pour la personne qui a déclaré publiquement connaître les auteurs d'un crime ou d'un délit (C. pén., art. 434-12) ou celle qui a la preuve de l'innocence d'une personne détenue (C. pén., art. 434-11) ;

– *devoir de déposer*, lorsque le témoin identifié comme tel est convoqué par le juge d'instruction (C. pr. pén., art. 109, al. 1 et 153, al. 1); la juridiction de jugement (C. pr. pén., art. 326, al. 2, 438 et s. et 536).

Toutefois, lorsqu'un témoin est convoqué par la police judiciaire, il est tenu de comparaître, mais point de déposer (C. pr. pén., art. 61).

(425) Il est parfois interdit de témoigner :

– du fait d'une *incompatibilité*

Cette incompatibilité est relative et propre aux affaires dont une personne a eu connaissance, dans l'exercice de ses fonctions, en raison du risque de partialité, pour : l'interprète (C. pr. pén., art. 344 et 407, al. 3) et, par extension, pour le greffier, le juge et le juré.

Elle est absolue pour les parties (partie civile : C. proc. pén. art. 335, 6° ; mis en examen et prévenu[1]) ;

– du fait d'une *incapacité*

Cette incapacité est relative et propre à la procédure en cause, en raison du risque de partialité, pour les ascendants, les descendants, les alliés au même degré, les conjoints (y compris après le divorce)[2]. Toutefois, elle ne joue alors qu'au stade du jugement.

Elle est absolue pour :

– les mineurs de moins de seize ans (C. pr. pén., art. 335, 7°) ;

– les condamnés privés de droits civiques, civils et de famille (article 131-26-4, C. pén.).

En ce cas, elle joue à tous les stades de la procédure.

La personne frappée d'incapacité de témoigner peut cependant être entendue à titre de simple renseignement (elle n'a pas à prêter serment). Elle pourrait même prêter serment dès lors que personne ni le ministère public, ni l'une des parties ne s'y opposerait (C. pr. pén., art. 336). Il ne serait ensuite pas possible à l'une d'elles d'invoquer la violation de l'article 6 de la Convention EDH dès lors qu'elle ne se serait pas opposée à cette prestation[3].

(426) Le recueil des témoignages se fait sous forme de déposition. À partir du stade de l'instruction (C. pr. pén., art. 103 et 153), le témoin doit prêter serment : il jure « de dire toute la vérité, rien que la vérité ». À défaut de dire la vérité, il encourt les sanctions prévues pour témoignage mensonger (C. pén., art. 434-13 et 434-14).

---

1. Cass. Crim., 29 nov. 1989, *Bull. Crim.* n° 455 ; 15 janv. 1975, *Bull. Crim.* n° 18, *RSC* 1975.1029 ; 4 mai 1977, *Bull. Crim.* n° 156.

2. Art. 335, 448 et 536 C. pr. pén.

3. Cass. Crim., 29 nov. 1989, *Bull. Crim.* n° 455 ; 15 janv. 1975, *Bull. Crim.* n° 18, *RSC* 1975.1029 ; 4 mai 1977, *Bull. Crim.* n° 156.

(427) **La preuve scientifique**

Indices, traces, constatations matérielles recueillies par les enquêteurs ou les magistrats sont naturellement des preuves de choix. Le principe de la liberté de la preuve ne permet cependant pas, en principe, de leur accorder une **valeur probante** supérieure.

Les progrès réalisés en matière **criminalistique**, dont la diffusion en France a longtemps été trop lente[1], permettent toutefois d'affirmer que les preuves dites scientifiques (empreintes génétiques, balistique, médecine légale, etc.) ont en pratique un pouvoir de conviction des magistrats plus puissant.

(428) Lorsque l'indice matériel ne peut être obtenu qu'au moyen **d'un prélèvement sur le corps d'une personne** (sang, urine, cheveu, tissu), celle-ci doit s'y soumettre dans un certain nombre de cas.

Ainsi les articles 55-1, pour l'enquête de flagrance, 76-2, pour l'enquête préliminaire et sur commission rogatoire, 154-1 du Code de procédure pénale, prévoient-ils, depuis la loi n° 2003-239 du 18 mars 2003, que les OPJ peuvent procéder ou faire procéder sous leur contrôle à « *la réalisation d'examens techniques et scientifiques de comparaison avec les traces et indices prélevés pour les nécessités de l'enquête* », dans le cas de personnes contre lesquelles il existe un ou plusieurs indices plausibles laissant soupçonner qu'elles ont participé à la commission de l'infraction.

Le refus de s'y soumettre fait encourir une peine d'un an d'emprisonnement et de 15 000 euros d'amende. Il peut s'agir de prise d'empreintes mais aussi de prélèvements en vue d'analyses ADN. Cette règle n'a pas été jugée contraire à la Constitution[2]. Suite à la condamnation, le prélèvement aura lieu sur réquisition du parquet qui dispose d'un délai d'un an pour agir (C. pr. pén. et R. 53-21)[3].

(429) Ce sont directement des **prélèvements biologiques** qui sont visés par l'article 706-56 du Code de procédure pénale. Ces textes autorisent les OPJ à les effectuer ou à les faire effectuer, s'agissant de personnes suspectées d'être auteurs des infractions visées à l'article 706-55 (infractions sexuelles visées à l'article 706-47 et crimes d'une haute gravité comme le crime contre l'humanité, les tortures et actes de barbarie, le trafic de stupéfiants, etc.). Si celles-ci ne se soumettent pas au prélèvement biologique ou tentent de substituer à leur matériel biologique celui de quelqu'un d'autre, avec ou sans l'accord de celui-ci, elles encourent une peine de trois ans d'emprisonnement et de 45 000 euros d'amende. Lorsque cette opposition est commise par un condamné, il a été prévu qu'elle entraîne en plus, de plein droit, le retrait de la totalité des réductions de peine de toute nature (crédits de réduction de peine, réductions supplémentaires et exceptionnelles de peine) dont il a pu bénéficier. Par ailleurs, il ne pourra plus en obtenir par la suite, ce qui va allonger sensiblement la durée effective de la peine qu'il va purger.

Les progrès de la preuve génétique ont permis des avancées indéniables pour identifier des auteurs d'infractions ou innocenter des personnes injustement soupçonnées. Il n'empêche, l'ADN n'a pas supplanté l'aveu comme reine des

---

1. A. Buquet, *Manuel de criminalistique moderne et de police scientifique*, PUF, 5e éd., 2011.
2. Cons. Const., déc. n° 2003-467 DC du 13 mars 2003.
3. Cass. Crim., 17 juin 2014, n° 13-80-314, RSC 2014-587, note J. Danet.

preuves. Au contraire, la preuve génétique est souvent utilisée pour faire avouer la personne suite à la découverte de son ADN sur les lieux de l'infraction, le corps de la victime ou encore un objet. Elle est donc utilisée comme facilitateur d'aveu et non comme substitutif. Toutefois, l'attrait de cette preuve a pu conduire la jurisprudence à aller très (trop) loin dans son admission de certaines recherches génétiques.

Ainsi, la Cour de cassation a-t-elle validé le recours au portrait-robot génétique[1].

Dans une affaire de viol en série, un juge d'instruction cherchait à dresser le portrait-robot du suspect à partir de son matériel génétique afin de pouvoir l'identifier et l'arrêter. Il a alors requis auprès d'un laboratoire spécialisé une expertise des traces biologiques de manière à extraire l'ADN codant afin que lui soient fournis « *tous éléments relatifs au caractère morphologique apparent du suspect* ». Or, l'article 16-10 du Code civil prohibe tout examen des caractéristiques génétiques d'une personne sauf à des fins médicales ou de recherche scientifique. Mais l'article 16-11 du même Code permet la recherche de l'identification d'une personne par ses empreintes génétiques « dans le cadre de mesures d'enquête ou d'instruction diligentées lors d'une procédure judiciaire ». La Cour de cassation a tout de même validé l'initiative du magistrat instructeur au titre de son pouvoir de recherche de la vérité posé par l'article 81. Elle s'est donc appuyée sur la finalité d'identification (art. 16-11 C. civ.) et de recherche de la vérité (art. 81 C. pr. pén.) pour contourner l'interdit de l'examen des caractéristiques génétiques (art. 16-10 C. civ.). Une telle position s'avère donc assez inquiétante du point de vue de la protection juridique du patrimoine génétique des individus. Pourtant, il n'est pas dit que les caractéristiques morphologiques révélées par l'ADN codant soient suffisamment précises pour retrouver les suspects.

B. Absence de hiérarchie prédéterminée entre les preuves

(430) Le principe de la liberté des preuves suppose, en deuxième lieu, **qu'aucune de ces preuves n'a juridiquement de supériorité par rapport aux autres.** Dans la pratique, il peut certes être attribué plus de valeur à certaines d'entre elles (notamment les preuves scientifiques), mais la loi n'établit aucune hiérarchie en la matière.

C. Liberté d'appréciation des preuves

(431) Ce principe suppose en troisième lieu **qu'une preuve peut être combattue par une autre**, qu'elle soit de même nature ou non. Ainsi un témoignage peut-il être combattu par une preuve scientifique, une preuve scientifique par un aveu et vice-versa, etc.

(432) Il appartient (c'est là une conséquence essentielle) au **juge répressif** d'apprécier souverainement l'ensemble des éléments qui lui sont apportés. Il peut rejeter certaines preuves (témoignage peu crédible, aveu passé...). Il statue sur la base de son **intime conviction**. Ce principe ne signifie pas un arbitraire absolu

1. Cass. Crim., 25 juin 2014, n° 13-87.493, *RSC* 2014. 595, note. J. Danet.

dans l'appréciation des faits même si la Cour de cassation retient naturellement à cet égard un pouvoir souverain aux juges du fond, mais la possibilité de se forger une opinion sur la base de l'ensemble des éléments qui sont apportés. Le principe de l'intime conviction entraîne celui de la liberté de la preuve[1].

Sur le plan textuel, ce dernier principe repose sur l'article 427 : celui-là même, qui proclame le principe de la liberté de la preuve, énonce que « *le juge décide d'après son intime conviction* ». L'article 428 ajoute que « *l'aveu, comme tout élément de preuve, est laissé à la libre appréciation des juges* ».

II. Les limites du principe : la preuve doit être légale

Si la preuve est libre, n'importe quelle preuve ne peut être présentée. La preuve doit en premier lieu être admissible sur le plan de la légalité formelle (A) ; elle doit en outre avoir été obtenue loyalement (B).

II.1. La preuve doit être légale sur le plan formel

(433) Certaines preuves ne peuvent tout simplement pas être produites en justice. Tel est d'abord le cas de celles qui entraîneraient une **violation du principe contradictoire**. Il en va notamment ainsi chaque fois qu'une juridiction prend appui sur des éléments qui ne sont pas « dans la cause », soit qui sont dans le dossier ou présentés pour être débattus entre les parties[2]. Ce serait le cas d'éléments que le juge connaîtrait par lui-même[3] et non du fait du dossier lui-même. Cette hypothèse n'est pas si rare qu'il y paraît : tel juge a pu connaître de ces faits à l'occasion d'autres procédures[4].

(434) S'il a également été jugé que le **témoignage des enfants** dans le cadre d'une poursuite pour usage d'attestation mensongère dans une procédure de divorce ne pouvait être reçu[5], la Cour de Cassation a estimé que le principe de liberté de la preuve au pénal l'emportait sur la limitation posée par le droit civil[6].

(435) Plus évident encore, la preuve ne saurait résulter de **l'utilisation d'un moyen illégal**, comme l'usage de la force physique, ou de mauvais traitements[7]. Il a aussi été jugé qu'elle ne pouvait valablement résulter de la prolongation anormale des interrogatoires[8].

La preuve doit également être loyale.

---

1. G. Danjaume, « Le principe de liberté de la preuve en procédure pénale », *D.* 1996, chron., p. 153.
2. Cass. Crim., 20 mai 1992, *Bull. Crim.* n° 201.
3. Cass. Crim., 13 mai 1922, *Bull. Crim.* n° 183.
4. Cass. Crim., 3 avril 1984, *Bull. Crim.* n° 138.
5. Cass. Crim., 4 fév. 1991, *Bull. Crim.* n° 57, *RSC* 1992, p. 115, obs. Braunschweig, *JCP* 1992, II, 21915, note Chambon.
6. Cass. Crim., 2 juin 2015, n° 14-85.130, *AJ pénal* 2015, p. 439, obs. G. Roussel.
7. CEDH, Gr. Ch., 11 juill. 2006, *Jalloh c/ Allemagne* : *JCP* 2007, I, 106, chron. F. Sudre.
8. Cass. Crim. 26 févr. 1991, *Bull. Crim.* n° 97 ; 10 mars 1992, *Bull. Crim.* n° 105.

II.2. La preuve doit être loyale

(436) De manière croissante, la jurisprudence exige que la preuve soit loyalement établie[1].

Cependant, cette règle ne la conduit pas très souvent, en pratique, à écarter les moyens de preuve ainsi obtenus. Tout dépend pour une bonne part de la personne qui a apporté la preuve en cause.

Est déloyale une preuve obtenue par ruse, stratagèmes, manœuvres. Le principe de loyauté est ainsi apprécié de manière stricte par les policiers et les magistrats qui ne peuvent utiliser la ruse et les stratégies. À l'inverse, les particuliers sont moins tenus que les forces de police ou de gendarmerie par cette obligation de loyauté. Reste que la frontière naguère claire entre les deux catégories de personnes est devenue plus ténue avec les évolutions récentes de la jurisprudence.

A. Loyauté de la preuve apportée par les autorités policières

La question s'est posée, concernant les autorités d'enquête, sous trois formes :

- réalisation de provocation à la commission d'infraction ;
- écoutes téléphoniques sauvages et sonorisation ;
- utilisation de témoins anonymes.

1. Les provocations policières[2]

(437) L'utilisation de certaines pratiques n'est naturellement pas prohibée dans l'activité policière. Par exemple, ne constitue pas une provocation le fait de surveiller et d'attendre la commission d'une infraction en demeurant caché[3] : c'est là le travail normal du policier. Tant que les policiers se bornent passivement à constater ce qui allait de toute façon se commettre, ils n'agissent pas déloyalement.

Ainsi des policiers peuvent-ils, par exemple, se faire passer pour des clients anonymes à qui, de ce fait, deux prostituées ont fait des propositions tarifées pour mieux démontrer que le propriétaire d'un bar est le proxénète de prétendues hôtesses : il n'y a pas là de provocation policière déloyale, a estimé la Cour de cassation[4]. La Cour a en effet retenu que « *d'une part (...) les juges du fond ne se sont pas fondés sur des témoignages anonymes mais sur les constatations effectuées par deux inspecteurs nommément désignés, qui se sont présentés comme des "consommateurs anonymes"* » et que, d'autre part, « *l'intervention des policiers a eu pour seul effet de permettre la constatation d'une activité délictueuse et d'en arrêter la continuation* ». L'intervention policière dans un contexte préexistant de trafic permet d'écarter la provocation[5]. Pour la Cour de cassation, la provocation est légitime lorsqu'elle est le seul moyen de rapporter la preuve de l'activité délictueuse[6].

1. C. Ambroise-Castérot, « La preuve : une question de loyauté ? », *AJ pénal* 2005, p. 261.
2. *Cf.* E. Vergès, « Provocation policière : l'évolution de la jurisprudence », *AJ pénal* 2006, p. 354.
3. Par ex. Cass. Crim., 22 avril 1992, pourvoi n° 90-85.125.
4. Cass. Crim., 17 octobre 1991, *Dr. pénal* 1992, comm. 27, *Gaz. Pal.*, 1992, I, chron., p. 96.
5. Cass. Crim., 22 juin 1994, *Bull. Crim.*, n° 247.
6. Cass. Crim., 16 mars 1972, *Bull. Crim.* n° 108, p. 203.

(438) En revanche, ce que n'admet pas **la jurisprudence, tant européenne[1] que nationale, est la provocation à la commission d'infractions qui, sans l'intervention des policiers, ne se seraient pas produites.** La Cour de cassation affirme que « *porte atteinte au principe de la loyauté des preuves et au droit à un procès équitable, la provocation à la commission d'une infraction par un agent de l'autorité publique ou par son intermédiaire ; que la déloyauté d'un tel procédé rend irrecevables en justice les éléments de preuves ainsi obtenus* »[2]. Cela ne signifie pas, d'ailleurs, que leurs auteurs n'auraient pas commis d'autres infractions ; ils n'auraient toutefois pas commis celles directement suggérées ou organisées par les policiers. Ainsi, dans une affaire célèbre (l'un des protagonistes du stratagème policier se trouvant être le beau-père d'un juge fortement médiatisé), les policiers avaient-ils en réalité provoqué celui-ci à la commission d'une infraction, en faisant donner rendez-vous par un tiers dans un lieu public où une « valise » avait été remise à l'« auteur » de l'extorsion de fonds organisée de toutes pièces par cette même police. La procédure avait été annulée[3].

Une illustration intéressante a été donnée de cette règle par la Cour de cassation[4]. Un service de police américain avait créé, dans le cadre de la lutte contre la pédophilie sur Internet, un « vrai faux » site Internet pour pédophiles sur lequel il proposait un très grand nombre d'images d'enfants. Un individu féru de ce type d'images s'était connecté et avait téléchargé nombre d'entre elles. La police américaine en avait référé à la Direction centrale de la police judiciaire française. Une information avait alors été ouverte contre ledit individu : la perquisition réalisée à son domicile avait débouché sur la saisie de son ordinateur et de divers matériels (clé USB, disquettes, CD-ROM) qui contenaient un nombre impressionnant de ces images. Il contesta l'arrêt d'appel qui l'avait condamné, invoquant notamment que les preuves avaient été recueillies de manière déloyale, car l'infraction faisait suite à une provocation policière. C'est bien ce qu'a retenu la chambre criminelle qui a prononcé la cassation.

(439) Cependant, interdire toute provocation aux policiers peut les paralyser dans certains contextes infractionnels, notamment la délinquance organisée comme le trafic de stupéfiants, le terrorisme ou le trafic d'armes. Certains policiers ont pu être condamnés pour avoir infiltré ces milieux et commis des infractions ou y avoir participé, organisé la commission d'infractions pour assurer leur couverture et/ou prendre les intéressés sur le fait. Aussi le législateur l'a-t-il admis dans des conditions strictes.

Il faut distinguer à cet égard deux procédures : la livraison contrôlée et l'infiltration.

(440) **La livraison contrôlée** est prévue à l'article 706-32 du Code de procédure pénale[5]. Cette technique est familièrement appelée « coup d'achat ». Elle n'est

1. CEDH, 9 juin 1998, *Teixiera de Castro c/ Portugal*, *RSC* 1999. 401, obs. R. Koering-Joulin.

2. Cass. Crim., 11 mai 2006, pourvoi n° 05-84.837, *RSC* 2006, p. 848, obs. R. Finielz ; 9 août 2006, pourvoi n° 06-83.219, *AJ pénal* 2006, p. 510, obs C. Saas.

3. Cass. Crim. 27 fév. 1996, *Bull. Crim.* n° 93.

4. Cass. Crim. 7 fév. 2007, *AJ pénal* 2007, p. 233, obs. M.-E. Charbonnier, *RSC* 2007, p. 560, chron., J. Francillon.

5. Les douaniers bénéficient également d'une procédure équivalente prévue aux art. 67*bis* et 67 *bis*-1 du Code des douanes.

admissible qu'en matière de trafics de stupéfiants (acquisition, cession, offre de stupéfiants des articles 222-37 et 222-39). Elle suppose simplement de la part des enquêteurs qu'ils obtiennent, selon les cas, l'autorisation du procureur de la République ou du juge d'instruction, laquelle est versée au dossier à peine de nullité. Dans ce strict contexte, les enquêteurs peuvent :

– acheter des produits stupéfiants ;

– mettre à la disposition des délinquants des moyens de transport, de dépôt, d'hébergement, de conservation et de télécommunication.

Il n'est pas possible dans ce cas de parler de provocation, car les policiers n'ont pas le droit de vendre des produits. Le dernier alinéa de l'article 706-32 ajoute en outre qu'il n'est pas non plus question, à peine de nullité, d'inciter à commettre une infraction. Cet équilibre délicat se résout comme suit :

– si l'action des policiers n'a pour but que de révéler un trafic préexistant, leurs actes sont licites ;

– s'ils ont au contraire annihilé la volonté de l'intéressé et l'ont déterminé à commettre l'infraction, ils ne le sont pas.

La technique du coup d'achat est aussi possible en matière d'armes (C. pr. pén. art. 706-106-1).

(441) Les limites de ce que constitue exactement une livraison contrôlée ont pu être en cause en jurisprudence. Dans une première affaire[1], un policier avait rencontré un consommateur de drogues, qui lui avait indiqué « un plan de crack ». Il avait alors été mis en présence de revendeurs de rue et assisté, avec des collègues, à une cession de stupéfiants à ce toxicomane. Il devait acheter cinq galettes du crack, qui lui était proposé pour une somme de 400 francs. Le vendeur avait alors été poursuivi pour vente de stupéfiants ; mais il arguait de la nullité de la procédure. Les policiers, eux, prétendaient se situer dans le cadre d'une livraison contrôlée. Toutefois, il manquait, pour constituer cette livraison au sens de l'article 707-32, selon le demandeur au pourvoi, d'une part l'aval du parquet, d'autre part la nature de l'infraction. Certes, il s'agissait de stupéfiants, mais seulement d'une petite vente de rue, qui, avant la loi n° 2007-297 du 5 mars 2007, n'était pas visée par ce texte. Pour les juges du fond, ainsi que pour la Cour de cassation, il n'était pas nécessaire de suivre les exigences de l'article 706-32, car il ne s'agissait justement pas d'un fait visé par ce texte *(sic)* et, par ailleurs et surtout, « *l'intervention du policier n'ayant pas déterminé les agissements délictueux, aucun excès de pouvoir n'a{vait} été commis et aucune atteinte n'a{vait} été portée aux intérêts des prévenus* » d'où le rejet du pourvoi.

Dans une autre affaire, c'est précisément parce que les enquêteurs avaient déterminé l'intéressé à agir que la procédure a été annulée[2]. Quatre Italiens avaient été interpellés alors qu'ils chargeaient 471 kg de cocaïne ; ils prétendirent qu'il s'agissait du résultat d'une provocation montée de toutes pièces par la douane. Les

---

1. Cass. Crim., 5 juin 1997, *Bull. Crim.* n° 229, *RSC*, 1988, n° 118, obs. J.P. Delmas Saint Hilaire, *Dr. pénal* 1997, comm. 142, obs. Véron, *D.* 1998, somm. 173, obs. J. Pradel, Procédures 1997, Comm. 219, obs. J. Buisson.

2. Cass. Crim., 5 mai 1999, *Bull. Crim.* n° 87, *D* 1999, Somm. 325, obs. J. Pradel, *Dr. pénal* 1999, comm. 123, obs. Maron.

douaniers ne le contestaient pas : ils avaient agi sur le fondement de l'article 67*bis* du Code des douanes, leur opération répondait au nom de Pégase. Les Italiens allaient être relaxés des chefs d'association de malfaiteurs, détention et transport de stupéfiants, détention sans justification d'origine de marchandises prohibées en appel et la procédure diligentée par les douaniers avait été annulée. Comme l'avait relevé la Cour d'appel, tout cela avait « *non pas révélé un trafic préexistant auquel se seraient associés volontairement les prévenus, aucun n'appartenant à un quelconque réseau, mais a{vait} déterminé la commission des faits reprochés à ces derniers* ». Le pourvoi avait été rejeté.

(442) **L'infiltration** est prévue aux articles 706-81 à 706-87 du Code de procédure pénale.

Elle permet aux policiers, cette fois pour toutes les infractions en réseau visées à l'article 706-73 du même Code et, là encore, avec l'accord du parquet ou du juge d'instruction (et, dans ce cas, après avis du procureur de la République), de se faire passer pour des auteurs d'infractions en infiltrant lesdits réseaux (C. pr. pén., art. 706-81). L'opération se fait sous le contrôle de ces magistrats ainsi que d'un OPJ responsable (C. pr. pén., art. 706-81). Elle dure au maximum quatre mois, mais peut être renouvelée selon les mêmes formes (C. pr. pén., art. 706-83). Elle garantit, à tous les stades de la procédure, l'anonymat des policiers en cause (C. pr. pén., art. 706-84), seul l'OPJ coordonnateur étant susceptible d'être entendu comme témoin (C. pr. pén., art. 706-86).

L'infiltration peut prendre une dimension informatique. La loi n° 2007-297 du 5 mars 2007 permet à des enquêteurs spécialement habilités de procéder à des infiltrations électroniques pour détecter des suspects de traite des êtres humains, de proxénétisme, de recours à la prostitution des mineurs et d'infractions sexuelles contre mineurs[1]. Depuis la loi du 14 mars 2011 dite LOPPSI 2, un même système d'infiltration électronique est prévu par l'article 706-52-2 pour détecter les messages et conversations liées à une activité terroriste. Depuis la loi du 13 novembre 2014, l'infiltration électronique est aussi possible en matière d'atteinte aux systèmes informatiques (C. pr. pén., art. 706-87-1 et 706-72).

2. Les écoutes téléphoniques sauvages et la sonorisation

(443) La jurisprudence a aussi dû se prononcer sur la question de la loyauté de techniques de sonorisations, même réalisées dans le cadre légal prévu en matière de criminalité organisée. La sonorisation d'un lieu peut en effet amener un suspect à s'auto-incriminer en discutant avec un tiers tout en pensant qu'il n'est pas écouté par les enquêteurs. Dans un arrêt du 1er mars 2006, la Cour de cassation avait ainsi validé la sonorisation d'un parloir d'une maison d'arrêt qui avait enregistré les conversations d'un mis en examen avec ses proches[2]. Toutefois, dans un arrêt du 7 janvier 2014, la chambre criminelle a réalisé une importante inflexion de sa jurisprudence vers plus de sévérité suite à un cas de sonorisation de

1. Sur les services habilités, *cf.* arr. 30 mars 2009. *Cf.* aussi, C. pr. pén. art. D. 47-8 et D. 47-9 créeant un centre national d'analyse des images de pédopornographie. Ce centre centralise les procès-verbaux et les images et exploite leur contenu aux fins d'identification comme de rapprochement.

2. Cass. Crim., 1er mars 2006, *Bull. crim.,* 2006, *D.* 2006.1504, note J. Pradel ; *RSC* 2007.611, obs. J. Buisson.

cellules de garde à vue. En l'espèce deux hommes étaient soupçonnés d'un vol à main armée et d'association de malfaiteurs. Les policiers ont demandé au juge d'instruction de les placer en garde à vue et de sonoriser leur cellule. Sollicité pour avis, le parquet a accepté sous la réserve de placer les suspects dans deux cellules contiguës et non dans la même cellule. Le juge autorise alors la sonorisation sur le fondement des articles 706-96 et suivants. La cour d'appel a validé ce procédé censuré par la Cour de cassation. Au visa de l'article 6 de la Convention européenne des droits de l'homme, de l'article préliminaire du code de procédure pénale et du principe de loyauté des preuves, la cour a énoncé : « *Attendu que porte atteinte au droit à un procès équitable et au principe de loyauté des preuves le stratagème qui en vicie la recherche par un agent de l'autorité publique* ». Puis, elle constate que « *(...) la conjugaison des mesures de garde à vue, du placement de MM. Y... et X... dans des cellules contiguës et de la sonorisation des locaux participait d'un stratagème constituant un procédé déloyal de recherche des preuves, lequel a amené M. X... à s'incriminer lui-même au cours de sa garde à vue...* »[1]. La Cour de cassation considère ainsi que trois faits conjugués (garde à vue, cellules contiguës et sonorisation) ont constitué un stratagème[2]. Cette ruse était une mise en scène réalisée par des policiers et autorisée par des magistrats qui avait pour objet de faire échec au droit de ne pas s'auto-incriminer des suspects qui pouvaient se laisser aller durant leurs conversations, pensant ne pas être écoutés. Or, le droit au silence pendant les interrogatoires de garde à vue et le droit au repos en dehors des auditions constituent des garanties posées par la loi en matière de garde à vue. Le procédé était donc déloyal et ainsi prohibé car avait pour objet de neutraliser l'effectivité de ces garanties quand bien même le régime des sonorisations et celui de la garde à vue étaient respectés. Ces règles n'avaient d'ailleurs pas été détournées puisque la garde à vue semblait justifiée et que la finalité de la sonorisation était celle prévue par la loi. Cette position jurisprudentielle a été confirmée par l'Assemblée plénière de la Cour de cassation en date du 6 mars 2015, un visa de l'article 6 Conv. EDH, des articles préliminaires et 63-1 C. pr. pén., du principe de loyauté, des preuves et du droit de ne pas contribuer à sa propre incrimination[3]. Le principe de loyauté se place donc au-dessus du respect formel des règles de procédure. En revanche, la sonorisation d'une cellule de maison d'arrêt n'est pas déloyale car ne porte pas atteinte aux garanties du mis en examen[4].

La Cour de cassation est encore venue préciser sa jurisprudence[5]. Au visa de l'article 6 Conv. EDH et préliminaire C. pr. pén., elle rappelle que « *porte atteinte au droit à un procès équitable et au principe de loyauté des preuves le stratagème qui en vicie la recherche par un agent de la force publique* ». Toutefois, dans cette affaire mettant en cause plusieurs footballeurs autour d'un chantage à la vidéo d'ébats sexuels, la

1. Cass. Crim., 7 janv. 2014, n° 13-85.246, *D.* 2014.264, obs. S. Détraz ; *Dr pén.* 2014, étude n° 7, A. Bergeaud-Wetterwald ; *AJ pénal* 2014, p.194, obs. H. Vlamynck.

2. J. Danet, note sous Cass. Crim., 7 janv. 2014, n° 13-85.246, *RSC* 2014.130.

3. Ass. Plén., 6 mars 2015, n° 14-84.339, *D.* act. 10 mars 2015, obs. S. Fucini.

4. Cass. Crim., 17 mars 2015, n° 14-88.351, n°13-83.275, n°13-81.950, *AJ pénal* 2015, p. 552, obs. G. Roussel.

5. Cass. Crim., 11 juillet 2017, n° 17-80.313, *AJ pénal* 2017, p. 436, obs. J.-B. Perrier.

Cour valide le fait que le procureur de la République avait donné instruction à un officier de police judiciaire de se substituer à l'un des joueurs dans les négociations avec les auteurs de l'infraction supposée entretenir plusieurs conversations téléphoniques avec eux et parfois de s'être identifié au cours de ces communications sous pseudonyme en qualité de représentant du joueur.

Dans un autre arrêt d'Assemblée plénière cette fois, elle valide les enregistrements de conversation entre des journalistes et l'avocat d'un chef d'état alors que ces enregistrements avaient été demandé par des policiers et que les entretiens avaient été préparé en amont entre l'avocat et les policiers. La Cour considère que les agents de la force publique, n'ayant pas eu de rôle actif, le procédé n'était pas déloyal : « *la chambre de l'instruction a pu en déduire l'absence de participation directe ou indirecte de l'autorité publique à l'obtention des enregistrements litigieux, ce dont il résultait que le principe de la loyauté de la preuve n'avait pas été méconnu* »[1]. Dans la logique de cette affaire, les enregistrements litigieux remis aux enquêteurs par des journalistes – dont les conditions de recueil sont restées incertaines malgré les investigations accomplies – ne sauraient être déclarés irréguliers. En effet, les impératifs de loyauté et de légalité de la preuve sont respectés puisque les journalistes sont des personnes privées, ce qui assure la recevabilité des éléments de preuve[2].

Dans un arrêt du 9 décembre 2019, l'Assemblée plénière a ainsi résumé sa position dans une affaire impliquant un policier agissant sous pseudonyme afin de négocier une vidéo à caractère sexuel d'un footballeur arrivée entre les mains d'un autre :

« *Le stratagème employé par un agent de l'autorité publique pour la constatation d'une infraction ou l'identification de ses auteurs ne constitue pas en soi une atteinte au principe de loyauté de la preuve. {…} Seul est proscrit le stratagème qui, par un contournement ou un détournement d'une règle de procédure, a pour objet ou pour effet de vicier la recherche de la preuve en portant atteinte à l'un des droits essentiels ou à l'une des garanties fondamentales de la personne suspectée ou poursuivie.*[3] »

(444) 3. Le recours à des témoins anonymes

Pour protéger les témoins contre d'éventuelles représailles ou menaces, le législateur leur permet de déclarer comme adresse celle du commissariat de police ou de la brigade de gendarmerie (C. pr. pén. art. 706-57). De plus, la loi du n° 2016-444 du 13 avril 2016 de lutte contre le système prostitutionnel permet aux prostituées et prostitués de bénéficier de ce système en déclarant comme domicile l'adresse de leur avocat ou d'une association (art. 706-40-1), voire d'utiliser une identité d'emprunt (art. 706-63-1).

Surtout, depuis la loi n° 2001-1062 du 15 novembre 2001 pour la sécurité quotidienne, l'article 706-58 du Code de procédure pénale permet au témoin de déposer de manière totalement anonyme dès l'enquête de police[4].

1. Ass. Plén., 10 nov. 2017, n° 17-82.028.
2. Cass.Crim., 1er déc. 2020, n° 20-82.078.
3. Ass. Plén., 9 déc. 2019, n° 18-86.767, *AJ pénal* 2020, p. 88, obs. C. Ambroise-Casterot.
4. L'article 706-59 alinéa 2 C. pr. pén. punit de cinq ans d'emprisonnement la révélation de l'identité ou de l'adresse du témoin anonyme.

Peuvent bénéficier de ce statut : les personnes témoignant dans le cadre d'enquête portant sur des infractions punies d'au moins trois ans d'emprisonnement, dont l'audition est « *susceptible de mettre gravement en danger sa vie ou {son} intégrité physique* » ; celles des membres de la famille ou des proches de ce témoin. Les personnes ne doivent pas être soupçonnées dans l'affaire dans laquelle elles témoignent et peu importe si elles sont suspectées dans une autre[1]. Si elles sont gravement en danger, elles pourront ensuite utiliser, ainsi que leurs proches, une identité d'emprunt (C. pr. pén., art. 706-62-2). Le procureur saisit alors le JLD qui, par ordonnance motivée, pourra autoriser que les déclarations du témoin soient recueillies sans que son identité apparaisse dans la procédure. L'identité véritable n'apparaît que dans un registre ouvert au tribunal judiciaire. La personne mise en examen ou renvoyée devant une juridiction de jugement peut contester le recours à cette procédure (C. pr. pén., art. 706-59). Elle peut encore demander à être confrontée au témoin anonyme[2]. En pareil cas, la confrontation a lieu à distance avec emploi d'un dispositif rendant non identifiable la voix du témoin (C. pr. pén., art. 706-61). Afin de respecter la jurisprudence[3], l'article 706-62 du Code de procédure pénale prohibe toute condamnation fondée sur le seul fondement des déclarations d'un témoin anonyme.

En outre, la LOPPSI 2 étend la logique de l'anonymat aux déclarations d'agent des services de renseignement pour toute déclaration portant sur des faits dont cet agent aurait eu connaissance lors d'une mission intéressant la défense et la sécurité nationale. Une confrontation est possible dans les mêmes conditions qu'un témoin anonyme et aucune condamnation n'est possible sur le seul fondement des déclarations de l'agent (C. pr. pén., art. 656-1).

Cependant, le procès-verbal consignant des déclarations d'une personne souhaitant rester anonyme constitue un procès-verbal de renseignement destiné à orienter les investigations, et non à apporter une preuve de culpabilité. Aussi n'est-il pas tenu de respecter les règles applicables au témoignage anonyme[4].

(445) En dehors de l'application du régime du témoin anonyme, il est aussi possible pour le juge d'instruction ou le président d'une juridiction de décider que ne sera pas mentionnée l'identité d'un témoin au cours des audiences publiques et que cette identité ne figurera pas dans les ordonnances, les jugements ou les arrêts de la juridiction d'instruction ou de jugement qui sont susceptibles d'être rendus publics. Pour ce faire, il faut que la procédure porte sur un crime ou sur un délit puni d'au moins trois ans d'emprisonnement, et que la révélation de l'identité d'un témoin soit susceptible de mettre gravement en danger sa vie ou son intégrité physique ou celle de ses proches (C. pr. pén., art. 706-62-1).

---

1. Cass. Crim., 8 juill. 2015, n° 15-82.383.
2. Le refus de faire droit à la confrontation entre le témoin anonyme et la personne poursuivie pour des raisons d'ordre technique ne saurait entraîner l'annulation de l'audition de ce témoin, Cass. Crim., 13 déc. 2017, n° 17-82.990, *AJ pénal* 2018, p. 102, obs. D. Luciani-Mien.
3. CEDH, 26 mars 1996, *Doorson c/ Pays-Bas*, § 69 ; *D.* 1997, somm. 207, obs. J.-F. Renucci ; 13 nov. 2003, *Rachdad c/ France* : *D.* 2004, somm. p. 988, obs. J.-F. Renucci.
4. Cass. Crim., 6 oct. 2015, n° 15-82.247.

4. L'enquête sous pseudonyme

(446) La loi du 23 mars 2019 a introduit un régime spécifique pour l'enquête sous pseudonyme à l'article 230-46 du Code de procédure pénale. Il prévoit qu'aux seules fins de constater les crimes et les délits punis d'une peine d'emprisonnement commis par la voie des communications électroniques, et lorsque les nécessités de l'enquête ou de l'instruction le justifient, les officiers ou agents de police judiciaire agissant au cours de l'enquête ou sur commission rogatoire peuvent, s'ils sont affectés dans un service spécialisé et spécialement habilités à cette fin, procéder sous pseudonyme aux actes suivants sans en être pénalement responsables.

Ils peuvent ainsi :

– participer à des échanges électroniques, y compris avec les personnes susceptibles d'être les auteurs de ces infractions ;

– extraire ou conserver par ce moyen les données sur les personnes susceptibles d'être les auteurs de ces infractions et tout élément de preuve ;

– acquérir tout contenu, produit, substance, prélèvement ou service, y compris illicite, ou transmettre en réponse à une demande expresse des contenus illicites après autorisation du procureur de la République ou du juge d'instruction (à peine de nullité, cette autorisation est mentionnée ou versée au dossier de la procédure tandis que les actes autorisés ne peuvent constituer une incitation à commettre ces infractions).

B. Loyauté de la preuve apportée par les parties privées

(447) La jurisprudence est infiniment plus souple lorsque la preuve, bien que déloyale, est apportée par une personne privée[1]. Ainsi, une personne privée peut-elle fournir à la police le contenu d'enregistrements d'entretiens téléphoniques effectués lors d'une conversation avec une autre personne. Cela ne viole ni les droits de la défense ni l'intimité de la vie privée, selon la Cour de cassation[2]. Elle admet les opérations de « testing » organisée par des associations pour découvrir d'éventuelles discriminations raciales[3].

La Cour de cassation énonce qu'« *aucune disposition légale ne permet au juge répressif d'écarter les moyens de preuve remis par un particulier aux services d'enquête, au seul motif qu'ils auraient été obtenus de façon illicite ou déloyale ; il leur appartient seulement, en application de l'article 427 du Code de procédure pénale, d'en apprécier la valeur probante, après les avoir soumis à la discussion contradictoire des parties* ». Elle considère de plus que l'article 225-3-1 du Code pénal, qui a légalisé la pratique du « testing » ne porte pas atteinte aux droits de la défense et au droit à un procès équitable[4]. Un autre arrêt relatif à la diffamation fait lui référence au droit à un procès équitable (art. 6) pour justifier l'admission

---

1. *Cf.* P. Conte, La loyauté de la preuve dans la jurisprudence de la chambre criminelle de la Cour de cassation : vers la solution de la quadrature du cercle ?, *Dr pén.* 2009, étude 8.

2. Cass. Crim., 28 avril 1987, *Bull. Crim.* n° 173.

3. Cass. Crim., 11 juin 2002, *Bull. Crim.* n° 131, *D.* 2003, Chron. p. 1309, obste L. Collet-Askri ; *RSC* 2002, p. 379 obs. J.-F. Renucci ; 31 janv. 2012, pourvoi n° 11-85. 464.

4. Cass. Crim., 4 févr. 2015, n° 14-90.048, *AJ pénal* 2015, p. 139, obs. J. Lasserre Capdeville.

d'une preuve déloyale ou illicite[1]. Plus techniquement, la Cour de cassation admet la preuve déloyale émanant d'un particulier car elle ne la qualifie pas d'acte de procédure[2] mais de moyen de preuve soumis à discussion contradictoire[3].

Toutefois, la jurisprudence limite la récupération par les policiers de cette preuve afin d'empêcher que les enquêteurs ne demandent aux particuliers de procéder à leur place à un acte déloyal. La Cour de cassation considère en effet que « *porte atteinte aux principes du procès équitable et de la loyauté des preuves la participation de l'autorité publique à l'administration d'une preuve obtenue de façon illicite ou déloyale par une partie privée* ». Sont ainsi nuls les enregistrements déloyaux réalisés par une partie privée alors que les enquêteurs étaient présents et surveillaient les échanges avec le suspect. La retranscription des échanges et les actes subséquents s'avèrent tout aussi irréguliers[4].

Par ailleurs, la jurisprudence admet aussi la preuve illicite ou déloyale fournie par un particulier dans le cadre de l'exercice de ses droits de la défense (ex. vol de document par un salarié pour se défendre dans un litige prud'homal[5], production de pièces couvertes par le secret de l'instruction par un journaliste attaqué en diffamation[6]). Non seulement la preuve est acceptée, mais en plus, les droits de la défense serviront de faits justificatifs[7]. Cependant, la Cour de cassation doit soumettre l'admission de la preuve déloyale à la condition que la production de la preuve soit effectuée « *pour les besoins des droits de la défense* »[8]. La valeur constitutionnelle des droits de la défense rend ainsi licite la preuve déloyale dès lors que celle-ci est strictement nécessaire à l'exercice de ceux-là.

III. Les exceptions au principe : la force probante renforcée des procès-verbaux de constatation

III.1. Principes applicables

(448) Rappelons que, si **l'article 427** du Code de procédure pénale dispose que la preuve est libre, il ajoute qu'il en va différemment lorsque la loi en dispose autrement. Précisément, tel est parfois le cas ; il en va ainsi, en vertu de différents textes épars dans le Code de procédure pénale comme dans d'autres Codes, des **procès-verbaux**. Ces documents, établis par des enquêteurs, des forces de l'ordre

1. Cass. Crim., 19 janv. 2010, *Bull. Crim.*, n° 12 ; *AJ pénal* 2010, p. 240, obs. G. Royer.
2. Cass. Crim., 7 mars 2012, n° 11-88.118, *AJ pénal* 2012, p. 336, obs. L. Ascensi.
3. Cass. Crim., 27 nov. 2013, n° 13-85.042, par des fichiers informatiques saisis lors d'une perquisition, alors qu'ils provenaient d'un vol commis par un particulier.
4. Cass. Crim., 20 sept. 2016, n° 16-80.820.
5. Cass. Crim., 11 mai 2004, 2 arrêts : *Bull. Crim.* 2004, n° 113, 117.
6. Cass. Crim., 11 juin 2002, *Bull. Crim.*, n° 132, *RSC*, 2003, 93, obs. B. Bouloc.
7. M. Herzog-Evans, G. Roussel, *Droit pénal général*, *op. cit.* n° 512.
8. Cass. Crim., 31 janv. 2007, *Bull. Crim.* 2007, n° 27 ; *Dr. pénal* 2007, comm. 98, obs. M. Véron. *Cf.* aussi. Pour un contre exemple de preuve illicite ayant abouti à la condamnation car non produite pour assurer sa défense dans un litige Cass. Crim. 9 juin 2009, *Bull. Crim.*, n° 118 ; *D.* 2009. 1714, obs. P. Chaumont et E. Degorce.

ou divers fonctionnaires, consistent en la mise par écrit de constatations qu'ils ont pu effectuer. Nous verrons qu'ils sont tenus de réaliser des procès-verbaux en de multiples occasions (perquisitions, gardes à vue...). Ce dont nous traitons ici est le procès-verbal constatant la commission d'une infraction.

(449) L'article 429 du Code de procédure pénale dispose que « *tout procès-verbal ou rapport* ***n'a de valeur probante que s'il est régulier en la forme****, si son auteur a agi dans l'exercice de ses fonctions et a rapporté sur une matière de sa compétence ce qu'il a vu, entendu ou constaté personnellement* ». Le formalisme requis pour la rédaction des procès-verbaux, ajouté à la détermination des personnes les ayant réalisés (OPJ ou parfois APJ), explique qu'ils soient des éléments de preuve importants dans la détermination de la conviction des juges.

Il faut donc que le procès-verbal transcrive ce que l'agent a constaté personnellement. Est dépourvu de force probante le procès-verbal dressé au vu d'une photographie[1] ou celui dressé par le motocycliste qui a intercepté un véhicule, mais n'a pas constaté l'infraction[2]. Il en va de même de celui établi par un agent qui n'indique pas qu'il a constaté lui-même les circonstances dans lesquelles les cartons d'une entreprise ont été laissés sur la chaussée en contravention d'un règlement sanitaire[3]. Il faut aussi que le procès-verbal soit signé sur le champ par celui qui le rédige[4].

Le principe est cependant le suivant : **ils ont la même valeur que toute autre preuve**. En effet, **l'article 430** du Code de procédure pénale dispose que « *sauf dans les cas où la loi en dispose autrement, les procès-verbaux ou les rapports constatant les délits ne valent qu'à titre de simples renseignements* ». De ce fait, un texte spécial est nécessaire pour que certains procès-verbaux, aient une force probante supérieure. Ainsi, en matière de trafic de stupéfiant[5], ou de vol[6], faute de texte spécial, les procès-verbaux ne valent-ils qu'à titre de simples renseignements. Se développent en outre les procès-verbaux dits de renseignements, dans lesquels les enquêteurs rapportent des informations (dénonciations, constations visuelles ou auditives). Ces écrits, très utiles aux enquêteurs, possèdent une valeur probante assez faible[7].

Des textes spéciaux existent en effet, qui prévoient que certains procès-verbaux font foi de ce qu'ils comportent jusqu'à preuve contraire et que d'autres encore font foi jusqu'à inscription de faux.

III.2. Procès-verbaux valant jusqu'à preuve contraire

(450) Sur un plan général, c'est l'**article 431** du Code de procédure pénale qui dispose que : « *Dans les cas où les officiers de police judiciaire, les agents de police judiciaire ou les fonctionnaires et agents chargés de certaines fonctions de police judiciaire ont reçu d'une*

1. Cass. Crim., 17 oct. 2001, *D.* 2002, IR 3395.
2. Cass. Crim., 5 juill. 1994, *Bull. Crim.*, n° 264.
3. Cass. Crim., 13 févr. 2007, *Bull. Crim.*, n° 41, *Dr. pénal* 2007, Comm. 78, obs. A. Maron.
4. Cass. Crim., 4 déc. 2002, pourvoi n° 02-85.571.
5. Cass. Crim., 3 déc. 2008, *Bull. Crim.*, n° 246, *AJ pénal* 2009, p. 186, obs. G. Roussel.
6. Cass. Crim., 28 oct. 2014, n° 13-84.840, *AJ pénal* 2015, p. 159 obs. G. Roussel.
7. G. Beaussonie, « La notion de "procès-verbal de renseignement(s)" », *Gaz. Pal.*, 26 janvier 2016, p. 70.

disposition spéciale de la loi le pouvoir de constater des délits par des procès-verbaux ou des rapports, la preuve contraire ne peut être rapportée que par écrit ou par témoins. » Dans ces hypothèses spécifiquement prévues par la loi, le juge va pouvoir tenir pour avérés les éléments figurant sur les procès-verbaux.

La **notion de preuve contraire** signifie que, concrètement, il appartiendra à celui qui soutient l'inexactitude du contenu de ces procès-verbaux d'en apporter la preuve. Il s'agit d'un renversement de la charge de la preuve, dès lors que c'est la personne mise en cause qui doit seule apporter cette preuve. Le juge n'a pas à rechercher d'élément à décharge[1]. La charge en sera d'autant plus lourde que l'article 431 et l'article 537 en matière contraventionnelle limitent le type de preuve pouvant être utilisé pour en démonter la fausseté : écrits ou témoignages. Or, la jurisprudence est très restrictive quant aux modalités de cette preuve contraire. Ainsi, la production d'un relevé de communications ne suffit-elle pas à relaxer le conducteur d'un véhicule en circulation pour usage d'un téléphone tenu en main puisque cela ne permet pas de prouver qu'il n'utilisait pas son téléphone, même s'il n'émettait pas d'appel[2]. Les attestations écrites ne constituent pas des preuves par écrit ou par témoins au sens de l'article 537 du Code de procédure pénale[3]. Quant au témoignage, le témoin peut être seul, mais il doit déposer devant le tribunal[4].

(451) Il n'est pas possible d'établir la liste exhaustive des cas où la loi retient que tels procès-verbaux font foi jusqu'à preuve contraire. Nous nous limiterons ici à quelques **exemples** tirés tantôt du Code de procédure pénale, tantôt de domaines spéciaux.

Dans le Code de procédure pénale, l'article 537 énonce que : « *les contraventions sont prouvées soit par procès-verbaux ou rapports, soit par témoins à défaut de rapports et procès-verbaux, ou à leur appui. Sauf dans les cas où la loi en dispose autrement, les procès-verbaux ou rapports établis par les officiers et agents de police judiciaire et les agents de police judiciaire adjoints, ou les fonctionnaires ou agents chargés de certaines fonctions de police judiciaire auxquels la loi a attribué le pouvoir de constater les contraventions, font foi jusqu'à preuve contraire* ». Ce texte confirme *in fine* que « *la preuve contraire ne peut être rapportée que par écrit ou par témoins* ».

Des règles analogues ont été prévues qui concernent des **domaines spéciaux**. Dans ce cas, il peut même s'agir du constat de délits. Il en va par exemple ainsi :

– du droit du travail : ancien article L. 611-10 du Code du travail et L. 8113-7 et L. 8271-8 du nouveau Code du travail[5] ;
– de la concurrence et les prix : L. 450-2 du Code du commerce ;
– de l'urbanisme : L. 480-1 du Code de l'urbanisme ;
– de santé publique : art. L. 1312-1, L. 1421-1, L. 1435-7 CSP ;
– de sport : art. L. 111-3 C. sport ;

1. Cass. Crim., 8 oct. 2008, *Bull. Crim.*, n° 205, *AJ pénal* 2008, p. 507, obs. G. Roussel.
2. Cass. Crim., 13 sept. 2011, pourvoi n° 11-80.432, *AJ pénal* 2011, p. 593, obs. J.-P. Céré.
3. Cass. Crim., 12 févr. 2013, n° 12-83631.
4. Cass. Crim., 28 mars 2017, 16-83.659.
5. Cass. Crim., 6 févr. 2007, *AJ pénal* 2007, p. 232 obs. C. Saas.

– de contributions indirectes : art. L. 238 LPF[1] ;
– de droit de l'environnement : art. L. 172-16 C. envir.

Depuis son introduction par le décret du 26 mai 2009, le procès-verbal électronique est de plus en plus utilisé pour constater les contraventions pour lesquelles l'action publique est éteinte par le paiement d'une amende forfaitaire[2]. La liste des infractions constatables par PVe s'est allongée[3]. Surtout, depuis la loi du 18 novembre 2016 et le décret du 28 mars 2017, ce sont certains délits comme la conduite sans permis ou la conduite sans assurance qui peuvent faire l'objet d'un PVe[4].

Cette numérisation facilite le constat des infractions. Toutefois, elle peut être mal ressentie par les auteurs. En effet, comme il n'est pas nécessaire que le PVe soit immédiatement notifié à la personne concernée[5], les agents ont pris l'habitude de les réaliser « à la volée » sans arrêter l'intéressé.

(452) Pour le constat de délits, lorsque, comme dans ces exemples, une loi spéciale habilite les OPJ ou les APJ au constat par procès-verbal, l'article 431 du Code de procédure pénale dispose, là encore, que la preuve contraire n'est possible que « *par écrit ou témoins* ».

Cependant, dans tous les cas, **le juge n'est pas lié par le contenu du procès-verbal**, même valant jusqu'à preuve contraire. Il conserve sa liberté d'appréciation du constat de cette preuve[6]. La preuve reste en outre attachée à la nature de l'infraction[7].

Même réduite, la preuve contraire repose sur des modes de preuve de droit commun. Il n'en va pas de même des procès-verbaux faisant foi jusqu'à inscription de faux.

III.3. Procès-verbaux valant jusqu'à inscription de faux

(453) **L'article 433** du Code de procédure pénale dispose que : « les matières donnant lieu à des procès-verbaux faisant foi jusqu'à inscription de faux sont réglées par des lois spéciales. À défaut de disposition expresse, la procédure de l'inscription de faux est réglée comme il est dit au titre II du livre IV » (art. 642 à 647-4).

La procédure d'inscription de faux[8] est contraignante. Elle suppose que la personne sur laquelle repose la preuve ici, la personne qui, sur la foi du procès-verbal, est supposée avoir commis l'infraction argue, devant la juridiction de jugement exclusivement (C. pr. pén. art. 646)[9], du faux en provoquant un

1. Cass. Crim., 8 oct. 2008, *AJ pénal* 2008, p. 507, obs. G. Roussel.
2. C. pr. pén., art. R. 49-1-II introduit par l'article 1 du décret n° 2009-598 du 26 mai 2009.
3. C. pr. pén., art. R. 48-1.
4. C. pr. pén., art. 495-17 et s. introduits par l'art. 36 de la loi n° 2016-1547 du 18 novembre 2016 et art. D. 45-3 et s. introduits par le décret n° 2017-429 du 28 mars 2017.
5. Cass. Crim. 23 janv. 2013, *Bull. crim.*, n° 28, *Dr. pénal* 2013 comm. 57, obs. J.-H. Robert.
6. Cass. Crim., 13 mars 2007, pourvoi n° 05-87.363, *AJ pénal* 2007, p. 230, obs. G. Roussel.
7. Cass. Crim., 1er octobre 1987, *Bull. Crim.*, n° 325.
8. *Cf.* M. Redon, Faux incident, *Encyclopédie de droit pénal et procédure pénale*, Dalloz.
9. Et notamment pas devant la juridiction d'instruction : Cass. Crim., 10 nov. 1987, *Bull. Crim.* n° 396 ; Cass. Crim., 3 fév. 2004, *Bull. Crim.* n° 25.

« incident »[1]. Il appartient alors à la juridiction d'apprécier s'il y a lieu de surseoir à statuer pour en décider. Elle ne le fait que si cela présente un enjeu sur la solution même de l'affaire[2].

En matière douanière, la personne qui provoque l'incident doit faire la déclaration de faux par écrit, soit en personne, soit par fondé de pouvoir spécial passé devant notaire ce, au plus tard à l'audience indiquée par la sommation de comparaître devant le tribunal saisi de l'infraction (C. douanes, art. 339). Elle ne pourrait en aucun cas le faire autrement et notamment pas par une plainte avec constitution de partie civile[3].

Fort heureusement, les domaines où les procès-verbaux valent jusqu'à inscription de faux sont rares. Il s'agit par exemple de ceux dressés par deux agents des douanes s'agissant des aveux et déclarations qu'ils rapportent (C. douanes, art. 336). Cependant, ils ne font foi que du constat de l'infraction et non de « *l'exactitude et de la sincérité des aveux et déclarations qu'ils rapportent* », énonce l'alinéa 2 de l'article 336 du Code des douanes. En pareil cas, le droit commun prévaut : ils font foi jusqu'à preuve contraire.

1. Ce qui distingue cette procédure d'une action, au principal, du chef de l'infraction de faux.
2. Cass. Crim., 16 mars 1883, *Bull. Crim.* n° 78 ; Cass. Crim., 15 juin 1976, *Bull. Crim.* n° 215.
3. Cass. Crim., 28 janv. 1992, n° 90-85.743, *Bull. Crim.* n° 33.

Chapitre 2

L'enquête

En droit français, l'enquête, ou plus exactement, les enquêtes (***Section 2***), sont confiées uniquement à des fonctionnaires qui en sont spécialement investis (***Section 1***) et sont habilités à accomplir des actes délimités par la loi (***Section 3***).

Section 1
LES ACTEURS DE L'ENQUÊTE

(454) L'enquête est une phase de la procédure pénale au cours de laquelle les faits sont établis afin d'être, le cas échéant, présentés au juge judiciaire à fin de jugement. Elle est réalisée par la « police » (I) sous le contrôle du parquet (II). Elle est bien plus courante que sa concurrente, l'instruction, qui a le même objet mais au cours de laquelle la police agit sous le contrôle d'un juge d'instruction, lui-même habilité à réaliser un certain nombre d'actes et pendant laquelle le suspect dispose de la plénitude des droits de la défense (*cf. infra* chapitre 3).

I. La police judiciaire

Le terme « police » renvoie à différents services chargés de la préservation de l'ordre public[1]. Ces services possèdent, d'une part, des missions de police administrative afin de prévenir les atteintes à l'ordre public et, d'autre part, des missions de police judiciaire[2]. L'article 14 du Code de procédure pénale charge la police judiciaire « *de constater les infractions à la loi pénale, d'en rassembler les preuves et d'en rechercher les auteurs tant qu'une information n'est pas ouverte* ». La police judiciaire est donc chargée de mener des enquêtes pénales. L'expression

1. A. Decocq, J. Montreuil, J. Buisson, *Le droit de la police*, Litec, 2e éd., 1998, n° 1.

2. Sur la distinction entre police administrative et police judiciaire, *cf.* CE, 11 mai 1951, Consorts Baud, *S.* 1952 II. 13 concl. J. Devolve, note R. Drago ; TC., 7 juin 1951, *Epoux Noualek*, *S.*, 1952 III. 13 conc. J. Devolve ; TC., 29 oct. 1990, Mlle Morvan, *D.* 1991, IR. 16 ; Cass. Civ., 16 mars 1959, *Bull. Civ.* I, n° 160 ; 16 mars 1972, *Bull. Civ.* II, n° 82.

« police judiciaire[1] » renvoie en conséquence tant à une fonction procédurale qu'aux services qui en sont chargés. Elle possède une définition fonctionnelle (: quoi ?), mais aussi organique (: qui ?). L'article 15-1 C. pr. pén. pose d'ailleurs les règles de compétences de ces services. Toutefois, ces services ne sont pas les seuls à disposer de pouvoirs d'enquête (A). En outre, selon l'article 15 C. pr. pén., les missions de police judiciaire sont confiées au sein des services de police tantôt à des officiers, tantôt à des agents de police judiciaire (B).

I.1. Les forces de police judiciaire

La notion de « police judiciaire » recouvre l'ensemble des forces publiques chargées de pouvoir d'enquête. En France, l'architecture des forces de police est marquée par une forte centralisation au niveau étatique et ministériel (essentiellement au sein du ministère de l'Intérieur). La police s'articule donc en priorité autour de la police nationale (A) et de la gendarmerie nationale (B). Toutefois, d'autres administrations possèdent une mission de police judiciaire et peuvent donc être considérées comme des forces de police (C).

A. La police nationale

(455) Longtemps décentralisée à l'échelon municipal, la police des villes s'est étatisée entre le milieu du XIXe et le milieu du XXe siècle (loi du 23 février 1941 et loi du 9 juillet 1966). La police nationale relève du ministère de l'Intérieur (C. sec. int., art. L. 411-1). Ses services sont implantés dans les communes de plus de vingt mille habitants (art. L. 2214-1 et R. 2241-1 CGCT). À son sommet se trouve la **Direction générale de la police nationale** (DGPN), chargée de la coordination et du contrôle de l'ensemble des forces de police nationale du territoire.

La police nationale comprend plusieurs directions centrales qui coordonnent les différents services relevant de leur compétence :

La **direction centrale de la police judiciaire** (DCPJ) est une direction spécialisée en matière de police judiciaire. Elle comprend notamment une sous-direction de la police technique et scientifique qui réalise les examens, recherches et analyses d'ordre scientifique et technique. Elle est aussi chargée de la gestion de certains fichiers de police comme le fichier automatisé des empreintes digitales ou encore le fichier national automatisé des empreintes génétiques. La DCPJ comprend aussi une sous-direction antiterroriste (SDAT) chargée de la prévention et de la répression du terrorisme national et international. Enfin, le cœur de la DCPJ est constitué de sous-direction de la lutte contre la criminalité organisée et la délinquance financière.

La DCPJ a pour mission de prévenir et réprimer la criminalité organisée et la délinquance spécialisée. Elle comprend une sous-direction de lutte contre la criminalité organisée et la délinquance financière. Cette sous-direction possède plusieurs brigades spécialisées : la brigade nationale d'enquêtes économiques

1. *Cf.* pour plus de détails sur l'organisation de la police judiciaire, G. Roussel, *Police judiciaire*, Rép. pén. Dalloz.

(BNEE) et la brigade nationale de lutte contre la criminalité corse. La DCPJ coordonne d'autre part, les différents offices centraux de police judiciaire à compétence nationale prévus à l'article D. 8-1 du Code de procédure pénale : office central pour la répression du faux monnayage (OCRFM) ; office anti-stupéfiants (OFAST) ; l'office central pour la répression de la traite des êtres humains ; office central de lutte contre le trafic des biens culturels (OCBC) ; office central pour la répression de la grande délinquance financière (OCRGDF) ; office central de lutte contre la criminalité liée aux technologies de l'information et de la communication (OCLCTIC) ; office central de lutte contre le crime organisé (OCLCO) ; office central pour la répression des violences aux personnes (OCRVP) ; office de contrôle de lutte contre la corruption et les infractions financières et fiscales (OCLCIFF)[1]. Enfin, au niveau territorial, la DCPJ a autorité sur les différentes directions interrégionales de police judiciaire (DIPJ) qui regroupent chacune plusieurs services régionaux de police judiciaire (SRPJ).

La **direction centrale de la sécurité publique** (DCSP) est, en termes d'effectifs, la plus importante direction de la police. Elle est aussi la plus généraliste car elle possède une pluralité de missions : maintien de l'ordre, police judiciaire, police de la circulation, prévention de la délinquance. Les services de la DCPJ sont compétents à l'intérieur des circonscriptions de sécurité publique, lesquelles couvrent un département ainsi qu'une partie d'un ou plusieurs départements limitrophes. Ils sont dirigés par un directeur départemental de la sécurité publique (DDSP). Les services de police judiciaire de la DCPJ sont nommés sûretés départementales. Certains services de sécurité publique disposent de groupes d'intervention pour procéder à l'arrestation de criminels dangereux.

La **direction centrale de la police aux frontières** (DCPAF) a pour mission de lutter contre l'immigration clandestine et le travail illégal. Lui est rattaché l'office central pour la répression de l'immigration irrégulière et de l'emploi des étrangers sans titre (OCTRIEST). La DCPAF comprend notamment une brigade des chemins de fer et un service national de la police ferroviaire (SNPF). Elle comprend aussi des directions zonales lesquelles comportent des brigades des chemins de fer, des brigades mobiles de recherches, des brigades de police aéronautique et des unités d'éloignement. Elle possède enfin deux directions aéroportuaires.

L'**inspection générale de la police nationale** (IGPN) a pour fonction de contrôler l'action des services de police. Elle mène des enquêtes judiciaires sur les actes commis par les policiers lorsqu'elle est saisie par les autorités judiciaires.

La **direction centrale des compagnies républicaines de sécurité** (DCCRS) possède pour mission principale le maintien de l'ordre et la police administrative. Toutefois, ses formations de montagne, ses unités autoroutières et ses unités motocyclistes possèdent une compétence de police judiciaire.

---

1. C. Dufau, « Les enjeux de la création d'un nouvel office central au sein de la direction centrale de la police judiciaire », *AJ pénal* 2013, p. 641. Créé par le décret du 25 octobre 2013, cet office regroupe la brigade nationale de répression de la délinquance fiscale et la brigade nationale de lutte contre la corruption et la criminalité financière.

En outre, l'**unité de recherche, assistance, intervention et dissuasion** (RAID) est placée sous l'autorité directe du directeur général de la police nationale. Elle est compétente pour procéder à des interventions sensibles et dangereuses au service des autres unités de la police nationale.

(456) Signalons par ailleurs en région parisienne une particularité remontant à l'époque napoléonienne (Loi du 28 pluviôse an VIII, 17 févr. 1800) : la Préfecture de police de Paris avec à sa tête le Préfet de police. Ses policiers appartiennent à la police nationale depuis 1966.

La Préfecture de police comprend un certain nombre de services qui reprennent au niveau de l'agglomération parisienne et des départements de la petite couronne les différentes missions de la police nationale : direction opérationnelle des services techniques et logistiques ; service chargé de la lutte contre l'immigration irrégulière et le travail illégal des étrangers ; direction chargée des missions de sécurité et de paix publique ; et direction chargée du maintien de l'ordre public et de la régulation de la circulation, inspection générale des services.

La Préfecture de police de Paris comprend surtout une direction régionale de la police judiciaire située au 36 quai des Orfèvres. Elle se décompose en différents services : brigade criminelle ; brigade des stupéfiants ; brigade du proxénétisme ; et brigade de recherche et d'intervention.

En outre, le décret n° 2014-445 du 30 avril 2014 est venu créer la **direction générale de la sécurité intérieure (DGSI)**. Elle remplace la direction centrale du renseignement intérieur (DCRI) elle-même issue de l'absorption des renseignements généraux par la direction de la surveillance du territoire. La DGSI est un service de renseignement doté de pouvoirs de police judiciaire.

B. La gendarmerie nationale

(457) La gendarmerie nationale est une force de statut militaire qui a longtemps été régie par le décret du 20 mai 1903. Son histoire a basculé avec la loi n° 2009-971 du 3 août 2009 relative à la gendarmerie nationale. Cette loi l'a rattachée au ministère de l'Intérieur qui devient responsable de son organisation, de sa gestion, de sa mise en condition d'emploi et de son infrastructure (art. L. 3225-1 al. 1er C. défense). Pour autant, la gendarmerie reste une force de police judiciaire intervenant dans les zones rurales et périurbaines (art. L. 421-1 et R. 431-2 C. sec. int.). Elle couvre 95 % du territoire national contre 5 % pour la police nationale et assure 40 % des enquêtes de police judiciaire[1].

(458) Ce rattachement relativise grandement la dualité historique des forces de police judiciaire. Les deux forces étatiques de police judiciaire se voient donc placées sous l'autorité du ministère de l'intérieur. Le ministère de la défense conserve une autorité fonctionnelle pour les opérations relevant de la défense nationale et reste en charge de la gestion des ressources humaines.

De plus, avec les lois LOPPSI et 2, les équipements de la police et de la gendarmerie tendent à se mutualiser. Ainsi le directeur de la police nationale et le directeur de la gendarmerie dirigent conjointement la direction de la coopé-

1. C. Mouhanna, « La répartition des forces de sécurité sur le territoire : des leçons à tirer pour la carte judiciaire ? », *AJ pénal* 2007, p. 518.

ration internationale et le service de technologie et de système d'information de la sécurité intérieure. Des passerelles entre les deux forces sont aussi mises en place pour leurs membres. Petit à petit, la fusion entre gendarmerie et police s'opère au profit de cette dernière. L'autorité judiciaire reste libre de choisir l'une ou l'autre en fonction du type d'affaires (art. 12-1 C. pr. pén.), mais les différences entre les deux corps s'estompant, cette liberté est elle aussi amoindrie.

(459) La gendarmerie est organisée de manière pyramidale avec à son sommet **direction générale de la gendarmerie nationale** (DGGN). Celle-ci coiffe la totalité des services de la gendarmerie.

La DGGN comprend plusieurs directions divisées parfois en sous-directions.

La **sous-direction de la police judiciaire de la gendarmerie nationale** (SDPJGN) se divise en plusieurs bureaux : bureau de la police judiciaire ; bureau des affaires criminelles ; et bureau de la lutte antiterroriste. Cette sous-direction coordonne de plus l'action d'offices centraux à compétence nationale : office central de lutte contre les atteintes à l'environnement et à la santé publique (OCLAESP) ; office central de lutte contre la délinquance itinérante (OCLDI) ; office central de lutte contre le travail illégal.

La DGGN a aussi autorité sur les autres composantes de la gendarmerie :

L'**inspection générale de la gendarmerie nationale** possède la même fonction que l'IGPN. Elle peut mener des enquêtes de police judiciaire portant sur les infractions commises par un gendarme.

L'**institut de recherche criminelle de la gendarmerie nationale** (IRCGN) constitue le laboratoire national de la gendarmerie chargé des missions d'examen et d'expertises scientifiques, d'aide technique aux enquêteurs et de mise en œuvre des technologies de l'information.

Le **service technique de recherches judiciaire et de documentation** (STRJD) gère les fichiers de renseignement judiciaire, met en œuvre des analyses criminelles ou comportementales et lutte contre la cybercriminalité, notamment de nature pédophile.

La **gendarmerie départementale** assure toutes les missions de police administrative et de police judiciaire de la gendarmerie. Elle est un service généraliste qui s'articule sur plusieurs services. Au niveau cantonal se trouvent les brigades territoriales lesquelles peuvent être regroupées en communauté avec une brigade chef-lieu et des brigades de proximité. Les brigades de recherches (BR) sont les services de police judiciaire situés au chef-lieu de chaque compagnie départementale. Les brigades départementales de renseignement et d'investigation judiciaire (BDRIJ) sont situées au chef-lieu de chaque groupement de gendarmerie. Elles exploitent les bases de données de la gendarmerie et rassemblent les techniciens en identification criminelle (police technique et scientifique). Les pelotons de surveillance et d'intervention de la gendarmerie (PSIG) rattachés aux compagnies de gendarmerie départementale renforcent les brigades territoriales et surveillent les zones sensibles. Ils peuvent être appuyés par les pelotons d'intervention interrégionaux (PI2G). Les sections de recherches (SR) sont situées au chef-lieu de chaque cour d'appel et sont chargées de la délinquance organisée. Les sections d'appui judiciaire ont pour fonction de soutenir les autres services d'enquête. Les groupes d'observation et de surveillance (GOS) effectuent des opérations discrètes. Les brigades nautiques et fluviales interviennent en mer et sur les cours d'eaux. Les brigades motorisées sont constituées de motocyclistes ayant pour mission principale la police judiciaire en matière d'infractions routières. Les pelotons d'autoroute assurent quant à eux la police de la circulation sur les portions d'autoroutes. Les pelotons de gendarmerie de montagne (PGM) et les pelotons de gendarmerie de haute montagne (PGHM) peuvent mener des enquêtes judiciaires portant sur toute infraction commise en milieux montagneux. Les pelotons spécialisés de protection de la gendarmerie (PSPG) sont en charge de la police judiciaire relative aux installations d'importance vitale et notamment les centrales nucléaires.

La **gendarmerie mobile** est chargée du maintien de l'ordre. Ses escadrons sont les équivalents des compagnies républicaines de sécurité. Ses pelotons d'intervention (PI) peuvent intervenir pour l'arrestation d'individus dangereux.

La **gendarmerie de l'armement** assure les missions de police administrative et de police judiciaire dans les établissements de la direction générale de l'armement.

La **gendarmerie des transports aériens** est compétente pour réaliser toute enquête de police judiciaire relative à des faits commis dans les aéroports dépendant de la direction générale de l'aviation civile. Elle est aussi compétente pour enquêter sur tout accident aérien survenu sur le territoire national ou tout accident impliquant des aéronefs français et aussi sur les infractions à la réglementation aéronautique. Elle dispose de brigades, de brigades de recherches, de pelotons de surveillance et d'intervention motorisée et d'une section de recherche.

La **gendarmerie de l'air** mène les enquêtes de police judiciaire concernant tout fait commis sur les bases aériennes militaires françaises et tout accident survenu sur le territoire national impliquant des aéronefs militaires français ou étrangers. Elle dispose de brigades, de brigades motorisées et d'une section de recherches.

La **gendarmerie maritime** procède aux enquêtes de police judiciaire relative aux infractions commises dans les établissements relevant de la marine nationale et dans les eaux territoriales françaises. Elle dispose de brigades de recherches, de brigades de surveillance du littoral, d'unités navigantes, de brigades et postes placées auprès des directions interrégionales de la mer, de pelotons de sûreté maritime et portuaire, d'un peloton à Paris et d'une section de recherches à compétence nationale.

Le **groupe d'intervention de la gendarmerie nationale** (GIGN) intervient en matière de lutte contre le terrorisme et le grand banditisme, ainsi que pour la préservation d'intérêts vitaux de l'État. Il peut prêter main-forte à des unités de police judiciaire pour l'appréhension des criminels dangereux.

(460) En raison de sa nature militaire, la gendarmerie possède des missions qui échappent à la police nationale. Elle est la **police militaire aux armées** (C. défense, art. R. 3225-6) et ses gendarmes possèdent la capacité d'officier de police judiciaire des forces armées (art. L. 211-3 C. jus. mil.). Des unités de prévôtés peuvent ainsi

accompagner les troupes armées lors d'opérations extérieures ou sur les bases françaises à l'étranger. En temps de guerre, la gendarmerie constitue la police judiciaire militaire dans le cadre de la procédure pénale militaire d'exception (art. L. 212-2 C. jus. mil.). La brigade de recherche prévôtale est ainsi un service de police judiciaire à compétence nationale (C. pr. pén., art. R. 15-22, 3°).

C. Les autres forces de police

(461) Les articles 15 et 28 du Code de procédure pénale permettent de conférer des pouvoirs de police judiciaire à d'autres agents et services que ceux issues des rangs de la police nationale et de la gendarmerie nationale. De nombreuses administrations autres que la police ou la gendarmerie sont ainsi habilitées à mener des enquêtes pour la poursuite d'infractions déterminées comme par exemple, la marine nationale, les affaires maritimes, l'inspection du travail, l'office national de la chasse et de la faune sauvage, l'office national de l'eau et des milieux aquatiques, l'office national des forêts, la SNCF, la RATP, la Direction générale de la concurrence de la consommation et de la répression des fraudes, etc. Cependant, la police judiciaire n'est pas la fonction principale de ces différentes administrations. Ces dernières ne peuvent donc prétendre à l'appellation générique de forces de police. Il n'en va pas de même pour la douane judiciaire et les polices municipales.

1. La Douane judiciaire

(462) Il faut accorder une place à part à la Douane[1]. La direction générale des douanes et des droits indirects relève du ministère du Budget. Le Code des douanes confère aux douaniers de nombreux pouvoirs d'investigation dérogatoires au Code de procédure pénale pour enquêter sur les importations et exportations frauduleuses, la contrefaçon, le trafic de stupéfiants, les infractions aux contributions indirectes, etc.[2]. La Douane est aussi devenue la troisième force étatique de police judiciaire depuis que l'un de ses services a acquis la possibilité de mener des enquêtes de police judiciaire en application du Code de procédure pénale. La loi n° 99-515 du 23 juin 1999 a en effet conféré à certains agents des douanes de catégorie A ou B spécialement désignés la capacité de police judiciaire (C. pr. pén., art. 28-1). Depuis, l'arrêté du 5 décembre 2002, ces **officiers des douanes judiciaires** (ODJ) sont regroupés au sein du **service national de douane judiciaire (SNDJ)**.

Ce service est une administration centrale, dont le siège est situé à Ivry-sur-Seine (auparavant Vincennes) et qui comprend sept unités locales[3] situées sur le reste du territoire national. Le SNDJ est dirigé par un magistrat de l'ordre

1. C. Soulard, *Guide pratique du contentieux douanier*, Litec, 2008 ; C.-J. Berr et H. Tremeau, *Le Droit douanier*, Economica, 7e éd., 2006.

2. G. Roussel, « Le douanier, essor d'un enquêteur judiciaire », *Revue française de finances publiques*, n° 113, 2011, p. 235.

3. M. Dobkine, « La création d'une nouvelle force de police judiciaire : la douane judiciaire, (commentaire de l'article 28-1 du Code de procédure pénale) », *D.* 2001, p. 1475 ; P. Carli, « Service national de douanes judiciaires : officier de police judiciaire douanière ? Officier de douane judiciaire ? », *D.* 2003 p. 2701.

judiciaire détaché. Ce service procède à des enquêtes de police judiciaire sur réquisition du procureur de la République ou sur commission rogatoire du juge d'instruction. Toutefois, l'article 28-1 du Code de procédure pénale limite le champ d'application de ces pouvoirs d'enquête à certaines infractions douanières et aux infractions pénales qui leur sont connexes, ainsi qu'aux infractions de contributions indirectes, d'escroquerie sur la taxe sur la valeur ajoutée, de vols de biens culturels, de protection des intérêts financiers de l'Union européenne, de trafics d'armes, de financement du terrorisme, de blanchiment, de contrefaçon, de jeux d'argent et de hasard en ligne et aux délits d'association de malfaiteurs liés à ces infractions. Les procédures de surveillance et d'infiltration sont possibles en cas de contrebande de tabac manufacturé, d'alcool et de spiritueux et de contrefaçon de marque. Les techniques spéciales d'enquêtes sont applicables pour les délits douaniers punis d'une peine de plus de 5 ans. La contrepartie de la compétence pénale du SNDJ est l'interdiction pour ces agents d'appliquer les règles du Code des douanes.

Le SNDJ est ainsi une police spécialisée dans des infractions économiques complexes ou dans le volet financier des infractions relevant de la criminalité organisée.

2. Les polices municipales

L'expression police municipale désigne les pouvoirs du maire qui ont pour objet d'assurer « *le bon ordre, la sûreté, la sécurité et la salubrité publiques* » dans sa commune (CGCT, art. L. 2212-2). Elle désigne aussi le service composé de fonctionnaires municipaux investis de pouvoirs de police administrative et judiciaire auxquels le maire confie des missions en lien avec ses pouvoirs de police municipale. Si l'étatisation de la police nationale avait initialement entraîné une relative disparition des services municipaux de police, ceux-ci se sont reconstitués depuis les années soixante-dix. Comme la création d'une police municipale est une décision prise par la commune sur proposition du maire, les effectifs et les missions varient selon les municipalités. Il faudrait donc plutôt parler *des* polices municipales que de *la* police municipale[1]. Toutefois, le statut (grades, uniformes) et la compétence de ces services et de ces agents sont fixés au niveau national (L. 15 avr. 1999, C. sec. int., art. L. 511-1 et R. 511-2).

La police municipale devient une police de plus en plus investie d'une **fonction répressive**[2]. Les agents de police municipale disposent de la capacité d'agent de police judiciaire adjoint pour constater certaines infractions toujours plus nombreuses : contraventions aux règlements et arrêtés pris par le maire et le préfet ; contraventions relatives à l'interdiction de fumer ; infractions forestières ; infractions commises en matière de déchets et de récupération de métaux ; contraventions du livre VI du Code pénal (tapage nocturnes, divagations d'animaux dangereux, etc., C. pr. pén., art. R. 15-33-29 ; occupation illicite des parties communes d'immeubles ; contraventions au Code de la route à l'exception

---

1. *Cf.* Malochet, *Les policiers municipaux*, PUF, 2007.
2. G. Roussel, « La nature répressive de la police municipale après les lois LOPPSI 2 », *AJ Collectivités territoriales*, p. 347.

de celles posées par l'article R. 130-2 du Code de la route. Leurs possibilités d'investigation sont limitées, mais réelles. Ils peuvent procéder aux épreuves de dépistage d'alcoolémie, dresser des procès-verbaux pour les infractions qu'ils constatent et recueillir les observations des contrevenants.

Depuis la loi du 22 mars 2016, ils sont compétents pour intervenir dans les transports en commun. Ils peuvent être affectés à des missions de maintien du bon ordre au sein des transports publics de voyageurs et peuvent constater les infractions suivantes : vente à la sauvette, outrage, entrave à la circulation, dégradation et voyage sans titre de transport sur le territoire de leur commune ou des communes formant un ensemble d'un seul tenant (CSI, art. L. 511-1 al. 7 et 8).

Dans certains cas, les policiers municipaux peuvent d'ailleurs être armés.

Toutefois, le Conseil constitutionnel a censuré la disposition de la LOPPSI 2 qui conférait au directeur de police municipale la capacité d'agent de police judiciaire et autorisait les policiers municipaux à réaliser des contrôles d'identité[1]. Cependant, la loi du 14 avril 2011 leur a octroyé un pouvoir indirect de placement en garde à vue des suspects et de déclenchement d'une enquête, puisqu'elle a introduit un alinéa 2 à l'article 73 du Code de procédure pénale obligeant les OPJ à placer en garde à vue les personnes arrêtées par la force publique. Les policiers municipaux possèdent donc un vrai pouvoir de contrainte. Ils peuvent même se voir doter du droit d'usage d'armes dans des conditions plus restreintes que les forces étatiques (C. sec. int., art. L. 511-5, L. 511-5-1). En outre, ils bénéficient du droit de retenue des contrevenants avec présentation à OPJ (C. pr. pén., art. 78-6).

Les polices municipales constituent donc des polices en développement, de futures polices de proximité.

I.2. Les membres de la police judiciaire

(463) Les services de police judiciaire évoqués *supra* sont évidemment composés par les hommes et les femmes qui en sont les membres. Ces hommes et femmes peuvent accomplir des actes d'investigation pour constater les infractions, en rechercher les preuves et en identifier les auteurs. Précisément, leur possibilité de réaliser tel ou tel acte dépend de leur capacité de police judiciaire. L'article 15 du Code de procédure pénale distingue plusieurs capacités de police judiciaire, soient les aptitudes requises pour exercer les différentes prérogatives d'enquête[2]. Ces capacités sont d'abord attribuées aux membres des forces de police, d'abord aux officiers de police judiciaire (A), puis aux agents de police judiciaire et agents de police judiciaire adjoints (B). Cependant, d'autres fonctionnaires disposent de capacités partielles de police judiciaire, lesquelles leur permettent d'accomplir certains actes de police judiciaire (C).

A. Les officiers de police judiciaire (OPJ)

(464) La capacité d'OPJ est la plus haute qui puisse être possédée au titre de l'exercice de la police judiciaire. Elle donne plénitude de compétence à cet égard. Elle

1. Cons. Const., déc. n° 2011-625 DC du 10 mars 2011.
2. S. Guinchard, J. Buisson, *Procédure pénale*, *op. cit.* n° 275.

permet notamment de **réaliser ou faire réaliser la plupart des actes d'enquête** (préliminaire ou de flagrance, ou dans le cadre de commissions rogatoires données par le juge d'instruction si une information est ouverte) que nous étudierons dans la Section 3. La formation et la qualité des personnes obtenant cette capacité sont présumées être garantes de l'exercice par celles-ci de ces missions, parfois hautement attentatoires à la liberté des individus, dans des conditions à la fois de **régularité procédurale** et de **respect** de ces derniers.

Les OPJ reçoivent par ailleurs les plaintes et dénonciations (C. pr. pén., art. 17).

(465) **L'article 16 du Code de procédure pénale** énumère quelles sont les personnes titulaires de la qualité d'OPJ. Il s'agit :

– des maires et de leurs adjoints ;

– des officiers et gradés de la gendarmerie, des gendarmes ayant au moins trois ans de service dans la gendarmerie ;

– des inspecteurs généraux, sous-directeurs de police, contrôleurs généraux, commissaires de police, officiers de police et certains fonctionnaires d'encadrement de la police nationale.

Pour prétendre à la qualité d'OPJ et à l'exercice des prérogatives qui y sont attachées, les policiers et gendarmes doivent respecter certaines exigences :

– pour les gendarmes comptant au moins trois ans de service et les fonctionnaires du corps d'encadrement et d'application de la police nationale (brigadiers et gardiens de la paix), comptant au moins trois ans de services : avoir réussi un examen technique, puis être nommés par arrêté ministériel sur avis conforme d'une commission mixte composée de magistrats du siège du parquet et, selon le cas, de hauts gradés de la police ou de la gendarmerie (C. pr. pén., 16, 2° et 4°, R. 3 à R. 12) ;

– pour tous : avoir été personnellement habilités par le procureur général près la cour d'appel dans le ressort de laquelle il exerce habituellement ses fonctions (C. pr. pén., art. 16 al. 4, 16-1 à 16-3, R. 13 à R. 15-16) ;

– pour tous encore : avoir été affectés dans un service et dans un emploi comportant l'exercice des pouvoirs de police judiciaire.

La loi du 23 mars 2019 a modifié l'article 16 du Code de procédure pénale par un alinéa disposant que l'habilitation de l'officier de police judiciaire est délivrée par le procureur général près de la cour d'appel dans le ressort de laquelle intervient la première affectation du fonctionnaire, et que cette habilitation est valable pour toute la durée de ses fonctions, y compris en cas de changement d'affectation.

(466) **Sont aussi OPJ, mais seulement en matière de circulation routière**, les fonctionnaires du corps de commandement et d'encadrement de la police nationale (brigadiers et gardiens de la paix) qui ne sont pas visés par l'article 16 du Code de procédure pénale, mais sont désignés par arrêté interministériel. Ces fonctionnaires ne peuvent agir que dans une circonscription territoriale ne dépassant pas le ressort de la cour d'appel et ne disposent de la qualité d'OPJ que pour rechercher et constater les infractions du Code de la route et les infractions d'atteintes involontaires à la vie ou à l'intégrité d'une personne

commises à l'occasion d'accidents de la circulation. S'ils n'ont aucun pouvoir de placement en garde à vue, ils peuvent tout de même procéder à l'audition libre de la personne intéressée.

(467) Sont encore OPJ les personnes exerçant des fonctions de directeur ou **sous-directeur de la police judiciaire** au sein de la police nationale ou de **directeur** ou **sous-directeur de la gendarmerie nationale**.

(468) La capacité d'OPJ confère une compétence d'attribution générale. Elle permet de constater tous les types d'infractions. Elle permet surtout d'accomplir l'ensemble des actes de police judiciaire. Les OPJ reçoivent les plaintes ou dénonciations et procèdent aux enquêtes préliminaires et aux enquêtes de flagrance. Ils ont le droit de requérir directement le concours de la force publique (C. pr. pén., art. 17). Toutefois, ils ne peuvent pas déléguer aux APJ leurs pouvoirs propres (C. pr. pén., art. D. 13, al. 1er), soient le placement en garde à vue, les vérifications d'identité, les perquisitions et les réquisitions. Ils disposent d'une autorité hiérarchique sur les APJ et APJA (C. pr. pén. art. 20 et 21).

Il est à noter que les OPJ exercent normalement dans les limites de leur **ressort territorial.** Il est au minimum départemental. Cette compétence peut s'étendre au ressort d'une ou plusieurs zones de défense, voire sur l'ensemble du territoire national si le service auquel ils appartiennent possède une telle compétence (C. pr. pén., art. 15-1 et 18 al. 1er). Certains OPJ possèdent une compétence plus importante, car elle suit l'étendue des réseaux des transports collectifs dans lesquels ils opèrent.

En revanche, les OPJ, même non compétents territorialement, doivent recevoir les plaintes des victimes avant de les transmettre au service territorialement compétent (art. 15-3 C. pr. pén.).

En outre, les OPJ peuvent se transporter sur toute l'étendue du territoire national, à l'effet d'y poursuivre leurs investigations et de procéder à des auditions, perquisitions et saisies, sans que soit donc désormais nécessaire une autorisation expresse d'un magistrat, mais à condition d'avoir informé le procureur de la République saisi de l'enquête ou le juge d'instruction. Cette « compétence nationale » des enquêteurs ne leur permet que de poursuivre une procédure commencée dans leur ressort de compétence habituelle. Les enquêteurs sont tenus d'être assistés d'un officier de police judiciaire territorialement compétent si le magistrat le décide. Le procureur de la République du tribunal judiciaire dans le ressort duquel les investigations sont réalisées doit être informé du transport.

Les OPJ peuvent même agir en territoire étranger soit pour procéder à des auditions sur commission rogatoire ou réquisition (art. 18 al. 5), soit pour réaliser une surveillance de suspects appartenant au crime organisé (art. 694-6, 694-7, 706-80 C. pr. pén.), soit dans le cadre des droits de poursuite et d'observation prévus dans les articles 40 et 41 de la Convention d'application des Accords de Schengen, soit parce qu'ils appartiennent à une équipe commune d'enquête (art. 695-2 C. pr. pén.).

(469) De manière à protéger les enquêteurs, l'article 15-4 du Code de procédure pénale permet une anonymisation de certains actes de procédure, lorsque la

révélation de leur identité est susceptible, compte tenu des conditions d'exercice de sa mission ou de la nature des faits qu'il est habituellement amené à constater, de mettre en danger sa vie ou son intégrité physique ou celles de ses proches[1]. Cette anonymisation s'applique aux procès-verbaux que les OPJ rédigent et à ceux dans lesquels ils interviennent. Il est vrai que deux policiers ont été tués par un homme les ayant suivis jusque chez eux[2]. L'absence de précision des noms et prénoms est délivrée par la hiérarchie de l'enquêteur avec copie transmise au procureur de la République. L'agent sera alors identifié par un numéro d'immatriculation administrative, sa qualité et son service ou unité d'affectation. Cette identification s'appliquera aux procédures portant sur un crime ou un délit puni d'au moins trois ans d'emprisonnement mais aussi aux procédures portant sur un délit puni de moins de trois ans d'emprisonnement en cas de risque. Les juridictions d'instruction ou de jugement saisies des faits ont accès aux nom et prénom mais ceux-ci ne peuvent être prononcés au cours d'audiences publiques. Les parties peuvent demander l'autorisation d'accès aux nom et prénom aux juridictions qui peuvent le refuser. Afin d'éviter l'impunité, l'anonymisation n'est pas applicable lorsque l'agent est entendu dans le cadre d'un acte qu'il est soupçonné avoir commis dans l'exercice de ses fonctions.

B. Les agents de police judiciaire et agents de police judiciaire adjoints

(470) D'autres personnes jouissent de pouvoirs moins étendus et ont avant tout pour mission de seconder les OPJ : elles sont tantôt agents de police judiciaire (APJ), tantôt agents de police judiciaire adjoints (AJPA). L'énumération de ces agents est posée par les articles 20 et 21 du Code de procédure pénale.

(471) – **Les APJ ont pour mission de seconder les OPJ**. Ils ne peuvent accomplir qu'un certain nombre d'actes de police judiciaire peu attentatoires aux droits fondamentaux. Ils constatent les infractions et en dressent procès-verbal. Ils reçoivent les déclarations des témoins. Toutefois, ils ne peuvent accomplir certains actes de procédure réservés aux seuls OPJ comme le placement en garde à vue (art. 20 C. pr. pén.). Ils ne peuvent recevoir de délégation des pouvoirs propres des OPJ, mais peuvent réaliser un certain nombre d'actes de police judiciaire sous leur direction : contrainte des témoins défaillants ; exécution des mandats d'amener, de dépôt et d'arrêt ; exécution des ordonnances de prise de corps, des arrêts et des jugements de condamnation ; exécution des contraintes judiciaires. Les APJ sont autorisés à réaliser des enquêtes préliminaires soit d'office, soit sur instructions du procureur de la République ou de leur hiérarchie. Ils peuvent entendre les témoins pendant une enquête de flagrance, mais seulement sur ordre exprès. Cependant, un APJ peut pourrait se déplacer dans un domicile sur demande des personnes présentes et recevoir des objets pour les transmettre ensuite aux fins de saisie à un OPJ[3]. Un APJ peut aussi très bien

1. L'agent peut donc s'identifier en apposant son matricule. Cass. Crim., 7 janv. 2020, n° 19-84.246.
2. *Le Monde*, 14 juin 2016.
3. Cass. Crim., 15 juin 2000, *Bull. Crim.*, n° 229, *Procédures* 2001. Comm. 238, obs. J. Buisson.

faire parader les suspects d'une infraction devant des témoins afin qu'ils le reconnaissent[1]. En outre, le décret du 7 septembre 2016 et celui du 28 octobre 2016 ont élargi la compétence des APJ et des techniciens de police techniques et scientifiques pour leur permettre de réaliser des prélèvements et scellés[2].

Afin de soulager les OPJ, la loi du 23 mars 2019 a modifié les articles 60, 60-1, 60-2, 60-3, 76-2, 77-1, 77-1-1, 77-1-2 et 77-1-3 du Code de procédure pénale, afin de permettre aux agents de police judiciaire de procéder seuls à certains actes en agissant sous le contrôle d'un OPJ au cours de l'enquête de flagrance, ou avec l'autorisation préalable du procureur au cours de l'enquête préliminaire. Ils peuvent :

– requérir des personnes qualifiées aux fins de procéder à des constatations ou à des examens techniques ou scientifiques ;

– requérir des personnes qualifiées afin de procéder à l'ouverture de scellés pour réaliser une copie de données informatiques ;

– requérir un organisme public ou de certaines personnes morales de droit privé aux fins de la mise à disposition d'informations non protégées par un secret prévu par la loi, contenues dans un système informatique ou un traitement de données nominatives ;

– procéder à des opérations de prélèvements externes.

(472) **Les APJA secondent les OPJ** dans l'exercice de leurs fonctions (C. pr. pén., art. 21, al. 4). Ils sont autorisés à constater les infractions et recueillir tous renseignements en vue de découvrir leurs auteurs. Les APJA doivent rendre compte à leurs chefs hiérarchiques des infractions dont ils ont connaissance en rédigeant des rapports ensuite transmis sans délai au procureur de la République (C. pr. pén., art. 21 al. 5 et D. 15).

Les agents de police judiciaire et agents de police judiciaire adjoints possèdent la même compétence territoriale que les officiers de police judiciaire. Elle dépend donc de celle du service ou de l'unité dans lequel ou laquelle ils exercent leurs fonctions habituelles. Leur compétence départementale, zonale ou nationale peut aussi reprendre celle de l'OPJ responsable du service ou de l'unité dans lequel ils ont été nominativement mis à disposition à titre temporaire ce qui est assez utile pour les membres des CRS ou de la gendarmerie mobile (C. pr. pén. art. 21-1). Les APJ sont aussi compétents pour exercer leur mission dans les véhicules affectés aux transports collectifs de voyageurs, dès lors que ces derniers ou le réseau sur lequel ils circulent traversent leur circonscription d'affectation (art. R. 15-28 C. pr. pén.). Ils peuvent enfin être requis par le procureur de la République près un autre TJ que celui dont dépend leur service pour accomplir certains actes de procédure.

C. Les fonctionnaires et agents possédant des attributions de police judiciaire

(473) Le Code de procédure pénale octroie des capacités de police judiciaire moindres à d'autres agents publics que les policiers ou les gendarmes en renvoyant, le cas

1. Cass. Crim., 10 mars 1993, *Bull. Crim.*, n° 110.
2. C. pr. pén., art. D. 15-5-1.

échéant, à d'autres lois spéciales pour le détail des prérogatives (art. 15, 3°, 22 à 29 C. pr. pén.). Les officiers de douane judiciaire (1) et les officiers fiscaux judiciaires (2) se sont vus attribuer une capacité proche de celle des OPJ, bien supérieure à celle des autres agents publics dont le rôle est le plus souvent cantonné à la simple constatation des infractions (3).

1. Les officiers de douane judiciaire

(474) Les agents des douanes appartenant au service national de douane judiciaire possèdent une **habilitation spécifique** à mener des enquêtes judiciaires (art. 28-1 C. pr. pén.). Il est ainsi possible de considérer qu'ils sont titulaires d'une capacité d'officier des douanes judiciaires (**ODJ**).

L'habilitation ne peut être délivrée qu'à des agents ayant au moins deux ans de service effectif en qualité de titulaires dans un corps de catégorie A ou B de la direction générale des douanes et droits indirects et désignés par un arrêté conjoint des ministres du budget et de la justice sur proposition du directeur général des douanes et impôts indirects après avis conforme d'une commission et satisfaction à un examen technique comportant notamment des matières pénales (art. 28-1-I ; R. 15-33-1 et s., A. 36 et s C. pr. pén.). Certains agents sont dispensés d'examen technique en raison de leurs responsabilités et de leurs compétences. La commission est composée de hauts magistrats, du directeur des douanes, de hauts fonctionnaires des douanes et du magistrat qui dirige le SNDJ. La décision d'habilitation est prise par arrêté du procureur général de la cour d'appel du siège des fonctions du douanier, c'est-à-dire celui de Paris (art. 28-1-IV, R. 15-33-7 et s. C. pr. pén.).

Les ODJ peuvent pouvoir procéder à des enquêtes de police judiciaire sur réquisition du procureur de la République ou sur commission rogatoire du juge d'instruction avec les mêmes pouvoirs que les OPJ. Cependant, ils ne peuvent se servir des pouvoirs du Code des douanes sous peine de nullité de la procédure. En matière de stupéfiants, ils ne peuvent pas non plus appliquer les règles du Code de procédure pénale, sauf s'ils sont intégrés au sein d'unités temporaires en collaboration avec des officiers de police judiciaire[1]. Mais ils appliqueront les règles de procédure pénale pour les autres contentieux. Seule leur compétence matérielle est limitée aux investigations portant sur certaines infractions spécifiques. La capacité d'ODJ n'est donc pas générale mais spécifique.

2. Les officiers fiscaux judiciaires

(475) Sur le modèle des ODJ, l'article 23 de la loi n° 2009-1674 du 30 décembre 2009 a inséré un article 28-2 dans le Code de procédure pénale, lequel crée le **statut d'officiers fiscaux judiciaires (OFJ)**. Cette dénomination figure à l'article 4 du décret du 4 novembre 2010 créant à son tour la brigade nationale de répression de la délinquance fiscale au sein laquelle les OFJ exercent leur mission.

Les OFJ doivent avoir été habilités personnellement par le procureur général près la cour d'appel de Paris. L'habilitation est délivrée aux agents

1. Pour une application, Cass. Crim., 26 nov. 2008, pourvoi n° 08-86.060.

des services fiscaux de catégorie A ou B ayant au moins deux ans de services effectifs en qualité de titulaire et désignés par un arrêté conjoint des ministres du budget et de la justice, ce sur proposition du sous-directeur chargé du contrôle fiscal à la direction générale des finances publiques, après avis conforme d'une commission et satisfaction à un examen technique. La commission dont l'avis conforme est requis comprend des hauts magistrats, le directeur général des finances publiques, du DGPN et du DCPJ, et le sous-directeur chargé du contrôle fiscal à la direction générale des finances publiques (art. R. 15-33-29-5 C. pr. pén. et s.).

Les OFJ procèdent à des enquêtes de police judiciaire sur réquisition du procureur de la République ou sur commission rogatoire du juge d'instruction. Ils possèdent toutes les prérogatives des OPJ, sauf celles applicables en matière de criminalité organisée. Ils possèdent une compétence territoriale nationale, mais une compétence d'attribution limitée aux enquêtes portant sur les infractions de fraude fiscale prévues par les articles 1741 et 1743 du Code général des impôts ainsi que le blanchiment de ces infractions depuis la loi du 6 décembre 2013. À peine de nullité, lorsqu'ils agissent dans le cadre d'enquêtes de police judiciaire, ils ne peuvent utiliser les pouvoirs du Code général des impôts ou du livre des procédures fiscales.

3. Les autres fonctionnaires

(476) Le Code de procédure pénale n'attribue aux autres fonctionnaires et agents que « *certaines fonctions* » et non toutes. Leur capacité de police judiciaire sera moindre que celles des OPJ et APJ et sera précisée limitativement chaque fois par un texte. Les agents sont énumérés aux articles 22 à 29 du Code de procédure pénale. Lorsque les fonctionnaires et agents doivent prêter serment avant d'exercer leur fonction, ce serment n'a pas à être renouvelé en cas de changement d'affectation.

Sont ainsi désignés les agents compétents en matière forestière. La loi n° 2014-1170 du 13 octobre 2014 a enfin supprimé l'appellation obsolète « *ingénieurs, les chefs de district et agents techniques des eaux et forêts* » qui ne renvoyait plus à une administration depuis la naissance de l'office national des forêts en 1964. L'article 22 C. pr. pén. vise désormais les « *agents des services de l'État en charge des forêts* », les « *agents en service à l'office national des forêts* », les agents de « *l'établissement public du domaine national de Chambord* ». Ils possèdent la capacité de rechercher et constater les infractions forestières dans tous les bois et forêts « *quel que soit leur régime de propriété* » (C. for., art. L. 161-4). Ils doivent être assermentés devant le TJ (C. for, art. L. 161-10). Certains possèdent un droit d'interpellation et de réquisitions de la force publique. Ils peuvent être aussi requis par un OPJ, le procureur de la République ou commis par un juge d'instruction. Ils ont un droit de suite sur les choses, ce dans les lieux où celles-ci ont été frauduleusement enlevées. Ils ont également le droit de les mettre sous séquestre. Ils peuvent enfin procéder à des perquisitions ou visites domiciliaires dès lors qu'ils sont accompagnés d'un OPJ (C. pr. pén., art. 22, C. for., art., L.-161-14 et s.).

(477) Les **gardes champêtres** sont des employés communaux chargés de la police des campagnes (C. sec. int., art. L. 521-1). Ils sont compétents pour

constater les infractions commises à l'encontre des propriétés forestières ou rurales, les infractions au régime de l'eau, en matière de chasse, de pêche, de réserves naturelles, de police municipale, de santé publique, de police routière et de voirie et de contravention prévues par le Code pénal. Ils possèdent parfois les mêmes pouvoirs que les agents compétents en matière forestière (C. for., art. L. 161-14). Dans certains cas, ils peuvent même contrôler l'identité des contrevenants (C. pr. pén., art. 22, 23, 24 et 27).

(478) Les **gardes particuliers assermentés** sont des gardes privés qui ont le pouvoir de constater les délits et contraventions portant atteinte aux propriétés dont ils ont la garde. Ils sont d'ailleurs commissionnés par le propriétaire, agréés par le préfet, assermentés par le tribunal d'instance. Ils peuvent constater les infractions réalisées en matière de chasse ou de pêche avec droit de saisie du gibier ou des instruments de pêche (C. pr. pén., art. 29, C. env., art. L. 428-21 et art. L. 437-13).

(479) Pour le reste, l'article 15, 3° et l'article 28 renvoient aux lois spéciales non intégrées dans le Code de procédure et qui confèrent des capacités de police judiciaire à des **fonctionnaires ou agents des services publics** autres que ceux étudiés précédemment. Le nombre d'agents concernés est très important : agents des services fiscaux ; des affaires maritimes ; des douanes ; de la concurrence ; de la consommation et de la répression des fraudes ; de l'inspection du travail ; du pôle emploi ; des parcs naturels ; de l'aviation civile ; des ponts et chaussées ; de l'office national de la chasse ; de l'office national de l'eau ; de l'armée de l'air ; de la marine nationale, etc.

Très souvent, ces agents n'ont que le pouvoir de constater des infractions limitativement énumérées et d'en dresser procès-verbal. Toutefois, certains disposent de pouvoirs plus larges et notamment du droit de visite domiciliaire et du droit d'accès à certains documents[1] ou encore d'auditionner librement les suspects (art. 28). Certains officiers de la marine nationale et de l'armée de l'air disposent même d'un pouvoir de rétention des personnes suspectées d'actes de pirateries ou de trafic de stupéfiant à bord des navires ou aéronefs de l'État (C. Défense, art. L. 1521-1 à L. 1521-18). En aucun cas, le fonctionnaire ou agent ne peut réaliser des actes que la loi ne lui permet pas expressément de réaliser[2].

Depuis la loi du 23 mars 2019, il est possible de co-saisir, pour une même enquête, des officiers de police judiciaire et des fonctionnaires et agents des administrations qui disposent de pouvoirs de police judiciaire. Cette co-saisine peut intervenir d'office ou sur instructions du procureur de la République.

II. Le parquet

(480) Le procureur de la République et ses substituts possèdent **eux-mêmes** tous les pouvoirs attachés à la qualité d'**OPJ** même s'ils les utilisent rarement (C. pr. pén., art. 41, al. 4). Il reçoit aussi, notamment, les plaintes et dénonciations. S'il arrive sur le lieu d'une infraction, il dessaisit l'OPJ qui se trouve sur place. Cependant, il peut lui demander de poursuivre son enquête (C. pr. pén., art. 68).

1. G. Roussel, « Les multiples pouvoirs d'enquête des administrations », *AJ pénal* 2015, p. 64.
2. Cass. Crim., 18 déc. 1989, *Bull. Crim.*, n° 485.

(481) L'article 12 du Code de procédure pénale énonce que « **La police judiciaire est exercée sous la direction du procureur de la République** ». L'article 41 du Code de procédure pénale ajoute que celui-ci contrôle la police judiciaire de son ressort, ainsi que les mesures de garde à vue.

Concrètement, pour exercer son contrôle, le procureur doit être informé de nombreux actes par la police judiciaire :

– déclenchement des investigations policières (C. pr. pén., art. 19) ;

– opérations exécutées sans attendre la fin de la mission (C. pr. pén., art. R. 2-1) ;

– ouverture d'une enquête de flagrance ;

– identification de suspect (C. pr. pén., art. 53 et 54, 75-1) ;

– avancement des investigations effectuées d'office dans le cadre d'une enquête préliminaire (C. pr. pén., 75-2) ;

– exécution des commissions rogatoires ou réquisitions ordonnée par un magistrat d'un autre tribunal ayant ordonné l'opération (C. pr. pén., art. 18 al. 3) ;

– découverte d'un cadavre dont l'origine de la mort paraît suspecte (C. pr. pén., art. 74) ;

– vérification d'identité (C. pr. pén., art. 78-3) ;

– placement en garde à vue (C. pr. pén., art. 63-I, 70 et 77).

L'agent et fonctionnaire chargé de mission de police judiciaire doit informer le procureur dont il a connaissance (C. pr. pén., art. 40).

Ce dernier a la charge de contrôler le déroulement de la garde à vue et d'assurer le respect des droits des personnes gardées. Dans ce cadre, il peut autoriser le début de l'interrogatoire du suspect sans attendre l'avocat ou différer l'intervention de l'avocat. Il peut aussi demander un changement d'avocat. Il peut ordonner la fin de la mesure ou la présentation de la personne (C. pr. pén., art. 63-2). Le procureur doit en théorie visiter les locaux de garde à vue lorsque nécessaire et, au moins une fois par an, tenir un registre et adresser un rapport au procureur général (C. pr. pén., art. 41 al. 3, D. 15-2). Lui sont transmises par procès-verbal les mentions relatives aux conditions de la garde à vue (audition, repos, fouille, C. pr. pén., art. 64). Grâce à ce registre et à la transmission des procès-verbaux, le procureur pourra, en temps réel en cas d'envoi par télématique, avoir connaissance des différentes mesures de contrainte physique et psychologique.

Il doit aussi donner son aval pour d'autres actes (placement en garde à vue de certains mineurs, prolongation de garde à vue...).

Le contrôle de la police judiciaire constitue un premier niveau de protection des libertés individuelles. Afin de favoriser ce contrôle, a été mis en place au sein de chaque juridiction un service de traitement direct au sein duquel les substituts répondent aux appels des enquêteurs qui les informent de leur action et sollicitent des instructions. Toutefois, en raison de l'engorgement des STD, les appels téléphoniques sont surtout réservés aux affaires graves ou urgentes. Pour les affaires peu graves, les enquêteurs agissent sur instructions permanentes du procureur. Pour celles de moyennes importances, les échanges se font par messagerie électronique[1].

---

1. V. Gautron, Ph. Pouget, G. Roussel, « La coordination entre forces de police et justice dans le traitement des délits », *in* J. Danet, coord., *La réponse pénale*, préc., p. 21.

En outre, la police judiciaire est placée sous la surveillance du procureur général (C. pr. pén., art. 13). Ce dernier peut aussi suspendre ou retirer l'habilitation de l'OPJ comme sanction d'un comportement fautif (C. pr. pén., art. 16, 16-1, 16-2). Il est aussi chargé de la notation biennale des OPJ aux fins d'avancement (C. pr. pén., art. 19-1). Le procureur peut donner des instructions générales ou particulières aux OPJ. Il contrôle la qualité de leurs enquêtes, leur impartialité, le respect du droit des victimes et de la proportionnalité (C. pr. pén. art. 39-3). Il peut encore saisir la chambre de l'instruction en cas de faute d'un OPJ, APJ, APJA ou d'un fonctionnaire habilité et requérir des poursuites (C. pr. pén., art. 225, 228). En cas de manquement professionnel grave ou d'atteinte grave à l'honneur ou à la probité d'un OPJ, le procureur général peut saisir le président de la chambre de l'instruction, lequel pourra décider immédiatement une suspension des fonctions de police judiciaire pour une durée maximale d'un mois. La chambre de l'instruction est saisie dans le même temps (C. pr. pén., art. 229-1).

Il ne faut pas oublier, toutefois, que les missions premières du parquet sont, d'une part, la protection de la société, d'autre part, l'application de la loi. Aussi sa culture professionnelle le conduit-elle à privilégier la répression.

(482) L'évolution législative tend à lui confier des pouvoirs importants, que ce soit dans la conduite de l'enquête ou dans la réalisation d'autres actes, qui, traditionnellement, relevaient de l'*imperium* du juge du siège.

Ainsi, le procureur de la République et ses substituts dirigent-ils l'activité des OPJ, APJ et fonctionnaires chargées des missions de police judiciaire dans son ressort (C. pr. pén., art. 12 ; 41 al. 2 ; D. 2, al. 2). Ils ont un rôle éminent dans l'orientation des investigations. Il peut aussi requérir tout officier de police judiciaire, sur l'ensemble du territoire national afin qu'il procède aux actes d'enquête qu'ils estiment nécessaires dans les lieux où chacun d'eux est territorialement compétent (41 al. 2). Par ailleurs, même s'ils les utilisent rarement, ils possèdent tous les pouvoirs attachés à la qualité d'OPJ (C. pr. pén., art. 41 al. 4). Dès lors que le procureur de la République a le libre choix du service enquêteur (C. pr. pén., art. 12-1), il peut saisir ce qui lui paraît le mieux à même de réaliser les investigations. Classiquement, c'est le service territorialement compétent qui sera saisi (C. pr. pén., art. D. 2 al. 3). Cependant, la nature de l'affaire ou sa complexité peut inciter le magistrat à en choisir un autre plus spécialisé ou extérieur. Le parquet saisit donc une formation policière[1] à charge pour le directeur du service de répartir les affaires entre les OPJ et coordonner les opérations de police judiciaire (C. pr. pén., art. D. 2)[2]. Il peut requérir tout OPJ sur le territoire national.

De plus, le procureur peut requérir des contrôles d'identités, étendre la compétence territoriale des OPJ, prolonger une enquête de flagrance ou ouvrir une enquête préliminaire ou ordonner la recherche des personnes disparues ou en fuite. Il peut requérir auprès du juge des libertés et de la détention des perquisitions sans le consentement des personnes et édicter un mandat de recherche. Son accord est

1. Cass. Crim., 15 févr. 2006, pourvoi n° 05-86.773.

2. M. Schwendener, « La direction de l'enquête : distinguer l'opérationnel du procédural », *AJ pénal* 2008, p. 447.

nécessaire pour la prise d'empreinte et pour la saisie des objets, documents et données utiles à l'enquête. Il peut encore requérir tous organismes afin que ceux-ci fournissent des données de ce type. En matière de criminalité organisée, il peut autoriser ou demander au JLD la prolongation de la garde à vue (C. pr. pén., art. 706-88 al. 2). Il peut demander des interceptions de correspondances, des perquisitions nocturnes ou, en l'absence de l'occupant des lieux présentant un risque d'évasion ou de trouble, il gère les missions d'infiltration (C. pr. pén., art. 706-95, 706-89, 706-94, 706-81). Reste que, afin de renforcer de manière effective la direction et le contrôle de la police judiciaire, il serait peut-être possible de rattacher au ministère de la Justice certains services spécialisés de police judiciaire[1].

Le parquet est devenu le pivot de la procédure pénale, ce qui n'est pas sans poser question au regard de l'équilibre de celle-ci entre libertés individuelles et nécessités de la répression. La question de son statut n'en finit pas de se poser. La proposition de garantir son indépendance vis-à-vis du pouvoir exécutif en soumettant la nomination des magistrats du parquet à l'avis conforme du Conseil supérieur de la magistrature constituerait une réponse pertinente vers plus d'indépendance[2].

III. L'avocat

(483) En droit français, il n'était pas de tradition que les avocats intervinssent dans le cours de l'enquête. Ce régime de l'enquête s'est d'ailleurs développé, suite à la loi Constans du 8 décembre 1897[3], en réaction à l'admission de l'avocat pendant l'instruction préparatoire. La réticence à lui faire une place dans les locaux de police et au cours de l'enquête reste ancrée dans la culture inquisitoire française.

Même s'il est chargé de la défense des intérêts de son client suspect comme plaignant[4], il n'en reste pas moins auxiliaire de justice apportant son concours au bon déroulement et à la régularité de la procédure, offrant un autre regard sur les faits que celui de l'accusation[5]. L'intervention de l'avocat est ainsi nécessaire pendant la phase d'enquête, car elle participe du caractère équitable de la procédure. La Cour européenne des droits de l'homme ne s'y est pas trompée. Pour elle : « *la discussion de l'affaire, l'organisation de la défense, la recherche des preuves favorables à l'accusé, la préparation des interrogatoires, le soutien de l'accusé en détresse et le contrôle des conditions de détention sont des éléments fondamentaux de la défense que l'avocat doit librement exercer* »[6]. Elle ajoute que : « *l'avocat doit donc avoir accès à ces pièces du dossier sur lesquels se fonde essentiellement la suspicion contre le requérant* »[7]. Mais elle admet que les restrictions à cet accès se fondent sur la nécessité de préserver le secret des données dont disposent les autorités et de protéger les droits

1. G. Roussel, « Le rattachement de services de police judiciaire au ministère de la Justice », *AJ pénal* 2013, p. 378. V. *contra*, J.-L. Nadal, *Refonder le ministère public*, préc., p. 70.
2. J.-L. Nadal, *Refonder le ministère public*, préc., proposition 2 et 3.
3. A. Decocq, J. Montreuil, J. Buisson, *Le droit de la police*, préc., n° 732.
4. J. Danet, *Défendre. Pour une défense pénale critique*, Dalloz, 2e éd., 2004.
5. J. -M. Varaut, « La défense pénale », *Rev. pénit. dr. pén.* 2003, p. 719.
6. CEDH, 11 oct. 2009, *Dayanan c/ Turquie*, préc. § 32.
7. CEDH, 26 nov. 2013, *Emilian-George Igna c/ Roumanie*, req. n° 21249/05.

d'autrui[1]. En outre, elle lui offre une liberté d'expression totale même en dehors de l'audience, même par voie de presse dès lors que ces critiques d'une procédure reposent sur une « *base factuelle* » suffisante[2]. Dans une moindre mesure, le Conseil constitutionnel considère que le droit à s'entretenir avec un avocat est « *un droit de la défense qui s'exerce durant la phase d'enquête de la procédure pénale* »[3].

Sous la double influence européenne et constitutionnelle[4], l'avocat a progressivement étendu son intervention avec les lois des 4 janvier et 24 août 1993, 15 juin 2000, 14 avril 2011 et 27 mai 2014. L'avocat intervient aujourd'hui dès la première heure de garde à vue pour s'entretenir avec son client ; il a accès aux procès-verbaux de déclaration et assiste l'intéressé lors des auditions et confrontations il en va de même pour l'avocat du plaignant. Toutefois, l'avocat n'a toujours pas accès au dossier complet, ne peut demander des actes d'enquête, ni critiquer la régularité de la procédure. De plus, toutes ces garanties ne sont pas applicables lors des procédures relatives à la criminalité organisée et au terrorisme, lesquelles dérogent au droit commun. Depuis 2014, l'avocat est aussi présent lors de l'audition libre. Depuis 2016, il est présent lors des reconstitutions et des séances de tapissage pendant l'enquête (art. 61-3). Toutefois, depuis 2019, l'avocat n'est informé du déplacement de son client que lorsqu'il est transporté sur un lieu où seront effectués des actes de procédure pour lesquels ce dernier a le droit de demander l'assistance d'un avocat (C. pr. pén., art. 63-3-4-1). Les enquêteurs ne peuvent, à l'occasion de ce transport, ni interroger le gardé à vue ni recueillir ses déclarations[5].

L'intervention de l'avocat pendant l'enquête est ainsi loin d'équivaloir celle réalisée pendant l'instruction préparatoire, puisque celui-ci dispose alors d'un ensemble de prérogatives d'action : information sur les charges ; accès au dossier ; présence durant les auditions ; droits d'intervention durant ces auditions ; possibilité de demander des actes et expertises ; discussion des expertises ; recours en nullité de procédure ; participation au règlement de l'information ; et droit d'appel des ordonnances.

Néanmoins, hors instruction, les possibilités d'actions avant jugement de l'avocat progressent. La loi du 14 mars 2011 lui a permis de faire des observations au procureur de la République après les auditions de son client (C. pr. pén., art. 63-4-3). Il pourra donc suggérer certaines investigations. La loi du 27 mai 2014 a aussi introduit la possibilité de faire des observations sur l'enquête et suggérer de nouveaux actes d'enquête lors du déferement (C. pr. pén., art. 393). Cette loi lui a aussi facilité l'accès au dossier avant l'audience (art. 388-4) et lui a permis de demander au président du tribunal correctionnel saisi sur citation ou convocation de faire réaliser des actes avant la date de l'audience, « *qu'il soit procédé*

1. CEDH, 9 avril 2015, n° 30460/13, A. T. c/ Luxembourg, *RSC* 2015.736, obs. D. Roets.
2. CEDH, gr. ch., 23 avr. 2015, *Morice c/ France*, req. n° 29369/10.
3. Cons. Const., déc. n° 93-326 DC du 11 août 1993.
4. CEDH, 11 oct. 2009, *Dayanan c/ Turquie*, préc. § 32 CEDH, 14 oct. 2010, req. n° 1466/07, *Brusco c/ France*, préc. et Cons. Const., déc. n° 2011-191/194/195/196/197 QPC du 18 nov. 2011, cons. n° 19 ; Directives du 22 mai 2012 et du 22 octobre 2013.
5. Cons. Const., déc. n° 2019-778 DC du 21 mars 2019, considérant n° 182.

à tout acte qu'ils estiment nécessaire à la manifestation de la vérité » (C. pr., art. 388-5). Le droit d'action de la défense progresse. Les droits de la défense sont encore renforcés en 2016 avec la possibilité d'accéder au dossier et de formuler des observations lors des enquêtes de police de plus d'un an (art. 77-2 C. pr. pén.).

Il est certes encore difficile, pour le moment, d'imaginer voir l'avocat participer à l'établissement des faits, du moins au cours de l'enquête, même si certains avocats de talents souhaiteraient que se développe cette « *défense active* » en lien avec des enquêteurs privés[1]. Il est vrai que, dans les systèmes procéduraux qui prévoient que chaque partie prouve pour ce qui la concerne, les défendeurs démunis financièrement sont fortement désavantagés.

Relevons en conclusion que des études scientifiques ont démontré que le caractère équitable du procès pénal, que renforce, comme nous venons de le voir, la présence de l'avocat tout au long de la chaîne pénale, contribue à la légitimité de la justice, laquelle est l'un des éléments déterminants de la soumission des justiciables à ses décisions[2].

Section 2
LES DIFFÉRENTES ENQUÊTES

(484) L'enquête **correspond** au travail de la police judiciaire et précède l'engagement des poursuites par le parquet[3]. S'il arrive que la police soit amenée à se **saisir** d'elle-même, elle enquête généralement suite à :

– une *dénonciation*, acte par lequel une personne informe la justice de l'existence d'une infraction ;

– une *plainte*, acte par lequel une personne personnellement victime d'une infraction en fait le récit à la justice.

Il existe en droit français deux types d'enquête[4] : l'enquête préliminaire et l'enquête de flagrance, dont les fondements (I) et les critères (II) doivent être étudiés.

I. Les fondements de la distinction enquête préliminaire/enquête de flagrance

(485) L'enquête de flagrance commence par une évidence : une infraction a bien été commise et est, à ce titre, celle qui permet aux policiers de jouir du plus grand

1. F. Saint-Pierre, « Investigations privées en défense : questions de méthode et difficultés de pratique », *AJ pénal* 2009, p. 433 ; surtout, *Avocat de la défense*, Odile Jacob, 2009.

2. T. R. Tyler, *Why People Obey the Law, New Haven, CT, Yale University Press, 1990, seconde* éd. 2006 et T.R. Tyler et Y.T. Huo, *Trust in the Law : Encouraging Public Co-operation with the Police and Courts,* New York, Russell Sage Foundation, 2002.

3. La police peut aussi travailler dans le cadre d'une instruction pour le juge d'instruction. *cf. infra*.

4. Il faut ajouter, les enquêtes de mort ou blessure suspecte (C. pr. pén., art. 74), sur recherche d'une personne disparue (C. pr. pén., art. 74-1) et de personne en fuite (C. pr. pén., art. 74-2), dont il ne sera pas question ici.

nombre de possibilités. Ils peuvent, par exemple, perquisitionner sans recueillir l'assentiment des intéressés.

L'enquête préliminaire, au contraire, leur offre moins de pouvoirs, car elle est ouverte sur la base d'éléments de fait plus flous, parfois même fort ténus. Il n'est donc pas possible en principe d'autoriser la réalisation d'actes trop coercitifs sur une telle base.

L'enquête préliminaire n'est encadrée par des textes que depuis le Code de procédure pénale, contrairement à l'enquête de flagrance qui, quant à elle, même si elle a été redéfinie en 1958, est connue du droit positif depuis l'ordonnance de 1670.

(486) L'enquête préliminaire est la procédure diligentée par la police judiciaire, agissant d'office ou sur instructions du parquet pour obtenir les premiers renseignements relatifs à une infraction, parfois à son existence même et ce, afin de permettre au parquet de décider de l'opportunité des poursuites. Dans ces circonstances, les enquêteurs partent de très peu (seulement une plainte ou une dénonciation) ; il n'y a donc pas matière à enquête de flagrance et il n'existe pas assez d'éléments pour ouvrir une information. Aussi l'enquête préliminaire se définit-elle par défaut : elle est celle qui est ouverte, faute pour les conditions de la flagrance d'être réunies.

II. Les critères de la distinction enquête préliminaire/enquête de flagrance

(487) Il convient de définir l'enquête de flagrance pour la départager de l'enquête préliminaire. **L'enquête de flagrance** permet aux policiers d'agir dans un temps voisin de la commission d'une infraction. La flagrance fournit par elle-même des éléments de fait plus solides que dans le cas précédent.

S'il n'y a pas de flagrance, seule une enquête préliminaire est possible. C'est pourquoi il faut **définir la flagrance**, comme le fait l'article 53 du Code de procédure pénale, qui distingue plusieurs hypothèses de flagrance :

– D'abord, la *flagrance proprement dite* : c'est nécessairement un délit ou un crime, à l'exclusion des contraventions, qui se commet actuellement ou vient de se commettre. La jurisprudence requiert, pour qu'elle soit retenue, au moins un **indice apparent** de comportement infractionnel, qu'il appartient à la police de relever. Ainsi, dans un arrêt célèbre, *Isnard*, la Cour de cassation a-t-elle retenu que : « *le simple fait que cet individu avait la réputation de se livrer au trafic des paris aux courses n'autorisait pas un commissaire de police, sans mandat du juge, à le fouiller dans la rue, alors que la possession des fiches ne lui était révélée par aucun indice extérieur* »[1]. L'indice peut être la découverte de stupéfiants[2], de cordes, d'armes, comme dans cette affaire où il avait été découvert une arme à feu dans le sac d'un accidenté de la route, que les policiers avaient ouvert pour chercher des papiers d'identité[3]. La jurisprudence fait toutefois montre d'une certaine complaisance dans son

1. Cass. Crim., 22 janv. 1953, *Bull. Crim.* n° 24.

2. Il peut aussi s'agir du seul marquage du chien spécialement dressé pour la recherche de stupéfiants devant la porte de l'appartement. Cass. Crim., 11 déc. 2019, n° 19-82.457.

3. Cass. Crim., 5 janv. 2005, *Bull. Crim.* n° 6, *RSC*, 2005, p. 373, obs. J. Buisson.

appréciation. Elle admet que l'attitude d'une personne fonde la flagrance dès lors qu'elle est objectivée par les circonstances, comme par exemple la déclaration d'un témoin[1] dès lors que celui-ci s'identifie. En aucun cas la dénonciation anonyme ne peut fonder un tel indice car elle ne permet pas le contrôle de l'autorité judiciaire[2]. Rien n'empêche pour autant de démarrer une enquête préliminaire qui révélera un indice[3]. Par exemple des constatations nouvelles qui viendront corroborer la dénonciation[4]. En revanche, la jurisprudence avalise parfois l'ouverture d'une enquête de flagrance alors même que l'indice apparent est postérieur à l'action coercitive de la police[5]. La jurisprudence permet aussi aux OPJ d'utiliser le cadre de la flagrance pour enquêter sur des faits non flagrants à la condition qu'il existe un véritable lien de connexité entre ceux-ci et les faits flagrants[6]. La Cour de cassation refuse néanmoins que les juges substituent leurs propres déductions aux constatations initiales des OPJ pour découvrir un indice apparent de la commission d'un délit justifiant l'ouverture d'une enquête de flagrance[7].

– Ensuite, la flagrance par présomption :

- dans un « *temps très voisin de l'action*[8] », la « *personne soupçonnée est poursuivie par la clameur publique* » (« Au voleur ! » « À l'assassin ! ») ;

- ou, dans un temps très voisin de l'action, la personne soupçonnée est trouvée en possession d'objets, ou présente des traces ou des indices qui font penser qu'elle a participé à l'infraction. Sur ce point, il est laissé un droit à l'erreur aux policiers.

Avant la loi n° 99-515 du 23 juin 1999, il y avait *flagrance par assimilation* en présence d'un crime ou délit commis dans une habitation à propos de laquelle le chef de maison appelait la police ou le procureur de la République, quel qu'ait pu être le moment de commission de l'infraction. La loi a **supprimé** ce cas de flagrance.

(488) Dans toutes ces hypothèses, l'article 67 ajoute une condition : il faut en outre qu'il s'agisse d'un **délit ou d'un crime puni par une peine d'emprisonnement**[9].

(489) Aux prévisions de l'article 53, il faut encore ajouter celles de l'article 74 qui assimile à la flagrance la *découverte d'un cadavre* dont la mort est suspecte et quelle que soit la date de la mort, ainsi que « ***la découverte d'une personne grièvement blessée*** *lorsque la cause de ses blessures est inconnue ou suspecte* ».

(490) Quoi qu'il en soit, la rédaction de l'article 53 s'avère critiquable car elle renvoie à des situations très proches et utilise des expressions désuètes. Il serait

1. Cass. Crim., 1er oct. 2003, *D.* 2004, jur., p. 1845, note M. Sanchez.
2. Cass. Crim., 2 févr., 1988, *Bull. Crim.* n° 52, somm. p. 358.
3. Cass. Crim., 9 janv. 2002, *Bull. Crim.* n° 2, *RSC* 2002. 313, obs. J. Buisson ; 7 mars 2007, pourvoi n° 06-88. 651.
4. Cass. Crim., 25 juin 2014, n° 14-81.647, *AJ pénal* 2014, p. 486, obs. G. Roussel.
5. Cass. Crim., 5 oct. 2011, n° 11-81.125, *AJ pénal* 2011, p. 598, obs. G. Roussel.
6. Cass. Crim., 31 oct. 2017, n° 17-81.842, *AJ pénal* 2018, p. 50, obs. Y. Capdepon.
7. Cass. Crim., 7 janv. 2020, n° 19-83.774.
8. Quelques heures sont généralement un maximum. Toutefois, cette notion a parfois connu des applications parfois très larges pouvant aller jusqu'à 24 heures. Cass. Crim., 7 janvier et 30 juin 1932, *S.* 1933, I, p. 368 et 39.
9. Peu importe si, par la suite, les faits sont requalifiés en contravention : Cass. Crim., 9 janvier 1990, *Bull. Crim.* n° 16.

possible de réserver l'enquête de flagrance aux infractions les plus graves punies d'au moins cinq ans d'emprisonnement et renforcer la condition d'indice en l'inscrivant dans la loi en utilisant par exemple l'expression « *indice apparent faisant soupçonner* ». La notion d'urgence pourrait aussi être utilisée mais semble plus ambiguë car elle est implicitement contenue dans la préservation des preuves et l'arrestation rapide de l'auteur pour mettre fin au trouble à l'ordre public causé par l'infraction[1].

III. Les effets juridiques de la distinction

(491) Dans les deux cas, les OPJ dirigent l'enquête sous le contrôle du procureur de la République, puisque celui-ci, rappelons-le, contrôle la police judiciaire.

Dans l'enquête préliminaire, cependant, **le contrôle du parquet** a été renforcé par la loi du 15 juin 2000. Si, en principe, les OPJ peuvent ouvrir d'eux-mêmes une enquête préliminaire (C. pr. pén., art. 75, al. 1), ils peuvent parfois avoir à l'ouvrir sur instruction du procureur de la République, lequel en fixe alors la durée. En outre, ils devraient informer ce dernier dès qu'ils ont identifié une personne suspecte d'avoir commis l'infraction, même si la Cour de cassation refuse de voir dans l'oubli de cette formalité une cause de nullité[2].

(492) Une première différence, sensible, oppose l'enquête de flagrance et l'enquête préliminaire. Dans le cas de l'enquête de flagrance, **la durée** en a été limitée à huit jours par la loi n° 2004-294 du 9 mars 2004. Le renouvellement n'est possible que pour une nouvelle durée de huit jours et, dans ce cas, uniquement pour les crimes ou délits punis d'une peine d'emprisonnement supérieure ou égale à cinq ans. Ce renouvellement, décidé par le procureur de la République, n'est possible que si « *des investigations nécessaires à la manifestation de la vérité... ne peuvent être différées* ». L'objectif du législateur a été de limiter dans le temps l'exercice de pouvoirs coercitifs que, par ailleurs, la loi de 2004 étendait dans de nombreuses matières.

Néanmoins, la garantie de la liberté individuelle implique peut-être de réserver les cas de prolongations à certaines infractions (par exemple, celles punies de sept ou dix ans d'emprisonnement) et de confier le pouvoir de prolongation au juge des libertés et de la détention.

L'enquête doit par ailleurs se dérouler « *sans discontinuer* » durant ce délai. Les procès-verbaux doivent être rédigés sur le champ ou dès que possible (C. pr. pén., art. 66).

Une enquête de flagrance qui n'aurait pas apporté tous les éléments escomptés dans le temps imparti pourrait toutefois se poursuivre dans le cadre d'une enquête préliminaire[3]. Ce qui ne revient pas à dire que l'enquête préliminaire ne comporte pas de limites temporelles : lorsque l'enquête a été ouverte

1. V. néanmoins, Commission nationale consultative des droits de l'homme, *Avis sur la refondation de l'enquête pénale*, 29 avril 2014, p. 12.

2. Cass. Crim., 23 août 2005, *Bull. Crim.* n° 209, *JCP* 2005, IV, n° 3137, *D.* 2006, Pan., p. 621, obs. J. Pradel.

3. *Cf.* aussi Cass. Crim., 18 déc. 2013, n° 13-85.375, *RSC* 2014.136 note J. Danet, selon laquelle à défaut de prorogation par le parquet, les investigations doivent être poursuivies sous le régime de l'enquête préliminaire.

sur instruction du procureur de la République, celui-ci en fixe la durée. Il peut cependant la proroger « *au vu des justifications fournies par les enquêteurs* » (C. pr. pén., art. 75-1, al. 1). Si elle a duré plus de six mois, les OPJ doivent lui rendre compte de son état d'avancement.

Enfin, en principe, l'enquête préliminaire s'arrête lorsque le procureur prend une décision sur l'action publique. Toutefois, les enquêteurs peuvent clore leurs procès-verbaux après la notification d'une convocation par officier de police judiciaire[1].

(493) Des différences nombreuses marquent l'enquête de flagrance et l'enquête préliminaire **quant aux actes** pouvant être accomplis par les OPJ. Elles seront étudiées dans la section suivante, à l'occasion de nos développements relatifs à chaque acte d'enquête.

Toutefois, de manière à simplifier la procédure, le décret n° 2016-1202 du 27 septembre 2016 a prévu que lorsque les enquêteurs agissent dans le cadre de l'enquête de flagrance ou l'enquête préliminaire, ils peuvent relater dans un seul procès-verbal les opérations effectuées au cours de la même enquête. Le procureur de la République peut néanmoins leur demander d'établir des procès-verbaux séparés pour chacun des actes qu'ils sont appelés à faire (C. pr. pén., art. D. 11).

Section 3
LES ACTES D'ENQUÊTE

Il convient de distinguer les actes réalisés dans le cadre des enquêtes de droit commun (flagrance et préliminaire : sous-section 1) et les actes réalisés dans le cadre d'enquêtes exorbitantes de droit commun, en raison de la gravité particulière des faits commis (sous-section 2). Pour l'accomplissement de ces actes, l'enquêteur est astreint à faire preuve de discernement (C. sec. int., art. R. 434-10) et d'impartialité (C. sec. int., art. R. 434-11). Le procureur veille à ce que les investigations soient accomplies à charge et à décharge, et dans le respect des droits des victimes (C. pr. pén. art. 39-3).

Sous-section 1
LES ENQUÊTES DE DROIT COMMUN

La liste des actes pouvant être accomplis durant les enquêtes préliminaires ou de flagrance est fort longue. Elle comprend la possibilité de : contrôler, vérifier l'identité, entendre, contraindre, fouiller, analyser, écouter, enregistrer et, enfin, faire appel à un expert ou à un technicien.

1. Cass. Crim., 25 nov. 2014, n° 13-86.625, *AJ pénal* 2015, p. 96, obs. L. Ascensi.

I. Contrôler

Les enquêteurs peuvent contrôler l'identité d'une personne. À défaut de pouvoir ainsi la déterminer, ils peuvent alors réaliser une « vérification » de son identité, opération plus coercitive.

I.1. Les contrôles d'identité

A. Présentation

(494) Le contrôle d'identité est l'opération par laquelle les forces de police habilitées demandent à des personnes se trouvant sur le territoire national, lesquelles doivent y déférer, d'apporter la preuve documentaire de leur identité.

D'ailleurs (nous y reviendrons), l'article 78-1, alinéa 2, du Code de procédure pénale dispose que « ***Toute personne*** se trouvant sur le territoire national **doit accepter de se prêter** à un contrôle d'identité ».

B. Libertés individuelles

(495) Cette question est **topique de l'équilibre entre liberté individuelle et efficacité de la répression**, problématiques mêmes de la procédure pénale. Le contrôle peut actuellement concerner des personnes qui n'ont rien à se reprocher, ce qui peut paraître choquant dans bien des pays ; il suppose en outre que chaque personne soit porteuse de documents permettant de prouver son identité, ce qui ne va pas non plus de soi dans une démocratie.

En dehors de circonstances où une infraction a été commise, le contrôle d'identité est censé permettre de lutter contre certaines infractions déterminées, notamment l'immigration clandestine et le trafic de stupéfiants ou, de manière plus irréaliste encore, de maintenir l'ordre. Toutefois, elle porte alors le risque bien réel d'être effectuée « au faciès ».

(496) Si les libertés individuelles ne sont pas aussi fortement atteintes avec le contrôle d'identité qu'elles le peuvent avec les autres actes d'enquête, il n'en reste pas moins qu'elles le sont, ce qui devrait inciter à la prudence.

Le secret est une notion particulièrement sensible en France, pour des raisons historiques. En effet, sous l'Occupation, la détention et le port d'une carte nationale d'identité (CNI) étaient obligatoires[1] : le but en était bien évidemment de détecter, d'une part, les juifs non déclarés comme tels (la mention devant, en outre, en figurer sur la CNI) et, d'autre part, les résistants. Il n'est donc pas possible juridiquement, de faire du besoin de secret le moyen indirect de la résistance à l'oppression, laquelle est prévue à l'**article 2 de la Déclaration des droits de l'homme de 1789**.

Cependant, le secret n'est pas de tradition en France, bien au contraire. Il n'est pas licite de changer de nom ; la plupart des administrations demandent

1. Pour comp., la Grande-Bretagne avait instauré avec l'Identity Card Act de 2006 une CNI qui devait générer de virulents débats publics, si bien que l'Identity Card Act a dû être annulé par l'Identity Document Act en 2010.

des documents privés relatifs à l'identité et à l'état civil, alors même qu'elles n'en ont, le plus souvent, pas une réelle nécessité.

(497) Moins éloignée des traditions culturelles françaises, en revanche est **la liberté d'aller et venir.** Elle repose sur **l'article 4 de la Déclaration des droits de l'homme** (droit de faire tout ce qui ne nuit pas à autrui), selon la jurisprudence du Conseil constitutionnel[1]. Toutefois, elle peut aussi être rattachée à l'**article 2 du Protocole n° 4 additionnel à la Convention européenne DDH** et à l'**article 12 du Pacte international de 1966**. Tous deux affirment dans des termes identiques : « *Quiconque se trouve régulièrement sur le territoire d'un État a le droit d'y circuler librement.* »

Ces deux textes admettent néanmoins des restrictions fondées sur les besoins de la sécurité, de la sûreté publique, de la répression pénale, etc.

En cas de contrôle simple non suivi de vérification, l'atteinte à la liberté d'aller et venir est légère. L'intéressé arrivera peut-être en retard au travail, ratera éventuellement son train... Il est sans doute plus lourd de devoir se munir de documents d'identité chaque fois que l'on quitte son domicile, ne serait-ce que pour acheter du pain ou un journal ; une règle surprenante pour bien des étrangers séjournant sur notre territoire, à qui il faut l'expliquer.

Reste qu'appliqués de manière systématique vis-à-vis des mêmes personnes, les contrôles d'identité peuvent avoir pour objet de marquer la maîtrise de son territoire par la police et pour effet éventuel de stigmatiser ceux qui en sont l'objet (par exemple, les jeunes au sein des quartiers sensibles)[2]. Afin d'apaiser les relations police/population notamment lors des contrôles (mais aussi de la garde à vue), la partie du Code de la sécurité intérieure portant Code de déontologie impose aux policiers et gendarmes d'utiliser le vouvoiement (art. R. 434-14). Surtout l'article R. 434-16 précise que « *Lorsque la loi l'autorise à procéder à un contrôle d'identité, le policier ou le gendarme ne se fonde sur aucune caractéristique physique ou aucun signe distinctif pour déterminer les personnes à contrôler, sauf s'il dispose d'un signalement précis motivant le contrôle. Le contrôle d'identité se déroule sans qu'il soit porté atteinte à la dignité de la personne qui en fait l'objet.* » Afin de renforcer le contrôle des policiers et gendarmes, le gouvernement a accepté non de faire mentionner leur identité sur leur tenue mais de leur faire afficher un numéro d'identification individuel sur leur uniforme ou leur brassard (C. séc. int., art. R. 434-15 et arrêté du 24 décembre 2013). En outre, certains agents de police ou gendarmes peuvent porter des caméras mobiles filmant leur intervention (CSI, art. 241-1). De manière à vérifier que les auteurs du contrôle ne réalisent pas de discrimination et contrôler leurs interactions avec les usagers, l'article 211 de la loi 2017-86 du 27 janvier 2017 prévoit l'expérimentation d'un enregistrement par les agents équipés d'une caméra mobile lors des contrôles de l'article 78-2. La preuve de la discrimination dans le cadre d'un contrôle appartient néanmoins à la personne contrôlée. Si cette discrimination est avérée, la responsabilité de l'État peut être engagée[3].

---

1. Cons. Const., déc. 12 janvier 1977, *Fouilles de véhicules* et Cons. Const., déc. 12 juillet 1979, *Ponts à péage*.
2. F. Jobard, *Bavures policières ? Laforce publique et ses usages*, La découverte, 2002.
3. Cass. 1re civ., 9 nov. 2016, n° 15-25.877.

Surtout le Conseil constitutionnel a considéré que les différents régimes des contrôles d'identité étaient conformes à la Constitution mais il a énoncé certaines réserves et principes devant irriguer leur mise en œuvre afin d'éviter toute discrimination et assurer leur contrôle par le juge judiciaire[1].

C. Évolution

(498) **Avant 1981**, le régime des contrôles se limitait à un cadre répressif, donc de police judiciaire ; de ce fait, les policiers ne pouvaient pas faire de contrôle administratif. La chambre criminelle de la Cour de cassation était cependant intervenue à l'occasion d'un ***arrêt Friedel*** du 5 janvier 1973[2], où elle soulignait que les contrôles administratifs n'étaient en effet pas valables « *sauf circonstances particulières* ». À cela s'ajoutait qu'en matière de police judiciaire, les policiers pouvaient toujours demander à une personne de justifier de son identité mais non l'y contraindre en cas de refus. Cela n'avait en effet guère de sens ; des policiers avaient été inculpés pour contrôles irréguliers. Une réforme a donc été estimée nécessaire.

(499) Tel fut l'objet de la **loi du 2 février 1981**, qui régissait plus scrupuleusement les contrôles judiciaires et devait légaliser les contrôles administratifs. Sans que le législateur parlât encore de vérification d'identité (car les deux phases contrôle et vérification n'étaient pas encore bien détachées), il avait néanmoins prévu la possibilité de retenir la personne pour une durée maximale de six heures en cas de refus ou d'impossibilité à établir l'identité. Après diverses réformes, c'est avant tout la **loi n° 93-1013 du 24 août 1993** qui est venue régir plus clairement la différence entre contrôle et vérification et, par ailleurs, autoriser les contrôles dits administratifs (soit en dehors de la commission d'une infraction et à visée préventive ou d'ordre). Elle devait d'ailleurs donner à ces contrôles administratifs un domaine particulièrement large.

(500) D'autres réformes sont intervenues par la suite, notamment :

– la **loi n° 2003-239 du 18 mars 2003** qui précise les contours du contrôle judiciaire et en améliore la formulation ;

– les **lois n° 2006-64 du 23 janvier 2006 et n° 2006-911 du 24 juillet 2006** sur certains contrôles particuliers dans l'espace Schengen ou dans les DOM-TOM.

– **la loi n° 2011-267 du 14 mars 2011 LOPPSI 2** sur les contrôles dans l'espace Schengen ;

– la **loi n° 2012-1560 du 31 décembre 2012** relative à la retenue pour vérification du droit au séjour ;

– la **loi n° 2016-339 du 22 mars 2016** relative à la prévention et à la lutte contre les incivilités, contre les atteintes à la sécurité publique et contre les actes terroristes dans les transports collectifs de voyageurs, qui a de plus permis aux agents des entreprises de transport collectif de voyageurs de demander à ces derniers de justifier de leur identité (C. transport, art. L. 2241-10 et L. 2241-11), ce afin de lutter contre la fraude et les infractions commises à bord des transports ;

1. Cons. Const., déc. n° 2016-606/607 QPC du 24 janvier 2017.
2. Cass. Crim., 5 janv. 1973, *Bull. Crim.* n° 7 ; *D.* 1973, p. 541, note G. Roujou De Boubée.

– la **loi n° 2016-731 du 3 juin 2016** renforçant la lutte contre le crime organisé, le terrorisme et leur financement, et améliorant l'efficacité et les garanties de la procédure pénale.

Il faut distinguer les contrôles de l'identité de droit commun, qui concernent toute personne présente sur le territoire national, des contrôles destinés à la vérification des titres de séjour ou à la validité du séjour en France et, enfin, de différents contrôles spéciaux.

D. Le contrôle d'identité de droit commun

1. Présentation

(501) Le contrôle d'identité de droit commun est régi par l'**article 78-2** du Code de procédure pénale. Ce texte fait suite à un article 78-1 qui indique que le procureur de la République et le procureur général contrôlent les opérations de contrôle *(sic)* d'identité. Ces articles, ainsi que ceux qui suivent et portent sur des cas de contrôle spéciaux, figurent dans un chapitre III intitulé *Des contrôles, des vérifications et des relevés d'identité*.

Les contrôles possibles sur le fondement de l'article 78-2 sont de deux ordres :

– contrôles judiciaires, en cas d'infraction ;

– contrôles dits administratifs, car ne faisant pas suite à la commission d'une infraction.

2. Les contrôles judiciaires

(502) Ils demeurent les premiers contrôles cités par l'article 78-2, qui énumère les cas de contrôle et les personnes auxquelles ils s'adressent.

La loi du 18 mars 2003 a étendu le domaine des **personnes** auxquelles ces contrôles peuvent s'adresser. Elle a en effet modifié la formule qui les visait antérieurement et renvoie désormais à « *toute personne à l'égard de laquelle existent une ou plusieurs raisons plausibles de soupçonner* ». Le droit antérieur visait non des raisons seulement plausibles de soupçonner, mais « *un indice faisant présumer* ». Il n'apparaît plus nécessaire que les policiers soient tenus de produire un indice matériel quelconque ; seule compte la « *raison* », laquelle au surplus n'a plus qu'à être « *plausible* ».

(503) Les **cas** où la personne peut faire l'objet d'un **contrôle** sont les suivants :

– elle aurait commis ou tenté de commettre une infraction ;

– elle se prépare(rait) à commettre un crime ou un délit ;

– elle est susceptible de fournir des renseignements utiles à l'enquête en cas de crime ou de délit ;

– elle fait l'objet de recherches ordonnées par une autorité judiciaire ;

– elle a violé son contrôle judiciaire ou son assignation à résidence.

Les cas de figure sont donc ceux : soit de la commission immédiate ou imminente d'une infraction ; soit d'une enquête réalisée à propos d'une infraction. L'utilité de contrôler l'identité des personnes soupçonnées ou susceptibles d'informer la police est ici incontestable ; il en va de même dans le cas de la fuite d'un individu. Lorsqu'une personne est « découverte » dans ce cadre, il convient naturellement de s'assurer que c'est bien celle qui était recherchée.

Relevons par ailleurs que la notion de préparation à la commission d'un crime ou d'un délit n'est pas sensiblement différente de celle de tentative employée dans le premier cas visé.

(504) La jurisprudence s'avère très peu favorable aux personnes contrôlées, comme quelques exemples vont le démontrer. Dans certains cas, l'attitude de l'individu est certes suspecte. Ainsi, dans une affaire jugée par la Cour d'appel d'Aix-en-Provence le 20 juin 1996[1], des policiers agissaient dans un secteur où des agressions s'étaient multipliées. À leur approche sur les lieux, un individu allait se lever rapidement et partir dans la direction opposée. Il fut contrôlé, car son attitude, semblant traduire une mauvaise conscience, avait valablement justifié le contrôle.

Dans une autre affaire jugée par la Cour d'appel de Lyon, le 19 avril 1994[2], c'était également le comportement de l'intéressé qui avait justifié le contrôle. M. Y, de nationalité marocaine, fut contrôlé par deux APJ agissant sous le contrôle et l'ordre de leurs supérieurs OPJ, dans le cadre d'une surveillance de la gare de Lyon-Part-Dieu, secteur où se déroulaient de très nombreux vols à la tire. L'attention des APJ fut attirée par son comportement : il déambulait dans la gare en regardant longuement et avec insistance les sacs à main des personnes qu'il croisait. Ce comportement caractérisait suffisamment, pour la Cour d'appel, l'éventualité d'un risque de commission d'une infraction.

Enfin, dans une affaire tranchée par la chambre criminelle le 13 janvier 1986[3], des policiers patrouillant avaient observé un groupe de personnes qui avait stationné durant une demi-heure à proximité d'un parking, alors que la nuit tombait ; l'une d'elles s'était même approchée des voitures en stationnement. Cela caractérisait suffisamment l'indice alors exigé qu'elles paraissaient s'apprêter à préparer une infraction de vol de voitures. La réalisation du contrôle permettra de constater une infraction flagrante lors de la palpation de sécurité de la personne contrôlée. Les enquêteurs pourront découvrir des armes ou des stupéfiants sur elle et ainsi ouvrir une enquête de flagrance. Le comportement de la personne contrôlée permettra aussi d'ouvrir une telle enquête en cas d'insultes ou même de fuite[4].

S'agissant de ces contrôles de police judiciaire, le Conseil constitutionnel énonce que : « *S'il est loisible au législateur de prévoir que les contrôles mis en œuvre dans ce cadre peuvent ne pas être liés au comportement de la personne, la pratique de contrôles d'identité généralisés et discrétionnaires serait incompatible avec le respect de la liberté personnelle, en particulier avec la liberté d'aller et de venir* »[5].

1. *Dr. pénal*, janvier 1997, p. 21.
2. CA Lyon, 19 avril 1994, *JCP* 1995, 22414, note G. Blanc.
3. Cass. Crim., 13 janvier 1986, *Bull. Crim.* n° 19, *RSC* 1987, p. 193, obs. Delmas Saint Hilaire.
4. Sur la fuite lors d'un contrôle, v. Cass. Crim., 14 avril 2015, n° 04-83.462, *AJ pénal* 2015, p. 549, obs. J. Andréi.
5. Cons. Const., déc. n° 2016-606/607 QPC du 24 janvier 2017, cons. n° 20.

(505) En cas de suspicion d'infraction flagrante commise ou tentée par un conducteur, l'article 78-2-3 permet en outre aux OPJ et APJ sous leur direction de procéder au contrôle de l'un et à la visite de l'auteur.

La même suspicion, fondée sur des indices de flagrance, permettra de procéder à la fouille du sac de toute personne contrôlée sans son assentiment[1].

Enfin l'article 78-2-1 régit un cas très spécifique de contrôles d'identité spécialement réservés à la lutte contre le travail dissimulé. Ces contrôles sont réalisés sur réquisition du procureur de la République. Ils permettent de vérifier l'identité des salariés dès lors qu'ils sont présents et occupés sur un lieu de travail[2].

3. Les contrôles dits administratifs

(506) Ce type de contrôle est naturellement le plus sensible en termes de liberté individuelle. Par essence préventif, il s'adresse potentiellement à toutes personnes, y compris celles à l'encontre desquelles ne pèse aucune suspicion. Au demeurant, l'évolution législative et jurisprudentielle traduit la difficulté à trouver un équilibre entre la volonté de respect de la liberté des personnes, par hypothèse irréprochables et la nécessité que ressent la police de contrôler des identités de manière préventive.

Observons toutefois que l'efficacité même de ce type de contrôle, sans indice ou information quant à des individus donnés, est douteuse (comme dans la métaphore de l'aiguille dans la botte de foin), de sorte que sa nécessité intrinsèque est sujette à caution.

(507) L'état actuel du droit positif sur ce point est issu de la loi précitée du 24 août 1993. Trois types de contrôle « préventifs » ont été distingués :

– le contrôle administratif pur, au nom de l'ordre public ;
– le contrôle sur réquisitions du procureur de la République ;
– le contrôle Schengen.

(508) **Le contrôle au nom de l'ordre public**

L'article 78-2 dispose que « *L'identité de toute personne, quel que soit son comportement, peut également être contrôlée... pour prévenir une atteinte à l'ordre public, notamment à la sécurité des personnes et des biens* ».

(509) Ce type de contrôle est sans doute le plus « à risques » en termes de libertés individuelles. Il se fait sans réquisitions du procureur de la République, s'adresse absolument à toute personne, est uniquement fondé sur un vague souci de prévention de l'ordre public formule dont tout juriste connaît la nature éminemment compréhensive. En outre, le lien entre prévention de l'ordre public et contrôle de l'identité est lui-même sujet à interrogation : en quoi un tel contrôle permet-il en soi une quelconque prévention ? La présence policière, certes ; le contrôle, certainement pas.

(510) Afin de ne pas permettre un contrôle abusif sur des bases aussi peu contraignantes, la Cour de cassation avait exigé, dans un important arrêt de

1. Cass. Crim., 23 mars 2016, n° 14-87. 370.
2. Cass. civ. 1re, 6 janv. 2010, *Dr. pénal* 2010, n° 28, obs. A. Maron et M. Haas.

1992[1], que le risque d'atteinte à l'ordre public fût « *directement rattachable au comportement de la personne dont l'identité est contrôlée* ».

La **loi du 24 août 1993** ne devait pas intégrer cette nuance, qui permettait pourtant de réduire les risques de contrôle au faciès ou sur la base d'un empirisme professionnel contestable (plutôt les hommes que les femmes, plutôt les jeunes que les plus âgés, plutôt les personnes d'apparence étrangère que les autres...). Cependant, le **Conseil constitutionnel** devait émettre une **réserve interprétative** à propos de cette loi, laquelle, en tant que telle, s'impose aux juridictions, en vertu de laquelle les policiers doivent obligatoirement justifier des circonstances particulières établissant le risque d'atteinte à l'ordre public[2]. En clair, si le comportement de la personne contrôlée n'a pas à être particulier, les policiers doivent prouver à tout le moins qu'il existe effectivement un risque pour l'ordre public là où ils réalisent le contrôle.

(511) Concrètement, la jurisprudence exige depuis lors des éléments matériels vérifiables permettant de caractériser ce risque, à défaut de quoi les procédures sont annulées[3]. Tel fut ainsi le cas dans cette opération de contrôle effectuée dans la gare Wilson à Toulouse : la chambre de l'accusation (ancienne appellation de la chambre de l'instruction) l'avait validée en retenant que « *la sécurité des personnes et des biens se trouv{ait} menacée en raison de nombreuses infractions récentes* ». Cet arrêt avait été cassé, la chambre criminelle retenant qu'il appartenait aux juges du fond « *de rechercher si la nature et le nombre des infractions antérieures évoquées par le procès-verbal, ne caractérisait pas un risque d'atteinte à l'ordre public...* »[4].

Inversement, lorsque les policiers ont fait état dans leur procès-verbal de nombreux éléments objectifs caractérisant le risque pour l'ordre public, l'opération est validée, comme dans cette affaire où il était relevé que, « *lorsqu'il est établi que 22 délits ont été perpétrés dans le périmètre d'une avenue en 35 jours, l'existence de cette délinquance crée pour le quartier un trouble à l'ordre public et la persistance de ces activités délictuelles ne peut qu'accroître ce trouble. Dès lors, les services de police sont bien fondés à effectuer des contrôles d'identité dans ces lieux, dans le cadre de leur mission de protection de l'ordre public* »[5].

(512) En cas d'atteinte grave à l'ordre public, l'article 78-2-4 permet aux OPJ ou APJ sous leur direction de procéder à la visite des véhicules. Ils devront soit obtenir l'accord du conducteur, soit agir sur instructions du parquet. Le véhicule peut être immobilisé durant trente minutes, le temps que celles-ci leur parviennent. Ils pourront aussi procéder à l'inspection visuelle des bagages ou à leur fouille.

Le contrôle sur réquisitions du procureur de la République

(513) L'article 78-2 autorise les contrôles : « *Sur réquisitions écrites du procureur de la République aux fins de recherche et de poursuite d'infractions qu'il précise, dans les lieux et*

---

1. Cass. Crim., 10 nov. 1992, *Bull. Crim.* n° 370, *D.* 1993.36, note D. Mayer.
2. Cons. Const., déc. n° 93-323 DC du 5 août 1993.
3. Ex. Versailles, 10 juin 1994, *Gaz. Pal.* 1994.2. somm. 439.
4. Cass. Crim., 10 octobre 1996, *Bull. Crim.* n° 356, *S* 1997, somm., 145, obs. J. Pradel, *RSC*, 1997, p. 148, obs. J.P. Dintilhac, *JCP* 1997, I, 3998, chron. Maron, *Procédures* 1997, Comm. 42, obs. J. Buisson, *Dr pénal*, 1997, Comm. 14, obs. A. Maron.
5. T. corr. Toulouse, 6 fév. 1993, *Dr. pénal* 1994.168, obs. A. Maron, *BICC*, 1994, 358.

pour une période de temps déterminés par ce magistrat. » C'est ce que l'on appelle les « opérations "coup-de-poing" ».

(514) Faute de précision, les « infractions » en cause peuvent également être des **contraventions**. Le domaine d'application quant aux infractions est donc particulièrement large. En revanche, ce pouvoir important donné au parquet est soumis à une série de **conditions** :

– seul le procureur de la République peut en décider ;

– il doit prendre des réquisitions écrites : il n'est pas question de se borner ici à un ordre passé par téléphone ;

– ces réquisitions doivent être motivées : en effet, les indications de temps, de lieu et d'infractions doivent être précises ;

– ce procureur ne peut en outre agir totalement à sa guise : l'infraction ou les infractions recherchées doivent être précises. Il n'est pas question d'aller au hasard tenter de découvrir toutes les infractions. À noter cependant : l'article 78-2 ajoute que « *le fait que le contrôle d'identité révèle des infractions autres que celles visées dans les réquisitions du procureur de la République ne constitue pas une cause de nullité des procédures incidentes* ». Tel serait par exemple le cas d'un contrôle général à fins de découverte de stupéfiants, qui permettrait de mettre en réalité la main sur des personnes en situation irrégulière ;

– le lieu doit être également déterminé : il n'est pas possible de viser tout le ressort territorial de compétence habituelle ;

– le temps doit l'être également : les contrôles permanents sont donc prohibés.

(515) Ce type de contrôle se réalise souvent dans des gares ou des transports. Par exemple, « la gare du Nord, tel jeudi après-midi de 14 à 18 heures » : dans ce contexte, **toute personne peut être contrôlée, quel que soit son comportement** et sans rien avoir à se reprocher[1].

(516) Un second type de contrôle requis est prévu à l'article 78-2-2. À la différence de celui de l'article 78-2, il ne s'applique qu'à certaines infractions graves limitativement énumérées (terrorisme, armes et d'explosifs, vol aggravé, recel, stupéfiants. Le procureur n'a pas besoin de fonder ses réquisitions sur des indices de commission d'infraction[2], mais le contrôle doit obligatoirement avoir lieu en présence d'un OPJ[3].

Pour le Conseil constitutionnel, les règles relatives aux contrôles sur réquisition du procureur « *ne sauraient, sans méconnaître la liberté d'aller et de venir, autoriser le procureur de la République à retenir des lieux et périodes sans lien avec la recherche des infractions visées dans ses réquisitions* ». Ces règles ne sauraient « *non plus autoriser, en particulier par un cumul de réquisitions portant sur des lieux ou des périodes différents, la pratique de contrôles d'identité généralisés dans le temps ou dans l'espace* » (cons. 23). Pour le Conseil, « *les dispositions contestées n'instituent par elles-mêmes aucune différence de traitement dès lors que toute personne se trouvant sur les lieux et pendant la période déterminés par la réquisition du procureur de la République peut être*

---

1. Cass. Civ. 2e, 19 févr. 2004, *Bull. Civ.* II, n° 70.
2. Cass. civ. 2e, 19 févr. 2004, *Bull. civ.* II, n° 70.
3. Cass. civ. 1re, 16 sept. 2016, n° 14-25.068 ; Cass. civ., 12 janvier 2016 n° 3003.

soumise à un contrôle d'identité. En outre, la mise en œuvre des contrôles ainsi confiés par la loi à des autorités de police judiciaire doit s'opérer en se fondant exclusivement sur des critères excluant toute discrimination de quelque nature que ce soit entre les personnes » (cons. 26)[1].

En outre, pour la Cour de cassation, le procureur ne peut ordonner des contrôles d'identité et fouilles fondés sur l'article 78-2-2 sur plusieurs jours dans le cadre d'une réquisition unique. La période de contrôle ne peut dépasser vingt-quatre heures consécutives[2].

La loi du 23 mars 2019 a enrichi l'article 78-2-2 en insérant un III bis afin de permettre **la visite des navires sur réquisition du procureur de la République**. La fouille des navires est ainsi possible pour la recherche d'actes de terrorisme, infractions en matière de prolifération des armes de destruction massive et de leurs vecteurs, infractions en matière d'armes ou d'explosifs, vol, recel, et trafic de stupéfiants.

La réquisition du parquet doit mentionner les lieux et la période de temps, qui ne pourra excéder vingt-quatre heures, renouvelable sur décision expresse et motivée.

La visite se déroule en présence du capitaine ou de son représentant. Elle comprend l'inspection des extérieurs ainsi que des cales, soutes et des locaux. La visite des locaux spécialement aménagés à un usage d'habitation et effectivement utilisés comme résidence doit respecter les règles de la perquisition.

Le navire ne peut être immobilisé que le temps strictement nécessaire à la visite, sans que celle-ci puisse excéder douze heures.

L'officier de police judiciaire responsable de la visite doit rendre compte au procureur de la République du déroulement des opérations et l'informer sans délai de toute infraction constatée.

La loi n° 2019-290 du 10 avril 2019 visant à renforcer et garantir le maintien de l'ordre public lors des manifestations adoptée suite aux débordements commis en marge du mouvements dit « des gilets jaunes » a prévu un contrôle aux fins de prévention de la participation à une manifestation en étant porteur d'une arme. En ce cadre, les officiers et agents de police judiciaire peuvent, sur réquisitions écrites du procureur de la République, procéder sur les lieux d'une manifestation sur la voie publique et à ses abords immédiats à :

– l'inspection visuelle des bagages des personnes et leur fouille ;

– la visite des véhicules circulant, arrêtés ou stationnant sur la voie publique ou dans des lieux accessibles au public.

Les propriétaires des bagages ne peuvent être retenus que le temps strictement nécessaire au déroulement de l'inspection visuelle ou de la fouille des bagages, qui doivent avoir lieu en présence du propriétaire. Les véhicules en circulation ne peuvent être immobilisés que le temps strictement nécessaire au déroulement de la visite qui doit avoir lieu en présence du conducteur. Lorsqu'elle porte sur un véhicule à l'arrêt ou en stationnement, la visite se déroule en présence du conducteur ou du propriétaire du véhicule ou, à défaut, d'une

---

1. Cons. Const., déc. n° 2016-606/607 QPC du 24 janvier 2017, cons. n° 23 et 26.
2. Cass. Crim., 13 sept. 2017, n° 17-83.986, *AJ pénal* 2017, p. 543, obs. G. Roussel.

personne requise à cet effet par l'officier ou l'agent de police judiciaire et qui ne relève pas de son autorité administrative. La présence d'une personne extérieure n'est toutefois pas requise si la visite comporte des risques graves pour la sécurité des personnes et des biens.

Le fait que les opérations révèlent d'autres infractions ne constitue pas une cause de nullité des procédures incidentes.

Le contrôle Schengen

(517) Depuis la convention Schengen du 19 juin 1990, la liberté de circulation des personnes au sein de l'Union européenne est effective, du moins dans un certain nombre d'États. Aucun visa n'est exigé au passage des frontières ; le contrôle d'identité est parfois même ignoré. Cette liberté, fort appréciable, comporte néanmoins le risque de faciliter, de la même manière, la circulation des criminels et de produits ou objets illicites ou dangereux. Pour y pallier, la France a instauré un type particulier de contrôle d'identité, permettant par exemple d'éviter que des personnes n'appartenant pas à l'espace Schengen tentent de bénéficier de l'ouverture des frontières. Il est infiniment plus douteux qu'il soit à lui seul efficace en termes de prévention de la circulation de produits et objets illicites ou dangereux. La loi du 14 mars 2011 est venue modifier le régime des contrôles de titre dans les zones frontalières. Cette retouche est la conséquence d'une décision de la CJUE en date du 22 juin 2010. La Cour était saisie par la Cour de cassation d'une question préjudicielle quant au respect du droit communautaire s'agissant des contrôles d'identité de personnes se trouvant dans une zone de vingt kilomètres à partir de la frontière terrestre de la France avec les États parties à la Convention d'application de l'Accord de Schengen. La CJUE a considéré que ces contrôles n'étaient pas conformes au principe de libre circulation des personnes consacré par l'article 67, § 2, du Traité sur le fonctionnement de l'Union européenne. Pour la Cour, l'article 78-2 du Code de procédure pénale ne prévoyait pas assez de limitations quant à l'intensité et à la fréquence des contrôles, ce qui avait un « effet équivalent » à celui des vérifications aux frontières interdites par l'article 21, a), du règlement CE n° 562/2006 du 15 mars 2006[1].

(518) Ce type de contrôle, prévu à l'**article 78-2, alinéa 4**, peut être réalisé dans une *« zone comprise entre la frontière terrestre de la France avec les États parties à la convention... et une ligne tracée à 20 kilomètres en deçà »*. Cela permet aux policiers de poursuivre et contrôler les personnes qui seraient encore dans les **limites de 20 kilomètres de la frontière**. Ce texte ajoute ensuite qu'il est également possible de contrôler les individus dans les *« zones accessibles au public des ports, aéroports et gares ferroviaires ou routières ouverts au trafic international et désignés par arrêté »*[2].

(519) Ce contrôle a été **étendu encore par la loi n° 2006-64 du 23 janvier 2006**. Il peut dorénavant, à l'égard des mêmes personnes et selon les mêmes modalités, être réalisé à l'intérieur même d'un **train** et, dans ce cas, **excéder la limite des 20 kilomètres** pour porter jusqu'à l'arrêt suivant celle-ci[3]. Il est

1. CJUE 22 juin 2010, aff. C-188/10, *Melki, Abdeli, D.* 2010. Actu. 1719, obs. S. Lavric.
2. Il s'agit de l'arrêté du 5 novembre 2008.
3. Pour la liste des gares, ports, aéroports, *cf.* arrêté du 22 mars 2012.

ajouté que, lorsqu'il s'agit d'une ligne internationale ou «*présentant des caractéristiques particulières de desserte*», il s'agit de l'arrêt situé dans la limite des 50 kilomètres suivants. Une règle analogue a été créée pour ce qui concerne les **autoroutes**: lorsqu'il existe une section autoroutière démarrant dans cette zone et que le premier péage autoroutier se situe au-delà de la ligne des 20 kilomètres, le contrôle peut avoir lieu jusqu'à ce premier péage, sur les aires de stationnement, sur le lieu du péage et sur les aires de stationnement attenantes. Là encore, un arrêté a désigné quels étaient les péages concernés[1]. Le procureur de la gare de départ comme celui de la première gare dans laquelle un train international s'arrête peut en outre décider de faire contrôler l'identité et inspecter les bagages (art. 78-7).

La loi du 30 octobre 2017 étend les contrôles d'identité destinés à prévenir la criminalité transfrontière dont la durée maximale est portée à douze heures consécutives. Ils pourront être effectués non seulement dans les gares ferroviaires et routières ouvertes au trafic international mais également «aux abords» de celles-ci et dans un rayon maximal de dix kilomètres autour des ports et aéroports qui constituent des points de passage frontaliers désignés par arrêté «*en raison de l'importance de leur fréquentation et de leur vulnérabilité*» (C. pr. pén., art. 78-2, al. 9 et 10).

(520) Dans ces cas, **l'identité de toute personne peut être contrôlée, quel que soit son comportement** ou le risque déterminé de commission d'une infraction. Néanmoins l'objectif du contrôle a été déterminé par la loi : il s'agit de «***vérifier*** *le respect des obligations de détention, de port et de présentation des* ***titres*** *et documents prévus par la loi*». Depuis la loi du 14 mars 2011, cette vérification ne peut avoir lieu que «*pour la prévention et la recherche des infractions liées à la criminalité transfrontalière*». En outre, le contrôle ne peut être mis en œuvre pendant plus de douze heures consécutives dans un même lieu «*et ne peut consister en un contrôle systématique des personnes présentes*». L'enchaînement de contrôles dans un même lieu ayant pour effet de dépasser le maximum légal de durée sera censuré[2]. Subira le même sort le contrôle ciblant certaines catégories de personnes[3]. Pour le Conseil constitutionnel, le contrôle de l'absence de discrimination sera assuré par le juge judiciaire saisi des procédures subséquentes[4].

E. L'obligation de se prêter au contrôle

(521) Rappelons que l'**article 78-1, alinéa 2**, dispose que « Toute personne se trouvant sur le territoire national doit accepter de se prêter à un contrôle d'identité effectué dans les conditions et par les autorités de police visées aux articles suivants ».

1. Arrêté du 13 juill. 2004.
2. Civ. 1re, 9 juill. 2014, nº 13-22.010. Pour un autre exemple de dépassement par la succession ininterrompue de trois réquisitions de contrôles d'identité dans les mêmes lieux conduisant à un contrôle unique de trente-six heures, *cf.* Civ. 1re, 14 mars 2018, nº 17-14.424.
3. CA Paris, 1er mai 2015, nº 15/01621, *AJ pénal* 2015, p. 435, obs. C. Saas.
4. Cons. Const., déc. nº 2016-606/607 QPC du 24 janvier 2017, cons. nº 34.

La loi ne punit pas pénalement le fait de ne pas déférer au contrôle. La sanction immédiate de ce refus est la mise en œuvre d'une opération de vérification d'identité, laquelle s'accompagne d'une privation de liberté de courte durée. En revanche, l'insoumission à cette dernière fait encourir une peine de trois mois d'emprisonnement et de 3 750 euros d'amende (C. pr. pén., art. 78-5).

F. Les auteurs du contrôle

(522) En droit commun, sont compétents pour pratiquer les contrôles (C. pr. pén., art. 78-2) :

– les OPJ ;

– sous la responsabilité des OPJ, les APJ-APJA.

Rappelons que le contrôle administratif se fait parfois sur réquisitions du procureur de la République.

(523) L'ensemble des APJA (ce qui comprend la police municipale) est autorisé à contrôler l'identité de contrevenants à la police de la route ou aux arrêtés des maires. En cas de refus de l'intéressé, ou s'il ne peut justifier de son identité, l'APJA doit en référer à un OPJ de la police nationale ou, le cas échéant, de la gendarmerie, qui peut alors lui ordonner sans délai de lui présenter sur-le-champ le contrevenant ou de retenir celui-ci pendant le temps nécessaire à son arrivée ou à celle d'un agent de police judiciaire agissant sous son contrôle. Seul ce dernier pourra faire pratiquer une vérification d'identité. S'il ordonne la présentation de l'intéressé, l'APJA peut le retenir le temps de cette présentation. Pendant le temps nécessaire à l'information et à la décision de l'officier de police judiciaire, l'intéressé est tenu de demeurer à la disposition de l'APJA sous peine de commettre un délit puni de deux mois d'emprisonnement et de 7 500 euros d'amende (C. pr. pén., art. 78-6).

G. Les modalités de la preuve de son identité

(524) Le droit français est, à cet égard, quelque peu dérangeant. En effet, il n'est en principe pas obligatoire de détenir une carte nationale d'identité, *a fortiori* un passeport. Au demeurant, l'article 78-2, alinéa 1, énonce que la preuve de l'identité se fait par « ***tout moyen*** ». Il est théoriquement possible de prouver son identité au moyen de documents de toute nature : une carte d'étudiant, une carte de bibliothèque, etc., dès lors que figurent les noms, prénoms, date de naissance, adresse et photographie.

En réalité, il est rare que les policiers se contentent de ces documents : ils réduisent *de facto* les possibilités de démonstration au triptyque CNI/passeport/permis de conduire. Cette situation fut dénoncée en 1994 par un député, Marc-Philippe Daubresse, qui demanda au garde des Sceaux d'alors pourquoi la CNI n'était pas rendue obligatoire, alors même que tout citoyen était tenu de prouver son identité en cas de contrôle, que tout le monde n'avait pas de permis de conduire et que, en cas d'impossibilité, le citoyen pouvait tout de même faire l'objet d'une rétention pour vérification[1]. Le ministre lui fit répondre que, le

1. Réponses ministérielle n° 3545, *J.O.A.N.* questions du 7 mars 1994.

principe étant la possibilité de prouver par tout moyen, il n'existait en réalité aucune difficulté et que, par ailleurs, cette preuve pouvait être apportée par un passeport, réponse pour le moins surprenante lorsque l'on sait que la plupart des gens n'ont pas de passeport, vu son coût. Le ministre ajouta qu'il était toujours possible d'être porteur d'un extrait de naissance ou du livret de famille, des suggestions pour le moins farfelues et n'étant guère de nature à convaincre les policiers, vu l'absence de photographie sur ces documents et vu, dans le cas du livret de famille, le partage par hypothèse entre l'ensemble de ses membres ! Et le ministre de conclure que rendre obligatoire la CNI serait contraire aux principes généraux de notre droit... La loi n° 2012-410 du 27 mars 2012 relative à la protection de l'identité n'a d'ailleurs pas rendu obligatoire la carte d'identité et maintient le principe de liberté de preuve de l'identité (en favorisant tout de même la CNI et le passeport). Son article 1er dispose ainsi : « *L'identité d'une personne se prouve par tout moyen. La présentation d'une carte nationale d'identité ou d'un passeport français en cours de validité suffit à en justifier* ». Initialement, le projet de loi voulait en plus créer un fichier central des titres d'identité accessibles aux policiers et administrations publiques. Un tel fichage généralisé de la population, jamais vu depuis la Deuxième Guerre mondiale, a toutefois été censuré par le Conseil constitutionnel car il portait atteinte de manière disproportionnée au droit à la vie privée puisque, au-delà de la seule vérification de l'identité, il pouvait être utilisé à des fins de police administrative ou judiciaire[1].

H. Le contrôle de l'entrée et du séjour

(525) L'**objet** des contrôles n'est plus ici de déterminer principalement l'identité des personnes, mais avant tout de savoir si leur séjour et leur entrée en France sont réguliers. Ce contrôle intéresse principalement les étrangers, même s'il faut réserver également le cas des forains, des nomades, des propriétaires de débits de boissons, etc.

(526) La **difficulté** est naturellement de déterminer à quelles personnes s'adresser. De but en blanc, en effet, les policiers vont être amenés à demander à une personne son titre de séjour. Comment départager les Français des étrangers, surtout dans une société depuis toujours multiculturelle et ce, actuellement, de manière croissante ? Le risque est grand de contrôler des individus au seul regard de leur apparence physique et, par ailleurs, d'offenser des personnes de nationalité française.

(527) Leur fondement textuel était antérieurement l'article 8, alinéa 2, de l'ordonnance du 2 novembre 1945 relative aux conditions d'entrée et de séjour des étrangers en France. Ce texte a été remplacé par un nouveau Code, le **Code de l'entrée et du séjour des étrangers et du droit d'asile.** C'est désormais **l'article L. 611-1** qui dispose en termes inchangés que « *en dehors de tout contrôle d'identité, les personnes de nationalité étrangère doivent être en mesure de présenter les pièces ou documents sous le couvert desquels elles sont autorisées à circuler ou à séjourner en France* ». Ce texte précise que le contrôle est effectué par des OPJ ou, sous leur

1. Cons. Const., déc. n° 2012-652 DC du 22 mars 2012.

responsabilité, par des APJ ou des APJA, ajoutant que le contrôle du titre peut également être fait dans la suite d'un contrôle d'identité régulier en application des textes de droit commun.

(528) Un tel texte ne constitue-t-il pas une discrimination envers les étrangers ? La question a été posée à la **CJCE**, à propos de la Belgique, dans une affaire tranchée en **1989**. Cette juridiction n'y a vu aucun problème, dès lors que le contrôle de l'identité n'était pas la condition même de l'entrée en Belgique et n'était pas par ailleurs systématique[1].

(529) La **jurisprudence nationale**, quant à elle, s'est divisée sur ces contrôles. Du temps où ceux-ci n'étaient pas encore régis par la loi, la Cour de cassation s'était prononcée dans les arrêts ***Bogdan et Vuckovic*** de 1985[2]. La jurisprudence avait conditionné les contrôles des titres des étrangers à l'existence d'« *éléments objectifs déduits de circonstances extérieures de la personne même de l'intéressé* » qui fussent « *de nature à faire apparaître sa qualité d'étranger* » comme le fait de l'entendre parler en langue étrangère ou en français avec un accent, ou de le voir acheter un journal en langue étrangère, etc. La couleur de la peau n'était en revanche pas un critère acceptable et, en outre, sans intérêt dans un pays multiculturel comme la France. En pratique, cela pouvait toutefois s'avérer quelque peu compliqué : il fallait attendre que les supposés étrangers parlent, car tous, loin s'en faut n'achètent pas de journaux étrangers. Faut-il ajouter que des Français peuvent également acheter de tels journaux ? !

Finalement, le législateur a donc retenu le texte cité *supra*, qui n'a pas intégré la jurisprudence de la Cour de cassation. Cependant, à son tour le **Conseil constitutionnel, dans une décision du 13 août 1993**[3], devait émettre une réserve d'interprétation requérant que le contrôle exclût, « *dans le strict respect des principes et des règles de valeur constitutionnelle, toute discrimination de quelque nature qu'elle soit contre les personnes* ». Une formule censée être protectrice des libertés individuelles, mais trop floue pour véritablement empêcher les contrôles au faciès.

C'est naturellement la formule du Conseil constitutionnel qui prévaut sur celle de la Cour de cassation, en vertu de la règle inscrite à l'article 62 de la Constitution : les décisions du Conseil s'imposent aux juridictions judiciaires ainsi, au demeurant, qu'aux autorités administratives. Surtout, dans une décision du 6 juin 2012, la première chambre civile de la Cour de cassation est venue énoncer la non-conformité de l'article L611-1 CESEDA au droit de l'Union européenne[4]. En conséquence, la loi n° 2012-1560 du 31 déc. 2012 a modifié sa rédaction. Reprenant la formule jurisprudentielle, il énonce que le contrôle ne peut être effectué que « *si des éléments objectifs déduits de circonstances extérieures à la personne même de l'intéressé sont de nature à faire apparaître sa qualité d'étranger* ». Le contrôle est limité à six heures au même endroit.

---

1. CJCE, 27 avril 1989, *Royaume de Belgique*, 68/360.
2. Cass. Crim., 25 avril 1985, deux arrêts, *Bull. Crim.* n° 159, *D.* 1985, p. 329, concl. Dontenwille, *JCP* 1985, II, 20465, note Jeandidier.
3. Cons. Const., déc. n° 93-323 DC du 5 août 1993.
4. Cass. Crim., 1re, 6 juin 2012, n° 10-25.233.

(530) Il faut ajouter, au dispositif ici étudié, les termes de l'article 78-2 dernier alinéa. Dans le cadre de la **loi sur l'immigration** n° 2006-911 **du 24 juillet 2006**, le contrôle des titres a été étendu : il peut s'appliquer, durant une période de cinq ans à compter de la publication de celle-ci, à « *toute personne* », dans divers **DOM** (Guadeloupe, Mayotte) et TOM (Saint Martin, Saint-Barthélémy), dans des zones déterminées, ces zones étant également des zones d'entrée dans l'espace Schengen. La loi du 7 mars 2016 a aussi précisé les zones côtières permettant de réaliser le contrôle entre le littoral et une ligne tracée à un kilomètre en deçà.

I.2. Les vérifications d'identité

(531) Lorsqu'une personne ne veut ou ne peut justifier de son identité, la loi a prévu une forme de rétention. Elle participe d'une procédure déclenchée uniquement à cette condition, appelée la procédure de vérification d'identité, régie par l'article **78-3** du Code de procédure pénale.

(532) En pareil cas, soit la personne est **retenue** sur place, soit elle est conduite dans un local de police. La retenue ne dure que « *pendant le temps strictement exigé par l'établissement de son identité* ». Si cela ne prend par exemple que dix minutes, la retenue doit cesser. En tout état de cause, elle ne peut dépasser quarante-huit heures à Mayotte. Ce délai commence à courir à compter du contrôle d'identité, effectué sur la base des règles de droit commun de l'article 78-2.

(533) Le **but de la procédure** doit être de déterminer son identité. Pour ce faire, la personne doit être mise en mesure de l'établir par tous moyens. Cependant, si elle persiste à refuser de contribuer à l'établissement de son identité (exemples : elle se tait ou fournit de fausses informations) et qu'il n'est possible d'établir son identité autrement que par la prise d'empreintes ou de photographies, l'OPJ peut faire réaliser ces derniers actes à condition de respecter les formes suivantes :

– obtenir l'autorisation du procureur de la République ou du juge d'instruction ;

– porter dans le procès-verbal de la procédure indication des motifs de la prise d'empreintes ou de photographies et qui justifiaient *ab initio* la procédure même de vérification[1].

(534) La personne retenue pour vérification d'identité dispose de certaines **garanties** :

– un procès-verbal est naturellement dressé indiquant le jour et l'heure exacts de la vérification d'identité ;

– elle doit être présentée immédiatement à un OPJ ;

– elle doit être informée aussitôt de son droit de faire prévenir le procureur de la République de la procédure de vérification. Cette information est de droit, dès le début de la rétention, s'agissant des mineurs. Indication de ce qu'elle a été faite et à quel moment exact, est portée dans le procès-verbal ;

1. Toutefois, l'impossibilité de justifier de son identité par l'absence de document permet aux enquêteurs de procéder à des photographies et prises d'empreintes digitales afin de vérifier le nom dont se prévaut l'intéressé. Civ. 1re, 10 juillet 2013, n° 12-23-463, *AJ pénal* 2013, p. 550, obs. C. Saas.

– le procureur de la République peut mettre fin à la retenue à tout moment ;

– le retenu a le droit d'en informer toute personne de son choix. Toutefois, l'OPJ peut, si des « *circonstances particulières l'exigent* », procéder lui-même à cette information ;

– les mineurs doivent, à moins que ce ne soit impossible, être assistés de leur représentant légal ;

– Comme pour toute procédure policière, celle-ci donne lieu à la rédaction d'un PV devant contenir de nombreuses mentions obligatoires[1] ;

– l'irrespect des conditions de l'article 78-3 entraîne la nullité de la procédure ;

– s'il n'y a pas de suites, tous les documents relatifs à la vérification doivent être détruits dans les six mois.

(535) En matière de terrorisme, le législateur a introduit une mesure à mi-chemin entre la vérification d'identité et la garde à vue. L'article 78-3-1 régit ainsi une retenue de quatre heures, qui va débuter lorsqu'un contrôle ou une vérification d'identité révèle qu'il existe des raisons sérieuses de penser que le comportement de la personne contrôlée peut être lié à des activités à caractère terroriste. L'OPJ pourra alors consulter des fichiers et interroger les services à l'origine du signalement de l'intéressé, et même les organismes de coopération internationale ou ses collègues étrangers.

Le procureur de la République territorialement compétent est informé dès le début de la retenue.

La personne retenue est immédiatement informée dans une langue qu'elle comprend :

– du fondement légal de son placement en retenue ;

– de la durée maximale de la mesure ;

– du fait que la retenue dont elle fait l'objet ne peut donner lieu à audition et qu'elle a le droit de garder le silence ;

– du fait qu'elle bénéficie du droit de faire prévenir par l'officier de police judiciaire toute personne de son choix ainsi que son employeur.

L'OPJ dispose de deux heures pour prévenir l'employeur, mais il peut aussi demander au parquet de ne pas faire droit à cette demande.

Si la personne est mineure, le parquet doit donner son accord exprès pour qu'elle soit retenue. Les représentants légaux doivent être informés, sauf opposition du parquet. Ils doivent assister le mineur.

La retenue ne peut durer que le temps strictement nécessaire à l'accomplissement des vérifications dans une limite de quatre heures. Le procureur peut y mettre fin à tout moment.

Bien que la personne doive être informée de son droit de garder le silence, la retenue ne peut donner lieu à audition.

---

1. Notamment les raisons du contrôle, puis celles de la vérification de l'identité et la durée de la rétention.

II. Entendre

(536) L'**audition** est le terme générique qui désigne le fait, pour un OPJ, de convoquer une personne pour l'entendre et la questionner dès lors qu'elle est susceptible d'apporter des éléments sur une enquête en cours. Depuis la loi du 14 avril 2011, le Code de procédure pénale généralise au stade de l'enquête le terme d'« audition » pour le suspect, comme pour le témoin, s'agissant du stade de l'enquête. Auparavant, en revanche, il était question d'interrogatoire du suspect et d'audition du témoin. Au stade de l'enquête, d'ailleurs, la distinction entre le suspect et le témoin reste ténue, car une même personne peut endosser les deux statuts selon les avancées de l'enquête. Toutefois, à la différence des suspects, les témoins ne peuvent pas faire l'objet d'une audition contrainte. Reste que ce principe n'est pas absolu puisque certains suspects peuvent être auditionnés sans contrainte et certains témoins subir un acte de contrainte avant leur audition.

L'audition est régie, pour l'enquête de flagrance, par les articles **61** et **62** et, pour l'enquête préliminaire, par l'article **78** du Code de procédure pénale. Le Code de la santé publique et le Code de la route prévoient également certains types d'audition.

Le régime applicable à l'audition doit être distingué de l'audition des suspects placés en garde à vue.

II.1. Les conditions de l'audition

(537) En principe l'audition s'adresse à « ***toute personne*** *susceptible de fournir des renseignements sur les faits ou sur les objets et documents saisis* », énonce l'article 61 du Code de procédure pénale, ce qui laisse penser que le suspect comme le témoin, peuvent être convoqués. Mais l'audition du suspect différera de celle du témoin quant à ses garanties. Il faut cependant, naturellement, que la convocation à comparaître de la personne à fin d'audition ait **un intérêt** au regard de l'enquête. L'article 78 de ce Code évoque d'ailleurs la convocation pour les « *nécessités de l'enquête* ». Cependant, aucune sanction procédurale n'est prévue dès lors que l'audition s'avérerait non nécessaire. De plus, les enquêteurs ont tout intérêt à n'entendre que les personnes détenant des informations utiles à l'enquête.

(538) Seul un **OPJ** peut réaliser cette convocation ; il s'agit en effet d'un acte qui pourra permettre d'user de coercition. En outre, une audition peut déboucher sur un placement en garde à vue. Cependant, les **APJ** peuvent non pas convoquer, mais au moins entendre les personnes, sous le contrôle d'un OPJ ; ils sont tenus aux mêmes règles de procédure que les OPJ.

II.2. Le régime de l'audition

(539) L'audition est en théorie régie par le principe de liberté. La personne auditionnée ne doit pas faire l'objet de contrainte et reste libre de quitter les lieux. Toutefois, la contrainte n'est pas absente. Toute personne convoquée à l'audition doit en effet comparaître. Si elle ne se présente pas à la convocation, l'OPJ peut la

contraindre à comparaître par la **force publique**. L'OPJ peut décider seul de cette coercition s'agissant d'une personne convoquée parce qu'elle se trouvait sur les lieux de l'infraction. Il doit demander l'autorisation préalable du procureur s'agissant d'une personne qui n'a pas répondu à la convocation et « *dont on pourrait craindre qu'(elle) ne réponde pas à une telle convocation* », mais aussi en cas de risque de destruction des preuves ou de pression sur les témoins ou victimes, ou encore de concertation avec les autres suspects (C. pr. pén., art. 61 al. 3 et 78). Ce témoin est donc une personne dont l'OPJ se méfie, à l'égard de laquelle il éprouve un soupçon de fuite ou de non-coopération. Il s'agit bien d'un *témoin soupçonnable*. La Cour de cassation a toutefois veillé à rappeler que l'autorisation du parquet fondée sur l'article 78 ne permettait pas pour autant l'introduction de force au domicile de la personne concernée puisque cette pénétration forcée relève de l'autorisation d'un juge[1]. En réaction, le projet de loi de programmation de la justice avait initialement prévu que le parquet pourrait autoriser la comparution forcée des suspects d'infraction punie de trois ans d'emprisonnement si besoin en pénétrant dans leur domicile entre six et vingt-et-une heures.

(540) Pour autant, ni l'article 61 ni l'article 78 **n'imposent à la personne de déposer, c'est-à-dire de parler**. Rappelons en effet le principe conventionnel en vertu duquel nul ne peut être contraint à s'incriminer lui-même ; or la personne pourrait être suspecte. Même si elle n'est, de fait, que témoin, elle n'a pas non plus à prêter serment à ce stade de la procédure.

(541) En outre, la contrainte n'apparaît plus comme critère de distinction le plus pertinent entre témoin et suspect du point de vue de l'audition étant entendu que seuls les suspects peuvent être placés en garde à vue depuis la loi du 15 juin 2000. Le seul critère pertinent de distinction entre témoin et suspect s'avère l'existence de « *raisons plausibles de soupçonner* ». C'est la suspicion plus que la contrainte qui les distingue. Mais tous deux peuvent faire l'objet d'une audition qui selon les cas va connaître différents régimes.

Pour pallier l'augmentation des droits de la défense en garde à vue, la loi du 14 avril 2011 avait distingué l'audition des témoins de l'audition libre des suspects. La retenue pour audition durait « *le temps strictement nécessaire à leur audition* » dans la limite de quatre heures. Mais alors les suspects ne bénéficiaient pas des garanties de la garde à vue et notamment de l'assistance par avocat[2]. Le Conseil constitutionnel avait tout de même exigé qu'ils soient informés de la nature et de la date de l'infraction ainsi que de leur droit de quitter les locaux de police et de gendarmerie[3]. Ce régime de l'audition libre des suspects avait fait l'objet de vives critiques, notamment chez les avocats car il était moins protecteur que celui de la garde à vue. Les enquêteurs s'en sont à l'inverse rapidement emparés.

---

1. Cass. Crim. 18 sept. 2019, n° 18-84.885 ; Cass. Crim. 22 févr. 2017, n° 16-82.412, *AJ pénal* 2017, p. 227 obs. M. Murbach-Vibert, J.-F. Barre, détention provisoire, L11245045572 (ordonnance), AJ pénal 2018. 200 obs. G. Poissonnier, 3 février 2018 avec des amendes.

2. *Cf.* Cass. Crim., 27 novembre 2013, n° 12-87.515, X. Salvat, « Audition d'une personne entendue en enquête préliminaire sans être placée en garde à vue », *RSC*, 2013, p. 842.

3. Cons. Const., déc. n° 2011-191/194/195/196/197 QPC du 18 nov. 2011, cons. 20.

(542) La loi du 27 mai 2014 a souhaité corriger le dispositif en distinguant **l'audition des témoins libres ou contraints de l'audition des suspects libres ou contraints.** Les témoins restent bien définis comme « *les personnes à l'encontre desquelles il n'existe aucune raison plausible de soupçonner qu'elles ont commis ou tenté de commettre une infraction* » (C. pr. pén., art. 62, al. 1er). Le principe est toujours celui de leur audition libre de contrainte. Par exception, « *si les nécessités de l'enquête le justifient* », les témoins peuvent faire l'objet d'une audition sous contrainte en étant retenu « *le temps strictement nécessaire à leur audition* », sans que cette durée puisse excéder quatre heures. La loi de 2014 réintroduit donc la contrainte pour les témoins (art. 62, al. 2). Certes, elle la limite à quatre heures mais le critère des nécessités de l'enquête apparaît bien flou. Surtout, aucune limite de temps de l'audition libre des témoins ne semble posée ce qui paraît peu protecteur de la liberté individuelle. Certes, en raison de l'absence de contrainte, les témoins peuvent quitter à tout moment les locaux ; mais à l'inverse des suspects, ils n'en sont pas informés.

L'audition des suspects s'effectue elle aussi par principe sans contrainte. À la différence du droit antérieur, les suspects bénéficient d'un certain nombre de droit dont ils sont informés comme nous le verrons ci-après. Si l'enquêteur s'aperçoit de la nécessité d'une garde à vue alors il procède au changement de régime (art. 62, al. 3). Enfin, comme auparavant la contrainte du suspect impose son placement en garde à vue (art. 62, al. 4).

L'article 62, C. pr. pén. distingue donc entre l'audition libre du témoin (al. 1), l'audition sous contrainte du témoin (al. 2), l'audition libre du suspect le cas échéant transformable en garde à vue (al. 3), l'audition sous contrainte du suspect qui ne peut avoir lieu qu'en garde à vue (al. 4). Évidemment, l'audition de témoin peut se transformer en audition de suspect elle-même transformable en garde à vue. Le passage de l'une à l'autre devrait en principe être motivée par le renforcement des indices pesant sur le suspect. Il est utile de noter que lorsque l'audition est suivie d'une garde à vue, le début de cette dernière est fixé soit au moment de l'usage de la contrainte, soit s'il n'y a pas eu contrainte jusqu'au placement au moment du début de l'audition (C. pr. pén., art. 63 III). Le temps de l'audition s'impute donc sur celui de la garde à vue.

(543) Ensuite et surtout, la loi du 27 mai 2014 est venue compléter les informations qui devaient être transmises au suspect avant son audition libre. En effet, cette loi est une transposition de la directive 2012/13/UE du 22 mai 2012 relative au droit à l'information dans le cadre des procédures pénales et d'une partie de la directive 2013/48/UE du 22 octobre 2013 au droit d'accès à un avocat des personnes suspectées dans le cadre des procédures pénales. Or ces deux directives sont applicables dès qu'une personne fait l'objet d'une suspicion d'avoir commis une infraction pénale[1]. **Le critère pour bénéficier de droits à**

1. Art. 2. 1 Directive 22 mai 2012 sur droit à l'information : « *La présente directive s'applique dès le moment où des personnes sont informées par les autorités compétentes d'un État membre qu'elles sont soupçonnées d'avoir commis une infraction pénale* » ; Art. 2. 1 Directive 22 octobre 2013 sur droit à l'avocat : « *La présente directive s'applique aux suspects ou aux personnes poursuivies dans le cadre de procédures pénales, dès le moment où ils sont informés par les autorités officielles ou par tout autre moyen qu'ils sont soupçonnés ou poursuivis pour avoir commis une infraction pénale, qu'ils soient privés de liberté ou non.* »

l'information et à l'avocat s'avère donc la suspicion et non la contrainte. Ce critère est repris par l'article 61-1 du Code de procédure pénale qui dispose : « *La personne à l'égard de laquelle il existe des raisons plausibles de soupçonner qu'elle a commis ou tenté de commettre une infraction ne peut être entendue librement sur ces faits qu'après avoir été informée.* » Ce critère rejoint la jurisprudence de la Cour de Strasbourg[1]. Ces droits sont bien applicables pendant l'audition libre sans attendre la garde à vue. Par conséquent, le législateur a introduit un certain nombre de droits au bénéfice des suspects faisant l'objet d'une audition libre. Il a bien créé à l'article 61-1 un **statut de « suspect libre »**[2] assez proche, bien que distinct, du statut de suspect gardé à vue. Une telle reconnaissance du critère de suspicion et du statut de suspect, appelée de nos vœux[3], ne peut qu'être saluée.

(544) L'article 61-1 énonce ainsi les informations qui doivent être notifiées aux suspects avant toute audition libre : qualification, date et lieu présumés de l'infraction ; droit de quitter à tout moment les locaux où elle est entendue ; droit d'être assistée par un interprète ; droit de faire des déclarations, de répondre aux questions qui lui sont posées ou de se taire ; en cas de suspicion de crime ou délit puni d'une peine d'emprisonnement, droit d'être assistée par un avocat ; conditions de l'aide juridictionnelle ; possibilité de bénéficier de conseils juridiques dans une structure d'accès au droit ». Ces droits sont notifiés par écrit sur procès-verbal. Lorsque le suspect fait l'objet d'une convocation, celle-ci rappelle les droits relatifs à l'avocat, l'aide juridictionnelle, le conseil ainsi que l'infraction qui fait l'objet de la suspicion. Toutefois, ces droits n'apparaissent dans la convocation seulement « *si le déroulement de l'enquête le permet* ». Le législateur souhaite se préserver contre d'éventuelle déperdition des preuves ou menace sur la victime avant audition. Il serait souhaitable que la jurisprudence adopte une lecture restrictive de cette exception et censure tout défaut d'information injustifié.

Le droit au silence et le droit à l'assistance d'un avocat, garanties essentielles de la défense, sont ainsi applicables dès l'audition libre ce qui constitue une nette progression des droits de la défense.

La victime n'est en outre pas oubliée, puisqu'elle bénéficie des mêmes droits que le suspect lorsqu'elle lui est confrontée dans le cadre de son audition libre (C. pr. pén., art. 61-2).

Toutefois, s'agissant de l'intervention de l'avocat et à la différence de la garde à vue, l'article 61-1 ne prévoit aucun délai de carence avant d'entamer l'audition le temps d'attendre le défenseur. Le suspect libre peut donc se voir auditionné sans avocat même s'il en a demandé un. Mais il bénéficie alors de plusieurs protections dont il faut espérer qu'il se souvienne. Il peut d'abord

1. *Cf.* sur l'article 5 § 2, CEDH, 30 août 1990, *Fox, Campbell et Hartley c/ Royaume-Uni*, n° 12244/86 et sur l'article 6 CEDH, 11 juill. 2000, *Dikme c/ Turquie*, § 108, Rec. 2000-VIII.

2. C. Untermaier, Rapport n° 1895, fait au nom de la commission des lois constitutionnelles, de la législation et de l'administration générale de la République sur le projet de loi (n° 1814), adopté par le Sénat après engagement de la procédure accélérée, portant transposition de la directive 2012/13/UE du Parlement européen et du Conseil du 22 mai 2012 relative au droit à l'information dans le cadre des procédures pénales, Assemblée nationale, 29 avril 2014, p. 18.

3. *Cf.* G. Roussel, *Suspicion et procédure pénale équitable*, préc.

garder le silence tant que son avocat n'est pas arrivé. Il peut ensuite quitter les locaux[1]. Il peut enfin espérer que d'autres preuves ne viennent pas corroborer ses déclarations sur le seul fondement desquelles une condamnation ne peut être motivée. De plus, aucun entretien avec l'avocat n'est prévu, ni d'accès aux pièces de la procédure. La mise en place de la défense s'avère donc bien difficile en audition libre (quel sera le rôle de l'avocat si ce n'est conseiller de se taire ou quitter les lieux ?) même si elle progresse significativement. Dans tous les cas, le travail des enquêteurs et celui des avocats subissent une profonde mutation. En outre, tous ces droits s'appliquent lorsque l'audition libre est réalisée par un fonctionnaire disposant de prérogatives de police judiciaire (C. pr. pén., art. 28).

L'avocat pourra en outre être présent lors des opérations de reconstitution de l'infraction et lors des séances d'identification des suspects (tapissage). Cette présence vaut tant pour l'avocat du suspect que celui de la victime (C. pr. pén. art. 61-3).

545) Outre la suspicion, une bonne application de la loi tiendra à la définition de la notion de contrainte. Dès lors qu'une personne sera empêchée de quitter les locaux de police ou de gendarmerie, elle devra évidemment être considérée comme contrainte puisque ce droit figure à l'article 61-1. Quant au début de l'audition, l'article 61-1 dernier alinéa précise qu'il « *n'est pas applicable si la personne a été conduite, sous contrainte, par la force publique devant l'officier de police judiciaire* ». Le législateur souhaite en effet que puisse faire l'objet d'une audition libre le suspect ayant été conduit de son plein gré par un policier ou un gendarme au poste mais qu'il soit placé en garde à vue dès lors qu'il est contraint[2]. La question de la définition de la contrainte surgit alors. La seule contrainte physique (usage de la force, menottage) doit-elle être prise en compte en sachant que le droit pénal retient aussi la contrainte morale[3] ? Or, dans un arrêt du 6 novembre 2013, la cour de cassation a précisé la définition de la contrainte dans le cas d'une audition libre d'un mineur. Elle a en effet considéré qu'en cette hypothèse, le mineur conduit au commissariat par des policiers sans menottage « *se trouvait nécessairement dans une situation de contrainte* »[4]. Il aurait dû bénéficier des garanties attachées au placement en garde à vue. En l'occurrence, cet arrêt permet de considérer que l'absence de menottage n'est pas incompatible avec l'existence d'une situation de contrainte. La contrainte pourrait donc être autre que physique. De surcroît, il semble que la jurisprudence applique cette position dès lors que l'intéressé est mineur, ce qui est susceptible de prohiber toute audition libre vis-à-vis de cette catégorie de suspects.

Par ailleurs, une jurisprudence somme toute critiquable considère que l'article 61-1 du Code de procédure pénale imposant d'informer un suspect de

1. Ce qui suppose qu'il soit dans les locaux de police ou de gendarmerie et non sur la voie publique. Cass. Crim., 1er mars 2016, n° 14-89.368.

2. C. Untermaier, Rapport n° 1895, p. 59.

3. C. pén., art. 222-22-1 : « *La contrainte prévue par le premier alinéa de l'article 222-22 peut être physique ou morale.* »

4. Cass. Crim. 6 nov. 2013, n° 13-84320, RSC 2014.138, note J. Danet.

son droit au silence n'est applicable que pour des auditions dans les locaux de police[1].

(546) Dans tous les cas, **un procès-verbal** des déclarations doit être réalisé (C. pr. pén., art. 61, al. 4 et 78, dern. al.). Ce procès-verbal doit mentionner les questions posées et les réponses de la personne (C. pr. pén., art. 429 al. 2). L'article 61, alinéa 4, auquel il est renvoyé par l'article 78, énonce que la lecture doit en être faite par la personne auditionnée elle-même. Elle peut ensuite y consigner ses observations et doit y apposer sa signature. Si elle déclare ne pas savoir lire, lecture lui est faite par l'OPJ. Si un APJ réalise le procès-verbal, il doit alors le transmettre à l'OPJ (C. pr. pén., art. 61, dern. al.).

S'agissant du mineur, le Conseil constitutionnel a considéré qu'il ne bénéficiait pas de suffisamment de garanties lors de l'audition libre et a censuré ainsi ce régime[2]. La loi du 23 mars 2019 a réécrit l'article 61-1 afin de renvoyer aux garanties du mineur en audition libre.

Ainsi, en application de l'article 3-1 de l'ordonnance du 2 février 1945, lorsqu'un mineur est entendu librement en application de l'article 61-1, l'officier ou l'agent de police judiciaire doit en informer par tout moyen les parents, le tuteur, ou la personne ou le service auquel le mineur est confié.

Il en est de même en cas de reconstitution ou de tapissage.

« Les représentants légaux peuvent alors demandé que le mineur soit assisté d'un avocat. Une désignation d'offce est aussi possible à l'initiative des magistrats ou des enquêteurs. Le magistrat peut toutefois estimer que l'assistance d'un avocat n'apparaît pas proportionnée au regard des circonstances de l'espèce, de la gravité de l'infraction, de la complexité de l'affaire. »

S'agissant du majeur protégé, la loi du 23 mars 2019 a introduit un article 706-112-2 renforçant de la même manière les garanties de cette personne vulnérable en audition libre. Lorsque les éléments recueillis au cours d'une procédure concernant un crime ou un délit puni d'une peine d'emprisonnement font apparaître qu'une personne devant être entendue librement fait l'objet d'une mesure de protection juridique, l'officier ou l'agent de police judiciaire en avise par tout moyen le curateur ou le tuteur, qui peut désigner un avocat ou demander qu'un avocat soit désigné par le bâtonnier pour assister la personne lors de son audition. Le Code ajoute que si le tuteur ou le curateur n'a pu être avisé et si la personne entendue n'a pas été assistée par un avocat, les déclarations de cette personne ne peuvent servir de seul fondement à sa condamnation.

III. Contraindre

Les OPJ disposent de nombreux outils contraignants sur les personnes suspectes et même, parfois, susceptibles d'apporter des informations à l'enquête : ils peuvent priver de liberté durant le temps de la garde à vue (A), utiliser directement la force (B) et imposer le port de menottes ou entraves (C).

1. Cass. Crim., Crim. 22 janv. 2019, n° 18-82.026.
2. Cons. Const., déc. n° 2018-762 QPC du 8 févr. 2019.

III.1. Garder à vue

(547) Avec la garde à vue, l'on franchit un pas de plus dans la coercition avant jugement et l'atteinte à la personne est de plusieurs ordres : celle-ci est privée de liberté et, physiquement comme psychologiquement, mise à rude épreuve.

Les garanties de l'intéressé ont été améliorées en 1993, 2000, 2011, 2014 faisant suite à la censure du régime de la garde à vue par le Conseil constitutionnel. Comme il l'a été dit, le législateur a dû agir en raison de la forte pression constitutionnelle, conventionnelle et européenne. Le Conseil constitutionnel lui avait donné jusqu'au 30 juillet 2011 pour adopter une loi afin de garantir le principe de sécurité juridique[1]. La chambre criminelle de la Cour de cassation avait suivi cette position. Tout en déclarant les règles relatives à la garde à vue contraires à l'article 6 de la Convention EDH elle s'était prononcée pour le maintien des dispositions jusqu'à cette date de juillet de manière à préserver le principe de sécurité juridique[2]. Le droit français s'était alors trouvé dans une situation incongrue en vertu de laquelle continuaient à s'appliquer des règles déclarées non constitutionnelles et non conventionnelles ! Certes, la procédure pénale doit réaliser un équilibre entre intérêts contradictoires. Cependant, la sécurité juridique ne peut prévaloir sur des principes à valeur constitutionnelle et conventionnelle, surtout lorsqu'il s'agit de rééquilibrer une procédure pénale faisant la part trop belle aux intérêts de la répression. Puis, sous l'impulsion des chambres civiles, la Cour de cassation a fait évoluer sa jurisprudence. L'Assemblée plénière dans un arrêt rendu le jour même de la promulgation de la loi a énoncé que : « *Les États adhérents à cette Convention sont tenus de respecter les décisions de la Cour européenne des droits de l'homme, sans attendre d'être attaqués devant elle ni d'avoir modifié leur législation ; que, pour que le droit à un procès équitable consacré par l'article 6 § 1 de la Convention de sauvegarde des droits de l'homme et des libertés fondamentales soit effectif et concret, il faut, en règle générale, que la personne placée en garde à vue puisse bénéficier de l'assistance d'un avocat dès le début de la mesure et pendant ses interrogatoires* »[3]. Cette décision appelait une application sans délai de la loi du 14 avril alors même que son entrée en vigueur était programmée au 1er juin 2011. Par conséquent, le ministère de la Justice décida alors de ne pas attendre le 1er juin pour appliquer les nouvelles garanties des gardés à vue[4]. Les avocats ont ainsi pu assister leurs clients pendant leurs auditions dès le 15 avril 2011. La jurisprudence censure en outre les gardes à vues antérieures par lesquelles les personnes n'ont pu bénéficier des garanties introduites en 2011[5].

---

1. Cons. Const., déc. 14/22 QPC du 30 juill. 2010, préc.
2. Cass. Crim., 19 oct. 2010, pourvois n° 10-82.306, 10-82.902, 10-85.051 ; 16 févr. 2011, pourvoi n° 10-82.865.
3. Cass. Ass. Plén., 15 avr. 2011, 4 arrêts, pourvois n° 10-17.049, F 10-30.313, J 10-30.316 et D 10-30.242, *RSC* 2011. 410 obs. A. Giudicelli. La Chambre criminelle reprit ensuite cette position, Cass. Crim., 31 mai 2011, 4 arrêts, pourvois n°s 10-88.809, 10-80.034, 10-88.293 et 11-81.412, *RSC* 2011. 412, obs. A. Giudicelli.
4. Circ. Direction des affaires criminelles et des grâces, 15 avr. 2011 et Circ. NOR JUS D 1110661 C du 15 avril 2011.
5. Cass. Crim., 10 sept. 2014, n° 13-82.507, *AJ pénal* 2015, p. 99, obs. J. Lasserre Capdeville.

Si les garanties du suspect sont nombreuses, certaines manquent encore. Par ailleurs, elles demeurent moindres s'agissant des suspects d'infractions ressortant de la criminalité organisée (*cf.* Sous-section 2 : Les enquêtes spéciales).

A. Généralités

1. Définition de la garde à vue

(548) La garde à vue est une mesure très utilisée par les enquêteurs de police judiciaire et a pour objet l'interrogatoire du suspect en vue de lui faire avouer sa participation aux faits. Une définition littérale voit dans la garde à vue le fait de surveiller (« garder à l'œil » même si le principe est plutôt la garde à l'ouïe[1]). L'article 124, alinéa 4 du décret du 20 mai 1903 aujourd'hui abrogé disposait que la garde à vue était le fait pour une personne ne pas être « *laissée libre de se retirer* » tandis que l'article 307 leur permettait de maintenir « *sous leur vue* » l'individu arrêté en état de flagrance en attendant sa présentation au parquet. Il a fallu attendre le Code de procédure pénale de 1958 pour que la garde à vue soit encadrée par la loi du 14 avril 2011 pour que l'article 62-2 du Code de procédure pénale en donne une définition légale :

« *La garde à vue est une mesure de contrainte décidée par un officier de police judiciaire, sous le contrôle de l'autorité judiciaire, par laquelle une personne à l'encontre de laquelle il existe une ou plusieurs raisons plausibles de soupçonner qu'elle a commis ou tenté de commettre un crime ou un délit puni d'une peine d'emprisonnement est maintenue à la disposition des enquêteurs.* »

Concrètement, la garde à vue est à la fois une mesure de contrainte, car elle ne s'impose que si la contrainte de la personne est nécessaire et une mesure de privation de liberté, car elle a pour résultat d'empêcher la personne d'aller et venir pendant un temps qui peut s'avérer assez long. Elle est aussi une mesure probatoire, car elle a pour objet d'interroger le suspect sur les faits et de réaliser certaines investigations (prélèvement ADN, prise d'empreintes, recherches sur fichier, perquisition, etc.).

Retenons ainsi **la définition suivante** : « Mesure par laquelle un officier de police judiciaire impose à une personne de demeurer dans les locaux de police pour les nécessités de l'enquête ou de l'instruction, durant les limites temporelles fixées par la loi, afin de l'interroger sur les faits ou de réaliser des actes d'investigations nécessitant sa présence. »

2. Limites de la notion de garde à vue

(549) La garde à vue est strictement encadrée et prévue aux articles 62-2 et suivants, pour ce qui concerne l'enquête de flagrance et 77, pour l'enquête préliminaire.

Il convient de la distinguer d'autres privations de liberté que la police peut imposer. Dans certains cas, la différence avec la garde à vue est certaine ; dans d'autres, elle ressemble davantage à une subtilité de juriste et masque parfois la volonté de ne pas offrir à l'intéressé les mêmes garanties. Nous avons d'ailleurs vu précédemment que l'audition libre de l'article 62 d'interroger un suspect hors garde à vue.

1. R. Merle, La garde à vue, *Gaz. pal.* 1969, 2, doct. p. 18.

Sont réellement différentes de la garde à vue :

(550) – En premier lieu, **la rétention de personnes en vue de leur dégrisement.** Le Code de la santé publique, à l'article L. 3341-1 modifié par la loi du 14 avril 2011, dont le premier alinéa dispose qu'« *une personne trouvée en état d'ivresse dans les lieux publics est, par mesure de police, conduite à ses frais dans le local de police ou de gendarmerie le plus voisin ou dans une chambre de sûreté, pour y être retenue jusqu'à ce qu'elle ait recouvré la raison* ».

À moins qu'elle n'intéresse une enquête, auquel cas il faudra attendre leur dégrisement pour l'interroger (*cf. infra*), il ne s'agit pas d'obtenir une vérité quelconque mais d'obtenir le dégrisement de la personne, ce, afin de faire cesser le trouble à l'ordre public. Il a été jugé qu'une personne placée en chambre de sûreté ne disposait pas des droits afférents à la garde à vue[1].

Cependant, elle devrait être placée en garde à vue s'il n'était pas dûment constaté qu'elle était ivre[2]. Précisément, la loi du 14 avril 2011 touche à ces placements en cellule de dégrisement afin d'éviter autant que possible le placement en garde à vue des personnes en état d'ivresse. L'article L. 3341-2 du Code de la santé publique ne rend pas obligatoire le placement en garde à vue au sortir de la rétention en chambre de sûreté dès lors que la personne « *n'est pas tenue sous la contrainte de demeurer à la disposition des enquêteurs et qu'elle a été informée qu'elle peut à tout moment quitter les locaux de police ou de gendarmerie* ». La personne peut alors faire l'objet d'une **audition libre hors garde à vue.** Mais si la personne est placée en garde à vue, le temps de rétention doit s'imputer sur celui de garde à vue selon le Conseil constitutionnel[3]. Si aucune audition n'apparaît nécessaire, l'alinéa 2 de l'article L. 3341-1 du Code de la santé publique permet à l'OPJ ou à l'APJ de confier la personne à la responsabilité d'un tiers qui se porte garant d'elle.

(551) – En deuxième lieu, la loi du 14 avril 2011 a également traité de **la rétention des conducteurs de véhicule** le temps de se soumettre à un dépistage d'alcool ou de stupéfiants. En cas de suspicion d'état alcoolique ou d'usage de stupéfiants, les policiers, gendarmes et policiers municipaux ont le droit de retenir un conducteur pendant le temps strictement nécessaire aux opérations de vérification de l'état alcoolique ou aux épreuves de dépistage de stupéfiants (C. Route, art. L. 234-3, L. 234-5 et L. 235-2). Pour la jurisprudence, il n'est pas besoin de le placer en garde à vue le temps de ces opérations[4]. Pour éviter un placement en garde à vue à la suite de ces opérations, le législateur a introduit dans le Code de la route des nouveaux articles L. 234-18 (dépistage d'alcoolémie) et L. 235-5 (dépistage de stupéfiants), en vertu desquels le placement en garde à vue du conducteur n'est pas obligatoire, même si les conditions de cette mesure sont réunies, dès lors que l'intéressé ne fait pas l'objet de contrainte. Celui-ci doit alors être informé de sa liberté de s'en aller. S'il est soupçonné d'avoir commis

1. Cass. Crim., 9 sept. 1998, *Bull. Crim.* n° 229, *Dr. pénal* 1999, Comm. 16, note A. Maron.
2. Cass. Crim., 11 janv. 2001, *Bull. Crim.* n° 7. *Cf.* H. Vlamynck, « La garde à vue de la personne sous l'emprise d'un état alcoolique », *AJ pénal* 2009, p. 121.
3. Cons. Const., déc. n° 2012-253 QPC du 8 juill. 2012.
4. Cass. Crim., 21 juin 2006, *Bull. Crim.*, n° 192 ; 24 janv. 2007, pourvoi n° 06-81.901.

une infraction routière, il peut faire l'objet d'une **audition libre hors garde à vue**. La circulaire du 23 mai 2011 demande aux OPJ de bien préciser sur le procès-verbal, le fait que l'intéressé accepte d'être auditionné sans contrainte.

(552) – En troisième lieu l'**interdiction de s'éloigner de l'article 61** alinéa 1er du Code de procédure pénale qui énonce que « L'officier de police judiciaire peut défendre à toute personne de s'éloigner du lieu de l'infraction jusqu'à la clôture de ses opérations ». Il n'est pas même question ici de rétention ; l'intéressé n'est pas retenu au local de police, mais a uniquement l'interdiction de s'éloigner des lieux de l'infraction. De plus, cela ne concerne que l'enquête de flagrance et pourrait d'ailleurs déboucher sur une garde à vue ou à convocation ultérieure pour audition.

(553) – En quatrième lieu la **vérification d'identité** de quatre heures de la personne qui n'a pu pas justifier de son identité alors qu'elle faisait l'objet d'un contrôle (C. pr. pén., art. 78-3). L'éventuelle audition de la personne possède pour unique objet de découvrir son identité et non les infractions qu'elle aurait pu avoir commises. La vérification ne peut durer que le temps strictement nécessaire à l'établissement d'identité du suspect dans un délai maximal de quatre heures à partir, non de l'arrivée au poste, mais du début du contrôle.

(554) – En cinquième lieu, **la rétention des personnes à bord des aéronefs et bâtiment de l'État** (avions de l'armée de l'air et navires de la marine nationale). Cette rétention a été introduite par la loi L. 2011-13 du 5 janvier 2011 relative à la lutte contre la piraterie et à l'exercice des pouvoirs de police de l'État en mer suite à différentes affaires d'arrestation et de détention à bord de navires militaires français d'auteurs d'actes de piraterie maritime ou de trafic maritime de stupéfiants[1] (C. défense, art. L. 1521-11 à L. 1521-18). Les détenus bénéficient d'un examen de santé suivi d'un examen médical dans les dix jours. Ces examens ont pour objet de vérifier leur aptitude à la détention. Les comptes-rendus ainsi réalisés sont transmis au procureur (C. défense, art. L. 1521-13). À partir de quarante-huit heures, la rétention est placée sous le contrôle du juge des libertés et de la détention saisi par le parquet. Le JLD prolonge ou non la rétention pour une durée maximum de 120 heures renouvelable le temps nécessaire pour que les détenus soient remis à l'autorité compétente (C. défense, art. L. 1521-13). Celle-ci dispose d'un droit d'accès à tous éléments de nature à apprécier la situation matérielle et l'état de santé des suspects. Il peut même communiquer avec eux. Toutes ces garanties perdurent lors des opérations de transferts aériens vers la France (C. défense, art. L. 1521-17). Une fois arrivés sur le sol français, les détenus sont remis à l'autorité judiciaire (C. défense, art. L. 1521-18). La phase de rétention n'est ici pas qualifiable d'acte d'enquête de police judiciaire, mais plutôt d'acte à finalité judiciaire. Elle n'est pas décidée par un OPJ et n'a pas pour objet de faire interroger les suspects par les militaires, dont ce n'est pas le rôle. De plus, ce régime de rétention distinct de la garde à vue est le seul

1. Cass. Crim., 17 févr. 2010, pourvoi n° 09-87.254, *AJ pénal* 2010, p. 292, obs. G. Roussel et CEDH, gr. ch., 29 mars 2010, *Medevedyev c/ France*, req. n° 3394/03, J.-F. Renucci, « L'affaire *Medvedyev* devant la grande chambre : les "dits" et les "non-dits" d'un arrêt important », *D.* 2010. 1386.

applicable en mer même territoriale puisque l'article L. 1521-1 du Code de la défense énonce que les dispositions du chapitre définissant le cadre de détention en mer s'appliquent aux navires français « *dans tous les espaces maritimes* » et aux navires étrangers ou sans pavillon « *dans les espaces maritimes relevant de la souveraineté ou de la juridiction de la République française* »[1]. En outre, la Cour de cassation est désormais regardante sur la durée de la détention. Dans un arrêt du 11 mars 2020, la Chambre criminelle casse un arrêt de condamnation dans une affaire d'importation de stupéfiants au large de la Nouvelle-Calédonie (affaire dite du voilier *Amira Najia*, transportant 600 kg de cocaïne) car les suspects, pourtant détenus en mer depuis trois jours, n'ont pas été présentés à un juge des libertés et de la détention mais remis à l'administration des douanes, qui les a placés en rétention douanière, laquelle a précédé une garde à vue avant ouverture de l'information judiciaire[2].

(555) – En sixième lieu, **les différentes arrestations** et retenues au poste de police ou de gendarmerie dont peut faire l'objet une personne dans le cadre d'une remise à la cour pénale internationale, d'un mandat d'arrêt européen, d'une demande d'extradition, d'un manquement aux obligations de contrôle judiciaire ou d'exécution de peine ou d'une condamnation à une peine d'emprisonnement ou de réclusion (C. pr. pén., art. 627-5, 695-28, 696-10, 141-4, 712-16-3, 716-5, 709-1-1). Dans le cadre de ces rétentions, la personne retenue dispose des mêmes droits qu'en garde à vue.

(556) – En septième lieu, la retenue de l'étranger dans un poste de police mise en place par l'article L.611-1-1 CESEDA créé par la loi n° 2012-1560 du 31 décembre 2012. Cette retenue dure seize heures maximum. Sa durée s'impute sur celle d'une éventuelle garde à vue postérieure. L'étranger possède les mêmes garanties qu'en garde à vue, notamment l'assistance par avocat. Cette retenue est une conséquence de la censure du régime de la garde à vue pour étranger[3].

(557) – En huitième lieu, la retenue des personnes faisant suite à une perquisition administrative dans le cadre de l'état d'urgence. Lorsqu'il existe des raisons sérieuses de penser que leur comportement constitue une menace pour la sécurité et l'ordre publics, les personnes présentes sur le lieu d'une perquisition administrative peuvent être retenues sur place par l'officier de police judiciaire pendant le temps strictement nécessaire au déroulement de la perquisition. Le procureur de la République en est informé dès le début de la retenue. Lorsqu'il s'agit d'un mineur, la retenue fait l'objet d'un accord exprès du procureur de la République. Le mineur doit être assisté de son représentant légal. Les personnes intéressées sont informées de leur droit de faire prévenir par l'officier de police judiciaire toute personne de leur choix ainsi que leur employeur. Si l'officier de police judiciaire estime, en raison des nécessités liées à la retenue, ne pas devoir faire droit à cette demande, il en réfère sans délai au procureur de la République qui décide, s'il y a lieu, d'y faire droit. Cette retenue ne peut excéder quatre heures à

1. G. Roussel, « L'arrestation en mer », in A. Cudennec, dir, *Ordre public et mer*, Pédone 2012, p. 247.
2. Cass. Crim., 11 mars 2020, n° 18-84.307.
3. Cass. 1re Civ., 5 juill. 2012 n° 11-30.530 et 11-13.250.

compter du début de la perquisition et le procureur de la République peut y mettre fin à tout moment. La durée de la retenue s'impute, s'il y a lieu, sur celle de la garde à vue subséquente.

L'officier de police judiciaire mentionne, dans un procès-verbal, les motifs qui justifient la retenue. Il précise le jour et l'heure à partir desquels la retenue a débuté, le jour et l'heure de la fin de la retenue et la durée de celle-ci. Ce procès-verbal est présenté à la signature de l'intéressé, une copie lui est remise puis le PV est transmis au procureur de la République (Loi n° 55-385 du 3 avril 1955, art. 11).

Est une garde à vue déguisée :

Dans ces cas, la loi parle de « **rétention** », ce qui masque fort mal l'intention, en réalité, de créer un régime parallèle de garde à vue.

(558) Il en va ainsi de la « **rétention** » **de mineurs de dix à treize ans**. L'article 4-I de l'ordonnance du 2 février 1945 (CJPM, art. L. 413-6) affirme d'abord que « *le mineur de treize ans ne peut être placé en garde à vue* ». Relevons d'abord que le mineur de treize à dix-huit ans est quant à lui susceptible de faire l'objet de cette mesure coercitive (*cf. infra,* sous-section 2). En deçà de treize ans et, à partir de dix ans, le mineur peut être « retenu », précise ce texte, si plusieurs conditions sont réunies :

– il existe contre lui des « indices graves et concordants laissant présumer qu'il a commis ou tenté de commettre un crime ou un délit puni d'au moins cinq ans d'emprisonnement » ;

– l'accord préalable d'un magistrat (procureur, juge d'instruction spécialisé dans la protection de l'enfance ou juge des enfants) a été donné et son contrôle s'exerce ;

– l'un des motifs de l'article 62-2 du Code de procédure pénale s'applique.

Cette retenue a donc le même domaine que la garde à vue, sous réserve de noter qu'elle est plus exigeante en termes de suspicion pour le majeur, des raisons plausibles de soupçonner sont suffisantes.

En outre, elle est d'une durée assez longue : 12 heures maximum, pouvant faire l'objet d'une prolongation, certes « à titre exceptionnel » et par décision motivée de l'un des magistrats précités, en principe après présentation devant lui du mineur, sauf si cela est « impossible ». La prolongation est alors de 12 heures au maximum. Cela fait un total de 24 heures dès l'âge de dix ans, ce qui est l'exacte durée de droit commun hors prolongation pour les majeurs. Le principe est tout de même que la rétention ne doit pas excéder le temps nécessaire à l'audition du mineur. Les garanties du mineur retenu sont les mêmes qu'en garde à vue : ses représentants doivent être informés de la mesure sauf si le magistrat décide de reporter cette information. L'assistance par avocat est obligatoire. Si le mineur où ses représentants n'en désignent pas un, alors le magistrat compétent ou l'officier de police judiciaire doit, dès le début de la retenue, informer par tout moyen et sans délai le bâtonnier afin que soit commis un avocat d'office. L'examen médical du mineur est obligatoire. Le médecin est désigné par le magistrat en charge du contrôle de la mesure. L'audition doit faire l'objet d'un enregistrement audiovisuel.

(559) L'utilisation de la notion de rétention n'a pas pour objet principal ici de priver le mineur de droits. Le régime et les garanties de cette mesure démontrent

plutôt la proximité, pour ne pas dire l'identité, entre rétention et garde à vue. L'objectif est plutôt de ne pas « avouer » que le droit positif pratique la garde à vue de mineurs aussi jeunes.

(560) Dans une précédente édition de cet ouvrage, nous avions classé dans cette catégorie des gardes à vue déguisées la **retenue douanière**. Or, l'ancien régime de cette retenue pendant vingt-quatre heures d'un suspect par les douanes a été censuré par le Conseil constitutionnel pour les mêmes motifs que la garde à vue (absence d'assistance effective d'un avocat et absence de notification du droit au silence)[1]. En conséquence, la loi du 14 avril 2011 est venue aligner le régime de la retenue sur celui de la garde à vue (C. douanes, art. 323-1 à 323-10). Le procureur doit en être informé. La durée est de vingt-quatre heures renouvelables une fois sur autorisation du procureur de la République. Cette durée s'impute sur celle de l'éventuelle garde à vue qui lui succéderait (C. douanes, art. 323-9 al. 2). Le rôle du parquet est renforcé puisque ses prérogatives sont les mêmes qu'en garde à vue, notamment en matière d'information, de renouvellement, de contrôle et de fin (C. douanes 323-2, 323-3, 323-4, 323-9). La personne retenue bénéficie des mêmes droits que ceux du gardé à vue (C. douanes, art. 323-5 à 323-7). Enfin depuis 2014, l'audition libre des suspects est possible en matière douanière (C. douanes art. 67F). Toute contrainte exige enfin le placement en retenue[2].

B. Conditions du placement en garde à vue

1. La détermination des personnes pouvant en faire l'objet

(561) La détermination des personnes pouvant faire l'objet de la garde à vue est naturellement un point particulièrement essentiel de la protection des libertés individuelles. Dans le droit antérieur à la loi sur la présomption d'innocence du 15 juin 2000, les témoins pouvaient, en enquête de flagrance, faire l'objet de cette mesure.

Cette loi a mis fort heureusement un terme à cette situation choquante. Il fallait alors, pour être placé en garde à vue, que pèsent sur la personne des indices faisant présumer qu'elle avait commis ou tenté de commettre l'infraction en cause. La loi nº 2002-307 du 4 mars 2002 a modifié cette formule dans un sens permettant de retenir des personnes sur lesquelles existe un degré moindre de suspicion. Elle exige désormais qu'existe(nt) seulement « ***une ou plusieurs raisons plausibles de soupçonner*** qu'elle a commis ou tenté de commettre une infraction ».

(562) L'appréciation de ce critère est pour le moment totalement laissée aux OPJ, à tel point d'ailleurs que la Cour de cassation ne permet pas véritablement aux juges du fond d'exercer leur contrôle normal sur les circonstances qui le constituent[3].

---

1. Cons. Const., déc. nº 2010-32 QPC du 22 sept. 2010, J. Pannier, « À propos de la "retenue douanière" », *D.* 2010, p. 2352.
2. Cass. Crim., 12 nov. 2015, nº 15-83-714, *AJ pénal* 2016, p. 212, obs. G. Roussel.
3. Cass. Crim., 4 janvier 2005, *Bull. Crim.* nº 3, *D.* 2005, 761, obs. Lennon, *Dr. Pénal* 2005, comm. 49, obs. Maron, *JCP* 2005, IV, 1380, *AJ pénal*, p. 160, obs. Leblois-Happe, *AJ pénal* 2005, p. 409, chron. M. Herzog-Evans (« De l'interprétation souveraine des juges du fond à l'interprétation exclusive des OPJ »).

Le degré de suspicion nécessaire au placement en garde à vue, ayant été abaissé, permet un exercice de la coercition sur un nombre plus large de personnes, au-delà de la notion intrinsèque de suspect[1]. Notons par ailleurs qu'*une seule* raison plausible est désormais nécessaire, alors que, dans le droit antérieur, il convenait de retenir *des* indices.

La loi du 14 avril 2011 maintient cette définition de la garde à vue comme s'adressant aux seules personnes soupçonnées. En revanche, dans son objectif de réduction du nombre de mesures, le législateur a ajouté que seules pouvaient être concernées **les personnes soupçonnées d'un crime ou d'un délit puni d'une peine d'emprisonnement** (C. pr. pén., art. 62-2). Il n'est donc plus possible d'être mis en garde à vue pour une simple contravention. Cependant, ce critère de la peine d'emprisonnement est particulièrement large dès lors qu'il est identique à celui de l'enquête de flagrance. Tout suspect visé par une enquête de flagrance peut donc être placé en garde à vue. Le législateur aurait à notre sens dû exiger en outre que soit encouru un quantum de peine minimum afin de restreindre la garde à vue aux infractions les plus graves.

2. Les motifs de la garde à vue

(563) L'article préliminaire du Code de procédure pénale dispose, rappelons-le, que toutes les mesures de contrainte « *doivent être strictement limitées aux nécessités de la procédure, proportionnées à la gravité de l'infraction reprochée, et ne pas porter atteinte à la dignité humaine* ». Les principes de nécessité et de proportionnalité des mesures de contrainte possèdent d'ailleurs valeur constitutionnelle[2]. Ils sont en outre tenus pour primordiaux par la Cour de Strasbourg[3]. L'exigence de nécessité et de proportionnalité s'applique donc à la garde à vue, puisque celle-ci constitue bien une mesure de contrainte. Elle doit donc être, en principe, nécessaire et proportionnée aux faits. La condition de nécessité était par ailleurs rappelée aux anciens articles 63 et 77, alinéa 1, qui disposaient que la garde à vue devait être réalisée « *pour les nécessités de l'enquête* ». Elle est désormais présente à l'article 62-3 selon lequel le procureur apprécie si le maintien et la prolongation de la garde à vue sont « *nécessaires à l'enquête et proportionnés à la gravité des faits* ». Dans les faits, la jurisprudence antérieure à la loi du 14 avril 2011 laissait les OPJ libres d'apprécier la nécessité de la garde à vue[4] et ne se livrait guère à un contrôle de proportionnalité.

(564) La loi du 14 avril 2011 est venue supprimer cette seule condition de nécessité pour lui substituer des motifs plus précis. Selon l'article 62-2 du Code de procédure pénale, la garde à vue ne peut être décidée que si elle constitue « *l'unique moyen de parvenir à l'un au moins des objectifs* » dont il donne la liste :

1° « *Permettre l'exécution des* ***investigations impliquant la présence*** *ou la participation de la personne.* » Il s'agit ici de pouvoir : interroger la personne,

1. Sur ces questions, *cf.* not. G. Roussel, *Suspicion et procédure pénale équitable*, préc., p. 136 et F. Defferard, *La suspicion légitime*, LGDJ, 2000 et *Le suspect dans le procès pénal,* LGDJ, 2005.

2. Cons. Const., déc. n° 76-75 DC du 12 janv. 1977 (fouille des véhicules), déc. n° 80-127 DC des 19-20 janv. 1981 (sécurité et liberté), déc. 93-326 DC du 11 août 1993 (garde à vue).

3. CEDH, 16 déc. 1993, *Nimietz c/ Allemagne*, Série A, n° 251-B.

4. Cass. Crim., 13 nov. 1996, *Bull. Crim.* n° 401 et Cass. Crim., 19 fév. 1997, *Bull. Crim.* n° 66.

procéder à des confrontations, réaliser des perquisitions en sa présence ou à des relevés d'empreinte sur celle-ci.

2° « ***Garantir la présentation*** *de la personne devant le procureur de la République afin que ce magistrat puisse apprécier la suite à donner à l'enquête.* » Ici, il s'agit de se prémunir contre le risque de fuite du suspect mais aussi pour la jurisprudence d'organiser le déférement devant le procureur[1].

3° « *Empêcher que la personne* ***ne modifie les preuves*** *ou indices matériels.* » La garde à vue doit empêcher la destruction des preuves ou la modification de la scène de crime.

4° « *Empêcher que la personne ne fasse* ***pression sur les témoins ou les victimes*** *ainsi que sur leur famille ou leurs proches* ». Le législateur veut protéger les témoins et victimes et ainsi s'assurer de leur témoignage.

5° « *Empêcher que la personne ne se* ***concerte avec d'autres personnes*** *susceptibles d'être ses co-auteurs ou complices.* » Les enquêteurs craignent que les suspects s'accordent sur une version des faits plus ou moins conforme à la réalité.

6° « *Garantir la mise en œuvre des mesures destinées à* ***faire cesser le crime ou le délit.*** » Sont visées les infractions d'habitude ou celles qui sont encore en train de se commettre, malgré l'arrestation d'un suspect.

Ces objectifs répondent pour certains à une logique de preuve (C. pr. pén., art. 62-2, points 1°, 3°, 4°, 5°), pour d'autre à une logique de sécurité (C. pr. pén., art. 62-2, points 2°, 6°, voire 4°). Ces objectifs doivent figurer dans le procès-verbal rédigé par l'OPJ.

Depuis 2017, la jurisprudence a renforcé le contrôle de ces motifs de garde à vue. Elle exige du juge saisi d'une exception d'illégalité de la garde à vue de contrôler la régularité des motifs de la mesure en se situant au moment de la décision de placement et en s'appuyant sur les seuls éléments dont disposaient alors les OPJ[2]. Si besoin, le juge a la faculté de relever un autre critère que celui ou ceux mentionnés par l'officier de police judiciaire[3]. La jurisprudence confère un plein pouvoir de contrôle au juge en lui évitant d'être lié par les motifs choisis par les enquêteurs, ce qui renforce la garantie de la liberté individuelle.

(565) Dans tous les cas, la garde à vue doit obligatoirement être décidée lorsque le suspect fait l'objet de contrainte. Tel est tout d'abord le cas lorsqu'une personne est interpellée par la police judiciaire[4], par toute force publique, par la police municipale, des fonctionnaires ou des militaires habilités[5]. Tel est également le cas si la personne est empêchée de quitter les locaux de police. Lorsque la personne s'est spontanément présentée aux enquêteurs, la privation survient dès qu'elle est laissée à la disposition de l'OPJ et qu'elle n'est alors plus libre de ses mouvements[6]. L'article 73 alinéa 2 est encore plus précis puisque sa première phrase dispose que : « *Lorsque la personne est présentée devant l'officier de*

1. Cass. Crim., 18 nov. 2014, n° 14-81.332.
2. Cass. Crim., 7 juin 2017, n° 16-87. 588, *AJ pénal* 2017, p. 403 obs. G. Roussel.
3. Cass. Crim., 28 mars 2017, n° 16-85.018, *D.* 2017, p. 1339, note S. Pellé.
4. Cass. Crim., 11 oct. 2000, *Dr. pén.* 2001, comm. n° 13, 1er arrêt, obs. obs. A. Maron.
5. C. pr. pén., art. 73 al. 2.
6. Cass. Crim., 6 déc. 2000, *Bull. Crim.* n° 367 ; *Procédures* 2001, comm. n° 115, obs. J. Buisson.

police judiciaire, son placement en garde à vue, lorsque les conditions de cette mesure prévues par le présent Code sont réunies, n'est pas obligatoire dès lors qu'elle n'est pas tenue sous la contrainte de demeurer à la disposition des enquêteurs et qu'elle a été informée qu'elle peut à tout moment quitter les locaux de police ou de gendarmerie. »

C. Garanties du gardé à vue

(566) La situation du gardé à vue s'est améliorée de manière importante à partir de 1993, 2000, 2011 et 2014 : là où il n'en avait aucune, il dispose aujourd'hui d'une liste importante de garanties. Cependant, la longueur de cette liste ne doit pas masquer, pour la plupart d'entre elles, quelques manques conséquents ; d'importants progrès restent donc à réaliser dans notre droit positif.

1. Règles de compétence

(567) Un premier niveau de garantie, pour le gardé à vue, consiste à confier les décisions à des autorités supposées, de par leur niveau élevé, constituer *per se* des garanties pour les justiciables. C'est ainsi que le placement en garde à vue est **décidé exclusivement par un OPJ**, toute délégation à un APJ ou à un APJA étant prohibée. Il est certes rassurant que la décision soit prise à ce niveau de qualification ; cependant, l'OPJ appartient au corps même qui a en charge l'établissement des faits et sa culture professionnelle rend peu probable à elle seule l'existence d'une neutralité suffisante. La loi du 14 avril 2011 a maintenu le pouvoir de l'OPJ, mais a permis au procureur de prendre l'initiative de la décision. Selon l'article 63 I du Code de procédure pénale : « *Seul un officier de police judiciaire peut, d'office ou sur instruction du procureur de la République, placer une personne en garde à vue.* »

(568) Le législateur a posé depuis longtemps un deuxième niveau de compétence et l'a renforcé. Il fait intervenir le **procureur de la République**. Est compétent en principe, le procureur sous la direction duquel l'enquête est menée. Celui du lieu où est exécutée la garde à vue l'est aussi en tant que de besoin (C. pr. pén., art. 63-9). Le magistrat du parquet intervient de plusieurs manières au cours des opérations.

D'abord, il peut ordonner à l'OPJ de placer une personne en garde à vue (C. pr. pén., art. 63 I).

Ensuite, à tout moment, la garde à vue s'exécute sous son contrôle (C. pr. pén., art. 62-3 al. 1er).

En conséquence, il est **informé de la garde à vue** « ***dès le début*** » de celle-ci par tout moyen[1] (C. pr. pén., art. 63 al. 1er). Cette information est posée à peine de nullité, dès lors que le retard à informer le parquet ne se justifie pas par des circonstances insurmontables. La Cour de cassation a retenu qu'un tel retard faisait nécessairement grief à l'intéressé[2]. Inversement, si l'ampleur des déplacements, investigations sur l'identité, etc., a demandé beaucoup de temps aux enquêteurs, l'information peut valablement être repoussée à trois

1. Cass. Crim., 14 avr. 2010, *Bull. Crim.*, n° 73, *AJ pénal* 2010, p. 405, obs. C. Duparc pour une télécopie.
2. Cass. Crim., 10 mai 2001, *Bull. Crim.* n° 119, *Procédures* 2001, Comm. 184, obs. J. Buisson.

heures quarante après l'interpellation des intéressés, a pu retenir la 2e chambre civile[1]. La chambre criminelle, quant à elle, exerce apparemment un contrôle plus strict de ces circonstances insurmontables, comme dans cette affaire où elle a estimé que les juges du fond avaient retenu *à tort* que la nécessité de mobiliser de nombreux agents avait justifié le retard d'une heure et quinze minutes à informer le parquet[2]. Cependant, justifie de circonstances insurmontables l'OPJ qui invoque l'état de santé du suspect, lequel a nécessité un transfert à l'hôpital suivi du refus par l'intéressé de se faire soigner[3]. Souvent le délai admis est d'une heure et se voit allongé par les circonstances insurmontables comme la nécessité de faire face aux conséquences d'un accident et porter secours aux victimes[4]. En revanche, la jurisprudence se contente, au titre de la preuve de l'information du procureur, de la mention qui en est faite au procès-verbal[5]. Une télécopie suffit sans besoin d'annexer son récépissé d'envoi[6]. Il en va donc de même pour un courriel. La loi du 14 avril 2001 est venue en outre préciser le contenu de l'avis à parquet afin de renforcer son contrôle. L'OPJ doit informer le parquetier des **motifs** de garde à vue et de la **qualification des faits** donnée à la personne[7].

Le procureur apprécie si le maintien de la personne en garde à vue ou la prolongation de celle-ci est nécessaire notamment du principe de nécessité et de proportionnalité des mesures de contrainte (C. pr. pén., art. 62-3 al. 2). Cette nouveauté pourra être source de contentieux lorsque la défense contestera la durée de la garde à vue. Le juge du siège sera ainsi amené à réaliser un contrôle sur cette question.

Le parquet **autorise la première prolongation de droit commun** dans les conditions que nous étudierons *infra* (C. pr. pén., art. 63, II).

Il doit assurer la sauvegarde des garanties de la personne gardée à vue (C. pr. pén., art. 62-3 al. 3).

Enfin, il **décide de l'issue de la garde à vue** en donnant des instructions en ce sens aux OPJ : remise en liberté ou du déferement de la personne (C. pr. pén., art. 62-3, al. 4).

(569) Comme celle du policier, la culture professionnelle du procureur de la République est répressive. Celui-ci est en charge, rappelons-le, de l'application de la loi telle qu'elle est ainsi que de la protection de la société. Il ne peut donc être tenu pour constituer un niveau de contrôle neutre des personnes placées en garde à vue. Or il convient de rappeler que, pour la Cour de cassation, c'est sous son seul contrôle sauf information préparatoire que l'OPJ apprécie si pèsent sur

1. Civ. 2e, 19 fév. 2004, *Bull. Civ.* II, n° 70, *AJ pénal* 2004, p. 160, obs. A. Pitoun, *Dr. pénal* 2004, Comm. 56, obs. A. Maron.

2. Cass. Crim., 20 mars 2007, *AJ pénal* 2007, p. 231, obs. G. Royer. *Cf.* Cass. Crim., 31 mai 2007, *Bull. Crim.* n° 146, *RSC* 2008, p. 651 obs. J. Buisson pour la censure d'un délai de deux heures.

3. Cass. Crim., 27 nov. 2007, *Dr. pénal* 2008, n° 40 obs. A. Maron.

4. Cass. Crim., 6 mars 2012, n° 11-85.757.

5. Toulouse, 1er déc. 2004, *AJ pénal* 2005, p. 118, obs. P. Remillieux.

6. Cass. Crim., 1er avril 2008, *Dr. pénal* 2009, Chron. 8, obs. Lesclous.

7. Le défaut d'accomplissement de ces formalités fait nécessairement grief à la personne concernée. Cass. Crim., 25 juin 2013, pourvoi n° 13-81.977.

une personne des soupçons tels que définis par l'article 62-2 du Code de procédure pénale, à l'exclusion même des juges du fond[1]. Reste que la jurisprudence du Conseil constitutionnel sur la progressivité du contrôle des mesures de contrainte par l'autorité judiciaire valide cette intervention du parquet puis au bout de quarante-huit heures, du juge du fond[2]. Au contraire, la Cour de Strasbourg estime que le parquetier n'est pas un magistrat et ne garantit pas suffisamment les droits et libertés des gardés à vue, indépendamment des qualités humaines et professionnelles intrinsèques des intéressés[3]. Aussi n'est-il pas exclu qu'à terme le droit français finisse par opter soit pour un contrôle par le seul juge du siège soit pour un contrôle par un membre du parquet au statut rénové.

2. Information de la personne gardée à vue

(570) La personne gardée à vue ne peut bénéficier de ses droits que si elle en est informée. Aussi son information est-elle prévue à l'article 63-1 du Code de procédure pénale. Ce texte s'applique également à l'enquête préliminaire, du fait d'un renvoi de l'article 77. L'information est réalisée par **l'OPJ** ou, sous son contrôle, par un APJ. Elle **porte sur** :

– le placement en garde à vue, sa durée, la possibilité de prolongation ;
– la qualification, la date et le lieu présumés[4] ;
– les motifs de l'article 62-2 justifiant le placement en garde à vue ;
– le droit de faire prévenir un proche, son employeur, pour les étrangers leurs autorités consulaires ;
– le droit d'être examinée par un médecin ;
– le droit d'être assistée par un avocat ;
– le droit de faire des déclarations, de répondre aux questions qui lui sont posées ou de se taire ;
– le droit d'être assisté par un interprète ;
– le droit de consulter les procès-verbaux de notification et d'audition ;
– le droit de présenter des observations au procureur de la République ou JLD pour qu'il soit mis fin à la garde à vue.

L'information relative à la qualification des faits et aux motifs de garde à vue est une transposition des exigences européennes par la loi du 27 mai 2014. Si elle ne porte pas précisément sur les preuves dont dispose la police judiciaire, elle permet tout de même au gardé à vue de se faire une certaine idée de la suspicion qui existe à son égard. De plus, elle se double d'un droit d'accès de la personne aux procès-verbaux d'audition et de notification, même quand elle n'était pas en garde à vue, et ce sans passer par son avocat ce qui n'était pas le cas sous l'empire de la loi du 14 avril 2011 (C. pr. pén., art. 63-4-1). Sous

1. Cass. Crim., 4 janv. 2005, préc.
2. Cons. Const., déc. n° 2010-31 QPC du 22 sept. 2010, préc.
3. CEDH, 23 nov. 2010, *Moulin c/ France*, Req. n° 37104/06.
4. L'absence de notification du lieu présumé de l'infraction en garde à vue n'est pas sanctionnée par la nullité. Cass. Crim., 27 mai 2015, n° 15-81.142, *AJ pénal* 2016, p. 85, obs. D. Luciani-Mien. À l'inverse, l'absence d'information sur une qualification criminelle a pu porter atteinte aux intérêts du gardé à vue. Cass. Crim., 16 juin 2015, n° 14-87.878, *RSC* 2015.678, obs. A. Giudicelli.

l'impulsion des directives européennes, le législateur ne fait plus de distinction entre les personnes ayant un avocat et les autres. Il s'agit de ne pas défavoriser les personnes victimes des carences du barreau comme celles choisissant de se défendre seule. L'apport aux droits de la défense n'est pas négligeable puisque la connaissance de l'affaire se renforce. La consultation peut toutefois se faire par le truchement de copie afin d'éviter toute dégradation des documents originaux par le suspect. En outre, ce dernier récupère la possibilité de prendre l'initiative de demander sa remise en liberté. Elle est donc informée qu'elle n'est plus seulement passive.

(571) La notification est supposée intervenir « ***immédiatement*** », soit dès le placement en garde à vue. Les retards à informer le gardé à vue portent nécessairement atteinte à ses intérêts et, en l'absence de circonstances insurmontables, entraînent la nullité de la mesure[1]. Cela vaut même si celui-ci n'a pas été interrogé[2]. Concrètement, c'est le début de la garde à vue qui compte, non le moment où la personne est conduite au commissariat. Ainsi, si celle-ci est placée en garde à vue depuis son domicile, dans le cadre d'une perquisition, c'est là que ses droits doivent lui être notifiés[3] : elle est en effet déjà privée de sa liberté d'aller et venir durant les opérations de perquisition[4]. Toutefois, l'immédiateté ne doit pas être interprétée de manière trop radicale : un quart d'heure plus tard est encore raisonnable[5] alors qu'une information au bout de deux heures est censurée[6]. La loi pose que l'information doit intervenir **au plus tard** « ***dans un délai de trois heures*** » à compter du moment où la personne a été placée en garde à vue s'agissant des droits de faire appeler un proche et être examiné par un médecin sauf circonstances insurmontables (C. pr. pén., art. 63-2, dern. al. et 63-3 al. 1er).

(572) L'information de la personne soulève une difficulté lorsque cette dernière est en **état d'ivresse**. Il s'agit, à n'en pas douter, de l'une de ces « circonstances insurmontables » que retient la jurisprudence. Il convient alors de la faire dégriser, le temps qu'elle soit capable de comprendre ses droits et de les lui notifier à ce moment-là seulement[7].

(573) Lorsque la personne est ne comprend pas le français, il convient de lui faire la notification prescrite par la loi « ***dans une langue qu'elle comprend*** ». L'article 63-1 exige ainsi que ses droits lui soient notifiés par un interprète. Les policiers doivent donc en trouver un[8]. Selon l'article D. 584-1, l'intervention doit se faire sans délai.

1. Cass. Crim., 30 avr. 1996, *Bull. Crim.* n° 182 ; *RSC,* 1996, p. 879, obs., Dinthillac.
2. Cass. Crim., 10 mai 2000, *Bull. Crim.* n° 182.
3. Cass. Crim., 13 avril 1999, *Bull. Crim.* n° 301, *Procédures* 1999, 185, obs. J. Buisson, *Dr. pénal* 2000, 39, obs. A. Maron.
4. Cass. Crim., 6 déc. 2000, *Bull. Crim.* n° 367.
5. Cass. Crim., 27 juin 2000, *Bull. Crim.* n° 246.
6. Cass. Crim., 31 mai 2007, *Bull. Crim.* n° 146, *AJ pénal* 2007, p. 385, obs. G. Roussel.
7. Cass. Crim., 3 avril 1995, *Bull. Crim.* n° 140, somm. 261, obs. J. Pradel, *Dr. pénal* 1995, Comm. 187, obs. A. Maron, *Procédures* 1995, Comm. 191, obs. J. Buisson.
8. *Cf.* S. Garçon, « Le droit à l'assistance d'un interprète impartial au cours de la garde à vue », *AJ pénal* 2004, p. 152 et J.-F. Eschylle, « L'interprète en matière pénale », *RSC* 1992, p. 259.

Cependant, à l'impossible nul n'est tenu : les juges apprécient s'il est possible de trouver rapidement un interprète de la langue parlée par le gardé à vue. Ils seront plus exigeants si la langue est courante. Lorsqu'il s'agit d'une langue qui n'est pas rare et qu'un premier interprète indique ne pas pouvoir venir avant le lendemain, il convient d'en rechercher un autre[1].

Il faut aussi tenir compte du temps nécessaire pour que la nationalité exacte de la personne soit établie. Ainsi, ne peut-on reprocher quoi que ce soit aux policiers qui avaient d'abord fait venir un interprète japonais parce que le gardé à vue avait un passeport japonais mais, comme il ne parlait pas cette langue en réalité, avaient ensuite dû rechercher sa véritable nationalité, qui s'était avérée être chinoise[2] !

Les policiers font souvent appel à des interprètes ad hoc ou figurant sur une liste fournie par le procureur de la République, plutôt que sur les listes des interprètes assermentés des cours et tribunaux. Les compétences des experts sont très variables[3]. Les limites de l'exercice sont complexes. L'interprète doit-il par exemple aider la police à déterminer quelle est la véritable nationalité du gardé à vue, en se repérant par exemple à son accent ou doit-il strictement se limiter à la traduction des propos tenus ?

(574) Une hypothèse particulière a été soumise il y a quelques années à la Cour d'appel d'Agen : lors d'une opération réalisée par un GIR, une personne consécutivement placée en garde à vue avait demandé à être assistée d'un interprète en langue arabe. L'un des policiers du GIR avait ainsi assuré l'interprétariat durant les interrogatoires. Cependant, l'avocate sollicitée avait refusé de réaliser l'entretien auquel son client avait droit, au motif que la présence d'un policier, même faisant office de traducteur, était contraire au principe de confidentialité. La procédure avait été annulée, faute pour les OPJ d'avoir pu fournir la preuve d'une impossibilité matérielle de recourir à un interprète impartial[4].

(575) Si la personne est **atteinte de surdité** et qu'elle ne sait ni lire ni écrire, il faut alors recourir à un interprète en langue des signes ou toute personne « *qualifiée maîtrisant un langage ou une méthode permettant de communiquer avec elle* ». L'article 63-1 retient cette solution, relevons-le, si celle-ci est sourde *et* ne sait lire ni écrire : il faut en déduire que les personnes sourdes seront ordinairement informées par écrit. Il est par ailleurs précisé au même texte qu'il est possible de recourir à « *tout dispositif technique permettant de communiquer avec* » elles.

(576) Afin de bien vérifier que l'information a été réalisée, mais aussi que la personne l'a comprise, **mention** de l'information sur les droits doit être portée sur le **procès-verbal** de déroulement de la garde à vue. En revanche, la régu-

1. Cass. Crim. 3 déc. 1996, *Bull. Crim.* n° 443. À l'inverse, est valable le retard de quatre heures à notifier les droits d'une personne dans une langue plus rare (le thaï), d'autant que l'interprète avait eu à participer à la notification des droits de plusieurs personnes : CA Paris 21 février 1997, *Droit pénal*, 1998, n° 138.

2. Cass. Civ. 2e, 2 juill. 2002, *Bull. Civ.* II, n° 154.

3. J. Pélisse, C. Protais, K. Larchet, E. Chartier, *Des chiffres, des maux et des lettres. Une sociologie de l'expertise judiciaire en économie, psychiatrie et traduction,* Armand Colin, 2012.

4. Agen, 10 nov. 2003, *Cah. Jur. Aquitaine et Midi Pyrénée*, 2004-I, partie C et E. Garçon, « Le droit à l'assistance d'un interprète impartial au cours de la garde à vue », *AJ pénal* 2004, p. 152.

larité de ce procès-verbal récapitulatif n'est pas affectée par l'absence de notification de ses droits à la personne gardée à vue[1]. Il est demandé au gardé à vue d'émarger ; s'il s'y refuse, il en est fait mention sur ce procès-verbal. Dans tous les cas, au moment de la notification des droits, la personne va se voir remettre un formulaire écrit qui va récapituler les droits qui lui ont été notifiés. Elle pourra le garder durant la garde à vue. Ce document précise de plus le nombre maximal d'heures ou de jours pendant lesquels elle peut être privée de liberté avant de comparaître devant une autorité judiciaire et le droit de connaître les modalités de contestation de la légalité de l'arrestation, d'obtenir un réexamen de sa privation de liberté ou de demander sa mise en liberté. Ce **formulaire récapitulatif** doit être rédigé « *dans des termes simples et accessibles et dans une langue qu'elle comprend* ». Si le document n'est pas disponible dans cette langue, une version dans une langue compréhensible devra être remise à la personne sans retard (C. pr. pén., 63-1 et art. 803-6). L'intérêt de ce formulaire est double puisqu'il assure une information effective des suspects sur leurs droits et simplifie en partie la tâche des enquêteurs au début de la garde à vue. L'absence de remise de ce formulaire est une nullité soumise à grief. Celui-ci n'existe pas si la notification effective des droits apparaît au procès-verbal[2].

(577) **En cas de libération à l'issue de la garde à vue**, il faut encore informer la personne des règles retenues à l'article 77-2 du Code de procédure pénale, *i. e.* la possibilité d'interroger le parquet sur les suites données à son affaire, si elle n'a pas fait l'objet de poursuite durant un délai de six mois (C. pr. pén., art. 63-8).

3. Droit au silence

(578) Sous l'influence quasi cinématographique du droit américain[3], ainsi, naturellement, que sous celle du droit européen, au travers du droit de ne pas s'incriminer soi-même (voir *supra*), il avait été inséré, par la loi du 15 juin 2000, l'obligation pour l'OPJ d'informer le gardé à vue de son « *droit de ne pas répondre aux questions qui lui seront posées par les enquêteurs* ». Cependant, la police avait fait valoir qu'il était pour le moins paradoxal que ceux-là même qui conduisaient l'enquête fussent tenus d'indiquer à une personne, durant sa garde à vue, dont l'objet était son audition, son droit à se taire. Dans un premier temps, la loi précitée du 4 mars 2002 avait prévu que le gardé à vue devait être informé de son droit « *de faire des déclarations, de répondre aux questions... ou de se taire* » ! La loi du 18 mars 2003 devait purement et simplement supprimer toute mention du droit de se taire. Cette disparition a été censurée par le Conseil constitutionnel et la Cour de Strasbourg. La loi du 14 avril 2011 a donc réintroduit à l'article 63-1 l'information relative au droit au silence et celle du 27 mai 2014 l'a étendu à l'audition libre qui peut précéder la garde à vue.

1. Cass. Crim., 27 mai 2014, n° 13-87.095, *AJ pénal* 2014, p. 490, obs. C. Renaud-Duparc.
2. Cass. Crim., 7 avr. 2017, n° 16-86.835, *AJ pénal* 2017, p. 241, obs. G. Roussel.
3. *Cf.* le célèbre arrêt de la Cour suprême des États-Unis d'Amérique *Miranda c/ Arizona*, 384 US 436 (1963) à l'origine de l'information sur le droit au silence lors de l'arrestation par la police et le cinquième amendement de la Constitution des États-Unis.

Ce droit de se taire est une application de principe de source conventionnelle lui-même inspiré du droit anglo-saxon[1] qu'est le droit de ne pas s'incriminer soi-même *(nemo tenetur se ipsum accusare)*. Ce principe repose sur les articles 6 de la Convention EDH[2] et 14 § 3 du Pacte international. En droit européen, le droit de se taire et de ne pas s'auto-incriminer a été plus précisément rattaché par la Cour à la règle de la présomption d'innocence mentionnée à l'article 6 § 2[3]. Dans une affaire concernant la France elle a encore précisé qu'il s'agissait de prévenir les erreurs judiciaires[4].

En France, compte tenu du fondement fortement inquisitoire de la phase de l'enquête, le droit de ne pas s'auto-incriminer et/ou de se taire ne s'est pas imposé sans difficulté, même si la jurisprudence retient que « *nulle personne inculpée, accusée ou même suspectée ne peut être tenue de parler* »[5]. Désormais cependant, l'absence d'information relative au droit de se taire constitue une source d'irrégularité[6]. La jurisprudence exige une information explicite de manière à permettre une renonciation en toute connaissance de cause.

4. Garanties sanitaires

(579) La garde à vue comprenant une rétention sous le seul regard de la police, laquelle est anxieuse d'obtenir des aveux ; il est normal que des inquiétudes puissent naître quant à l'intégrité physique des intéressés : ils peuvent être en mauvaise santé et nécessiter des soins ; il faut éviter qu'ils ne soient questionnés jusqu'à épuisement.

(580) **L'intervention d'un médecin**

Dès avant les réformes de 1993, un médecin était appelé pour pratiquer un examen à l'issue de la garde à vue. Cet examen permettait, certes, de s'assurer de l'état du gardé à vue après son audition, mais n'offrait aucune garantie quant à l'origine éventuelle de coups ou traces. Aussi les **lois du 4 janvier et du 24 août 1993** ont-elles prévu, à l'**article 63-3** du Code de procédure pénale, un régime plus adéquat, auquel renvoient par ailleurs les articles 77, pour l'enquête préliminaire et 154, pour l'information. Ce régime a été précisé avec la loi du 14 avril 2011. Il doit aussi être mis en perspective avec la réforme de la médecine légale en 2011 qui a modifié les modalités matérielles de prise en charge des victimes, de l'examen des personnes gardées à vue et de l'activité thanatologique en

---

1. Posé par le *Criminal Evidence Act* en 1898 et, par ailleurs, repris par le célèbre V^{e} amendement à la Constitution américaine.

2. CEDH, *Funke c/ France*, 25 fév. 1993, Série A, n° 256-A, *D.* 1993, 457, note Pannier, *D.* 1993, Somm. 387, obs., J.F. Renucci, *RSC*, 1994, p. 362, obs. R. Koering-Joulin, *RSC*, 1993, p. 581, obs. L. E. Pettiti, *RHDH* 1993, p. 217, obs. F. Sudre.

3. CEDH, 8 fév. 1996, *Murray c/ Royaume-Uni, Rec.* 1996-I, *JCP* 1997, I, n° 4000, obs. F. Sudre, *Procédures* 1996, comm., n° 194, obs. J. Buisson, *Justices* 1997, p. 203, obs. G. Cohen-Jonathan et J. Flauss ; CEDH, 17 déc. 1996, *Saunders c/ Royaume-Uni, Rec.* 1996-VI.

4. CEDH, 20 oct. 1997, *Serves c/ France, Rec.* 1997-VI, *JCP* 1998, I, n° 107, obs. F. Sudre.

5. Cass. Crim., 4 juin 1964, *Bull. Crim.* n° 162, *JCP* 1964, II, n° 13806, note Conte.

6. Cass. Crim., 17 janv. 2012, pourvoi n° 11-86.797.

redéfinissant les compétences des médecines légistes et l'organisation géographique des services de médecine légales[1].

(581) En droit commun, l'intervention d'un médecin n'a lieu que **si l'intéressé le demande**. S'il ne le fait pas, **un membre de sa famille** peut le faire pour lui et, en ce cas, l'examen est de droit (C. pr. pén., art. 63-3, al. 3). Le **procureur de la République ou l'OPJ** ont également la faculté de requérir un médecin « *à tout moment* », afin de faire pratiquer un examen qui leur semblerait nécessaire[2]. Une **seconde visite** du médecin a lieu, suivant les mêmes règles, lorsqu'il y a **prolongation** de la garde à vue (C. pr. pén., art. 63-3, al. 1). Toutefois, il n'est pas nécessaire de pratiquer cet examen s'il a déjà été pratiqué antérieurement à l'occasion de l'application de règles processuelles spéciales (C. pr. pén., art. 63-3 dern. al.).

(582) L'article 63-3 al. 1 précise que les OPJ ont **trois heures** pour faire procéder à l'examen médical de la personne à partir du moment où celle-ci le demande, sauf circonstances insurmontables. Si le médecin requis par l'OPJ ne vient pas, celui-ci doit en appeler un autre pour que l'examen ait lieu et ce à peine de nullité dès lors que cette carence a fait grief à l'intéressé[3]. Dès lors que la personne est présentée au médecin, ce dernier doit l'examiner « **sans délai** » (al. 4). L'intervention du médecin répond ainsi à des conditions de célérité relative. Concrètement, c'est d'ordinaire le médecin de permanence de **l'unité médico-légale** de l'hôpital qui est appelée ; à défaut, ce sont des médecins libéraux généralistes pouvant appartenir à des associations de garde type « SOS Médecins ».

(583) L'examen doit être pratiqué dans des conditions garantissant sa confidentialité et le rapport entre le médecin et le suspect. En effet, l'article 63-3 précise que « *sauf décision contraire du médecin* », l'examen être réalisé « *à l'abri du regard et de toute écoute extérieure, afin de permettre le respect de la dignité et du secret professionnel* ».

(584) La **mission du médecin** a été précisée par la loi du 14 avril 2011. Il doit se prononcer sur « *l'aptitude au maintien en garde à vue* ». La mission du médecin consiste bien à déterminer la compatibilité entre l'état de la personne et la mesure de garde à vue. Cette incompatibilité peut être intrinsèque (le gardé à vue est trop malade *per se*) ou résulter des conditions mêmes de la garde à vue (très peu de nourriture, pas de sommeil, etc.), lesquelles peuvent s'avérer particulièrement préjudiciables à certains malades. Il peut aussi procéder « *à toutes constatations utiles* ». Les médecins estiment naturellement avoir aussi pour mission de réaliser une description aussi précise que possible d'éventuelles lésions traumatiques[4]. Il va de soi, toutefois, qu'en présence d'une personne nécessitant des soins, le praticien doit les lui prodiguer. Il sera ainsi parfois nécessaire de confier aux policiers le soin de réaliser une surveillance ou de prodiguer eux-mêmes certains soins en cas de maladie chronique (exemples : asthme, diabète...).

1. Circ. Interministérielle du 27 déc. 2010, NOR : JUSD1033099C et Circ. du 28 déc. 2010 relative à la mise en œuvre de la réforme de la médecine légale, NOR : JUSD1033764C.

2. La personne ne peut alors se plaindre de ne pas avoir pu demander l'examen puisque l'OPS en a pris l'initiative. Cass. Crim., 25 mai 2016, n° 16-80.379.

3. Cass. Civ. 1re, 10 oct. 2012, n° 11-30.131.

4. P. Chariot, « L'intervention du médecin en garde à vue », *AJ pénal* 2004, p. 279.

(585) L'examen donne lieu à un **certificat médical** versé au dossier de la procédure (C. pr. pén., art. 63-3, al. 4). Ce certificat est important, car la jurisprudence sanctionne par la nullité toute garde à vue poursuivie dans des conditions incompatibles avec l'état de santé du gardé à vue, situation qui aurait été attestée par le certificat[1]. Si la personne est blessée et que les enquêteurs l'auditionnent tout de même sans qu'un médecin ait attesté de la compatibilité de son état avec l'interrogatoire, la nullité de la procédure est encourue au titre des traitements inhumains et dégradants[2].

(586) Le mineur dispose du même droit à l'examen médical que les majeurs. Cet examen est identique à celui pratiqué sur un majeur. Il est obligatoire lorsque le mineur a moins de seize ans. Le médecin est désigné par le magistrat en charge du contrôle de la mesure. Pour les mineurs de plus de seize ans, l'examen médical est facultatif, mais les représentants légaux ou l'avocat peuvent en demander l'accomplissement. Ils sont informés de ce droit au moment où ils sont avisés de la mesure (Ord. 2 févr. 1945, art. 4, III ; CJPM, art. L. 413-8).

La nécessité de laisser au gardé à vue un « temps de repos »

(587) La garde à vue, surtout si elle dure plusieurs jours, est une véritable épreuve psychique et physique pour le suspect, mais aussi pour les enquêteurs. Ces conditions tout comme la tension éventuelle des interrogatoires peut bien évidemment inciter le suspect à succomber au « *vertige mental dont procède l'aveu* »[3]. Dès lors, l'une des premières garanties figurant dans le Code de procédure pénale avant même les lois de 1993 était la règle selon laquelle les OPJ devaient laisser un temps de repos au gardé à vue. Les OPJ doivent donc noter sur le procès-verbal de garde à vue « *la durée des auditions de la personne gardée à vue et des repos qui ont séparé ces auditions* » (C. pr. pén., art. 64, 1°). Cette mention doit aussi apparaître dans le registre de garde à vue tenu dans le poste. Ce registre peut être dématérialisé et ainsi permettre un contrôle à distance par les magistrats (C. pr. pén., art. 64, II). L'esprit de la loi est donc plus focalisé sur **un formalisme** (la mention au procès-verbal) que sur une garantie (un repos nécessaire). C'est d'ailleurs ainsi que l'entend la Cour de cassation, qui a toujours refusé d'annuler les procédures violant les prescriptions de l'article 64[4].

Il n'est donc pas exigé des policiers qu'ils laissent la personne dormir la nuit, ni même s'allonger quelques heures. Un tel repos (dans une cellule qui se prête ordinairement peu au sommeil...) est possible si les policiers doivent interrompre les interrogatoires ; il ne s'agit pas en soi d'une contrainte pour eux.

(588) En outre, la **définition du temps de repos**, pour la Cour de cassation, est simplement le **temps qui sépare deux interrogatoires** : attendre sur un banc dans un couloir est, à ce titre, légitimement comptabilisé comme du repos. Or,

---

1. Cass. Crim., 27 oct. 2009, *Bull. Crim.*, n° 176, *D.* 2009. 2688, note C. Girault. pourvoi n° 09-82.505.

2. Cass. Crim., 25 oct. 2010, pourvoi n° 11-82.780, *AJ pénal* 2012, p. 101, obs. L. Ascensi.

3. Expression célèbre du commissaire Louis Lambert, enseignant à l'école nationale de police, dans les années cinquantes toutefois, cité par H. Leclerc, *Un combat pour la justice*, La Découverte, 1994, p. 403.

4. Cass. Crim., 1er fév. 1995, *Gaz. Pal.* 1995, 2, somm. 334 ; Cass. Crim., 23 avril 1992, *D.* 1992, Somm. 322, obs. J. Pradel.

lorsqu'il n'est pas interrogé, le suspect est enfermé dans les geôles du poste de police dans des conditions d'hygiène, de chauffage ou de promiscuité fonction du degré vétusté des locaux. Il ne peut se reposer pleinement. C'est ce qui s'était passé dans l'affaire Roman[1] lequel, rappelons-le, devait être acquitté. Bien que celui-ci ait procédé à des aveux douteux au cours sa garde à vue, il avait été reproché aux policiers de l'avoir interrogé pratiquement sans relâche ; ils n'avaient en effet interrompu les interrogatoires que pour le faire examiner par un psychiatre. Pour la chambre criminelle, cela constituait suffisamment le temps de repos prescrit par l'article 64.

La nécessité d'alimenter le gardé à vue

(589) Lors de sa venue en France, en 1991, le Comité de prévention de la torture du Conseil de l'Europe avait fait des remontrances au gouvernement français quant à l'absence de budget prévu pour nourrir les gardés à vue (n° 30). Depuis la loi du 15 juin 2000, l'OPJ doit donc mentionner au procès-verbal « *les heures auxquelles elle a pu s'alimenter* » (C. pr. pén., art. 64, 1°). Relevons, ici encore, qu'il s'agit plus d'un formalisme (mentionner au procès-verbal) que d'une exigence de fond (nourrir et hydrater le gardé à vue). Une circulaire avait d'ailleurs eu l'audace de le dire expressément : « *Cette exigence est juridiquement similaire à celle consistant à indiquer les périodes d'audition et de repos... et elle n'impose pas que la personne puisse s'alimenter selon telle ou telle périodicité* » ; et d'ajouter qu'une personne gardée à vue, « *par exemple de 13 heures à 20 heures, n'a évidemment pas normalement besoin de pouvoir s'alimenter* »[2]. En pratique, le budget alloué à la police pour nourrir le gardé à vue leur permet tout juste de lui fournir un sandwich sur une durée de 24 heures.

Respect de la dignité

La loi du 14 avril 2011 est venue prescrire expressément que « *la garde à vue doit s'exécuter dans des conditions assurant le respect de la dignité de la personne* » (C. pr. pén., art. 63-5 al 1). La personne gardée à vue dispose pendant son audition des « *objets dont le port ou la détention sont nécessaires au respect de sa dignité* » (C. pr. pén., art. 63-6 al. 2).

Le législateur veut ainsi empêcher certaines pratiques injustifiées de fouilles avec mise à nu complète, d'interrogatoire sans lunettes, sans soutien-gorge, sans appareils auditifs ou autres, qui ont pour objet d'humilier la personne dans le but de l'inciter à avouer et aussi de la punir dès la phase policière.

Le Code de déontologie de la police et de la gendarmerie rappelle donc à cette fin que « *Toute personne appréhendée est placée sous la protection des policiers ou des gendarmes et préservée de toute forme de violence et de tout traitement inhumain ou dégradant. Nul ne peut être intégralement dévêtu, hors le cas et dans les conditions prévus par l'article 63-7 du Code de procédure pénale visant la recherche des preuves d'un crime ou d'un délit. Le policier ou le gendarme ayant la garde d'une personne appréhendée est attentif à son état physique et psychologique et prend toutes les mesures possibles pour préserver la vie, la santé et la dignité de cette personne* » (C. séc. int., art. R. 434-17).

---

1. Cass. Crim., 26 fév. 1991, *Bull. Crim.* n° 97, *D* 1992, somm. 99, obs. J. Pradel.
2. Circ. CRIM OO-13 F1 du 4 déc. 2000. La circulaire du 23 mai 2011 ne le précise plus.

5. L'information des proches

(590) Les proches d'une personne gardée à vue vont naturellement s'inquiéter et, dans certains cas, se trouver dans une situation qui pourra rapidement devenir dramatique : enfants laissés à la maison à l'école ou à la crèche au moment où l'un des parents est arrêté... La personne est par ailleurs absente de son travail, ce qui pourra le lui faire perdre. Aussi les lois de 1993 et 2011 ont-elles prévu, puis renforcé que la personne puisse demander de faire passer un appel téléphonique pour avertir ses proches. Ce droit, prévu à l'article 63-2 du Code de procédure pénale, comporte cependant des conditions et limites assez strictes.

(591) L'article 63-2 **ne retient pas**, en premier lieu, un droit pour la personne d'appeler elle-même son correspondant : il est seulement indiqué qu'elle peut le « ***faire prévenir*** ». Concrètement, il est requis *a minima* qu'un policier contacte le proche, même si, en pratique, les personnes sont parfois autorisées à parler elles-mêmes. L'OPJ peut adresser une communication directe par écrit, par téléphone, et même lors d'un entretien de 30 minutes maximum éventuellement en sa présence ou celle d'un APJ ou APJA.

(592) Ensuite, l'objet même de la conversation est limité : il s'agit de « ***faire prévenir*** ».

Une interprétation pratique stricte de ce texte peut donc conduire à ne laisser la personne parler que pour évoquer sa situation de gardé à vue. En outre, le droit prévu à l'article 63-2 ne peut s'exercer qu'« ***à sa demande*** ». De l'intérêt de se voir notifier ses droits...

Toutefois, la loi du 3 juin 2016 a prévu, au grand dam des enquêteurs que la personne gardée à vue pourrait sur autorisation de l'OPJ communiquer directement avec ses proches ou son employeur si cette communication n'est pas incompatible avec les objectifs de la garde à vue et qu'elle ne risque pas de permettre une infraction. Cette communication ne peut excéder trente minutes et se réaliser sous le contrôle de l'OPJ, voire en sa présence. Le temps de la garde à vue est d'autant amputé de ce temps de communication tandis que les locaux de police ou gendarmerie ne sont pas forcément conçus pour faciliter cette entrevue.

(593) La **détermination des personnes** que peut faire contacter le gardé à vue est, par ailleurs, limitativement énumérée à l'article 63-2. Il s'agit d'« *une personne avec laquelle elle vit habituellement, ou l'un de ses parents en ligne directe, l'un de ses frères et sœurs* ». La loi du 14 avril 2011 a ajouté à cette liste le « *curateur ou le tuteur* ». Cet ajout était parfaitement logique. En effet, les personnes sous tutelle ou curatelle se trouvent dans une situation de vulnérabilité supplémentaire. À tel point que la loi n° 2007-308 du 5 mars 2007 réformant la protection juridique des majeurs a prévu notamment l'information du tuteur ou du curateur sur les décisions d'orientation de l'affaire (C. pr. pén., art. 706-113).

Toutefois, le Conseil constitutionnel a considéré cette garantie comme insuffisante en raison de l'absence d'obligation légale d'aviser le tuteur ou le curateur d'un majeur protégé de son placement en garde à vue[1]. Par conséquent,

1. Cons. Const., déc. n° 2018-730 QPC du 14 sept. 2018.

la loi du 23 mars 2019 est venue introduire l'article 706-112-1 au Code de procédure pénale. Désormais, lorsque les éléments recueillis au cours de la garde à vue d'une personne font apparaître que celle-ci fait l'objet d'une mesure de protection juridique, l'officier ou l'agent de police judiciaire en avise le curateur ou le tuteur. En cas de sauvegarde de justice, est informé le mandataire spécial désigné par le juge des tutelles.

Le curateur, le tuteur ou le mandataire spécial peut désigner un avocat ou demander qu'un avocat soit désigné par le bâtonnier. Ils peuvent demander que la personne soit examinée par un médecin.

Sauf en cas de circonstances insurmontables, les diligences d'information des curateur, tuteur ou mandataire spécial doivent intervenir au plus tard dans un délai de six heures à compter du moment où est apparue l'existence d'une mesure de protection juridique.

« Le procureur de la République peut, à la demande de l'officier de police judiciaire, décider néanmoins que l'avis aux curateur, tuteur ou mandataire spécial sera différé ou ne sera pas délivré si cette décision est, au regard des circonstances, indispensable afin de permettre le recueil ou la conservation des preuves ou de prévenir une atteinte grave à la vie, à la liberté ou à l'intégrité physique d'une personne. »

L'employeur est aussi averti. Avant la loi du 14 avril 2011, la personne devait choisir entre faire prévenir un proche « *ou son employeur* ». Désormais, « *elle peut en outre faire prévenir son employeur* », ce qui suggère qu'elle peut faire prévenir ce dernier en plus de l'un de ses proches. Lorsqu'elle est de nationalité étrangère, elle peut en outre faire prévenir « *les autorités consulaires de son pays* ».

(594) Les représentants légaux du mineur placé en garde à vue sont eux aussi informés. Cette information peut aussi être reportée sur décision du procureur de la République ou du juge chargé de l'information. Le magistrat détermine la durée de ce report qui ne peut de toute façon excéder vingt-quatre heures, voire douze heures lorsque la garde à vue ne peut faire l'objet d'une prolongation (Ord. 2 févr. 1945, art. 4 ; CJPM, art. L. 413-7).

(595) Le procureur de la République peut, à la demande de l'officier de police judiciaire, décider que le gardé à vue ne pourra pas communiquer avec un proche, ou que cette communication sera différée si cela apparaît indispensable afin de permettre le recueil ou la conservation des preuves, ou encore de prévenir une atteinte grave à la vie, à la liberté ou à l'intégrité physique d'une personne. Ce même report peut être maintenu lors de la prolongation, sauf s'agissant des autorités consulaires. Ce report est alors décidé par le juge des libertés et de la détention ou le juge d'instruction (C. pr. pén. 63-2).

(596) **Le moment où l'appel est réalisé** a fait l'objet de modifications en 2002, 2011 et 2016. À l'origine, il était prévu qu'il le soit « *sans délai* ». Aujourd'hui, si le gardé à vue est informé immédiatement de son droit de faire prévenir un proche (art. 62-3), l'information de la personne qu'il veut faire prévenir doit s'effectuer « *au plus tard dans un délai de* ***trois heures*** *à compter* » non plus du placement en garde à vue, mais du moment où l'intéressé « *a formulé la demande* » (C. pr. pén. art 63-2 al. 3). Si la demande est formulée dans le cours de la mesure et non au début, le

proche ou l'employeur sera prévenu bien après le début de la garde à vue. Dans tous les cas, le dépassement du délai de trois heures ne peut être justifié que par l'existence de « *circonstances insurmontables* ». Cette condition a été interprétée strictement par la première chambre civile, il est vrai, car il s'agissait de la contestation d'une garde à vue précédant un placement en rétention pour étrangers. Interpellée à 10 h 30, une dame n'avait pu faire appeler son mari qu'après 13 h 30. Selon la Cour, aucune circonstance insurmontable ne justifiait ce retard, d'autant que le parquet, quant à lui, avait bien été informé de la mesure[1].

6. Garanties par la présence de l'avocat

Fondements

(597) L'un des acquis les plus emblématiques des lois de 1993 est l'intervention d'un avocat au cours de la garde à vue à la vingtième heure pour entretien puis à la première avec la loi du 15 juin 2000. La loi du 14 avril 2011 révolutionne le système en autorisant sa présence pendant toutes les auditions. Cette intervention ne s'est pas faite sans débats. Des arguments avaient été invoqués à son encontre, qui peuvent aujourd'hui paraître choquants : ainsi, l'on craignait qu'il avertisse des tiers de la situation du gardé à vue, notamment des complices une assertion pour le moins offensante pour la profession. Il était encore invoqué qu'il pourrait renforcer *ab initio* la défense du prévenu, qui, dès lors, n'offrirait plus de prise aux enquêteurs. Singulière vision du travail des policiers, que de penser qu'ils ne peuvent œuvrer efficacement que dans le secret et en recourant à des moyens de pressions ! Nous avons vu *supra*, les divergences de conception de l'intervention de l'avocat en garde à vue pour le Conseil constitutionnel et la Cour européenne des droits de l'homme[2] En tout état de cause, le système retenu par la loi du 14 avril 2011 constitue un grand progrès[3]. Néanmoins, il ne suffit pas à conclure que la défense s'exerce au stade de l'enquête d'une manière égale à celle qui peut s'exercer lors de l'instruction ou au cours de l'audience. La présence de l'avocat est désormais plus qu'un soutien ou un outil destiné à prévenir les abus les plus criants. Il s'agit de commencer à préparer la défense, sans avoir pour autant toutes les clés de l'accusation, ce qui nous paraît regrettable.

Sur le plan textuel, le régime de droit commun de l'intervention de l'avocat est régi par les articles 63-3-1 à 63-4-5 du Code de procédure pénale, auquel il est renvoyé par les articles 77 et 154 du même Code pour ce qui concerne l'enquête préliminaire et l'information.

Désignation de l'avocat

(598) L'article 63-3-1 énonce que « *dès début de la garde à vue, la personne peut demander à être assisté par un avocat* ». Elle peut désigner un avocat précis ou non.

---

1. Cass. Civ. 1re, 27 mars 2007, *AJ pénal* 2007, p. 231, obs. Me H. Gacon.

2. Cons. Const., déc. 14/22 QPC du 30 juill. 2010 ; déc. no 2011-191/194/195/196/197 QPC du 18 nov. 2011, cons. no 19 vs CEDH, 27 nov. 2008, *Salduz c/ Turquie ;* 13 oct. 2009 *Dayanan c. Turquie* ; 17 janv. 2012, *Fidanci c. Turquie*, no 17730/07.

3. En conséquence, toutes les décisions validant des gardes à vue antérieures à la loi du 14 avril sont censurées. Cass. Crim., 8 févr. 2012, no 11-87-716 ; 13 juin 2012 no 10.82520.

En conséquence, la Cour de cassation censure toutes les décisions validant des gardes à vue sans avocat réalisées avant la loi du 15 avril[1]. L'article ajoute en effet que si elle « *n'est pas en mesure d'en désigner un, ou si l'avocat choisi ne peut être contacté, elle peut demander qu'il lui en soit commis un d'office par le bâtonnier* ». En ce cas, l'OPJ va faire appel à d'un avocat de permanence la plupart des barreaux organisent aujourd'hui des systèmes offrant à toute heure les services d'avocats. Cet avocat sera alors indemnisé selon des barèmes précis en fonction du temps de son intervention[2]. Si la personne désigne son conseil, elle devra le rémunérer normalement (honoraires ou aide juridictionnelle). Lorsque celui-ci répond (il peut *stricto sensu*, comme le texte l'exige, être contacté) mais refuse de venir, la jurisprudence retient que les policiers ont suffisamment respecté les prescriptions légales[3]. Cependant, même les permanences ne sont pas infaillibles ; le policier qui aurait appelé en vain, à plusieurs reprises, le numéro de permanence aurait, là encore, suffisamment rempli ses obligations[4]. À défaut, il s'acquitte aussi de ses obligations s'il tente, en vain, d'appeler le bâtonnier[5]. La personne pourrait alors valablement être interrogée sans attendre[6]. La police ne peut être non plus tenue à l'impossible lorsque le barreau est en grève[7] ou ne fonctionne pas bien[8]. En résumé, l'OPJ n'est tenu qu'à une obligation de moyen. Si la personne retenue a un avocat, cette renonciation doit être expresse[9].

Le conjoint, les parents, les frères et sœurs, le tuteur ou le curateur, l'employeur ou le consul peuvent aussi demander la désignation d'un avocat. Néanmoins, dans ce cas, le gardé à vue doit confirmer cette désignation (C. pr. pén., art. 63-3-1 al. 3). La Chambre criminelle impose même la notification au gardé à vue de la désignation d'un avocat par un proche afin qu'il confirme cette désignation, rendant ainsi plus effectif le droit à l'assistance d'un avocat[10].

Le procureur de la République, d'office ou saisi par un OPJ ou un APJ, peut lui-même saisir le bâtonnier pour la désignation de plusieurs avocats lorsque plusieurs personnes en garde à vue vont être auditionnées simultanément (C. pr. pén., art. 63-3-1 al. 6).

Il arrive que personne ne vienne : la raison en est que de nombreuses gardes à vue peuvent avoir lieu dans un ressort fort vaste, en des points fort éloignés de celui-ci et que les avocats de permanence sont souvent en nombre insuffisant pour le couvrir. D'ailleurs, l'un d'eux reçut un blâme pour avoir refusé de se rendre sur un lieu de garde à vue parce qu'il était de permanence depuis 24 heures. La Cour de cassation devait au demeurant maintenir le blâme infligé

---

1. Cass. Crim., 8 févr. 2012, n° 11-87.716 ; 13 juin 2012 n° 10-82.420.
2. Décret n° 2011-810 du 6 juillet 2011 relatif à l'aide à l'intervention de l'avocat au cours de la garde à vue et de la retenue douanière, (*JO* 7 juill.) modifiant le décret n° 91-1266 du 19 décembre 1991.
3. Douai, 14 avril 1993, *Gaz. Pal.* 1993, 1, p. 274.
4. Cass. Crim., 9 mai 1994, *Bull. Crim.* n° 174, *D.* 1995, Somm. 145, obs. J. Pradel.
5. Cass. Crim., 28 avr. 2004, *Bull. Crim.* n° 102.
6. Cass. Crim., 13 déc. 2006, *Bull. Crim.* n° 312, *AJ pénal* 2007, p. 140, obs. E. Allain.
7. Cass. Crim., 9 mai 1994, *Bull. Crim.* n° 174.
8. Cass. Crim., 13 fév. 1996, *Bull. Crim.* n° 73.
9. CE, 28 déc. 2012, req. n° 351873.
10. Cass. Crim., 4 oct. 2016, n° 16-81.778, *AJ pénal* 2016, p. 598, obs. J.-B. Perrier.

par son Ordre[1]. Le Conseil d'État quant à lui considère que la commission d'office n'est pas assimilable à un travail forcé[2].

La personne peut aussi renoncer à l'assistance d'un avocat, auquel cas elle ne peut se prévaloir de cette absence pour faire annuler le procès-verbal de son audition[3]. Il suffit que cette renonciation soit libre et éclairée[4]. Cependant, si malgré une première renonciation, la personne change d'avis et demande un avocat (une forme de renonciation à la renonciation), alors elle doit pouvoir bénéficier de l'assistance d'un défenseur[5]. En outre, pour la Cour de cassation, ce bénéfice doit être mis en œuvre « *dès qu'elle en fait la demande* ». Elle impose donc d'annuler toutes les auditions recueillies postérieurement au moment où le suspect a sollicité l'assistance d'un avocat[6]. Par conséquent, à tout moment de la garde à vue dès qu'une personne demande à être assisté d'un avocat, les OPJ doivent interrompre immédiatement l'audition. Ils ne pourront la reprendre qu'après l'entretien avec le défenseur. La protection de la défense est ici renforcée.

Moment de l'intervention de l'avocat

(599) La loi du 4 janvier 1993 avait prévu l'intervention de l'avocat, hors procédures spéciales, dès la première heure. Son intervention a cependant été repoussée à la vingtième heure par la loi, plus sévère, du 24 août 1993. La loi du 15 juin 2000 avait prévu une intervention en deux temps : au début de la garde à vue et à nouveau à la vingtième heure, puis à nouveau à la trente-sixième heure en cas de prolongation. La loi du 9 mars 2004 ramena l'intervention à « *dès le début de la garde à vue* » et lors de la prolongation. Avec la loi du 14 avril 2011 l'avocat intervient en principe *dès le début de la garde à vue* pour un entretien puis sur demande de son client lors des *auditions et confrontations*. Il revient pour entretien dès le début de la prolongation et assiste aux auditions et confrontations (C. pr. pén., art. 63-4 et 63-4-2). Si la personne placée en garde à vue peut être entendue au cours de la mesure sur d'autres faits, c'est à la condition d'avoir été avertie de son droit d'être assistée de son avocat et, si elle souhaite l'exercer, de pouvoir bénéficier d'un nouvel entretien avec celui-ci[7].

Afin de garantir l'effectivité du droit à l'assistance tout en laissant à l'avocat le temps de venir jusqu'au poste (qui dépend de l'organisation du barreau, du cabinet et de la situation géographique du poste), l'article 63-4-2 du Code de procédure pénale prévoit un *délai de carence* de deux heures suivant l'avis à avocat par l'OPJ. Pendant ce délai, aucune audition ne peut être réalisée sans l'avocat, sauf si celle-ci ne concerne que les éléments d'identité du suspect. L'expiration de ce délai, constatée sur le procès-verbal de garde à vue, permet à l'OPJ de débuter les auditions sur le fond. Si l'avocat se présente alors que l'audition ou la

1. Cass. Civ. 1re, 24 juin 1997, *JCP* 1998, II, 10035, note R. Martin.
2. Cass. Crim., 3 mai 2012 n° 11-88.725.
3. Cass. Crim., 19 oct. 2010, pourvoi n° 10-82.902 ; 27 oct. 2010, pourvoi n° 10-83.848 ; 9 nov. 2010, pourvoi n° 10-83.204.
4. Cass. Crim., 17 janv. 2012, pourvoi n° 11-86.797, *D.* 2012. 503, obs. S. Lavric.
5. Cass. Crim., 14 déc. 2011, pourvoi n° 11-81.329, *AJ pénal* 2012, p. 170, obs. J. Gallois.
6. Cass. Crim., 5 novembre 2013, n° 13-82.682.
7. Cass. Crim., 2 mars 2021, n° 20-85.491.

confrontation a débuté alors celle-ci peut être interrompue afin de procéder à l'entretien entre le gardé à vue et l'avocat et à la consultation des pièces de procédure. Toutefois, cette interruption n'a lieu qu'à la demande de la personne. Si la demande n'est pas formulée, l'avocat peut assister à l'audition en cours dès son arrivée. Il n'était peut-être pas nécessaire pour le législateur de poser cette condition de demande de la personne. Certes, les OPJ ne sont pas responsables de l'organisation des avocats pour se déplacer et ils doivent continuer leurs investigations dans un temps limité. Cependant, le risque est de voir le suspect ne pas oser ou être dissuadé de demander l'interruption. Une interruption automatique de l'audition dès arrivée de l'avocat aurait été plus simple et moins source de conflit potentielle. Heureusement, l'assistance à l'audition n'est pas touchée.

Le délai de carence peut néanmoins connaître une exception posée par l'alinéa 3 de l'article 63-4-2 précité. Ce texte énonce que l'audition peut débuter immédiatement « *lorsque les nécessités de l'enquête l'exigent* », ce, sur autorisation écrite et motivée du procureur de la République après demande de l'OPJ. La motivation permettra ainsi à la défense et, en cas de contentieux, au juge de l'annulation de contrôler les motifs de cette audition immédiate. Le fait qu'une infraction grave soit encore en train de se commettre ou que la vie d'un tiers soit en danger peut par exemple justifier une telle audition immédiate. Ainsi la Cour de cassation dans une garde à vue antérieure a estimé que **le péril imminent lié à la disparition d'une mineure pouvait justifier le fait de ne pas attendre l'arrivée** d'un avocat[1]. En l'espèce, dans le cadre d'une enquête menée à la suite de la disparition d'une mineure, un individu s'est présenté spontanément au commissariat de police. Au cours de son audition, les OPJ ont constaté qu'il présentait au bras des traces de griffure et un gonflement suspect. Ils l'ont alors placé en garde à vue et lui ont notifié ses droits, selon les dispositions du Code de procédure pénale alors en vigueur, antérieures à la loi du 14 avril 2011. L'intéressé a souhaité s'entretenir avec un avocat mais, dans les minutes ayant suivi son placement en garde à vue, il a déclaré aux enquêteurs pouvoir les conduire à l'endroit où il avait laissé la jeune fille, dont il ignorait l'état. Avant que l'entretien sollicité n'ait pu être réalisé, les officiers de police judiciaire se sont donc immédiatement rendus avec l'intéressé à l'endroit indiqué, où le corps sans vie de la mineure a été retrouvé. À la suite de cette découverte, la garde à vue a été reprise par le service régional de police judiciaire, lequel a procédé à une nouvelle notification des droits. L'intéressé a alors pu s'entretenir avec un avocat.

De surcroît, la présence même de l'avocat aux auditions et confrontations peut être décalée dans le temps dans les conditions prévues par les alinéas 4 à 6 de l'article 63-4-2. Même si l'avocat n'assiste pas son client lors des auditions ou confrontations, il a tout de même accès aux pièces de procédure et peut faire des observations. Seul le juge des libertés et de la détention peut lui interdire de consulter les procès-verbaux d'audition de son client.

Le report de l'assistance de l'avocat ne peut être réalisé qu'« *à titre exceptionnel* ». Il est demandé par l'OPJ au procureur de la République lorsqu'il est envisagé de le faire durer au maximum douze heures. Dans le cas où la personne

1. Cass. Crim., 17 déc. 2013, n° 12-84.297 et 13-86.565.

est soupçonnée avoir commis un crime ou un délit puni d'une peine supérieure ou égale à cinq ans d'emprisonnement, le procureur peut de plus requérir au juge des libertés et de la détention un décalage de plus de douze heures jusqu'à un maximum de vingt-quatre heures.

Le procureur ou le JLD rend une décision écrite et motivée. Les motifs sont limitativement prévus par la loi de manière à restreindre au maximum le report. Selon l'article 63-4-2 alinéa 4, ce report doit apparaître « *indispensable pour des raisons impérieuses tenant aux circonstances particulières de l'enquête* » :

« *soit pour permettre le bon déroulement d'investigations urgentes tendant au recueil ou à la conservation des preuves* » ;

« *soit pour prévenir une atteinte imminente aux personnes* ».

Il s'agit ici d'une alternative, mais d'une alternative limitée. En effet, le report ne peut être décidé qu'à des fins probatoires ou de protection des personnes. Sur ce dernier point, il est aisé de prévoir que le report sera souvent motivé par la nécessité de protéger les témoins, les victimes ou encore leurs proches.

Au surplus afin d'éviter les motivations générales, la décision doit viser les motifs précités « *au regard des éléments précis et circonstanciés résultant des faits de l'espèce* » (C. pr. pén., art. 63-4-2 al. 5). Seront insuffisantes les considérations générales tenant par exemple à la nature de l'infraction.

« *Mesure indispensable* », « *raisons impérieuses* », « *investigations urgentes* », « *atteinte imminente aux personnes* », « *éléments précis et circonstances* », le tout contenu dans une décision écrite prise par l'autorité judiciaire. Le législateur veut ainsi réserver les possibilités de report de l'exercice des droits de la défense aux cas les plus graves (par exemple, infractions graves en cours, vie d'un tiers en danger dans le cas d'enlèvement) et a pris en ce sens un grand nombre de précautions. L'expression « *raisons impérieuses* » provient d'ailleurs de la jurisprudence de la Cour de Strasbourg[1]. Non seulement la motivation doit se réaliser *in concreto*, mais encore le report doit quasiment constituer le seul moyen de recueillir les preuves ou protéger les personnes. Enfin, les délais de douze et vingt-quatre heures constituent des maxima. Certaines affaires n'exigeront parfois qu'un report de courte durée. Il appartiendra alors à la défense de vérifier si le report de son intervention à telle heure plutôt qu'une autre est précisément justifié.

Ainsi, lorsque le suspect d'un meurtre fait des déclarations spontanées et incriminantes aux enquêteurs dans leur véhicule pendant le temps de la garde à vue, ils ne peuvent recueillir cette parole. Pour la Cour de cassation : « *aucune raison impérieuse tenant aux circonstances de l'espèce n'autorisait les enquêteurs à recueillir les déclarations spontanées faites par la personne gardée à vue sur les faits, sans procéder à une audition dans le respect des règles légales l'autorisant à garder le silence et à être assistée par un avocat* »[2].

Déroulement de l'intervention

(600) L'intervention de l'avocat tient en plusieurs étapes : un entretien avec son client, la consultation des pièces de procédure, l'assistance aux auditions et confrontations, l'assistance aux séances d'identification et de reconstitution (art. 63-1).

1. CEDH, 27 nov. 2008, *Salduz c/ Turquie*, préc.
2. Cass. Crim., 25 avr. 2017, n° 16-87.518.

L'entretien doit se réaliser « *dans des conditions qui garantissent la confidentialité* » (C. pr. pén, art. 63-4 al. 1er) : cela exclut naturellement toute présence policière ce qui peut, au demeurant, être délicat en cas de dangerosité de l'intéressé et suppose que le local soit fermé et les conversations inaudibles. Une salle aménagée au sein du poste est le meilleur moyen d'assurer cette confidentialité. L'avocat se fait résumer les faits par son client et lui donne des explications procédurales. Éventuellement, ils peuvent convenir de la conduite à tenir pour la suite. La durée de cet entretien est assez réduite car elle « *ne peut excéder* ***trente minutes*** » (C. pr. pén., art. 63-4, al. 2). Toutefois, l'intervention perdure désormais au-delà de ce seul tête-à-tête.

Le droit à un entretien n'a de sens que s'il peut y avoir un échange. Cela ne sera pas possible si le gardé à vue est étranger et ne comprend pas le français. Aussi, depuis la loi du 5 août 2013, l'article préliminaire prévoit « *l'assistance d'un interprète, y compris pour les entretiens avec son avocat ayant un lien direct avec tout interrogatoire* ». Parmi ces entretiens figure celui en garde à vue (C. pr. pén., art. D. 594-3).

Face à la crise du Covid-19, l'ordonnance du 25 mars 2020 a, dans son article 13, aménagé l'intervention à distance de l'avocat en garde à vue le temps de l'état d'urgence sanitaire par le recours à un moyen de communication électronique, y compris téléphonique, dans des conditions garantissant la confidentialité des échanges. Les modalités de cette intervention sont mentionnées au procès-verbal de garde à vue.

(601) L'entretien se double d'une certaine connaissance de la procédure par l'avocat. Lorsque l'OPJ l'a contacté ou fait contacter sur demande du suspect, il l'a déjà informé « *de la nature et de la date présumée de l'infraction sur laquelle porte l'enquête* » (C. pr. pén., art. 63-3-1 al. 4). Depuis la loi du 14 avril 2011 il a aussi accès non pas automatiquement, mais s'il le demande à un certain nombre d'autres pièces de la procédure avant l'audition de son client (C. pr. pén., art. 63-4-1) :

– procès-verbal de notification du placement en garde à vue et des droits qui y sont rattachés ;

– certificat médical établi par le médecin ayant examiné le suspect ;

– « *procès-verbaux d'audition de la personne qu'il assiste* ».

L'avocat peut ainsi avoir une connaissance limitée des conditions de la garde à vue et de certains éléments factuels relatifs à l'infraction et à l'implication de son client. Il s'agit là d'un réel progrès pour la défense. Est particulièrement notable le fait que l'avocat ait accès à tous les procès-verbaux d'audition de son client. Il peut donc consulter les procès-verbaux des auditions déjà réalisées dans le cadre de la garde à vue de son client, ainsi que ceux des auditions réalisées précédemment sous un statut de témoin ou de victime ou lors d'une autre garde à vue[1]. Dès que cette demande de consultation est faite, l'avocat a un accès immédiat aux pièces, sauf si l'OPJ justifie de circonstances insurmontables[2].

1. L'avocat doit en faire la demande expresse. Cass. Crim., 18 déc. 2012, n° 12-85.735, *AJ pénal* 2013, p. 283, obs. C. Porteron.

2. Cass. Crim., 17 nov. 2015, n° 15-83.437, *AJ pénal* 2016, p. 217, obs J. Andrei.

En revanche, le législateur n'a pas permis à l'avocat de prendre la moindre copie des documents ; il ne l'autorise qu'à « *prendre des notes* » (C. pr. pén., art. 63-4-1, *in fine*), ce qui n'est guère commode.

(602) L'avocat n'a donc **pas accès au dossier complet** de la procédure d'enquête, mais seulement aux documents de la procédure de garde à vue. Il est vrai que les investigations débutant ou étant toujours en cours, ce dossier n'est pas figé. Néanmoins, l'avocat ne possède pas une vision de l'affaire égale à celle des enquêteurs. Il ne peut donc commencer à fonder une stratégie de défense qui répondrait à la logique des investigations. Il ne peut en conséquence conseiller efficacement son client. Toutefois, le Conseil constitutionnel a considéré que cette limitation de l'accès au dossier assurait une conciliation non déséquilibrée entre les droits de la défense et la recherche des auteurs d'infractions. Pour lui, les dispositions relatives à la consultation par l'avocat de certaines pièces de procédure « *n'ont pas pour objet de permettre la discussion de la légalité des actes d'enquête ou du bien-fondé des éléments de preuve rassemblés par les enquêteurs, qui n'ont pas donné lieu à une décision de poursuite de l'autorité judiciaire et qui ont vocation, le cas échéant, à être discutés devant les juridictions d'instruction ou de jugement ; qu'elles n'ont pas davantage pour objet de permettre la discussion du bien-fondé de la mesure de garde à vue ; que, par suite, les griefs tirés de ce que les dispositions contestées relatives à la garde à vue n'assureraient pas l'équilibre des droits des parties et le caractère contradictoire de cette phase de la procédure pénale sont inopérants* »[1]. Le Conseil estime ainsi que la procédure d'enquête n'a pas forcément à devenir entièrement contradictoire et équilibrée : la garde à vue ne doit pas permettre à la défense de développer et d'argumenter sa défense sur la forme et le fond de la procédure. Reste que cette restriction des droits et prérogatives de la défense en garde à vue semble contredire les exigences de la Cour de Strasbourg selon laquelle « *L'avocat doit donc avoir accès à ces pièces des dossiers sur lesquels se fonde essentiellement la suspicion contre le requérant* »[2]. Il n'est donc pas dit que le droit français soit à l'abri d'une énième censure européenne. La jurisprudence considère toutefois que l'absence d'accès au dossier n'est pas incompatible avec l'article 6[3]. En outre, la Cour de Strasbourg énonce que l'article 6 de la Convention ne garantit pas l'accès illimité au dossier pénal avant le premier interrogatoire par un juge, dès lors que les autorités publiques justifient de raisons suffisantes pour en restreindre l'accès[4].

(603) Le législateur de 2014 n'a pas non plus souhaité donner accès au dossier à l'avocat ou à la personne gardée à vue, même si des parlementaires avaient introduit cet accès lors des débats parlementaires. Les difficultés pratiques de

1. Cons. Const., déc. n° 2011-191/194/195/196/197 QPC du 18 nov. 2011, cons. n° 28.
2. CEDH, 26 nov. 2013, *Emilian-George Igna c/ Roumanie*, préc. en matière de prolongation de garde à vue.
3. Cass. Crim., 19 sept. 2012, n° 11-88.111 ; 6 nov. 2013, 12-87.130. *Cf.* aussi Paris, pôle 2, ch. 8, 25 mars 2014, D. act. 26 mars 2014.
4. CEDH, 9 avr. 2015, *A.T.C. c/ Luxembourg*, req. n° 30460/13.

mise à disposition, les risques de fuite d'information mettant en péril les victimes, les dénonciateurs ou les investigations ont prévalu[1].

Néanmoins, l'article 7.1 de la directive 2012/13/UE du 22 mai 2012 dispose que « *Lorsqu'une personne est arrêtée et détenue à n'importe quel stade de la procédure pénale, les États membres veillent à* ce *que les documents relatifs à l'affaire en question détenus par les autorités compétentes qui sont essentiels pour contester de manière effective conformément au droit national la légalité de l'arrestation ou de la détention soient mis à la disposition de la personne arrêtée ou de son avocat* », L'article 7.2 rajoute que « *Les États membres veillent à ce que les suspects ou les personnes poursuivies, ou leur avocat, aient accès au minimum à toutes les preuves matérielles à charge ou à décharge des suspects ou des personnes poursuivies, qui sont détenues par les autorités compétentes, afin de garantir le caractère équitable de la procédure et de préparer leur défense* ». La directive semble ainsi exiger un accès au dossier. Toutefois, en son article 7.3, la directive précise que cet accès soit accordé « *en temps utile pour permettre l'exercice effectif des droits de la défense et, au plus tard, lorsqu'une juridiction est appelée à se prononcer sur le bien-fondé de l'accusation* ». La directive n'impose donc pas de manière monolithique un accès au complet dossier dès le début de la garde à vue pourvu que cet accès puisse être réalisé suffisamment tôt avant la phase de jugement.

(604) C'est cette interprétation qu'a adoptée le législateur en 2014. En cas d'enquête de police, l'accès aux pièces du dossier est réduit pendant la garde à vue mais complet dès qu'une décision sur l'action publique a été prise et avant la phase de jugement. En effet, est introduit un article 388-4 C. pr. pén. qui organise l'accès au dossier de la procédure en cas de citation directe ou convocation par officier de police judiciaire. Le dossier est consultable au greffe du TJ dès la délivrance de la citation ou au plus tard deux mois après la notification de la convocation. La personne poursuivie, la victime ou leur avocat peuvent aussi se faire délivrer une copie du dossier, éventuellement sous forme numérisée dans le délai d'un voire deux mois suivant leur demande. Cet accès permet ensuite de réaliser des demandes d'actes qui pourront éventuellement être réalisés avant l'audience selon les règles applicables au cours de l'enquête préliminaire (C. pr. pén., art. 388-5). Si l'audition de la victime ou du prévenu s'avère nécessaire, ces derniers peuvent être assistés par un avocat qui est convoqué au plus tard cinq jours ouvrables avant l'audition, et qui a accès au dossier au plus tard quatre jours ouvrables avant cette date.

(605) Il serait toutefois possible de se demander si entre l'insuffisant accès aux seuls procès-verbaux de notification et d'audition ou le difficile accès à l'intégralité du dossier[2], une voie médiane ne pourrait pas être trouvée. L'accès au dossier ne devrait pas être résumé au tout ou rien. Cette voie supposerait d'abord de numériser rapidement les pièces dès l'enquête de manière à rendre plus aisée leur consultation et leur communication. Ensuite, elle exigerait de réduire le nombre de procès-verbaux que les OPJ doivent rédiger. Une descripturalisation

1. Pour les éviter, la Commission consultative des droits de l'homme propose un accès au seul avocat, CNCDH, *Avis sur la refondation de l'enquête pénale*, Assemblée plénière, 25 avril 2014, préc., p. 16.

2. J. Pradel, « Le droit de l'avocat d'accéder au dossier établi au cours d'une garde à vue », *JCP* 2012, doctr., p. 1223.

de certains actes pourrait avoir lieu (notamment des auditions enregistrées) tandis que le recours à des procès-verbaux ne pourrait se développer qu'avec l'accord de la défense ou du parquet. Enfin, cette communication pourrait faire le tri entre les pièces. En effet, pendant l'enquête, la notion même de dossier reste artificielle puisque de nombreuses investigations sont en cours. Toutefois, en plus des pièces relatives aux investigations réalisées, pourrait être dressée une liste précise et datée des actes accomplis ainsi qu'un bilan de ceux-ci. L'accès de la défense pourrait être dans un premier temps limité à cette liste ou à certaines pièces voire différé selon le type d'infraction. Des possibilités d'accès aux pièces via le juge pourraient aussi être mises en place avec possibilité de refus.

Mais seule une réforme d'ensemble de la phase d'enquête rendrait possible une telle évolution.

La loi du 3 juin 2016 renforçant la lutte contre le crime organisé, le terrorisme et leur financement, et améliorant l'efficacité et les garanties de la procédure pénale est venue introduire une avancée intéressante applicable aux enquêtes préliminaires longues. L'enquête de flagrance est en effet trop courte pour organiser un accès au dossier.

L'article 77-2 permet ainsi à toute personne soupçonnée d'une infraction punie d'emprisonnement, qui a fait l'objet d'une audition libre ou d'une garde à vue, de demander au bout d'un an au procureur de la République de consulter le dossier de la procédure afin de formuler ses observations. Si le magistrat estime l'enquête terminée et s'il envisage de poursuivre par citation directe ou COPJ, il met à disposition du suspect ou de son avocat le dossier. L'avocat ou le suspect a ensuite un mois pour formuler des observations, ainsi que des demandes d'actes utiles à la manifestation de la vérité. La victime bénéficie des mêmes droits.

Pendant ce délai, le procureur ne peut prendre aucune décision sur l'action publique, sauf le déferrement du suspect, le recours à la CRPC ou la saisine d'un juge d'instruction.

Le Code va plus loin encore puisqu'il précise que, même en l'absence de demande prévue au premier alinéa du I, le procureur de la République peut communiquer tout ou partie de la procédure à la personne mise en cause ou à la victime pour recueillir leurs éventuelles observations ou celles de leur avocat, et ce, à n'importe quel moment de la procédure.

En outre, l'article 19 prévoit que le procureur de la République peut autoriser que les procès-verbaux, actes et documents lui soient transmis sous forme électronique.

Les conséquences procédurales

(606) À l'issue de chaque entretien, l'avocat peut présenter des observations écrites qui seront jointes à la procédure et en adresser d'autres ou des copies de celles-ci au procureur pendant la durée de la garde à vue (C. pr. pén., art. 63-4-3 al. 3). De telles observations sont notamment utiles lorsqu'il constate des irrégularités, quelles qu'elles soient : absence d'interprète, marques suspectes sur le gardé à vue, situation sanitaire déplorable, appel tardif à la permanence, etc. Concrètement, il existe dans les commissariats des documents de type

autocopiants permettant à l'avocat de laisser un exemplaire sur place, d'en adresser un autre au service du parquet et d'en conserver un pour lui.

Les contraintes déontologiques

(607) L'article 63-3-1 alinéa 5 du Code de procédure pénale, demande à l'avocat de prendre garde à tout conflit d'intérêts. C'était encore avoir une vision très réductrice du conflit d'intérêts, ramenée à celui que seul l'avocat peut percevoir. C'est l'exemple de l'avocat appelé en garde à vue qui s'aperçoit que la personne qu'il va assister est l'adversaire de l'un de ses clients dans une autre affaire. Il est ainsi logique l'article 63-3-1 laisse à l'avocat la responsabilité de l'appréciation du conflit. Toutefois, si l'OPJ ou le procureur fait une appréciation différente de celle de l'avocat quant à l'existence du conflit d'intérêts, il peut saisir le bâtonnier. Ce dernier peut, c'est là une simple possibilité et non une obligation, désigner un autre avocat, mais seul le bâtonnier peut décider de ce changement. L'OPJ ne peut le faire et doit ainsi aviser l'avocat choisi, car ce n'est justement pas lui qui le choisit mais le suspect[1] qui seul a qualité pour invoquer une violation des droits de la défense prise d'une atteinte au libre choix de son avocat[2].

La désignation d'un autre défenseur peut aussi intervenir lorsque l'avocat trouble les auditions et confrontations. Selon l'article 63-4-3 alinéa 1er du Code de procédure pénale, l'OPJ peut « *en cas de difficulté* », mettre un terme à l'audition, aviser immédiatement le parquet qui informe si besoin le bâtonnier pour la désignation d'un autre avocat.

Enfin, l'article 63-4-4 du Code de procédure pénale soumet l'avocat au secret en énonçant que le défenseur « *ne peut faire état auprès de quiconque pendant la durée de la garde à vue ni des entretiens avec la personne qu'il assiste, ni des informations qu'il a recueillies en consultant les procès-verbaux et en assistant aux auditions et aux confrontations* ». Cette exigence est posée afin d'éviter toute fuite d'informations qui pourraient entraver les investigations (avertissement de complices par exemple).

7. Déroulement des auditions et confrontations

(608) Les auditions et confrontations sont conduites sous la **direction de l'OPJ ou de l'APJ**. Même si la loi ne le précise pas, celui-ci agit sous le contrôle de celui-là. Concrètement, l'enquêteur va donc poser les questions qu'il souhaite à la personne en fonction de sa stratégie d'interrogatoire. Il recueillera les réponses et mentionnera le tout sur procès-verbal (C. pr. pén., art. 429 al. 2)[3]. La personne pourra répondre comme elle le désire, voire ne pas répondre du tout, si elle entend exercer son droit au silence. Elle peut aussi choisir de nier, voire de mentir avec tous les risques qu'une stratégie de mensonge implique. À la fin de l'audition, la personne est appelée à relire le procès-verbal d'audition et à le signer. La question de la signature est importante, car en signant le procès-verbal, la personne en authentifie le contenu. D'ailleurs en fin de procès-verbal il est mentionné « *persiste et signe* ». Cela signifie que toute déclaration ultérieure de la personne sera vue à l'aulne de celles couchées sur le procès-verbal d'audition qui constitue l'une des pièces

1. Cass. Crim., 21 oct. 2015, n° 15-81.032, *AJ pénal* 2016, p. 218, obs. D. Brach-Thiel.
2. Cass. crim., 20 sept. 2016, n° 16-81.638.
3. G. Roussel, *Les procès-verbaux d'interrogatoire. Rédaction et exploitation*, L'Harmattan, 2005.

maîtresses du dossier de la procédure. Par conséquent, si la personne auditionnée n'est pas d'accord avec le contenu du procès-verbal, elle peut très bien ne pas le signer. En cas de refus de signer, il en est fait mention au procès-verbal.

La présence de l'avocat n'est pas automatique ; elle est subordonnée à la demande du suspect (C. pr. art. 63-4-2 al. 1). Le Code précise « *que la personne gardée à vue peut demander que l'avocat assiste à ses auditions* » et non « *l'assiste à ses auditions* ». L'absence du « l » apostrophe illustre bien la conception passive que le législateur a eue du rôle de l'avocat qu'il n'autorise pas à développer une assistance effective.

Il est indiqué que l'avocat peut prendre des notes. Pour le reste, son attitude n'est pas précisée par le Code de procédure pénale, si ce n'est qu'il ne peut poser de questions. Pour autant, peut-il conseiller à haute voix à son client de ne pas répondre à telle ou telle question posée par l'OPJ ? S'il joue l'obstruction, l'avocat prend le risque de tendre les rapports avec l'enquêteur et que celui-ci demande la désignation d'un autre défenseur. À l'inverse, face à des questions très orientées, il prend le risque de voir son client s'enferrer. L'assistance pendant une audition doit donc s'avérer très subtile.

Ce n'est qu'à l'issue de chaque audition ou confrontation que l'avocat peut poser des questions. Toutefois, l'OPJ ou l'APJ peut s'opposer à ces questions, c'est-à-dire refuser de les transcrire au procès-verbal et d'en recueillir les réponses s'il considère qu'elles « *sont de nature à nuire au bon déroulement de l'enquête* ». La mention de ce refus doit figurer au procès-verbal (C. pr. pén., art. 63-4-3 al. 2).

À l'issue de chaque audition ou confrontation, l'avocat peut de plus présenter des observations écrites qui seront jointes à la procédure. Il peut notamment mentionner le texte des questions qui lui ont été refusées par l'enquêteur. Les observations ou leurs copies peuvent être adressées par l'avocat au procureur pendant la durée de la garde à vue (C. pr. pén., art. 63-4-3 al. 3).

(609) Les observations de l'avocat peuvent être pour lui le moyen de poser les premiers jalons de sa défense en pointant certaines lacunes des investigations, en suggérant la réalisation de tel ou tel acte, en contestant les conditions de détention ou le déroulement des auditions. L'article 63-4-3 pose ainsi une incitation à agir. Un avocat qui ne s'emparerait pas de ces observations risquerait en effet de se voir, plus tard dans la procédure, reprocher sa passivité. Dans une affaire où un OPJ avait mis fin à l'audition suite au refus de l'avocat de préciser le nombre de question qu'il voulait poser, la Cour de cassation a considéré qu'il ne pouvait y avoir de nullité, il appartenait à l'avocat de saisir le procureur en lui transmettant le texte des questions refusées[1].

(610) En plus d'être réalisées en présence d'un avocat, les auditions des personnes placées en garde à vue font, dans certains cas, l'objet d'un **enregistrement audiovisuel**. L'enregistrement fut introduit par la loi du 17 juin 1998 pour les mineurs victimes d'infractions sexuelles (C. pr. pén., art. 706-52). Il a été généralisé à tous les mineurs, auteurs ou victimes, par la loi du 15 juin 2000,

1. Cass. Crim., 20 nov. 2013, n° 13-84.280.

puis étendu aux majeurs suspectés de crime par la loi n° 2007-291 du 5 mars 2007. L'enregistrement constitue une garantie de transparence pour le suspect, mais aussi pour les enquêteurs, surtout en cas de contestation sérieuse et fondée du déroulement des interrogatoires. S'agissant des mineurs, il a été jugé que le défaut d'enregistrement audiovisuel portait nécessairement atteinte aux intérêts de la personne concernée s'il n'était pas justifié par un obstacle insurmontable[1]. Toutefois, cet enregistrement n'est prévu que lorsque la personne est soupçonnée d'un crime[2] et gardée à vue dans les locaux de la police nationale ou de la gendarmerie nationale. En outre, pour les mineurs, en l'absence d'enregistrement, que cette absence ait fait ou non l'objet d'une mention dans le procès-verbal et d'un avis au magistrat compétent, aucune condamnation ne peut être prononcée sur le seul fondement des déclarations du mineur si celles-ci sont contestées (art. 4 ord. 2 févr. 1945 ; CJPM, art. L. 413-12).

Par ailleurs, en cas de pluralité de suspects devant être interrogés lors d'une même procédure ou de procédures distinctes, l'OPJ doit en référer sans délai au procureur de la République qui désigne alors par décision écrite et motivée celui ou ceux dont l'interrogatoire ne sera pas enregistré. Le non-respect de cette exigence de rapidité porte nécessaire grief aux personnes dont l'interrogatoire n'est pas enregistré[3]. Par ailleurs, l'avocat ne pourra obtenir la copie de l'enregistrement et encore moins en transmettre une reproduction à son client car les huit derniers alinéas de l'article 114 prévoyant la copie du dossier ne sont pas applicables. L'enregistrement peut aussi ne pas avoir lieu en cas d'impossibilité technique. Dès qu'il s'en aperçoit, l'OPJ en avertit immédiatement le procureur de la République et fait mention de la nature de l'impossibilité dans le procès-verbal, dès lors du moins que l'impossibilité a eu lieu avant la fin de l'audition[4].

La consultation de l'enregistrement ne peut être réalisée que pendant l'instruction ou devant la juridiction et jugement. Elle ne peut avoir lieu pendant l'enquête de police et n'est possible qu'en cas de contestation du contenu du procès-verbal d'audition.

8. Formalisme

(611) Le formalisme qui entoure le placement en garde à vue se manifeste au regard de la réalisation d'un **procès-verbal** relatant le déroulement de la garde à vue. Ce procès-verbal est rédigé par l'OPJ (C. pr. pén, art. 64 I). Il doit contenir :

– les motifs justifiant le placement en garde à vue de l'article 62-2 ;
– la durée des auditions et des repos qui ont séparé ces auditions,
– les heures d'alimentation ;
– le jour et l'heure de début de garde à vue ;
– le jour et l'heure de libération ou de déferement devant un magistrat ;

1. Cass. Crim., 3 avr. 2007, n° 06-87.264.
2. Aucune nullité en cas de défaut d'enregistrement lorsque la personne est soupçonnée d'un délit, Cass. Crim., 2 déc. 2009, *Bull. Crim.*, n° 201, *AJ pénal* 2010, p. 200, obs. C. Duparc.
3. Cass. Crim., 22 juin 2010, *Bull. Crim.*, n° 112.
4. Cass. Crim., 4 nov. 2010, *D.* 2010, actu. 14.

– les auditions de la personne effectuées dans une autre procédure pendant la garde à vue ;

– les informations données, les demandes faites portant sur les droits du gardé à vue et leurs suites (avis d'un proche, examen médical, assistance d'un avocat) ;

– la réalisation d'une fouille intégrale ou d'investigations corporelles internes.

Toutes ces mentions doivent être émargées par la personne gardée à vue. Si elle refuse, mention est faite de son refus (C. pr. pén., art 64 I, al. 2).

Par ailleurs, doivent figurer dans le procès-verbal les différents événements de la garde à vue :

– information du procureur ;
– début de l'audition sans avocat ;
– décalage de la présence de l'avocat aux auditions ;
– débat sur un possible conflit d'intérêts ;
– survenance de difficultés entraînant la fin de l'audition ;
– demande de désignation d'un autre avocat ;
– questions posées à la personne et ses réponses ;
– refus des questions de l'avocat ;
– incident technique lors d'un enregistrement audiovisuel ;
– demande d'enregistrement d'une seule audition.

Tous les procès-verbaux doivent être dressés par l'OPJ sur le champ et signés par lui sur chaque feuillet (C. pr. pén. art. 66). Les gendarmes ont l'habitude de réaliser des procès-verbaux qui se suivent, tandis que les policiers réalisent quant à eux un procès-verbal par opération.

Le procès-verbal doit rendre compte le plus fidèlement possible du déroulement de la garde à vue afin de pouvoir permettre le contrôle des magistrats et la surveillance de l'avocat. Si le procès-verbal est incomplet, la nullité n'est toutefois pas encourue dès lors que le gardé à vue a pu exercer ses droits[1]. La lecture du procès-verbal de garde à vue est ainsi le premier acte généralement réalisé par ces acteurs de la procédure. Il reste évidemment que le procès-verbal ne peut à lui seul permettre de retranscrire la réalité des échanges lors du face-à-face de plusieurs heures, voire de plusieurs jours que constitue une garde à vue. Les propos échangés sont en réalité une retranscription, dans les termes et avec le vocabulaire du l'OPJ et ne correspondent donc pas à ce que le gardé à vue a pu dire précisément, sauf expressions spécifiques.

Les mentions et émargements relatifs aux auditions, repos, heure de début et de fin de garde à vue, fouilles intégrales et investigations corporelles doivent figurer dans un registre spécial, éventuellement informatisé, tenu dans le local de police ou de gendarmerie (C. pr. pén, art. 64, II). Ce registre est un instrument de contrôle, car le procureur peut le consulter à tout moment, même à distance. Les services utilisant un carnet de déclaration doivent faire figurer les mentions reproduites au procès-verbal de garde à vue sur ce carnet.

1. Cass. Crim., 10 mai 2012, n° 12-81.274.

De manière à simplifier la procédure, le décret n° 2016-1202 du 27 sept. 2016 a prévu que le procès-verbal récapitulatif de garde à vue mentionne les informations données, les demandes faites et les suites qui leur ont été données sans qu'il soit nécessaire de dresser un procès-verbal pour chacune des diligences accomplies pour l'exercice de ces droits (C. pr. pén., art. D. 15-5-3).

(612) Même si elle n'est pas concernée par la garde à vue, la loi du 14 avril 2011 a ainsi entendu faire bénéficier **la victime des mêmes droits que le suspect**, mais seulement lors des **confrontations** : assistance par un avocat, choisi par elle-même ou son représentant si elle est mineure ou encore désigné parmi les avocats de permanence. Cet avocat peut consulter les procès-verbaux d'audition de la victime et prendre des notes. Il assiste aux auditions et confrontations, pose des questions en fin d'audition, fait retranscrire les questions refusées et peut adresser des observations (C. pr. pén., art. 63-4-5). Il assiste aux reconstitutions et aux séances d'identification (art. 63-1).

D. Durée de la garde à vue

La durée de la garde à vue est régie, en droit commun (pour les régimes spéciaux, voir la Sous-section 2), par l'article 63 II. La loi du 14 avril 2011 a en outre uniformisé les règles relatives à la prolongation entre les différents cadres d'enquête (flagrance, préliminaire, commission rogatoire).

Début de la garde à vue

(613) La détermination de la durée de la garde à vue dépend d'abord du moment précis où celle-ci a commencé. Avant la loi de 2011, la jurisprudence considérait que la garde à vue débutait au moment où la personne était privée de la liberté notamment dès le moment de son interpellation[1]. Lorsque la personne s'était spontanément présentée aux enquêteurs[2], la garde à vue débutait dès qu'elle était laissée à la disposition de l'OPJ[3]. L'OPJ pouvait toutefois faire rétroagir le début de la garde à vue à l'arrivée de la personne au poste de police[4].

La loi du 14 avril 2011 fait sienne ce critère de la contrainte en posant que « *l'heure du début de la mesure est fixée, le cas échéant, à l'heure à laquelle la personne a été appréhendée* » (C. pr. pén., art. 63 III).

Durée de base de la garde à vue

(614) Le délai normal maximum de la garde à vue est de vingt-quatre heures (C. pr. pén., art. 63 II). À partir de là, une prolongation est possible à certaines conditions. D'autres prolongations pourront s'ajouter dans le cadre de procédures spéciales propres à la délinquance organisée (voir la Sous-section 2).

(615) **Prolongation**

Toutefois, la garde à vue peut être prolongée pour un nouveau délai de vingt-quatre heures au plus sur autorisation écrite et motivée du procureur de la

1. Cass. Crim., 11 oct. 2000, *Dr. pén.* 2001, comm. n° 13, 1er arrêt, obs. A. Maron.
2. Cass. Crim., 28 juin 2000, *Bull. Crim.* n° 251.
3. Cass. Crim., 6 déc. 2000, *Bull. Crim.* n° 367 ; 6 mai 2003, *Bull. Crim.* n° 9.
4. Cass. Crim., 13 nov. 1996, *Bull. Crim.* n° 401 ; 16 févr. 2000, *Dr. pén.* 2000, comm. n° 50 note A. Maron.

République (juge d'instruction en cas d'enquête sur commission rogatoire). Cependant, cette prolongation n'est possible que si sont réunies plusieurs conditions cumulatives (C. pr. pén., art. 63-II) :

– la personne gardée à vue est soupçonnée avoir commis ou tenté de commettre un crime ou un délit puni d'une peine supérieure ou égale à un an d'emprisonnement ;

– la prolongation est l'unique moyen de parvenir à l'un des objectifs de la garde à vue posés par l'article 62-2 du Code de procédure pénale ;

– la prolongation doit permettre la présentation de la personne devant l'autorité judiciaire ;

– la présentation préalable de la personne devant le magistrat en charge du contrôle si besoin au moyen de télécommunication audiovisuelle (visioconférence, webcam).

La loi du 23 mars 2019 a prévu que la garde à vue pourra être prolongée pour organiser le déferement, ce qui consacre la jurisprudence[1]. Cette hypothèse s'applique à toutes les prolongations de garde à vue, à l'issue des vingt-quatre premières heures ainsi que pour les prolongations ultérieures, au cours de l'enquête comme de l'instruction. Ce motif de prolongation ne s'applique que dans les cas où il n'existe pas dans le tribunal de locaux relevant de l'article 803-3 du Code de procédure pénale (« petits dépôts »), comme à Paris, Bobigny et Créteil. Les dépôts permettent de maintenir détenue pendant la nuit la personne déférée, jusqu'à sa comparution le lendemain devant un magistrat.

En outre, la loi a supprimé l'exigence de présentation de la personne majeure gardée à vue devant le procureur de la République ou le juge d'instruction avant décision de prolongation. Cependant, la présentation peut toujours être réalisée par visioconférence (C. pr. pén., art. 706-71).

(616) Alors que la loi ancienne ne le précisait pas, celle de 2011 pose une compétence concurrente des magistrats chargés de la décision de prolongation. Sont ainsi compétents le procureur en charge de la direction de l'enquête et celui du lieu où est exécutée la mesure (C. pr. pén., art. 63-9).

La présentation au magistrat avant la première prolongation deviendrait facultative. Ces modifications simplifieraient la gestion de la temporalité de la garde à vue mais éloigneraient peut-être les magistrats du contrôle de cette mesure.

Face à la crise du Covid-19, l'ordonnance du 25 mars 2020 a, dans son article 8, prévu que, pendant l'état d'urgence sanitaire, la garde à vue peut être prolongée sans présentation devant le magistrat compétent pour les mineurs de 16 à 18 ans et les prolongations en matière de criminalité organisée.

(617) La personne gardée à vue doit être informée de la prolongation[2] et de son droit à un nouvel examen médical (C. pr. pén., art. 63-3 al. 1er). La notification de la prolongation doit être effective, car elle conditionne l'effectivité des droits du gardé à vue. La remise du document récapitulatif de droit est insuffisante pour réaliser cette notification[3]. Elle peut demander une nouvelle fois un entre-

1. Cass. Crim. 18 nov. 2014, n° 14-81.332 ; *AJ pénal* 2015, p. 53, obs. C. Girault.
2. Cass. Crim., 30 janv. 2001, *Bull. Crim.* n° 26.
3. Cass. Crim., 1er déc. 2015, n° 15-84.875, *Gaz. Pal.* 19 janv. 2016, n° 3, p. 24, note R. Méja.

tien avec un avocat et son assistance pendant les auditions ou confrontation (C. pr. pén., art. 63-4 al. 3). Depuis la loi du 27 mai 2014, la personne gardée à vue peut consulter les procès-verbaux. Elle peut surtout présenter des observations au magistrat en charge de la prolongation afin de lui demander la mainlevée de la garde à vue. Si elle ne lui est présentée, elle peut faire connaître oralement ses observations dans un procès-verbal d'audition qui lui sera communiqué avant qu'il ne statue sur la prolongation (C. pr. pén., art. 63-1).

Succession de gardes à vue

(618) Lorsque, **pour une même affaire**, une personne a déjà été gardée à vue puis est ensuite gardée à vue à nouveau, faut-il tenir compte de la première pour calculer la durée globale de l'ensemble ou peut-on, au contraire, commencer une nouvelle garde à vue, laquelle pourra alors durer de 24 à 48 heures en cas de renouvellement ? La question avait été posée à la chambre criminelle[1]. Une personne avait été placée en garde à vue une première fois durant 9 heures, puis une seconde fois, cinq ans plus tard, pendant 43 heures 30. Le total (43,30 + 9) était de 58 heures 30. Y avait-il dépassement du délai de garde à vue ? La Cour a estimé que oui : même cinq ans après la première garde à vue, il fallait se limiter à un maximum absolu de 48 heures. La loi du 14 avril 2011 reprend cette solution. Lorsqu'une personne a déjà fait l'objet d'une garde à vue pour les mêmes faits, alors « *la durée des précédentes périodes de garde à vue s'impute sur la durée de la mesure* » (C. pr. pén., art. 63 III, al. 2). En aucun cas il ne faut dépasser la durée maximale posée par la loi.

(619) Une autre situation a été soumise plus récemment à la Cour de cassation. Cette fois, **des faits distincts** avaient motivé plusieurs gardes à vue pour une même personne et dans des temps immédiatement successifs. Cet homme avait d'abord été placé en garde à vue pour des faits de faux le 9 juillet à 18 heures, mesure levée le même jour à 22 h 30. D'autres policiers, apprenant sa présence dans le commissariat et le soupçonnant de faits de trafic de stupéfiants, le placèrent à leur tour en garde à vue à 22 h 20. Cette seconde garde à vue devait s'achever le 13 juillet à 18 h 48. La garde à vue avait donc, au total, duré plus de 96 heures (durée maximale en matière de stupéfiants) : là encore, la Cour a retenu que la durée maximale de la garde à vue unique devait être observée et que son dépassement portait nécessairement atteinte aux intérêts de la personne ; la nullité s'imposait alors. Pour la Cour : « *si une personne peut être soumise, à l'occasion de faits distincts, à des mesures de garde à vue immédiatement successives et indépendantes l'une de l'autre, elle ne peut toutefois être retenue de manière continue à la disposition des officiers de police judiciaire pendant une période totale excédant la durée maximale de garde à vue autorisée par la loi; que le dépassement de ce délai porte nécessairement atteinte aux intérêts de la personne concernée* »[2]. La continuité des fractions de garde à vue devient ainsi le critère du cumul. La jurisprudence prohibe tout cumul de garde à vue pour des faits différents sans prise en compte d'un délai maximal. La durée totale de garde à vue subie de manière fractionnée pour des faits différents ne doit pas être supérieure à la durée maximale de la garde à vue.

1. Cass. Crim., 13 fév. 1996, *Bull. Crim.* n° 74.
2. Cass. Crim., 17 mars 2004, *Bull. Crim.* n° 69, *AJ pénal* 2004, p. 248, obs. J. Coste.

En revanche, lorsqu'un suspect est placé en garde à vue pour certains faits, il peut être entendu pendant l'exécution de cette mesure sur d'autres faits sans avoir à être placé en garde à vue pour ces derniers. Concernant ces faits, le suspect est auditionné librement. Il peut refuser de répondre et s'en retourner dans les geôles pour attendre d'être interrogé sur les faits objets de la garde à vue[1]. La loi du 27 mai 2014 est d'ailleurs venue préciser que la personne devait alors être informée de la qualification, de la date et du lieu présumés de l'infraction, de son droit à être assistée d'un interprète et d'un avocat, de son droit à garder le silence, c'est-à-dire les droits attachés à l'audition libre (C. pr. pén., art. 65).

(620) La garde à vue a été considérablement réformée par la loi du 14 avril 2011 puis celle du 27 mars 2014. Ces textes marquent un véritable tournant. Du côté des suspects, ils se traduisent par un net renforcement des droits de se défendre en garde à vue[2]. Du côté de la police judiciaire, ils exigent une nouvelle utilisation de cette mesure et la fin des interrogatoires en face-à-face. Du côté du barreau, ces lois nécessitent une véritable organisation des permanences avocats afin de pourvoir aux demandes, même si toutes les personnes intéressées ne demandent pas à être assistées. L'allongement de l'intervention par la présence aux auditions et confrontations peut avoir des conséquences non négligeables sur l'activité et l'organisation des cabinets. La question d'une rémunération décente des avocats, intervenant à l'aide juridictionnelle n'en devient que plus prégnante. Ces lois permettent tout de même à deux mondes, celui des policiers, gendarmes ou douaniers et celui des avocats de se côtoyer plus que par le passé et ainsi de mieux se connaître.

(621) Il reste que l'objectif du législateur est aussi de baisser le nombre de placements en garde à vue. Il semblerait que, sur ce point, l'objectif a été vite atteint[3]. En tout cas, la garde à vue est amenée à être utilisée plutôt en dernier ressort, éventuellement après mise en œuvre d'autres outils d'investigations. Sauf cas d'arrestation flagrante, la garde à vue devrait être un acte exceptionnel de fin d'enquête. Il est vrai que la police judiciaire dispose de nombreux autres pouvoirs.

III.2. Utiliser la force[4]

(622) Avant sa disparition et son remplacement par le Défenseur des droits[5], la Commission nationale de déontologie de la sécurité avait dû rappeler que

1. Cass. Crim., 11 avril 2012, n° 11-85.224. *AJ pénal* 2013, p. 284 obs. H. Vlamynck.

2. Pour autant, seule la personne qui a été personnellement gardée à vue est recevable à demander l'annulation de la procédure qui aurait méconnu les garanties posées par le législateur : Cass. Crim., n° 11-84.694, *D.* 2012. 779, obs. H. Matsopoulou, *AJ pénal* 2012, p. 159, note C. Guéry ; 14 févr. 2012, pourvoi n° 11-87.757.

3. Moins 26 % pour les gardes à vue en droit commun, moins 50 % pour les délits routiers d'après le communiqué du ministère de la Justice en date du 15 eptembre 2011.

4. *Cf.* J. Buisson, « La contrainte », in *Justice et droit du procès, Mélanges en l'honneur de Serge Guinchard*, Dalloz, 2010, p. 915.

5. Constitution 4 oct. 1958, art. 71-1 issu de L. constitutionnelle n° 2008-724 du 23 juillet 2008, art. 41. Depuis le 1er juillet 2014, outre ses autres fonctions, le Défenseur des droits est chargé « *De veiller au respect de la déontologie par les personnes exerçant des activités de sécurité sur le territoire de la République et de contrôler les conditions de prise en charge et de transfèrement des personnes privées de liberté* ».

l'utilisation de la force devait rester proportionnée, spécialement au moment de l'arrestation lors de l'utilisation des gestes techniques d'intervention lesquels mal réalisés peuvent s'avérer extrêmement dangereux[1]. Le défenseur des droits a aussi fait ce constat à propos des armes à létalité réduite type pistolet à impulsion électrique ou lanceur de balle[2]. Reste que le cadre d'emploi des armes par les forces de l'ordre s'avère assez précis et contraignant.

(623) « *L'acte de la force publique* **consiste** *essentiellement à exercer une contrainte sur les personnes et sur les choses* », retient M. Buisson[3].

Concrètement, la police peut utiliser la force pour mettre un terme à un trouble à l'ordre public par exemple pour disperser un attroupement (C. pén., art. 431-3) et, en ce cas, après sommations ou à un risque pour la sécurité publique[4]. Elle y recourt ensuite lorsqu'elle est requise par l'autorité judiciaire. Le procureur de la République peut la mander à cet effet (C. pr. pén., art. 35, 42 et 709) ; il en va ainsi également des juridictions d'instruction (C. pr. pén., art. 51, 123 et 196) ou de jugement (C. pr. pén., art. 310, 321, 404, 409, 465, 469, 519).

(624) L'usage de la force peut exceptionnellement prendre la forme de l'utilisation d'armes. Les enquêteurs sont alors soumis au respect de la légitime défense ou de l'état de nécessité posée par les articles 122-5, 122-6 et 122-7 du Code pénal mais aussi à l'ordre de la loi de l'article 122-4 dudit Code.

L'article 25 du décret n° 2013-700 du 30 juillet 2013 et le décret n° 2013-723 du 12 août 2013 énoncent les différents types d'armes pouvant être acquis et portés par les membres des forces de l'ordre. Le Code de la sécurité intérieure (art. L. 511-5 et surtout R. 511-12 et suivants) régit au plan national les catégories d'armes pouvant être portées et utilisées par les policiers municipaux toujours dans le seul cas de légitime défense[5]. Les armes utilisables par les forces de police et de gendarmerie sont ainsi les matraques ou équivalents (bâton de défense télescopique ou bâton à poignée latérale), bombes lacrymogènes, menottes, lanceurs de balle de défense, pistolets à impulsion électrique et certaines armes à feu.

L'article L. 2338-3 du Code de la défense **permettait aux gendarmes d'user de leurs armes dans des conditions distinctes des policiers**. Se substituant à l'article 174 du décret du 20 mai 1903 aujourd'hui abrogé, il donne en effet, le droit aux gendarmes de faire usage de leur arme à feu dans toute une série de situations :

– violences ou voies de fait exercées contre eux ou menaces par des individus armés ;

1. CNDS, Rapport d'activité 2009, p. 66 et suivants, chapitre intitulé « *Usage des matériels de contrainte et de défense par les forces de l'ordre* », La documentation française 2010. *Cf.* aussi Rapport spécial d'activité pour l'année 2005, La Documentation française, p. 10 et s.

2. Défenseur des Droits, Rapport sur trois moyens de force intermédiaire, 2012.

3. Force publique, *Encyclopédie de droit pénal et procédure pénale*, Dalloz.

4. H. Vlamynck, « Maintien de l'ordre : manifestation, réunions publiques ou attroupements », *AJ pénal* 2009, p. 289.

5. C. sec. int., art. R. 515-9. *Cf.* J.-P. Le Moigne, « L'armement des policiers municipaux : les moyens d'une profession à risques », *Actualité juridique des collectivités territoriales*, 2010, p. 152.

– impossibilité de défendre autrement le terrain, les postes ou les personnes qui leur sont confiés, résistance telle qu'elle ne puisse être vaincue autrement que par la force des armes ;

– fuite des personnes à qui sont adressés des appels répétés de « Halte ! Gendarmerie ! » et pour lesquelles l'usage des armes est le seul moyen de les contraindre à s'arrêter ;

– impossibilité d'immobiliser autrement un véhicule, une embarcation, un moyen de transport dont les conducteurs n'obtempèrent pas à l'ordre d'arrêt.

La jurisprudence exige que le gendarme qui recourt à une arme soit porteur de sa tenue militaire[1] mais elle ne lui impose alors qu'une condition de nécessité dans l'usage de son arme[2].

La police avait naguère ce même pouvoir, mais ce n'est plus le cas. Aussi la doctrine, confortée par les textes régissant cette institution, retient-elle qu'elle ne peut se servir de ses armes que dans le cadre de la légitime défense ou de l'état de nécessité[3].

Dans tous les cas, l'article préliminaire du Code de procédure pénale impose le respect des principes de nécessité, de proportionnalité et de respect de la dignité. Pour la jurisprudence européenne, le recours à la force armée par les agents de l'État doit être rendu « *absolument nécessaire* »[4] pour être conforme à l'article 2 § 2 de la Convention[5].

L'article R. 434-18 du Code de la sécurité intérieure inséré au sein du Code de déontologie de la police et de la gendarmerie reprend ces principes en énonçant : « *Le policier ou le gendarme emploie la force dans le cadre fixé par la loi, seulement lorsque c'est nécessaire, et de façon proportionnée au but à atteindre ou à la gravité de la menace, selon le cas. Il ne fait usage des armes qu'en cas d'absolue nécessité et dans le cadre des dispositions législatives applicables à son propre statut.* »[6]

L'usage de la force violant ces exigences est ainsi susceptible de faire engager la responsabilité du policier ou du gendarme pour violences volontaires ou involontaires[7].

---

1. Cass. Crim., 16 janv. 1996, *Bull. Crim.* n° 22, *RSC*. 1996.369, obs. Y. Mayaud ; 30 avr. 1996, *RSC*. 1996. 869, obs. Y. Mayaud.

2. Cass. Crim., 12 mars 2013, n° 12-82.683 pour l'usage de son arme par un gendarme dont le tir a tué un automobiliste qui refusait de s'arrêter et lui fonçait dessus avant qu'il ne se décale.

3. *Cf.* spec. S. Guinchard, J. Buisson, *Procédure pénale*, préc. n° 657 ; H. Vlamynck, *Droit de la police*, Vuibert, 5e éd. 2014, p. 315. *Cf.* Cass. Crim., 18 févr. 2003, juris-data, n° 017922.

4. CEDH, 27 sept. 1995, *Mac Cann, Farel et Savage c/ Royaume-Uni*, *RSC* 1996. 462, obs. R. Koering-Joulin ; 24 mars 2011, *Giuliani et Gaggio c/ Italie*, n° 23458/02.

5. Pour une condamnation de la France en raison d'une force manifestement excessive (usage d'une arme à feu contre un suspect s'enfuyant) par un gendarme, *cf.* CEDH, 17 avr. 2014, *Guerdner c/ France*, n° 68780/10, *AJ pénal* 2014, p. 359, obs. G. Roussel, par une gifle dans un poste de police, *cf.* CEDU, 28 sept. 2015, n° 23380/05, *Bouyid C/ Belgique*, AJ pénal 2016, p. 222, obs. S. Lavric.

6. Pour un exemple d'un gendarme ayant agi en légitime défense de manière proportionnée en utilisant son arme après sommation et en tuant le détenu qui avait arraché l'arme de sa collègue et menaçait celle-ci pendant une extraction, *cf.* Cass. crim., 9 janv. 2018, n° 16-86.552, *AJ pénal* 2018, p. 145, obs. J.-B. Thierry.

7. Pour un exemple de renvoi d'un commissaire du chef d'atteintes involontaires suite à l'ordre donné d'utiliser un lanceur de balles de défense, *cf.* Cass. Crim., 27 octobre 2015, n° 14-84.952.

Toutefois, afin de permettre aux policiers, aux militaires de la gendarmerie, aux douaniers, et même désormais aux militaires des forces armées puisque ceux-ci sont régulièrement déployés sur le territoire national dans le cadre de la lutte antiterroriste, de faire usage de leur arme afin d'éviter des tueries de masse, et ce, sans attendre la venue des services d'intervention spécialisés et alors que les conditions de la légitime défense ne sont plus forcément remplies, le législateur a d'abord tenté de préciser la définition de l'état de nécessité pour les forces de l'ordre et élargi notamment la condition temporelle de la riposte. L'article 122-4-1 du Code pénal a ainsi disposé que « *constitue un acte nécessaire à la sauvegarde des personnes au sens de l'article 122-7 du Code pénal, lorsqu'un ou plusieurs homicides volontaires ou tentatives d'homicide volontaire viennent d'être commis et qu'il existe des raisons réelles et objectives de craindre que plusieurs autres de ces actes participant d'une action criminelle susceptible de causer une pluralité de victimes pourraient être à nouveau commis par le ou les mêmes auteurs dans un temps rapproché, le fait pour un fonctionnaire de la police nationale ou un militaire de la gendarmerie nationale de faire un usage de son arme rendu absolument nécessaire pour faire obstacle à cette réitération.* »

Puis, suite aux différents attentats et revendications des syndicats de police, le législateur a abrogé cet article et souhaité harmoniser les règles d'usages de leurs armes, entre policiers nationaux, gendarmes, douaniers et parfois militaires des forces armées agissant sur le territoire national. La loi n° 2017-258 du 28 février 2017 a ainsi introduit un article L. 435-1 au Code de la sécurité intérieure précisant cinq cas d'usage de leurs armes par les policiers nationaux, les gendarmes et les douaniers. Cette harmonisation n'a été qu'en partie étendue aux polices municipales en raison de leur statut. Ces différents cas d'usage des armes s'intègrent selon la loi dans ces conditions d'absolue nécessité et de proportion stricte. Les forces étatiques de l'ordre peuvent ainsi user de leurs armes :

« *1° Lorsque des atteintes à la vie ou à l'intégrité physique sont portées contre eux ou contre autrui ou lorsque des personnes armées menacent leur vie ou leur intégrité physique ou celles d'autrui ;*

2° Lorsque, après deux sommations faites à haute voix, ils ne peuvent défendre autrement les lieux qu'ils occupent ou les personnes qui leur sont confiées ;

3° Lorsque, immédiatement après deux sommations adressées à haute voix, ils ne peuvent contraindre à s'arrêter, autrement que par l'usage des armes, des personnes qui cherchent à échapper à leur garde ou à leurs investigations et qui sont susceptibles de perpétrer, dans leur fuite, des atteintes à leur vie ou à leur intégrité physique ou à celles d'autrui ;

4° Lorsqu'ils ne peuvent immobiliser, autrement que par l'usage des armes, des véhicules, embarcations ou autres moyens de transport, dont les conducteurs n'obtempèrent pas à l'ordre d'arrêt et dont les occupants sont susceptibles de perpétrer, dans leur fuite, des atteintes à leur vie ou à leur intégrité physique ou à celles d'autrui ;

5° Dans le but exclusif d'empêcher la réitération, dans un temps rapproché, d'un ou de plusieurs meurtres ou tentatives de meurtre venant d'être commis, lorsqu'ils ont des raisons réelles et objectives d'estimer que cette réitération est probable au regard des informations dont ils disposent au moment où ils font usage de leurs armes. »

Ces différents cas correspondent donc à la défense face à une atteinte ou une menace, la défense des lieux que les agents occupent, l'arrestation d'un fuyard, l'immobilisation d'un véhicule, l'empêchement de la réitération rapprochée d'un meurtre dans le cas d'un périple meurtrier ou d'une tuerie de masse. Le fait d'ajouter la menace armée comme cause d'usage assouplit légèrement l'emploi de l'arme car il ne sera pas obligatoire d'attendre l'atteinte pour riposter de manière proportionnée. En effet, comme l'agresseur est armé, le policier ou le gendarme ne peut se permettre d'attendre qu'il utilise cette arme car il sera alors trop tard.

III.3. Menotter et entraver

(625) L'usage de menottes (aux poignets) et d'entraves (aux chevilles) a pour but de protéger les agents des forces de l'ordre contre le comportement dangereux pour autrui comme pour elle-même d'une personne interpellée. Le « menottage » est ainsi une technique de sécurité. Cependant, il n'est pas anodin. Il est un acte de contrainte important sur le corps de la personne vis-à-vis de laquelle il est exercé. Il entrave leurs actes (c'est le but). Lorsque la personne s'agite, le menottage peut passer par une mise au sol parfois brutale. Il peut même s'avérer douloureux lorsque trop serré. Reste que cette technique peut aussi s'avérer fortement attentatoire à la dignité des personnes qui en font l'objet.

De plus, si les personnes menottées sont aperçues en pareille posture, leur réputation peut par ailleurs en souffrir fortement, *a fortiori* si elles font l'objet de photographies ou d'enregistrements vidéo. Par conséquent, l'article 35 *ter* de la loi de 1881 issu de la loi du 15 juin 2000 prohibe la diffusion sans son accord de l'image de la personne mise en cause identifiée ou identifiable, lorsqu'elle porte des menottes ou entraves ou lorsqu'elle est placée en détention provisoire[1].

À l'égard de certaines personnes, au demeurant, imposer le port de menottes et entraves expose notre pays à la condamnation sur le fondement de l'article 3 de la Convention EDH pour traitement dégradant, comme dans le cas de ce détenu malade qui avait été menotté à sa civière[2]. Aussi le législateur a-t-il imprimé des directives à cet égard à l'article 803 du Code de procédure pénale : dans un premier alinéa, créé par la loi du 4 janvier 1993, il a énoncé que « *Nul ne peut être soumis au port des menottes ou des entraves que s'il est considéré comme dangereux pour autrui ou pour lui-même, soit comme susceptible de tenter de prendre la fuite* ». Ainsi, les juridictions saisies suite à un menottage ayant entraîné un dommage doivent rechercher si la contrainte exercée était ou non excessive en regard du comportement de l'intéressé[3].

Cette règle est applicable, d'après l'article C 803, « *à toute escorte d'une personne, qu'elle soit gardée à vue, déférée, détenue provisoire ou condamnée* ». Elle concerne donc notamment les policiers et gendarmes, mais aussi les personnels pénitentiaires.

---

1. Cass. Crim., 8 juin 2004, *Bull. Crim.* n° 156 selon lequel l'image prime sur le commentaire.
2. CEDH, 27 nov. 2003, *Hénaf c/ France*, req. n° 65436/01, *D.* 2004, chron. p. 1102, E. Péchillon.
3. Cass. Crim. 18 févr. 2014, n° 13-81.858, (censure d'un non-lieu suite à un menottage suivi d'une position ayant entraîné la mort).

Ordinairement, les chefs d'escorte tendent pourtant à mettre les menottes, voire les entraves, pour couvrir tout risque, même hypothétique. Ils ne le devraient pas. Par exemple, il y avait eu violation de l'article 803 dans cette affaire où une personne avait été menottée après sa sortie d'un car de police, dans lequel elle avait fait l'objet d'un contrôle d'identité, lequel s'était passé dans le tout le long[1].

En vertu de l'alinéa 2, créé par la loi du 15 juin 2000, « *Dans ces deux hypothèses, toutes mesures utiles doivent être prises, dans les conditions compatibles avec les exigences de sécurité, pour éviter qu'une personne menottée ou entravée soit photographiée ou fasse l'objet d'un enregistrement audiovisuel* ».

Dans les faits, le menottage systématique est une pratique généralisée, voire banalisée. Il a donc fallu que le Code de déontologie de la police et de la gendarmerie en rappelle le caractère exceptionnel (C. séc. int., art. R. 434-17).

IV. Fouiller

(626) Pour rechercher sur un objet, une personne ou dans un lieu, des objets ou documents susceptibles de la faire progresser, l'acte topique d'enquête est la fouille. Le droit positif permet de fouiller une habitation, une personne ou un véhicule automobile.

IV.1. Perquisitionner

(627) **La perquisition** est l'acte par lequel l'OPJ, le procureur de la République ou le juge d'instruction pénètre dans un domicile, cabinet ou entreprise afin d'y rechercher et d'y saisir des éléments de preuve[2].

(628) La perquisition **se distingue de la visite domiciliaire**, qui est le fait, pour un policier, de s'imposer au domicile d'une personne. Le régime de la visite domiciliaire suit celui de la perquisition, moins les conditions relatives aux éléments recherchés et saisis. Nous en traiterons donc ici au titre de la perquisition. Pour le reste, cependant, des textes spéciaux (articles 60 et 64 du Code des douanes, article 38 du Livre des procédures fiscales, par exemple) prévoient des « visites » très proches des perquisitions, appelées parfois visites domiciliaires.

(629) Celle-ci est régie par les **articles 56 à 59** pour l'enquête de flagrance, et **76** pour l'enquête préliminaire, **92** pour l'enquête sur commission rogatoire, **74** pour l'enquête de mort ou blessure suspecte, **74-1** pour enquête sur disparition inquiétante. L'article 76 est bien moins précis que les articles relatifs à la flagrance : il se focalise pour l'essentiel sur la nécessité (ou non, selon les cas) de recueillir l'assentiment de la personne. À l'alinéa 3, il renvoie d'ailleurs aux articles 56 à 59, lesquels constituent donc le droit commun de la perquisition, quelle que soit la nature de l'enquête l'article 76 n'ayant pour but, s'agissant de l'enquête préliminaire, que d'apporter des précisions relatives au consentement.

1. Paris, 7 janv. 1997, *Dr. pénal* 1998, Comm. 140, obs. Maron, *RSC.* 1999, 105, obs. J.-P. Delmas Saint-Hilaire.
2. *Cf.* H. Vlamynck, « Le policier et le principe de l'inviolabilité du domicile », *AJ pénal* 2011, p. 352.

(630) *Nota* : la perquisition **se distingue encore de la visite sur le lieu de travail**, régie à l'article 78-2-1 du Code de procédure pénale, lequel permet aux OPJ, ou aux APJ sous leur ordre et responsabilité, sur réquisition du procureur de la République, d'entrer dans des lieux de travail et d'y vérifier les conditions d'exercice (immatriculation au registre des commerces et des sociétés ou au répertoire des métiers par exemple), de se faire présenter le registre du personnel, ou de contrôler les identités des personnes présentes afin de vérifier si elles appartiennent bien au personnel figurant sur les registres. Cette procédure, qui a pour objet de faciliter la lutte contre le travail clandestin, n'est d'ailleurs pas exclusive de la réalisation d'une perquisition de droit commun au domicile de l'employeur[1]. Il n'en sera pas traité ici.

A. Le domaine de la perquisition

(631) L'article 56, alinéa 1er, du Code de procédure pénale dispose que peuvent faire l'objet d'une perquisition :

– les personnes paraissant avoir participé à l'infraction considérée ;

– les personnes qui « paraissent détenir des pièces, informations ou objets relatifs » à celle-ci.

Il doit logiquement en aller de même de l'enquête préliminaire, bien que l'article 76 se borne à évoquer « *la personne chez laquelle l'opération a lieu* ».

Il n'est donc pas possible à la police de perquisitionner dans n'importe quel domicile sur la base d'intuitions vagues, ce qui serait, en tout état de cause, peu pertinent.

En outre, le but de la perquisition est la découverte de preuves matérielles, non l'audition d'un suspect. Le recueil des déclarations de la personne sur les objets saisis n'est pas considéré par la Cour de cassation comme une audition[2]. De ce fait, la perquisition n'exige pas le placement en garde à vue de la personne ni son assistance par un avocat[3].

Afin d'éviter tout détournement, il serait peut-être utile de prohiber toute audition pendant la perquisition.

B. Le lieu fouillé

(632) L'article 56 se réfère expressément au « ***domicile*** » des personnes qu'il vise ; l'article 76, pour sa part, se borne à désigner « *la personne chez laquelle* » la perquisition est réalisée. Les dispositions suivant l'article 56 visent des cabinets d'avocats, notaires, entreprises, entreprises de presse, etc.

La **notion de domicile** n'est pas entendue par la jurisprudence pénale dans un sens aussi strict qu'en matière civile[4]. Elle comprend notamment la résidence. Plus généralement, elle est le lieu clos où la personne a le droit de se dire « chez elle », quel que soit le titre de son occupation. Cela peut donc

1. Cass. Crim., 21 nov. 2000, *Bull. Crim.* n° 346.
2. Cass. Crim., 6 févr. 2018, n° 17-84.380.
3. Cass. Crim., 3 avril 2013, n° 12-88.428.
4. Cass. Crim. 31 janvier 1914, *S.* 1916, 1, p. 59.

comprendre une chambre d'hôtel[1], un bureau[2], mais non un véhicule automobile ni une cour d'immeuble (dès lors, du moins, qu'elle n'est pas close[3]), ni un gabion sans raccordement à l'eau ni à l'électricité[4], moins encore une consigne de gare[5].

À l'inverse, la Cour de cassation qualifie la boîte aux lettres d'« *accessoire du domicile* » que les enquêteurs ne peuvent pas forcer en l'absence d'indice d'un flagrant délit ou d'assentiment[6]. La terrasse[7] et le balcon[8] sont aussi des annexes du domicile. Le domicile constitue bien un lieu de rattachement et de protection de la personne, mais qui reste parfois difficile à appréhender[9].

(633) Le fait qu'un lieu ne constitue pas un domicile ne signifie pas, toutefois, qu'il soit interdit aux policiers d'y effectuer une recherche et d'y saisir des objets. Au contraire, ils n'y sont pas liés par les conditions strictes du régime de la perquisition. Il en va ainsi également du bateau, qui n'est pas équipé pour que des personnes y demeurent[10], ou d'une cellule de maison d'arrêt, celle-ci n'étant pas le domicile du détenu[11].

En outre, les enquêteurs ne peuvent pénétrer dans les parties communes d'immeubles qu'avec l'accord de l'un des copropriétaires ou du syndic[12]. De même, lorsqu'ils y sont autorisés par l'exploitant de l'immeuble, les enquêteurs peuvent, dans le cadre d'une enquête préliminaire, ouvrir les placards techniques de l'immeuble qui constituent des parties communes de celui-ci et y saisir des objets[13]. Les constatations effectuées dans un parking souterrain d'un immeuble après accord d'un résident sont ainsi valables[14]. En revanche, s'il n'y a personne pour autoriser les enquêteurs, ils peuvent agir dès lors que les parties communes sont librement accessibles (porte ouverte ou non verrouillée, absence de portail, etc.)[15]. Mais les enquêteurs ne peuvent agir qu'en préliminaire[16]. Ils ne pourront ensuite perquisitionner les domiciles qu'après avoir recueilli le consentement des personnes. Ou alors, ils devront constater un indice apparent qui les fera basculer en flagrance. C'est l'exemple de policiers s'étant rendus dans un immeuble suite

---

1. Cass. Crim. 24 juin 1987, *Bull. Crim.* n° 267.
2. Cass. Crim. 11 sep. 1937, *D.P.* 1937, 1, 40, note G.L. et Cass. Crim., 8 nov. 1979, *Bull. Crim.* n° 311, *JCP* 1980, II, 19337, note Davia.
3. Cass. Crim., 26 sept. 1990, *Bull. Crim.* n° 321.
4. Cass. Crim., 20 oct. 2020, n° 19-87.656.
5. Cass. Crim., 12 oct. 1993, *Bull. Crim.* n° 287.
6. Cass. Crim. 15 oct. 2014, n° 14-83.702.
7. Cass. Crim., 8 févr. 1994, n° 92-83.151.
8. Cass. Crim., 6 mars 2013, *Bull. Crim.*, n° 62.
9. G. Beaussonie, « Immeuble et domicile en droit pénal », *AJ pénal* 2016, p. 59.
10. Cass. Crim., 20 nov. 1984, *Bull. Crim.* n° 355.
11. Cass. Crim., 18 oct. 1989, *Gaz. Pal.* 1990, 1, 235.
12. Cass. Crim., 23 janv. 2013, n° 12-85.059 au visa de l'article L. 126-1 du Code de la construction et de l'habitation.
13. Cass. Crim., 26 juin 2013, n° 12-85.116.
14. Cass. Crim., 23 oct. 2013. n° 13-82.762.
15. Cass. Crim., 2 oct. 2013, n° 12-87.976.
16. Cass. Crim., 27 mai 2009, n° 09-81.115.

à un renseignement anonyme lequel faisait état d'une forte odeur de cannabis qui se dégageait d'un certain appartement. Après avoir pénétré dans l'immeuble, ils montèrent les escaliers communs et détectèrent l'odeur qui se dégageait de l'appartement indiqué par l'appel anonyme. L'occupant les avait autorisés à entrer dans son domicile, où ils découvraient du cannabis. Agissant alors en enquête de flagrance, ils procédèrent à l'interpellation de l'intéressé, perquisitionnèrent l'appartement et saisirent la drogue[1].

Au-delà d'un lieu à proprement parler, plusieurs choses permettant d'accueillir des objets et des informations recherchés sont soumises au régime des perquisitions. Si la question s'est posée au sujet du sac ou de la sacoche[2], le téléphone mobile soulève depuis quelques années d'évidentes interrogations. Ainsi, l'accès au contenu du téléphone, qui est un espace privé dématérialisé, est soumis au régime des perquisitions. De ce fait, il ne s'agit pas d'une audition au sens de l'article 63-4-2 du Code de procédure pénale, nécessitant la présence de l'avocat[3]. De plus, la Cour de cassation a considéré que le refus de remettre son code de déverrouillage du téléphone constitue une infraction pénale dès lors qu'une réquisition a été adressée par un OPJ sous le contrôle de l'autorité judiciaire, avec les précisions en ce sens[4]. L'argument tiré du droit à ne pas s'auto-incriminer pour justifier le refus de transmettre ce code n'est pas efficace[5].

C. Les objets et informations recherchés

(634) La perquisition a un objet très précis : rechercher des « ***papiers, documents, données informatiques*** » (C. pr. pén., art. 56) ce dernier élément ayant été ajouté par la loi n° 2004-575 du 21 juin 2004. Il faut encore y ajouter d'« *autres objets en la possession des personnes* » énumérées *supra*[6].

Ces objets doivent avoir un **lien avec l'infraction**, puisqu'ils doivent être en la possession de la personne qui est, soit censée l'avoir commise, soit susceptible d'apporter, par leur intermédiaire, des éléments de nature à faire progresser l'enquête. Aussi, le fait, pour des policiers, de s'être rendus au domicile d'un avocat et de son épouse avoué, alors que l'avocat les avait invités à y entrer, ne constitue pas une perquisition : en effet, ils n'avaient procédé à aucune fouille et s'étaient bornés à passer dans l'étude et au garage qui y donnait accès, uniquement pour y constater l'absence de traces de sang[7]. Par contre, la présence d'un ordinateur sur les lieux de la perquisition permettra de le saisir, comme n'importe quel objet.

---

1. Cass. Crim., 2 oct. 2013, préc.
2. V. *supra* § 664.
3. Cass. Crim., 12 janv. 2021, n° 20-84.045, *Dalloz IP/IT* 2021.294, obs. O. de Maison Rouge.
4. Cass. Crim., 13 oct. 2020, n° 20-80.150, AJ pénal 2020, p. 587, obs. P. de Combles de Nayves.
5. Cass. Crim., 10 déc. 2019, n° 18-86.878, AJ pénal 2020, p. 33, obs. I. Bllo et E. Mercinier.
6. Des perquisitions spécifiques en matière d'armes sont aussi prévues par l'article 141-5 C. pr. pén. depuis la loi du 15 août 2014.
7. Cass. Crim., 14 sept. 2004, *Bull. Crim.* n° 206, *D* 2005, Pan., 686, obs. J. Pradel, *RSC,* 2005, 389, obs. J. Buisson.

D. Les conditions de la perquisition

Les conditions de réalisation de la perquisition sont strictes, ce qui permet de la réserver à des situations limitées.

Condition de nécessité

(635) L'article 56 comporte une importante condition de nécessité de l'opération de perquisition. Il la réserve au cas où « *la nature du crime est telle que la preuve en puisse être acquise par la saisie* » des objets présentés au point précédent.

Condition de compétence

(636) La gravité des opérations de saisie conduit à la réserver à certaines autorités seulement, à savoir, **dans l'enquête de flagrance, les OPJ**, qui, non seulement peuvent seuls réaliser ces opérations, mais également, seuls, consulter les documents et informations découverts, sous réserve le cas échéant d'être assistés des personnes désignées à l'article 60 du Code de procédure pénale, soit des personnes qualifiées en matières technique et scientifique que ce dernier texte les autorise à requérir (par exemple des informaticiens).

Pourraient également réaliser la perquisition, comme n'importe quel acte de police judiciaire visé au chapitre premier (« *Des crimes et délits flagrants* »), le procureur de la République, comme l'y autorise spécialement l'article 68, alinéa 2.

Dans l'**enquête préliminaire**, il s'agit d'abord des **OPJ** et, sous leur autorité, des **APJ** visés à l'article 20, auxquels renvoie l'article 75 pour l'ensemble des actes autorisés dans ce type d'enquête. Nous verrons par ailleurs que le JLD peut avoir à autoriser la réalisation de perquisitions sans l'assentiment des personnes.

Dans l'information, sont compétents le juge d'instruction (C. pr. pén., art. 92) et concrètement, le plus souvent sur commission rogatoire, des OPJ, voire d'autres magistrats (C. pr. pén., art. 151).

(637) Des **règles particulières** s'appliquent pour certains lieux. Certaines de ces règles s'attachent à respecter les droits de la défense ainsi, seul un juge d'instruction peut perquisitionner le cabinet d'un avocat (C. pr. pén., art. 56-1, al. 1) ; pour d'autres, il s'agit de respecter la liberté de la presse et la diffusion des informations. C'est pourquoi, seul là encore un magistrat peut perquisitionner les locaux d'une entreprise de presse ou de communication audiovisuelle (C. pr. pén., art. 56-2).

Toutefois, pour certaines professions visées à l'article 56-3, à savoir les médecins, notaires, avoués ou huissiers, si le juge d'instruction peut en principe mener seul la perquisition, il a été jugé qu'il pouvait commettre à cette fin rogatoirement un OPJ, à la condition que celui-ci se contente de se faire remettre des documents[1] Pour l'application de l'article 56-3, ces règles particulières ne concernent que les lieux mêmes de l'exercice de leur profession ; ce texte vise en effet leur « *cabinet* ». Ainsi le médecin ne pourrait-il exiger l'application de l'article 56-3 à la perquisition de sa chambre d'hôtel[2].

1. Cass. Crim., 20 sept. 1995, *D.* 1996, p. 296, note Penneau.
2. Cass. Crim., 8 juin 1999, *Bull. Crim.* n° 124.

Condition de consentement

(638) En enquête de flagrance, le consentement de la personne n'est pas requis pour la réalisation de la perquisition. Il en va de même au cours de l'information. Dans ces circonstances, la certitude de l'existence même de l'infraction est plus forte. Dans le cas, particulièrement, de la personne soupçonnée d'y avoir participé, il est normal qu'il ne lui soit pas donné le moyen de bloquer la progression de l'enquête. Cette règle est toutefois plus discutable dans le cas d'une personne seulement susceptible de fournir des informations ou éléments.

(639) C'est **uniquement dans l'enquête préliminaire** qu'est requis le consentement de la personne chez qui est réalisée la perquisition. L'article 76, alinéa 2, dispose que ce consentement doit être donné par écrit, de sa main même et, si celle-ci ne sait pas écrire, qu'il est fait mention *et* de son assentiment *et* de ce fait au procès-verbal. Le contrôle de la qualité de ce consentement tend par ailleurs à se renforcer. Ainsi, le Conseil constitutionnel a déclaré l'inconstitutionnalité de l'absence de dispositions spécifiques permettant d'assurer un contrôle de validité du consentement donné par un majeur protégé pour une telle perquisition[1]. Une réforme est à prévoir dans les plus brefs délais.

(640) Traditionnellement, à défaut d'un tel consentement, la perquisition était nulle[2]. Cependant, la loi n° 2004-204 du 9 mars 2004 a souhaité permettre aux OPJ de **passer outre un refus** éventuel. Elle a ainsi inséré un dispositif à l'article 76, alinéa 4, qui suppose toutefois réunies les conditions suivantes :

– l'opération doit être nécessaire à l'enquête (condition de droit commun qui est ici rappelée) ;

– l'enquête doit porter sur un crime ou sur un délit faisant encourir une peine d'emprisonnement au moins égale à trois ans depuis la loi du 23 mars 2019 ou depuis la loi n° 2010-768 du 9 juillet 2010, si la recherche de biens dont la confiscation est prévue à l'article 131-21 du Code pénal le justifie ;

– il doit y avoir en ce sens une requête faite par le procureur de la République ;

– la décision est prise par le JLD du TJ dans lequel exerce le procureur qui dirige l'enquête, quel que soit le lieu où la perquisition est exécutée (C. pr. pén., art. 76, al. 4 et 5) ;

– la décision est écrite et motivée au regard des éléments, de fait et de droit, qui rendent l'opération nécessaire[3] ;

– la décision précise la qualification des faits en cause, l'adresse des lieux de la perquisition ;

---

1. Cons. const., 15 janv. 2021, n° 2020-873 QPC, *Gaz. Pal.* 23 mars 2021, n° 12, p. 22, obs. F.-X. Roux-Demare.

2. Cass. Crim., 30 mai 1980, *Bull. Crim.* n° 265. Mais le consentement d'un époux vaut pour l'autre, Cass. Crim., 23 oct. 2013, n° 12-82.627.

3. Il est indispensable que cette motivation ne soit pas de pure forme et insiste sur la nécessité de la mesure. Cass. Crim., 23 nov. 2016, n° 15-89.649. *AJ pénal* 2017, p. 43, obs. J.-B. Thierry. En revanche, cette motivation peut être l'exacte reprise des termes de la requête du procureur de la République. Cass. Crim., 21 janv. 2021, n° 18-84.899.

– l'opération est contrôlée par le JLD, qui peut même se rendre sur place à cette fin, mais qui ne peut pas faire grand-chose de plus[1] ;

– il doit s'agir uniquement de rechercher des éléments en lien avec les faits en cause ou la saisie des biens confiscables, à peine de nullité, sauf découverte fortuite révélant d'autres infractions, ce qui était déjà conforme, dans les conditions de droit commun, avec l'état de la jurisprudence[2].

Présence de témoins

(641) Afin d'éviter, d'une part, les contestations des personnes faisant l'objet de la perquisition et, d'autre part, les éventuels abus de policiers anxieux de les mettre en cause, certaines précautions ont été prises.

Dans l'enquête de flagrance il est posé en principe que la **personne** au domicile de laquelle la perquisition est effectuée doit être **présente** (C. pr. pén., art. 57, al. 1er). Cette règle est prescrite à peine de nullité de l'opération de perquisition, y compris lorsque la personne qui n'était pas présente n'a pas contesté la découverte qui y a été faite[3]. La présence de la famille de la personne est insuffisante pour pallier son absence[4]. En revanche, la perquisition au domicile d'un suspect n'exige ni son placement en garde à vue ni la présence de son avocat[5].

Ce n'est que dans les cas où cette présence est « *impossible* » que l'OPJ doit obligatoirement l'inviter à désigner un tiers qui sera lui-même présent (C. pr. pén., art. 57, al. 2). Cette condition est interprétée strictement : il a été ainsi retenu que la détention ne constituait pas l'impossibilité prévue à l'article 57[6] : il est en effet possible de faire extraire la personne de sa prison pour assurer sa présence sur les lieux, *a fortiori* lorsqu'elle est en garde à vue[7] et, donc, à la disposition de l'OPJ. De même, la jurisprudence apprécie strictement l'hypothèse où l'impossibilité alléguée par l'OPJ repose sur l'état de santé de l'intéressé faisant l'objet de la perquisition. N'a pas ainsi été jugée suffisamment convaincante la situation dans laquelle il « *ne pouvait être déplacé sans inconvénient car, frappé par le frère de la victime et atteint d'une fracture du nez, il avait été conduit à l'hôpital le 16 mai de 19 h 30 à 22 h 40 et... le médecin qui l'avait examiné au cours de la journée du 17 mai avait précisé que la fracture du nez était à soigner dans les jours suivants* »[8].

En revanche, l'impossibilité d'identifier le propriétaire d'un lieu est assimilable à l'impossibilité de sa présence[9].

L'article 57 ajoute que, « *à défaut* » pour l'intéressé de pouvoir désigner un représentant, l'OPJ devra requérir deux témoins, lesquels ne pourront pas être ses subordonnés.

---

1. Le *JLD* est ainsi incompétent pour ordonner l'assistance de serrurier. Cass. Crim., 3 avril 2013, n° 2012-86.275, *AJ pénal* 2013, p. 413, obs. G. Roussel.
2. Cass. Crim., 17 mai 1994, *Bull. Crim.* n° 186.
3. Cass. Crim., 3 avr. 2007, *D* 2007, AJ, 1422.
4. Cass. Crim., 25 juin 2013, n° 13-81.377.
5. Cass. Crim., 3 avril 2013, n° 12-88.428.
6. Cass. Crim., 7 déc. 1993, *Bull. Crim.* n° 372 ; Cass. Crim., 3 avr. 2007, pourvoi n° 07-80807.
7. Cass. Crim., 23 fév. 1988, *Bull. Crim.* n° 91.
8. Cass. Crim., 23 fév. 1988, *Bull. Crim.* n° 91.
9. Cass. Crim., 6 mars 2013, n° 12-87.810.

(642) Pour l'**enquête préliminaire**, bien que les textes aient omis de renvoyer à l'article 57, la doctrine considère en général[1] que ses règles de rétention de la personne s'appliquent à l'enquête préliminaire. Le bon sens le recommande à tout le moins[2], puisque, comme nous le verrons, l'autorisation écrite de l'intéressé est exigée dans le cadre de cette enquête.

(643) **En cas d'information**, il faut distinguer deux situations :

– lorsque la perquisition a lieu chez la personne mise en examen, sa présence est requise dans les conditions énoncées à l'article 57, auquel renvoie l'article 95 du Code de procédure pénale[3] ;

– lorsqu'elle a lieu chez un tiers, c'est celui-ci qui doit être présent ; « *s'il est absent ou refuse d'y assister* », l'un de ses parents ou alliés le remplace ; « *à défaut* », deux témoins sont requis (C. pr. pén., art. 96).

(644) L'irrespect des prescriptions de l'article 57 entraîne la **nullité**, à tout le moins de la perquisition. Cette nullité n'est toutefois encourue que si l'irrégularité a fait grief à l'intéressé, ce qui est le cas lorsqu'elle a eu pour résultat sa mise en examen du fait de la découverte de produits compromettants (exemple : stupéfiants[4]), condition qui s'impose en vertu de l'article 802 du Code de procédure pénale (voir *infra*), qui n'était pas, dans le passé, appliqué en pareil cas[5]. De plus, le défaut de signature du procès-verbal de perquisition par les témoins porte nécessairement atteinte aux intérêts du suspect[6].

Conditions propres à certains lieux

(645) Pour certains lieux, une protection particulière a été prévue, outre les règles de compétence vues *supra*. Pour ce qui concerne en premier lieu **les cabinets d'avocats ainsi que leur domicile**, l'article 56-1 du Code de procédure pénale énonce que la perquisition est tout d'abord réalisée obligatoirement par un magistrat (procureur ou substitut dans le cas d'une enquête de flagrance ou préliminaire ou juge d'instruction en cas d'information), de plus, en présence du bâtonnier ou de son délégué. La Cour de cassation considère que les garanties prévues sont suffisantes[7]. Le magistrat peut bien évidemment se faire assister d'OPJ. La décision du magistrat doit être motivée et indiquer la nature de l'infraction en cause, ainsi que les raisons qui justifient la perquisition et son objet. Le bâtonnier en est informé au début des opérations ; il est le seul, avec le magistrat, à pouvoir consulter ou prendre connaissance des documents[8]. Les saisies doivent être strictement limitées à ce qui concerne l'infraction en cause. Une procédure a été mise en place, qui permet au bâtonnier de s'opposer à la saisie de certains documents devant le juge des libertés et de la détention. Le JLD

1. *Cf.* par ex. S. Guinchard, J. Buisson, *Procédure pénale*, préc., n° 948.
2. *Cf.* A. Decocq, J. Montreuil, J. Buisson, *Droit de la police*, Litec, 1998, n° 803.
3. Pour une application, *cf.* Cass. Crim., 7 mars 2000, *Bull. Crim.* n° 103.
4. Cass. Crim., 3 avril 2007, pourvoi n° 07-80807.
5. Cass. Crim., 27 sept. 1984, *Bull. Crim.* n° 275.
6. Cass. Crim., 14 oct. 2015, n° 15-81.765.
7. Cass. Crim., 3 avril 2013, n° 12-88.021.
8. La prise d'une photo de documents équivaut à une consultation et constitue une validation de leur confidentialité si elle est réalisée par les enquêteurs. Cass. Crim., 8 juill. 2015, n° 15-81.179.

doit prendre lui-même connaissance des documents saisis avant de décider s'ils doivent être restitués ou versés dans le dossier de la procédure[1].

(646) La perquisition chez un avocat n'a naturellement pas pour but de trouver des informations sur des infractions commises par leur client, ce qui rendrait la défense pénale impossible, mais de démontrer la participation de l'avocat lui-même à une infraction. Par exemple, les correspondances entre un avocat et son client sont en principe couvertes par le secret professionnel, mais elles peuvent être saisies à titre exceptionnel si elles établissent la preuve de la participation de l'avocat à une infraction[2]. La Cour de cassation a même récemment admis le principe de la copie du disque dur du système informatique d'un cabinet d'avocats : la copie ne perturbait pas *per se* l'activité du cabinet, elle avait été mise sous scellés et, par ailleurs, rien de ce qui était étranger à la procédure n'avait été transcrit[3]... transcrit, certes pas, mais pourtant nécessairement porté à la connaissance des enquêteurs !

(647) Les **entreprises de presse** ou les entreprises de **communication audiovisuelle**, bénéficient également d'un régime particulier prévu à l'article 56-2 du Code de procédure pénale protégeant leurs locaux, leurs véhicules et les domiciles des journalistes. La perquisition n'est effectuée là encore que par un magistrat après décision écrite et motivée. Celui-ci doit démontrer l'existence d'un impératif prépondérant d'intérêt public[4]. Avec la loi n° 2010-1 du 4 janvier 2010, la perquisition ne peut avoir pour objet d'obliger un journaliste à révéler ses sources. Ainsi, l'article 56-2 énonce-t-il que le magistrat « *veille à ce que les investigations conduites respectent le libre exercice de la profession de journaliste, ne portent pas atteinte au secret des sources en violation de l'article 2 de la loi du 29 juillet 1881 sur la liberté de la presse et ne constituent pas un obstacle ou n'entraînent pas un retard injustifié à la diffusion de l'information* ». Seul le maître des lieux peut consulter ou prendre connaissance des documents avec le magistrat.

Une procédure a été mise en place, qui permet de s'opposer à la saisie de certains documents devant le juge des libertés et de la détention.

(648) Pour ce qui concerne les **cabinets des médecins, notaires, avoués ou huissiers**, le magistrat doit réaliser la perquisition en présence de la personne responsable de leur ordre ou organisation professionnelle (C. pr. pén., art. 56-3).

La loi n° 2009-929 du 29 juillet 2009 a introduit un régime spécifique des perquisitions et saisies lorsqu'elles touchent le **secret de la défense nationale** (C. pr. pén., art. 56-4). Certains lieux peuvent abriter des éléments classifiés au titre du secret de la défense nationale. En ces lieux, seul un magistrat peut réaliser la perquisition en présence du président de la commission consultative du secret de la défense nationale ou d'un membre délégué. Le président ou le membre délégué peut seul prendre connaissance des éléments classifiés découverts sur les lieux. Le magistrat peut saisir ceux en rapport avec les infractions objets des investigations (art. 56-4 I). Si une perquisition se déroule dans un lieu qui en principe n'abrite pas d'élément classifié, mais qu'un OPJ y découvre un

1. Cass. Crim., 25 juin 2013, n° 12-88.021.
2. Cass. Crim., 12 mars 1992, *Bull. Crim.* n° 112.
3. Cass. Crim., 14 nov. 2001, *Bull. Crim.* n° 238.
4. Cass. Crim., 25 févr. 2014, n° 13-84.761.

tel élément, il doit informer le magistrat. Celui-ci se rend sur place afin de placer l'élément sous scellés avant de le transmettre au président de la commission (art. 56-4 II). L'article 56-4 III du Code de procédure pénale et l'article 413-9-1 du Code pénal prévoyaient enfin un régime des perquisitions dans les lieux classifiés au titre du secret de la défense nationale par le pouvoir réglementaire. Avant d'agir en ces lieux, le magistrat devait adresser une demande écrite et motivée de déclassification des lieux au président de la commission consultative du secret de la défense nationale. Celui-là rendait un avis avant décision de cette autorité administrative. Cette procédure a été censurée par le Conseil constitutionnel au motif « *que la classification d'un lieu a pour effet de soustraire une zone géographique définie aux pouvoirs d'investigation de l'autorité judiciaire* » et « *qu'elle subordonne l'exercice de ces pouvoirs d'investigation à une décision administrative* »[1]. Une nouvelle liste, plus courte, des lieux non pas classifiés, mais abritant des éléments couverts par le secret, a dû être édictée[2].

(649) Suite à la décision n° 2015-506 QPC du 4 décembre 2015, le législateur a renforcé la protection des juridictions et des domiciles des magistrats afin de protéger les pièces couvertes par le secret du délibéré et garantir ainsi le principe à valeur constitutionnelle d'indépendance de la justice. L'article 56-5 du Code de procédure pénale dispose ainsi que les perquisitions dans les **locaux d'une juridiction ou au domicile d'une personne exerçant des fonctions juridictionnelles** et qui tendent à la saisie de documents susceptibles d'être couverts par le secret du délibéré, ne peuvent être effectuées que par un magistrat, sur décision écrite et motivée de celui-ci, en présence du premier président de la cour d'appel, du procureur général, du premier président de la Cour de cassation ou du procureur général près la Cour de cassation ou de leur délégué. Ces hauts magistrats peuvent s'opposer à la saisie d'un document ou d'un objet s'ils estiment cette saisie irrégulière. Le document ou l'objet est alors placé sous scellé fermé et transmis sans délai au juge des libertés et de la détention, avec l'original ou une copie du dossier de la procédure.

(650) La perquisition peut prendre une forme informatisée. Les enquêteurs peuvent en effet accéder aux données stockées dans un système informatique lorsque ce dernier est implanté dans les lieux où se déroule une perquisition, mais aussi dans tout système accessible depuis celui-ci par voie télématique (C. pr. pén., art. 57-1, 76-3, 97-1). Depuis la loi du 13 novembre 2014, ils peuvent même réaliser des perquisitions informatiques à distance depuis les locaux de leurs services. Ils peuvent aussi requérir toute personne possédant les Codes d'accès des systèmes informatiques visés.

Selon l'article 56 C. pr. pén., les objets saisis « *sont immédiatement inventoriés et placés sous scellés* ». Le placement sous scellés doit ainsi être très rapide, même si la jurisprudence reste assez souple dans la sanction d'un éventuel retard[3] ou d'un cachetage hors la présence des intéressés[4]. La violation des règles régissant les

1. Cons. Const., déc. n° 2011-192 QPC du 10 nov. 2011.
2. Arr. 5 janv. 2012, *JO* 7 janv. 2012. *Cf.* C. défense, art. R. 2311-9-1.
3. Cass. Crim., 30 mars 2016, n° 15-86.693.
4. Cass. Crim., 25 janv. 1996, n° 95-85.560.

scellés n'entraîne de nullité qu'en cas d'atteintes aux droits de la défense[1]. En matière d'instruction, l'article 97 précise ainsi que, lorsque les scellés sont fermés, ils ne peuvent être ouverts qu'en présence du mis en examen ou de son avocat, sauf dans l'hypothèse où le mis en examen ne doit pas être interrogé sur le contenu du ou des scellés. Toutefois, son avocat devra être convoqué. Il s'agit ici d'éviter trop d'extractions en préservant les droits de la défense.

(651) Depuis la loi nº 2010-768 du 9 juillet 2010 réformant le droit des saisies et confiscations, les articles 56, 76, 94 et 97 du Code de procédure pénale, autorisent désormais, en flagrance, en enquête préliminaire et pendant l'information judiciaire, la perquisition « *en tous lieux* » pour les seules recherches et saisies des biens susceptibles de confiscation tels que visés par l'article 131-21 du Code pénal. Cette perquisition doit être autorisée par le procureur ou le juge d'instruction. Elle débouche sur une saisie spéciale.

Moment de la perquisition

(652) Le transport de l'OPJ, en présence de la nécessité de perquisitionner, se fait « *sans désemparer* », **de manière à éviter la déperdition des preuves.**

(653) Par ailleurs, les perquisitions de droit commun doivent être réalisées à des heures qui évitent de troubler par trop la tranquillité des autres personnes. L'article 59, auquel renvoient les articles 76, pour ce qui concerne l'enquête préliminaire, et 92, pour ce qui concerne l'information, dispose que les perquisitions ne peuvent « *être commencées avant **6 heures et après 21 heures*** ». C'est l'heure du début de la perquisition qui est visée : ainsi, celle-ci peut-elle commencer dans ce délai (par exemple à 20 heures) et durer au-delà (par ex. 2 heures du matin) ; la protection de la tranquillité publique est donc limitée. Par ailleurs, en pratique, les perquisitions sont souvent commencées à 6 heures du matin, les personnes étant ainsi surprises « au saut du lit ».

Il est toutefois à noter que ces horaires ne s'appliquent pas à certaines infractions, comme nous le verrons *infra*, en matière de stupéfiants par exemple.

Formalités

(654) Le procès-verbal de la perquisition elle-même (C. pr. pén., art. 56) comprend nécessairement l'indication des moments précis où elle commence et cesse, ainsi que la détermination des personnes présentes, des opérations effectuées et des éléments saisis.

Contestation

La loi du 23 mars 2019 a inséré dans le Code de procédure pénale un article 802-2 prévoyant que toute personne ayant fait l'objet d'une perquisition ou d'une visite domiciliaire en application des dispositions de ce Code et qui n'a pas été poursuivie devant une juridiction d'instruction ou de jugement au plus tôt six mois après l'accomplissement de cet acte pourra, dans un délai d'un an à compter de la date à laquelle elle a eu connaissance de cette mesure, saisir le juge des libertés et de la détention d'une demande tendant à son annulation. Cette nouvelle possibilité de recours comble ainsi une lacune du Code qui n'offrait auparavant cette possibilité aux seules personnes poursuivies.

1. Cass. Crim., 20 sept. 2011, nº 11-84.554.

La requête est formée par déclaration au greffe de la juridiction où la procédure a été menée ou, à défaut, de la juridiction dans le ressort de laquelle la mesure a été réalisée. Dans le second cas, elle est transmise sans délai à la juridiction ayant suivi la procédure. Elle n'a pas d'effet suspensif sur l'enquête ou l'instruction en cours.

Le Conseil constitutionnel a formulé une réserve d'interprétation sur l'article 802-2 dans sa décision du 21 mars 2019. Il a précisé que, lorsque la perquisition contestée en application de cet article a été autorisée par un juge des libertés et de la détention, ce juge ne saurait, sans méconnaître le principe d'impartialité, statuer sur la demande tendant à l'annulation de sa décision. Dans une telle hypothèse, le recours devra donc être examiné soit par un autre juge des libertés et de la détention de la juridiction, soit par un juge désigné par le président du tribunal judiciaire.

Le juge statue, dans le mois suivant la réception de la requête, après avoir recueilli les observations écrites du procureur de la République, du requérant et, le cas échéant, de son avocat. Si les nécessités de l'enquête le justifient, le procureur de la République peut, par réquisitions écrites, demander au juge des libertés et de la détention de se prononcer dans un délai de huit jours. Le juge statue par une ordonnance motivée susceptible d'appel, dans un délai de dix jours à compter de sa notification, devant le président de la chambre de l'instruction.

Si la perquisition est intervenue à l'occasion d'une procédure pour laquelle des poursuites ont été engagées à l'encontre d'autres personnes que celle ayant formé la demande d'annulation, celle-ci est transmise par le juge des libertés et de la détention soit au président de la chambre de l'instruction lorsqu'une instruction est en cours, soit au président de la juridiction de jugement lorsque celle-ci est saisie.

Dans le cadre des recours examinés soit par le juge des libertés et de la détention, soit par le président de la chambre de l'instruction, soit par le président de la juridiction de jugement, le requérant ne peut prétendre qu'à la mise à disposition des seules pièces de la procédure se rapportant à la perquisition qu'il conteste.

E. Le but de la perquisition : la saisie

(655) Les perquisitions ayant pour objet de rechercher des éléments utiles à la manifestation de la vérité, l'OPJ ou le magistrat peut **saisir tous objets**.

Lorsqu'un APJ découvre un objet susceptible d'être saisi, la jurisprudence considère qu'il peut l'appréhender pour le remettre à l'OPJ, lequel procédera à la saisie[1].

Néanmoins, dans le cas d'une perquisition au **cabinet** ou au domicile d'un **avocat**, le magistrat ne peut saisir des pièces qui porteraient atteinte aux droits de la défense et, notamment, les correspondances échangées entre, d'une part, l'avocat et, de l'autre, un suspect, un mis en examen ou un prévenu[2]. En

1. Cass. Crim., 2 mars 1993, *Dr. pén.* 1993, chron. 59.

2. La jurisprudence admet cependant de nombreuses exceptions, notamment en cas d'accord entre l'avocat et son client, ou lorsque l'avocat a participé à l'infraction.

revanche, le secret professionnel ne peut être opposé en cas de perquisition par un magistrat auprès des professions visées à l'article 56-1, alinéa 2 : médecins, avoués, notaires, huissiers.

(656) L'OPJ ou le magistrat qui saisit est tenu de (C. pr. pén., art. 56, al. 4) :
– dresser immédiatement **l'inventaire** des objets ;
– les placer sous **scellés** ;
– les transporter au greffe du tribunal, où ils sont inscrits sur un registre.

Lorsque l'inventaire sur place s'avère difficile, il peut procéder à des scellés provisoires.

Toutefois, l'article 60-3 précise que, lorsqu'ont été placés sous scellés des objets qui sont le support de données informatiques, le procureur de la République ou l'officier de police judiciaire peut, par tout moyen, requérir toute personne qualifiée ou un expert pour procéder à l'ouverture des scellés afin de réaliser une ou plusieurs copies de ces données, pour permettre leur exploitation sans porter atteinte à leur intégrité.

(657) Des dispositions spéciales ont été prévues par la loi du 9 mars 2004 et insérées à l'alinéa 5 de l'article 56 pour ce qui concerne la **saisie de données informatiques**, hypothèse de plus en plus courante. Il est prévu une option entre la saisie du « *support physique des données* » tantôt l'ordinateur avec son disque dur, tantôt le disque dur seul, tantôt encore les clés USB, CD, CD-Rom, etc., trouvés sur les lieux, ainsi que la réalisation d'une copie et, en ce cas, « *en présence des personnes qui assistent à la perquisition* ». Il a même été prévu, à l'alinéa 6 de ce texte, que, si les éléments figurant sur le support d'origine sont dangereux pour la sécurité des personnes ou des biens et qu'il en est réalisé copie, l'original peut être détruit par l'OPJ avec l'accord du procureur de la République. Si les données sont fixées sur un système informatique implanté à distance, même à l'étranger, elles peuvent aussi être enregistrées sur tout support qui sera saisi, sous réserve du respect des règles internationales d'accès aux données (C. pr. pén., art. 57-1 al. 2). S'agissant des courriels, la Cour de cassation est venue faire une précision d'importance. Un courriel constitue un ensemble de données informatiques transmises d'un correspondant à un autre par Internet. Il fait ainsi partie des éléments saisissables lors d'une perquisition, mais il est aussi une correspondance. La Cour a ainsi distingué entre les courriels archivés dans une boîte de messagerie électronique et les courriels envoyés. Les seconds peuvent faire l'objet d'une interception de correspondance en vertu des articles 100-1 et s. C. pr. pén., tandis que les premiers ne peuvent être appréhendés qu'en respectant le régime des perquisitions[1].

(658) En cas de saisie d'argent, « *lingots ou* ***valeurs****, dont* *la conservation n'est pas utile à la manifestation de la vérité ou à la sauvegarde des droits des personnes* », le procureur de la République peut les faire déposer à la Caisse des dépôts et consignations ou à la Banque de France (C. pr. pén., art. 56, al. 8). S'il s'agit de faux billets, leur analyse est requise (C. pr. pén., art. 56, al. 9).

(659) L'OPJ pourrait demander aux **personnes présentes** lors de la perquisition qui seraient « *susceptibles de fournir des renseignements sur les objets, documents et données*

1. Cass. Crim., 8 juill. 2015, n° 14-88.457, *AJ pénal* 2016, p. 90 obs. G. Roussel.

informatiques saisis », de **rester sur place** « *le temps strictement nécessaire à l'accomplissement de ces opérations* » (C. pr. pén., art. 56, al. 11). L'exigence de présence de l'occupant, le temps de la fouille des lieux, constitue un titre de contrainte à son encontre. Nul besoin de le placer en garde à vue[1], sauf si la contrainte a été exercée. L'absence de garde à vue pendant la perquisition permet de bien distinguer les deux mesures[2] et impose de ne pas interroger le suspect sur les faits. Néanmoins, les déclarations spontanées pourront être transcrites sur un procès-verbal de renseignement, mais elles ne pourront fonder une condamnation à elles seules[3].

(660) En matière de saisie de produits stupéfiants, l'enquêteur prélève un échantillon et procède à la pesée des produits avant de les détruire. La pesée doit avoir lieu en présence de la personne qui les détenait ou, à défaut, de deux témoins (C. pr. pén, art. 706-30-1). À défaut, la procédure est irrégulière[4].

En revanche, le simple rassemblement d'armes présentes sur les lieux n'est pas assimilable à une perquisition mais constitue une mesure destinée à assurer la sécurité des personnes. Il n'est donc pas besoin de faire signer le procès-verbal de saisie incidente et placement sous scellés de ces armes[5].

(661) Dans le but de permettre la confiscation d'un certain nombre de biens afin de toucher au patrimoine des délinquants, la loi n° 2010-768 du 9 juillet 2010 a aménagé différents types de saisies de nature conservatoire afin de permettre l'exécution de la peine (C. pr. pén., art. 706-141 à 706-158)[6]. Ces **saisies spéciales aux fins de confiscation** peuvent avoir lieu tant pendant l'enquête de police que l'instruction. Ces différentes saisies suspendent les procédures civiles d'exécution. Elles emportent l'indisponibilité des biens visés qui se trouvent alors sous main de justice. Sont concernés les biens susceptibles de confiscation visés à l'article 131-21 du Code pénal : biens meubles et immeubles, droits incorporels de toute nature, divis ou indivis, ayant servi à commettre l'infraction ou appartenant au suspect (C. pr. pén., art. 706-141).

Ces saisies répondent à des règles communes. Ainsi, lors de l'enquête de flagrance ou préliminaire, le procureur de la République saisit par requête le juge des libertés et de la détention pour qu'il autorise la saisie pénale. Pendant l'information, le juge d'instruction est compétent pour ordonner cette saisie. De manière exceptionnelle, lorsque la saisie porte sur une somme d'argent versée sur un compte bancaire, l'OPJ peut être autorisé par tout moyen par le procureur ou le juge d'instruction sans qu'une décision préalable du JLD soit nécessaire. Ce dernier est saisi dans un second temps par le magistrat compétent pour confirmer ou informer la saisie (C. pr. pén., art. 706-154).

---

1. Cass. Crim. 12 déc. 2000, *Bull.* n° 369 ; 3 avr. 2013, n° 12-88.428.
2. La nullité de l'une étant en principe sans incidence sur l'autre. Cass. Crim. 22 juin 2000, *Bull.* n° 242.
3. C. pr. pén., art. prélim. dern. al.
4. Cass. Crim., 27 janv. 2007, *Bull. Crim.*, n° 20, *AJ pénal* 2007, p. 143, obs. G. Roussel ; 31 oct. 2017, n° 17-80.
5. Cass. Crim., 26 févr. 2014, n° 13-87.065.
6. L. Ascensi, « Les saisies et confiscations en matière pénale après la loi du 9 juillet 2010 : l'édifice parachevé ? », *AJ pénal* 2015, p. 228.

Pour chaque saisie, un recours est prévu pour le propriétaire ou tout tiers devant la chambre de l'instruction. Le procureur et le juge d'instruction peuvent requérir le concours de toute personne qualifiée pour l'accomplissement des actes nécessaires à la réalisation de la saisie spéciale. Un OPJ peut, sur autorisation du magistrat compétent, procéder à une réquisition identique (C. pr. pén., art. 706-142).

Le Code de procédure distingue plusieurs types de saisies.

Les **saisies de patrimoine** sont possibles lorsque l'infraction sur laquelle portent les investigations est punie d'au moins cinq ans d'emprisonnement ainsi que de la peine complémentaire de confiscation de tout ou partie des biens de son auteur. Elle porte sur les avoirs qui ne constituent pas le produit direct ou indirect de l'infraction illégale ou pour les biens d'origine inconnue (C. pr. pén., art. 706-148).

Les **saisies immobilières** portent sur les immeubles dont la confiscation est encourue (C. pr. pén., art. 706-150)[1]. Elle est opposable aux tiers à compter de la publication de la décision au bureau des hypothèques compétent ou au livre foncier (C. pr. pén., art. 706-151) et conditionnée à l'existence d'indices de commission d'une infraction de nature à justifier la mesure[2]. La cession du bien est inopposable à l'État, mais le juge peut autoriser la saisie sur le prix de la vente si la conservation de l'immeuble en nature n'est pas nécessaire et si la vente n'apparaît pas entachée de fraude eu égard au prix et aux conditions stipulés, ou encore si les frais de conservation sont disproportionnés par rapport à la valeur du bien en l'état (C. pr. pén., art. 706-152).

Les **saisies portant sur certains biens ou droits mobiliers incorporels** s'appliquent aux biens ou droits incorporels dont la confiscation est possible (C. pr. pén., art. 706-153 à 706-157) et conditionnée à l'existence d'indices de commission d'une infraction de nature à justifier la mesure[3]. Sont ainsi concernées les sommes d'argent versées sur un compte ouvert auprès d'un établissement de crédit, les créances ayant pour objet une somme d'argent, les créances figurant sur un contrat d'assurance sur la vie, les fonds de commerce, les parts sociales, valeurs mobilières et instruments financiers, les biens ou droits incorporels. Le titulaire du compte et le tiers ayant des droits sur le compte sont informés de la saisie. Mais les tiers n'ont pas accès au dossier[4].

La saisie emporte le gel des actifs concernés. Les comptes bancaires se retrouvent bloqués. Sont suspendues toutes les opérations de rachat, renonciation ou nantissement portant sur un contrat d'assurance sur la vie. Le débiteur d'une somme exigible saisie doit la consigner sans délai à la Caisse des dépôts et consignations ou auprès de l'Agence de gestion et de recouvrement des avoirs saisis et confisqués. Sera notifiée à l'émetteur et à l'intermédiaire financier toute saisie de parts sociales, de valeurs mobilières et d'instruments financiers.

1. La saisie peut s'étendre à tous les biens qui sont l'objet ou le produit de l'infraction. Cass. Crim., 4 sept. 2012, *Bull. Crim.* n° 178, *AJ pénal 2013*, p. 56, obs. J. Lasserre Capdeville.

2. Cass. Crim., 4 mars 2020, n° 19-81.371.

3. Cass. Crim., 4 mars 2020, n° 19-81.371.

4. Par une conformité de cette restriction à la Convention européenne des droits de l'homme, *cf.* Cass. Crim., 25 févr. 2015, n° 14-86.457.

La saisie sans dépossession porte sur des biens confiscables ; elle n'a pour effet de dessaisir ou leur propriétaire ou leur détenteur. Elle permet en outre au JLD ou au juge d'instruction de désigner une personne en charge de la garde des biens et de la charger de leur entretien et de leur conservation. Cette personne ne peut user des biens, sauf si le juge le permet expressément (C. pr. pén., art. 706-158).

En outre, la loi du 9 juillet 2010 a créé l'**Agence de gestion et de recouvrement des avoirs saisis et confisqués** (C. pr. pén., art. 706-159 à 706-163)[1]. Cette agence est un établissement public de l'État placé sous la cotutelle du ministère de la justice et du ministère du budget. Elle est chargée de la gestion des biens qui nécessitent des actes d'administration afin d'assurer leur conservation ou prévenir leur dépréciation. Elle assure la gestion centralisée de toutes les sommes saisies lors des enquêtes. Elle peut aussi ordonner l'aliénation ou la destruction de certains biens et procéder à la répartition du produit de la vente. Pour exercer sa mission, elle peut obtenir le concours de toute personne qui ne peut lui opposer le secret professionnel (C. pr. pén., art. 706-160). L'agence peut aider les magistrats pour la réalisation des saisies ou confiscations et la gestion des biens visés. Elle met en œuvre un fichier centralisant les décisions de saisie et confiscation, ainsi que les informations relatives aux biens, à leur localisation et à leurs propriétaires ou détenteurs (C. pr. pén., art. 706-161).

(662) La loi du 22 mars 2016 a enfin autorisé les agents des services de sécurité internes des entreprises de transports publics de voyageurs à appréhender, en vue de leur confiscation, les marchandises de toute nature offertes, mises en vente ou exposées en vue de la vente sans l'autorisation administrative nécessaire. Ils peuvent également saisir, dans les mêmes conditions, les étals supportant ces marchandises. Ils doivent rendre compte de ces opérations aux OPJ compétents (C. transport, art. L. 2241-4).

IV.2. Fouiller les personnes[2]

A. Données générales

(663) La fouille **consiste à** rechercher sur les vêtements ou sur la personne elle-même des objets dangereux ou des indices.

De son côté, la **doctrine** distingue :

– les fouilles de sécurité (préventives) ;

– les fouilles d'investigation (recherche d'indices).

Cette distinction n'a pas de sens dans de nombreux cas. Si les policiers ou gendarmes fouillent une personne placée en garde à vue, ils le font tant pour des raisons de sécurité, pour eux-mêmes (risque d'usage d'armes) et pour l'intéressé (risque de suicide), que pour contribuer à l'investigation (recherche d'indices). Il nous semble plus pertinent de distinguer selon les modalités de déroulement de

1. L'agence de gestion et de recouvrement des avoirs saisis et confisqués AGRASC, interview d'E. Pelsez, *AJ pénal* 2012, p. 139.

2. *Cf.* M. Herzog-Evans, Fouilles corporelles, *Encyclopédie de droit pénal et procédure pénale*, Dalloz.

la fouille, en fonction du degré d'atteinte croissant qu'elle entraîne vis-à-vis de l'intimité et de la dignité des personnes. Il s'agit de :

- la palpation ;
- la fouille simple ;
- la fouille intégrale, dite « à corps » ;
- l'investigation corporelle interne.

B. Fouille simple *versus* palpation

(664) La palpation, dont le fondement textuel a longtemps été flou, est considérée comme un acte de police administrative destiné à assurer la sécurité des agents en permettant de découvrir des objets ou armes qui pourraient les menacer. Elle se distingue de la fouille intégrale, considérée par la jurisprudence comme une perquisition et donc comme acte de police judiciaire[1]. L'usage systématique de la palpation de sécurité permet de révéler des protubérances suspectes qui peuvent s'avérer être des armes, mais aussi d'autres objets susceptibles de constituer un indice apparent d'une infraction tel un morceau de drogue[2]. La palpation est ainsi autant une mesure de prévention qu'une mesure permettant des investigations[3]. Il a néanmoins fallu attendre le décret du 4 décembre 2013 pour que le fondement juridique et la définition de la palpation soient enfin précisés. L'article R. 434-16 alinéa 2 du Code de la sécurité intérieure dispose ainsi que : « *La palpation de sécurité est exclusivement une mesure de sûreté. Elle ne revêt pas un caractère systématique. Elle est réservée aux cas dans lesquels elle apparaît nécessaire à la garantie de la sécurité du policier ou du gendarme qui l'accomplit ou de celle d'autrui. Elle a pour finalité de vérifier que la personne contrôlée n'est pas porteuse d'un objet dangereux pour elle-même ou pour autrui.* »

Si la palpation ne requiert pas de la personne qu'elle se dénude ou dévoile une partie de son anatomie, elle signifie pourtant, elle aussi, une intrusion dans son intimité, puisqu'elle suppose un contact physique entre le policier qui la réalise et la personne qui en fait l'objet. Pour autant, il n'en a été pendant longtemps nullement fait mention au Code de procédure pénale. À l'inverse, puisqu'intrusive, la jurisprudence a toujours considéré la fouille simple comme un acte de police judiciaire. Cette fouille consiste dans le fait, pour un enquêteur, de mettre la main dans les poches et le sac d'un suspect afin de se saisir du contenu qui peut être utilisé comme preuve. La jurisprudence impose donc qu'une enquête de flagrance soit ouverte pour procéder à cette fouille sans l'assentiment de la personne. L'enquêteur doit donc disposer d'indices de flagrance avant d'agir[4].

Depuis les lois de 2016, les indices ne sont pas nécessaires lorsque les enquêteurs agissent dans le cadre des contrôles d'identité des articles 78-2-2 et 78-2-4. Les premiers interviennent sur réquisition du parquet, les deuxièmes pour prévenir une atteinte à l'ordre public (il faudra néanmoins la démontrer). Ils peuvent, en plus du contrôle, procéder à l'inspection visuelle ou à la fouille des

1. Aix-en-Provence, 28 juin 1978, *Gaz. pal.* 1979, 1, p. 79, note P. L. G. ; Cass. Crim., 14 avr. 1988, *Gaz. pal.* 1989, chron. p. 75 note J.-P. Doucet.
2. Cass. Crim., 27 sept. 1988, *Gaz. pal.*, 1989, 1, somm. p. 75.
3. *Cf.* Cass. Crim., 1er mars 2006, *Bull. crim.* n° 60 sur la palpation sommaire d'un sac d'avocat.
4. Cass. Crim., 23 mars 2016, n° 14-87.370.

bagages des personnes intéressées. Les propriétaires des bagages ne peuvent être retenus que le temps strictement nécessaire au déroulement de l'inspection visuelle ou de la fouille des bagages, qui doit avoir lieu en leur présence. Ils peuvent ainsi être retenus jusqu'à 30 minutes.

La loi du 23 mars 2016 a de plus autorisé les agents des services internes de sécurité de la SNCF et de la Régie autonome des transports parisiens à procéder à l'inspection visuelle des bagages et, avec le consentement de leur propriétaire, à leur fouille (CSI, art. L. 613-2 et C. transport, art. L. 2251-9).

La loi du 14 avril 2011 est tout de même venue préciser le régime des mesures de sécurité, en garde à vue (C. pr. pén., art. 63-6), en cas de retenue suite à violation des obligations du contrôle judiciaire ou de l'exécution d'une peine (C. pr. pén., art. 141-4, 712-16-3), pour la mise à exécution d'une décision de condamnation à une peine d'emprisonnement (C. pr. pén., art. 716-5) ou encore pour déferement (C. pr. pén, art. 803-3). Ces mesures sont, comme dit précédemment, soumises au respect du principe de nécessité (C. pr. pén., art. 63-5 al. 2). De plus, leur objectif a été précisé. Les mesures de sécurité ne doivent pas avoir pour objet d'avilir la personne mais, à l'inverse, de s'assurer qu'elle « *ne détient aucun objet dangereux pour elle-même ou pour autrui* » (C. pr. pén., art. 63-6 al. 1er). Ensuite, leur mise en œuvre a été précisée. Les mesures de sécurité consistent donc dans la détection électronique, la palpation de sécurité au travers des vêtements par une personne de même sexe, le retrait d'objets ou d'effets dangereux, le retrait de vêtements, si les circonstances l'imposent.

C. Fouilles « à corps »

(665) La fouille intégrale, pudiquement appelée aussi « *à corps* », consiste à demander à une personne à se dénuder, ce, afin de permettre un examen de ses vêtements ainsi que des parties de son corps qui permettraient éventuellement de dissimuler des objets. Il peut ainsi être demandé à la personne de se tourner, de se pencher et de tousser. L'atteinte à la dignité de la personne est ici extrême.

Pendant longtemps, ce type de fouille ne faisait pas l'objet de texte en procédure pénale à l'inverse de la procédure douanière (C. douanes, art. 60 dans le cadre du droit de visite). Pourtant, la chambre criminelle a choisi de le valider, au moyen, qui plus est, d'une interprétation par analogie une méthode d'interprétation ordinairement prohibée en matière pénale. Elle l'a fait entrer dans une catégorie qu'elle a considérée comme voisine, celle des perquisitions[1].

La loi du 14 avril 2011 est tardivement intervenue pour préciser ce régime. En garde à vue, la fouille intégrale n'est possible que si elle est « *indispensable pour les nécessités de l'enquête* » et « *si la fouille par palpation ou l'utilisation des moyens de détection électronique ne peuvent être réalisées* ». Elle ne peut alors être décidée que par un OPJ et réalisée dans un espace fermé par une personne de même sexe que l'intéressée (C. pr. pén., art. 63-7). L'OPJ qui s'affranchirait délibérément des règles de procédures pour réaliser une fouille engagerait sa responsabilité pénale pour violences volontaires[2].

---

1. Cass. Crim., 22 janv. 1953, *Isnard, D.* 1953, p. 553.
2. Cass. Crim., 9 oct. 2013, n° 12-81.100.

D. Investigations corporelles internes

(666) Les « *investigations corporelles internes* » (en anglais « *fouilles des cavités* ») ont de longue date reçu un support textuel uniquement en matière douanière (C. douanes, art. 60*bis*). Bien que se pratiquant dans l'enquête, tout spécialement pour découvrir des stupéfiants, elles ne reposaient sur aucun fondement écrit. Elles avaient néanmoins été validées par la Cour de cassation au cours d'une instruction, dans une espèce où l'intéressé avait estimé avoir fait l'objet d'un viol et déposé plainte de ce chef[1]. La chambre criminelle s'est bornée à relever que le médecin avait simplement agi dans le cadre de l'expertise qui lui avait été demandée, laquelle était « *légalement ordonnée* ».

La loi du 15 juin 2000 devait ultérieurement donner une assise juridique à ces pratiques. À son tour, la loi du 14 avril 2011 en a précisé le régime, ce dont il faut se féliciter : l'article 63-7 al. 2 du Code de procédure pénale prévoit en effet que, dans le cadre des seules gardes à vue, des « *investigations corporelles internes* » peuvent être réalisées uniquement par un médecin, requis à cet effet. En outre, ces investigations ne sont possibles que « *lorsqu'il est indispensable pour les nécessités de l'enquête* » d'y procéder. L'autorité pouvant le requérir n'a pas été spécifiée. Compte tenu du caractère extraordinairement coercitif de ce geste, il faut réserver, à notre sens, une telle décision au seul OPJ. Même si l'article 63-7 du Code de procédure pénale, lequel traite en son alinéa 2 des investigations corporelles internes ne fait pas expressément mention, contrairement à l'alinéa 1, de ce que seul un OPJ peut en décider, cela semble aller a fortiori de soi, en raison du caractère plus attentatoire à la dignité de la personne qu'implique un tel geste.

IV.3. Fouiller les véhicules

A. Présentation

(667) Un véhicule terrestre à moteur n'est pas un domicile, en sorte que la jurisprudence refuse d'imposer à sa fouille les conditions strictes de la perquisition[2] ; pour autant, il ne s'agit pas d'un objet quelconque, si bien que le Conseil constitutionnel a retenu que l'on ne pouvait octroyer aux policiers un pouvoir général de visite en présence du propriétaire ou du conducteur[3].

L'apparition de politiques pénales plus répressives, plus spécialement depuis les attentats du 11 septembre 2001, a cependant conduit à trouver une position médiane : la fouille des véhicules a fait l'objet de prévisions textuelles en 2001, 2003 et 2016. Il convient de distinguer, tels que traitées respectivement par ces trois textes, les fouilles de véhicules suivantes :

– les **fouilles** de véhicules pouvant être qualifiées de **générales**, sur réquisitions du procureur de la République ;

– les **fouilles sur soupçon** de commission d'infraction ;

– les **fouilles préventives**, sur réquisitions du procureur de la République.

1. Cass. Crim., 2 déc. 1998, *Bull. Crim.*, n° 39.
2. Cass. Crim., 8 nov. 1979, *Bull. Crim.*, n° 311, *JCP* 1980, II, n° 19337, note Davia.
3. Cons. Const., 12 janv. 1977, déc. 76-75 DC, *D* 1978, p. 173, note Hamon et Léauté.

B. Domaine

(668) **L'article 78-2-2** autorise la fouille du véhicule « *aux fins de* ***recherche et de poursuite*** » des actes de terrorisme, des infractions en matière d'armes et d'explosifs, des infractions de vol, de recel et de trafic de stupéfiants. Surtout, les personnes pouvant faire l'objet d'une fouille sont indéterminées : l'article 78-2-2 vise des opérations qui rappellent les contrôles d'identité sur réquisitions du procureur de la République, avec lesquelles elles peuvent se jumeler, ce texte énonçant que les OPJ peuvent également y procéder. Peuvent en faire l'objet **tous véhicules** « *circulant, arrêtés ou stationnant sur la voie publique ou dans les lieux accessibles au public* ».

Le dernier alinéa de ce texte énonce cependant que le fait que ces opérations révèlent des infractions autres que celles visées par les réquisitions du procureur n'entraîne pas la nullité des procédures incidentes qui seraient engagées à leur égard. Cela semble valider aussi celles-ci en cas de découverte d'infractions ne se trouvant pas mentionnées dans la liste de l'article 78-2-2, comme par exemple une infraction de séjour irrégulier[1].

(669) **L'article 78-2-3** vise quant à lui uniquement la fouille du **véhicule dont le conducteur ou le passager** voit peser sur lui la **suspicion**, laquelle est définie dans les termes habituels : il existe une ou plusieurs raisons plausibles de soupçonner qu'il a commis ou tenté de commettre, comme auteur ou complice, un crime ou un délit **flagrant**. Les infractions en cause ne sont ici pas délimitées, mais, à tout le moins, les personnes pouvant faire l'objet de la visite de leur véhicule doivent être suspectes.

(670) **L'article 78-2-4** prévoit des fouilles que l'on peut sans doute qualifier d'administratives, car ayant pour objet de « *prévenir une atteinte grave à la sécurité des personnes et des biens* ». Dans ces limites pour le moins floues, tout véhicule circulant, arrêté ou stationnant sur la voie publique ou dans les lieux accessibles au public peut être fouillé.

C. Conditions

(671) Les **fouilles de l'article 78-2-2** étant les plus attentatoires aux libertés individuelles, tout à la fois par leur domaine, la détermination des personnes pouvant en faire l'objet et l'absence de recueil du consentement de celles-ci (par hypothèse nombreuses), elles sont en contrepartie soumises à des conditions un peu plus strictes.

Elles supposent, en premier lieu, que le **procureur de la République** prenne des **réquisitions écrites préalables** pour les organiser.

En deuxième lieu, elles ne peuvent être réalisées que par des **OPJ**, « assistés » terme qui exclut une simple délégation, le cas échéant, d'APJ ou APJA visés aux 1, 1*bis* et 1*ter* de l'article 21 du Code de procédure pénale.

En troisième lieu, la durée de ces opérations de fouilles, qui est déterminée par le procureur de la République, peut atteindre **24 heures.** Elle peut même être **renouvelée** si ce dernier en prend la décision expresse et motivée pour une ou plusieurs nouvelles durées de 24 heures, l'article 78-2-3 n'ayant d'ailleurs fixé aucune limite maximale.

---

1. Cass. Civ., 2e, 19 fév. 2004, *Bull. Civ.* II, n° 70, *D.* 2004, IR, 677, *AJ pénal* 2004, p. 160, obs. A. Pitoun, *Dr. Pénal* 2004, Comm., 56, obs. A. Maron.

(672) Les **fouilles de l'article 78-2-3** ne sont pas soumises à des exigences importantes, puisqu'elles ne portent que sur des personnes suspectes et, par ailleurs, dans le cadre de la flagrance : l'intervention n'est pas nécessaire et le consentement de l'intéressé n'est pas requis. Seule est requise la compétence d'un OPJ, assisté le cas échéant des APJ et APJA visés au point précédent.

(673) Les **fouilles de l'article 78-2-4** ne supposent pas, sauf exceptions, de réquisitions préalables du procureur. Elles sont réalisées par un OPJ ou, sous son ordre et sa responsabilité, par un APJ ou un APJA. Elles peuvent, elles aussi, vider les ou APJ bagages en présence de leur propriétaire. Elles requièrent cette fois l'accord des personnes, puisqu'elles ont uniquement un caractère préventif. Il est toutefois possible de passer outre, en cas de réquisitions du procureur de la République.

D. Exécution

(674) Pour l'exécution de toutes les fouilles de véhicules, l'**article 78-2-2** fournit le dispositif applicable : les articles 78-2-3 et 78-2-4 renvoient en effet à ses alinéas 2, 3 et 4.

Il est d'abord prévu que la visite se déroule en principe **en présence du conducteur** ou, si le véhicule est en arrêt ou stationnement, de ce conducteur ou du propriétaire ou, à défaut, d'un tiers requis sans lien avec la police. Ces règles sont proches de celles de la perquisition. Cependant, elles peuvent céder si « *la visite comporte des risques graves pour la sécurité des personnes et des biens* ».

L'immobilisation du véhicule est limitée au temps strictement nécessaire à l'opération.

Un **procès-verbal** est obligatoirement réalisé dans trois circonstances :

- il est découvert une infraction ;
- le conducteur ou le propriétaire du véhicule le demande ;
- ceux-ci sont absents.

Dans ce cas, un exemplaire est remis à l'intéressé, un autre transmis sans délai au procureur de la République.

Il est à noter que l'alinéa 4 de l'article 78-2-2 dispose que, lorsque le véhicule est **aménagé en tant qu'habitation** et sert effectivement à cet usage, ce ne sont pas les règles des fouilles des véhicules qui s'imposent mais celles, plus strictes, de la perquisition.

Relevons, précisément, que les règles aménagées pour la fouille des véhicules ne limitent pas leur réalisation aux seules heures des perquisitions.

V. Analyser

Des prélèvements, tantôt externes, tantôt même internes, ont été récemment aménagés en droit positif, ce, pour tenir compte, notamment, des progrès techniques et traduire le développement de leur usage en pratique.

V.1. Prélèvements externes

(675) La loi n° 2003-239 du 18 mars 2003 a inséré trois dispositions permettant de faire pratiquer des « *prélèvements externes* » dans, respectivement, l'enquête de

flagrance, l'enquête préliminaire et l'instruction: les **articles 55-1, 76-2 et** 154-1 du Code de procédure pénale.

Ces textes permettent à un OPJ de pratiquer ou de faire pratiquer des prélèvements externes, qui seront à leur tour utilisés pour réaliser des analyses techniques et scientifiques de comparaison avec des traces et indices qui auraient été prélevés pour les nécessités de l'enquête : traces, fibres, empreintes, cheveux...

(676) Ces actes ne sont pas censés porter atteinte aux personnes, puisqu'ils sont externes.

C'est pourquoi le législateur les a autorisés, non seulement à l'endroit du **suspect**, défini comme d'habitude comme la personne contre laquelle existent « *une ou plusieurs raisons plausibles de soupçonner qu'elle a commis ou tenté de commettre* » une infraction, mais aussi à l'endroit de simples **témoins**, définis ici comme les personnes susceptibles « *de fournir des renseignements sur les faits en cause* ».

(677) Le refus de se soumettre à un prélèvement constitue une infraction pénale lorsqu'il est commis par un suspect ; il fait encourir une peine d'un an d'emprisonnement et de 15 000 euros d'amende. Ces sanctions avaient été tenues pour disproportionnées par les auteurs de la saisine du Conseil constitutionnel, qui devait émettre à cet égard une réserve d'interprétation : il appartiendra au juge répressif de moduler la sanction prononcée au regard de celle qui pourrait être infligée pour le crime ou le délit à propos duquel le prélèvement est effectué.

Ces règles ont été soumises au contrôle du Conseil constitutionnel, qui, les a jugées conformes à la Constitution, notamment car elles ne consistaient pas en des prélèvements internes et n'étaient ni intrusives, ni douloureuses, ni attentatoires à la dignité[1].

V.2. Prélèvements internes

(678) Pour des infractions d'une particulière gravité en matière sexuelle, la loi a prévu que d'autres formes de prélèvements puissent être effectuées. Nous n'avons pas choisi d'en traiter au titre des enquêtes spéciales, car si, en la matière, quelques règles spéciales existent (fichiers, exécution des peines...), il n'est pas pour autant question d'enquêtes distinctes. La possibilité de réaliser des prélèvements internes figure parmi les règles particulières néanmoins prévues en la matière.

Un premier texte prévoit la possibilité de réaliser des **prélèvements sanguins**, ce, afin de **vérifier si l'auteur d'une infraction à caractère sexuel est atteint d'une maladie sexuellement transmissible** et dans ce cas, naturellement, d'en avertir la victime. L'article **706-47-2**, qui fait suite à l'article 706-47 n'autorise la réalisation de cette prise de sang que pour certaines des infractions de cette liste : viols, agressions sexuelles ou atteintes sexuelles visés aux articles 222-23 à 222-26, 227-25 à 227-27 du Code pénal.

Le prélèvement ne concerne bien entendu que le suspect défini, non dans les termes habituels, mais, comme antérieurement, la « *personne contre laquelle il existe des indices graves ou concordants d'avoir commis* » ces actes.

1. Cons. Const., déc. nº 2003-467 DC du 13 mars 2003.

Ici encore, le refus de se soumettre au dépistage constitue une infraction, laquelle fait encourir un an d'emprisonnement et 15 000 euros d'amende. Il est même ajouté, en dérogation au droit commun, que ces peines se cumulent, sans possibilité de confusion, avec celles susceptibles d'être prononcées pour le crime ou le délit qui fait l'objet de la procédure.

La décision est prise par l'OPJ, qui agit au cours de l'enquête ou sur commission rogatoire. Il est énoncé à l'alinéa 2 de l'article 706-47-2 que celui-ci doit « *s'efforcer d'obtenir le consentement de l'intéressé* ». Il serait pour le moins contraire aux obligations déontologiques de tels professionnels d'agir néanmoins en cas de refus : nous observons ici une impasse juridique.

Le geste lui-même est naturellement effectué par un médecin ou un infirmier.

(679) Un second **prélèvement, d'ordre génétique**, est prévu, aux **articles 706-54** et suivants du Code de procédure pénale, dans le but d'alimenter le FNAEG. Le prélèvement peut être effectué sur (C. pr. pén., art. 707-56-I) :

– le suspect aggravé, soit la « *personne contre laquelle il existe des indices graves ou concordants d'avoir commis* »... une infraction visée à l'article 706-55 ;

– le simple suspect, soit la « *personne contre laquelle il existe une ou plusieurs raisons plausibles de soupçonner qu'elle a commis l'une des infractions* » visées à l'article 706-55 ». Cependant, en ce cas, l'empreinte ne sera pas conservée et fera uniquement l'objet d'un rapprochement ;

– le « *condamné pour* »... une infraction visée à l'article 706-55. La liste visée à cet article est longue : il s'agit d'abord des infractions énumérées à l'article 706-47 (infractions sexuelles[1] ou violentes et graves) et, par ailleurs, de diverses infractions d'une particulière gravité crimes contre l'humanité, atteintes volontaires à la vie, tortures et actes de barbarie, proxénétisme, trafic de stupéfiants, atteinte aux intérêts fondamentaux de la nation et terrorisme, mais aussi de faits de moindre gravité comme les violences, menaces, destructions, vols, extorsions, escroqueries, recel... ;

– une personne qui aurait déjà ses empreintes dans le fichier et serait ultérieurement soupçonnée d'un crime ou d'un délit, cette fois quelconque ; la définition du suspect étant ici celle, plus légère, qui est désormais plus ordinairement retenue (« *une ou plusieurs raisons plausibles de soupçonner qu'elle a commis un crime ou un délit* ») ;

– la personne ayant fait l'objet d'une décision d'irresponsabilité pénale pour trouble mental.

La décision appartient à un OPJ ou APJ, qui pourrait, cette fois, effectuer lui-même le prélèvement ou le confier à une personne habilitée.

(680) Le prélèvement ne peut se faire sur un mineur s'il n'a pas fait l'objet d'une sanction pénale mais seulement d'une mesure de protection judiciaire, quand bien même il serait auteur d'une infraction à caractère sexuel[2].

(681) Le consentement de la personne n'est requis que dans le cas d'une infraction faisant encourir une peine inférieure à dix ans. Cependant, la liberté de choix est

1. Sur les limites de la liste visée à l'art. 706-47, *cf.* Cass. Crim., 21 nov. 2007, pourvoi n° 07-81.787.

2. Cass. Crim., 12 sept. 2007, *AJ pénal* 2007, p. 489, obs. G. Royer.

illusoire : le fait de refuser de se soumettre au prélèvement constitue une infraction (C. pr. pén., art. 707-56-II) faisant encourir :

– un an d'emprisonnement et 15 000 euros d'amende ;

– deux ans et 30 000 euros si le refus émane d'une personne condamnée pour crime.

En outre, il y a, là encore, cumul sans confusion possible entre ces peines et celles que la personne subissait ou qui seront ensuite prononcées pour l'infraction ayant fait l'objet de la procédure à l'occasion de laquelle les prélèvements ont été réalisés.

Par ailleurs, encourrait trois ans d'emprisonnement et 45 000 euros d'amende la personne qui commettrait ou tenterait de commettre des manœuvres pour substituer à son matériel biologique celui de quelqu'un d'autre, avec ou sans son accord. En ce cas, aucun cumul n'a été envisagé.

Enfin, lorsque les différentes infractions visées au II de l'article 706-56 sont commises par un condamné, celui-ci perd de plein droit le bénéfice des réductions de peine dont il avait pu bénéficier ; cela interdit en outre, à l'avenir, l'octroi de nouvelles réductions de peine (C. pr. pén., art. 706-56-III).

Le Conseil constitutionnel a validé ce régime de prélèvement. Il estime en effet que les prélèvements génétiques aux fins de rapprochement et de conservation ne portent pas atteinte à la présomption d'innocence car ils « *n'emportent ni déclaration ni présomption de culpabilité* » et « *qu'ils peuvent au contraire établir l'innocence des personnes qui en sont l'objet* ». L'obligation de soumission posée par la pénalisation du refus de prélèvement n'est d'ailleurs pas contraire au droit de ne pas s'auto-accuser, car elle « *n'implique pas davantage de reconnaissance de culpabilité* ». Le Conseil formule en revanche une réserve d'interprétation selon laquelle le prélèvement d'empreinte aux fins de rapprochement avec les données du fichier ne doit pas concerner les personnes soupçonnées d'avoir commis n'importe quel crime ou délit, mais seulement ceux énumérés à l'article 706-55 du Code de procédure pénale. Néanmoins, le Conseil vide de portée cette réserve lorsqu'il affirme que la liste de l'article 706-55 correspond à l'objectif d'identification des auteurs des infractions y figurant. Il permet ainsi au législateur d'allonger cette liste s'il désire élargir le champ de la suspicion d'origine génétique[1].

VI. Écouter et enregistrer

(682) Il est de plus en plus couramment recouru à des méthodes d'interception de correspondance ou de captation d'images. Cependant, les sonorisations et captations d'images ne concernent pour le moment, en droit français, que la délinquance organisée et ne seront donc traitées qu'*infra*. Nous évoquerons ici le droit commun, *i.e.* les écoutes téléphoniques.

La question des écoutes téléphoniques ne s'est posée en jurisprudence que tardivement : le téléphone était peu répandu en France et les écoutes réalisées peu discrètes. C'est la pression européenne qui nous a contraints à prévoir un régime juridique protégeant la vie privée des personnes, dans des conditions néanmoins compatibles avec les nécessités de la répression.

1. Cons. Const., déc. nº 2010-25 QPC du 16 sept. 2010, cons. 17 ; *AJ pénal* 2010, p. 545, obs. J. Danet.

VI.1. Le droit antérieur à la loi de 1991

(683) Les écoutes téléphoniques nous rappellent l'équilibre qui traverse toute la procédure pénale :

– d'une part, le souci répressif : écouter les conversations de suspects peut aider à la manifestation de la vérité ;

– d'autre part, les libertés individuelles : ces écoutes portent atteinte à l'intimité de la vie privée et, d'une certaine manière, à l'inviolabilité du domicile[1].

(684) La question de **la validité des écoutes** ne s'est toutefois posée en jurisprudence qu'au début des années 1950. Aucun texte n'avait été inséré au CIC, ni ne le fut par la suite au Code de procédure pénale. La Chambre criminelle allait admettre leur validité le 12 juin 1952, dans l'*arrêt Imbert*[2] puis, plus clairement, dans l'*arrêt Tournet* du 9 octobre 1980[3], à une série de conditions :

– une information ouverte et la décision et le contrôle du juge d'instruction ;

– le respect du principe de loyauté[4] ;

– le respect des droits de la défense.

Le fondement des écoutes allait être trouvé dans des textes très larges : les articles 81, alinéa 1er[5] et 151 du Code de procédure pénale[6].

Dans les ***arrêts Kruslin et Huvig du 24 avril 1990***[7], la Cour EDH allait cependant condamner la France, estimant en effet que les articles 81 et 151 n'offraient pas un support textuel suffisamment précis aux écoutes téléphoniques. De ce fait, il manquait, dans notre droit positif, des indications concernant la détermination des personnes et des infractions en cause, la limite temporelle des écoutes, le contenu et la forme des procès-verbaux, ainsi que le sort des enregistrements. La loi de 1991 allait venir corriger ces insuffisances.

VI.2. Droit positif issu de la loi de 1991

(685) La loi du 10 juillet 1990 a distingué entre deux types d'interception : les **interceptions judiciaires** et les interceptions administratives. Il ne sera ici question que des premières.

La loi du 10 juillet 1991 a inséré au sein du Code de procédure pénale les articles 100 et suivants ; ceux-ci ne sont toutefois applicables qu'à de réelles

---

1. Rappelons que l'article 9 du Code civil dispose que « *Chacun a droit au respect de sa vie privée* » et que l'article 8 § 1 de la CESDH énonce que « *Toute personne a droit au respect de sa vie privée et familiale, de son domicile et de sa correspondance* ».

2. *S.* 1954, I, p. 69, note Legal.

3. *JCP* 1981, II, 18578, note Di Marino et, pour une étude des arrêts *Imbert* et *Tournet*, *cf.* J. Pradel et A. Varinard, *Les grands arrêts de la procédure pénale*, Dalloz, 4e éd., 2005, n° 15.

4. Dans l'*arrêt Imbert*, ont été considérés comme déloyaux la mise en scène policière et le fait de piéger le condamné avec l'aval de son correspondant.

5. Il dispose que « *Le juge d'instruction procède, conformément à la loi, à tous les actes d'information qu'il juge utile à la manifestation de la vérité* ».

6. Le principe de légalité, nous le constatons ici, est fort malmené par de telles interprétations.

7. Série A n° 176-A et 176-B, *RUDH* 190, 185, obs. Cohen-Jonathan, *Ann. Fr.dr.int.* 1991, 606, obs. Coussirat-Coustère, *D* 1990, 353, note J. Pradel.

interceptions de communications téléphoniques. Dans toute une série de situations, il a été jugé que tel n'était pas le cas, la conséquence l'objectif étant de ne pas imposer le respect des règles des articles 100 et suivants. Ainsi, ne sont pas des interceptions :

– le compte-rendu, par des policiers, d'une conversation téléphonique tenue en leur présence sans aucun stratagème ou artifice[1] ;

– la lecture et la retranscription de messages arrivés sur un *Tatoo*[2] ;

– la connexion à un Minitel et la lecture de ce que tout un chacun aurait pu lire[3] ;

– l'enregistrement et la transcription de conversations téléphoniques faites par une personne privée[4] ;

– l'interception de mails archivés qui doivent faire l'objet d'une perquisition[5].

(686) Selon le professeur Jean Pradel, le texte aurait en outre posé une condition de **subsidiarité**, puisqu'il permet ces écoutes « *lorsque les nécessités de l'information l'exigent* ». Il est cependant possible de ne voir là qu'une application de la règle générale de nécessité, qui vaut pour tout acte d'instruction.

(687) S'agissant **des personnes susceptibles d'être écoutées**, la précision attendue par la Cour EDH n'a pas été apportée : la loi vise une ligne téléphonique[6] et non une personne. Il en découle, par conséquent, que toute personne peut faire l'objet d'une écoute et que, si elle possède plusieurs lignes, elles peuvent toutes être écoutées[7].

Toutefois, jamais la ligne personnelle ou professionnelle d'un avocat ne peut être écoutée sans que le bâtonnier en soit informé[8] (C. pr. pén., art. 100-7, al. 2). Le président de l'assemblée à laquelle appartient un parlementaire placé sous écoute doit aussi être informé.

S'agissant des avocats, que l'écoute ait lieu sur leur ligne ou celles de leurs clients, ne peuvent être transcrites les correspondances relevant de l'exercice des droits de la défense et ce à peine de nullité (C. pr. pén., art. 100-5 al. 2). Il ne saurait être question de prendre ainsi des renseignements concernant les clients qu'ils défendraient en toute légalité. Toutefois, le texte parle bien de transcription et non d'écoutes. Les enquêteurs peuvent ainsi écouter et obtenir des informations, notamment sur la stratégie de défense (ce qui incite donc les avocats à la prudence au téléphone). La conversation ne sera transcrite que lorsque l'avocat sera lui-même soupçonné car les droits de la défense ne sont plus en cause[9]. La

---

1. Cass. Crim., 2 avr.1997, *Bull. Crim.* n° 131, *Procédures* 1997, Comm. 217, obs. J. Buisson, *RSC* 1997, p. 858, obs. J. P. Dintilhac.
2. Cass. Crim., 14 avr. 1999, *Bull. Crim.* n° 82, *D* 1999, Somm. 124, obs. A ; Maron.
3. Cass. Crim., 25 oct. 2000, Comm. 27, obs. A. Maron.
4. Cass. Crim., 12 sept. 2000, *Bull. Crim.* n° 265, *D* 2000, IR, 299.
5. Cass. Crim., 8 juillet 2015 préc.
6. Il est naturellement possible d'écouter tant la ligne d'un poste fixe que celle d'un téléphone mobile.
7. Cass. Crim., 8 juillet 2015, n° 15-81.731.
8. Cela vaut tant pour les écoutes judiciaires que pour les écoutes de sécurité.
9. Cass. Crim., 14 nov. 2001, *Bull. Crim.*, n° 238, *JCP* 2002, II, n° 10069 obs. Ph. Conte.

jurisprudence permet ainsi de transcrire les propos dont le « *contenu est de nature à faire présumer la participation de cet avocat à des faits constitutifs d'une infraction* »[1]. Si cette nature fait défaut, la retranscription doit être annulée[2]. Une affaire mettant en cause un homme politique célèbre et un avocat a permis à la Cour de cassation d'appliquer sa jurisprudence constante. Elle a validé les écoutes entre l'homme politique et l'avocat car « *aucune disposition légale ou conventionnelle ne fait obstacle à la captation, à l'enregistrement et à la transcription des propos d'un avocat intervenant sur la ligne téléphonique d'un tiers régulièrement placée sous écoute, dès lors que, comme en l'espèce, en premier lieu, cet avocat n'assure pas la défense de la personne placée sous surveillance, qui n'est ni mise en examen ou témoin assisté, ni même n'a été placée en garde à vue dans la procédure en cause, et, en second lieu, ses propos, seraient-ils échangés avec un client habituel, dont le contenu est étranger à tout exercice des droits de la défense dans ladite procédure ou dans toute autre, révèlent des indices de sa participation à des faits susceptibles de qualification pénale, tels que les a analysés, en l'espèce, sans insuffisance ni contradiction, la chambre de l'instruction* ».

Elle a néanmoins censuré la transcription de l'écoute entre l'avocat et son bâtonnier, car « *ne pouvait être transcrite la conversation téléphonique entre un avocat, placé sous interception, et son bâtonnier, qui ne révélait aucun indice de participation personnelle de ce dernier à la commission d'une infraction pénale* »[3].

L'article 100-7 a par ailleurs été modifié par la loi n° 2004-204 du 9 mars 2004, qui lui a ajouté un alinéa 3 relatif aux écoutes téléphoniques pouvant être pratiquées sur une ligne dépendant du cabinet d'un magistrat ou de son domicile. En pareil cas, le premier président ou le procureur général de la juridiction où il réside doit être informé. La loi n° 2010-1 du 4 janvier 2010 a aussi prévu que ne peuvent être transcrites à peine de nullité les correspondances permettant d'identifier la source d'un journaliste, en violation du secret des sources prévu par l'article 2 de la loi du 29 juillet 1881 (C. pr. pén., art. 100-5 dern. al.).

(688) **C'est la ligne qui est écoutée, non la personne**. Ce pourrait d'ailleurs être une cabine téléphonique, un fax... En outre, toutes les lignes d'un téléphone peuvent être écoutées simultanément par exemple lorsque reliées à un même boîtier IMEI[4]. De plus, d'autres que l'intéressé vont être ainsi entendus et enregistrés : tous ses interlocuteurs. Il a ainsi été jugé que n'était pas illicite l'écoute d'une ligne d'une personne, proche d'un mis en examen, quand bien même elle avait été en conversation de la sorte avec son avocat[5] mais il ne faudrait pas que l'avocat soit le conseil du mis en examen[6]. D'ailleurs, la loi n° 2005-1549 du 12 décembre 2005 a inséré à l'article 100-5 du Code de procédure pénale un

1. Cass. Crim., 1er oct. 2003, *Bull. Crim.*, n° 177, *AJ pénal* 2003, p. 64 note. P. Luciani-Mien.
2. Cass. Crim., 17 sept. 2008, *Bull. crim.* 2008, *RSC* 2009. 896 obs. J. Buisson.
3. Cass. Crim., 22 mars 2016, n° 15-83.205.
4. Cass. Crim., 22 nov. 2017, n° 17-81.736, *AJ pénal* 2018, p. 64, obs. D. Aubert.
5. Cass. Crim., 10 mai 1994, *Bull. Crim.* n° 180 ; Cass. Crim., 8 oct. 1997, *Procédures* 1998, Comm. 46, obs. J. Buisson ; Cass. Crim., 30 sept. 1998, *Bull. Crim.* n° 243, *Procédures* 1999, Comm. 42, obs. J. Buisson.
6. Cass. Crim., 18 janv. 2006, *Bull. Crim.* n° 22, *RSC*, 2006, p. 413, obs. J. Buisson.

alinéa 3, qui dispose que « *À peine de nullité, ne peuvent être transcrites les correspondances avec un avocat relevant de l'exercice des droits de la défense* ».

Pour le commun des mortels, point de protection. Lorsque la ligne d'une personne est placée sous écoute, elle n'est pas la seule à être ainsi entendue : tous ses interlocuteurs sont également victimes de violation de leur vie privée.

(689) **L'autorité auteur de la décision** de placer sous écoute est toujours un juge judiciaire :

– ordinairement le **juge d'instruction** (C. pr. pén., art..100) ;

– mais aussi, dans le cadre de l'enquête de flagrance ou préliminaire, le **JLD**, ajout au droit positif effectué par la loi du 9 mars 2004 et concernant uniquement la délinquance organisée au sens de l'article 706-73 (C. pr. pén., art. 706-95 et voir *infra*). La demande est transmise aux opérateurs téléphoniques par l'intermédiaire de la plate-forme nationale des interceptions judiciaires (C. pr. pén. art. 230-45), laquelle n'est pas encore opérationnelle[1].

Le projet de programmation de la justice prévoit de permettre en flagrance et préliminaire le recours aux interceptions de correspondance sur autorisation du JLD saisi par le parquet en cas d'infraction punie de trois ans d'emprisonnement ainsi que pour les crimes pendant un mois. En cas d'urgence, le parquet pourra décider de la mesure avec confirmation du JLD dans les vingt-quatre heures.

(690) La **décision du juge est insusceptible de recours** (C. pr. pén., art. 100). Il est souvent énoncé que cela tient à l'absence de valeur juridictionnelle de la décision : cette analyse est contestable. S'agissant d'une décision portant atteinte aux libertés individuelles et prise par un juge de premier degré, elle devrait, en bonne logique, pouvoir être contestée. Il a été considéré que le seul regard du juge judiciaire au moment de la prise de la décision constituait une garantie suffisante. D'ailleurs, la Cour de cassation n'exige même pas que le contrôle du juge soit effectif. Dans le cadre de l'application de l'article 706-95, elle a estimé que la simple transmission des procès-verbaux au JLD était suffisante[2]. Ce n'est pas le point de vue de la Cour EDH, laquelle retient que la position de la Cour de cassation, selon laquelle le fait que la décision soit prise par un magistrat implique la régularité des écoutes, revient à priver les personnes de tout recours, notamment au regard des exigences de l'article 8 de la Convention. Elle a retenu ainsi, à deux reprises, que celles-ci n'avaient pas bénéficié d'un recours efficace[3]. Il n'empêche, la jurisprudence française continue de considérer que le régime des écoutes reste compatible avec l'article 8 de la Convention[4].

(691) Le formalisme marque fort heureusement, sans surprise, la prise de la décision. Il faut un écrit (C. pr. pén., art. 100, al. 2), en pratique une commission rogatoire adressée à l'OPJ. La décision est motivée par référence aux éléments de

1. *Cf.* Décret n° 2016-1852 du 23 décembre 2016 modifiant le décret n° 2014-1162 du 9 octobre 2014 relatif à la création de la « Plate-forme nationale des interceptions judiciaires ».

2. Cass. Crim., 23 mai 2006, *Bull. Crim.* n° 139, *AJ pénal* 2006, p. 367, obs. C. Girault, *RSC*, 2006, 853, note Filniez.

3. CEDH, 24 août 1998, *Lambert c/ France, JCP* 1999, I, 105, obs. F. Sudre, *D* 1999, Somm 271, obs. Renucci ; *RSC*, 1998, 829, obs. Pettiti ; *RSC*, 1998, 393, obs. Koering-Joulin ; CEDH, *Matheron c/ France, D* 2005, p. 1755, note J. Pradel, *JCP* 2005, II, n° 10091, note Di Raimondo.

4. Cass. Crim., 27 sept. 2011, pourvoi n° 11-81.458, *D.* 2012. 263, note. T. Potaszkin.

fait et de droit justifiant que ces opérations sont nécessaires. Elle comporte tous les éléments d'identification de la liaison à intercepter, l'infraction qui motive le recours à l'interception ainsi que la durée de celle-ci (C. pr. pén., art. 100-1). Il y a naturellement un **procès-verbal**, tant des enregistrements (C. pr. pén., art.100-4) que des destructions de ces derniers, qui doivent intervenir *in fine* (C. pr. pén., art.100-6 et voir *infra*).

(692) Au **fond**, la décision ne peut concerner que certaines infractions, d'une gravité suffisante. Cependant, le curseur a été placé assez bas : il suffit d'un crime ou d'un délit faisant encourir une **peine de deux ans** (C. pr. pén., art. 100). Par ailleurs, le juge ne peut décider de l'écoute que pour les **nécessités de l'instruction**. Cela signifie qu'il faut nécessairement, du moins en droit commun (sur les procédures relatives à la délinquance organisée, voir *infra*), qu'une instruction soit ouverte.

Il faut encore compter avec l'**application du principe de la loyauté des preuves.**

Il avait ainsi été jugé, à l'occasion de la très médiatisée affaire Schuller-Maréchal, qu'était illicite l'écoute[1] :

– réalisée par des OPJ durant une enquête préliminaire et non sur commission rogatoire d'un juge d'instruction dans le cadre d'une information ;

– qui permet de réaliser « une machination de nature à déterminer » les agissements du requérant et, donc, vicie « la recherche et l'établissement de la vérité » et « porte atteinte au principe de la loyauté des preuves ».

(693) Le juge doit indiquer la **durée** précise de l'interception (C. pr. pén., art. 100-1). En tout état de cause, celle-ci peut être inférieure ou égale à quatre mois, mais ne saurait excéder cette durée. Toutefois, elle peut être renouvelée, sans limite, de quatre mois en quatre mois, dans la limite d'un an, deux ans en matière de criminalité organisée.

L'absence de précision de la durée de l'interception de correspondances téléphoniques dans la décision l'autorisant porte nécessairement atteinte aux intérêts des personnes concernées, entraînant donc la nullité de la mesure sans la démonstration d'un grief[2].

(694) Concrètement, **ceux qui écoutent** sont un OPJ et un agent de l'entreprise de télécommunication concernée. Il appartient au juge d'instruction ou à l'OPJ commis de retranscrire les enregistrements. **Ne sont retranscrites que les parties des conversations** « *utiles à la manifestation de la vérité* » (C. pr. pén., art. 100-5), mais rien n'empêche les OPJ de garder en mémoire le reste qu'ils ont par définition entendu.

Si la conversation est en langue étrangère, elle peut naturellement être traduite par un interprète.

(695) **Le sort des écoutes** est réglé à l'article 100-6. Les enregistrements sont détruits à la diligence du procureur de la République, une fois que la prescription de l'action publique a expiré.

1. Cass. Crim., 27 fév. 1996, *JCP* 1996, II, n° 22629, note M.-L. Rassat.
2. Cass. Crim., 9 janv. 2018, n° 17-82.946, *AJ pénal* 2018, p. 158, obs. J. Frinchaboy.

Précisément, les règles de la prescription ont soulevé des difficultés en jurisprudence à propos de l'affaire dite des « écoutes de l'Élysée », le 4 mars 1997[1]. À partir de 1983, une cellule antiterroriste s'était constituée sur ordre de l'Élysée, laquelle avait écouté des centaines de personnes de manière notoirement inutile[2]. La révélation de ces écoutes avait été faite dans la presse en novembre 1992. Une première série de personnes avait déposé plainte au début de l'année 1993. Puis le nouveau Code pénal était entré en vigueur et, en 1995, de nouvelles révélations avaient montré que beaucoup d'autres personnes avaient été écoutées. Certaines devaient à leur tour déposer plainte en février, puis en septembre 1995. Restait à savoir si ces faits étaient prescrits : le problème est que, alors même que ces faits étaient criminels avant le Code pénal[3], ou correctionnels sous d'autres aspects, ils étaient exclusivement correctionnels avec le Code pénal[4]. Or la prescription est de dix ans en matière criminelle et de trois ans pour les délits, tandis que les faits s'étaient déroulés de 1983 à mars 1986. La Cour de cassation, a admis que les faits criminels n'étaient pas prescrits, se fondant non sur une cause d'interruption de la prescription, mais sur son point de départ. Elle a estimé, en effet, que les faits étant par nature clandestins, cela n'avait pas de sens de faire partir la prescription à compter de la date de leur commission, soit 1983-1986. Au contraire, il fallait la faire partir de la date de la découverte, par la victime, de l'écoute illégale. Les victimes ayant fait cette découverte en novembre 1992, la prescription avait commencé à courir à ce moment-là. Elles déposèrent une plainte en janvier 1993, ce qui avait en outre interrompu la prescription, qui n'avait donc couru que deux mois. Il n'y avait aucun problème pour admettre la plainte. Il en alla de même, du fait du même critère, pour les faits correctionnels : les victimes avaient découvert les faits en 1995 et aussitôt déposé plainte.

VII. Faire appel à un expert, à une personne morale ou à un technicien

(696) Depuis 1985, un OPJ peut requérir « ***toutes personnes qualifiées*** » pour réaliser des examens techniques ou scientifiques. Cette faculté est régie par l'article 60 du Code de procédure pénale, s'agissant de l'enquête de flagrance, l'article 77-1 y renvoyant pour ce qui concerne l'enquête préliminaire. La différence entre l'enquête de flagrance et l'enquête préliminaire provient essentiellement du fait que dans la première, l'OPJ requiert de sa propre initiative, alors que dans l'enquête préliminaire, l'OPJ a besoin d'une autorisation préalable du procureur. Il agit alors sur réquisition du magistrat (C. pr. pén., art. 77-1-2).

---

1. Cass. Crim., 4 mars 1997, *RSC* 1997, p. 669, obs. J.-P. Dintilhac.
2. Artistes, universitaires, journalistes et organismes de presse, magistrats et même, un comble, ministère de l'Intérieur et renseignements généraux.
3. Ils étaient visés par l'article 114 de l'Ancien Code Pénal au titre de l'attentat à la Constitution.
4. Au titre d'atteintes à la vie privée et aux droits de la personne par traitement informatique.

Cette réquisition ne peut être délivrée par instruction permanente, mais au cas par cas afin de garantir la direction de la police par le parquet[1].

Dans le cadre de la réforme de la médecine légale, la loi n° 2011-525 du 17 mai 2011 est venue préciser le régime de l'autopsie judiciaire qui peut être requise dans le cadre des enquêtes de police ou de l'instruction. L'autopsie ne peut être réalisée que par un praticien titulaire d'un diplôme attestant de sa formation en médecine légale ou d'un titre justifiant de son expérience en médecine légale (C. pr. pén. art. 230-28).

(697) Il ne faut pas confondre ces réquisitions de techniciens ou spécialistes avec celles consistant à demander l'aide des organismes de téléphonie pour la mise en œuvre des écoutes téléphoniques. Dans ce dernier cas, l'article 60 n'est pas le régime juridique applicable[2].

(698) Ces personnes qualifiées sont, soit des experts visés par l'article 157 du Code de procédure pénale (médecin légiste par exemple), soit d'autres spécialistes, mais, dans ce cas, ils doivent prêter serment[3], par écrit, d'apporter leur concours à la justice en leur honneur et en leur conscience (C. pr. pén., art. 60, al. 2).

Les services de police et de gendarmerie ont créé des corps spécialisés pour procéder aux investigations de **police technique et scientifique** : service local de police technique ; service régional d'identité judiciaire ; institut national de police scientifique ; et institut de recherche criminelle de la gendarmerie nationale. Leurs membres n'ont pas forcément la qualité d'OPJ ou d'APJ, mais sont le plus souvent ingénieurs, techniciens ou agents spécialisés.

Leur saisine répond aux règles de saisine des services de police judiciaire (C. pr. pén., art. 12-1 et D. 3). Le magistrat qui dirige l'enquête saisit un service de police judiciaire. Le chef de ce service choisit à son tour les OPJ et les personnels de police technique et scientifique qui lui sont rattachés. Si le magistrat ne désigne pas de service spécifique d'identité judiciaire, l'OPJ en charge de l'enquête pourra donc sans formalisme particulier choisir le technicien appartenant au même service que lui selon un principe de subdélégation[4]. Il n'a donc pas à procéder à une réquisition. Si l'OPJ veut faire appel à un service d'identité judiciaire qui n'appartient pas au même service que lui, il devra recourir à une réquisition à personne qualifiée des articles 60 et 77-1 (C. pr. pén, art. D. 7)[5].

En principe, leurs conclusions sont communiquées aux suspects ici définis comme « *les personnes à l'encontre desquelles il existe des indices faisant présumer qu'elles ont commis ou tenté de commettre une infraction* », ce, par l'OPJ agissant sur instruction du procureur de la République.

(699) À ce premier dispositif, la loi du 9 mars 2004 a ajouté la possibilité, pour les OPJ comme pour le procureur de la République, de requérir « ***toute personne*** »

1. Cass. Crim., 17 déc. 2019, n° 19-83.574, obs. E. Clément.
2. Cass. Crim., 23 mai 2006, *Bull. Crim.* n° 141, *AJ pénal* 2006, p. 413, obs. G. Roussel.
3. À peine de nullité : Cass. Crim., 3 oct. 1996, *Bull. Crim.* n° 345.
4. Cass. Crim., 21 juin 2006, *Bull. Crim.* n° 193, *AJ pénal* 2006, p. 452, obs. G. Roussel.
5. Pour une application de ce principe, *cf.* Cass. Crim., 4 nov. 2010, pourvoi n° 10-84.389, *AJ pénal* 2011, p. 38, obs. H. Vlamynck.

ou « *tout* ***organisme privé ou public ou... toute administration publique*** » qui détiendrait des « *documents intéressant l'enquête* » (lesquels peuvent aussi être issus de systèmes informatiques ou de traitement de données nominatives) de leur remettre ces documents, le cas échéant sous forme numérique (C. pr. pén. art. 60-1 ; 77-1-1 et 99-3). Pendant l'enquête préliminaire, cette recherche de renseignement est subordonnée à l'autorisation préalable, verbale comme écrite, du procureur de la République. La réponse des gestionnaires des systèmes peut se faire par voie télématique ou informatique et ce dans les meilleurs délais. (C. pr. pén., art. 60-2 et 77-1-2). Le secret professionnel n'est pas opposable. L'accord des intéressés est toutefois requis lorsqu'il s'agit d'avocats, d'entreprises de presse, de médecins, de notaires, d'avoués ou d'huissiers[1]. Les enquêteurs peuvent ainsi obtenir des relevés de compte bancaires, des images issues de vidéosurveillance, des contrats, des factures, les éléments d'une messagerie électronique[2].

Le refus de se soumettre à ces demandes constitue, quoi qu'il en soit, une infraction punissable d'une amende de 3 750 euros.

(700) La loi du 18 mars 2003, modifiée par celle du 9 mars 2004, prévoit aussi la possibilité pour l'OPJ de **requérir des opérateurs de télécommunications** pour leur demander de conserver, pendant un an au maximum, le contenu des informations consultées par les personnes utilisatrices des services fournis : sites Internet consultés, courriels, etc. (C. pr. pén., art. 60-2). D'après le décret n° 2011-219 du 25 février 2011, les fournisseurs d'accès internet doivent conserver les identifiants de la connexion, les identifiants attribués à l'abonné et au terminal utilisé pour la connexion, les dates, heures de début et de fin de connexion et les caractéristiques de la ligne de l'abonné. Les hébergeurs doivent conserver les identifiants de connexion attribués par le système, les types de protocoles utilisés, la nature de l'opération, les dates et heures de l'opération et l'identifiant utilisé. Doivent aussi être conservées les informations relatives à la souscription d'un contrat, à l'ouverture d'un compte et aux données de facturation.

Les réquisitions permettent donc d'obtenir les factures détaillées des appels (les fadettes) qui permettent d'obtenir tout un ensemble de données sur un appel téléphonique (numéros appelants/appelés, heures, correspondants) sans avoir à respecter le régime des écoutes téléphoniques. En obtenant les données des relais et antennes téléphoniques, il est même possible de localiser un téléphone, même s'il n'est pas utilisé ou est éteint.

Le refus de se soumettre à ces demandes constitue là encore une infraction punissable d'une amende de 3 750 euros[3].

La loi du 15 novembre 2001 permet en plus au procureur de la République pendant l'enquête de police ou au juge d'instruction pendant l'information, de

---

1. Seulement lorsque le document est détenu par l'avocat. Lorsque les documents relatifs à un avocat sont détenus par une banque, l'accord de l'avocat n'est pas requis (Cass. Crim., 17 déc. 2013, n° 13-85.717).

2. Cass. Crim., 22 oct. 2013, n° 13-81.945.

3. Toutefois, lorsque l'opérateur requis est situé à l'étranger, la réquisition demeure valable mais l'opérateur est libre ou non d'y référer sans encourir de sanction du fait de la territorialité de la loi pénale. Cass. Crim., 6 nov. 2013, n° 12-87.130, *D.* 2013.2826, note P. Hennion-Jacquet.

requérir toute personne afin de **décrypter** en clair des données chiffrées ou codées ainsi que, si nécessaire, la convention secrète de déchiffrement. Cette réquisition peut être adressée à une personne morale. Le technicien qui réalise le déchiffrement doit être agréé par le magistrat et prêter serment, sauf s'il est inscrit sur une liste d'experts. La réquisition peut aussi être adressée aux moyens de l'État couverts par le secret de la défense nationale. Elle sera alors adressée au service national de police judiciaire chargé de la lutte contre la criminalité liée aux technologies de l'information (C. pr. pén., art. 230-1 à 230-5). La loi du 13 novembre 2014 a étendu ce pouvoir de réquisition par décryptage aux OPJ agissant sur autorisation du procureur ou du juge.

(701) Enfin, lorsque l'OPJ n'a besoin que d'une assistance matérielle pour son enquête qui n'exige pas de recueillir un avis mais une prestation manuelle, il peut réaliser une réquisition à manouvrier. Cette réquisition porte sur une prestation de service : serrurier pour l'ouverture d'un coffre ou d'une porte, garagiste pour l'enlèvement d'un véhicule, etc. Le pouvoir de réquisition fait partie du pouvoir propre de l'OPJ[1] et se fonde sur l'article R. 642-1 C. pén. qui réprime d'une contravention de dernière classe le fait de ne pas y déférer.

VIII. Ficher

(702) Les services de police mettent en œuvre ou ont accès à de très nombreux outils informatisés qui leur permettent de multiplier les sources d'information sur les infractions et leurs auteurs. Ils permettent d'identifier les suspects plus aisément. Après une période de multiplication[2], le législateur a choisi d'encadrer un peu plus ces fichiers sans entraver leur développement en les codifiant. La loi du 14 mars 2011 LOPPSI 2 a ainsi abrogé les articles 21 et 21-1 de la loi du 18 mars 2003 qui fondaient le régime des fichiers. Elle leur a substitué un nouveau chapitre du Code de procédure pénale consacré aux « Fichiers de police judiciaire » et donné une base juridique aux logiciels de rapprochement judiciaire. Ces outils s'ajoutent à d'autres fichiers utilisés par les services de police.

VIII.1. Les fichiers de police judiciaire et les logiciels de rapprochement judiciaire

(703) Le chapitre relatif aux fichiers de police judiciaire distingue entre les fichiers d'antécédents, les fichiers d'analyse sérielle, le fichier des personnes recherchées. Le Conseil constitutionnel valide l'encadrement juridique de ces fichiers[3].

(704) Les **fichiers d'antécédents** (C. pr. pén., art. 230-6 à 230-11) sont mis en œuvre lors des enquêtes préliminaires ou de flagrance ou des investigations exécutées sur commission rogatoire lorsqu'elles concernent tout crime, délit

1. Cass. Crim., 3 avril 2013, n° 12-86.725, *AJ pénal* 2013, p. 413, obs. G. Roussel.
2. *Cf.* M. Schwendener, « Les principaux fichiers de police », *AJ pénal* 2003, p. 23 ; *Cf.* V. Gautron, « La prolifération incontrôlée des fichiers de police », *AJ pénal* 2007, p. 57.
3. Cons. Const., déc. n° 2011-625 du 10 mars 2011.

ou contraventions de la cinquième classe sanctionnant un trouble à la sécurité ou à la tranquillité publiques ou encore une atteinte aux personnes, aux biens ou à l'autorité de l'État. Elles sont encore mises en œuvre dans le cadre des procédures de recherche des causes de la mort ou de recherche des causes d'une disparition. Ces fichiers contiennent :

– les données concernant toute personne majeure ou mineure « *à l'encontre desquelles il existe des indices graves ou concordants rendant vraisemblable qu'elles aient pu participer, comme auteurs ou complices, à la commission des infractions...* » ;

– les données concernant les victimes ;

– les données concernant les personnes objets d'une enquête pour mort suspecte ou disparition inquiétante.

Le principal fichier d'antécédents est le système de traitement des infractions constatées (STIC) mis en œuvre par la police nationale. Créé par le décret n° 2001-583 du 5 juillet 2001, il s'est vu légalisé par l'article 21 de la loi du n° 2003 du 18 mars 2003 et complété par le décret n° 2006-1258 du 14 octobre 2006[1]. L'autre fichier est le système judiciaire de documentation et d'exploitation (JUDEX) créé par le décret n° 2006-1411 du 20 novembre 2006 et utilisé par la gendarmerie. Les fichiers STIC et JUDEX s'intègrent maintenant dans un dispositif général nommé CHEOPS (système de circulation hiérarchisée des enregistrements opérationnels de la police sécurisés) qui donne accès, sous une même configuration, aux principaux fichiers de police. Le décret n° 2012-652 du 4 mai 2012 a fusionné les fichiers STIC et JUDEX en un seul traitement des antécédents judiciaires (C. pr. pén., art. R. 40-23) et le TAJ est entré en vigueur le 1er janvier 2016[2].

Ont accès à ces fichiers les enquêteurs de la police, de la gendarmerie, des douanes, certains fonctionnaires investis d'attributions de police judiciaire, les magistrats du parquet et les magistrats instructeurs, et les agents des services de renseignement (CS1, art. L. 234-4). Les enquêteurs doivent être habilités et individuellement désignés. Leur habilitation doit préciser la nature des données auxquelles ils peuvent accéder.

Les fichiers sont placés sous le contrôle du procureur de la République territorialement compétent[3]. Le procureur dispose d'un pouvoir de rectification, de complément et d'effacement des données. Il peut être saisi par tout citoyen d'une demande de rectification ou d'effacement. L'effacement est de droit en cas de décision de relaxe ou d'acquittement, sauf si le procureur en décide autrement pour des raisons liées à la finalité du fichier. Sa décision est susceptible de recours devant le président de la Chambre de l'instruction. Sont aussi effacées les données relatives à une personne portée disparue puis retrouvée et celles relatives à une mort ou des blessures, dès lors qu'est écartée toute suspicion d'infraction. Le classement sans suite et le non-lieu n'ouvrent en revanche pas droit à effacement, sauf décision du procureur. Les fichiers sont aussi contrôlés par un magistrat

1. Son régime a été condamné par la Cour européenne des droits de l'homme pour le fondement du droit à la vie privée, CEDH, 18 sept. 2014, *Brunet c/ France*, préc.

2. Décret n° 2013-1268 du 27 déc. 2013.

3. *Cf.* G. Bégranger, « Le contrôle des fichiers de police par les juges », *AJ pénal* 2014, p. 176.

désigné par le ministre de la justice en charge de leur suivi et de leur mise à jour. Les décisions du magistrat sont susceptibles de recours devant le président de la Chambre de l'instruction de la Cour d'appel de Paris. Le Conseil constitutionnel a censuré l'alinéa premier de l'article 230-8 du Code de procédure pénale pour atteinte disproportionnée au droit au respect de la vie privée car il excluait les personnes condamnées du bénéfice de la procédure d'effacement anticipé des données personnelles collectées dans le TAJ[1].

(705) Les **fichiers d'analyse sérielle** sont destinés à rassembler les preuves et d'identifier les auteurs, grâce à l'établissement de liens entre les individus, les événements ou les infractions, des crimes et délits présentant un caractère sériel (C. pr. pén., art. 230-12 à 230-18). Les données peuvent être enregistrées dans ces fichiers, soit durant des enquêtes préliminaires ou de flagrance ou des investigations exécutées sur commission rogatoire et concernant toute infraction punie d'au moins cinq ans d'emprisonnement, soit à l'occasion de procédures de recherche des causes de la mort ou d'une disparition.

Les données enregistrées concernent les suspects d'infractions punies d'au moins cinq ans de prison, les témoins, les victimes, les personnes faisant l'objet d'une enquête pour mort ou blessures suspecte ou encore disparition inquiétante. Les données peuvent avoir trait aux opinions de ces personnes, à leurs engagements syndicaux, à leur état de santé ou à leur vie sexuelle si cela est nécessaire à la finalité de recherche criminelle des fichiers.

Ont accès à ces fichiers les mêmes personnes qu'aux fichiers d'antécédents selon les mêmes modalités. Le contrôle de ces traitements par un magistrat est aussi identique.

Le principal fichier d'analyse sérielle est le Système d'Analyse et de Liens de la Violence associée au Crime (SALVAC)[2] essentiellement centrée sur les infractions sexuelles et l'homicide à caractère sériel. Les services de police utilisent aussi plusieurs bases d'analyse sérielle de police judiciaire[3]. L'une des premières est le fichier CALIOPE (Comparaison et Analyse Logicielle des Images d'Origine Pédopornographique) qui permet de traiter des contenus numériques relatifs à l'exploitation sexuelle des mineurs recueillis lors d'enquêtes. Un autre est la Base documentaire d'analyse sérielle de l'Office Central de Lutte contre la Délinquance itinérante (OCLDI) qui collecte les renseignements relevant des phénomènes de délinquance itinérante.

(706) Le **fichier des personnes recherchées** (FPR) est traité désormais à l'article 230-19 du Code de procédure pénale, après avoir été créé par l'arrêté du 15 mai 1996, modifié par l'arrêté du 2 septembre 2005 et légalisé par l'article 23 I abrogé de la loi du 18 mars 2003. Figurent à ce fichier les personnes majeures ou mineures contre lesquelles un procureur de la République, une juridiction d'instruction, de jugement ou d'application des peines, un juge des libertés et de la détention, un juge des enfants a décerné un mandat de recherche, d'amener ou d'arrêt, ou a prononcé une obligation ou une interdic-

1. Déc. nº 2017-670 QPC du 27 oct. 2017.
2. D. nº 2009-786 du 23 juin 2009 modifié par le D. nº 2011-1308 du 14 oct. 2011.
3. D. nº 2013-1054 du 22 nov. 2013.

tion, une contrainte pénale, une libération conditionnelle, une semi-liberté, un sursis avec mise à l'épreuve. Les personnes sous contrôle judiciaire peuvent aussi apparaître selon la nature de l'obligation. Les données figurant sur cette base peuvent être consultées par les **OPJ** dans le cadre de leurs investigations.

(707) La loi LOPPSI 2 autorise la mise en œuvre par les services de la police nationale et de la gendarmerie nationale chargés d'une mission de police judiciaire de **logiciels de rapprochement judiciaire** (C. pr. pén., art. 230-20 à 230-27). Ces logiciels sont « *destinés à faciliter l'exploitation et le rapprochement d'informations sur les modes opératoires réunies par ces services au cours des enquêtes préliminaires de flagrance ou des investigations exécutées sur commission rogatoire, et des procédures de recherche des causes de la mort ou d'une disparition* ». Les différentes données rapprochées sont issues de pièces ou documents provenant de procédure judiciaire. Si l'identité d'une personne est révélée lors de la mise en œuvre du logiciel, elle ne peut apparaître qu'à la fin des opérations de rapprochement.

L'utilisation des logiciels est réservée aux enquêteurs de la police, de la gendarmerie, des douanes, à certains fonctionnaires investis d'attributions de police judiciaire, aux magistrats du parquet et aux magistrats instructeurs. Les enquêteurs doivent être habilités et individuellement désignés. Leur habilitation doit préciser la nature des données auxquelles ils peuvent accéder. Ils ne peuvent utiliser les logiciels que dans le cadre des enquêtes dont ils sont saisis. Le contrôle par un magistrat de ces logiciels est du même ordre que les fichiers précités. Ces logiciels sont autorisés par le décret n° 2012-685 du 7 mai 2012 (C. pr. pén., art. R. 40-35 et s.). Le principal logiciel est le logiciel ANACRIM (ANAlyse CRIMinelle).

Les données doivent être effacées à la clôture de l'enquête et de toute façon à l'issue d'un délai de trois ans.

VIII.2. Les autres grands fichiers utilisés pendant l'enquête

(708) Le **fichier national automatisé des empreintes génétiques** (FNAEG) centralise au sein du laboratoire central de la police nationale les empreintes génétiques prélevées dans le cadre d'enquêtes ou sur des condamnés (C. pr. pén., art. 706-54).

Les empreintes génétiques conservées ne peuvent être réalisées qu'à partir de segments d'acide désoxyribonucléique non codants, à l'exception du segment correspondant au marqueur du sexe.

Ce fichier possède pour objet de faciliter l'identification et la recherche des auteurs de l'une des très nombreuses infractions visées à l'article 706-55 du Code de procédure pénale. Ce sont les enquêteurs qui d'office ou sur demande d'un magistrat du parquet ou de l'instruction, vont décider de la conservation d'une empreinte dans le fichier dont la mention est faite dans le dossier de procédure. Des comparaisons entre les empreintes des fichiers et les traces biologiques sont possibles (art. 706-55-1-1)[1]. Le procureur de la République possède un droit d'effacement d'office ou sur demande de l'intéressé. Si le procureur n'ordonne pas

1. *Cf.* Cass. Crim., 28 juin 2017, n° 17-80.055, *AJ pénal* 2017, p. 451, obs. D. Thomas-Taillandier, pour l'autorisation d'une recherche en parentèle des individus inscrits au fichier.

l'effacement, un recours est ouvert auprès du JLD, dont la décision peut être contestée devant le président de la chambre de l'instruction. Les garanties attachées au régime du fichier (contrôle par un magistrat, droit d'accès des intéressés, contrôle de la CNIL) contribuent à sa conformité constitutionnelle. Toutefois, le Conseil constitutionnel exige que la durée de conservation des données soit proportionnée à la nature à des infractions et à la minorité de l'auteur[1].

(709) Créé par le décret n° 87-249 du 8 avril 1987, le **fichier automatisé des empreintes digitales** (FAED) fut le premier fichier informatisé autorisé. Il contient les empreintes digitales et palmaires relevées dans le cadre des tous types d'enquêtes de police judiciaire[2]. Dans une seconde base, il contient les empreintes des personnes suspectées pendant ces enquêtes. Sont aussi enregistrées les empreintes envoyées par les services de police étrangers ou par EUROPOL et INTERPOL. Ont accès à ce fichier mis en œuvre par la direction centrale de la police nationale les membres des services d'identité judiciaire mais aussi les membres habilités du service national des douanes judiciaire les agents des services de police étrangers ou des organismes internationaux de coopération policière depuis le décret n° 2011-157 du 7 février 2011.

(710) L'article 8 § 1 de la Convention Europol permet d'introduire dans le système d'information Europol (SIE) les données relatives aux personnes soupçonnées selon les règles nationales d'avoir commis une infraction ou participé à une infraction relevant de la compétence d'Europol. Les enquêteurs français ont ainsi accès **système d'information Schengen (SIS)** commun à l'ensemble des États membres de l'espace Schengen. Leur accès se fait via une base nationale nommée système informatique dénommé N-SIS et géré au sein de la direction centrale de la police judiciaire par un bureau dénommé SIRENE (Supplément d'Information Requis à l'Entrée Nationale) selon les décrets n° 95-315 du 23 mars 1995 et n° 2001-732 du 31 juillet 2001. Selon l'article 2 du décret n° 95-977 du 6 mai 1995, la finalité de ce fichier est « *la centralisation d'informations concernant les personnes et objets recherchés par les autorités administratives et judiciaires* » au niveau européen. Il est très utilisé dans le cadre du mandat d'arrêt européen.

(711) Les enquêteurs peuvent bien entendu utiliser le **fichier des véhicules volés** (FVV), créé par le décret n° 96-418 du 15 mai 1996. Ce fichier contient des données portant sur les véhicules mais aussi des informations nominatives concernant des signes physiques particuliers, objectifs et permanents des personnes. Il va être progressivement remplacé par le fichier des objets et des véhicules signalés (FOVeS) créé par l'arrêté du 17 mars 2014. Ils peuvent installer sur de grands axes de communication et dans les zones frontalières de dispositifs permanents de contrôle automatisés des plaques d'immatriculation. Par ailleurs, les articles L. 233-1 et L. 233-2 du Code de la Sécurité intérieure permettent aux services de police, de gendarmerie et de douanes d'installer, en tout point du territoire, des dispositifs – mobiles ou sur des véhicules banalisés – de lecture

1. Cons. Const., déc. n° 2010-25 QPC du 16 sept. 2010, cons. 17.
2. Les durées importantes de conservation des données et les faibles garanties d'effacement sont la cause d'une condamnation par la Cour de Strasbourg. CEDH, 18 oct. 2013, *M. K. c/ France*, req. n° 19522/09, *RSC* 2013.666, obs. D. Roets.

automatisée des plaques d'immatriculation (LAPI) et de photographie des occupants des véhicules en matière de terrorisme, criminalité organisée, trafic de véhicules volés et contrebande. Les dispositifs peuvent être reliés au FVV et au SIS.

(712) Afin de prévenir le renouvellement des infractions sexuelles, l'article 48 de la loi n° 2004-204 du 9 mars 2004 a mis en place un **fichier judiciaire national automatisé des auteurs d'infractions sexuelles** (FIJAIS) mis en œuvre par le casier judiciaire national. Ce fichier s'est vu élargi par la loi du n° 2005-1549 du 12 décembre 2005 aux infractions violentes (C. pr. pén., art. 706-53-1). Ce fichier contient les données à caractère personnel concernant certes les personnes reconnues coupables d'infractions sexuelles ou violentes, mais aussi certains suspects aggravés mis en examen et placés sous contrôle judiciaire, ainsi que les personnes qui ont été soupçonnées puis acquittées ou relaxées ou encore celles ayant fait l'objet d'une décision d'irresponsabilité pénale pour trouble mental. Les personnes condamnées pour infractions sexuelles sur mineurs ne peuvent être dispensées de cette inscription[1]. Depuis 2011, l'article 707-53-2 prévoit trois régimes d'inscription distincts. Si la personne a commis un délit puni d'une peine d'emprisonnement supérieure à cinq ans, l'inscription obligatoire. Si le délit est puni d'une peine égale à cinq ans, l'inscription de principe sauf décision spécialement motivée par la juridiction. Si le délit est puni d'une peine de peine inférieure à cinq ans, il n'y a d'inscription sauf décision expresse du juge[2]. Ce fichier est accessible aux magistrats, ainsi qu'aux OPJ lorsque leur enquête concerne un crime d'atteinte volontaire à la vie, d'enlèvement ou de séquestration, ou encore une infraction sexuelle. Ils peuvent également, sur instruction ou autorisation du procureur de la République ou du juge d'instruction, consulter le fichier à partir de l'identité d'une personne gardée à vue dans le cadre d'une enquête de police et ce, même si la personne n'est pas soupçonnée d'une infraction sexuelle ou violente (C. pr. pén. art. 706-53-7 et 706-53, 3°). Les informations sont inscrites jusqu'au décès de l'intéressé ou au maximum pour trente ans en ce qui concerne les crimes ou délits de dix ans d'emprisonnement, vingt ans pour les autres infractions (C. pr. pén., art. 706-53-4). Un droit de rectification ou d'effacement est ouvert auprès du procureur de la République (C. pr. pén., art. 706-53-10).

(713) La loi sur le renseignement du 24 juillet 2015 a créé un nouveau fichier judiciaire national automatisé des auteurs d'infractions terroristes. Il est tenu par le service du casier judiciaire national sous l'autorité du ministre de la Justice et le contrôle d'un magistrat.

Sont concernées par ce fichier les personnes condamnées pour des infractions terroristes en France ou à l'étranger, celles ayant été déclarées irresponsables de ce type d'infraction, et celles mises en examen pour infraction terroriste. La durée d'inscription est de 20 ans pour les majeurs et de 10 ans pour les mineurs. Les personnes inscrites sur ce fichier sont tenues de déclarer tout changement d'adresse. Les informations du fichier sont accessibles aux enquêteurs, aux magistrats, aux agents des greffes pénitentiaires, aux préfets, aux agents des services de renseignement, aux agents du ministère des Affaires étrangères (C. pr. pén., art. 706-25-3 et s.).

1. Cass. Crim., 16 janv. 2008, *Bull. Crim.*, n° 12, *AJ pénal* 2008, p. 145, note G. Roussel.
2. Cass. Crim., 17 sept. 2014, n° 14-80.541, *AJ pénal* 2015, p. 97, obs. G. Roussel.

IX. Géolocaliser

(714) La géolocalisation est un procédé de surveillance qui consiste à obtenir la localisation géographique d'un individu, d'un véhicule ou d'un objet en temps réel. L'enquêteur va notamment demander à un opérateur téléphonique de localiser en temps réel un téléphone mobile (géolocalisation « dynamique »). Il peut aussi placer une balise GPS sur un véhicule ou un objet afin de le suivre à distance et le localiser. La géolocalisation est née de l'utilisation des nouvelles technologies par les enquêteurs. Son utilisation s'est considérablement développée en quelques années. Si cette technique n'est pas coercitive, elle n'entame pas moins la vie privée de celui qui en est l'objet. Aussi, sa destinée juridique s'apparente à celle des écoutes téléphoniques. Lors de l'enquête de police, les enquêteurs utilisaient comme fondement les articles 60-1 et 77-1-1 relatifs aux réquisitions à opérateurs téléphoniques pour obtenir des géolocalisations dynamiques. Mais la légalité de la pose de balise était problématique. De plus, la garantie de la vie privée pouvait apparaître insuffisante puisque l'enquête était sous le contrôle du seul procureur. La difficulté était moindre en cas d'instruction du fait de l'intervention d'un juge[1]. La question du respect de l'article 8 de la Convention EDH relatif à la vie privée par les géolocalisations réalisées pendant les enquêtes de flagrance ou préliminaire était ainsi posée en raison du statut du parquet français et de l'imprécision de leur fondement. La Cour de Strasbourg avait en effet vérifié que, en tant qu'atteintes à la vie privée, les géolocalisations soient bien prévues par une loi et assorties de garanties suffisantes[2].

À cette question, la Cour de cassation répondit de manière spectaculaire dans plusieurs arrêts du 22 octobre 2013. Sur le fondement de l'article 8 Conv. EDH, elle énonça ainsi « *qu'il se déduit de ce texte que la technique dite de "géolocalisation" constitue une ingérence dans la vie privée dont la gravité nécessite qu'elle soit exécutée sous le contrôle d'un juge* »[3]. La technique est certes validée au titre des actes permettant la manifestation de la vérité mais elle est censurée lorsqu'ordonnée par le procureur[4].

(715) Suite à ces arrêts paralysant le recours aux géolocalisations en dehors des instructions, le législateur fut prompt à réagir. La loi n° 2014-372 du 28 mars 2014 a ainsi précisé le régime de la géolocalisation aux articles 230-32 et suivants du Code de procédure pénale modifié par la loi du 23 mars 2019. Le recours à la technique est limité à la recherche des infractions punies d'au moins trois ans d'emprisonnement (plus l'évasion et le recel de terroriste), des causes de la mort ou de la disparition, d'une personne en fuite (art. 230-32).

Dans le cadre d'une enquête de flagrance, d'une enquête préliminaire ou d'une procédure des causes de la mort ou de la disparition, ou d'une personne en

1. *Cf.* ainsi, Cass. Crim., 22 nov. 2011, n° 11-84.308, *Bull. crim.* n° 234 ; *AJ pénal* 2012, p. 293, obs. J. Lasserre Capdeville.

2. CEDH, 2 sept. 2010, n° 35623/05, *Uzun c/ Allemagne*, *RSC* 2011.217, obs. D. Roets ; *Dr. pén.*, 2011, chron. n° 3, obs. E. Dreyer.

3. Cass. Crim., 22 oct. 2013, n° 13-81.945 et n° 13-81.949. *Cf.* L. Ascensi, « L'inconventionnalité de la géolocalisation dans le procès pénal : à propos de deux arrêts de la Cour de cassation », *AJ Pénal* 2013, p. 668.

4. *Cf.* ainsi Cass. Crim., 19 nov. 2013, n° 13-84.909 ; 14 janv. 2014, n° 13-84.909.

fuite, la géolocalisation est autorisé par par le procureur de la République, pour une durée maximale de huit jours consécutifs dans le cas d'une enquête classique, pour une durée maximale de quinze jours consécutifs en cas de recherche des causes de la mort ou de la disparition, d'une personne en fuite ou lorsque l'enquête porte sur un crime ou sur une infraction relavant du crime organisé. À l'issue de ces délais, cette opération est autorisée par le juge des libertés et de la détention à la requête du procureur de la République, pour une durée maximale d'un mois renouvelable. Dans le cadre d'une instruction ou d'une information pour recherche des causes de la mort ou des causes de la disparition, la géolocalisation est autorisée par le juge d'instruction, pour une durée maximale de quatre mois renouvelable dans les mêmes conditions de forme et de durée. La durée totale de cette opération ne peut pas excéder un an ou deux ans s'il s'agit d'une infraction relevant du crime organisé.

La décision du procureur de la République, du juge des libertés et de la détention ou du juge d'instruction est écrite et motivée par référence aux éléments de fait et de droit justifiant que ces opérations sont nécessaires. Elle n'a pas de caractère juridictionnel et n'est susceptible d'aucun recours (art. 230-33). Afin de mettre en place le dispositif de géolocalisation, le juge d'instruction ou le JLD peut autoriser l'introduction dans des lieux privés ou véhicules sans le consentement du propriétaire ou du locataire. Seul le JLD peut autoriser une introduction dans un lieu d'habitation pendant l'enquête ou entre 21 heures et 6 heures. En aucun cas, il n'est permis de s'introduire dans le cabinet d'un avocat, d'un médecin, d'un notaire, d'un huissier, dans les locaux d'une entreprise de presse, dans les bureaux ou domicile d'un parlementaire (art. 230-34). Toutefois, excepté pour les locaux d'habitation, l'OPJ peut se passer de l'autorisation *a priori* des magistrats « *en cas d'urgence résultant d'un risque imminent de dépérissement des preuves ou d'atteinte grave aux personnes ou aux biens* ». Mais il doit alors informer immédiatement, par tout moyen, le procureur ou le juge d'instruction[1], sauf à ce que des circonstances insurmontables empêchent que cette information du magistrat concerné soit donnée selon les exigences légales[2]. Le magistrat dispose de vingt-quatre heures pour autoriser de manière écrite et motivée la poursuite des opérations. La jurisprudence est assez stricte en matière de motivation et exige qu'elle soit précise[3]. À défaut, la géolocalisation prend fin (art. 230-35). Dans tous les cas, les magistrats doivent contrôler les opérations. Comme souvent, le fait qu'elles révèlent d'autres infractions ne constitue pas une cause de nullité (art. 230-37). L'intégralité des opérations

---

1. Le défaut d'avis immédiat au magistrat est source de nullité. Cass. crim., 17 nov. 2015, n° 15-84.025.

2. Un laps de temps entre 3 heures 20 et 9 heures 30 ne satisfait à l'obligation d'information immédiate du juge d'instruction. Cass. Crim., 29 sept. 2020, n° 20-80.915.

3. Cass. Crim. 9 mai 2018, n° 17-86.638 censurant la procédure aux motifs que, « *d'une part, le procès-verbal établi par l'officier de police judiciaire après l'information donnée au procureur de la République n'énonçait que la nécessité d'exercer de manière efficace une surveillance physique de M. Z... et de pourvoir suivre techniquement les déplacements de la voiture qu'il pourrait être amené à utiliser pour ses trajets, d'autre part, l'autorisation de prolongation donnée par le procureur de la République ne comportait aucun énoncé des circonstances de fait établissant l'existence d'un risque imminent de dépérissement des preuves ou d'atteinte grave aux personnes ou aux biens* ».

(début, fin, installation, enlèvement, enregistrement de données) doit faire l'objet d'un procès-verbal (art. 230-38).

Les données issues d'une géolocalisation commencée en France mais continuée à l'étranger ne peuvent, lorsque cette mesure n'a pas fait l'objet d'une acceptation préalable ou concomitante de l'autre État au titre de l'entraide pénale, être exploitées en procédure qu'avec son autorisation[1].

(716) En plus de l'intervention des magistrats, des garanties de protection de la vie privée sont prévues par la loi. L'OPJ ne transcrit sur procès-verbal que « *les données enregistrées qui sont utiles à la manifestation de la vérité* » (art. 230-39).

(717) En matière de criminalité organisée, et afin de protéger les personnes ayant aidé les enquêteurs (propriétaire des locaux, indicateurs, etc.), le JLD peut autoriser que n'apparaissent pas au dossier les date, heure et lieu d'installation ou de démontage du dispositif, les données de localisation et les éléments permettant d'identifier les personnes ayant permis cette installation (art. 239-40). Le mis en examen ou le témoin assisté peut toutefois contester le fait que n'apparaissent pas au dossier ces données devant le président de la chambre de l'instruction. Il dispose pour agir d'un délai de dix jours à compter de la date à laquelle il a eu connaissance de l'opération. Le président de la chambre statue par décision motivée non susceptible de recours. Il peut annuler l'opération ou ordonner le versement au dossier des données (art. 230-41). Dans sa décision n° 2014-693 DC du 25 mars 2014, le Conseil constitutionnel a émis une réserve d'interprétation selon laquelle d'une part, la chambre de l'instruction pouvait aussi être saisie afin de contester les opérations ou faire verser au dossier les données ; d'autre part le délai de dix jours ne commençait à courir qu'à partir du moment où la décision du JLD a été formellement portée à la connaissance du mis en examen ou du témoin assisté. En outre, aucune condamnation ne peut se fonder sur les données non versées au dossier (art. 230-42). Depuis la loi du 30 octobre 2017, les policiers affectés dans les services de police judiciaire chargés de lutter contre le terrorisme peuvent être autorisés, par une décision du procureur de la République, à poursuivre durant quarante-huit heures après l'ouverture d'une instruction l'opération de géolocalisation (C. pr. pén., art. 706-24-2). Le juge d'instruction pourra n'intégrer la décision du procureur au dossier qu'à l'issue des opérations prolongées par celui-ci.

Le procureur général peut avoir recours à des mesures de géolocalisation pour faciliter la localisation d'une personne recherchée dans le cadre d'un mandat d'arrêt européen ou d'une demande d'extradition (C. pr. pén., art. 695-26 et 696-9-1).

Le projet de programmation de la justice prévoit de permettre en flagrance et préliminaire le recours à la géolocalisation sur autorisation du JLD saisi par le parquet en cas d'infraction punie de trois ans d'emprisonnement ainsi que pour les crimes pendant un mois. En cas d'urgence, le parquet pourra décider de la mesure avec confirmation du JLD dans les vingt-quatre heures.

1. Cass. Crim. 9 févr. 2016, n° 15-85.070.

Sous-section 2
LES ENQUÊTES SPÉCIALES

Depuis deux décennies, la procédure pénale s'est progressivement orientée vers la spécialisation de certaines procédures conduisant à déroger aux règles de droit commun, ce, afin de donner des pouvoirs d'enquête accrus et, bien souvent, à limiter les droits de la défense (I). Inversement, de manière plus ancienne, une protection accrue était accordée aux mineurs ; celle-ci est néanmoins en voie de régression du fait d'un regrettable adultomorphisme (II). Enfin, certaines enquêtes de recherche des causes d'une mort ou de blessures graves ou encore pour retrouver une personne disparue, voire en fuite, empruntent à d'autres régimes procéduraux (III).

I. Les enquêtes comportant des pouvoirs accrus

Lorsqu'elle prend la forme de pouvoirs d'enquête accrus, la diversification de la procédure pénale est partie de la lutte contre le terrorisme ; elle concerne aujourd'hui toute la délinquance organisée (I. 1). Elle permet, concrètement, de renforcer les pouvoirs d'enquête traditionnels des policiers (I. 2) et, même, de réaliser des actes qui ne sont ordinairement pas possibles dans les enquêtes de droit commun (I. 3).

I.1. Le domaine : la criminalité organisée[1]

(718) À la suite des premières séries d'attentats réalisées en France, la politique pénale s'est durcie à l'endroit des terroristes. Ce durcissement a pris immédiatement la forme d'un renforcement des pouvoirs d'enquête de la police (C. pr. pén., art. 706-16 et s.). Ce sont ensuite les trafics de stupéfiants qui, en 1992, ont fait l'objet de règles dérogatoires au droit commun, aux articles 706-26 et suivants.

Au vrai, l'éparpillement des procédures excède le domaine de ces actes de délinquance organisée : des dispositions particulières concernent ainsi la délinquance économique (C. pr. pén., art. 704 et s.), les infractions sanitaires (C. pr. pén., art. 706-2 et s.) et, en dehors de la phase préparatoire, notamment dans la phase exécutoire, les infractions en état de récidive et les délinquants sexuels ou les délinquants violents à un certain niveau de gravité. L'atomisation des procédures est donc extrême. Cependant, pour ces dernières, les règles dérogatoires au droit commun demeurent cantonnées à tel ou tel aspect particulier, tenant par exemple à la spécialisation des magistrats ou juridiction (délinquance économique : C. pr. pén., art. 704 ; délinquance sanitaire : C. pr. pén., art. 706-2).

(719) S'agissant en revanche de la criminalité organisée, un pas a été franchi avec la loi du 9 mars 2004 : une véritable procédure pénale « *bis* »[2] a été instaurée. Il ne s'agit plus de quelques règles dérogatoires au droit commun ; sur toute une série d'actes, les particularités sont nombreuses et tendent dans des directions

1. M. Touillier, « L'évolution des procédures spéciales et dérogatoires », in *Problèmes actuels de sciences criminelles*, vol. XXIV, LGDJ 2013, p. 35.

2. *Cf.* C. Lazerges, « La dérive de la procédure pénale », *RSC*. 2003, p. 644 et s., spe, p. 649. *Cf.* aussi J. Danet, *Justice pénale, le tournant*, Folio, Le Monde actuel, 2006.

communes : le renforcement des pouvoirs d'enquête, la réduction des libertés individuelles et des garanties habituellement offertes lors de la réalisation d'actes particulièrement attentatoires à ceux-ci. Les différents attentats ont ensuite contribué, en 2015 et en 2016, à enrichir ce droit dérogatoire.

(720) Concrètement, le législateur a instauré au sein du Code de procédure pénale un **nouveau titre, 25**^e^, intitulé « *De la procédure applicable à la criminalité et à la délinquance organisées* » et inséré les articles 706-73 à 706-106. Ces dispositions rendent pour partie inutiles celles qui prévalaient dans des domaines comme le trafic de stupéfiants ou le terrorisme, lesquelles ont donc été partiellement abrogées en conséquence exception faite notamment de la technique du coup d'achat de stupéfiants (C. pr. pén., art. 706-32) et des règles de compétence territoriale en matière terroriste (C. pr. pén., art. 706-17).

(721) Le domaine précis d'application de ces nouvelles procédures figure aux articles 706-73 et 706-74[1]. Il s'agit, pour le premier de ces textes, des infractions suivantes :

– meurtre commis en bande organisée ;
– tortures et actes de barbarie commis en bande organisée ;
– trafic de stupéfiants ;
– enlèvement et séquestration commis en bande organisée ;
– traite des êtres humains ;
– proxénétisme ;
– vol commis en bande organisée ;
– extorsion ;
– destruction, dégradation et détérioration d'un bien commis en bande organisée ;
– fausse monnaie ;
– terrorisme ;
– trafic d'armes et de produits explosifs commis en bande organisée ;
– aide à l'entrée, à la circulation et au séjour irrégulier d'un étranger en France commis en bande organisée ;
– blanchiment de ces infractions ou recel en lien avec ces infractions ;
– association de malfaiteurs en lien avec ces infractions ;
– non-justification de ressources en lien avec infractions ;
– détournement d'aéronef, de navire ou de tout autre moyen de transport ;
– prolifération des armes de destruction massive et de leurs vecteurs ;
– exploitation d'une mine ou disposition d'une substance concessible sans titre d'exploitation ou autorisation, accompagnée d'atteintes à l'environnement, commis en bande organisée ;
– atteintes aux intérêts fondamentaux de la nation.

Il s'agit, pour l'article 706-74, des infractions suivantes :

1° crimes et délits commis en bande organisée, autres que ceux relevant de l'article 706-73 ;

1. *Cf.* E. Vergès, « La notion de criminalité organisée après la loi du 9 mars 2004 », *AJ pénal* 2004, p. 177.

2° délits d'association de malfaiteurs prévus par l'alinéa 2 de l'article 450-1 du Code pénal, autres que ceux relevant du 15° de l'article 706-73.

La liste est donc particulièrement longue et ne concerne plus, comme auparavant, uniquement des actes d'une exceptionnelle gravité. Cependant, comme nous le verrons ci-après, le Conseil constitutionnel a censuré de la liste de l'article 706-73 l'escroquerie (prévue dans un 8° bis) réduisant un peu le champ de cet article.

Toutefois, l'exemple de l'article 706-73 et des pouvoirs d'enquête spéciaux prévus en matière de criminalité organisée a fait florès. Ainsi, la loi du 6 décembre 2013 a-t-elle dressé une liste de délits économiques et financiers pour lesquels les pouvoirs spéciaux d'investigation prévus par les articles 706-80 à 706-87 sont possibles. Seule la garde à vue rallongée ne l'est pas. Ces délits sont listés à l'article 706-1-1 C. pr. pén. : corruption et trafic d'influence actifs comme passifs, fraude fiscale en bande organisée, contrebande et blanchiment douaniers. L'article 706-1 prévoit la même chose en matière de contrefaçon en bande organisée. Depuis la loi du 13 novembre 2014, les moyens d'enquêtes dérogatoires sont aussi possibles en cas d'atteintes aux systèmes de traitement automatisé de données (C. pr. pén., art. 706-72).

Et depuis la loi du 17 août 2015, tirant les conclusions de la jurisprudence du Conseil constitutionnel en matière d'infractions contre les biens commises en bande organisée, l'article 706-73-1 permet d'utiliser tous les actes dérogatoires d'enquêtes, à l'exception de la garde à vue pour les délits d'escroquerie en bande organisée, le travail dissimulé, le blanchiment, l'association de malfaiteurs en lien, la non-justification de ressources en lien avec ces infractions, les atteintes aux systèmes de traitement automatisé de données à caractère personnel, le trafic de biens culturels, les atteintes aux intérêts fondamentaux de la nation.

I.2. Le contenu : des actes de droit commun renforcés

Dans la phase préparatoire, la spécialisation de l'enquête permet notamment aux policiers de jouir de pouvoirs extraordinaires en matière de garde à vue (1), de perquisition (2) et d'écoutes téléphoniques (3).

A. Des règles extraordinaires en matière de garde à vue

Les règles exorbitantes du droit commun relatives à la garde à vue concernent, d'une part, sa durée, d'autre part, le moment où l'avocat intervient.

1. La durée de la garde à vue

(722) L'article 706-88 prévoit ici deux séries de règles. D'une part, dans l'ensemble des cas de délinquance organisée, **deux prolongations de 24 heures** chacune peuvent être accordées, s'ajoutant à la première prolongation de 24 heures qui a pu, conformément au droit commun, être précédemment prononcée. Elles sont accordées, selon qu'il s'agit d'une enquête ou d'une instruction, par le JLD ou par le juge d'instruction, se prononçant sur requête du procureur de la République seulement. Le magistrat prend à cette fin une décision écrite et motivée. Lors de la première de ces nouvelles prolongations, le gardé à vue est obligatoirement présenté au magistrat. Il n'en va pas nécessairement ainsi lors de la seconde, du moins en cas de nécessité des investigations à effectuer.

Face à la crise du Covid-19, l'ordonnance du 25 mars 2020 a, dans son article 8, prévu que, pendant l'état d'urgence sanitaire, la garde à vue peut être prolongée sans présentation devant le magistrat compétent en matière de criminalité organisée.

Un premier examen médical est obligatoire lors de la première prolongation ; il est désigné par l'OPJ, le juge d'instruction ou le procureur de la République. Il établit un certificat, qui est versé au dossier, attestant la compatibilité de la mesure de garde à vue avec l'état de l'intéressé. Ce dernier est informé de ce qu'il pourra à nouveau être examiné. Dans les deux cas, l'examen médical est de droit et le tout fait l'objet de mentions au procès-verbal.

La durée de la garde à vue est donc *a maxima* de **96 heures**. Elle atteint cette même durée, mais avec une seconde et unique prolongation directement de 48 heures, si, à l'issue des 48 premières heures, la « *durée prévisible des investigations le justifie* ». Ce renouvellement unique dérogatoire est, selon les cas, accordé par le JLD ou le juge d'instruction, selon les mêmes modalités qu'en cas de renouvellement pour 24 heures seulement.

(723) Par ailleurs, en matière de **terrorisme**, elle peut aller **jusqu'à 144 heures**, suite à la loi n° 2006-64 du 23 janvier 2006. Un « *risque sérieux de l'imminence d'une action terroriste en France ou à l'étranger, ou que les nécessités de la coopération internationale le requièrent impérativement* » doit alors être constaté par le JLD, qui se prononce dans les mêmes conditions que pour les prolongations précédentes. Il accorde d'abord une première nouvelle prolongation de 24 heures, puis, le cas échéant, la renouvelle une fois. Il s'agit d'une mesure « *exceptionnelle* », énonce l'article 706-88-1, utilisée plusieurs fois suite aux attentats de Paris et Bruxelles.

L'examen médical est obligatoire sur demande du gardé à vue au début de chacune de ces prolongations. Ce médecin est désigné par le procureur de la République, le JLD ou l'OPJ. Il établit, cette fois encore, un certificat relatif à la compatibilité de la garde à vue avec l'état de santé de l'intéressé. L'examen a lieu à la demande de l'intéressé ou, en tout état de cause, sur décision des magistrats. S'il n'a pas été fait droit à la demande formulée par le suspect de faire prévenir un proche, il peut la réitérer à compter de la 96e heure.

Une garde à vue de 144 heures soit six jours est indigne d'une démocratie. Compte tenu de la définition du temps de repos signalée *supra*, elle ne peut que conduire, comme cela a été le cas dans d'autres États ayant pratiqué des mesures d'une durée similaire, à des erreurs judiciaires découlant de l'état d'épuisement des personnes qui en font l'objet.

Le régime de ces gardes à vue prolongées a pourtant été validé par le Conseil constitutionnel[1]. Par ailleurs, la Cour européenne des droits de l'homme ne tolère qu'une durée maximale de quatre jours avant présentation à un magistrat indépendant, tout en vérifiant le caractère équitable de l'ensemble de la procédure[2].

(724) Néanmoins, le Conseil constitutionnel a durci son appréciation des faits dont la gravité justifie une garde à vue dérogatoire. Dans sa décision du

1. Cons. Const., déc. n° 2010-31 QPC du 22 sept. 2010.
2. CEDH, 27 nov. 2008, *Salduz c/ Turquie*, préc.

4 décembre 2013, il a prohibé le recours à ce type de mesure pour les délits relevant de la compétence du procureur financier, notamment la corruption ou la fraude fiscale en bande organisée puisque ces infractions ne portent pas sur une atteinte à la personne humaine. La loi 27 mai 2014 en a tiré les conséquences. Elle a mis fin à la possibilité de proroger la garde à vue jusqu'à 96 heures pour les faits de blanchiment, associations de malfaiteurs et non-justification de ressource qui y sont attachés. Toutefois, en raison de la complexité de certaines escroqueries (à la TVA, à la taxe carbone ou aux virements bancaires internationaux), elle avait permis à titre exceptionnel que la garde à vue soit prolongée jusqu'à 72 heures sur autorisation spécifique du JLD saisi par le parquet. Seule la complexité de l'affaire imposant des investigations nécessaires à la manifestation de la vérité pendant la prolongation pouvait motiver une prolongation. Ce dispositif n'était applicable qu'aux escroqueries en bande organisée portant atteinte aux personnes ou aux intérêts de la nation ou encore aux escroqueries en bande organisée internationales (C. pr. pén., art. 706-88, dern. al.).

Cependant, quelques mois plus tard, la référence même à l'escroquerie au sein de l'article 706-73 a été censurée par le Conseil constitutionnel. Dans le cadre d'une QPC soulevée pendant une affaire mettant en cause un célèbre homme d'affaire, le Conseil a estimé que le 8° *bis* de l'article 706-73 était contraire à la Constitution. Il permettait en effet de mettre en œuvre une garde à vue rallongée pour des faits d'escroquerie. Or, pour le Conseil, même « *lorsqu'il est commis en bande organisée, le délit d'escroquerie n'est pas susceptible de porter atteinte en lui-même à la sécurité, à la dignité ou à la vie des personnes* ». Par conséquent, « *en permettant de recourir à la garde à vue selon les modalités fixées par l'article 706-88 (...), le législateur a permis qu'il soit porté à la liberté individuelle et aux droits de la défense une atteinte qui ne peut être regardée comme proportionnée au but poursuivi* »[1].

La suspicion d'escroquerie en bande organisée ne permet donc plus de garde à vue rallongée[2]. Le champ d'application des pouvoirs spéciaux d'enquête devient ainsi très complexe en fonction des infractions. Une distinction s'opère entre les atteintes aux biens et les atteintes aux personnes alors même que la criminalité organisée, si elle porte souvent atteinte aux personnes, est aussi une délinquance d'affaire[3]. Or, les effets indirects de cette délinquance sur les personnes ne doivent pas non plus être occultés[4].

2. Le moment de l'arrivée de l'avocat

(725) En matière de délinquance organisée, l'intervention de l'avocat est reportée dans le temps sauf en matière d'escroquerie depuis la loi du 27 mai 2014. La loi du 14 avril 2011 a modifié de manière assez sensible le régime dans les nouveaux alinéas 6, 7, 8 de l'article 706-88 du Code de procédure pénale. Sous l'empire de

1. Cons. Const., 9 oct. 2014, n° 2014-420/421 QPC, *AJ pénal* 2014, p. 574, obs. J.-B. Perrier.

2. Ni celle de blanchiment, de recel et d'association de malfaiteurs en lien avec une escroquerie. Cons. Const., déc. n° 2015-508 QPC du 11 nov. 2015, *AJ pénal* 2016, p. 77, obs. J.-B. Perrier.

3. *Cf.* P. Lascoumes, C. Nagels, *Sociologie des élites délinquantes, De la criminalité en col blanc à la corruption politique*, Armand Colin 2014.

4. *Cf.* O. Cahn, « La politique criminelle de lutte contre la corruption en France ou la théorie du chapon », *in Politique(s) criminelle(s), Mélanges en l'honneur de Christine Lazerges*, Dalloz 2014, p. 497.

la loi ancienne, l'avocat n'intervenait qu'à l'issue de la quarante-huitième heure de garde à vue si la personne était soupçonnée de proxénétisme, d'enlèvement ou de séquestration commis en bande organisée, de vol commis en bande organisée, ou d'association de malfaiteurs. Il n'entrait en scène qu'à l'issue de la soixante-douzième heure si elle était soupçonnée de trafic de stupéfiants ou actes de terrorisme. Toujours en matière de terrorisme, des nouvelles interventions supplémentaires étaient possibles aux 96e et 120e heures.

Désormais ces 48e et 72e, voire 96e et 120e heures ne sont plus définies comme les heures d'intervention des avocats, mais comme les délais butoirs de cette intervention. L'article 706-88 alinéa 6 précise ainsi que l'intervention peut être différée pendant une durée maximale de quarante-huit ou soixante-douze heures. Le moment de l'intervention change. L'avocat peut intervenir avant la 48e ou la 72e heure. Il n'est même pas obligatoire que son intervention soit différée puisque le verbe « pouvoir » est employé par le Code. Le droit commun peut parfaitement s'appliquer ; la dérogation n'est plus exigée.

Ce report d'intervention ne doit pas être confondu avec le report de la présence de l'avocat, tel qu'il est possible en droit commun. Ce dernier décale la présence du défenseur durant les auditions, mais n'entrave pas l'accès aux procès-verbaux, ni la possibilité de s'entretenir avec son client. À l'inverse, le report d'intervention décale tant la participation aux auditions que l'entretien et l'accès aux procès-verbaux. Le report d'intervention est ainsi plus large que le report de présence.

De surcroît, ce report d'intervention doit faire l'objet d'une décision écrite et motivée qui précise la durée pendant laquelle l'avocat ne peut intervenir. Cette décision est rendue par un magistrat. Il s'agit du juge d'instruction dans le cas d'une garde à vue sur commission rogatoire. En matière d'enquête de flagrance ou préliminaire, la décision émane du procureur de la République tant que le report ne dépasse pas la 24e heure. Au-delà, la décision ne peut émaner que du JLD sur requête du parquet. En cas de prolongation et report d'intervention, le JLD devra ainsi prendre deux décisions distinctes. Il apparaît ainsi qu'en droit dérogatoire, le pouvoir de report du parquet est plus large et s'exerce plus longtemps qu'en droit commun (24 heures au lieu de 12 heures ; report d'intervention et non plus de présence).

Jusqu'à la fin de la 20e heure, l'OPJ peut prendre l'initiative du report en le demandant au procureur. La question se posera alors de savoir si l'OPJ peut rendre immédiatement effectif le report qu'il a demandé au parquet et que ce dernier a accepté par oral ou s'il doit attendre la décision écrite. La circulaire du 23 mai 2011 leur demande juste d'acter cette autorisation à charge pour le parquet de leur envoyer la décision écrite dans les plus brefs délais. L'OPJ doit dans le même temps informer le gardé à vue du report.

De surcroît, la décision de reporter l'intervention de l'avocat doit être motivée. L'article 706-88 al. 6 précise le contenu de cette motivation. Il énonce que l'intervention de l'avocat peut être différée « *en considération de raisons impérieuses tenant aux circonstances particulières de l'enquête ou de l'instruction, soit pour permettre le recueil ou la conservation des preuves, soit pour prévenir une atteinte aux personnes* ». Ces motifs sont les mêmes que ceux justifiant le décalage de la présence de l'avocat dans le régime de droit commun (C. pr. pén., art. 63-4-2 al. 4). Comme la motivation liée à la preuve ou à la protection doit s'avérer précise, sont insuffisantes les considérations générales liées notamment à la complexité et à la dangerosité du crime organisé ou du terrorisme. Non seulement la motivation doit se réaliser *in concreto*, mais encore le report doit quasiment constituer le seul moyen de recueillir les preuves ou de protéger les personnes. La condition de *raisons impérieuses* signifie que les investigations en cours doivent exiger le report jusqu'à une certaine heure. Dans certaines affaires de criminalité organisée, il peut ainsi arriver que le report trop tardif de l'avocat ne soit pas justifié, du moins pas plus qu'en droit commun. Il appartient en pareil cas à la défense de vérifier si le report de son intervention à telle heure plutôt qu'à telle autre est précisément justifié. Toutes ces garanties ont ainsi permis au Conseil constitutionnel de valider le report de l'intervention de l'avocat[1].

Durant un temps, le législateur ne souhaitait pas que tous les avocats soient susceptibles de pouvoir intervenir. Un nouvel article 706-88-2 du Code de procédure pénale énonça en effet qu'en cette matière le JLD ou le juge d'instruction pouvait décider que n'interviendrait qu'un avocat désigné par le bâtonnier de Paris sur une liste d'avocats habilités établie par le CNB sur proposition des conseils de l'ordre de chaque barreau. Cette atteinte aux droits de la défense fut censurée[2].

Une fois que l'avocat arrive sur les lieux de garde à vue dérogatoire, il dispose des mêmes droits que dans le régime de droit commun. L'article 706-88 alinéa 8 précise sur ce point que l'avocat dispose des droits prévus aux articles 63-4, 63-4-1, 63-4-2 al. 1 et 63-4-3 c'est-à-dire des droits de :

– d'avoir un entretien confidentiel avec son client ;

– de consulter le procès-verbal de notification des droits, le certificat médical, les procès-verbaux d'audition ;

– d'assister son client lors des auditions et confrontations ;

– de poser des questions et présenter des observations à l'issue des auditions et confrontations.

L'on aurait pu croire que le législateur pallierait l'absence d'intervention de l'avocat avec un enregistrement audiovisuel des auditions comme en droit commun. Il n'en fut rien. Ni la loi du 5 mars 2007 ni celle du 14 avril 2011 ne prévoient une telle garantie. Heureusement, le fait que cet enregistrement ne soit pas prévu en cas d'audition portant sur une infraction relevant de la criminalité organisée (C. pr. pén., art. 64-1 et 116-1) a été jugé contraire à la Constitution au nom du principe d'égalité[3].

Le suspect peut demander au procureur d'être informé sur la suite de la procédure s'il n'a pas été poursuivi dans les six mois suivant la garde à vue (C. pr. pén., art. 706-105). Le magistrat compétent dispose de deux mois à compter de la demande, pour informer le suspect qu'il souhaite classer sans suite l'affaire ou

1. Cons. Const., déc. n° 2014-428 QPC du 21 nov. 2014, *AJ pénal* 2015, p. 100, obs. J.-B. Perrier.
2. Cons. Const., déc. n° 2011-223 QPC du 17 févr. 2012.
3. Cons. Const., déc n° 2012-228/229 QPC du 6 avril 2012.

continuer l'enquête. Toutefois, l'information ne s'impose pas lorsqu'il entend proposer une alternative. Si le procureur souhaite poursuivre l'enquête préliminaire et qu'il envisage de procéder à une nouvelle audition ou à un nouvel interrogatoire du suspect au cours de cette enquête, il informe l'intéressé qu'il peut demander à ce qu'un avocat désigné par lui consulte le dossier de la procédure. Cette consultation s'effectue dans les quinze jours de la demande de consultation et avant tout interrogatoire ou audition. Lorsque des poursuites, notamment l'ouverture d'une information, sont envisagées, ce n'est pas l'article 706-105 qui s'applique, mais l'article 706-106 du Code de procédure pénale. Le suspect est déféré auprès du procureur. L'article 706-106 lui accorde directement le droit à l'assistance d'un avocat pendant sa comparution devant le magistrat. L'avocat possède un droit d'accès et un droit de faire des observations devant le magistrat avant que celui-ci ne prenne sa décision.

B. Des règles extraordinaires en matière de perquisition

(726) Les horaires des perquisitions sont différents en matière de délinquance organisée. À certaines conditions, ces actes peuvent avoir lieu **de nuit**, soit de 21 heures à 6 heures du matin.

En **enquête de flagrance**, elles sont possibles si les nécessités de l'enquête le commandent ; il faut à cet effet une requête du procureur de la République au JLD qui autorisera alors la perquisition (C. pr. pén., art. 706-89).

En **enquête préliminaire**, les mêmes règles s'appliquent, sous réserve de relever que cela n'est pas possible dans un local d'habitation (C. pr. pén., art. 706-90), sauf en matière de terrorisme en cas d'urgence afin de prévenir un risque d'atteinte à la vie ou à l'intégrité physique.

Dans le cadre de **l'information**, l'autorisation est accordée par le juge d'instruction (C. pr. pén., art. 706-91). En sont en principe également exclus les locaux d'habitation. Cependant, en cas d'urgence, le juge d'instruction pourrait néanmoins autoriser de perquisitionner en dehors des heures de droit commun dans de tels locaux, ce, dans quatre types de circonstances :

– crime ou délit flagrant ;

– risque immédiat de disparition de preuve ou d'indices matériels ;

– existence d'une ou plusieurs raisons plausibles de soupçonner qu'une ou plusieurs personnes se trouvant dans les locaux de la perquisition sont en train de commettre un crime ou délit entrant dans le champ d'application de l'article 706-73 ;

– prévention d'un risque d'atteinte à la vie ou à l'intégrité physique en matière terroriste.

Les perquisitions de nuit sont également possibles en dehors des hypothèses de crime organisé :

– pour la recherche des infractions de **proxénétisme**, à l'exclusion de toute autre infraction, à l'intérieur des hôtels, maisons, clubs, débits de boisson, lieux de spectacle et leurs annexes ou autre lieux ouverts au public en cas de constat que des personnes s'y livrant habituellement à la prostitution y sont reçues (C. pr. pén., art. 706-35) ;

– pour la recherche et la constatation des infractions de **trafic de stupéfiants** dans les locaux où l'on use en société de stupéfiants ou dans lesquels sont fabriqués, transformés ou entreposés des produits stupéfiants, lorsqu'il ne s'agit pas de locaux d'habitation (C. pr. pén., art. 706-28).

Les perquisitions peuvent déboucher sur des saisies et mesures conservatoires. Lors d'une instruction portant sur la criminalité organisée, le procureur de la République peut demander au JLD qu'il ordonne des **mesures conservatoires sur les biens** de la personne mise en examen. À ce titre la loi du 9 juillet 2010 est venue préciser que les mesures conservatoires n'ont pour objet que de garantir le paiement des amendes et l'indemnisation des victimes (C. pr. pén., art. 706-103).

Si les perquisitions doivent évidemment respecter le Code de procédure pénale, la Chambre criminelle limite néanmoins l'étendue de leur annulation. Lorsque le juge d'instruction possède par ailleurs des indices graves ou concordants distincts des éléments issus de la perquisition lui permettant de mettre en examen un suspect, alors la nullité de la perquisition n'entraînerait pas celle de la mise en examen postérieure[1].

C. Des règles extraordinaires en matière d'écoutes téléphoniques et accès aux messages téléphoniques

(727) L'article 706-95 du Code de procédure pénale prévoit des règles exorbitantes du droit commun relatives aux interceptions des communications par voie de télécommunications : contrairement aux interceptions de communications de droit commun réservées à l'instruction, celles-ci sont **possibles durant l'enquête de flagrance et même durant l'enquête préliminaire**.

Une décision judiciaire est toutefois nécessaire : elle est prise par le **JLD** sur requête du procureur de la République[2]. En principe, le magistrat du siège intervient à la fois pour la prise de décision initiale et en tant qu'autorité de contrôle des interceptions : il doit être informé des actes réalisés. Cependant, l'effectivité de ce contrôle n'est pas prescrite à peine de nullité : la nullité ne serait encourue que si le défaut de contrôle avait porté atteinte aux intérêts de la personne concernée. Cela a été jugé dans une affaire où le JLD n'avait pas été informé des actes accomplis une fois l'autorisation accordée[3].

L'information du JLD doit intervenir « *sans délai* », énonce le dernier alinéa de l'article 706-95 ; il a pourtant été jugé qu'un retard de trois jours était acceptable[4].

La durée de l'interception ne saurait cette fois excéder **un mois** et être renouvelée plus d'une fois, ce qui est très inférieur aux durées de droit commun (voir *supra*).

---

1. Cass. Crim. 21 juin 2016, n° 16-80.126.
2. Il n'est pas nécessaire que la requête du procureur figure dans le dossier si d'autres éléments permettent d'en déduire l'existence.
3. Cass. Crim., 26 juin 2007, pourvoi n° 07-82.401, *AJ pénal* 2007, p. 487, obs. S. Lavric.
4. Cass. Crim., 23 mai 2006, *Bull. Crim.* n° 139, *D* 2006, 2836, note J. Pradel, *AJ pénal* 2006, p. 367, obs. C. Girault, *RSC* 2006. 853, obs. Filniez.

(728) La Cour de cassation ayant considéré que les courriels archivés sur une boîte de messagerie électronique ne peuvent faire l'objet d'une interception de correspondance mais d'une perquisition[1], a donc été créé un régime spécifique d'accès et de saisie de ces messages en matière de criminalité organisée. Le JLD ou le juge d'instruction peut ainsi autoriser par ordonnance motivée l'accès, à distance et à l'insu de la personne visée, aux correspondances stockées par la voie des communications électroniques accessibles au moyen d'un identifiant informatique. Les données auxquelles il a été permis d'accéder peuvent être saisies et enregistrées ou copiées sur tout support. (C. pr. pén., art. 706-95-1 et 706-95-2).

Les opérations ne peuvent, à peine de nullité, avoir un autre objet que la recherche et la constatation des infractions visées dans la décision de ce magistrat. Le fait qu'elles révèlent des infractions autres que celles visées ne constitue pas une cause de nullité des procédures incidentes. Lorsque l'identifiant informatique est associé au compte d'un avocat, d'un magistrat, d'un sénateur ou d'un député, le bâtonnier, premier président de la cour d'appel ou le procureur général, le président du Sénat ou celui de l'Assemblée nationale doit, selon le cas, être informé (art. 706-95-3).

D. Des règles spécifiques en matière d'infiltration

Comme il a été développé supra, outre les livraisons contrôlées existant de longue date en matière des stupéfiants, la loi Perben 2 a créé une procédure dite d'infiltrations, permettant aux policiers de se faire passer pour des délinquants.

E. Des règles spécifiques en matière de surveillance

(729) Le législateur a validé d'autres opérations, jusque-là menées de façon officieuse. Il a, pour ce faire, inséré au Code de procédure pénale un article 706-80, unique disposition au sein d'une section première intitulée « *De la surveillance* ». Ces opérations concernent des personnes « *contre lesquelles il existe une ou plusieurs raisons plausibles de* » soupçonner qu'elles ont commis un fait de délinquance organisée relevant des articles 706-73 ou 706-74 du Code de procédure pénale.

Cette surveillance peut porter sur la personne elle-même, ou sur l'acheminement ou le transport des objets ou produits de l'infraction ou servant à la commettre.

La réalisation de la surveillance est décidée directement par les OPJ et, sous leur autorité, par les APJ, ce, après avoir informé le procureur de la République. Celui-ci pourrait cependant s'y opposer.

L'intérêt de ces opérations, outre leur aspect proactif, est de pouvoir s'étendre à tout le territoire national.

Sur autorisation des magistrats, les enquêteurs peuvent demander à tout fonctionnaire ou agent public de ne pas procéder au contrôle et à l'interpellation des suspects ou de ne pas procéder au contrôle et à la saisie de ces objets, biens ou produits afin de ne pas compromettre la poursuite des investigations (C. pr. pén , art. 706-80-1). Ils peuvent aussi livrer ou délivrer à la place des prestataires de

1. Cass. Crim., 8 juill. 2015, n° 14-88.457, *AJ pénal* 2016, p. 90, obs. G. Roussel.

services postaux et des opérateurs de fret ces objets, biens ou produits, sans être pénalement responsables (C. pr. pén., art. 706-80-2).

I.3. Les techniques spéciales d'enquête

(730) La loi du 23 mars 2019 a unifié le régime des techniques spéciales d'enquête, et par ailleurs unifié leur appellation sous cette dernière expression (C. pr. pén. art. 706-95-11 et s.). Les techniques spéciales d'enquête peuvent être mises en œuvre si les nécessités de l'enquête ou de l'information judiciaire relatives à l'une des infractions entrant dans le champ d'application de la criminalité organisée l'exigent.

Les techniques spéciales d'enquête sont autorisées :

– **au cours de l'enquête, par le juge des libertés et de la détention à la requête du procureur de la République** ;

– **au cours de l'information, par le juge d'instruction, après avis du procureur de la République**.

L'autorisation d'y recourir fait l'objet d'une **ordonnance écrite et motivée par référence aux éléments de fait et de droit justifiant que ces opérations sont nécessaires**. Elle n'a pas de caractère juridictionnel et n'est pas susceptible de recours. Ces techniques spéciales d'enquête se déroulent sous l'autorité et le contrôle du magistrat qui les a autorisées. Ce magistrat peut ordonner à tout moment leur interruption.

Le juge des libertés et de la détention (JLD) est informé sans délai par le procureur de la République des actes accomplis. Les procès-verbaux dressés en exécution de la décision du juge des libertés et de la détention lui sont communiqués. Si le JLD estime que les opérations n'ont pas été réalisées conformément à son autorisation ou que les dispositions applicables du présent Code n'ont pas été respectées, il ordonne la destruction des procès-verbaux et des enregistrements effectués. Son ordonnance motivée est susceptible d'appel devant le président de la chambre de l'instruction dans un délai de dix jours à compter de la notification.

Toutefois, **en cas d'urgence** résultant d'un risque imminent de dépérissement des preuves ou d'atteinte grave aux personnes ou aux biens, l'autorisation mentionnée peut être délivrée :

– **au cours de l'enquête, par le procureur de la République** avec confirmation par une ordonnance motivée du juge des libertés et de la détention dans un délai maximal de vingt-quatre heures, y compris si l'opération a cessé ;

– **au cours de l'information, par le juge d'instruction, sans avis préalable du procureur de la République**.

L'autorisation pendant l'enquête de police de recourir aux techniques spéciales d'enquête est délivrée pour une **durée maximale d'un mois, renouvelable une fois**. Pendant l'information, cette durée est de **quatre mois, renouvelable** dans les mêmes conditions de forme et de durée, sans que la durée totale des opérations ne puisse excéder deux ans.

Les techniques spéciales d'enquête sont mises en place par l'officier de police judiciaire commis par le juge d'instruction ou requis par le procureur de la République ou, sous sa responsabilité, par l'agent de police judiciaire.

En vue de procéder à l'installation, à l'utilisation et au retrait des dispositifs techniques mentionnés à la présente section, le procureur de la République, le juge d'instruction ou l'officier de police judiciaire peut requérir tout agent qualifié d'un service, d'une unité ou d'un organisme placé sous l'autorité ou la tutelle du ministre de l'intérieur ou du ministre de la défense et dont la liste est fixée par décret.

Le magistrat ou l'enquêteur dresse le procès-verbal de la mise en place des dispositifs techniques et des opérations effectuées en application de la présente section. Ce procès-verbal mentionne la date et l'heure auxquelles l'opération a commencé et celles auxquelles elle s'est terminée. Les enregistrements sont placés sous scellés fermés.

L'enquêteur décrit ou transcrit, dans un procès-verbal qui est versé au dossier, les données enregistrées qui sont utiles à la manifestation de la vérité. Aucune séquence relative à la vie privée étrangère aux infractions visées dans les ordonnances autorisant la mesure ne peut être conservée dans le dossier de la procédure. Les conversations et données en langue étrangère sont transcrites en français avec l'assistance d'un interprète requis à cette fin.

Les enregistrements et données recueillies lors des opérations sont détruits, à la diligence du procureur de la République ou du procureur général, à l'expiration du délai de prescription de l'action publique.

Le Conseil constitutionnel a censuré certaines dispositions relevant de ces techniques en raison de l'absence de prérogatives du JLD d'accès aux procès-verbaux, d'information sur le déroulé de l'enquête et de pouvoir d'ordonner la cessation de la mesure d'interception[1]. Ce faisant, le Conseil a fourni le vade-mecum du rôle futur de ce juge.

Les techniques spéciales d'enquêtes possèdent ensuite un régime spécifique selon leur nature.

A. Captation d'images et sonorisations

(731) Le législateur a également souhaité autoriser la sonorisation et la captation d'images dans des lieux privés ou publics. Cela permet d'enregistrer des conversations dans des lieux d'habitation, des véhicules, dans des lieux institutionnels (comme, par exemple, dans un parloir d'établissement pénitentiaire[2]), uniquement en prise son ou avec images[3]. De telles mesures, naturellement à l'insu des intéressés, apportent bien souvent des mines d'informations. Mais, si elles sont réalisées par ruse, alors elles seront prohibées par déloyauté[4].

La sonorisation sans images avait déjà été autorisée par la jurisprudence, mais le support textuel était plus que défaillant et nous exposait à la censure européenne[5]. Aussi était-il préférable de légiférer aux articles 706-96 et suivants.

1. Déc. n° 2019-778 DC du 21 mars 2019, préc., considérant n° 163.

2. Pour un exemple, validé par la Cour de cassation au regard de l'article 8 de la Conv. EDH, *cf.* Cass. Crim., 1er mars 2006, *Bull. Crim.* n° 59, *D* 2006, p. 1504, note J. Pradel.

3. Cass. Crim., 23 janv. 2013, n° 12-85.059, *AJ pénal* 2013, p. 227, obs. J. Pronier, validant par ailleurs la captation d'image par endoscope.

4. Cass. Crim., 7 janvier 2014, préc.

5. CEDH, 31 mai 2005, *Vetter c/ France*, req. n° 59842/00.

(732) Le juge des libertés et de la détention ou le juge d'instruction peut autoriser l'introduction dans un véhicule ou un lieu privé, y compris hors des heures légales, à l'insu ou sans le consentement du propriétaire ou du possesseur du véhicule ou de l'occupant des lieux ou de toute personne titulaire d'un droit sur ceux-ci. Ces opérations, qui ne peuvent avoir d'autre fin que la mise en place du dispositif technique ou sa désinstallation, sont effectuées sous son contrôle.

La décision autorisant le recours au dispositif de captation ou sonorisation comporte tous les éléments permettant d'identifier les véhicules ou les lieux privés ou publics visés, l'infraction qui motive le recours à ces mesures ainsi que la durée de celles-ci[1].

(733) Ont été expressément exclus des captations d'images et sonorisations les cabinets d'avocats, les entreprises de presse, les cabinets de médecins, avoués, notaires ou huissiers, domiciles, véhicules, bureaux des parlementaires, et les cabinets et domiciles des magistrats.

(734) La jurisprudence autorise la captation d'image dans les lieux publics sans respecter ce régime[2]. Ainsi, le procureur de la République peut faire procéder, sous son contrôle effectif et selon les modalités qu'il autorise s'agissant de sa durée et de son périmètre, à une vidéosurveillance sur la voie publique, aux fins de rechercher la preuve des infractions à la loi pénale[3]. En revanche, est sanctionnée sanctionne la captation d'images au téléobjectif dans un lieu privé, dès lors qu'elle n'est pas visible de la voie publique[4]. Si elle l'est, alors le régime ne s'applique pas.

En revanche, elle considère que l'utilisation d'images tirées d'un système de vidéosurveillance installé par le propriétaire dans les parties communes d'un immeuble n'est pas soumise aux règles de la captation d'images[5]. De plus, la jurisprudence n'exige l'application de ce régime que pour la captation de l'image de personnes et non celle d'objets[6]. En outre, le procureur de la République peut faire procéder à une vidéosurveillance sur la voie publique, en précisant la durée et le périmètre du dispositif et en en assurant un contrôle effectif sans avoir besoin de respecter la procédure de l'article 706-96.

(735) Seules les personnes dont les conversations sont captées ou celles ayant un titre sur le logement sonorisé peuvent agir en nullité[7]. Les personnes non-propriétaires des immeubles photographiés et n'ayant pas été identifié sur les photographies sont aussi irrecevables[8].

---

1. L'insuffisance des interceptions de correspondance et la nécessité d'apporter des éléments utiles à l'information judiciaire sont une motivation suffisante au renouvellement d'une mesure de sonorisation (Crim. 20 mars 2019, n° 17-86.319).
2. H. Vlamynck, « Le point sur la captation de l'image et des paroles dans l'enquête de police », *AJ pénal* 2011. 574. V. Cass. Crim., 15 avril 2015, n° 14-87.620.
3. Cass. Crim., 8 déc. 2020, n° 20-83.885.
4. Cass. Crim. 21 mars 2007, *Bull. Crim.* n° 89 ; *D.* 2007. 1204, obs. A. Darsonville.
5. Cass. Crim., 6 mars 2013, n° 12-87.810.
6. Crim., 8 déc. 2020, n° 20-83.885.
7. Cass. Crim., 26 juin 2013, n° 13-81.491, *RSC* 2013.591, obs. J. Danet.
8. Cass. Crim., 15 avril 2015, n° 14-87.616.

B. Captation des données informatiques

(736) La captation des données informatiques a été introduite par la loi LOPPSI 2 du 14 mars 2011 aux articles 706-102-1 et suivants du Code de procédure pénale modifiés par la loi du 23 mars 2019.

Il peut donc être recouru à la mise en place d'un dispositif technique ayant pour objet, sans le consentement des intéressés, d'accéder, en tout lieu, à des données informatiques, de les enregistrer, de les conserver et de les transmettre, telles qu'elles sont stockées dans un système informatique, telles qu'elles s'affichent sur un écran pour l'utilisateur d'un système de traitement automatisé de données, telles qu'il les y introduit par saisie de caractères ou telles qu'elles sont reçues et émises par des périphériques.

À cette fin, le procureur de la République ou le juge d'instruction peut désigner toute personne physique ou morale habilitée et inscrite sur une liste en vue d'effectuer les opérations techniques permettant la réalisation du dispositif technique. Le procureur de la République ou le juge d'instruction peut également prescrire le recours aux services de renseignements ou autres unités spéciales.

À peine de nullité, la décision autorisant le recours au dispositif précise l'infraction qui motive le recours à ces opérations, la localisation exacte ou la description détaillée des systèmes de traitement automatisé de données ainsi que la durée des opérations.

En vue de mettre en place le dispositif technique, le juge des libertés et de la détention ou le juge d'instruction peut autoriser l'introduction dans un véhicule ou dans un lieu privé, y compris hors des heures légales, à l'insu ou sans le consentement du propriétaire ou du possesseur du véhicule ou de l'occupant des lieux ou de toute personne titulaire d'un droit sur celui-ci. S'il s'agit d'un lieu d'habitation et que l'opération doit intervenir hors des heures légales, cette autorisation est délivrée par le juge des libertés et de la détention saisi à cette fin par le procureur de la République ou par le juge d'instruction.

Les opérations ne peuvent avoir d'autre fin que la mise en place du dispositif technique. Elles sont effectuées sous l'autorité et le contrôle du juge des libertés et de la détention ou du juge d'instruction.

En vue de mettre en place le dispositif technique, le juge des libertés et de la détention ou le juge d'instruction peut également autoriser la transmission par un réseau de communications électroniques de ce dispositif. Ces opérations sont effectuées sous l'autorité et le contrôle du juge des libertés et de la détention ou du juge d'instruction.

La mise en place du dispositif technique ne peut concerner les systèmes automatisés de traitement des données se trouvant dans les cabinets d'avocats, les entreprises de presse, les cabinets de médecins, avoués, notaires ou huissiers, domiciles, véhicules, bureaux des parlementaires, les cabinets et domiciles des magistrats.

(737) C. Identification de données de connexion, localisation des équipements, interception de correspondances téléphoniques et électroniques

Par parallélisme avec la loi du 24 juillet 2015 relative au renseignement ayant introduit cette possibilité en matière de police administrative (CSI, art. L. 851-4, L. 851-5 et L. 851-6), loi du 3 juin 2016 renforçant la lutte contre le crime organisé, le terrorisme et leur financement, et améliorant l'efficacité et les garanties de la procédure pénale, a inséré dans le Code de procédure pénale la possibilité de recueillir les données techniques de connexion des usagers. Sont visées d'une part les données permettant l'identification d'un équipement terminal ou du numéro d'abonnement de son utilisateur, d'autre part les données relatives à la localisation de l'équipement terminal utilisé. La localisation peut s'effectuer en temps réel.

Depuis la loi du 23 mars 2019, il peut être recouru à la mise en place et à l'utilisation d'un appareil ou d'un dispositif technique pénal afin de recueillir les données techniques de connexion permettant l'identification d'un équipement terminal ou du numéro d'abonnement de son utilisateur, ainsi que les données relatives à la localisation d'un équipement terminal utilisé.

Il peut aussi être recouru à la mise en place ou à l'utilisation de cet appareil ou de ce dispositif afin d'intercepter des correspondances émises ou reçues par un équipement terminal. Il s'agit ici de capter à distance une conversation téléphonique ou un message électronique. Les enquêteurs peuvent, pour ce faire, utiliser des appareils techniques appelés IMSI catchers. Ceux-ci fonctionnent comme des antennes relais et enregistrent, dans un rayon de plusieurs centaines de mètres, le numéro de la carte SIM des téléphones portables et le numéro IMEI de leur boîtier. Les correspondances interceptées ne peuvent alors concerner que la personne ou la liaison visée par l'autorisation d'interception.

Les durées maximales d'autorisation de l'interception des correspondances prévue au présent II sont de quarante-huit heures renouvelables une fois (art. 706-95-20).

II. Les enquêtes comportant des pouvoirs amoindris

(738) Les mineurs[1] ne sauraient sans dommage être soumis à des actes aussi fortement coercitifs que les majeurs. Cependant, c'est essentiellement en matière de garde à vue que des règles particulières ont été aménagées.

Ces dernières se fondent sur une combinaison de l'article 4 de l'ordonnance n° 45-174 du 2 février 1945 (CJPM, art. L. 413-6 et s.) et des dispositions de droit commun, applicables aux adultes, soit les articles 63-1 et suivants du Code de procédure pénale. L'article 4 prévoit des règles faisant exception au droit commun, vers lequel il convient de se tourner pour en combler les divers vides juridiques. Elles se traduisent par une graduation, selon l'âge du mineur, en trois

1. *Cf.* Touret de Coucy, Enfance délinquante, *Encyclopédie pénale*, Dalloz.

seuils (dix à treize ans, treize à seize ans et seize à dix-huit ans), selon qu'il s'agit du principe même de la garde à vue et de sa durée ou des garanties offertes spécifiquement aux mineurs retenus par la police. La protection accordée au mineur apparaît toutefois bien mince.

II.1. Limitations quant au principe et à la durée de la garde à vue

(739) Le droit français semble ne pas autoriser, pour ce qui concerne les **mineurs de moins de dix ans**, la moindre forme de garde à vue ou rétention.

(740) En revanche, il admet la **rétention de mineurs âgés de dix à treize ans** (art. 4-I de l'ord. du 2 févr. 1945, al. 1 ; CJPM, art. L. 413-1). Il répugne à la qualifier de garde à vue ; cependant, sa durée maximale (24 heures, comme nous allons le voir) n'a rien à envier à celle qui prévaut en matière de garde à vue. En outre, ses conditions de déroulement en sont très proches. Nous observons donc ici à un artifice de langage en forme de déni, qui ne trompe pas véritablement.

(741) Fort heureusement, la « rétention » des mineurs de treize ans est soumise à des **conditions** relativement strictes :

– elle est prononcée « *à titre exceptionnel* » et répond, comme pour les majeurs, à une condition de nécessité de l'enquête ;

– elle suppose des « *indices graves et concordants* » soit une définition de la suspicion plus exigeante qu'en droit commun « *laissant présumer* » que le jeune mineur « *a commis ou tenté de commettre un crime ou un délit* » ;

– ce crime ou délit doit faire encourir une peine d'au moins cinq ans d'emprisonnement. Il est toutefois à noter que ce seuil, qui est à apprécier au regard de la peine encourue pour les majeurs, est aisément atteint, spécialement depuis l'avènement des peines plancher : il était de sept ans avant la loi n° 2002-1138 du 9 septembre 2002 ;

– elle suppose l'accord d'un magistrat, soit du parquet, soit d'un juge pour enfants.

(742) La durée de cette « rétention » est en principe de **douze heures** maximum. Cependant, elle peut être **renouvelée** une fois « *à titre exceptionnel* » par une décision cette fois motivée et prise par le même magistrat. En principe, ce renouvellement suppose la présentation du mineur devant le magistrat. Cependant, une exception, classique, a été prévue « *lorsque les circonstances rendent cette présentation impossible* ».

Il s'agit dans tous les cas, comme d'ailleurs pour les majeurs, d'une durée maximale possible, car le principe prévaut selon lequel la rétention est limitée à ce qui est strictement nécessaire à l'audition.

(743) Pour les mineurs de plus de treize ans, le législateur n'a pas craint, en revanche, de qualifier leur rétention de garde à vue (art. 4-II de l'ord. du 2 fév. 1945 ; CJPM, art. L. 413-6) ; il est vrai que des sanctions pénales sont possibles à leur endroit. Cependant, le principe et la durée des gardes à vue qui les concernent sont soumis à des conditions distinctes selon qu'ils ont moins ou plus de seize ans. La loi du 14 avril a prévu que les mineurs pouvaient faire

l'objet d'une **retenue douanière** lorsqu'ils sont soupçonnés d'avoir commis un délit douanier. Pour autant, l'article 323-10 du Code des douanes énonce que cette retenue se déroule selon le régime prévu par l'article 4 de l'ordonnance de 1945 (CJPM, art. L. 311-1 à L. 311-5 et L. 411-1 à L. 413-15).

(744) Pour les **mineurs de plus treize ans**, la **garde à vue** n'est pas soumise à la décision d'un magistrat. Le placement en garde à vue est soumis à une triple condition de suspicion, d'âge et de gravité de l'infraction. La condition d'âge et celle de gravité permettent de moduler la durée de la mesure.

La loi du 14 avril 2011 ne modifie l'architecture de la garde à vue des mineurs que pour la mettre au diapason des droits de la défense. À l'instar de majeurs, dans les cas de retenue comme de garde à vue, l'article 4 de l'ordonnance du 2 février 1945 (CJPM, art. L. 413-1 et L. 413-6) fonde désormais la privation de liberté non plus sur les nécessités de l'enquête, mais sur l'un des motifs de l'article 62-2 du Code de procédure pénale, soit la nécessité :

– d'exécuter des investigations impliquant la présence du mineur ;

– de garantir la présentation de la personne devant le procureur ;

– d'empêcher que la personne ne fasse pression sur les témoins, les victimes ou leurs proches ;

– d'empêcher la concertation avec les co-auteurs ou complices ;

– de garantir la mise œuvre des mesures faisant cesser l'infraction.

(745) Pour les mineurs **âgés entre treize et seize ans**, la durée de cette garde à vue répond aux conditions de droit commun : elle est donc de 24 heures maximum. Elle est possible même pour des infractions faisant encourir une peine inférieure à cinq ans. Une prolongation de la garde à vue n'est possible que lorsque la peine encourue est supérieure ou égale à cinq ans. La prolongation est alors de 24 nouvelles heures, en application du droit commun. Dans ce cas, une présentation au procureur de la République ou au juge d'instruction est obligatoire (Ord. 2 févr. 1945, art. 4-V, al. 2 ; CJPM, art. L. 413-10).

(746) La garde à vue **des mineurs de plus de seize** ans suit le régime de la garde à vue des majeurs. Une première durée de droit commun peut être suivie d'une seconde durée de droit commun, la prolongation n'ayant pas, dans leur cas, été limitée à des infractions d'une gravité particulière. Seule a été maintenue, pour tous les mineurs, la règle de la présentation obligatoire à un magistrat (art. 4-V, al. 2 ; CJPM, art. L. 413-10).

Les prolongations supplémentaires de gardes à vue relatives aux actes de délinquance organisée ne sont possibles que pour les mineurs de plus seize ans lorsqu'il existe une suspicion qu'ils ont commis l'infraction avec une ou plusieurs personnes majeures (Ord. 2 févr. 1945, art. 4 VII dernier al. ; CJPM, L. 413-11). Cette précision apportée en 2004 est heureuse : le droit antérieur laissait planer le doute, ce qui exposait ces très jeunes mineurs à des interprétations particulièrement sévères.

Fort heureusement, face à un régime aussi sévère, des garanties spéciales ont été prévues, qui bénéficient néanmoins avant tout aux mineurs de seize ans.

II.2. Garanties offertes aux mineurs

(747) L'absence durable d'un mineur du domicile de ses parents est naturellement de nature à susciter de vives inquiétudes : c'est pourquoi la première garantie propre à sa garde à vue consiste en **l'obligation, pour l'OPJ**, de procéder à l'information des représentants légaux. Cette obligation concerne tous les mineurs, quel que soit leur âge (ord. 2 fév. 1945, art. 4-II, al. 1 ; CJPM, art. L. 413-7), qu'ils soient en situation de garde à vue ou de rétention (renvoi de l'art. 4-I, al. 2 à l'art. 4-II ; CJPM, art. L. 413-3 et L. 413-7). Est ainsi censurée la garde à vue au cours de laquelle le mineur a refusé de bénéficier de l'assistance d'un avocat et que les parents n'ont pas pu en désigner un car ils n'ont pas été informés de la mesure[1].

(748) Les représentants légaux du mineur sont informés de la rétention ou de la garde à vue après les magistrats du parquet ou d'instruction. Cette information des représentants légaux peut être reportée sur décision du procureur de la République ou du juge chargé de l'information. Le magistrat détermine la durée de ce report qui ne peut de toute façon excéder vingt-quatre heures voire douze heures lorsque la garde à vue ne peut faire l'objet d'une prolongation. Le droit positif n'a pas énoncé à quelles causes un tel report devait être conditionné, ce qui est plus que regrettable.

II.3. Intervention du médecin

(749) Le mineur dispose du même droit à l'examen médical que les majeurs. Cet examen est identique à celui pratiqué sur un majeur. Il est obligatoire lorsque le mineur a moins de seize ans (Ord. 2 févr. 1945, art. 4-III ; CJPM, art. L. 413-8). Le médecin est désigné par le magistrat en charge du contrôle de la mesure. Pour les mineurs de plus de seize ans, l'examen médical est facultatif mais les représentants légaux peuvent depuis la loi du 14 avril 2011 en demander l'accomplissement. Ils sont informés de ce droit au moment où ils sont avisés de la mesure (Ord. 2 févr. 1945, art. 4, III ; CJPM, art. L. 413-8). La désignation du médecin obéit aux règles de droit commun (renvoi de l'art. 4-III à C. pr. pén., art. 63-3 ; identique renvoi opéré par l'art. L. 413-8 CJPM).

II.4. Présence renforcée de l'avocat

(750) En ce qui concerne les mineurs, la loi du 15 juin 2000 a posé la règle, laquelle a été maintenue malgré les réformes ultérieures, de la présence de l'avocat dès la première heure de garde à vue pour l'ensemble des mineurs, quel que soit leur âge (art. 4-IV ; CJPM, art. L. 413-9). Cela s'applique donc à la garde à vue ou à la rétention, en raison du renvoi par l'article 4-I dernier alinéa au IV de l'article 4 (CJPM, art. L. 413-5 et L. 413-9).

Le mineur est « *immédiatement informé* » de ce droit. S'il ne sollicite pas d'avocat, celui-ci peut être désigné par ses représentants légaux. En pareil cas, cependant, il est indiqué que ceux-ci sont instruits immédiatement de ce droit

1. Cass. Crim., 16 oct. 2019, n° 19-81.084, *AJ pénal* 2020, p. 142, obs. G. Roussel.

lorsqu'ils sont informés de la garde à vue. En cas de report de cette information (voir *supra*), l'intervention de l'avocat pourrait être tardive.

Dans le cadre de la médiatique affaire Grégory, la Cour de cassation a rappelé l'importance des garanties bénéficiant aux mineurs, et notamment l'assistance d'un avocat. Prenant acte de la déclaration d'inconstitutionnalité des anciennes dispositions fondant le déroulement d'une garde à vue et le Conseil constitutionnel n'ayant pas exclu l'application de sa décision aux instances en cours[1], la Cour de cassation a annulé la mesure litigieuse qui s'était déroulée en 1984[2].

(751) En matière de rétention des mineurs **de moins treize ans**, l'assistance par avocat est obligatoire. Si le mineur où ses représentants n'en désignent pas un, alors le procureur de la République, le juge chargé de l'instruction ou l'officier de police judiciaire doit, dès le début de la retenue, informer par tout moyen et sans délai le bâtonnier, afin que soit commis un avocat d'office. Aucun report de présence n'est ainsi possible (Ord. 2 févr. 1945, art. 4 I, al. 2 ; CJPM, art. L. 413-5).

(752) Au-delà **de treize ans**, le mineur doit être informé immédiatement après son placement en garde à vue de son droit à l'assistance d'un avocat. Une fois informé, les représentants légaux sont avisés de leur droit à demander un avocat si le mineur n'en a pas désigné un. Cette assistance s'exerce dans les mêmes conditions qu'en droit commun par renvoi direct aux articles 63-3-1 à 63-4-3. Le report de la présence de l'avocat répond aux conditions du droit commun mais le défenseur conserve l'accès aux procès-verbaux et certificats médicaux.

(753) En outre, si le mineur de plus de seize ans peut subir une garde à vue dérogatoire en matière de **crime organisé**, le régime dérogatoire n'est pas entièrement mis en œuvre puisque le système de report de l'intervention de l'avocat prévu par l'article 706-88 ne s'applique pas (Ord. 2 févr. 1945, art. 4 VII ; CJPM, art. L. 413-11 excluant l'application des 6e à 8e alinéas de l'art. 706-88).

II.5. Enregistrement des gardes à vue

(754) L'enregistrement des gardes à vue des mineurs est également un acquis de la loi du 15 juin 2000. Il est applicable à tous mineurs, mais uniquement à ceux faisant l'objet de gardes à vue et non de rétention : il n'y a en effet pas de renvoi de l'article 4-I à l'article 4-VI et, de plus, ce dernier texte ne vise **que la garde à vue**. En revanche, le CJPM prévoit l'enregistrement des mineurs placés en garde à vue, mais également en retenue (art. L. 413-12).

L'enregistrement est audiovisuel : il y a donc prise d'images comme de son.

En pratique, l'enregistrement est **difficile à effectuer** : le matériel est souvent défaillant, la procédure lourde à engager ; en outre, il semble que les avocats ne demandent quasiment jamais à visionner les prises de vue, cela étant très chronophage et, par ailleurs, souvent impossible matériellement ou techni-

1. Cons. Const. 16 nov. 2018, décision n° 2018-744 QPC.
2. Cass. Crim. 19 févr. 2019, n° 18-83.306, *AJ pénal* 2019, p. 216, obs. P. Mathonnet.

quement (nécessité de mobiliser un greffier en continu, incompatibilité entre les matériels des policiers et des tribunaux...)[1].

Par ailleurs, les conditions de la consultation sont devenues très lourdes du fait d'exigences procédurales et, partant, sont découragées :

– la consultation n'est autorisée qu'en cas de contestation du procès-verbal ce qui, à l'époque de la numérisation des dossiers, paraît inutilement attentatoire aux droits de la défense ;

– elle doit être demandée uniquement par le mineur ou le procureur de la République au juge chargé de l'instruction, au juge des enfants ou à la juridiction de jugement. Le magistrat se prononçant dans les conditions de l'article 82-1 du Code de procédure pénale, il en découle qu'elle répond à des conditions de forme précises, prescrites à peine de nullité, que le juge saisi peut s'y opposer, même s'il doit rendre une ordonnance motivée dans un délai d'un mois ;

– l'impossibilité technique courante opposée à la consultation des enregistrements entraîne uniquement pour conséquence, à lire l'article 4 de l'ordonnance de 1945 (V al. 4), l'information du procureur de la République ou du juge d'instruction et une mention dans le procès-verbal d'interrogatoire (CJPM, art. L. 413-12).

Fort heureusement il a été jugé que le défaut d'enregistrement des interrogatoires fondé uniquement sur un « *problème informatique* » ne constituait pas une cause insurmontable et faisait nécessairement grief au mineur[2]. Toutefois, en l'absence d'enregistrement, que cette absence ait fait ou non l'objet d'une mention dans le procès-verbal et d'un avis au magistrat compétent, aucune condamnation ne peut être prononcée sur le seul fondement des déclarations du mineur si celles-ci sont contestées (art. 4 ord. 2 févr. 1945 ; CJPM, art. L. 413-12).

(755) Il est enfin à relever que les enregistrements sont obligatoirement détruits dans un délai de cinq ans à compter de l'extinction de l'action publique.

III. Les enquêtes de mort ou blessures suspectes, les enquêtes sur disparition inquiétante ou personne en fuite

(756) L'article 74 du Code de procédure pénale organise **l'enquête de mort suspecte**. Celle-ci possède comme point de départ la découverte d'un cadavre et devra déterminer la cause de la mort de l'individu[3]. Afin de permettre aux enquêteurs d'intervenir rapidement même lorsque la victime n'est pas encore décédée ou lorsqu'elle ne décède pas, la loi du 9 mars 2004 a étendu le champ de cette enquête **aux blessures graves** lorsque leur cause est inconnue ou suspecte. L'enquête de

1. Sur ces points, *cf.* S. Garde-Lebreton, « L'enregistrement des interrogatoires : un rééquilibrage des forces pendant la garde à vue », *AJ pénal* 2007, p. 462.

2. Cass. Crim., 3 avril 2007, *AJ pénal* 2007, p. 287, obs. G. Royer.

3. H. Vlamynck, « La théorie de l'apparence : enquête préliminaire, de flagrance et enquêtes spécifiques de mort suspecte et de disparition inquiétante », *AJ pénal* 2005, p. 322.

mort ou blessures suspectes a donc pour objet de rechercher la cause réelle du décès ou des blessures d'une personne lorsqu'elle ne paraît pas être d'origine naturelle ou accidentelle. Cette finalité se distingue de l'objet classique de l'enquête de police judiciaire, à savoir la constatation, le rassemblement des preuves et la recherche des auteurs d'infractions constatées. Lorsque les enquêteurs acquièrent la certitude de ce que le décès a une origine infractionnelle, l'enquête de mort suspecte est close et laisse sa place à une enquête classique de police judiciaire ou à une instruction préparatoire. Il s'agit ici d'un type *sui generis* d'enquête.

Dans ce cadre, l'OPJ informe le procureur, se transporte immédiatement sur les lieux et procède aux premières constatations. Il agit ensuite sur instruction du procureur de la République. Celui-ci peut, en outre, ouvrir une information judiciaire (C. pr. pén., art. 80-4). Celle-ci ne peut toutefois concerner que la mort suspecte et non pas les blessures, puisque l'article 74 alinéa 4 ne renvoie pas à l'alinéa 3 prévoyant l'ouverture d'une information. Cette instruction est elle aussi de nature *sui generis* car, d'une part, la constitution de partie civile n'y est pas admise[1] et, d'autre part, les actes effectués par le juge d'instruction sont qualifiés d'actes de police judiciaire[2]. La plupart du temps, les investigations sont confiées à un OPJ. Celui-ci peut faire appel à toutes « *personnes capables d'apprécier la nature des circonstances du décès* », c'est-à-dire requérir une autopsie judiciaire ou faire appel au service de l'identité judiciaire. L'enquêteur peut ainsi requérir des personnes qualifiées et même des experts qui n'ont alors pas à prêter serment selon l'article 74 alinéa 3. Depuis la loi n° 2009-526 du 12 mai 2009, le Code précise que l'OPJ peut accomplir tous les actes prévus par les articles 56 à 62 : perquisitions et saisies ; constatations ou examens techniques ou scientifiques ; réquisitions à personnes qualifiées ; réquisitions à administration ou à une entreprise ; et auditions de personnes, sans que leur accord ne soit alors nécessaire. Le seul acte qui demeure à ce stade prohibé est le placement en garde à vue ; ceci est logique dès lors que personne n'est encore suspecté. L'enquête de mort ou blessure suspecte est ainsi coercitive. Toutefois, elle ne peut durer plus de huit jours. À l'issue de ce délai, si les investigations se poursuivent, elles doivent emprunter la voie et les formes de l'enquête préliminaire.

(757) L'enquête sur disparition inquiétante est une création de la loi n° 2002-1138 du 9 septembre 2002 (C. pr. pén., art. 74-1). Elle s'applique en cas de disparition d'un mineur ou d'un majeur protégé. Elle s'applique aussi en cas de disparition d'un majeur dès lors que ladite disparition présente « *un caractère inquiétant ou suspect eu égard aux circonstances, à l'âge de l'intéressé ou à son état de santé* ». L'objet de cette enquête est de découvrir la personne disparue.

Son régime juridique est identique à celui de l'enquête de mort ou blessure suspecte. Soit le procureur ouvre une information pour recherche des causes de la disparition, soit il saisit un OPJ. Ce dernier peut accomplir tous les actes prévus aux articles 56 à 62 du Code de procédure pénale. L'enquête est là encore limitée à huit jours et ne peut se prolonger que dans les formes de l'enquête préliminaire.

---

1. Cass. Crim., 26 juill. 1966, *Bull. Crim.* n° 215.
2. Cass. Crim., 10 mai 1984, *Bull. Crim.* n° 168.

(758) **L'enquête de recherche de personne en fuite** (C. pr. pén., art. 74-2) a, comme son nom l'indique, pour objet de rechercher une personne en fuite. Elle s'applique dans plusieurs séries de cas : aux personnes faisant l'objet d'un mandat d'arrêt délivré par une juridiction d'instruction, un JLD, un président de cours d'assises, une juridiction de jugement ou un juge de l'application des peines ; aux personnes faisant l'objet d'une condamnation à une peine privative de liberté sans sursis d'une durée supérieure ou égale à un an exécutoire ou définitive ; aux personnes faisant l'objet d'un mandat d'arrêt européen ; aux personnes ayant fait l'objet d'une décision de retrait ou de révocation d'aménagement de peine ou de mise à exécution d'une décision d'emprisonnement.

Les OPJ, sur instruction du procureur de la République, peuvent accomplir tous les actes prévus aux articles 56 à 62 du Code de procédure pénale. Sur requête du parquet, le JLD peut aussi autoriser des écoutes téléphoniques pour deux mois renouvelables pour six mois en matière correctionnelle.

Chapitre 3

L'instruction

(759) L'instruction ou information consiste à confier à un magistrat du judiciaire la recherche des éléments de preuve relatifs à une infraction d'une certaine gravité ou complexité.

Elle ne concerne qu'une partie infime des affaires pénales.

Procédure avant tout écrite malgré la tenue de débats contradictoires, elle se traduit aujourd'hui essentiellement par une dilution des pouvoirs du juge d'instruction : la plupart des actes (*Section 2*) est confiée à la police judiciaire et certains pouvoirs qu'il détenait antérieurement sont désormais transférés à d'autres magistrats, notamment le juge des libertés et de la détention (*Section 1*). Il doit, en outre, composer avec les limites temporelles et juridiques de l'information (*Section 3*).

Section 1
LE CADRE GÉNÉRAL

L'information se distingue notamment de l'enquête simple en ce qu'elle voit intervenir une pluralité d'acteurs et de parties (I) soumises au secret dit de l'instruction, dont le sens est spécifique (II).

Nota : sur le plan textuel, l'instruction est régie par le Titre troisième du Code de procédure pénale, intitulé « *Des juridictions d'instruction* » et fait l'objet des articles 79 à 230.

I. Parties et acteurs

I.1. Les juridictions

Le juge d'instruction mène l'information et dirige, à cette fin, la police judiciaire (1). Certains de ses pouvoirs ont été transférés au juge des libertés et de la détention JLD (2) et il agit sous le contrôle de la chambre de l'instruction (3).

A. Le juge d'instruction[1]

1. L'institution du juge d'instruction

(760) Le juge d'instruction a été institué par une loi du 20 avril 1810. Comme il a été vu en introduction, l'instruction, héritière d'une longue tradition historique, était alors écrite, secrète et non contradictoire. Par la suite, la loi du 8 décembre 1897 a été la première à instaurer une dose de contradictoire, en faisant intervenir l'avocat de celui qui était encore dénommé inculpé.

À plusieurs reprises, il a été tenté de lui adjoindre d'autres magistrats, ce, afin d'éviter les risques d'arbitraire attachés à toute formation à juge unique. Ces tentatives ont été le plus souvent des échecs, faute de moyens matériels et humains.

(761) L'institution du juge d'instruction est fortement contestée, ce que traduisent les nombreuses réformes intervenues ces dernières années[2].

Il lui est notamment reproché d'être « jeune ». S'il est vrai que, bien souvent, le juge est fraîchement issu de l'École nationale de la magistrature, d'ailleurs affecté parmi les meilleurs à de tels postes, c'est au demeurant sa formation, plus que sa jeunesse, qui est remise en cause, comme on l'a vu notamment à la suite de l'affaire d'Outreau. Juriste avant tout, il est trop peu formé à la bonne distance humaine, au doute salutaire. Précisément, alors qu'il doit en principe instruire « *à charge et à décharge* », une telle schizophrénie s'avère en pratique impossible, car prime la logique de l'enquête, voire de la « chasse »[3]. Par ailleurs, les juges d'instruction sont des juges uniques, voire solitaires, avec les risques de partialité, d'erreur, voire d'arbitraire que cela suppose[4]. De plus, par l'utilisation de commissions rogatoires, les juges délèguent l'essentiel des investigations à la police judiciaire.

(762) Pour autant, le premier argument en faveur du juge d'instruction, est qu'il est un juge du siège, qui, s'il n'a pas toujours la distance nécessaire pour être aussi neutre que l'on pourrait l'attendre, le serait davantage que le procureur de la République, dont la culture est, plus encore, orientée vers la répression et qui ne peut être tenu pour constituer un contre-pouvoir à l'action unidirectionnelle de la police. Par ailleurs, les droits de la défense sont moindres dans la phase d'enquête, tandis qu'ils peuvent trouver à s'exprimer de manière plus importante dans le cadre de l'instruction. Pour certains, sa disparition ne serait donc pas souhaitable, surtout si elle se faisait au profit de l'enquête uniquement « contrôlée » par le parquet dont le statut reste pour le moment inchangé. Toutefois, ces quelques qualités suffisent-elles véritablement à pallier les faiblesses originelles de l'institution[5] ?

---

1. N. Bonnat, Juge d'instruction, *Encylopédie de droit pénal et procédure pénale*, Dalloz.
2. *Cf.* S. Guinchard et J. Buisson, *op. cit.*, spe. n° 131.
3. Le juge ne peut ainsi demander aux enquêteurs de réaliser un procès-verbal récapitulatif des éléments à charge. Cass. Crim., 26 avr. 2017, n° 16-86.840, *AJ pénal* 2017, p. 404, obs. J.-B. Perrier.
4. J.-F. Renucci, « Précisions quant à l'impartialité subjective », *RSC*, 2003, p. 884.
5. Pour une synthèse des arguments pour et contre le juge, *cf.* J. Danet, *La justice pénale entre rituel et management*, préc., p. 27.

Reste que les réformes de ces dernières années l'ont marginalisé[1] de deux manières essentielles :

– en développant les pouvoirs concurrents du parquet (notamment en matière de délinquance organisée) et en réduisant la part des affaires faisant l'objet d'instruction ;

– en transférant une partie de ses pouvoirs au JLD ;

– par conséquent, en matière correctionnelle, le juge d'instruction a quasiment disparu. Il n'intervient plus désormais qu'essentiellement en matière criminelle puisque l'information est obligatoire. Sa disparition de fait devrait peut-être être entérinée en droit sous réserve d'une véritable réforme de la phase préparatoire du procès pénal avec des droits de la défense effectifs, l'intervention d'un juge du siège pour la mise en état de l'affaire, un statut garantissant l'impartialité du parquet[2].

2. Le fonctionnement du cabinet d'instruction

(763) Le juge d'instruction est un **juge unique**, parfois solitaire et, en outre, un magistrat du siège. Cela n'est pas anodin : il est, à ce titre, censé garantir les libertés individuelles (art. 66 de la Constitution). C'est d'ailleurs ce qui a pu donner l'illusion qu'il lui soit possible d'instruire à charge et à décharge, ce que la loi sur la présomption d'innocence du 15 juin 2000 a d'ailleurs fait inscrire à l'alinéa 1er de l'article 81 du Code de procédure pénale.

Concrètement, le magistrat dirige la police judiciaire, à qui il délivre des commissions rogatoires pour l'accomplissement d'actes d'enquête ; il délivre divers mandats (par exemple des mandats d'amener) et accorde, le cas échéant, les actes demandés par les parties. Il rend à cette fin des ordonnances, dont certaines ont valeur juridictionnelle. Enfin, il remet à la juridiction répressive un dossier en état d'être jugé.

(764) Dans des affaires d'une particulière complexité, il peut être nécessaire d'éviter que le juge d'instruction soit seul. Le président du TJ peut, aux termes de l'article 83 du Code de procédure pénale, décider que, pour une affaire grave ou complexe, il soit nécessaire d'adjoindre à celui qui est chargé de l'information un ou **plusieurs autres juges d'instruction**. Il peut le faire d'autorité en début d'information ou au cours de celle-ci et alors, soit sur la demande du juge initialement saisi, soit avec son accord.

La loi n° 2007-291 du 5 mars 2007 avait prévu, suivant en cela les conclusions de la commission chargée de tirer les enseignements de l'affaire dite « d'Outreau », que le président du TJ puisse désigner une formation collégiale de trois juges d'instruction, dont un magistrat qui serait juge coordonnateur. Ces « *collèges de l'instruction* » (C. pr. pén., art. 83, al. 2) se seraient prononcés à propos des décisions les plus lourdes : mise en examen, attribution du statut de témoin assisté, placement sous contrôle judiciaire, saisine du JLD, mise en liberté d'office. Les autres actes seraient restés confiés à un seul magistrat. Toutefois, cette collégialité

---

1. E. Mathias, « La marginalisation du juge d'instruction : vers un renouveau du modèle inquisitoire ? », *Petites affiches*, 18 août 2005.

2. En ce sens, G. Roussel, *Suspicion et procédure pénale équitable*, préc., p. 200.

fut sans cesse repoussée. Après plusieurs reports, le législateur a décidé en 2016 d'abandonner cette collégialité faute d'un nombre suffisant de juges d'instruction, de réelle volonté, de moyens, mais aussi d'intérêt procédural.

(765) En dehors de ces situations complexes, il demeure nécessaire, lors de l'ouverture d'une information (voir *infra*), de **désigner un juge d'instruction déterminé, *du moins chaque fois qu'il existe plus d'un juge d'instruction dans une juridiction*** : c'est la tâche du président du TJ. L'article 83 du Code de procédure pénale retient qu'il désigne le magistrat sur la base d'un tableau de roulement, qui a le mérite de rendre plus neutre la répartition des dossiers. Si un juge doit être remplacé (par exemple pour cause de maladie ou de congé maternité), le président du TJ désigne le remplaçant. En cas d'urgence, tout juge d'instruction du ressort peut se charger exceptionnellement d'un acte d'instruction.

En cas d'état d'urgence sanitaire, l'article 12 de l'ordonnance du 25 mars 2020 prévoit que si le ou les juges d'instruction sont absents, malades ou autrement empêchés, le président du tribunal judiciaire ou le magistrat qui le remplace désigne le ou les magistrats du siège pour exercer les fonctions du juge d'instruction (mesure d'administration judiciaire). La désignation n'a plus à être faite par le tribunal judiciaire après avis de l'assemblée générale.

(766) Chaque juge d'instruction est par ailleurs nécessairement assisté d'un greffier, dont le rôle est déterminant pour la légalité des actes[1].

B. Le juge des libertés et de la détention (JLD)

(767) Créé par la loi du 15 juin 2000 dans le but de réduire les pouvoirs du juge d'instruction, le JLD n'a cessé de voir croître ses propres compétences[2]. Il devait initialement intervenir pour prononcer les placements en détention provisoire, que le juge d'instruction, antérieurement compétent à cet égard, allait désormais devoir lui demander.

(768) Le JLD, juge du siège, est désigné en tant que tel par le président de la juridiction (C. pr. pén., art. 137-1, al. 2). Le juge des libertés et de la détention peut être suppléé en cas de vacance d'emploi, d'absence ou d'empêchement, par un magistrat du siège du premier grade ou hors hiérarchie désigné par le président du tribunal judiciaire. En cas d'empêchement de ces magistrats, le président du tribunal judiciaire peut désigner un magistrat du second grade (C. pr. pén., art. 137-1-1).

Pour lui conserver son impartialité il est prévu qu'il ne puisse participer au jugement des affaires pénales dont il a connu et ce, à peine de nullité (C. pr. pén., art. 137-1, al. 3).

Le juge des libertés et de la détention peut à l'issue d'un débat contradictoire effectuer un transport sur les lieux, assisté de son greffier. Il peut se transporter sur tout le territoire national en cas de nécessité.

1. Les procès-verbaux d'interrogatoire et de confrontation devant le juge doivent être signés par le greffier, et ce à peine de nullité si cette inobservation a eu pour effet de porter atteinte aux intérêts de la personne concernée, Cass.Crim. 12 déc. 2017, n° 17-84.824.

2. *Cf.* P. Le Monnier de Gouville, *Le juge des libertés et de la détention entre présent et avenir*, th. Paris 2, 2011.

C. La chambre de l'instruction

(769) Appelée chambre d'accusation avant la loi du 15 juin 2000, elle possède de nombreuses compétences, par exemple dans le champ post-sentenciel (voir notamment C. pr. pén., art. 710). En matière d'instruction, elle est la juridiction compétente pour le contrôle des actes d'instruction du juge d'instruction (C. pr. pén., art. 191 et s.). Elle reçoit les recours formulés contre les décisions des juridictions d'instruction du premier degré et les requêtes en annulation d'actes de procédure. C'est aussi elle qui contrôle les mesures de contrainte édictées par le juge d'instruction et le JLD pendant l'instruction. En revanche, depuis la loi du 15 juin 2000 et l'instauration du double degré de juridiction en matière criminelle, elle ne mène plus en principe la seconde instruction en matière criminelle. Toutefois, elle se retrouve parfois en position de connaître l'intégralité du dossier d'instruction[1]. Elle peut alors évoquer l'affaire, ce qui lui permet d'accomplir certains actes de procédure. Elle dispose ainsi du pouvoir de procéder elle-même à l'instruction. La chambre de l'instruction possède ainsi un triple pouvoir de révision, réformation et évocation. Si le juge d'instruction est tenu de rechercher les personnes ayant pu participer, comme auteur ou comme complice, à la commission des infractions dont il est saisi ; cette obligation pèse également sur la chambre de l'instruction[2]. Le président de la chambre d'instruction peut de plus en plus être saisi sans avoir à réunir la chambre.

(770) Elle est une formation spécialisée de la Cour d'appel.

I.2. Les parties et leurs conseils

Voulant rendre moins facile la mise en examen (1), la loi du 15 juin 2000 a créé un statut intermédiaire, dit du « témoin assisté » (2), qui s'adresse à des personnes sur lesquelles la suspicion est moins forte. Comme la partie civile (3), celles-ci sont des parties à la procédure. Elles ont donc accès au dossier par l'intermédiaire de leur avocat (4) et peuvent demander au juge d'instruction la réalisation d'actes.

A. Le mis en examen

1. Les personnes pouvant être mises en examen

(771) Dans le droit antérieur à la loi 4 janvier 1993, le mis en examen était qualifié d'« inculpé » et la mise en examen d'« inculpation ». Ces termes ont paru porter atteinte à la présomption d'innocence. Hélas, la prompte popularisation de l'expression « mise en examen » a rapidement produit des effets similaires.

---

1. Dans ce cas, elle est seule compétente pour mettre en examen. Cass. Crim., 12 nov. 2014, n° 14-84.182.

2. Cass. Crim,. 16 mars 2016, n° 15-87.675. Lorsque la chambre de l'instruction estime qu'il y a lieu de poursuivre les investigations sur des infractions résultant du dossier de la procédure, mais non visées dans l'ordonnance de non-lieu, elle doit procéder par voie de supplément d'information. Cass. Crim., 31 mai 2017, n° 17-81.539.

(772) En revanche, la loi a rendu substantiellement plus difficile la mise en examen. Dans le droit antérieur, pouvait être mise en examen la personne à l'encontre de laquelle existaient « *des indices faisant présumer qu'elle a{vait} participé, comme auteur ou complice, aux faits dont* » était saisi le juge d'instruction. Depuis la loi du 15 juin 2000, il s'agit des « *personnes à l'encontre desquelles il existe des* ***indices graves ou concordants*** *rendant vraisemblable qu'elles aient pu participer, comme auteur ou comme complice, à la commission des infractions* » dont le juge d'instruction est saisi[1].

(773) Le degré de suspicion requis pour mettre en examen a donc été élevé. Le degré antérieurement exigible a en quelque sorte été transféré vers le témoin assisté, même si ce statut peut également concerner des personnes sur lesquelles pèse un degré de suspicion moindre. Le principe est qu'une personne mise en cause dans une plainte ou une mise en cause doit bénéficier du statut de témoin assisté (voir *infra*). D'ailleurs, il est énoncé à l'article 80-1, alinéa 3, que la mise en examen n'est possible que si l'on peut estimer impossible de « *recourir à la procédure de témoin assisté* ».

(774) Le moment de la mise en examen est délicat. Il est habituel de souligner que celle-ci **ne doit intervenir ni trop tard ni trop tôt**. Si elle intervient « trop tôt », c'est-à-dire lorsque la suspicion n'est pas assez forte (les indices ne sont pas encore graves et/ou concordants), l'intéressé doit demeurer sous le statut de témoin assisté. Inversement, elle ne doit pas intervenir trop tard : une personne jusque-là simple témoin, sur laquelle une suspicion sérieuse vient à peser, doit pouvoir se défendre et accéder au dossier. Cependant, si elle était déjà témoin assisté, il n'est pas dommageable qu'elle le reste, quand bien même les indices seraient devenus graves et concordants ; du moins, l'audition en cours peut être poursuivie.

Une personne a cependant intérêt, en pareil cas, à solliciter le statut de mis en examen, car ses droits au regard de la demande d'actes sont alors supérieurs à ceux du témoin assisté.

La loi du 15 juin 2000 a ainsi inauguré un « *double système de seuil* » de mise en examen[2]. Elle demeure facultative en cas d'indices graves *ou* concordants, seuil minimal de suspicion. Elle devient obligatoire selon l'article 80-1 si les indices se révèlent « *graves et concordants* ». Ce seuil maximal est posé à peine nullité par l'article 105 du Code de procédure pénale[3].

(775) Dans une affaire donnée, plusieurs personnes peuvent naturellement être mises en examen. Elles peuvent passer du statut de témoin assisté à mis en examen sans indices supplémentaires[4]. Une personne peut aussi être mise en

---

1. Saisie d'un contentieux de l'annulation d'une mise en examen, la chambre de l'instruction ne doit rechercher que si les indices graves ou concordants peuvent être déduits des éléments d'information relatifs aux faits reprochés au suspect. Cass. Crim., 14 avril 2015, n° 14-85.334, 14-85.335, 14-84.333.

2. J. Pradel, « La personne suspecte ou poursuivie après la loi du 15 juin 2000. Evolution ou Révolution ? », *D.* 2001, chron. p. 1035 et 1114.

3. C. Porteron, « Nullités de la mise en examen », *AJ pénal* 2005, p. 149. *Cf.* ainsi Cass. Crim., 14 mai 2002, pourvoi n° 02-80.721.

4. Cass. Crim., 18 nov. 2015, n° 14-86.680, *AJ pénal* 2015, p. 557, obs. G. Royer.

examen pour des premiers faits puis être mis en examen pour des faits supplémentaires. Cette mise en examen supplétive ne nécessite pas d'éléments nouveaux[1].

2. Les modalités de la mise en examen

(776) Les modalités de la mise en examen sont régies par l'article 80-1 du Code de procédure pénale. Ce texte prévoit que la personne doit obligatoirement être entendue en ses observations ou, à tout le moins, mise en mesure de le faire. Elle doit, en outre, être mise en mesure d'être assistée d'un avocat. Il y a donc nécessairement un débat contradictoire.

(777) Concrètement, la mise en examen peut être réalisée (C. pr. pén., art. 80-1) :

– pour une personne jusque-là seulement mise en cause, lors d'un interrogatoire de première comparution, dans les conditions de l'article 116 du Code de procédure pénale ;

– pour une personne jusque-là témoin assisté, dans les conditions des articles 113-1 et s. (voir *infra*).

(778) **L'interrogatoire de première comparution** ne peut avoir lieu que si la personne est assistée d'un avocat ou a été en mesure de l'être ; aussi faut-il la convoquer suffisamment à l'avance. La **convocation** est faite :

– soit par lettre recommandée dans un délai qui ne peut être inférieur à dix jours et supérieur à deux mois, laquelle doit indiquer la date et l'heure de la comparution, les charges et leur qualification juridique, la possibilité d'être assisté d'un avocat ou de la possibilité d'en faire désigner un d'office et la précision selon laquelle la mise en examen n'interviendra, le cas échéant, qu'après cette première comparution (C. pr. pén., art. 80-2, al. 1) ;

– soit par notification par un OPJ, constatée par procès-verbal, signé par l'intéressé à qui en est remis une copie (C. pr. pén., art. 80-2, al. 2).

(779) L'interrogatoire de première comparution s'accompagne d'une série de **formalités** obligatoires (C. pr. pen., art. 116). Il est d'abord procédé à la vérification de l'identité de la personne et à l'énoncé des faits (y compris leur qualification juridique)[2].

Il arrive que l'intéressé refuse de décliner son identité et/ou sa nationalité, espérant rendre plus délicat l'investigation ou son éventuel éloignement du territoire français. Un tel refus ne saurait faire obstacle à la mise en examen[3].

(780) Si la personne n'est pas assistée d'un avocat, il lui est rappelé qu'elle peut en désigner ou en faire désigner, sauf si elle était déjà entendue comme témoin assisté[4]. L'avocat a alors accès au dossier sur le champ et peut communiquer avec son client.

1. Cass. Crim., 12 juillet 2016, n° 16-82.692.
2. Si les prescriptions de convocation ont été acceptées, l'interrogatoire peut immédiatement suivre la notification des faits et leur qualification. Cass. Crim., 4 juin 2014, n° 14-81.120.
3. Cass. Crim., 30 mars 2004, *Bull. Crim.* n° 79, *Dr. Pénal* 2004, comm. 177, A. Maron.
4. Cass. Crim., 11 mai 2004, *Bull. Crim.* n° 114, *AJ pénal* 2004, p. 289, obs. J. Leblois-Happe.

(781) Le juge d'instruction doit ensuite avertir la personne qu'elle peut soit se taire, soit faire des déclarations, soit être interrogée. Cependant, la personne ne peut donner qu'en présence d'un avocat son accord pour être interrogée, énonce expressément l'article 116. Si **l'avocat** est présent, il peut, lui aussi, faire des observations mais il doit en informer le juge[1].

(782) C'est uniquement après ces règles protectrices du contradictoire que le juge d'instruction peut, le cas échéant, mettre la personne en examen, pour des faits qui seront alors obligatoirement rappelés ou précisés[2]. La personne doit aussi être informée du délai prévisible d'achèvement de la procédure. Si le magistrat choisit de ne pas la mettre en examen, la personne doit alors nécessairement être témoin assisté (C. pr. pén., art. 113-1 et 113-2). L'interrogatoire au fond est facultatif lors de cette première comparution[3].

Il doit lui demander de déclarer son adresse personnelle ou, avec l'accord d'un tiers, l'adresse de ce dernier et de l'informer de tout changement d'adresse.

(783) Un juge d'instruction peut aussi déléguer la mise en examen par commission rogatoire délivrée à un autre magistrat, également juge d'instruction (C. pr. pén., art. 154-2).

(784) Après l'affaire d'Outreau, la méfiance envers le juge d'instruction a conduit à prévoir, à l'occasion de la loi du 5 mars 2007 (C. pr. pén., art. 116-1), l'**enregistrement audiovisuel des interrogatoires**[4]. Il est pour le moins paradoxal que l'enregistrement des interrogatoires réalisés par un magistrat en présence continue d'un avocat soit ainsi imposé, cet enregistrement est obligatoire dans tout local utilisé par le juge[5].

Par ailleurs, l'accès à l'enregistrement est limité : il suppose une contestation survenant à propos de la portée des déclarations de l'intéressé, une décision du juge d'instruction ou, plus tard, de la juridiction de jugement. Le fait qu'il ne concerne pas la délinquance organisée au sens de l'article 706-73 du Code de procédure pénale a été censuré[6]. Surtout, l'enregistrement ne concerne en réalité que la matière criminelle.

(785) Six mois après la première comparution et, ensuite, tous les six mois, le mis en examen pourrait **demander à passer au statut de témoin assisté**. Si le juge d'instruction venait à faire droit à cette demande alors que la personne était détenue provisoire, celle-ci devrait être mise en liberté d'office (C. pr. pén., art. 80-1-1)[7].

---

1. Cass. Crim., 13 mars 2012, n° 11-88.737.
2. En cas d'extension de la saisie du juge, il n'est pas nécessaire et il n'est pas besoin de procéder une nouvelle fois à ces formalités. Cass. Crim., 22 oct. 2014, n° 14-82.940.
3. Cass. civ., 14 avril 2015, n° 14-85.335.
4. Le défaut d'enregistrement porte nécessairement atteinte aux intérêts du mis en examen : Cass. Crim., 3 mars 2010, *Bull. Crim.* 2010, n° 47.
5. Cass. Crim., 13 mai 2015, n° 14-87.535, *AJ pénal* 2015, p. 438, obs. C. Girault.
6. Cons. Const., déc. n° 2012-228/229 QPC du 6 avr. 2012.
7. La délivrance de l'avis de fin d'information met fin au droit de demander le placement sous le statut de témoin assisté. Pour autant, l'absence de réponse dans un délai de deux mois à compter de la demande ouvrira la possibilité d'effectuer un recours contre cette décision implicite de rejet de la demande. Cass. Crim., 16 juin 2020, n° 19-86.760.

Afin de tenir compte des spécificités de la matière, la mise en examen en matière de délit de presse répond à d'autres règles. Selon l'article 51-1 du Code de procédure pénale, le juge informe la personne de son intention de la mettre en examen par lettre recommandée avec demande d'avis de réception en précisant chacun des faits qui lui sont reprochés ainsi que leur qualification juridique et en l'avisant de son droit de faire connaître des observations écrites dans un délai d'un mois. Il peut aussi, par le même avis, interroger la personne par écrit afin de solliciter, dans le même délai, sa réponse à différentes questions écrites. En ce cas, la personne est informée qu'elle peut choisir de répondre auxdites questions directement en demandant à être entendue par le juge d'instruction.

Le juge d'instruction ne peut instruire sur les preuves éventuelles de la vérité des faits diffamatoires, ni sur celles de la bonne foi en matière de diffamation, ni non plus instruire sur l'éventuelle excuse de provocation en matière d'injure.

La personne est informée de son droit de désigner un avocat. La procédure est mise à la disposition de l'avocat désigné durant les jours ouvrables. Les avocats peuvent également se faire délivrer une copie de tout ou partie des pièces et actes du dossier.

À l'issue d'un délai d'un mois à compter de la réception de l'avis, le juge d'instruction peut procéder à la mise en examen en adressant à la personne et à son avocat une lettre recommandée avec demande d'avis de réception selon les modalités prévues aux deuxième et troisième alinéas de l'article 113-8 du Code de procédure pénale. Il informe à cette occasion la personne que, si elle demande à être entendue par le juge d'instruction, celui-ci est tenu de procéder à son interrogatoire.

3. Les effets de la mise en examen

(786) La mise en examen s'adresse à une personne sur laquelle pèsent des indices graves et concordants. Il n'est donc pas surprenant qu'elle puisse faire l'objet d'actes coercitifs, comme le placement sous contrôle judiciaire ou en détention provisoire (C. pr. pén., art. 137 et s.), que nous étudierons *infra*.

Si la personne majeure mise en examen est sous tutelle ou curatelle, le juge d'instruction doit aviser son tuteur ou curateur, ainsi que le juge des tutelles, des poursuites, mesures et décisions dont celle-ci fait l'objet (C. pr. pén., art. 706-113)[1].

(787) Le mis en examen **est une partie à la procédure**. Il a donc tout **un ensemble de droits**, notamment :

– au silence ;

– être assisté lors des interrogatoires d'un interprète (C. pr. pén., art. 102 et 121) s'il est étranger ou atteint de surdité ;

– avoir accès au dossier avant l'interrogatoire de première comparution (C. pr. pén., art. 116) et tous autres interrogatoires ;

– disposer d'une traduction des pièces essentielles à sa défense ;

– être assisté d'un avocat lors de l'interrogatoire de première comparution (C. pr. pén., art. 116) et de tous autres interrogatoires (C. pr. pén., art. 114) ;

1. Ces mesures sont impératives : Cass. Crim., 14 avr. 2010, *Bull. Crim.* 2010, n° 74.

– être interrogé par un magistrat et non par un OPJ (C. pr. pén., art. 152, al. 2) ;

– être confronté aux personnes le mettant en cause (C. pr. pén., art. 120-1) ;

– demander la réalisation de tous actes d'instruction qui sont de la compétence du juge d'instruction (C. pr. pén., art. 81, al. 8 et 82-1) et seront étudiés *infra*, à savoir : un examen médical ou psychologique, une expertise, être entendu ou interrogé, faire auditionner un témoin, réaliser une confrontation ou un transport sur les lieux, que soit ordonnée la production d'une pièce utile à l'information et, plus généralement, toute mesure utile ;

– contester les actes du juge d'instruction. L'intéressé peut notamment contester sa mise en examen (C. pr. pén., art. 174-1). Nous verrons qu'il peut aussi contester sa mise en détention provisoire ou son placement sous contrôle judiciaire.

(788) En outre, **lors des autres interrogatoires** que celui de première comparution, il peut faire poser des questions ou présenter de « *brèves* » (*sic*) observations par l'intermédiaire de son avocat (C. pr. pén., art. 120, al. 1).

(789) La durée particulièrement longue de certaines procédures ayant valu à la France plusieurs condamnations par la Cour EDH[1], le législateur a introduit dans le Code de procédure pénale diverses dispositions destinées à favoriser le traitement de l'instruction dans un délai raisonnable.

Si l'instruction traîne, notamment si le mis en examen n'a pas comparu devant le juge d'instruction depuis plus de quatre mois, il peut **demander à être entendu** (demande écrite et motivée). En pareil cas, l'article 82-1 impose au juge de procéder à son interrogatoire dans les trente jours suivant la réception de la demande.

De plus, l'article 116, alinéa 6, du Code de procédure pénale retient que, lors de l'interrogatoire de première comparution, le juge d'instruction doit **informer le mis en examen de la durée prévisible** de l'information. Il distingue alors deux hypothèses :

– soit le magistrat prévoit que l'information s'achèvera avant un an en matière correctionnelle, ou avant dix-huit mois en matière criminelle : il doit alors en informer le mis en examen et lui préciser qu'à l'issue de ce délai, il pourra demander la clôture de la procédure en application de l'article 175-1 (voir *infra*) ;

– soit le juge n'a pas prévu un délai aussi court, mais le mis en examen peut toujours demander la clôture de l'instruction à l'issue de ces délais d'un an et de 18 mois.

B. Le témoin assisté

(790) Le statut de témoin assisté a été créé par la loi du 15 juin 2000. Il s'adresse à des **personnes** qui ne sont **pas suffisamment suspectes** pour être mises en examen (indices non graves et/ou non concordants), mais sur lesquelles pèse néanmoins une suspicion, parce qu'elles sont mises en cause à un titre ou un autre,

1. Par ex. CEDH, *Tomasi c/ France*, 27 août 1992, *RUDH* 1993, 1, obs. F. Sudre, *RSC*. 1993, p. 142, note L. E. Pettiti ; 7 fév. 2002, *H.L. c. France*, req., n° 42189/98.

spécialement par une constitution de partie civile. Aussi est-il important qu'elles bénéficient de droits, sans pour autant être trop stigmatisées.

Le témoin assisté n'est toutefois **pas une partie à la procédure**[1], contrairement au mis en examen ou à la partie civile. Cependant, il bénéficie de droits.

(791) Dans certains cas, le **juge d'instruction a le devoir d'accorder ce statut** à la personne. Il en va ainsi des personnes :

– désignées nommément dans un réquisitoire introductif (C. pr. pén., art. 113-1) ;

– désignées nommément par une plainte avec constitution de partie civile ou mises en cause par une victime (C. pr. pén., art. 113-2) ;

– entendues lors d'une première comparution et auxquelles le juge d'instruction a notifié qu'il ne les mettait pas en examen (C. pr. pén., art. 116, al. 6) ;

– qui ont vu leur mise en examen annulée par la chambre de l'instruction pour violation des règles, étudiées *supra*, de l'article 80-1 (C. pr. pén., art. 174-1).

(792) Dans d'autres circonstances, **le juge d'instruction a la faculté**, mais non l'obligation, **de conférer le statut** de témoin assisté. Il en va ainsi des personnes :

– seulement mises en cause par un témoin (C. pr; pén., art. 113-2, al. 1) ;

– suspectes sans que pèsent sur elles des indices suffisamment graves ou concordants pour être mises en examen.

(793) Le statut de **témoin assisté confère des droits**, en mineur par rapport au mis en examen, puisqu'il ne confère pas la qualité de partie à la procédure, mais néanmoins intéressants par rapport à ceux d'un simple témoin. Le témoin assisté a notamment le droit :

– au silence ;

– d'être confronté aux personnes le mettant en cause (C. pr. pén., art. 120-1) ;

– d'être assisté par un avocat convoqué en temps utile, lors de chaque audition (C. pr. pén., art. 113-3, al. 1) ;

– d'avoir accès au dossier (C. pr. pén., art. 113-3, al. 1) ;

– à l'assistance d'un interprète et à la traduction des pièces essentielles du dossier ;

– de demander comme sa mise en examen, la réalisation d'actes de procédure (auditions, confrontations, examens, expertises, etc. : C. pr. pén., art. 113-3, al. 2)[2] ;

– de demander la nullité d'un acte (C. pr. pén., art. 173, al. 3) ;

– de demander à être mis en examen, ce qui, en ce cas, est obligatoire pour le juge (C. pr. pén., art. 113-6).

(794) La suspicion pesant sur le témoin assisté n'est **pas suffisamment forte** pour qu'il puisse lui être imposé des actes fortement coercitifs, comme le **placement sous contrôle judiciaire ou en détention provisoire** (C. pr. pén., art. 113-5).

Inversement, le témoin assisté est, certes, un témoin, mais un témoin sur lequel pèse une dose de suspicion, en sorte qu'il ne pourrait être contraint de

1. Cass. Crim. 13 févr. 2002, n° 01-83.529 ; 21 juin 2005, *Bull. Crim.* n° 181, 17 janv. 2012, n° 11-86.797.

2. Cass. Crim., 14 déc. 2011, n° 11-85.753, *AJ pénal* 2012, p. 171, obs. J.-R. Demarchi.

s'incriminer lui-même (voir *supra*). Aussi est-il expressément retenu par le Code de procédure pénale qu'il *ne prête pas serment* (C. pr. pén., art. 113-7).

(795) Le témoin assisté ne peut être renvoyé devant une juridiction de jugement (C. pr. pén., art. 113-5). Dès lors si le juge d'instruction souhaite le faire juger, il devra d'abord le mettre en examen. Si la chambre de l'instruction estime, contrairement au juge, qu'il existe des charges suffisantes contre le témoin d'avoir commis une infraction pour laquelle il n'a pas été mis en examen, elle devra d'ordonner un supplément d'information aux fins de notification de cette mise en examen avant de décider son renvoi devant la juridiction de jugement[1].

C. La partie civile

(796) La *partie* civile est une partie à la procédure : à ce titre, elle bénéficie de droits. Par ailleurs, victime, elle bénéficie aussi du droit à être informée, droit que proclame en termes généraux l'article préliminaire du Code de procédure pénale.

(797) **En tant que partie à la procédure**, la victime peut notamment :

– demander des actes, (C. pr. pén., art. 81), possibilité dont elle est informée dès sa première audition (C. pr. pén., art. 89-1) ;

– demander, en cas de nullité substantielle, l'annulation des actes lui faisant grief (C. pr. pén., art. 172) ;

– interjeter appel des ordonnances de non-informer, de non-lieu et des ordonnances faisant grief à ses intérêts civils mais, en aucun cas, des ordonnances relatives à la détention provisoire (C. pr. pén., art. 186, al. 2) ;

– avoir accès au dossier (C. pr. pén., art. 114).

Elle doit, à l'instar du mis en examen, être informée de la durée prévisible de la procédure et de la possibilité de demander la clôture en cas de dépassement d'un délai d'un an en matière correctionnelle, dix-huit mois en matière criminelle (C. pr. pén., art. 89-1, al. 2).

Afin que les droits de la partie civile puissent être observés, il est nécessaire que son adresse soit connue. Aussi est-elle soumise à la même obligation de déclaration d'adresse et de ses changements éventuels que le mis en examen (C. pr. pén., art. 89).

(798) **En tant que victime**, la partie civile bénéficie par ailleurs du **droit d'être informée**. Ces droits, essentiellement instaurés en 2000, ont été renforcés par la loi du 5 mars 2007. Est ainsi prévue l'information à propos de :

– l'ouverture de l'instruction elle-même ; cette première information s'accompagne de tous éléments utiles pour se constituer partie civile, sur les droits qui en découlent, notamment quant à l'assistance d'un avocat (C. pr. pén., art. 80-3) ;

– l'état d'avancement de l'information et ce, tous les six mois et, si elle le demande, tous les quatre mois ; en ce dernier cas, elle peut être entendue par le juge d'instruction (C. pr. pén., art. 90-1).

1. Cass. Crim., 17 sept. 2014, n° 14-84.187.

D. L'avocat

(799) S'il n'a qu'un rôle secondaire dans les procédures ne comportant qu'une enquête, l'avocat est au contraire essentiel dans l'instruction, où existent d'authentiques droits de la défense. Aussi, si l'instruction devait être supprimée un jour, les droits de la défense qui y sont reconnus devraient être transférés pendant l'enquête de police.

(800) Comme il a été dit *supra*, l'avocat est d'abord présent lors des auditions et interrogatoires de son client mis en examen, témoin assisté ou partie civile.

L'avocat demande également des actes pour le compte de celui-ci tant que l'information n'est pas close (C. pr. pén., art. 175[1]). Contrairement à ce qui a cours dans d'autres pays, il ne peut participer directement à la manifestation de la vérité en réalisant des investigations.

(801) Lorsque son client est détenu provisoire, l'avocat a la possibilité de le visiter dans un parloir spécifique, garantissant la confidentialité des échanges (C. pr. pén., art. D 411). Il peut aussi échanger par courrier sous pli fermé (C. pr. pén., art. D 69).

Le client ne peut pas, en revanche, échanger avec lui par téléphone, cette faculté étant réservée aux détenus condamnés (C. pr. pén., art. D. 419-3).

(802) La pluralité d'avocats défendant une même personne peut parfois poser difficulté. Si elles désignent plusieurs avocats simultanément ou en changeant, les parties doivent faire connaître celui d'entre eux qui sera destinataire des convocations. À défaut, ces dernières seront adressées à l'avocat premier choisi même s'il n'est plus dans le dossier[2]. Pendant l'instruction la désignation doit répondre aux exigences de l'article 115 C. pr. pén. qui impose une déclaration au greffe du juge d'instruction[3]. L'instruction terminée, cette désignation redevient libre[4]. En cas de pourvoi en cassation, l'avocat qui n'exerce pas auprès de la cour d'appel devra lui aussi démontrer un pouvoir spécial[5]. Les informations permettant de joindre l'avocat sont aussi importantes. L'erreur de numéro de télécopie de l'avocat n'est pas une cause d'annulation d'un débat que cet avocat aurait manqué[6]. En revanche, l'absence du nouvel avocat lors du débat sur la prolongation de détention provisoire alors qu'il a été régulièrement désigné mais non informé des suites d'une erreur du greffe peut entraîner la remise en liberté[7].

1. Sur le moment approprié pour les solliciter, *cf.* J.-F. Saint-Pierre, « L'avocat face au dossier de la procédure », *AJ pénal* 2007, p. 304.
2. Cass. Crim., 25 févr. 2014, n° 13-87.869, *AJ pénal* 2014, p. 484, obs. C. Porteron.
3. Cass. Crim., 16 sept. 2014, n° 13-82.758, *AJ pénal* 2014, p. 531, obs. Ch. Guéry.
4. Cass. Crim., 26 nov. 2013, *Bull. crim.*, n° 237.
5. Cass. Crim., 6 mai 2014, n° 13-86.824.
6. Cass. Crim., 20 mai 2014, n° 14-81.429.
7. Cass. Crim., 20 août 2014, n° 14-83.699.

II. Le secret de l'instruction

II.1. Les règles générales

(803) La procédure régissant l'instruction est fondée depuis 1670 sur le principe du secret. Le secret avait alors et conserva longtemps, un **fondement** répressif : mettre le système pénal en mesure de recueillir un maximum d'informations, sans que le prévenu puisse faire disparaître des preuves, ou, tout simplement, pour mieux le compromettre. Avec l'apparition de la protection de la liberté individuelle, le secret est devenu l'allié des droits de la défense et de la présomption d'innocence : il s'agit désormais de protéger le prévenu de la divulgation d'éléments le mettant en cause, de nature à nuire tant à sa réputation qu'à ses possibilités de défense. Cependant, les attaques survenues en pratique contre le secret, notamment par la divulgation dans la presse d'éléments tirés du dossier, ont poussé à plus de réalisme.

(804) Au stade de l'instruction, le secret a plusieurs **conséquences**.

Première conséquence : le principe selon lequel **les audiences ne sont pas publiques**. Cependant, sur ce plan, une évolution importante a eu lieu récemment. Dans un premier temps, la loi sur la présomption d'innocence avait prévu que les débats présidant au placement en détention provisoire seraient publics, à la demande du mis en examen ou de son avocat : la loi n° 2007-291 du 5 mars 2007 a renversé ce principe, pour mieux l'étendre : désormais, le débat contradictoire est public pour les majeurs, nécessairement en chambre du conseil pour les mineurs. Cependant, le procureur de la République, le mis en examen ou son avocat peuvent s'y opposer ; ils doivent cependant, à l'appui de leur opposition, faire valoir un élément visé à l'article 145, alinéa 6[1], du Code de procédure pénale, soit :

– les faits de la cause doivent être l'un de ceux visés à l'article 706-73 (délinquance organisée) ;

– la publicité serait de nature à entraver les investigations ;

– elle serait de nature à porter atteinte à la présomption d'innocence ;

– elle serait de nature à porter atteinte à la sérénité des débats ;

– elle serait de nature à porter atteinte à la dignité de la personne ;

– elle serait de nature à porter atteinte aux intérêts d'un tiers.

Le juge doit statuer sur cette opposition en audience de cabinet et rend à cette fin une ordonnance motivée après avoir recueilli les observations du ministère public et de la personne mise en examen et de son avocat.

(805) **Deuxième conséquence : ceux qui y sont tenus ne doivent pas en parler** à leurs amis, familles, presse, etc. Elle est la plus délicate à appliquer d'abord, parce qu'elle ne concerne pas tout le monde. Elle s'impose en revanche totalement aux personnes qui « *concourent à la procédure* » (C. pr. pén., art. 11), ce qui comprend :

---

1. S'agissant des débats tenus à la chambre de l'instruction, le principe est que les débats ont lieu en chambre du conseil, sauf demande de l'intéressé. En matière de détention provisoire, une disposition identique à celle de l'article 145, alinéa 6, a été cependant prévue par la loi du 5 mars 2007 (C. pr. pén., art. 199, al. 2).

– les juges, y compris d'instruction[1] ;
– les greffiers ;
– les policiers, car l'article 11 s'applique aussi bien à l'enquête qu'à l'instruction ;
– les experts ;
– les enquêteurs de moralité ou de personnalité ;
– les huissiers ;
– les interprètes.

L'article 11 fait du secret de l'instruction l'une des formes de secret professionnel et renvoie, pour la répression au secret professionnel[2] dont la violation est visée, aux articles 226-13 et 226-14 du Code pénal.

(806) En revanche, **ne sont pas tenus au secret** :
– les témoins ;
– les personnes mises en examen ;
– les parties civiles[3] ;
– les journalistes.

Un journaliste peut donc interroger les personnes non tenues au secret. En revanche, il pourrait être puni au titre du recel[4], dont l'infraction de rattachement serait la violation du secret de l'instruction, s'il publiait des documents provenant du dossier même de l'instruction[5]. Une telle condamnation n'est pas constitutive d'une violation de l'article 10 de la Convention EDH (liberté d'expression)[6]. Le fait de filmer le déroulement d'une perquisition constitue en outre une violation du secret et devient une cause de nullité portant nécessairement atteinte aux intérêts de la personne qu'elle concerne lorsque le journaliste capte le déroulement de la procédure par le son ou l'image[7].

(807) **La situation de l'avocat** est plus complexe[8]. Concourt-il à la procédure en tant qu'auxiliaire de justice, ou est-il tenu uniquement au secret professionnel ? Dans les deux cas, il semble qu'en tout état de cause, il ne saurait à tout le moins divulguer à des journalistes, ou à quiconque, des pièces de la procédure. Certes, l'article 11 retient que c'est « *sans préjudice des droits de la défense* » que s'impose le principe du secret. Cependant, ceux-ci ne sont pas entendus en jurisprudence jusqu'à admettre que l'avocat puisse, à cette fin, divulguer des pièces d'une procédure en cours d'instruction. Ainsi un avocat a-t-il pu être condamné pour violation du secret professionnel, pour avoir révélé des informations et

1. C. Giudicelli, « Le secret de l'instruction appliqué par le juge de l'instruction », *AJ pénal* 2004, p. 141.
2. *Cf.* B. Py, « Secret professionnel : le syndrome des assignats ? », *AJ pénal* 2004, p. 133.
3. Cass. Crim., 9 octobre 1978, *D.* 1979, p. 185, note Chambon, *RSC* 1979, p. 560, obs. Levasseur, *RSC*, 1979, p. 821, obs. Larguier.
4. Le recel est ce que l'on appelle un délit de conséquence, qui ne constitue une infraction que si l'objet recelé provient lui-même d'une infraction. Ici, l'infraction est la violation du secret de l'instruction.
5. Cass. Crim., 19 juin 2001, *D.* 2001, p. 2538, note B. Beignier et B. de Lamy.
6. CEDH, 17 déc. 2020, *Sellami c/ France*, req. n° 51470/15.
7. Cass. Crim., 10 janv. 2017, n° 16-84. 740, *AJ pénal* 2017, p. 140, obs. J. -B. Thierry.
8. Sur ce point, *cf.* F. Doyez, « Avocat et secret professionnel », *AJ pénal* 2004, p. 144.

reproduit des extraits de pièces du dossier d'une autre procédure à laquelle son client était partie civile[1].

(808) La loi du 9 mars 2004 a créé une **incrimination spéciale** à l'article 434-7-2 du Code pénal. Une peine de cinq ans d'emprisonnement et de 75 000 euros d'amende est prévue pour quiconque aurait, du fait de ses fonctions, eu connaissance d'informations issues d'une information ou d'une enquête en cours, de révéler ces informations, dès lors que cela est de nature à entraver le déroulement des investigations ou la manifestation de la vérité.

Ajoutons que la diffusion, sans son accord, de l'image d'une personne mise en cause à l'occasion d'une procédure pénale, mais non encore jugée, la faisant apparaître soit porteuse d'entraves ou de menottes, soit en détention provisoire, est punie de 15 000 euros d'amende (art. 35-ter-I de la loi du 29 juillet 1881 sur la presse)[2].

(809) **La violation du secret de l'instruction** n'entraîne en revanche la nullité de la procédure que si elle a porté atteinte aux droits des parties[3].

(810) Notons enfin que le juge d'instruction, tenu au secret, ne peut répliquer aux déclarations faites à et par les médias, ce qui peut s'avérer préjudiciable au mis en examen. Pour remédier à ce déséquilibre, une **fenêtre de publicité** avait été insérée à l'article 11 par la loi du 15 juin 2000 : elle permet au procureur de la République, à la demande du juge d'instruction ou de l'une des parties, dans le but « *d'éviter la propagation d'informations parcellaires ou inexactes ou pour mettre fin à un trouble à l'ordre public* », de « *rendre publics des éléments objectifs tirés de la procédure ne comportant aucune appréciation sur le bien-fondé des charges retenues contre les personnes mises en cause* ».

(811) Depuis la loi n° 2016-457 du 14 avril 2016, l'article 11-2 C. pr. pén. permet au procureur de prévenir les administrations, les employeurs et les ordres professionnels qu'une enquête relative à un crime ou un délit puni d'emprisonnement est en cours à l'encontre d'un de leurs agents, salariés ou membres. L'information porte sur la condamnation, même non définitive, la saisine d'une juridiction de jugement, la mise en examen. Cette information est réalisée si le parquet « *estime cette transmission nécessaire, en raison de la nature des faits ou des circonstances de leur commission, pour mettre fin ou prévenir un trouble à l'ordre public ou pour assurer la sécurité des personnes ou des biens* ». La personne concernée est mise au courant de cette communication. L'information communiquée est confidentielle. Toute personne en ayant eu connaissance est tenue au secret. Le parquet informe aussi des suites données à la procédure. Lorsque la procédure pénale s'est terminée par un non-lieu ou une décision de relaxe ou d'acquittement, l'information doit être supprimée du dossier relatif à l'activité de la personne concernée. L'atteinte à la présomption d'innocence tout comme la diffusion de l'information sont ici très encadrées.

L'article 704-47-4 C. pr. pén. rend obligatoire l'information du parquet à destination de l'administration lorsque la personne a été condamnée, même non

1. Cass. Crim., 28 sept. 2004, *JCP* 2005, IV, n° 10054, note R. Martin.

2. Il en est de même en cas de diffusion des circonstances d'un crime ou d'un délit lorsqu'elle « *porte gravement atteinte à la dignité d'une victime* » (art. 35 quater de la loi de 1881).

3. Cass. Crim., 25 janvier 1996, *Bull. Crim.* n° 51, *D* 1996, Somm. 258, obs. J. Pradel, *Dr. Pénal* 1996, Comm. 200, note A. Maron.

définitivement, pour une infraction sexuelle sur mineur et qu'elle exerce une activité professionnelle ou sociale impliquant un contact habituel avec des mineurs. L'information est aussi obligatoire en cas de contrôle judiciaire interdisant à la personne de rentrer en contact avec des mineurs dans le cadre d'un contrôle judiciaire.

En matière de terrorisme, le procureur de Paris peut communiquer aux services spécialisés de renseignement, de sa propre initiative ou à leur demande, une copie des éléments de toute nature figurant dans ces procédures et nécessaires à l'exercice de leurs missions (C. pr. pén., art. 706-25-2).

(812) **Troisième conséquence : les documents d'instruction ne doivent pas être divulgués.** Il est naturellement interdit à la presse de diffuser des documents tirés de l'instruction, qui ne peuvent l'être, dans les cas prévus par la loi, qu'aux avocats des parties, au témoin assisté, au procureur de la République. Il est plus délicat de savoir s'il peut être directement au mis en examen.

II.2. L'accès au dossier

(813) L'article 114 du Code de procédure pénale organise l'accès au dossier du mis en examen, du témoin assisté et de la partie civile[1]. Cet accès se fait par la voie d'une consultation au moins quatre jours ouvrables avant chaque interrogatoire ou audition. Le mis en examen, le témoin assisté et la partie civile disposent aussi du droit de recevoir copie du dossier dans le délai d'un mois après sa première comparution ou son audition. En raison des évolutions technologiques et pour soulager les greffes, la loi du 5 mars 2007 avait rendu possible la communication de la version numérisée du dossier. La loi du 27 mai 2014 est venue préciser que seule la copie numérisée serait communiquée, éventuellement par voie électronique, lorsque la numérisation a eu lieu (ce qui reporte les éventuels coûts d'impression sur la partie privée)[2]. Pour le reste, la délivrance de la première copie de chaque pièce ou acte du dossier est gratuite. Les scellés déposés au greffe ne font pas partie du dossier d'instruction. En revanche, un CD-ROM non placé sous scellés en fait partie et doit ainsi être communiqué en cas de demande[3].

(814) Le principe en matière d'accès au dossier est celui de l'accès par l'intermédiaire de l'avocat. C'est lui qui va consulter le dossier ou greffe ou qui en reçoit la copie. La question s'est longtemps posée de savoir si l'intéressé lui-même pouvait bénéficier de cet accès. Le législateur et la jurisprudence ont longtemps répondu par la négative[4] d'autant que la Cour de Strasbourg était assez prudente[5]. Sous les injonctions européennes relatives au droit d'information, la loi du 27 mai 2014 a néanmoins franchi le Rubicon. Le principe reste celui de l'accès au dossier *via* l'avocat. Mais lorsque les parties ont choisi de se défendre seules, elles possèdent le même droit de consultation et de copie[6].

1. C. Ribeyre, *La communication du dossier pénal*, LGDJ 2007.
2. *Cf.* S. Sontag Koening, « La dématérialisation des procédures », *AJ pénal* 2014, p. 154.
3. Cass. Crim., 8 avril 2015, n° 15-80.783 et 6 janv. 2015, n° 14-86.719.
4. *Cf.* par ex., Ass. Plén., 30 juin 1995, *D.* 1995.417, note J. Pradel.
5. CEDH, 19 déc. 1989, *Kamasinski c/ Autriche*, série A, n° 168 ; 14 juin 2005, *Menet c/ France*, § 45, *Rev. pénit. dr. pén.* 2005, p. 969, note E. Vergès.
6. *Cf.* pour la partie civile, Cass. Crim., 19 nov. 2014, n° 13-87.965, p. 153, obs. D. Luciani-Mien.

Lorsque la copie du dossier est demandée par l'avocat et que celui-ci entend en remettre la reproduction de certaines pièces à son client, il doit en avertir le juge d'instruction et lui communiquer la liste des pièces concernées. Le juge dispose de cinq jours pour s'opposer à cette remise. Sa décision doit être motivée par les risques de pression sur les victimes, les témoins, les mis en examen, leurs avocats, les enquêteurs, les experts « *ou toute autre personne concourant à la procédure* ». La décision du juge est susceptible de recours dans les deux jours devant le président de la chambre de l'instruction. En l'absence de réponse du juge dans le délai imparti, l'avocat peut communiquer les pièces concernées à son client. Un système équivalent d'autorisation du juge est aussi prévu dans l'hypothèse de communication de pièce à la victime dont la constitution de partie civile fait l'objet d'une contestation.

Afin de préserver le secret de l'instruction, toute diffusion des pièces du dossier à un tiers est prohibée. Une exception est tout de même prévue pour les copies de rapports d'expertise. Elles peuvent être communiquées à des tiers « *pour les besoins de la défense* », c'est-à-dire souvent pour vérifier que l'expertise a été correctement réalisée, et le cas échéant, demander une contre-expertise.

La diffusion auprès d'un tiers est sanctionnée d'une amende de 10 000 euros (C. pr. pén., art. 114-1). Auparavant de 3 750 euros, ce montant a été augmenté par la loi du 27 mai 2014 afin de prendre en compte l'accès direct des parties au dossier et les dissuader de le diffuser. Pour obtenir une copie, celles-ci doivent d'ailleurs remettre au préalable au juge une attestation écrite selon laquelle elles ont pris connaissance du principe de prohibition et de sa sanction. Cette attestation doit aussi être remise par les avocats avant communication des pièces du dossier à leur client.

(815) Concernant le **prévenu détenu**, les articles R. 15-42 à R. 15-45 du Code de procédure pénale prévoient :

– que l'avocat doit adresser le dossier au greffe de l'établissement pénitentiaire et non pas directement à son client à l'occasion des parloirs avocat ;

– que le détenu peut alors obtenir le dossier dans les trois jours de son arrivée au greffe, en signant un registre attestant sa réception.

Cependant, le juge d'instruction peut subordonner cette communication à la condition que le dossier demeure au greffe, à charge pour l'établissement d'en rendre possible la consultation.

Section 2
LES ACTES D'INSTRUCTION

Le juge d'instruction agit au moyen d'actes d'instruction : certains d'entre eux portent atteinte aux libertés de la personne, d'autres à sa liberté même. Le juge d'instruction ne peut tout faire lui-même ; il peut et parfois doit, en confier la réalisation à d'autres.

I. Les actes confiés à d'autres

(816) Le juge d'instruction peut être amené à donner commission rogatoire à des OPJ pour la réalisation de certains actes. Cependant, **tous les actes ne peuvent faire l'objet d'une telle délégation** : il ne peut déléguer, en effet, que les actes d'instruction et uniquement pour les faits dont il est saisi (C. pr. pén., art. 151, al. 3).

Il ne peut *pas* déléguer l'interrogatoire ou la confrontation du mis en examen, spécialement à un OPJ[1], pas plus que l'audition d'une partie civile (C. pr. pén., art. 152), ni les actes de juridiction, comme le placement sous contrôle judiciaire ou la saisine du JLD en vue d'un placement en détention provisoire ; en revanche, il peut déléguer la mise en examen, mais seulement à un autre juge d'instruction (C. pr. pén., art. 154-1). Il ne peut déléguer que des actes déterminés et non réaliser une délégation générale (C. pr. pén., art. 151).

(817) La commission rogatoire s'adresse soit à un autre juge, notamment d'instruction, soit à un OPJ. Elle requiert le respect de certaines **règles de forme** (C. pr. pén., art. 151, al. 2 et 4) :

– information du procureur de la République ;

– indication de la nature de l'infraction, de l'objet des poursuites, de la date ;

– signature et sceau du juge d'instruction ;

– indication du délai au cours duquel la commission rogatoire doit lui être retournée, accompagnée des procès-verbaux dressés par les OPJ. S'il ne donnait pas une telle indication, ce retour devrait intervenir dans les huit jours de la fin des opérations accomplies pour son exécution.

Afin de simplifier la procédure et de permettre la numérisation, la loi du 23 mars 2019 a abrogé l'article 155 du Code de procédure pénale qui prévoyait que, lorsqu'une commission rogatoire prescrivait des opérations simultanées sur divers points du territoire, elle pouvait, sur l'ordre du juge d'instruction mandant, être adressée aux juges d'instruction ou officiers de police judiciaire chargés de son exécution sous forme de reproduction ou de copie intégrale de l'original, et qu'elle pouvait en cas d'urgence être diffusée par tout moyen, à condition que chaque diffusion précise toutefois les mentions essentielles de l'original et spécialement la nature de la mise en examen, le nom et la qualité du magistrat mandant. Lorsqu'une commission rogatoire prescrira des opérations simultanées sur divers points du territoire, le juge d'instruction pourra ordonner sa diffusion par tout moyen aux juges d'instruction ou officiers de police judiciaire chargés de son exécution. La simplification formelle de l'envoi de la commission rogatoire sans nécessité de copie intégrale de l'original va fluidifier la diffusion de la délégation.

(818) Au cours de la commission rogatoire, une **garde à vue** peut être réalisée à l'encontre de personnes contre lesquelles existent des raisons plausibles de soupçonner qu'elles auraient commis ou tenté de commettre une infraction (C. pr., art. 154). La décision est prise par l'OPJ, mais celui-ci doit en informer le juge d'instruction. La durée de la garde à vue est au maximum de 24 heures,

1. L'OPJ ne peut donc pas entendre et dresser procès-verbal des confidences du mis en garde à vue pendant un transfert vers la maison d'arrêt. Cass. Crim., 5 mars 2013, n° 12-87.087, *AJ pénal* 2013, p. 288 obs. L. Belfanti ; *RSC* 2013.595, obs. J. Danet.

son renouvellement étant soumis à l'autorisation du juge d'instruction, sur présentation de la personne et pour une nouvelle durée de 24 heures. Pour le surplus, la garde à vue obéit aux règles de droit commun étudiées *supra*, que ce soit quant aux droits de la personne ou quant aux prolongations exceptionnelles en matière de délinquance organisée. De plus, la loi du 27 mai 2014 a permis de faire réaliser des auditions libres sous commission rogatoire.

(819) Il est possible au juge d'instruction de prendre des **commissions rogatoires internationales.** Elles sont plus faciles à faire exécuter lorsque la France est liée par une convention avec l'État auquel elles sont adressées ; cependant, une telle convention n'est pas indispensable. Outre nombre de conventions bilatérales, il existe également une convention multilatérale liant divers États européens, dits « de Schengen ».

Plus largement, le juge d'instruction peut décider l'accomplissement « *à tous les actes d'information qu'il juge utiles à la manifestation de la vérité* » (C. pr. pén., art. 81). Il peut ainsi décider, même si cela n'est pas prévu par le Code de procédure ce qui interroge à nouveau sur le respect du principe de légalité en procédure pénale, la géolocalisation des véhicules[1].

II. Les actes portant atteinte aux libertés de la personne

II.1. Les auditions

(820) L'audition fait partie des actes à la disposition du juge d'instruction et peut aussi être demandée par les parties (C. pr. pén., art. 82-1).

L'audition s'effectue selon les règles posées par l'article 114 C. pr. pén. Ainsi, les parties doivent être assistées de leur avocat, sauf renonciation expresse. En outre, il est expressément interdit au juge d'instruction d'entendre une personne sur laquelle pèsent des indices graves et concordants qu'elle ait participé aux faits dont le magistrat est saisi (C. pr. pén., art. 105) : rappelons-le, elle doit nécessairement être mise en examen et, si elle est mise en cause, elle doit bénéficier, sur sa demande, du statut de témoin assisté, qui est préférable dans la mesure où il donne accès au dossier[2].

(821) L'audition de témoin est régie par les articles 102 et suivants du Code de procédure pénale. Objet d'une **citation ou convocation** par lettre (C. pr. pén. art. 102), le témoin n'a pas la liberté de refuser de se rendre au cabinet du juge d'instruction ; il *doit* comparaître, à moins, naturellement, qu'il appartienne à une catégorie de personnes tenue au secret professionnel absolu ou uniquement quant à la révélation des sources, ou qu'il soit journaliste (C. pr. pén. art. 109). D'ailleurs, la convocation indique que, s'il n'y défère pas, il peut y être contraint par la force publique (C. pr. pén. art. 102, al. 2). Seule une impossibilité vraie

1. Cass. Crim., 22 nov. 2011, n° 11-84.308.

2. Avant de les mettre en examen, le juge peut toutefois ordonner à des OPJ d'entendre comme témoin certaines personnes afin d'effectuer des rapprochements entre plusieurs procédures. Cass. Crim., 18 nov. 2014, n° 14-85.640.

et légitime peut conduire le juge chargé de l'instruction à se rendre auprès du témoin pour l'entendre (C. pr. pén. art. 112).

(822) Le témoin doit **prêter serment** (C. pr. pén. art. 102), à moins qu'il ne s'agisse d'un mineur de seize ans (C. pr. pén. art. 108) ou d'une personne privée de droit civiques, civils et de famille, qui fait alors une simple déclaration (C. pén., art. 131-26). Le serment consiste à promettre de « *dire toute la vérité, rien que la vérité* » (C. pr. pén., art. 103). En France, aucun texte sacré n'appuie la prestation de serment. L'absence de prestation de serment n'entraîne pas la nullité de la procédure, dès lors qu'elle n'a pas porté atteinte à la défense[1]. En revanche, des fonctionnaires de police confrontés au mis en examen ne peuvent être entendu comme témoins sans avoir prêté serment[2].

(823) Il est naturellement procédé à la vérification de **l'identité** de la personne à laquelle il est demandé de la décliner. Elle porte sur tous éléments de nom, prénom, âge, profession et domicile (C. pr. pén., art. 103) : ces éléments sont en effet nécessaires pour rendre possible une éventuelle confrontation avec le(s) mis en examen.

Sur autorisation du juge d'instruction, le témoin peut toutefois déclarer le commissariat comme adresse (C. pr. pén., art. 706-57) et, en cas de crime ou délit faisant encourir une peine d'au moins trois ans d'emprisonnement, le JLD, saisi par requête motivée du juge d'instruction, peut accorder l'anonymat au témoin (C. pr. pén., art. 706-58).

(824) La personne qui comparaît en tant que témoin **n'a pas l'obligation de déposer** même si elle ne court pas le risque de s'auto-incriminer. Elle pourrait commettre, si elle refusait de déposer, une infraction pénale punissable, aux termes de l'article 434-12 du Code pénal, d'une peine d'un an d'emprisonnement et de 15 000 euros d'amende. Cette sanction n'est toutefois applicable qu'aux personnes qui auraient déclaré publiquement connaître les auteurs d'un crime ou d'un délit avant de refuser de déposer.

Le témoin qui dépose sous serment est en revanche **tenu de ne pas mentir**. À défaut, il se rendrait coupable du délit prévu à l'article 434-13 du Code pénal et encourrait cinq ans d'emprisonnement et 75 000 euros d'amende.

(825) Concrètement, une audition est faite **en présence du témoin, sans les parties** ni même le procureur de la République. Si les parties devaient être présentes, l'audition changerait de nature ; il s'agirait alors d'une confrontation. Seuls le témoin, le juge d'instruction et le greffier sont présents, à l'exception d'un interprète si l'intéressé est non francophone ou atteinte d'une surdité, même si, à défaut, il est possible, dans ce dernier cas, de communiquer par écrit (C. pr. pén., art. 102).

(826) Il est naturellement dressé **procès-verbal** des déclarations du témoin (C. pr. pén., art. 102, al. 1). Des règles de forme particulièrement strictes régissent celui-ci : signature du juge, du greffier, voire de l'interprète et du témoin, après relecture, par ce dernier, de chacune des pages (C. pr. pén., art. 106), prohibition de tout interligne, approbation des ratures et renvois

1. Cass. Crim., 2 oct. 1990, *Bull. Crim.* n° 327.
2. Cass. Crim., 10 mai 2016, n° 15-87.713.

par ces mêmes personnes (C. pr. pén., art. 107), faute de quoi le procès-verbal, ou ces ratures ou renvois, serait non avenu.

(827) La partie civile peut elle aussi être auditionnée. En tant que partie, elle a les mêmes droits que le mis en examen lorsque celui-ci est interrogé et, notamment, à la présence de son avocat (C. pr. pén., art. 114).

II.2. Les confrontations

(828) Le mis en examen ou le témoin assisté peut demander à être confronté à chaque personne l'ayant mis en cause (C. pr. pén., art. 82-1). Les confrontations peuvent se faire séparément ou collectivement. Le juge d'instruction ne peut refuser une confrontation séparée pour une raison autre que le fait d'avoir prévu une confrontation collective (C. pr. pén., art. 120-1). Cette règle a été introduite à la suite de l'affaire d'Outreau, par la loi du 5 mars 2007 : il avait en effet été reproché au juge ayant mené l'instruction dans ce dossier de n'avoir pas répondu aux demandes réitérées de confrontations faites par les avocats des mis en examen.

(829) La confrontation se passe nécessairement, pour les parties, **en présence de leur avocat**, comme pour un interrogatoire où ceux-ci sont convoqués. Elles peuvent toutefois y renoncer (C. pr. pén., art. 114).

Au cours des confrontations, comme, au demeurant, des interrogatoires ou des auditions, le procureur de la République peut poser des questions (C. pr. pén., art. 120).

II.3. Les perquisitions et transports sur les lieux

(830) Le transport sur les lieux peut avoir pour but (mais pas nécessairement) la réalisation d'une perquisition. Les perquisitions peuvent être réalisées soit par le **juge d'instruction** lui-même, se transportant sur les lieux avec son greffier et, s'il le souhaite, le procureur de la République (C. pr. pén., art. 92), soit par les **OPJ** agissant dans le cadre d'une commission rogatoire qu'il leur a donnée. Dans le cas où il agit seul, le juge d'instruction peut se transporter au-delà de son ressort. Il doit simplement, en pareil cas, avertir le procureur de la République du ressort dans lequel il se rend.

(831) Pour l'essentiel, le **régime de droit commun** des perquisitions, présenté *supra*, s'applique au juge d'instruction. S'agissant des perquisitions réalisées au domicile du mis en examen, il est d'ailleurs expressément renvoyé aux articles 57 et 59 par l'article 95 du Code de procédure pénale.

Lorsque la perquisition se déroule chez une autre personne, il a été prévu que cette dernière devait y assister, que, si elle ne le peut ou ne le veut, un parent ou allié devait être présent et, à défaut, deux témoins. Il est alors encore renvoyé aux articles 57 et 59, ainsi qu'aux articles 56 à 56-3 du Code de procédure pénale (C. pr. pén., art. 96).

(832) L'ensemble des opérations donne naturellement lieu à **procès-verbal** (C. pr. pén., art. 92), lequel mentionne notamment l'indication des motifs d'un transport en dehors du ressort du magistrat (C. pr. pén., art. 93).

II.4. Les interceptions de correspondance et géolocalisation

(833) Le régime des interceptions des communications téléphoniques a été traité *supra*. Rappelons que la loi de 1991 avait initialement réservé au seul juge d'instruction la possibilité de faire réaliser des écoutes téléphoniques. Le régime des recherches de données informatiques a également été traité *supra* ; il est prévu, pour ce qui concerne le juge d'instruction, à l'article 97 du Code de procédure pénale. De même, le juge dispose du pouvoir d'ordonner une opération de géolocalisation en vertu de l'article 230-33 du Code de procédure pénale.

II.5. Les expertises

(834) Seule une juridiction peut ordonner une expertise. Il peut s'agir aussi bien d'une juridiction d'instruction que d'une juridiction de jugement. Ces actes sont régis par les articles 157 et suivants du Code de procédure pénale. Le juge d'instruction peut en faire réaliser d'office, ou sur demande du parquet ou de l'une des parties. Il peut le refuser en rendant alors une ordonnance motivée (C. pr. pén., art. 156, al. 2).

(835) Le recours à un expert **suppose qu'il existe une difficulté technique** ; la mission qui leur est donnée doit se limiter à cela (C. pr. pén., art. 156, al. 1 et 158). Le juge est totalement libre dans le choix de l'expert[1].

(836) Les experts sont des **spécialistes inscrits sur une liste** tenue soit au niveau national par la Cour de cassation, soit au niveau régional par la Cour d'appel. Ce n'est qu'à titre exceptionnel que le juge d'instruction peut faire appel à une personne ne figurant pas sur l'une de ces listes en motivant sa décision[2] (C. pr. pén., art. 157) ; dans ce cas, celle-ci doit prêter serment (C. pr. pén., art. 160). L'expertise peut également être demandée à des services ou organismes techniques et scientifique de la police et de la gendarmerie nationales (C. pr. pén., art. 157-2).

(837) Dans le délai fixé par le juge (C. pr. pén., art. 161), l'expert doit remettre ses conclusions, en répondant aux **questions précises** qui lui ont été posées. Ces questions peuvent l'être à la demande des avocats des parties ou du procureur de la République. Ceux-ci sont en effet informés « *sans délai* » de la décision ordonnant l'expertise et peuvent faire des demandes de questions dans un délai de dix jours suivant la réception de la copie de l'ordonnance ; ces demandes ne peuvent être rejetées que par décision motivée. Ces règles, insérées par la loi du 5 mars 2007 dans un article 161-1 nouveau du Code de procédure pénale, pour augmenter les droits des parties, sont écartées en cas d'urgence ou sur déclaration des parties (C. pr. pén. art. 81-1). En outre, le refus du juge d'instruction est insusceptible de recours. Mais l'absence de notification de la décision ordonnant une expertise aux parties non assistées par avocat a été censurée car elle ne leur permettait pas de poser des questions à l'expert[3].

1. Cass. Crim., 21 oct. 2015, n° 15-83.335.
2. Cass. Crim., 14 déc. 2010, n° 10-82.862, *Bull. Crim.*, n° 122.
3. Cons. Const., déc. n° 2012-284 QPC du 23 nov. 2012.

(838) La loi a également souhaité ne pas laisser les parties trop longtemps dans l'incertitude, en contraignant les experts à déposer un **rapport d'étape** si le délai qui leur est imparti excède un an (C. pr. pén., art. 161-2). Ce rapport d'étape précède donc le rapport définitif qu'ils doivent naturellement réaliser (C. pr. pén., art. 166). Le juge d'instruction peut à tout moment demander aux experts de déposer un rapport d'étape ; une telle décision est obligatoire si elle est sollicitée par les parties ou le ministère public (C. pr. pén., art. 167-2).

La remise de ce rapport donne lieu à une **audition** dans les conditions de droit commun de l'article 114, soit, notamment, en présence de l'avocat[1]. Les parties peuvent déposer des observations et demander une contre-expertise, que le juge d'instruction peut refuser par ordonnance motivée (C. pr. pén., art. 167). Au nom du principe d'égalité, les avocats des parties ont droit d'assister à l'audition de l'expert effectuée sur réquisitions du procureur et en présence de celui-ci[2].

Tirant les conséquences d'une décision de non-conformité à la Constitution[3], la loi du 23 mars 2019 a modifié l'article 167 du Code de procédure pénale relatif à la notification des expertises. Cette notification se fait également aux parties elles-mêmes lorsqu'elles ne sont pas assistées d'un avocat.

III. Les actes portant atteinte à la liberté de la personne

Le juge d'instruction est parfois amené à user de contrainte à l'encontre du mis en examen, voire, s'agissant des mandats, du témoin assisté.

III.1. Les mandats

(839) Le mandat est l'acte par lequel le magistrat compétent ordonne la recherche, la comparution ou l'arrestation d'un suspect. Si les mandats répondent à des conditions communes (1), leur régime diffère selon leur objet (2).

A. Les règles applicables à l'ensemble des mandats

(840) Le mandat ne peut être délivré qu'**à l'encontre d'une personne suspecte**. Dans le droit antérieur à la loi du 9 mars 2004, il était admis que cela ne pouvait concerner que des prévenus. La loi vise désormais plus largement le suspect et précise, du moins pour le mandat de recherche et de comparution, qu'il peut s'agir non seulement du mis en examen, mais aussi du témoin assisté (C. pr. pén., art. 122).

(841) Le mandat répond à des **règles de forme** très précises, prévues à l'article 123 du Code de procédure pénale. Il doit notamment comporter :

– l'indication de l'identité de la personne à l'encontre de laquelle il est décerné ;

– la signature du magistrat ;

1. *Cf.* sur la nécessaire présence de l'avocat, Cass. Crim., 11 mai 2010, *Bull. Crim.* 2010, n° 78.
2. Cass. Crim., 11 mai 2010, n° 10-80-353; *AJ pénal* 2010, p. 510, obs. C. Renaud-Duparc.
3. Cons. Const., déc. n° 2018-765 QPC du 15 fév. 2019.

– la date ;
– le sceau du magistrat.

Lorsqu'il s'agit d'un mandat de dépôt, d'arrêt ou de recherche (à l'exception, donc, du mandat de comparution), les faits imputés à la personne, leur qualification juridique et les articles de lois applicables doivent également figurer.

(842) La **notification** du mandat (C. pr. pén., art. 123) fait intervenir soit un OPJ, soit un APJ, soit un agent de la force publique, soit encore, lorsqu'il s'agit du mandat de recherche, un huissier. Si la personne est détenue par hypothèse, pour une autre cause, la notification en est faite par le chef d'établissement, soit, concrètement, par le service du greffe judiciaire pénitentiaire.

(843) Sont **compétents**, durant l'instruction, pour délivrer des mandats (C. pr. pén., art. 122) :

– le juge d'instruction pour les mandats de recherche, de comparution, d'amener, d'arrêt :
– le JLD pour les mandats de dépôt.

Un mandat peut être exécuté sur tout le territoire français (C. pr. pén., art. 124). Il peut aussi être européen ; en ce cas, il est émis par le procureur de la République près la juridiction d'instruction (C. pr. pén., art. 695-16).

Toutefois, il faut rappeler que l'article 51 al. 3 donne pouvoir au juge d'instruction de requérir la force publique sans pour autant délivrer un mandat. Un juge peut donc très bien ne pas délivrer de mandat mais ordonner l'extraction d'une personne aux fins de procéder à son interrogatoire de première comparution[1].

B. Les différents mandats et leur régime particulier

1. Définitions

(844) Il existe **plusieurs** types de **mandats** :

– de recherche ;
– de comparution ;
– d'amener ;
– d'arrêt ;
– de dépôt.

(845) Certains d'entre eux ont été **définis** à l'article 122 du Code de procédure pénale. Ils traduisent une gradation dans l'atteinte à la liberté de la personne.

Le mandat **de recherche** est « *l'ordre donné à la force publique de rechercher la personne à l'encontre de laquelle il est décerné, et de la placer en garde à vue* ».

Le mandat **de comparution** a pour objet « *de mettre en demeure la personne à l'encontre de laquelle il est décerné de se présenter devant le juge à la date et à l'heure indiquées* ».

Le mandat **d'amener** est « *l'ordre donné à la force publique de conduire immédiatement devant lui la personne à l'encontre de laquelle il est décerné* ».

Le mandat ***d'arrêt*** est « *l'ordre donné à la force publique de rechercher la personne à l'encontre de laquelle il est décerné et de la conduire après l'avoir, le cas échéant, conduite à la maison d'arrêt indiquée sur le mandat où elle sera reçue et détenue* ».

1. Cass. Crim., 13 déc. 2016, nº 16-84. 060.

Le mandat de **dépôt** est « *l'ordre donné au chef de l'établissement pénitentiaire de recevoir et de détenir la personne à l'encontre de laquelle il est décerné* » ; il « *permet également de rechercher ou de transférer la personne lorsqu'il lui a été précédemment notifié* ».

(846) À noter que la loi du 9 mars 2004 a prévu que, pour les mandats de comparution, d'amener et d'arrêt, la personne qui serait retenue 24 heures avant sa présentation devant un magistrat par la police ou la gendarmerie aurait droit à rencontrer un médecin et à avertir ses proches (C. pr. pén., art. 133-1).

Ajoutons par ailleurs qu'existe un autre type de mandat : le mandat d'arrêt européen, lequel sera traité avec le mandat d'arrêt de droit interne.

2. Le mandat de recherche

(847) Le mandat de recherche a été inséré dans le Code de procédure pénale par la loi du 9 mars 2004. Il ressort de sa définition même que sa particularité est de **faire rechercher une personne pour pouvoir la mettre en garde à vue.** D'ailleurs, l'article 135-1 du Code de procédure pénale répète que la personne découverte dans le cadre d'un mandat de recherche est mise en garde à vue. Son existence n'empêche naturellement pas les OPJ agissant sur commission rogatoire de décider par eux-mêmes de mettre le suspect en garde à vue.

(848) Il est délivré contre une **personne suspecte** définie à l'article 122, alinéa 2, comme celle à l'encontre de laquelle il existe « *une ou plusieurs raisons plausibles de soupçonner qu'elle a commis ou tenté de commettre une infraction* ». Cependant, ce suspect doit être placé en garde à vue parce qu'il doit être interrogé : il n'a, par hypothèse, pas encore fait l'objet d'un placement dans un statut quelconque, l'article 122 **écartant expressément son usage à l'endroit d'un mis en examen ou du témoin assisté.**

(849) Ce mandat est délivré au cours de l'instruction **par le juge chargé de l'information.** Au cours de l'enquête, il peut néanmoins aussi être délivré par le procureur de la République (C. pr. pén., art. 73).

(850) Le mandat de recherche est inscrit sur le fichier des personnes recherchées (C. pr. pén., art. 135-3).

3. Le mandat de comparution

(851) Il se borne à faire savoir à la personne qu'elle doit comparaître. De ce fait, il ne comporte **aucun recours à la contrainte.** Lorsqu'il est notifié par un policier, celui-ci ne peut pas obliger la personne à le suivre.

Il est peu utilisé dans la pratique, les magistrats préférant simplement convoquer la personne en la forme ordinaire, mais il peut être utile lorsqu'on ne craint pas que la personne prenne la fuite, pour faire impression sur elle au cas où elle aurait pu, plus simplement, ne pas se rendre à une convocation ordinaire.

(852) Il concerne une personne suspecte, mais pour laquelle le degré de suspicion est supérieur aux cas précédents. Il faut en effet des « ***indices graves et concordants*** rendant vraisemblable qu'elle ait pu participer, comme auteur ou complice, à la commission d'une infraction ». Cette fois, il s'adresse donc aussi au mis en examen et au témoin assisté (C. pr. pén., art. 122, al. 3).

(853) Lorsque la personne se présente, le juge doit l'interroger immédiatement (C. pr. pén., art. 125, al. 1).

4. Le mandat d'amener

(854) Avec le mandat d'amener, un pas de plus est franchi vers la contrainte : il s'agit, cette fois, de **forcer la personne à comparaître** devant le juge d'instruction. Soit le mandat de comparution a déjà été essayé sans succès, soit il paraît vraisemblable qu'elle n'y déférerait pas (par exemple, elle a déjà un passé pénal).

Il s'adresse au suspect défini au regard des **indices graves ou concordants**, y compris le témoin assisté ou le mis en examen (C. pr. pén., art. 122, al. 3).

(855) La contrainte exercée dans le cadre du mandat d'amener se limite à faire conduire la personne suspecte devant le magistrat et, le cas échéant, à la retenir le temps nécessaire à la réalisation de l'interrogatoire par celui-ci. En revanche, il n'est pas question ici de la garder à vue ou de la faire incarcérer.

En principe, une fois la personne présente au cabinet du juge d'instruction, celui-ci doit immédiatement l'interroger (C. pr. pén., art. 125, al. 2). Cependant, si la personne ne pouvait être immédiatement entendue, elle pourrait alors être retenue par les services de police durant une période maximum de vingt-quatre heures suivant son arrestation. Il s'agit alors uniquement d'une rétention destinée à s'assurer de la personne suspecte en vue de son transport ultérieur devant le juge d'instruction, non d'une garde à vue ; il n'est donc pas possible de l'interroger dans ce cadre. Dans un délai maximal compris dans ces 24 heures, elle doit être conduite devant le juge d'instruction, ou, à défaut, devant le président du tribunal ou un magistrat de permanence désigné par lui. Il faut alors procéder immédiatement à son interrogatoire.

À défaut d'un interrogatoire dans ces limites temporelles, la personne serait considérée comme arbitrairement détenue (C. pr. pén., art. 126, al. 1). Toutefois, cela ne concerne que les personnes arrêtées à moins de 200 kilomètres du juge d'instruction, car, dans le cas contraire, des règles spéciales ont été prévues aux articles 127 à 130-1.

Ces textes disposent en effet que, s'il n'est pas possible de faire entendre l'intéressé dans le délai de 24 heures, il doit alors être conduit devant le JLD du lieu d'arrestation (C. pr. pén., art. 127). En pareil cas, ce magistrat l'interroge sur son identité et reçoit ses déclarations, tout en l'avertissant qu'il peut ne pas en faire. Il lui donne le choix entre être transféré vers le magistrat qui a délivré le mandat ou rester à la maison d'arrêt la plus proche (C. pr. pén., art. 128). Le juge d'instruction en est naturellement informé et c'est à lui que revient aussitôt l'appréciation de l'opportunité de faire réaliser vers lui le transfèrement (C. pr. pén., art. 129). S'il décide d'un transfèrement, celui-ci doit être réalisé dans les quatre jours de la notification du mandat si la personne doit être transférée de l'outre-mer vers la métropole, ou vers un autre département d'outre-mer, ou de la métropole vers l'outre-mer, dans un délai de six jours (C. pr. pén., art. 130).

À défaut de respect des divers délais prévus aux articles 127 à 130, la personne doit être libérée par le juge d'instruction, « *à moins que sa conduite ait été retardée par des circonstances insurmontables* » (C. pr. pén., art. 130-1).

(856) Le temps d'exécution du mandat d'amener est décompté d'une éventuelle peine privative de liberté ultérieure (C. pr. pén., art. 716-4).

5. Le mandat d'arrêt

(857) En **droit interne**, le mandat d'arrêt s'adresse au suspect défini au regard des **indices graves ou concordants**, y compris le témoin assisté ou le mis en examen (C. pr. pén., art. 122, al. 3).

Il s'agit cette fois de le rechercher et de le faire incarcérer. Il s'adresse donc à une **personne qui** « ***est en fuite ou... réside hors du territoire*** *de la République* » (C. pr. pén., art. 131) et, dans ce dernier cas, prend la forme d'un mandat d'arrêt international ou, au sein de l'Union européenne, d'un mandat d'arrêt européen. La pratique va bien au-delà, qui en fait aussi application plus simplement à des personnes dont le domicile n'est pas connu sans être pour autant réellement en fuite.

Par ailleurs, puisqu'il s'agit d'incarcérer une personne, il n'est possible d'en faire application qu'à des **circonstances** où celle-ci encourrait une peine privative de liberté (C. pr. pén., art. 131) ou aurait violé les obligations du contrôle judiciaire (C. pr. pén., art. 141-2).

(858) Le mandat ajoute à la recherche un **véritable titre de détention**.

(859) Plusieurs hypothèses sont à distinguer.

La personne a été arrêtée avant la clôture de l'information. Dans un tel cas, deux sous-hypothèses doivent être distinguées, selon qu'elle a été arrêtée à plus ou moins 200 kilomètres du juge d'instruction ayant délivré le mandat :

– si elle est arrêtée à moins de 200 kilomètres, elle doit être présentée devant le juge d'instruction ou, à défaut, le président du tribunal ou un juge qu'il a délégué. Elle est alors interrogée et il est alors statué sur sa détention provisoire dans les conditions de droit commun qui seront étudiées *infra*. Cet interrogatoire doit intervenir dans le délai de 24 heures, faute de quoi elle serait tenue comme étant arbitrairement détenue (C. pr. pén., art. 133, al. 1) ;

– si elle est arrêtée à plus de 200 kilomètres, elle doit être conduite dans les 24 heures de son arrestation devant le JLD, lequel doit recevoir ses déclarations, tout en l'avertissant qu'elle est libre de ne point en faire. Il doit alors informer le juge d'instruction et requérir le transfèrement. Si tel devait être le cas, la personne serait conduite à la maison d'arrêt (C. pr. pén., art. 133, al. 2 à 4).

(860) Lorsque **la personne a été arrêtée après la clôture de l'information**, hypothèse distinguée depuis la loi du 9 mars 2004 (C. pr. pén., art. 135-2), elle est entendue dans un délai de 24 heures par le procureur de la République qui, à son tour, va la présenter au JLD (sauf s'il apparaît qu'elle peut encore comparaître devant la juridiction de jugement). Le JLD statue sur son éventuelle détention provisoire ou sur son placement sous contrôle judiciaire. Si la personne est découverte à plus de 200 kilomètres de la juridiction de jugement, des règles similaires à celles étudiées *supra* s'appliquent.

Le fait d'arrêter la personne après clôture de l'information n'oblige pas de rouvrir celle-ci et de procéder à son interrogatoire ou de lui faire bénéficier des droits des mis en examen[1]. La personne peut donc être renvoyée devant la juridiction de jugement pour être jugée. D'une certaine manière, le mandat d'arrêt vaut mise en examen.

---

1. Cass. Crim., 1er déc. 1966, *Bull. crim.*, n° 275.

(861) Il convient aussi d'évoquer le **mandat d'arrêt européen** : instauré par la loi nº 2004-204 du 9 mars 2004 (*cf.* C. pr. pén., art. 695-11 et s.), il est « *une décision judiciaire émise par un État membre de l'Union européenne, appelé État membre d'émission, en vue de l'arrestation et de la remise par un autre État membre, appelé État membre d'exécution, d'une personne recherchée pour l'exercice de poursuites pénales ou pour l'exécution d'une peine ou d'une mesure privative de liberté* » (C. pr. pén., art. 695-11, al. 1). L'objectif est ici d'éviter l'application des règles de l'extradition entre États de l'Union européenne et, ainsi, de faciliter la coopération judiciaire dans le cadre d'enquêtes, d'instructions, mais aussi pour faire exécuter des jugements. En matière terroriste, sont compétents les juges parisiens (C. pr. pén., art. 695-28.1).

(862) Le mandat d'arrêt européen ne peut concerner que des faits visés à l'article 695-12[1] :

– des faits punis d'une peine privative de liberté d'une durée au moins égale à un an ou, s'il s'agit d'une condamnation, d'une durée au moins égale à quatre mois, ce qui constitue des seuils très bas ;

– des faits punis d'une mesure de sûreté privative de liberté d'une durée au moins égale à un an et, si elle a été infligée, d'au moins égale à quatre mois.

(863) Lorsque la France est l'État d'exécution, elle peut refuser de faire exécuter le mandat dans des cas visés à l'article 695-22 du Code de procédure pénale :

– faits pouvant être poursuivis et jugés par les juridictions françaises, l'action publique étant éteinte par l'amnistie ;

– la personne recherchée a fait l'objet, par les autorités judiciaires françaises ou un État membre autre que l'État d'émission, d'une décision définitive pour les mêmes faits, à condition, dans ce cas, que la peine ait été exécutée, ou soit en cours d'exécution, ou ne puisse plus être ramenée à exécution selon les lois de l'État de condamnation ;

– la personne recherchée a moins de treize ans lors des faits objets du mandat d'arrêt européen ;

– les faits en cause peuvent être poursuivis et jugés par les juridictions françaises, la prescription de l'action publique ou de la peine étant acquise ;

– il est établi que le mandat a été émis pour poursuivre ou condamner une personne « en raison de son sexe, de sa race, de sa religion, de son origine ethnique, de sa nationalité, de sa langue, de ses opinions politiques ou de son orientation sexuelle, ou qu'il peut être porté atteinte à la situation de cette personne pour l'une de ces raisons ».

Elle peut aussi refuser si les faits ne constituent pas une infraction au regard du droit français, à moins qu'ils ne soient punis d'au moins trois ans d'emprisonnement et n'entrent dans une catégorie de faits listés à l'article 695-23 du Code de procédure pénale.

Enfin elle peut encore refuser (C. pr. pén., art. 695-24) :

– lorsque la personne est déjà poursuivie en France ou que les juridictions françaises ont décidé de ne pas la poursuivre ;

1. Sur la conformité de l'émission des mandats d'arrêt européens par le parquet français au droit de l'Union européenne, *cf.* CJUE 12 déc. 2019, nº C-566/19 PPU et C-626/19 PPU.

– lorsqu'il s'agit de l'exécution d'une peine, que la personne est française et que la France s'engage à faire exécuter sa peine ;

– que les faits ont été commis en tout ou partie en territoire français ;

– que l'infraction a, certes, été commise en dehors du territoire français, mais la loi française n'autorise pas la poursuite de ces faits lorsqu'ils sont commis hors du territoire national.

Le procureur général peut avoir recours à des mesures de géolocalisation pour faciliter la localisation d'une personne recherchée dans le cadre d'un mandat d'arrêt européen (C. pr. pén., art. 695-26 et 696-9-1).

6. Le mandat de dépôt

(864) Il permet de faire incarcérer la personne lorsqu'elle est présente. Depuis la loi du 9 mars 2004, il **suppose d'abord un placement en détention provisoire** prononcé par le JLD et sert alors d'ordre donné au chef de l'établissement pénitentiaire de recevoir et détenir la personne contre laquelle il est dressé. S'il a été **déjà notifié** à la personne et qu'elle se met alors en fuite, il **sert aussi à la rechercher et à l'arrêter**.

(865) **Seul le JLD** peut décerner un mandat de dépôt, puisqu'il est le seul à pouvoir placer en détention provisoire. Étant l'accessoire de la décision de placement en détention provisoire, le mandat de dépôt n'est logiquement possible que lorsque cette mesure privative de liberté est encourue, soit uniquement en matière correctionnelle et si la peine d'emprisonnement encourue est au moins égale à trois ans, soit en cas de manquement au contrôle judiciaire.

III.2. Le contrôle judiciaire

(866) Le contrôle judiciaire permet de contrôler la personne mise en examen sans pour autant la placer en détention provisoire. Traité dans une section VII commune avec la détention provisoire, le contrôle judiciaire prime sur celle-ci. L'article 137 du Code de procédure pénale énonce en effet que « *La personne mise en examen, présumée innocente, reste libre* ». Ce n'est que si les mesures du contrôle judiciaire s'avèrent insuffisantes qu'elle sera placée « *à titre exceptionnel* » en détention provisoire, énonce ce texte.

(867) Le **juge d'instruction** est compétent pour prononcer le contrôle judiciaire, alors qu'il ne l'est pas pour la détention provisoire. S'il est saisi, le **JLD** peut l'être aussi (C. pr. pén., art. 137-2 et 138). Le juge d'instruction doit recueillir les réquisitions du procureur de la République, à peine de nullité[1]. Lorsque le juge ordonne la mise en liberté immédiate d'une personne dont la détention provisoire est irrégulière en raison du non-respect des délais ou formalités prévus par le Code, il peut, dans la même décision, placer la personne sous contrôle judiciaire (art. 803-7).

En cas d'interdiction de recevoir, de rencontrer ou d'entrer en relation avec la victime, celle-ci reçoit un avis l'informant de la mesure (C. pr. pén., art. 138-1).

1. Cass. Crim., 22 janv. 2002, *Bull. Crim.* n° 7, *Dr. pénal* 2002, Comm. 63, obs. A. Maron.

Si le prévenu est soupçonné d'infraction sexuelle sur mineur, le juge peut décider de transmettre une copie de son ordonnance de placement sous contrôle judiciaire à la personne chez qui elle établit sa résidence si cela apparaît nécessaire pour prévenir le renouvellement de l'infraction. Lorsque la personne est scolarisée, une copie de l'ordonnance est transmise à l'autorité académique et au chef d'établissement concerné (C. pr. pén., art. 138-2).

(868) Le contrôle judiciaire ne peut **que** s'adresser à **une personne mise en examen**. Il faut en outre qu'elle encoure une peine d'emprisonnement ou de réclusion (C. pr. pén., art. 138, al. 1). Depuis la loi du 17 août 2015, le contrôle judiciaire peut s'exécuter à l'étranger (C. pr. pén., art. 696-52 et suivants)[1]. Il peut aussi s'exécuter en France après une décision étrangère (C. pr. pén. art. 696-70 et suivants).

(869) Il permet d'astreindre l'intéressé à toute une série de **mesures de contrôle** et obligations particulières, énumérées à l'article 138 et parmi lesquelles le magistrat compétent va puiser librement. Elles ont pour but à la fois de s'assurer de la personne du mis en examen, mais aussi, bien qu'il soit présumé innocent, de favoriser son insertion sociale. En pareil cas, elles se rapprochent des contraintes pesant sur la personne faisant l'objet d'une probation, comme, par exemple, dans le cas du sursis avec mise à l'épreuve (comp. l'art. 138 C. pr. pén. et les art. 132-44 et 132-45 C. pén.) ou encore d'une composition pénale (C. pr. pén., art. 41-2). La liste est limitative. Il s'agit de :

– ne pas sortir des limites territoriales déterminées par le magistrat ;

– ne s'absenter de son domicile ou de la résidence fixés par le magistrat qu'aux heures, motifs et conditions que ce dernier a déterminés ;

– ne pas se rendre en certains lieux ou, inversement, ne se rendre que dans les lieux que le magistrat a déterminés ;

– informer le magistrat de tout déplacement qui amènerait la personne au-delà des limites ainsi imparties ;

– se présenter périodiquement au service ou à l'association habilitée désignée par le magistrat et dont la loi énonce qu'ils sont « *tenus d'observer la plus stricte discrétion sur les faits reprochés à la personne mise en examen* » ;

– ne pas exercer une activité impliquant un contact habituel avec des mineurs lorsque la commission d'une nouvelle infraction est soupçonnée ;

– répondre aux convocations de toute autorité, association ou personne qualifiée désignée par le magistrat ;

– se soumettre, le cas échéant, à des mesures de contrôle sur ses activités professionnelles, à son assiduité à un enseignement et aux mesures socio-éducatives destinées à favoriser son insertion et à prévenir le renouvellement de l'infraction ;

– remettre au greffe, à un service de police ou de gendarmerie, tous documents prouvant son identité, notamment son passeport, en échange d'un récépissé valant justificatif de l'identité ;

1. Pour une application, *cf.* CA Bordeaux, 12 nov. 2015, nº 2015/00770, *AJ pénal* 2016, p. 151, obs. D. Brach-Thiel.

– s'abstenir de conduire tout véhicule ou un véhicule qui ne soit pas équipé, par un professionnel agréé ou par construction, d'un dispositif homologué d'antidémarrage par éthylotest électronique et remettre son permis de conduire au greffe contre récépissé ; il peut toutefois être permis à la personne d'utiliser son véhicule, uniquement pour des raisons professionnelles ;

– s'abstenir de rencontrer, d'entrer en relation de quelque façon que ce soit ou de recevoir des personnes déterminées par le magistrat ;

– se soumettre à des mesures d'examen, de traitement ou de soins, même sous le régime de l'hospitalisation, notamment aux fins de désintoxication ;

– fournir un cautionnement à verser en une ou plusieurs fois, dont le montant tienne compte des ressources et des charges du mis en examen ;

– ne pas se livrer à certaines activités déterminées par le magistrat, de nature sociale, professionnelle, dès lors que l'infraction présumée a été commise à l'occasion ou dans le cadre de l'exercice de celles-ci. Il n'est pas possible, toutefois, d'interdire l'exercice de mandats électifs ou syndicaux. S'agissant de la profession d'avocat, le magistrat doit saisir le Conseil de l'Ordre, seul compétent pour prononcer l'interdiction ;

– ne pas émettre des chèques pour une raison autre que retirer de l'argent, ou ceux qui sont certifiés ;

– ne pas détenir ou porter une arme et, pour ceux qui en ont en leur possession, les remettre au greffe contre récépissé ;

– constituer des sûretés réelles ou personnelles, pour un montant déterminé par le magistrat ;

– prouver la contribution aux charges familiales ou alimentaires auxquelles le mis en examen a été condamné ;

– en cas d'infraction commise contre son conjoint, son concubin ou partenaire pacsé ou ses ex-conjoints, concubins ou partenaire pacsé, ou encore contre ses enfants ou ceux de ce dernier, s'abstenir de paraître à leur domicile ou résidence ou aux abords de celui-ci et, si nécessaire, se faire soigner. L'avis de la victime est sollicité ;

– respecter une prise en charge d'acquisition des valeurs de la citoyenneté, éventuellement au sein d'un établissement adapté dans la déradicalisation.

À tout moment, le magistrat peut modifier les obligations s'imposant au prévenu, que ce soit pour en ajouter, en supprimer ou en modifier les conditions. Dans tous les cas, les obligations doivent être motivées en fonction des éléments du dossier[1]. Les interdictions d'exercice de profession doivent de même s'avérer proportionnées dans leur champ[2].

Le cautionnement et la constitution de sûretés personnelles ont pour objet d'assurer la représentation du suspect à tous les actes de la procédure pendant l'instruction et garantir le paiement des frais de procédure, d'amende et d'indemnisation des victimes. Le cautionnement s'effectue par la consignation d'une somme déterminée entre les mains du régisseur de recettes installé auprès

1. Cass. Crim., 17 sept. 2014, n° 14-84.282, *AJ pénal* 2014, p. 538 obs. G. Royer.
2. *Cf.* par ex. Cass. Crim., 2 sept. 2014, n° 14-84.057.

du greffe de la juridiction[1]. Son montant doit tenir compte des ressources et des charges du suspect[2], lequel est apprécié souverainement par les juridictions[3] et doit être motivé[4].

(870) Le contrôle judiciaire **prend fin** s'il en est ordonné la mainlevée, décision qui peut intervenir sur demande du mis en examen (C. pr. pén., art. 140).

Il peut aussi prendre fin, en cas d'inexécution des obligations, par la prise d'une décision de placement en détention provisoire[5]. Dans ce cas, la limite de droit commun pour le placement en détention provisoire d'une peine encourue au moins égale à trois ans est inapplicable (C. pr. pén., art. 141-2 et 144). En revanche le JLD saisi d'une demande de révocation d'un contrôle judiciaire peut seulement décider de le révoquer ou non, et le cas échéant placer le mis en examen en détention provisoire. Il ne peut pas modifier les obligations du contrôle[6].

Enfin, le contrôle judiciaire prend fin à la fin de l'information, sauf si le juge d'instruction décide de l'y maintenir jusqu'à la comparution devant la juridiction de jugement (C. pr. pén., art. 179, al. 3)[7].

En cas de violation des obligations de résidence hors du domicile conjugal et de n'y point paraître ou de ne pas rencontrer certaines personnes, la police judiciaire possède un pouvoir d'arrestation et de retenue pendant vingt-quatre heures de la personne qui bénéficie alors des garanties de la garde à vue (C. pr. pén., art. 141-4).

III.3. La détention provisoire

Atteinte à la liberté et exception au principe de liberté mentionné à l'article 137 du Code de procédure pénale, la détention provisoire anticipant une éventuelle privation pénale de liberté ultérieure comporte le risque d'influencer le juge répressif quant à la peine. Surtout, elle se traduit par les mêmes effets (4) qu'une peine d'emprisonnement ou de réclusion, alors même qu'elle s'adresse à des personnes présumées innocentes. L'incarcération de personnalités, à partir des années 1990, puis le scandale d'Outreau ont sensibilisé l'opinion, ainsi que le pouvoir politique : le législateur tend, ces dernières années à rendre le placement en détention provisoire plus difficile au regard de ses conditions (1) et de ses causes (2). La crainte de condamnations de la France pour le caractère déraisonnable de ses procédures, notamment lorsqu'elles comprennent des périodes de

1. Le juge d'instruction peut maintenir un mis en examen en détention tant que le cautionnement n'a pas été versé. Cass. Crim., 23 août 2017, nº 17-83.791.

2. Si la situation financière se dégrade, la juridiction d'instruction peut alors réduire le montant du cautionnement : Cass. Crim., 3 févr. 1993, *Bull. Crim.* nº 56 ; 27 févr. 2002, pourvoi nº 01-88.357.

3. Cass. Crim., 18 nov. 1992, *Bull. Crim.* nº 380 ; 18 oct. 2000, *Bull. Crim.* nº 304.

4. Cass. Crim., 11 mars 2015, nº 14-88.147.

5. La violation constitue à elle seule un motif de détention : Cass. Crim., 4 mars 2009, JurisData nº 2009-047754.

6. Cass. Crim., 19 sept. 2017, nº 17-84.165.

7. *Cf.* Cass. Crim., 24 avril 2013, nº 12-82.409 cassant l'arrêt d'une chambre de l'instruction qui maintenait le contrôle judiciaire auquel le juge d'instruction avait mis fin dans son ordonnance de non-lieu partiel.

détention provisoire, a en outre conduit à mieux en encadrer la durée (3). Cependant, un mouvement de va-et-vient est également à observer, qui, en période d'inquiétude pour la sécurité, tend à revenir sur de tels acquis.

A. Les conditions du placement en détention provisoire

La détention provisoire ne peut être prononcée que si plusieurs conditions sont réunies. Ces conditions portent sur la subsidiarité de la détention provisoire avec les autres mesures de contrainte, sur les peines encourues et les objectifs recherchés par la juge dans l'intérêt de l'instruction. En outre, la détention provisoire ne peut être prononcée qu'à l'encontre des personnes mises en examen, c'est-à-dire celles contre lesquelles existent des indices graves ou concordants qu'elles ont commis ou tenté de commettre l'infraction. Par plusieurs décisions récentes, la Cour de cassation est venue souligner l'importance du contrôle de l'existence de ces indices rendant vraisemblable la participation de la personne mise en examen aux faits reprochés[1].

Des conditions de fond et de forme limitent le recours à la détention provisoire.

1. Les conditions substantielles

(871) La détention provisoire ne peut être prononcée que dans des cas énumérés à l'article 143-1 du Code de procédure pénale. Elle n'est **possible**, tout d'abord, **qu'en matière criminelle**. Pour ces infractions d'une particulière gravité, le droit est demeuré inchangé, chacun s'accordant à estimer que la privation de liberté avant jugement devait toujours être possible.

En revanche, pour ce qui concerne les **infractions correctionnelles**, la loi du 15 juin 2000 a prévu que la détention provisoire ne pouvait être prononcée que si la **peine encourue est au moins égale à trois ans d'emprisonnement**. En réalité, ce seuil est relativement compréhensif : un vol simple fait par exemple encourir une telle peine (C. pén., art. 311-3).

(872) Rappelons par ailleurs que la détention provisoire peut aussi être prononcée, y compris en dehors de ces seuils, en cas de **violation volontaire du contrôle judiciaire ou d'une assignation à résidence avec surveillance électronique.**

(873) En ce qui concerne les **mineurs**, aucune détention provisoire n'est possible s'ils ont moins de treize ans (CJPM, art. L. 334-1). Au-delà de ce seuil d'âge, elle n'est possible, outre les conditions et causes prévues aux articles 137 à 137-4, 144 et 145 du Code de procédure pénale, que si ce placement « *constitue l'unique moyen de parvenir à l'un ou plusieurs des objectifs suivants et que ceux-ci ne sauraient être atteints en cas de placement sous contrôle judiciaire ou d'assignation à résidence avec surveillance électronique* ». L'article 11 de l'ordonnance du 2 février 1945 (CJPM, art. L. 334-4 et L. 334-5), distingue ensuite selon des seuils d'âge que nous avons déjà vus :

1. Cass. Crim., 9 févr. 2021, n° 20-86.339 ; Cass. Crim., 27 janv. 2021, n° 20-85.990 ; Cass. Crim., 14 oct. 2020, n° 20-82.961.

De treize à seize ans, le mineur ne peut être placé en détention provisoire que :

– s'il encourt une peine criminelle ;

– ou s'il s'est volontairement soustrait aux obligations du contrôle judiciaire ou de l'assignation à résidence avec surveillance électronique.

De seize à dix-huit ans, il peut l'être :

– s'il encourt une peine criminelle ;

– ou s'il encourt une peine correctionnelle d'une durée au moins égale à trois ans ;

– ou s'il s'est volontairement soustrait aux obligations du contrôle judiciaire ou de l'assignation à résidence avec surveillance électronique.

2. Les conditions procédurales

(874) Les règles de compétence fixées en droit positif traduisent bien le mouvement de va-et-vient que nous avons évoqué *supra* : si la loi du 15 juin 2000 a imposé un « double accord » en supprimant la compétence naguère unique du juge d'instruction, la loi « Perben 2 », quant à elle, a élargi les possibilités de saisine du JLD en donnant compétence au procureur de la République.

(875) Avant la loi du 15 juin 2000, le juge d'instruction pouvait encore être qualifié d'« *homme le plus puissant de France* », qui, outre la direction de l'information, pouvait placer lui-même les mis en examen en détention provisoire. La loi de 2000 confie ce pouvoir à un nouveau magistrat, le **JLD** (voir *supra*) : celui-ci est **saisi par une ordonnance motivée du juge d'instruction**, lequel, pour l'éclairer, lui transmet le dossier de la procédure, ainsi que les réquisitions du procureur de la République (C. pr. pén., art. 137-1). S'agissant des mineurs, le JLD est également compétent. Il est cependant saisi, soit par le juge d'instruction, soit par le juge des enfants.

De ce fait, une personne ne peut plus être placée en détention provisoire que si deux magistrats le jugent opportun : le juge d'instruction et le JLD. Lorsque la personne est présentée libre, le juge d'instruction peut requérir la force publique pour contraindre et retenir cette personne dans l'attente de l'audition devant le JLD[1].

(876) Depuis la loi du 9 mars 2004, le JLD peut **également être saisi par le procureur de la République** (C. pr. pén., art. 137-4). Cependant, ce pouvoir ne lui est attribué qu'en matière criminelle, ou pour les infractions correctionnelles faisant encourir une peine d'au moins dix ans d'emprisonnement. Par ailleurs, il ne peut saisir directement le JLD que s'il s'est préalablement heurté à un refus du juge d'instruction de saisir ce dernier, alors que lui-même prenait des réquisitions favorables au placement en détention provisoire. En outre, il ne peut le faire que si les motifs qu'il invoque à l'appui de sa saisine tiennent uniquement à la sûreté publique et non à d'autres considérations : il faut, en effet, qu'ils soient ceux retenus aux 3° et 4° de l'article 144 du Code de procédure pénale, lesquels seront étudiés *infra*.

(877) Le JLD ainsi saisi se prononce dans des conditions procédurales irréprochables prévues à l'article 145. Il y a en effet un **débat contradictoire** au cours

1. Cass. Crim., 22 juillet 2015, n° 15-82.749.

duquel le prévenu et son avocat, ainsi que le ministère public, sont entendus. Le JLD doit avertir la personne de la prochaine tenue de ce débat et du fait qu'elle peut demander un délai pour préparer sa défense[1].

Depuis le 1er juillet 2007, en application de la loi du 5 mars, la publicité est de droit pour les audiences tenues devant le JLD dès lors que l'intéressé est majeur. Toutefois, avant l'audience, le parquet et le mis en examen ou son avocat peuvent s'opposer à la publicité. Il suffit que l'instruction porte sur des faits de criminalité organisée ou que la publicité soit de nature à entraver les investigations, à porter atteinte à la présomption d'innocence, à la sérénité des débats, à nuire à la dignité de la personne ou aux intérêts des tiers. Le JLD doit alors recueillir les observations du parquet, du mis en examen et de son avocat qui a eu accès au dossier[2]. Il statue ensuite par ordonnance motivée (C. pr. pén., art. 145 al. 6). D'ailleurs, le débat se tient en chambre du conseil, c'est-à-dire sans publicité, pour ce qui concerne les mineurs. Pendant l'état d'urgence sanitaire, l'article 7 de l'ordonnance du 25 mars 2020 prévoit que, en cas d'impossibilité de garantir les conditions nécessaires à la protection de la santé des personnes présentes, le JLD peut décider que l'audience se tiendra en chambre du conseil. L'article 19 de l'ordonnance permet, de même, au JLD de prolonger la détention provisoire sans débat contradictoire oral au vu des réquisitions écrites du procureur de la République et des observations écrites de la personne et de son avocat, lorsque le recours à l'utilisation du moyen de télécommunication audiovisuelle n'est matériellement pas possible.

L'audience peut aussi avoir lieu par visioconférence, mais la personne mise en examen peut en refuser le principe[3]. Toutefois, la personne ayant accepté la visioconférence ne peut plus ensuite la refuser (C. pr. pén., art. 706-71)[4], tandis que la publicité ne s'applique pas aux locaux dans lesquels la visioconférence a lieu[5]. Cette précision est d'importance car depuis 2016 l'administration pénitentiaire a récupéré la charge des extractions judiciaires entre la maison d'arrêt et le tribunal, charge auparavant assurée par la police et la gendarmerie. Or, les services pénitentiaires ont été assez désorganisés, ce qui n'a pas permis à des personnes de pouvoir être extraites. La Cour de cassation a considéré que l'absence d'escorte pour réaliser un débat contradictoire en l'absence d'accord du mis en cause pour être entendu par visio-conférence ne saurait constituer une circonstance insurmontable permettant un placement en détention provisoire sans

1. Le JLD ne peut pas d'office différer le débat par l'attribution d'un délai pour permettre à la personne mise en examen de préparer sa défense, qui doit seule en assurer la demande. Cass. Crim., 8 sept. 2020, nº 20-82.470, *AJ pénal* 2020, p. 528, obs. J. Chapelle.

2. Cass. Crim., 23 juin 2015, nº 15-82.250.

3. L'article 5 de l'ordonnance du 25 mars 2020 adoptant des mesures d'urgence pour faire face à l'épidémie de Covid-19 avait introduit une dérogation à cet article 706-71 du Code de procédure pénale pour imposer le recours à la visioconférence, malgré le refus du mis en examen. Si la Cour de cassation a fait application de cette disposition (Cass. Crim., 22 juill. 2020, nº 20-82.213), le Conseil constitutionnel l'a déclarée inconstitutionnelle (Cons. const., 15 janv. 2021, nº 2020-872 QPC).

4. La Chambre criminelle n'hésite pas à relever d'office l'irrégularité de la visioconférence réalisée malgré le refus de l'intéressé. Cass. Crim., 11 oct. 2011, 2011-85.602.

5. Cass. Crim., 16 mars 2016, 2015-87.644 (en l'espèce des locaux pénitentiaires).

débat : « *Qu'en effet, méconnaît les dispositions impératives de l'article 145, alinéa 8, du Code de procédure pénale et doit être annulée l'ordonnance de placement en détention provisoire rendue à la suite d'un débat contradictoire tenu en l'absence de la personne mise en examen incarcérée, dès lors que cette non-comparution est imputable non à l'existence de circonstances imprévisibles et insurmontables extérieures au service de la justice, mais à un dysfonctionnement dans l'organisation du service en charge des extractions judiciaires* »[1].

Si l'intéressé a demandé un délai pour préparer sa défense, le JLD peut le placer en détention par ordonnance motivée, mais uniquement sous le régime de **l'incarcération provisoire**, dont la durée s'impute sur celle d'une éventuelle détention provisoire. Cette incarcération ne peut excéder quatre jours ouvrables.

(878) L'incarcération provisoire est également possible, pour laisser le temps au JLD de faire réaliser une enquête sociale.

Une telle enquête est obligatoire dans le cas où le mis en examen est parent d'un mineur de seize ans sur lequel il a l'autorité parentale à titre exclusif et à condition que l'infraction qui lui est reprochée n'ait pas été commise sur un mineur ou qu'il n'ait pas violé les obligations d'un contrôle judiciaire dont il aurait préalablement bénéficié. Il s'agit « *de rechercher et de proposer toutes mesures propres à éviter que la santé, la sécurité et la moralité du mineur ne soient en danger ou que les conditions de son éducation ne soient gravement compromises* » (C. pr. pén., art. 145-5).

(879) Le JLD rend une **ordonnance motivée** (C. pr. pén., art. 137-3) au regard des « *considérations de droit et de fait* » qui justifient que le contrôle judiciaire est bel et bien insuffisant et en référence aux articles 143-1 et 144.

L'ordonnance doit être **notifiée verbalement à l'intéressé**, mais elle doit aussi l'être **par écrit**. Cela prend la forme d'une communication de la copie intégrale de cette ordonnance.

(880) Le juge doit encore établir un **mandat de dépôt**, lequel constitue le titre de détention et permet l'établissement d'un écrou par le chef de la maison d'arrêt.

(881) Enfin, il doit rédiger une **notice individuelle** destinée au directeur de la maison d'arrêt, comprenant tous les renseignements relatifs aux faits et à la personnalité de l'intéressé. Cette notice va demeurer dans le dossier du prévenu et servir à la fois à l'administration pénitentiaire, pour apprécier le régime à appliquer (indépendamment des mesures préconisées par le juge d'instruction) et renseigner le juge de l'application des peines sur les éléments de socialisation utiles à l'individualisation de la peine.

Les personnes soumises à la détention provisoire dont l'évasion ou le suicide pourraient avoir un impact important sur l'ordre public, eu égard aux circonstances particulières à l'origine de leur incarcération et à l'impact de celles-ci sur l'opinion publique, peuvent faire l'objet des mesures de vidéosurveillance (C. pr. pén., art. 716-1 A).

B. Les causes du placement en détention provisoire

(882) C'est certainement au regard des causes de placement en détention provisoire que le droit positif a le plus tergiversé entre avancées et reculs successifs. Maintes fois

1. Cass. Crim. 5 oct. 2016, n° 16-84.629.

modifié, l'article 144 du Code de procédure pénale se présente sous la forme d'une liste de sept causes possibles au placement en détention provisoire, parmi lesquelles le JLD doit puiser pour rendre sa décision. Cependant, la septième cause rendait traditionnellement relativement inutiles les six premières : elle se fondait sur l'existence d'un trouble à l'ordre public, cause passe-partout pouvant englober quasiment toutes considérations, y compris les moins avouables[1].

(883) L'article 144 vise aujourd'hui les causes suivantes :

– conserver les preuves ou indices matériels nécessaires à la manifestation de la vérité ;

– empêcher une pression sur les témoins ou les victimes, ainsi que sur leur famille ;

– empêcher une concertation frauduleuse entre le mis en examen et ses co-auteurs ou complices ;

– protéger le mis en examen ;

– garantir le maintien de celui-ci à la disposition de la justice ;

– mettre fin à l'infraction ou prévenir son renouvellement ;

– et enfin, « mettre fin au trouble exceptionnel et persistant à l'ordre public provoqué par la gravité de l'infraction, les circonstances de sa commission ou l'importance du préjudice qu'elle a causé ». Afin de limiter encore l'application de ce texte, il a été ajouté que « Ce trouble ne peut résulter du seul retentissement médiatique de l'affaire ». Surtout, cette cause de placement en détention a été totalement exclue en matière correctionnelle par la loi n° 2007-291 du 5 mars 2007 : c'est là un progrès considérable.

C. La durée de la détention provisoire

(884) **En matière correctionnelle**, la durée de la détention provisoire ne peut excéder quatre mois lorsque la personne n'a pas fait l'objet d'une précédente condamnation pour crime ou délit à une peine privative de liberté sans sursis supérieure à un an et lorsqu'elle encourt une peine inférieure à cinq ans : en ce cas, la détention provisoire ne saurait excéder quatre mois (C. pr. pén., art. 145-1, al. 1).

Si, au contraire, la personne en a déjà fait l'objet, alors une prolongation, « *à titre exceptionnel* » peut être prononcée pour une nouvelle durée de quatre mois, puis, à nouveau, pour un maximum d'un an, de deux ans dans les cas où la personne a commis une infraction hors du territoire national ou si elle est poursuivie pour trafic de stupéfiants, association de malfaiteurs, proxénétisme, extorsion de fonds, ou pour une infraction commise en bande organisée et à condition, au surplus, d'encourir une peine d'au moins dix ans. Ces prolongations sont prononcées par le JLD par ordonnance motivée après un débat contradictoire (C. pr. pén., art. 145-1, al. 2). En matière de terrorisme, la détention provisoire délictuelle est de six mois renouvelables jusqu'à deux ans, trois en cas d'association de malfaiteurs à caractère terroriste (art. 706-24-3). Pour les mineurs soupçonnés de terrorisme, la durée de détention est portée à deux ans (art. 706-24.4).

---

1. *Cf.* par ex. B. Bouloc, « Le silence de la personne mise en examen peut-il justifier sa mise en détention ? », *D.* 1995, Chron., p. 315.

(885) **En matière criminelle** (C. pr. pén., art. 145-2), le maximum de départ est d'une année. Cependant, des prolongations peuvent être prévues, allant de six mois en six mois, prononcées par le JLD. Le maximum de droit commun, renouvellements compris, est alors de deux ans. Cependant, de nouveaux renouvellements sont possibles :

– au-delà de deux ans si la peine encourue est inférieure à vingt ans de réclusion ;

– au-delà de trois ans si la peine encourue est supérieure à vingt ans.

Ces délais passeraient à respectivement trois et quatre ans en cas d'infraction hors du territoire national et seraient de quatre ans si la personne était poursuivie pour crimes contre les personnes ou contre la nation, l'État ou la paix publique, pour trafic de stupéfiants, terrorisme, association de malfaiteurs, proxénétisme, extorsion de fonds, ou pour un crime commis en bande organisée.

Pour les mineurs soupçonnés de terrorisme, la durée de détention est portée à trois ans (art. 706-24-4).

(886) En matière correctionnelle comme criminelle (C. pr. pén., art. 145-1 dern. al. et 145-2 avant-dern. al.), la loi du 9 septembre 2002 a prévu cependant qu'à « *titre exceptionnel* », il serait possible de **prolonger encore les durées maximales**, pour une nouvelle durée de quatre mois, dès lors que :

– les investigations doivent être poursuivies ;

– la mise en liberté de la personne cause un risque d'une particulière gravité pour la sécurité des personnes et des biens.

La compétence pour prononcer cette prolongation échoit à la chambre de l'instruction, qui entend l'intéressé et est saisie par une ordonnance motivée du JLD.

(887) Les prolongations survenant au-delà des durées de droit commun initiales d'un an et de huit mois doivent être prononcées au regard des « *indications particulières qui justifient en l'espèce la poursuite de l'information et le délai prévisible d'achèvement de la procédure* ». Le juge n'est toutefois pas dans l'obligation de dire exactement quelle serait la nature de ces investigations, dès lors que cette indication risquerait de les entraver (C. pr. pén., art. 145-3).

Lorsqu'il apparaît en cours d'instruction que les faits initialement qualifiés de criminels sont en réalité correctionnels, cela réduit naturellement les seuils *maxima* de la détention provisoire. Le juge d'instruction doit alors prendre les réquisitions du procureur de la République et saisir le JLD, lequel se prononce sur celle-ci (C. pr. pén., art. 146).

(888) Face à la crise de l'épidémie de Covid-19, l'ordonnance du 25 mars 2020 a, dans le cadre de l'état d'urgence sanitaire, introduit des dispositions assez sensibles en matière de prolongation de détention provisoire. Comme vu précédemment, l'article 19 de l'ordonnance permet au JLD de prolonger la détention provisoire sans débat contradictoire oral au vu des écritures des parties. Surtout, son article 16 prévoit que, pendant cet état d'urgence sanitaire, les délais maximums des détentions provisoire sont prolongés de plein droit, c'est-à-dire sans qu'il soit nécessaire de prendre une décision de prolongation.

Sont concernés tant les délais de détention au cours de l'instruction que les délais de détention pour l'audiencement devant les juridictions de jugement des affaires concernant des personnes renvoyées à l'issue de l'instruction.

En matière correctionnelle, les délais maximums sont prolongés de plein droit de deux mois lorsque la peine d'emprisonnement encourue est inférieure ou égale à cinq ans, et de trois mois dans les autres cas, soit pour les peines supérieures à cinq ans. Le délai est de six mois pour l'audiencement des affaires devant la cour d'appel.

Ces prolongations sont applicables aux mineurs âgés de plus de seize ans lorsqu'ils encourent une peine d'au moins sept ans d'emprisonnement.

En matière criminelle, le délai de prolongation est porté à six mois. Les prolongations sont applicables aux mineurs âgés de plus de seize ans.

Tant en matière correctionnelle que criminelle, les prolongations prévues par l'article 16 ne s'appliquent qu'une seule fois au cours de chaque procédure. Une prolongation pendant l'instruction ne peut être suivie d'une prolongation lors de la phase d'audiencement.

Cependant, l'article 15 de l'ordonnance précise que ces prolongations continuent de s'appliquer après la date de cessation de l'état d'urgence sanitaire déclaré.

L'article 16 précise néanmoins que la juridiction compétente peut ordonner à tout moment, d'office, sur demande du ministère public ou sur demande de l'intéressé, la mainlevée de la mesure, le cas échéant avec assignation à résidence sous surveillance électronique ou sous contrôle judiciaire lorsqu'il est mis fin à une détention provisoire.

L'application de ces conditions de prolongations de plein droit conduit ainsi à un allongement de la durée de la détention provisoire sans débat devant un juge. Justifiée par une crise sanitaire, elle met toutefois en jeu la liberté individuelle et sa garantie par l'autorité judiciaire au titre de l'article 66 de la Constitution. Très rapidement, les juges des libertés et les chambres de l'instruction ont ainsi été confrontés à l'application ou non de ces dispositions.

Deux conceptions s'opposent selon l'interprétation de la notion de délais maximums. Dans une première conception, les prolongations de plein droit ne sont possibles qu'une fois que les délais maximums de droit commun, les délais butoirs à l'issue desquels il n'est plus possible de prolonger la détention, sont arrivés à leur terme pendant l'état d'urgence sanitaire.

Dans une seconde conception, les prolongations de plein droit s'appliquent aux titres de détention provisoire en cours pendant l'état d'urgence. Cette conception, moins garantiste de la liberté individuelle, est celle de la circulaire du 26 mars 2020[1]. Certains juges des libertés et de la détention et certaines chambres de l'instruction[2] l'ont rejetée au profit de la première conception, d'autres ont appliqué la seconde[3] en attendant que la Cour de cassation prenne position dans deux arrêts du 26 mai 2020.

Selon la Cour, l'expression « délais maximums de détention provisoire » ne permet pas, à elle seule, de déterminer la portée de l'article 16. La Cour insiste

1. JUSD2008571C CRIM-2020-12/H2-26.03.2020.

2. JLD Cayenne, 30 mars 2020, n° 1905626473Y ; 8 avril 2020, n° 1803003283C ; Ch. Inst. Caen, 7 avril 2020, arrêt n° 112.

3. JLD Saint-Brieuc, 1er avril 2010, n° 1802873306Y ; Ch. Inst. Cayenne, 14 avril 2020, arrêt n° 73.

cependant sur la nécessité de l'intervention du juge dans le contrôle de la prolongation afin de respecter l'article 5 de la Convention européenne des droits de l'homme. Mais elle n'exige pas une intervention immédiate, qui doit avoir lieu dans un délai rapproché de la date de prolongation de plein droit. Pour la Cour, ce délai court à compter du jour où le titre aurait dû être prolongé et il est fonction de la gravité de l'infraction poursuivie et du stade de la procédure. Elle énonce que le délai ne peut être supérieur à un mois en matière délictuelle et à trois mois en matière criminelle avant jugement. Il ne peut être supérieur à trois mois après condamnation en première instance, quelle que soit la gravité de l'infraction. En outre, pour la Haute juridiction, doit intervenir le juge qui aurait été compétent pour se prononcer sur la prolongation de la détention provisoire si celle-ci n'avait pas eu lieu de plein droit. Le juge doit alors examiner la question du maintien en détention de la personne détenue, en exerçant le même contrôle que celui qui aurait été le sien s'il avait dû prononcer sur cette prolongation dans le cadre d'un débat contradictoire. Enfin pour la Cour, à défaut d'un tel contrôle du juge, l'intéressé doit être immédiatement remis en liberté, sauf s'il est détenu pour une autre cause.

Sans attendre celle-ci, la loi n° 2020-546 du 11 mai 2020 de prolongation de l'état d'urgence sanitaire est venue apporter un correctif. Elle a ajouté à l'ordonnance du 25 mars 2020 un article 16-1 disposant que :

> *« À compter du 11 mai 2020, la prolongation de plein droit des délais de détention provisoire prévue à l'article 16 n'est plus applicable aux titres de détention dont l'échéance intervient à compter de cette date et les détentions ne peuvent être prolongées que par une décision de la juridiction compétente prise après un débat contradictoire intervenant, le cas échéant, selon les modalités prévues à l'article 19.*
> *« Si l'échéance du titre de détention en cours, résultant des règles de droit commun du Code de procédure pénale, intervient avant le 11 juin 2020, la juridiction compétente dispose d'un délai d'un mois à compter de cette échéance pour se prononcer sur sa prolongation, sans qu'il en résulte la mise en liberté de la personne, dont le titre de détention est prorogé jusqu'à cette décision. Cette prorogation s'impute sur la durée de la prolongation décidée par la juridiction. En ce qui concerne les délais de détention au cours de l'instruction, cette durée est celle prévue par les dispositions de droit commun ; toutefois, s'il s'agit de la dernière échéance possible, la prolongation peut être ordonnée selon les cas pour les durées prévues à l'article 16 de la présente ordonnance.*
> *« En ce qui concerne les délais d'audiencement, la prolongation peut être ordonnée pour les durées prévues au même article 16, y compris si elle intervient après le 11 juin 2020.*
> *« La prolongation de plein droit du délai de détention intervenue au cours de l'instruction avant le 11 mai 2020, en application de l'article 16, n'a pas pour effet d'allonger la durée maximale totale de la détention en application des dispositions du Code de procédure pénale, sauf si cette prolongation a porté sur la dernière échéance possible.*
> *« Lorsque la détention provisoire au cours de l'instruction a été prolongée de plein droit en application du même article 16 pour une durée de six mois, cette prolongation ne peut maintenir ses effets jusqu'à son terme que par une décision prise par le juge des libertés et de la détention selon les modalités prévues à l'article 145 du Code de procédure pénale et, le cas échéant, à l'article 19 de la présente ordonnance. La décision doit intervenir au moins trois mois avant le terme de la prolongation. Si une décision de prolongation n'intervient pas avant cette date, la personne est remise en liberté si elle n'est pas détenue pour une autre cause.*
> *« Pour les délais de détention en matière d'audiencement, la prolongation de plein droit des délais de détention ou celle décidée en application du troisième alinéa du présent article a pour*

> *effet d'allonger la durée maximale totale de la détention possible jusqu'à la date de l'audience prévue en application des dispositions du Code de procédure pénale.*
> *« Les dispositions du présent article sont applicables aux assignations à résidence sous surveillance électronique. »*

Le Conseil constitutionnel va alors déclarer l'article 16 contraire à la Constitution par sa décision du 29 janvier 2021 (n° 2020-878/879 QPC), sans pour autant remettre en cause les mesures prises sur son fondement. Les prolongations peuvent se poursuivre dans les conditions de l'article 16-1.

(889) Depuis la loi n° 2014-896 du 15 août 2014, la détention provisoire peut être **suspendue pour raison médicale** (C. pr. pén., art. 147-1). Cette mesure d'humanité déjà présente lors de l'exécution des peines (C. pr. pén, art. 720-1-1) était assez attendue même s'il n'est pas dit qu'elle bénéficiera à de nombreux détenus provisoires. En réalité, elle n'est pas une véritable suspension car la détention ne reprendra pas là où elle se serait arrêtée en cas de réincarcération. Il s'agit d'une véritable remise en liberté. La suspension est possible tant en matière délictuelle que criminelle, de droit commun ou de droit dérogatoire. Elle peut être refusée *« s'il existe un risque grave de renouvellement de l'infraction »*. La mise en liberté peut être ordonnée d'office par le juge ou sur demande de la personne détenue. Cette décision repose sur une expertise médicale ou, en cas d'urgence, sur la base d'un certificat médical établi par le médecin responsable de la structure sanitaire du lieu de détention. La pathologie justifiant la liberté peut être physique ou mentale. Mais la liberté ne peut être ordonnée que si pronostic vital du détenu est engagé ou si son état de santé est incompatible avec le maintien en détention.

Le juge peut assortir la décision de remise en liberté d'un placement sous contrôle judiciaire ou d'une assignation à résidence avec surveillance électronique. En revanche, il ne peut ordonner une hospitalisation psychiatrique sur le fondement de l'article 147-1. Si l'état de santé de la personne évolue favorablement, elle pourra faire l'objet d'un nouveau placement en détention provisoire si les conditions de celle-ci sont réunies.

Avec la crise pandémique du Covid-19, plusieurs demandes de remise en liberté se sont appuyées sur les conditions de détention contraires à la dignité humaine. À défaut du constat d'un risque réel et imminent pour la vie de la personne détenue en raison de ses conditions de détention, cette justification n'a pas été accueillie[1].

D. Les effets de la détention provisoire

(890) Bien qu'il existe, au sein de la partie D du Code de procédure pénale, un Chapitre premier intitulé *« De l'exécution la détention provisoire »* (art. D. 53 à D. 69), les conditions de détention des prévenus sont pour l'essentiel identiques à celles des condamnés. Ils sont d'ailleurs détenus **en maison d'arrêt** (C. pr. pén., art. 714). En réalité, précisément parce qu'ils demeurent dans de tels établissements, les prévenus sont moins bien lotis que les condamnés affectés,

1. Cass. Crim., 23 sept. 2020, n° 20-84.065 ; Cass. Crim., 16 sept. 2020, n° 20-82.389 ; Cass. Crim., 10 août 2020, n° 20-82.171.

eux, en établissement pour peine : les maisons d'arrêt comptent parmi les prisons les plus **surpeuplées** et la règle de l'encellulement individuel (C. pr. pén., art. 716) pour laquelle les prévenus ont *de jure* priorité (C. pr. pén., art. D 58) est en réalité, de ce fait, totalement ignorée à leur égard.

De plus, la surpopulation, ainsi que l'important *turnover*, rend impossible l'organisation d'activités. Celles-ci peuvent d'ailleurs apparaître vaines s'agissant de populations pénales composées, d'une part, de présumés innocents (comment prétendre les « changer » ?) et, d'autre part, de condamnés à de courtes peines pour lesquels le temps manque. Aussi la journée des prévenus se passe-t-elle généralement, en dehors des extractions éventuelles vers le Palais, en cellule 22 heures sur 24.

(891) L'article 715 du Code de procédure pénale dispose que le magistrat chargé de l'information est compétent pour donner des ordres « *nécessaires... pour l'instruction* » que doivent exécuter les maisons d'arrêt. En réalité, les possibilités d'action sur les conditions de détention sont limitées à certaines décisions.

Le juge d'instruction peut néanmoins **prescrire une interdiction de communiquer** : cette mesure revient à placer un détenu en quartier d'isolement et à prohiber tous contacts, y compris par correspondance écrite ou téléphonique, avec l'extérieur, famille incluse mais avocat excepté ainsi, à l'intérieur, qu'avec d'autres détenus (C. pr. pén., art. D 56). Sa durée est de dix jours, renouvelable une fois (C. pr. pén., art. 145-4, al. 1). Afin de tirer les conséquences de la décision de censure du Conseil constitutionnel n° 2018-715 QPC du 22 juin 2018, l'article 55 de la loi du 23 mars 2019 a inséré dans le Code de procédure pénale un article 145-4-2, prévoyant un recours devant le président de la chambre de l'instruction.

C'est par ailleurs le juge d'instruction qui octroie les **permis de visite**. Alors que, pour les condamnés, le chef d'établissement ne pourrait refuser de tels permis s'agissant de la famille et, quant aux tiers, uniquement si elle compromettait gravement la réinsertion (C. pr. pén., art. D 404), de telles limites ne s'imposent pas au juge d'instruction. De fait, l'article 145-4 prévoit que le juge d'instruction peut prescrire à l'interdiction de communiquer pour une période de dix jours. Sa décision est susceptible de recours devant le président de la chambre de l'instruction. Cette mesure peut être renouvelée, mais pour une nouvelle période de dix jours seulement. Cette interdiction de communiquer ne s'applique pas à l'avocat. Sous cette réserve, toute personne placée en détention provisoire peut, avec l'autorisation du juge d'instruction, recevoir des visites sur son lieu de détention ou téléphoner à un tiers.

Rappelons par ailleurs qu'en matière de délinquance organisée, le juge d'instruction peut faire sonoriser les parloirs à l'insu du visiteur comme du visité ; il s'agit, en pratique, d'une source d'informations particulièrement riche[1].

Indépendamment du régime de l'interdiction de communiquer, les prévenus peuvent lire et écrire à toutes personnes de leur choix, sauf ordre contraire du juge d'instruction (C. pr. pén., art. D 65) ; leurs **correspondances** envoyées et

1. Cass. Crim., 1er mars 2006, *Bull. Crim.* n° 59.

reçues sont non seulement lues par l'administration pénitentiaire, mais aussi adressées au juge d'instruction, qui fait de même (C. pr. pén., art. D 416), ce qui entraîne des retards considérables dans leur acheminement. Échappent en principe à ces contrôles les correspondances échangées avec l'avocat adressées sous pli fermé, dès lors que la qualité du conseil apparaît clairement sur l'enveloppe (C. pr. pén., art. D 69). Cela vaut même en cas d'interdiction de communiquer ou de sanction disciplinaire.

Les prévenus peuvent aussi recevoir leur avocat dans des parloirs (« **parloirs avocats** ») spécialement aménagés, permettant de garantir la confidentialité des entretiens (C. pr. pén., art., D 68).

Si les condamnés peuvent **téléphoner**, quitte à ce que les conversations téléphoniques (à l'exception de celles échangées avec l'avocat) soient enregistrées (C. pr. pén., art. 727-1 et D 419-1 à D 419-3), ces règles ne s'appliquent pas aux prévenus, à moins qu'ils ne soient détenus, comme il a été vu *supra*, dans un établissement pour peine parce qu'ils sont également condamnés dans une autre affaire. En pareil cas, le juge d'instruction est néanmoins compétent pour déterminer les conditions de leur accès au téléphone (C. pr. pén., art. D 52 et 145-4). En toute matière et en tout état de la procédure, toute personne placée en détention provisoire peut, à titre exceptionnel, faire l'objet d'une autorisation de sortie sous escorte (C. pr. pén., art. 148-5).

(892) La **durée de la détention provisoire s'impute sur celle de la peine** qui sera éventuellement prononcée (C. pr. pén., art. 716-4). Cette règle, profitable au prévenu[1], jointe à la pression psychologique indéniable que constitue l'existence d'une période de détention avant jugement, dans l'esprit des juges ou jurés, tend à favoriser le prononcé de peines privatives de liberté.

Ses conséquences, délétères pour la préparation de la défense mais aussi et surtout, pour les liens familiaux et l'insertion sociale du mis en examen, expliquent que l'on ait multiplié les recours mis à disposition pour en contester le principe.

E. Les recours en matière de détention provisoire

La loi aménage une multitude de recours en matière de détention provisoire, qu'il s'agisse de contester la décision de placement (1), d'obtenir une mise en liberté en cours d'exécution (2) ou, postérieurement à celle-ci, d'obtenir réparation du préjudice subi (3).

1. Les recours contre le placement en détention provisoire

(893) Le placement en détention provisoire lui-même peut faire l'objet **d'un appel**. Il peut être interjeté par le parquet (C. pr. pén., art. 185) ainsi que par le mis en examen (C. pr. pén., art. 186, al. 1).

Comme en droit commun, cet appel doit être formé dans les dix jours de la notification de l'ordonnance examen (C. pr. pén., art. 186, al. 4). C'est à son tour dans les dix jours que la chambre de l'instruction doit statuer, faute de quoi la

1. Elle joue même pour la détention provisoire effectuée à l'étranger. Cass. Crim., 13 mars 2013, *D.* act. 15 avr. 2013, obs. Fucini.

personne doit être mise en liberté (C. pr. pén., art. 194, al. 4). Pendant l'état d'urgence sanitaire, ce délai est augmenté d'un mois (Ord. n° 2020-303, art. 18). Le procureur général notifie alors à l'intéressé la date de l'audience. Un délai minimum de quarante-huit heures entre cette notification et celle de l'audience doit être observé (C. pr. pén., art. 197, al. 3). Toutefois, non seulement le Code ne pose pas le délai en termes de jours ouvrables, mais en plus, la chambre de l'instruction n'est pas tenue d'attendre l'expiration du délai d'appel si elle respecte le délai de quarante-huit heures entre la date d'envoi de la lettre de convocation et la date de l'audience[1]. Un détenu peut ainsi être prévenu le vendredi d'une audience le lundi, ce qui peut être assez court pour préparer sa défense.

Pendant ce délai, le dossier de la procédure avec les réquisitions du ministère public est déposé au greffe de la chambre de l'instruction. Il est mis à la disposition des avocats des personnes mises en examen et des parties civiles. Les avocats des parties et les parties qui se défendent seules peuvent se faire délivrer copie des réquisitions sans délai et sur simple requête écrite. Cet accès pour les personnes se défendant seules a été ajouté par la loi du 28 février 2017 suite à la décision du Conseil constitutionnel considérant que la rédaction de l'article 197 était contraire au principe d'égalité[2].

(894) Depuis la loi du 5 mars 2007, il a été retenu, comme pour le placement en détention provisoire lui-même, que l'audience soit publique, sauf opposition dans les conditions étudiées *supra* (C. pr. pén., art. 199, al. 2)[3]. Il est par ailleurs à noter que, contrairement à une règle courante, la comparution du prévenu devant la chambre est ici de droit s'il en fait la demande (C. pr. pén., art. 199, al. 6), ce qui lui permet naturellement de mieux se défendre. La cour peut aussi décider de cette comparution. Sa décision lui accorde un délai supplémentaire de cinq jours pour statuer rallongeant d'autant la détention. Elle constitue pourtant une mesure d'administration judiciaire insusceptible de recours[4]. Est aussi insusceptible de recours la décision du président de la chambre de l'instruction de refuser la comparution si l'intéressé a déjà comparu moins de quatre mois auparavant (C. pr. pén., art. 199 al. 6).

(895) Malgré les brefs délais retenus en matière d'appel, il a été créé en parallèle une procédure plus rapide encore, le « **référé-liberté** » (C. pr. pén., art. 187-1). En tant que référé, il doit obligatoirement accompagner un appel au fond. De la même manière, il doit être exercé dans un délai très bref, « *au plus tard le jour suivant la décision de placement en détention* ». De même, classiquement, il s'adresse au président de la juridiction compétente, ici la chambre de l'instruction.

L'audience n'est pas publique et le prévenu ne comparaît pas ; il est représenté par son conseil s'il le demande. Elle doit avoir lieu, au plus tard, le troisième jour ouvrable suivant la demande.

---

1. Cass. Crim., 18 juin 2014, n° 14-82.677.
2. Cons. Const., déc.n° 2016-566 QPC du 16 sept. 2016.
3. Mais le fait que l'audience se tienne à huis clos n'est pas une cause de nullité si l'avocat ne soulève aucun incident. Cass. Crim., 23 janv. 2013, n° 12-87.382.
4. Cass. Crim., 1er oct. 2014, n° 14-84.823.

Si le président de la chambre de l'instruction décide d'infirmer le placement en détention provisoire, la personne est libérée et la chambre de l'instruction dessaisie. Dans le cas contraire, le dossier serait transmis à la chambre de l'instruction statuant sur l'appel.

Dans les deux cas, l'ordonnance du président n'est pas motivée et n'est pas susceptible de recours.

2. Les recours contre le maintien en détention provisoire

(896) Qu'il ait ou non contesté le placement en détention provisoire, le mis en examen disposerait encore d'actions en cours d'exécution de celle-ci. Il pourrait ainsi multiplier les « ***demandes de mises en liberté*** » régies par l'article 148 du Code de procédure pénale.

(897) La demande de mise en liberté doit être adressée au juge d'instruction, lequel la communique à son tour au procureur de la République afin que celui-ci prenne ses réquisitions. La demande doit précisément annoncer son objet[1].

Le juge d'instruction peut lui-même donner une réponse favorable à la demande ; dans le cas contraire, il doit saisir le JLD. Ce magistrat statue alors dans les trois jours ouvrables suivants. Pendant l'état d'urgence sanitaire, ce délai est de six jours (Ord. n° 2020-303, art. 18). Si une précédente demande en liberté a été déposée ou si le magistrat n'a pas encore statué sur un appel éventuellement interjeté contre la détention provisoire, le délai de trois jours (ou six jours) ne commence à courir qu'à compter de la décision prise sur ces recours. Toutefois, il peut être statué sur plusieurs demandes de mise en liberté en même temps. Aucune demande ne peut être non plus formée tant qu'il n'a pas été statué par le JLD sur une précédente demande.

Un mécanisme d'accélération a encore été prévu dans l'hypothèse où le délai ne serait pas observé : le mis en examen comme d'ailleurs le procureur de la République peut alors saisir directement la chambre de l'instruction. Celle-ci a alors vingt jours (un mois en état d'urgence sanitaire) pour se prononcer à compter de sa saisine[2]. À défaut pour elle de tenir ce délai, la personne est mise en liberté d'office, à moins que le dépassement ne soit justifié par des investigations concernant la demande.

La loi du 11 mai 2020 a de même modifié l'ordonnance du 25 mars 2020 en créant un article 18-1 selon lequel « par dérogation à l'article 148-4 du Code de procédure pénale, la chambre de l'instruction peut être directement saisie d'une demande de mise en liberté lorsque la personne n'a pas comparu, dans les deux mois suivant la prolongation de plein droit de la détention provisoire intervenue en application de l'article 16 de la présente ordonnance, devant le juge d'instruction ou le magistrat par lui délégué, y compris selon les modalités prévues par l'article 706-71 du Code de procédure pénale. Le cas échéant, la chambre de l'instruction statue dans les conditions prévues au premier alinéa de l'article 18 de la présente ordonnance. »

---

1. Cass. Crim., 23 janv. 2013, n° 12-86.386. *AJ pénal* 2013, p. 224, obs. L. Belfanti.
2. Le délai court à compter du lendemain du jour de la formulation de la demande auprès du greffe de la maison d'arrêt. Cass. Crim., 16 janv. 2013, n° 12-87.085.

Si la mise en liberté est accordée, elle peut être assortie de mesures de contrôle judiciaire. Cette remise en liberté ne fait pas obstacle au fait que le juge des libertés et de la détention soit saisi aux fins de placement en détention, dans la même information et en raison des mêmes faits, à l'appui de nouvelles circonstances[1].

(898) Relevons que la mise en liberté pourrait naturellement émaner du juge d'instruction lui-même si les conditions de la détention provisoire n'étaient plus réunies (C. pr. pén., art. 147) : il pourrait sans doute aussi libérer la personne si elle était trop malade pour supporter la détention (même si la loi ne prévoit pas expressément cette hypothèse[2]).

(899) En parallèle du référé-liberté, a été créé par la loi du 9 septembre 2002 et cette fois au profit du parquet, un « **référé-détention** ». Celui-ci lui permet de faire provisoirement obstacle à la mise en liberté d'une personne qui aurait bénéficié d'une mise en liberté (C. pr. pén., art. 148-1-1 et 187-3). Le référé détention suppose que cette mise en liberté ait été décidée alors que le parquet avait émis des réquisitions contraires : en pareil cas, la personne ne doit pas être mise en liberté durant un délai de quatre heures à compter de la notification de l'ordonnance au procureur de la République et la décision elle-même ne doit pas être transmise au chef de l'établissement pénitentiaire.

Ce délai permet alors au parquet d'interjeter appel de l'ordonnance devant le JLD ou le juge d'instruction. Il saisit en même temps au fond le premier président de la Cour d'appel de son référé[3]. Dès lors, le mis en examen reste en détention le temps que ce dernier se prononce. Si le procureur décide de ne pas interjeter appel durant le délai de quatre heures, la personne est libérée et l'établissement pénitentiaire informé à cette fin.

La remise en liberté peut être accordée pour raisons médicales[4].

3. Les recours contre les détentions provisoires passées[5]

(900) Si une personne a été détenue provisoire mais est ultérieurement innocentée, elle peut prétendre à une indemnisation. Avant la loi du 15 juin 2000, **cette indemnisation était soumise à la condition d'un « *préjudice anormal et d'une particulière gravité* »**, que l'incarcération à elle seule ne constituait pas. Fort heureusement, il n'en va plus ainsi aujourd'hui.

Le Code de procédure pénale comporte une sous-section spécialement dévolue à cette question (art. 149 à 150).

(901) L'action n'est ouverte que lorsque **l'affaire** s'est **achevée par un non-lieu, une relaxe ou un acquittement** devenu définitif. Elle est notamment exclue dans les cas suivants :

1. Si la remise en liberté découle de l'annulation pour vice de forme du titre de détention, de nouvelles circonstances ne sont pas nécessaires pour justifier un nouveau placement en détention provisoire. Cass. Crim., 31 mars 2020, n° 20-80.234, *AJ pénal* 2020, p. 362, obs. P. Mallet et R. Lorrain.

2. Cass. Crim., 26 fév. 2003, *Bull. Crim.* n° 55, *D.* 2003, somm., p. 1728, obs. J. Pradel, *RSC*, 2003, p. 883, obs. J. F. Renucci, *D.* 2004, chron., p. 1100, obs. M. Herzog-Evans.

3. Les observations écrites du parquet n'ont pas à être concomitante de la saisie du premier président, Cass. Crim., 12 mars 2014, n° 13-88.509.

4. JLD Paris, 14 juin 2012, *AJ pénal* 2013, p. 293, obs. Herzog-Evans.

5. D.N. Commaret, « La commission nationale d'indemnisation des détentions provisoires », *RSC*, 1999, p. 857.

– déclaration d'irresponsabilité pénale ;
– amnistie postérieure ;
– prescription acquise postérieurement à la libération de la personne ;
– détention pour une autre cause ;
– détention de la personne parce que celle-ci se serait laissée accuser à tort pour protéger le coupable.

(902) La **réparation** est censée être « **intégrale** » ; en pratique, les montants alloués varient considérablement d'un dossier à l'autre. Le préjudice est concrètement évalué par une expertise.

(903) L'intéressé doit d'abord saisir le **premier président de la Cour d'appel** dans le ressort de laquelle a été prononcé le non-lieu, la relaxe ou l'acquittement (C. pr. pén., art. 149-1). Il doit agir dans les six mois de cette décision.

L'audience est publique, sauf opposition du requérant. Celui-ci doit être entendu s'il le demande. Le premier président statue par décision motivée (C. pr. pén., art. 149-2).

Sa décision peut faire l'objet d'un appel. C'est une commission dite « **Commission nationale des réparations de rétention** », qui se prononce. Elle siège près la Cour de cassation. Ses propres décisions sont insusceptibles de recours (C. pr. pén., art. 149-3)[1].

4. L'assignation à résidence sous surveillance électronique

(904) La loi n° 2009-1436 du 24 novembre 2009 érige l'assignation à résidence avec surveillance électronique en nouvelle alternative à la privation de liberté (C. pr. pén., art. 142-5 et s.). Elle ne peut donc être assimilée à la détention provisoire[2]. Cette mesure consiste dans **l'obligation faite au mis en examen de demeurer à son domicile ou une résidence désignée par le juge et ce, sous surveillance électronique**. Elle ne peut s'en éloigner que pour certains motifs et à certaines conditions fixés par le juge.

L'assignation est exécutée sous le régime du placement sous surveillance électronique statique. Dans ce cas, la peine encourue doit être d'au moins deux ans. L'assignation à résidence peut aussi être exécutée sous le régime du placement sous surveillance électronique mobile. Dans ce cas, la peine encourue doit être de plus de sept ans et l'infraction doit être de celles qui font encourir le suivi socio-judiciaire, ce qui renvoie à des infractions sexuelles, des infractions violentes graves ou des faits de violence conjugale.

L'assignation est ordonnée par le juge d'instruction ou le JLD à la demande ou avec l'accord du mis en examen. Les obligations du contrôle judiciaire doivent en outre s'avérer insuffisantes. La mesure est ordonnée après débat contradictoire pour une durée de six mois au plus renouvelable dans la limite de deux ans. Le juge peut ordonner la modification ou la mainlevée de la mesure. Son non-respect entraîne le placement en détention provisoire.

Pendant l'état d'urgence sanitaire, en matière correctionnelle, les délais maximums sont prolongés de plein droit de deux mois lorsque la peine d'em-

---

1. Cass. Civ. 2e, 29 janv. 2004, *AJ pénal* 2004, p. 119, obs. P. Remillieux.
2. Cass. Crim., 17 mars 2015, n° 14-88.310.

prisonnement encourue est inférieure ou égale à cinq ans, et de trois mois dans les autres cas, soit pour les peines supérieures à cinq ans. En matière criminelle, le délai de prolongation est porté à six mois (Ord. n° 2020-303 du 25 mars 2020).

Les juridictions doivent s'expliquer, par des considérations de droit et de fait, sur le caractère insuffisant de l'assignation à résidence avec surveillance électronique pour atteindre les objectifs mentionnés à l'article 144 du Code de procédure pénale et placer le mis en examen en détention provisoire[1].

Lorsqu'une personne assignée a été mise en examen pour un crime ou un délit commis à l'encontre de son conjoint, de son concubin ou de son partenaire lié par un pacte civil de solidarité et qu'une interdiction de rencontrer la victime a été prononcée, celle-ci peut se voir proposer le port d'un dispositif électronique permettant de signaler à distance que la personne mise en examen se trouve à proximité. La victime peut donc elle aussi être placée sous bracelet électronique, ce qui s'avère somme toute paradoxal (L. n° 2017-258 du 28 févr. 2017, art. 39).

La loi du 23 mars 2019 a prévu que l'assignation à résidence peut également être décidée, sans débat contradictoire ou recueil préalable des observations de la personne et de son avocat, par ordonnance statuant sur une demande de mise en liberté ou décidant d'une mise en liberté d'office. Le juge statue alors après avoir fait vérifier la faisabilité technique de la mesure par le service pénitentiaire d'insertion et de probation, qui peut être saisi à cette fin à tout moment de l'instruction (C. pr. pén., art. 142-6).

Section 3
LES LIMITES DE L'INSTRUCTION

L'instruction est contenue dans des limites tant temporelles (I) que légales (II).

I. Les limites temporelles

L'ouverture (A) comme la clôture (B) de l'instruction supposent que soient réalisés des actes précis.

I.1. L'ouverture de l'instruction

A. Les modalités de la saisine du juge d'instruction

(905) Le juge d'instruction ne peut être saisi que par un **réquisitoire introductif** du procureur de la République. La plainte avec constitution de partie civile rend obligatoire sa saisine, mais elle est d'abord transmise au parquet afin que celui-ci prenne des réquisitions (C. pr. pén., art. 80 et 86). Le juge d'instruction ne saurait donc se saisir lui-même.

1. Cass. Crim., 10 août 2010, n° 10-80.554 et n° 10-83.770 ; 13 oct. 2010, n° 10-85.552 et n° 10-83.770.

(906) L'ouverture est réalisée au regard de faits précis (voir *infra*), mais, en même temps, **contre une personne**. Cette personne peut toutefois être dénommée ou non dénommée (C. pr. pén., art. 80, al. 2).

(907) Elle répond à des **règles de forme** qui ont été pour l'essentiel dégagées par la jurisprudence et notamment :

– signature par le procureur de la République[1] ;
– indication de la date[2].

(908) L'ouverture d'une information suppose qu'il soit présumé qu'un crime ou un délit ait été commis (C. pr. pén., art. 79).

L'ouverture de l'instruction dessaisit le procureur qui ne peut donc plus faire procéder à des actes d'enquête. Toutefois, la loi du 23 mars 2019 a généralisé le mécanisme de sas lors de l'ouverture de l'information.

Ce mécanisme était auparavant prévu seulement en matière de terrorisme. Il est désormais prévu en toute matière par l'article 80-5. Cet article dispose ainsi que lorsqu'il requiert l'ouverture d'une information, le procureur de la République peut, si la recherche de la manifestation de la vérité pour un crime ou un délit puni d'une peine supérieure ou égale à trois ans d'emprisonnement nécessite que les investigations en cours ne fassent l'objet d'aucune interruption, autoriser les officiers et, selon les cas, les agents de police judiciaire des services ou unités de police judiciaire qui étaient chargés de l'enquête à poursuivre les opérations prévues aux articles 706-95, 230-32 à 230-35, 706-80, 706-81, 706-95-1, 706-95-20, 706-96 et 706-102-1 du Code de procédure pénale, c'est-à-dire la prolongation des mesures d'interceptions de correspondances, de géolocalisation, de surveillance, d'infiltration, d'accès à distance de correspondances stockées par voie informatique, d'IMSI-catcher, de sonorisation et de captation de données informatiques commencées au cours de l'enquête.

Cette prolongation ne peut excéder quarante-huit heures à compter de la délivrance du réquisitoire introductif. Le juge d'instruction peut à tout moment mettre un terme à ces opérations ou les prolonger.

Le Conseil constitutionnel a précisé que, pour les actes d'enquête soumis à l'autorisation préalable du juge des libertés et de la détention, la prolongation ne saurait conduire à excéder la durée initialement fixée par le juge des libertés et de la détention[3].

L'autorisation du procureur doit faire l'objet d'une décision écrite, spéciale et motivée, qui mentionne les actes dont la poursuite a été autorisée. L'autorisation est versée au dossier de la procédure en même temps que les procès-verbaux relatant l'exécution et constatant l'achèvement des actes dont la poursuite a été autorisée.

Ce sas permet d'assurer une continuité dans les investigations en cours, en évitant qu'elles soient interrompues par la saisine du juge.

---

1. Cass. Crim., 11 juill. 1973, *Bull. Crim.* n° 326 ; Cass. Crim., 3 juill. 1990, *Bull. Crim.* n° 275.
2. Cass. Crim., 23 avril 1971, *Bull. Crim.* n° 115.
3. Déc. n° 2019-778 DC du 21 mars 2019 préc.

B. L'étendue de la saisine du juge d'instruction

(909) Le juge d'instruction est saisi de faits, non de personnes. Cette proposition est ordinairement formulée comme suit : il est **saisi *in rem*** et non ***in personam***. Cela entraîne deux conséquences :

– il peut étendre sa saisine à d'autres personnes que celles désignées dans les réquisitions si des indices graves et concordants apparaissent en cours d'information contre elles et ce, sans avoir à demander de nouvelles réquisitions ;

– il ne peut étendre sa saisine à de nouveaux faits sans de nouvelles réquisitions[1]. Par contre, sur la base des faits dont il est saisi, il peut continuer à instruire si leur qualification est modifiée[2]. En présence de faits nouveaux, seules des vérifications sommaires non coercitives peuvent être effectuées[3] qui peuvent néanmoins consister en l'audition à titre de témoin des personnes suspectées de faits nouveaux[4].

Il peut étendre sa saisine à l'ensemble des opérations financières en lien avec les faits sur lesquels porte l'information[5].

I.2. La clôture de l'instruction

A. Les principes applicables

(910) L'instruction ne doit pas durer au-delà d'un **délai raisonnable** (C. pr. pén., art. préliminaire, III, al. 3 et 175-2, al. 1) « *au regard de la gravité des faits reprochés à la personne mise en examen, de la complexité des investigations nécessaires à la manifestation de la vérité et de l'exercice des droits de la défense* ».

D'ailleurs, le juge d'instruction doit clôturer son instruction dans un délai de deux ans à compter de l'ouverture de l'instruction et ne peut en décider autrement que s'il rend une ordonnance motivée, expliquant pourquoi il doit néanmoins poursuivre et dans quels délais il pense pouvoir rendre une ordonnance de règlement. Il a l'obligation de communiquer cette ordonnance au président de la chambre de l'instruction, lequel peut à son tour saisir la chambre de l'instruction pour se prononcer à cet égard. Il doit renouveler cette ordonnance tous les six mois (C. pr. pén., art. 175-2, al. 2 et 3).

Ces règles sont conformes aux exigences européennes de délai raisonnable de la procédure, imposé par l'article 6 §1 de la Convention EDH.

(911) Le souci de rapidité de la procédure apparaît dans les réformes successives, notamment celles du 15 juin 2000, du 5 mars 2007 et du 23 mars 2019. Il se double de celui d'équilibrer les droits des parties à cet égard. Celles-ci peuvent demander des actes de procédure jusqu'à ce que le règlement de l'instruction soit

1. Par ex. Cass. Crim., 28 mai 1973, *Bull. Crim.* n° 241.
2. Par ex. Cass. Crim., 11 déc. 1908, *S.* 1909, I, 228.
3. Cass. Crim., 6 févr. 1996, *Bull. Crim.* n° 60 ; *D.* 1996. Somm. 262 obs. J. Pradel; 27 mars 2012, n° 11-88.321.
4. Cass. Crim., 18 nov. 2014, n° 14-85.640, préc.
5. Cass. Crim., 19 janv. 2016, n° 15-81.041.

prononcé, que celle-ci se termine par un non-lieu ou par une décision de renvoi ou, en matière criminelle, de mise en accusation.

L'accélération de la procédure se traduit dans le même temps par la volonté de purger rapidement les nullités et, plus précisément, dès le stade de l'instruction. Les demandes de nullité devront donc être également faites avant le règlement. Cela présente le risque d'allonger finalement la procédure, de demande d'acte en demande d'annulation, les parties devant songer à tout puisque plus rien ne peut être invoqué par la suite[1].

B. Procédure préalable

(912) C'est au juge d'instruction lui-même qu'il appartient essentiellement de mettre un terme à l'information. Pour cela, il doit au préalable accomplir toute une série de formalités prescrites par **l'article 175** du Code de procédure pénale auxquelles les parties peuvent toutefois renoncer afin d'alléger le formalisme de la procédure (C. pr. pén. art. 84-1).

(913) Le juge d'instruction doit d'abord **communiquer le dossier au procureur** de la République. Il en avise « **en même temps les parties** ». Concrètement, cet avis de fin d'information se fait soit par lettre recommandée, soit verbalement, ce qui, dans ce dernier cas, implique un émargement au dossier. Si la personne est détenue, il est notifié par le chef d'établissement pénitentiaire concrètement par le greffe judiciaire pénitentiaire contre signature d'un récépissé[2].

(914) Coule alors un **délai** identique pour le procureur de la République et les parties, lequel est d'**un mois** si l'une des personnes mises en examen est détenue **ou de trois mois** dans les autres cas, au cours duquel :

– le parquet peut adresser ses réquisitions motivées au juge d'instruction, réquisitions devant naturellement être communiquées aux parties[3] par lettre recommandée et ce, « *dans le même temps* » ;

– les parties[4] peuvent adresser des observations écrites au juge d'instruction saisi et aussi formuler toutes demandes et requêtes sur le fondement des articles 81 alinéa 9, 82-1, 156 alinéas 1 et 173 alinéa 3, soit : des demandes d'actes d'instruction (expertises, confrontations, auditions, interrogatoires, transports sur les lieux, etc.) ainsi que la saisine de la chambre de l'instruction en cas de cause de nullité.

Cette période a donc pour objet de permettre l'expression du point de vue de chacun avant que le dossier ne soit renvoyé en jugement, mais aussi la **réalisation d'actes** encore nécessaires ou le **constat de nullités**. Cependant, le délai est relativement court et au-delà, les parties ne sont plus recevables à le faire.

---

1. *Cf.* sur ce point, C. Guéry, « Une instruction sans fin », *AJ pénal* 2007, p. 271.
2. L'absence d'avis d'information ne fait pas encourir la nullité de l'ordonnance dès lors que le prévenu peut soulever une nullité devant le tribunal ou solliciter un supplément d'information : Cass. Crim., 10 févr. 2010, n° 09-83.566.
3. Depuis Cons. Const., déc. n° 2011-160 QPC du 3 sept. 2011.
4. Le témoin assisté pourrait lui aussi formuler des demandes d'annulation dans les mêmes délais.

Des demandes concernant la liberté demeurent cependant possibles jusqu'à l'ordonnance de clôture[1], car le juge d'instruction n'est pas dessaisi tant que cette ordonnance n'a pas été rendue.

(915) Après l'écoulement de ces délais, les parties et le procureur de la République disposent **encore d'un délai (de dix jours** si un mis en examen est détenu et d'un mois dans les autres cas) pour adresser respectivement des **observations** complémentaires ou des **réquisitions**[2]. Aucune demande d'actes ou aucun recours en annulation n'est alors plus possible. Cette forclusion a des conséquences importantes : elle est valable, quand bien même les parties n'auraient pas pu connaître la cause de nullité[3]. Qu'il en ait reçu ou non, le juge d'instruction pourrait et même devrait, rendre son ordonnance de règlement.

Afin de simplifier et accélérer la clôture de l'information, la loi du 23 mars 2019 a modifié l'article 175. Les délais précités ne s'appliquent que si les parties ont informé le juge d'instruction qu'elles souhaitent exercer leur droit de faire des demandes d'actes, présenter des requêtes ou adresser des observations écrites. Ces délais sont de quinze jours à compter soit de chaque interrogatoire ou audition réalisé au cours de l'information, soit de l'envoi de l'avis de fin d'information. À l'expiration du délai, les parties ne sont plus recevables à adresser de telles observations ou à formuler ou présenter de telles demandes ou requêtes.

La loi du 23 mars 2019 a simplifié la procédure de clôture de l'article 175. Les parties ont quinze jours pour dire au juge si elles veulent faire des observations et demandes dans le cadre du règlement de l'instruction. À défaut, elles y renoncent, et renoncent donc au règlement contradictoire de l'information, de manière à alléger cette clôture et la rendre plus rapide. L'article 175 III énonce ainsi : « Dans un délai de quinze jours à compter soit de chaque interrogatoire ou audition réalisé au cours de l'information, soit de l'envoi de l'avis prévu au I du présent article, les parties peuvent faire connaître au juge d'instruction, selon les modalités prévues à l'avant-dernier alinéa de l'article 81, qu'elles souhaitent exercer l'un ou plusieurs des droits prévus aux IV et VI du présent article. » La pratique appelle ce choix « la déclaration d'intention ».

(916) Afin d'équilibrer les droits des **parties** et de réduire la durée globale des instructions, le législateur a également donné à celles-ci la **possibilité de demander la clôture** (C. pr. pén., art. 175-1). À l'expiration du délai annoncé par le juge d'instruction lors de l'ouverture de l'information, en application de l'article 116 du Code de procédure pénale (voir *supra*), ou faute de la réalisation d'un acte d'instruction depuis quatre mois, les parties (mis en examen et partie civile) et le témoin assisté peuvent demander la clôture de l'information.

---

1. Cass. Crim. 3 août 1935, *D.* 1937, I, 94, note Lenoir. Il serait aussi compétent pour recevoir encore une constitution de partie civile.
2. Ce délai ne commence à courir qu'à l'issue du premier délai d'un mois ou de trois mois. Cass. Crim., 15 nov. 2016, nº 15-86.940.
3. Cass. Crim., 6 mai 1998, *Bull. Crim.* nº 153, *Dr. Pénal* 1999, Comm. 62, obs. A. Maron.

Le délai fixé par le juge d'instruction courrait à cet égard pour eux à compter de :

– la mise en examen, pour la personne en ayant fait l'objet ;
– la première audition, pour le témoin assisté ;
– la constitution de partie civile pour celle-ci.

La demande est à formuler auprès du juge d'instruction. Dès lors, celui-ci a un mois pour faire droit à la demande de clôture ou, au contraire, pour décider de poursuivre l'information. S'il n'a pas répondu dans le délai d'un mois, ou s'il a décidé de poursuivre l'instruction, dans les cinq jours de la notification de cette décision, mis en examen, témoin assisté ou partie civile peut saisir le président de la chambre de l'instruction[1].

C. Actes de clôture

(917) Lorsqu'il prend un acte de clôture, le juge d'instruction se dessaisit. C'est donc désormais à la juridiction de jugement et à elle seule, que les parties doivent adresser des demandes d'actes ou relatives à la liberté. La clôture peut résulter tantôt d'un renvoi à la juridiction de jugement, tantôt d'un non-lieu, tantôt à l'irresponsabilité.

1. Les ordonnances de renvoi et de mise en accusation

(918) Si le juge d'instruction estime l'affaire en état d'être jugée et si les faits constituent une contravention ou un délit, il rend une **ordonnance de renvoi en jugement** soit devant le tribunal de police, soit devant le tribunal correctionnel, soit aux fins du CRPC. L'ordonnance de renvoi en jugement, ainsi que tout le dossier, doit être transmis par le juge d'instruction au procureur de la République.

Le juge peut aussi désormais préciser dans l'ordonnance de renvoi la date d'audience devant le tribunal de police ou le tribunal correctionnel lorsque cette date lui a été préalablement communiquée par le procureur de la République. L'ordonnance doit comporter les mentions prévues pour les citations directes. Elle dispense le procureur de délivrer une citation (C. pr. pén., art. 179-2).

L'article 180 prévoit alors que ce dernier doit renvoyer le tout « *sans retard* » au greffe du tribunal qui doit statuer[2].

Le juge peut aussi prendre une ordonnance de renvoi de l'affaire au procureur de la République aux fins de mise en œuvre d'une comparution sur reconnaissance préalable de culpabilité (art. 180-1 C. pr. pén.). Lorsque la proposition de recourir à une CRPC émane du procureur de la République, les parties disposent d'un délai de dix jours à compter de la notification de cette proposition pour indiquer, par télécopie, déclaration au greffe ou lettre recommandée, si elles acceptent le renvoi de l'affaire aux fins de mise en œuvre d'une comparution sur reconnaissance préalable de culpabilité. En cas d'accord, les dispositions de l'article 175 ne sont pas applicables. L'ordonnance de renvoi ne

1. Dans le cas d'une décision de poursuite de l'instruction, les parties et le témoin assisté pourraient encore demander la clôture six mois plus tard.

2. Mais seule une ordonnance définitive saisit le tribunal (Cass. Crim., 5 février 2014, n° 13-87.837).

mentionnera que l'identité de la personne et la qualification retenue, mais elle n'aura pas besoin d'être motivée. Elle précisera la caducité de l'ordonnance de renvoi en cas d'échec ou de non mise en œuvre de la CRPC.

La personne mise en examen et la partie civile estiment que les faits renvoyés devant le tribunal correctionnel constituent un crime, ils peuvent faire appel de la décision (C. pr. pén., art. 186-3). Mais l'accusé ne peut pas se servir de cet appel pour demander un non-lieu en raison de l'unique objet du recours : la requalification des faits[1].

(919) Si le juge estime que les faits sont de nature **criminelle**[2], il rend une **ordonnance de mise en accusation** (C. pr. pén., art. 181, al. 1) : depuis la loi présomption d'innocence, il n'existe plus en effet de second degré d'instruction en la matière.

Il a été expressément prévu que l'ordonnance de mise en accusation couvre les vices de la procédure (C. pr. pén., art. 181, al. 4). Il en va de même dans les autres matières (C. pr. pén., art. 179, al. 6). Toutefois, le Conseil constitutionnel déclare, par sa décision du 23 avril 2021 (n° 2021-900 QPC) que ce système de purges des nullités en matière criminelle est contraire à la Constitution, violant le droit à un recours juridictionnel effectif et les droits de la défense[3].

(920) Le **sort de la personne qui était détenue provisoire ou sous contrôle judiciaire** est réglé différemment selon qu'il s'agit d'une matière correctionnelle ou criminelle.

En matière correctionnelle, l'ordonnance de règlement y met en principe fin (C. pr. pén., art. 179, al. 2). Le juge d'instruction peut toutefois rendre une ordonnance de maintien en détention ou sous contrôle judiciaire[4] ; elle n'est en principe valable que durant deux mois, sauf au tribunal correctionnel à prendre une décision « *à titre exceptionnel* » mentionnant les raisons, en droit et en fait, du retard à statuer en maintenant l'intéressé en détention pour une nouvelle durée de deux mois. Une seule nouvelle prolongation est alors possible, faute de quoi la personne est remise en liberté (C. pr. pén., art. 179, al. 3 à 5)[5].

En **matière criminelle**, le contrôle judiciaire continue en revanche à produire effet (C. pr. pén., art. 181, al. 5). Le mandat de dépôt conserve sa force exécutoire jusqu'au jour du jugement ; de même pour le mandat d'arrêt.

L'intéressé doit cependant être remis en liberté s'il n'a pas comparu dans un délai d'un an à compter de la date de mise en accusation, s'il est détenu à ce moment-là et de la date de placement en détention provisoire s'il doit l'être plus tard.

Ici encore, il a cependant été prévu qu'une décision contraire pouvait être prise par la chambre de l'instruction, « *à titre exceptionnel* », indiquant les causes

1. Cass. Crim., 29 oct. 2014, n° 14-85.896.

2. S'il existe des infractions connexes de nature non criminelle, la cour d'assises en est saisie dans la même ordonnance.

3. Comme une abrogation immédiate entraînerait des conséquences manifestement excessives, la déclaration d'inconstitutionnalité prend effet le 31 décembre 2021.

4. À défaut d'ordonnance de maintien, le parquet peut saisir la chambre de l'instruction pour se prononcer sur cette question. Cass. Crim., 9 juillet 2014, n° 14-82.767.

5. Toutefois, tant que l'ORTC n'est pas devenue définitive, le délai de deux mois ne court pas et la chambre de l'instruction saisie d'un appel n'a pas à se prononcer sur la prolongation. Cass. Crim., 19 mars 2014, n° 13-88.586, *AJ pénal* 2014, p. 244, obs. C. Renaud-Duparc.

en fait et en droit de la prolongation, pour une nouvelle durée de six mois renouvelable une fois, à l'issue de laquelle, faute de comparution de l'accusé devant la cour d'assises, il devrait cette fois être remis en liberté.

En cas de disjonction de procédure et de renvoi d'un mis en examen devant le tribunal correctionnel et d'un autre devant la cour d'assises, l'ordonnance de maintien en détention du premier mis en examen est dépourvue d'incidence sur la validité du titre de détention criminelle initial[1].

2. Les ordonnances de non-lieu

(921) Le juge d'instruction rend une ordonnance de non-lieu à suivre (C. pr. pén., art. 177), appelée plus communément « ordonnance de non-lieu », lorsqu'il estime que **les faits ne doivent pas être pénalement sanctionnés**, ce qu'il doit motiver. C'est le cas s'il appert :

– que les faits ne peuvent pas être poursuivis pour un *motif légal* : absence de qualification pénale, amnistie, cause d'irresponsabilité pénale, prescription, décès du mis en examen, etc. En pareil cas, il n'est pas possible de revenir sur le non-lieu ;

– s'ils ne peuvent l'être pour un *motif de fait* : les charges sont insuffisantes, l'auteur n'a pas été identifié, etc. Il est alors possible de revenir sur le non-lieu, notamment en cas de charges nouvelles.

(922) Le non-lieu peut être :

– **total** et viser toutes les personnes et tous les faits poursuivis ;

– **partiel** et ne viser que certaines personnes ou certains faits.

Dans ce dernier cas, le non-lieu peut tout aussi bien intervenir au cours de l'instruction qu'en fin d'instruction.

(923) Le double souci de ne pas laisser les victimes sans clarification à l'égard des faits et de ne pas les heurter par le terme même de « non-lieu » a conduit le législateur, à l'occasion de la loi du 9 mars 2004, à prévoir que, lorsque celui-ci est motivé par une cause d'irresponsabilité tenant à l'abolition du discernement, à la contrainte, à l'erreur de droit, à l'ordre ou à l'autorisation de la loi, à la légitime défense ou à l'état de nécessité, ou encore par le décès de la personne mise en examen, le juge d'instruction doit préciser « *s'il existe des charges suffisantes établissant que l'intéressé a commis les faits qui lui sont reprochés* » (C. pr. pén., art. 177, al. 2).

(924) Le non-lieu **a pour effet** (C. pr. pén., art. 177, al. 3 et 4) :

– la libération du détenu provisoire ;

– la fin du contrôle judiciaire ;

– la restitution des objets confisqués, à moins qu'ils ne soient dangereux pour les personnes et les biens ;

– la possibilité de faire condamner le dénonciateur au titre de la dénonciation calomnieuse (C. pén., art. 226-10 et s.).

L'ordonnance de non-lieu peut être communiquée à la victime non-partie civile (C. pr. pén. art. 183-1).

---

1. Cass. Crim., 12 déc. 2017, n° 17-85.522, *AJ pénal* 2018, p.154, obs. J. Lasserre Capdeville.

3. Les ordonnances d'irresponsabilité pour trouble mental

La loi n° 2008-174 du 25 février 2008 a introduit au sein du Code de procédure pénale de nouvelles dispositions applicables lorsque l'auteur d'une infraction est atteint de troubles mentaux pouvant le rendre pénalement irresponsable. L'objectif du législateur a été de donner aux victimes un procès, quand bien même l'auteur était irresponsable de ses actes. Lorsqu'au moment du règlement de l'information, le juge d'instruction estime, après avoir constaté qu'il existe contre la personne mise en examen des charges suffisantes, qu'il y a également des raisons plausibles d'appliquer le premier alinéa de l'article 122-1 du Code pénal, il doit ordonner, si le Procureur de la République ou une autre partie lui en a fait la demande, que le dossier de la procédure soit transmis par le procureur de la République au procureur général aux fins de saisine de la chambre de l'instruction. Il peut également ordonner d'office cette transmission. L'ordonnance de transmission du dossier ne met pas fin à la détention provisoire ou au contrôle judiciaire, qui se poursuivent jusqu'à l'audience de la chambre de l'instruction.

Si ni le procureur de la République ni l'une des parties ne demandent la saisine de la chambre de l'instruction, le juge d'instruction rend alors une **ordonnance d'irresponsabilité pénale pour cause de trouble mental**, laquelle devra préciser qu'il existe des charges suffisantes établissant que l'intéressé a commis les faits qui lui sont reprochés (706-120).

L'ordonnance d'irresponsabilité pénale pour cause de trouble mental met fin à la détention provisoire ou au contrôle judiciaire. En revanche, le juge peut, à cette occasion, imposer un certain nombre de mesures de sûreté (C. pr. pén., art. 706-135 et 706-136) consistant en :

– l'hospitalisation dans un établissement psychiatrique ;

– l'interdiction d'entrer en relation avec certaines personnes désignées ;

– l'interdiction de paraître dans un lieu désigné ;

– l'interdiction d'exercer certaines activités professionnelles désignées et notamment des activités impliquant un contact habituel avec les mineurs ;

– la suspension ou annulation du permis de conduire ;

– l'interdiction de porter une arme.

Lorsqu'elle est saisie, la chambre de l'instruction statue en audience publique. Y participent la personne mise en examen, la défense, les parties civiles, mais aussi les témoins et les experts (C. pr. pén., art. 706-122). Le président, soit d'office soit à la demande des parties, doit ordonner la comparution personnelle de la personne concernée, si son état le permet. Lorsqu'elle comparaît devant la chambre de l'instruction, la personne mise en examen doit obligatoirement être assistée par un avocat, ce dernier devant même la représenter dans le cas où elle n'est pas en mesure de comparaître. Si elle estime qu'il n'existe pas de charges suffisantes contre la personne mise en examen d'avoir commis les faits qui lui sont reprochés, la Chambre de l'Instruction doit rendre un arrêt de non-lieu. Si elle estime qu'il existe des charges suffisantes et que le premier alinéa de l'article 122-1 du Code pénal n'est pas applicable, la chambre de l'instruction doit ordonner le renvoi de la personne devant la juridiction compétente. Dans les autres cas, elle rend un arrêt de déclaration d'irresponsabilité pénale pour cause de trouble mental. La juridiction n'a pas à informer la personne de son droit au silence. Elle peut ordonner son admission en soins sous forme d'une hospitalisation complète, mais ne dispose d'aucun autre pouvoir et n'a pas à rechercher si des mesures alternatives auraient pu être appliquées à l'intéressé[1].

II. Les limites légales : les nullités

Au cours de l'instruction, des recours sont possibles contre les différentes nullités que reconnaît le droit positif. Il s'agit de faire annuler un acte, un procès-verbal ou une ordonnance, afin de le faire retirer de dossier de procédure ce qui empêche alors d'utiliser les informations que celui-ci contient contre le suspect. Toutefois, le droit positif reste encore très hostile à la reconnaissance de causes de nullité, en rend la mise en œuvre très difficile et en limite les effets[2].

II.1. Les différentes nullités

A. Existence de nullités d'ordre privé et de nullités d'ordre public

925) Pour la **nullité d'intérêt privé**, il ne suffit pas de constater l'irrégularité ; il faut, en outre, prouver que la violation de la règle a porté effectivement atteinte aux intérêts de la partie concernée. C'est ce qu'exigent les articles 171 (nullités de l'information) et 802 (nullités en général) du Code de procédure pénale. Il en existe deux catégories.

926) Il existe d'abord des **nullités textuelles**. Ce sont celles pour lesquelles le texte qui n'a pas été respecté énonce lui-même que l'acte accompli, en pareil cas, est nul (formules du type « *à peine de nullité* »). Les nullités textuelles, dites parfois formelles, sont donc celles prévues expressément par le texte pénal en cas d'irrégularité commise lors de l'accomplissement de l'acte de procédure prescrit.

Quelques exemples :

– l'article 56, relatif à l'indication des personnes chez lesquelles les perquisitions peuvent avoir lieu ;

– l'article 56-1, relatif aux perquisitions chez l'avocat ;

– l'article 57, relatif à la présence de la personne chez laquelle la perquisition a lieu ;

– l'article 59, relatif aux horaires des perquisitions ;

– l'article 76, relatif aux perquisitions avec l'accord de la personne en enquête préliminaire ;

– les articles 95 et 96, qui obligent formellement le juge d'instruction à respecter toutes les règles des articles qui précèdent ;

1. Cass. Crim., 29 nov. 2017, n° 16-85.490, *AJ pénal* 2018, p. 87, obs. J.-B. Thierry.

2. J. Danet, « Brèves remarques sur la typologie et la mise en œuvre des nullités », *AJ pénal* 2005, p. 133 ; G. Pitti, « Les nullités d'intérêt privé : le nécessaire équilibre entre droits de la défense et répression », *AJ pénal* 2016, p. 194.

– l'article 78-3, relatif aux causes de la vérification d'identité ;

– l'article 100-7, relatif à l'obligation d'informer le bâtonnier lorsque la ligne téléphonique d'un avocat est sur écoute.

(927) Il existe en second lieu les **nullités substantielles** : ce sont des nullités que la jurisprudence a créées elle-même, en relevant que tel ou tel texte posait une règle substantielle, c'est-à-dire très importante. Cette catégorie de nullités a été validée par les articles 171 et 802, qui retiennent expressément la formule « *formalité substantielle* ». Le caractère substantiel de la violation est apprécié par la jurisprudence. Elle est stricte *et* sur ce point *et* (nous le verrons) sur l'appréciation de l'existence d'un préjudice.

(928) Les **nullités d'ordre public** sont, comme les nullités substantielles, « découvertes » par la jurisprudence. En pareil cas, il est inutile de s'interroger sur le point de savoir si un intérêt privé a été violé ; en outre, ces nullités peuvent être soulevées d'office[1].

Les nullités d'ordre public sont des violations de règles intéressant la bonne marche de la justice, comme, par exemple :

– l'incompétence territoriale ;

– l'incompétence matérielle ;

– un acte non daté ;

– un acte non signé par le juge d'instruction ;

– l'absence de serment des experts ;

– le fait de faire prêter serment à un inculpé ;

– le fait de ne pas interroger du tout l'inculpé au cours de l'instruction ;

– la mise en examen tardive, au sens de l'article 105.

Ces manquements peuvent porter aussi bien sur le lancement de l'action publique (exemple : réquisitoire non daté) que sur l'instruction (juge d'instruction irrégulièrement désigné).

B. Effets de la distinction des nullités d'ordre privé et des nullités d'ordre public

(929) Le point commun des nullités d'ordre privé est qu'elles ne peuvent être prononcées que si, la violation du texte ou de la règle substantielle, a porté atteinte aux intérêts de la partie concernée, comme l'exigent de concert l'article 171 et l'article 802. Cela vaut également en cas de nullité textuelle, dont le caractère exprès ne doit donc pas illusionner quant à sa portée. Le régime actuel des nullités répond à la règle sévère, mais assez simple de l'exigence d'un grief posée par l'article 802 du Code de procédure pénale. L'exigence d'un grief s'applique aussi pour les nullités textuelles.

L'atteinte portée à l'intérêt privé consistera très souvent en une violation des droits de la défense. Toutefois, plus encore, il faut couramment que l'atteinte portée soit effective, comme, par exemple, dans le cas où une personne est renvoyée en jugement ou jugée sans avoir été entendue ou interrogée[2]. La

1. Cass. Crim., 25 janv. 1961, *Bull. Crim.* n° 47 ; Cass. Crim., 14 juin 1983, *Bull. Crim.* n° 182.
2. Cass. Crim., 12 fév. 1835, *S* 1835, I, 459.

défense doit démontrer un grief effectif qui ne résulte pas de la simple méconnaissance de la loi pénale[1]. Le juge apprécie quasi discrétionnairement le préjudice.

Il est toutefois très rare que la jurisprudence estime qu'un intérêt privé a été violé : elle répugne à voir des procédures tomber. Toutefois, il lui arrive d'être sensible à un argument consistant à dire que le préjudice se présume du fait, précisément, de la gravité de la violation. Il en va ainsi, par exemple, de la violation de l'article 197, qui prévoit diverses formalités en cas de saisine de la chambre d'accusation[2].

La règle du grief permettait à la jurisprudence de répondre à la question de l'intérêt à agir. Après avoir affirmé que « *le requérant à la nullité peut invoquer l'irrégularité d'un acte de la procédure concernant un tiers si cet acte, illégalement accompli, a porté atteinte à ses intérêts* »[3], la Cour restreint la recevabilité de la demande de nullité à la seule personne concernée par l'acte critiqué. La nullité ne peut plus être soulevée par un tiers. Le critère du grief est rejeté[4]. Pour la Cour : « *le moyen pris de l'irrégularité de l'audition d'un tiers qui aurait dû, selon le demandeur, être placé en garde à vue, est inopérant dès lors que cette irrégularité alléguée ne peut être invoquée que par la personne qu'elle concerne* »[5]. Ne peut pas non plus agir en nullité d'une réquisition à opérateur téléphonique la personne qui « *ne prétend être ni le titulaire ni l'utilisateur de l'une des lignes identifiées et que sa vie privée n'est pas susceptible d'être mise en cause par cette recherche* »[6]. En outre « *la méconnaissance des formalités substantielles régissant les perquisitions et les saisies ne peut être invoquée à l'appui d'une demande d'annulation d'actes ou de pièces de procédure que par la partie titulaire d'un droit sur le local dans lequel elles ont été effectuées* »[7]. Toutefois, le mis en examen peut soulever la nullité d'un acte d'information en se référant à des pièces annulées dans une autre procédure[8].

Toutefois, la nullité portant sur une mesure de géolocation peut être invoquée par la partie titulaire d'un droit sur l'objet géolocalisé ou qui établit qu'il a, à l'occasion d'une telle investigation, été porté atteinte à sa vie privée[9].

En revanche, pour les nullités d'ordre public, la sanction est prononcée même sans grief, car les articles 171 et 802 sont inapplicables[10]. En outre, elles peuvent être invoquées par d'autres parties que celle directement concernée par la règle violée.

(930) Il existe aussi des nullités d'ordre privé pour lesquelles la jurisprudence dispense la défense de démontrer le grief. La Cour de cassation estime que la

1. Cass. Crim., 2 sept. 1986, *Bull. Crim.* 251.
2. Cass. Crim. 8 fév. 1994, *Bull. Crim.* n° 55 ; 15 oct. 1996, *Bull. Crim.* n° 362.
3. Cass. Crim., 6 sept. 2006, pourvoi n° 06-84.869, *D.* 2006. 2483 et 2007. 973, obs. J. Pradel.
4. Cass. Crim., 13 févr. 2012, n° 11-87.757 ; 3 mai 2012, n° 11-85.702 ; 10 mai 2012, n° 11-87.328, *AJ pénal* 2012, p. 159 obs. C. Guéry.
5. Cass. Crim., 10 oct. 2017, n° 16-86.874, *AJ pénal* 2017, p. 550, obs. N. Catelan.
6. Cass. Crim., 6 févr. 2018, n° 17-84.380.
7. *Ibid.*
8. Cass. Crim., 21 oct. 2015, n° 15-83.395.
9. Cass. Crim., 9 mai 2018, n° 17-86.558.
10. Cass. Crim., 17 avril 1980, *Bull. Crim.* n° 109.

violation de certaines règles « *porte nécessairement atteinte* » aux intérêts du requérant et aux droits de la défense. Le grief existe alors de lui-même du seul fait de l'irrégularité. Ces nullités concernent principalement le contentieux des mesures protectrices du suspect lorsqu'il est contraint par la police judiciaire en cas de contrôle et vérification d'identité ou de garde à vue[1]. Se voient automatiquement annulés : le défaut ou le retard d'information du magistrat compétent lors d'un placement en garde à vue[2] ; le dépassement de durée totale de gardes à vue indépendantes ou successives[3] ; l'absence de présentation du suspect au procureur avant prolongation de garde à vue[4] ; la notification tardive des droits[5], même en matière de perquisition[6] ; les obstacles à l'exercice du droit à un entretien avec un avocat[7], le défaut d'enregistrement audiovisuel de l'interrogatoire d'un mineur[8], l'absence de communication de pièces du dossier[9], l'absence de signature par les témoins du procès-verbal de perquisition[10], l'absence de motivation circonstanciée d'autorisation de sonorisation[11].

II.2. Une mise en œuvre limitée

(931) Concrètement, les parties ou le parquet doivent saisir la chambre de l'instruction des nullités de l'information C. pr. pén., art. 170). La saisine pourrait aussi être le fait du juge d'instruction (C. pr. pén., art. 173). Cette démarche, de prime abord surprenante, s'explique par la nécessité de ne pas obérer de la suite de la procédure, en s'assurant rapidement de la prise d'une décision à l'égard d'une irrégularité.

Loin de l'image véhiculée par une certaine presse ou par la télévision, la mise en œuvre de la nullité n'est en réalité guère favorisée par le droit positif. Elle est limitée dans le temps et quant à son domaine.

A. Une mise en œuvre limitée dans le temps

(932) Rappelons que les nullités doivent être soulevées, pour ce qui concerne l'instruction, **avant la clôture** de celle-ci.

Mais, plus encore, s'agissant des éventuelles **irrégularités commises avant l'interrogatoire de première comparution**, ou portant sur cet interrogatoire lui-même, ou encore des interrogatoires ultérieurs, il doit agir dans un délai de six mois à compter de la notification de sa mise en examen, à moins qu'il n'ait pu

1. C. Girault, « Nullité de la garde à vue », *AJ pénal* 2005, p. 140.
2. Cass. Crim., 29 févr. 2000, *Dr pén.* 2000, comm. n° 80 obs. A. Maron.
3. Cass. Crim., 17 mars 2004, *Bull. Crim.* n° 69 ; *AJ pénal* 2004, p. 248, obs. J. Coste ; 13 févr. 2006, *Bull. Crim.* n° 74.
4. Cass. Crim., 11 févr. 1998, *Bull. Crim.* n° 55.
5. Cass. Crim., 6 mai 2003, *Procédures* 2003, comm., n° 178, note J. Buisson.
6. Cass. Crim., 14 déc. 1999, *Dr. pén.* 2000, comm., n° 39, obs. A. Maron.
7. Cass. Crim., 9 mai 1994, *Bull. Crim.* n° 174.
8. Cass. Crim., 3 avr. 2007, pourvoi n° 06-87.264.
9. Cass. Crim., 17 nov. 2015, préc.
10. Cass. Crim., 14 oct. 2015, préc.
11. Cass. Crim., 6 janv. 2015, n° 14-85.448.

en avoir connaissance (C. pr. pén., art. 173-1)[1]. À son expiration, l'intéressé est forclos pour présenter tout moyen de nullité[2]. Cela contraint les avocats à une forte vigilance.

À la clôture de l'instruction, l'article 175 alinéa 4 du Code de procédure pénale ouvre à la défense un délai d'un mois si le requérant est détenu provisoire ou trois mois s'il est libre après réception de l'ordonnance de clôture pour invoquer les nullités encore recevables. Ces délais ne sont pas le seul obstacle.

Selon l'article 174 alinéa 1, le recours en nullité doit être complet c'est-à-dire viser l'ensemble des moyens de nullité. Dès qu'une nullité est soulevée, l'intéressé doit rechercher toutes les autres nullités et les présenter. Dans le cas inverse, il sera une nouvelle fois forclos[3]. L'instruction est purgée de ces nullités. À la fin de l'instruction, une seconde purge des nullités a lieu à l'expiration du délai de l'article 175 alinéa 2. Néanmoins, si pendant le délai de cet article, le juge d'instruction accomplit un nouvel acte de procédure, il doit renvoyer un nouvel avis qui ouvre une deuxième période pour soulever les nullités[4]. Enfin, la purge définitive des nullités s'effectue avec l'ordonnance de renvoi ou de mise en accusation (C. pr. pén., art. 178 al. 2 ; 179 al. 6 ; 181 al. 4)[5].

Enfin, la requête en nullité est soumise au filtrage du président de la chambre de l'instruction (C. pr. pén., art. 173).

La loi du 23 mars 2019 a créé un article 170-1 prévoyant que, lorsque la solution d'une requête en annulation paraît s'imposer de façon manifeste, le président de la chambre de l'instruction peut statuer sur cette demande sans la présence des deux conseillers de la chambre, à l'issue d'un débat contradictoire. L'auteur de la requête en annulation peut cependant demander que celle-ci soit examinée par la chambre de l'instruction.

B. Une mise en œuvre limitée quant à son domaine

(933) Le domaine de l'action en nullité est par ailleurs restreint aux seules ordonnances et actes qui ne sont pas susceptibles d'appel[6].

Sont susceptibles d'appel les actes juridictionnels. L'intérêt de l'appel est qu'il entraîne un examen non seulement de la seule régularité, mais encore du bien-fondé.

Ne sont pas susceptibles d'appel les actes d'instruction (ou ordonnances/actes administratifs).

(934) Pour **les distinguer**, il existe **un critère général** de distinction fondé sur l'interrogation suivante : lorsqu'il s'est décidé, le juge a-t-il eu à choisir entre

1. Une règle identique vaut pour le témoin assisté et la partie civile, pour ce qui concerne leur première audition ou leurs auditions ultérieures. Le délai vaut quelle que soit la qualité de l'intéressé même si le requérant cumule celles de partie civile et de mis en examen. Cass. Crim., 25 nov. 2014, n° 14-83.707, *AJ pénal* 2015, p. 156, obs. J.B. Perrier.

2. Cass. Crim., 10 juill. 2002, *Bull. Crim.* n° 152.

3. Cass. Crim., 30 mai 1996, *Bull. Crim.* n° 226.

4. Cass. Crim., 9 janv. 1995, *Bull. Crim.* n° 6.

5. La nullité des gardes à vue sans avocat ne peut plus être alors soulevée. Cass. Crim., 20 mars 2012, n° 11-83.638.

6. Cass. Crim., 4 nov. 1986, *Bull. Crim.* n° 320.

plusieurs prétentions émises ou solutions proposées par les parties ou la loi ? Si tel est le cas, l'acte était juridictionnel ; à défaut, il est administratif. En pratique, cela ne s'avère pas facile à distinguer. On peut toutefois tenter une topologie des actes toujours juridictionnels ou toujours administratifs :

Sont toujours juridictionnelles, les ordonnances portant sur :

- la compétence ;
- le refus d'informer ;
- la recevabilité des actions publique et civile opérant dessaisissement ;
- la liberté de l'intéressé ;
- le refus du juge de procéder à un acte d'instruction demandé par les parties ;
- les ordonnances de clôture.

Sont toujours administratives, les ordonnances :

- de soit-communiqué (le juge d'instruction informe simplement le parquet de ce qu'il a appris) ;
- celles non évoquées *supra*.

(935) La nullité ne pourrait pas non plus être invoquée si elle avait été confirmée par une partie. Une partie peut confirmer la nullité (C. pr. pén., art. 172) à condition :

- que l'irrégularité commise l'ait été envers elle[1] ;
- que la renonciation soit **expresse** ;
- que la renonciation soit faite devant le juge d'instruction ;
- que la renonciation soit faite en présence de l'avocat de l'intéressé[2].

II.3. Des effets limités

(936) Une fois l'annulation acquise, l'acte est retiré du dossier à l'égard de toutes les parties[3] et doit même être retiré de la version numérisée de la procédure[4]. Cette annulation ne sera réellement efficace que si elle entraîne par ricochet l'annulation de tous les autres actes subséquents. Selon la théorie dite de « *l'arbre empoisonné* », le vice qui touche un acte de procédure s'étend aux actes pris sur son fondement[5]. Le principe est donc que l'annulation d'un acte emporte celle de tous ceux qui en dérivent[6], même ceux réalisés dans des procédures jointes[7].

Il appartient toutefois à la chambre de l'instruction de décider « *si l'annulation doit être limitée à tout ou partie des actes ou pièces de la procédure ultérieure* » (C. pr. pén., art. 174, al. 2). La juridiction reste souveraine dans l'appréciation de l'étendue de la nullité[8]. L'annulation peut donc être partielle et même limitée

1. La partie civile ne pourrait se prévaloir d'une règle protégeant le mis en examen.
2. Qui peut toutefois être absent pourvu qu'il ait été régulièrement appelé, indique l'article 172.
3. Cass. Crim., 28 juin 2000, *Bull. Crim.* n° 252.
4. Cass. Crim., 9 mai 2018, n° 17-80.656.
5. B. Bouloc, « Observation sur les nullités », *Mélanges offert à Pierre Couvrat. La sanction du droit*, PUF, 2001 p. 417.
6. Cass. Crim., 4 oct. 1994, *Bull. Crim.* n° 313.
7. Cass. Crim., 11 déc. 1969, *Bull. Crim.* n° 343.
8. Cass. Crim., 6 mai 1996, *Procédures* 1996, comm. n° 302, obs. J. Buisson.

au seul acte critiqué[1]. De plus, la nullité ne touche pas les actes antérieurs. Pour la Cour de cassation, doivent être annulés les actes qui trouvent leur « *support nécessaire* » dans l'acte censuré[2]. En revanche, dès que les juges considèrent que les actes postérieurs peuvent avoir pour support un autre acte régulier, ils ne prononcent pas l'annulation. Ainsi une garde à vue annulée n'est pas le support nécessaire de la saisine de la juridiction[3]. Un procès-verbal récapitulatif de déroulement d'une garde à vue n'est pas affecté par l'absence de notification de droits[4]. Des images issues d'une captation illégale doivent être retirées du dossier mais l'enquêteur peut quand même dresser procès-verbal de ce qu'il a vu[5]. Après annulation d'une première expertise, le juge peut désigner le même expert[6]. Lorsque le juge d'instruction possède par ailleurs des indices graves ou concordants distincts des éléments issus d'une perquisition irrégulière lui permettant de mettre en examen un suspect, alors la nullité de la perquisition n'entraînerait pas celle de la mise en examen postérieure[7]. Encore faut-il que les juges expliquent en quoi les autres actes ne sont pas le support nécessaire de ceux annulés[8].

Les conséquences attachées à la nullité sont donc limitées. Il est rare de voir la totalité d'une procédure annihilée par une irrégularité.

Cependant, l'article 59, dernier alinéa, précise que seul l'acte vicié est annulé et non toute la procédure, pour :

– les irrégularités des perquisitions ;

– les irrégularités des saisies.

Cela ne vaut toutefois que si ces actes n'ont pas entraîné d'aveu.

Il en va de même en matière de garde à vue[9].

(937) Par ailleurs, on sait que, pour certaines irrégularités, la jurisprudence prononce la nullité de la procédure tout entière. Il s'agit de :

– l'irrespect des formalités diverses des interrogatoires[10] ;

– l'incompétence du juge d'instruction[11] ;

– la violation de la loyauté de la preuve ayant déterminé la personne à agir[12].

Par ailleurs, la loi du 24 août 1993 a codifié à l'article 174, alinéa 3, une pratique jurisprudentielle appelée **cancellation**. Celle-ci permet à la chambre

1. Cass. Crim., 19 mars 2002, *Bull. Crim.* n° 63.

2. Cass. Crim., 23 juin 1999, *Bull. Crim.* n° 149 ; 10 déc. 2003, *Bull. Crim.* n° 243.

3. Cass. Crim., 12 avr. 2012, n° 11-87-667 ; 16 mai 2012, n° 11-85-874 ; 18 sept. 2012, n° 12-80-526.

4. Cass. Crim., 27 mai 2014, n° 13-87.095.

5. Cass. Crim., 25 juin 2014, préc.

6. Cass. Crim., 26 févr. 2014, n° 13-87.109.

7. Cass. Crim. 21 juin 2016, n° 16-80.126.

8. Cass. Crim., 9 mai 2018, n° 17-86638.

9. Cass. Crim., 15 oct. 2003, *Bull. Crim.* n° 193, *JCP* 2004, IV, 1044 ; Cass. Crim., 10 déc. 2003, *Bull. Crim.* n° 243, *AJ pénal* 2004, p. 12, obs. C. Girault.

10. Ex. interrogatoire sous serment du mis en examen : Cass. Crim., 6 janv. 1923, *S* 1923, I, 185.

11. Cass. Crim., 7 mars 1979, *Bull. Crim.,* n° 98.

12. Cass. Crim., 27 fév. 1996, *Bull. Crim.* n° 93, *D* 1996, p. 346, note C. Guéry.

d'accusation de sauver l'acte dont elle estime qu'il ne doit pas souffrir de l'irrégularité ; elle se limite à rayer les parties nulles et à conserver l'ensemble.

Enfin, **si la procédure est nulle**, cela ne veut pas forcément dire que tout s'arrête : **elle peut et elle doit, être reprise**. Il faut réinterroger, refaire l'acte, etc. Mais aucun renseignement ne peut être tiré d'éléments annulés qui ne peuvent servir de fondement à de nouvelles poursuites[1].

Lorsqu'il n'y a pas eu d'instruction, ces différentes nullités peuvent aussi être soulevées **devant le tribunal « *avant toute défense au fond* »** (C. pr. pén., art. 385)[2]. Le dépôt en début d'audience de conclusions datées et signées par l'avocat et visées par greffier demandant l'annulation de tout ou partie de la procédure suffit à remplir cette obligation[3]. Le tribunal joint alors l'incident né de l'exception de nullité avec le fond et y répond dans un seul et même jugement. Il peut aussi rendre un jugement immédiat lorsque l'exception touche l'ordre public[4].

1. Cass. Crim., 16 mai 2012, n° 11-83.602.
2. Cass. Crim., 3 mai 2012, n° 11-82.252.
3. Cass. Crim., 10 déc. 2003, *Bull. Crim.* n° 244.
4. Art. 459 al. 4 C. pr. pén. Ce jugement immédiat est susceptible d'appel. Seul le président de la cour d'appel peut décider si la chambre des appels correctionnels examinera immédiatement l'appel interjeté.

Troisième partie

La phase décisoire du procès pénal

La phase décisoire est l'avant-dernière phase de la procédure pénale, juste avant celle de l'exécution. Elle consiste dans le jugement par les juridictions de premier degré (***Titre 1***) et, le cas échéant, dans l'exercice des voies de recours à son encontre (***Titre 2***).

Titre 1. Le jugement

La compétence juridictionnelle suit la division tripartite des infractions. Elle voit se prononcer des juridictions distinctes, selon que celles-ci sont des contraventions (***Chapitre** 1*), des délits (***Chapitre** 2*) ou des crimes (***Chapitre** 3*).

Chapitre 1

Le jugement par le tribunal de police et le tribunal correctionnel

938) La plupart des contraventions (routières, de stationnement, de transport en commun) ne font pas l'objet d'un jugement. Elles font l'objet d'une procédure forfaitaire qui permet, à défaut du paiement ou de constatation de l'amende le recouvrement du montant de celle-ci par le Trésor public (C. pr. pén., art. 529 et s.). Le caractère équitable de la procédure de l'amende forfaitaire a été plusieurs fois critiqué notamment en raison de la limitation des recours. Le Conseil constitutionnel[1] puis la Cour européenne des droits de l'homme[2] ont imposé la facilitation de recours effectifs en la matière. La loi n° 2015-177 du 16 février 2015 est ainsi venue modifier la procédure de requête en exonération ou de réclamation en cas d'amende forfaitaire (C. pr. pén., art. 529-10). La contestation par demande d'exonération ou réclamation de l'amende pourra aboutir à la saisine du tribunal de police (C. pr. pén., art. 531). En outre, la Cour de cassation a précisé que l'article 529-2 du Code de procédure pénale, qui prévoit la possible contestation par le contrevenant, s'entend d'une action par le contrevenant, mais également son avocat, qui peut introduire la contestation au nom de son client[3].

939) Avec la loi du n° 2016-1547 du 18 novembre 2016 de modernisation de la justice du XXIe siècle, certains délits routiers sont aussi concernés par la procédure d'amende forfaitaire (C. pr. pén., art 495-17 et suivants) sauf si le délit a été commis par un mineur ou en état de récidive légale ou si plusieurs infractions, dont l'une au moins ne peut donner lieu à une amende forfaitaire, ont été constatées simultanément. Par exemple, l'action publique en matière de conduite sans permis peut être éteinte par le versement d'une amende forfaitaire d'un montant de 800 euros. Le montant de l'amende forfaitaire minorée est de 640 euros et le montant de l'amende forfaitaire majorée de 1 600 euros (C. Route, art. L. 221-2). L'action publique en matière de conduite sans assurance peut être éteinte par le versement d'une amende forfaitaire d'un

1. Cons. const., déc. 29 sept. 2010, n° 2010-38 QPC.
2. CEDH, 8 mars 2012, n° 12039/08, *Cadène c/ France* et n° 14166/09, *Célice c/ France*.
3. Cass. Crim., 1er sept. 2020, n° 19-86.433 ; Cass. Crim., 22 janv. 2020, n° 19-84.325.

montant de 500 euros. Le montant de l'amende forfaitaire minorée est de 400 euros et le montant de l'amende forfaitaire majorée de 1 000 euros (C. Route, art. L. 324-2).

La loi du 23 mars 2019 a étendu l'amende forfaitaire délictuelle aux délits de vente d'alcool à des mineurs, d'usage de stupéfiants et de transport routier en violation des règles relatives au chronotachygraphe et leur inscription au casier judiciaire. Elle a aussi abrogé les articles 495-23 et 530-7 du Code de procédure pénale et ainsi supprimé la prise en compte de l'amende forfaitaire comme premier terme de récidive.

Par l'introduction d'un nouvel article 529-2-1 du Code de procédure pénale, la loi n° 2021-401 du 8 avril 2021 poursuit le renforcement de cette procédure, avec l'objectif d'optimiser le recouvrement des amendes forfaitaires contraventionnelles en étendant la procédure de l'amende forfaitaire minorée aux contraventions de 5e classe, oubliée par la loi de 2019, ou lorsque le règlement le prévoit. De même, et pour éviter que des personnes n'échappent à la contravention, une modification de l'article L. 121-6 du Code de la route permet l'application de cette procédure aux infractions commises avec un véhicule dont le titulaire du certificat d'immatriculation ou le détenteur est une personne physique ayant immatriculé le véhicule en tant que personne morale.

L'amende forfaitaire doit être acquittée dans les quarante-cinq jours qui suivent la constatation de l'infraction ou l'envoi de cette constatation. L'intéressé peut formuler dans ce même délai une requête tendant à son exonération auprès du service indiqué dans l'avis d'infraction. Cette requête est transmise au procureur de la République. L'amende forfaitaire est minorée si l'intéressé en règle le montant soit entre les mains de l'agent verbalisateur au moment de la constatation de l'infraction, soit dans un délai de quinze jours à compter de cette constatation de l'infraction ou de l'envoi de celle-ci.

En l'absence de paiement ou d'une requête présentée dans le délai prévu au premier alinéa, l'amende forfaitaire est majorée de plein droit et recouvrée au profit du Trésor public en vertu d'un titre rendu exécutoire par le procureur de la République.

Dans les trente jours suivant l'envoi de l'avis invitant le contrevenant à payer l'amende forfaitaire majorée, celui-ci peut former auprès du ministère public une réclamation motivée qui a pour effet d'annuler le titre exécutoire en ce qui concerne l'amende contestée. Cette réclamation reste recevable tant que la peine n'est pas prescrite, s'il ne résulte pas d'un acte d'exécution ou de tout autre moyen de preuve que l'intéressé a eu connaissance de l'amende forfaitaire majorée.

Au vu de la requête ou de la réclamation le procureur de la République peut soit renoncer à l'exercice des poursuites, soit procéder conformément aux poursuites selon les voies classiques, soit aviser l'intéressé de l'irrecevabilité de sa réclamation. La décision d'irrecevabilité du procureur peut être contestée devant le président du tribunal correctionnel ou un juge désigné par le président du tribunal judiciaire.

Section 1
LE JUGEMENT PAR LE TRIBUNAL DE POLICE

(940) Depuis le 1er juillet 2017 et l'entrée en vigueur de la suppression de la juridiction de proximité, le tribunal de police est compétent pour l'ensemble des contraventions. S'il s'avérait que la contravention dont ses juridictions ont à connaître était connexe à un délit ou un crime, la compétence en échoirait alors, respectivement au tribunal correctionnel ou à la cour d'assises.

(941) Leur **compétence territoriale** est alternative. Il s'agit, en vertu de l'article 522 du Code de procédure pénale, alternativement de la juridiction :

- du lieu de commission de la contravention ;
- du lieu de constatation de la contravention ;
- du lieu de résidence du prévenu.

(942) Le juge du tribunal de police est un juge du tribunal judiciaire. Ce **juge unique** statue en la présence du représentant du ministère public et du greffier (C. pr. pén., art. 523).

Le ministère public est représenté par le procureur pour les contraventions de la 5e classe ou en toute matière s'il le juge à propos. Sinon, le ministère public est représenté par un officier du ministère public placé sous l'autorité du procureur (C. pr. pén., art. 44). Cet officier est un commissaire, un commandant ou un capitaine de police. En matière forestière, la fonction échoit au directeur régional de l'administration chargée des forêts ou par le fonctionnaire qu'il désigne. À titre exceptionnel et en cas de nécessité absolue pour la tenue de l'audience, il peut être fait appel au maire ou un de ses adjoints (C. pr. pén., art. 45 à 48).

(943) En principe, la **procédure** applicable est **la même** que celle qui prévaut en matière **correctionnelle** (voir *infra).* Il est en effet renvoyé, à de nombreuses reprises, aux textes propres à la juridiction correctionnelle (par exemple : renvoi de C. pr. pén., art. 535, à C. pr. pén., art. 400 à 405, 406 à 408 ; de C. pr. pén., art. 536, à C. pr. pén., art. 418 à 426 et de 427 à 457 et 458 à 461), ce qui renvoie aux règles de :

- la police de l'audience ;
- la tenue des débats ;
- la constitution de partie civile ;
- l'administration de la preuve ;
- le débat contradictoire ;
- le jugement.

(944) Toutefois, une **procédure simplifiée d'ordonnance pénale contraventionnelle** a été instaurée par une loi n° 72-5 du 3 janvier 1972, aux articles 524 à 528-2 du Code de procédure pénale, qui permet de juger sans débat contradictoire. Elle a été jugée, dans le cadre du droit allemand, conforme au droit européen, en particulier à l'article 6, en raison de son domaine limité et portant sur des infractions légères[1].

1. CEDH, *Oztürk c/ Allemagne*, 21 fév. Série A n° 73.

Elle peut s'appliquer même en cas de récidive. Elle n'est pas applicable seulement dans les cas suivants (C. pr. pén., art. 524) :

– il s'agit d'une contravention prévue par le Code du travail ;

– le prévenu, auteur d'une infraction de cinquième classe, avait moins de dix-huit ans au moment de la commission.

En outre, si la victime a fait citer directement le prévenu, la procédure doit s'interrompre, dès lors du moins que l'ordonnance n'a pas été rendue.

Cette procédure est entièrement écrite, donc sans débat contradictoire. Toutefois, le président peut estimer qu'un débat est utile et renvoyer au jugement en la forme de droit commun (C. pr. pén., art. 525).

Autre simplification : c'est une ordonnance qui est rendue, non un jugement. Elle n'a même pas à être motivée (C. pr. pén., art. 526).

Seule une opposition, soit du ministère public, soit du prévenu, est possible (C. pr. pén., art. 527 et s.).

Cette procédure est déclenchée sur décision du ministère public (C. pr. pén., art. 525, al. 1).

L'ordonnance prise dans ces conditions a l'autorité de la chose jugée en matière pénale, mais non au regard de l'action civile (C. pr. pén., art. 528-1).

Section 2
LE JUGEMENT PAR LE TRIBUNAL CORRECTIONNEL

Le tribunal correctionnel[1] est la juridiction compétente pour connaître des délits (I). Les règles de procédure régissant l'audience (II) et le jugement (III) servent de point d'appui à l'ensemble des procédures de premier degré, excepté celles relatives à la matière criminelle. Elles sont traitées aux articles 381 à 520-1 du Code de procédure pénale, au sein d'un Titre deuxième qui leur est spécialement consacré.

I. Règles de compétence

I.1. Compétence matérielle

(945) Le tribunal correctionnel est compétent pour connaître des **délits** (C. pr. pén., art. 381, al. 1er). L'article 381, alinéa 2, définit pour cette compétence ce qu'il faut entendre par délit : « *Sont des délits, les infractions que la loi punit d'une peine d'emprisonnement ou d'une peine d'amende supérieure ou égale à 3 750 euros.* »

(946) Le tribunal correctionnel est encore compétent à raison de **contraventions** qui seraient **connexes** de délits (C. pr. pén., art. 382, dern. al.).

(947) Il est encore compétent, de fait, pour connaître de crimes par suite de **correctionnalisation judiciaire** : aucune des parties ne s'oppose à ce que le crime soit

1. C. Frazier, « Tribunal correctionnel », *Encyclopédie de droit pénal*, Dalloz.

jugé par une juridiction correctionnelle, ce qui est rendu possible par la requalification des faits (par exemple : un viol devient une agression sexuelle) ou par l'ignorance d'une cause d'aggravation (par exemple : vol avec arme, mais celle-ci est ignorée)[1].

(948) Le juge correctionnel, comme les autres juridictions pénales, connaît de l'**action civile** et se prononce donc à propos de la réparation du préjudice causé par l'infraction. La partie civile peut alors agir par voie d'action ou par voie d'intervention (voir *supra*). Elle pourrait se constituer partie civile au cours de l'audience (C. pr. pén., art. 418). Cependant, elle devrait, en tout état de cause, être faite avant les réquisitions du ministère public sur le fond (C. pr. pén., art. 421).

I.2. Compétence territoriale

(949) En matière correctionnelle, la compétence territoriale se présente sous une forme quelque peu différente de celle de la matière contraventionnelle. Il faut distinguer entre les règles de droit commun et les règles spéciales.

En vertu du **droit commun** (C. pr. pén., art. 382, al. 1), est compétent :

– le tribunal correctionnel du lieu de l'infraction ;

– celui du lieu de résidence du prévenu ;

– celui du lieu d'arrestation ;

– celui du lieu de détention du prévenu, même lorsqu'il s'y trouve pour une autre cause ;

– celui de résidence des personnes physiques ou du siège des personnes morales en cas d'infractions commises par un réseau de communication électronique.

Lorsque l'infraction a été commise au préjudice d'un magistrat exerçant ses fonctions au sein du tribunal judiciaire, un tribunal judiciaire dont le ressort est limitrophe est également compétent.

Des **règles spéciales** sont prévues par différents textes, notamment dans les matières suivantes :

– pour le délit d'abandon de famille, en plus des règles de droit commun, sont également retenues les compétences du tribunal du domicile ou de la résidence de la personne qui doit recevoir la pension (C. pr. pén., art. 382, al. 2) ;

– pour les infractions économiques et financières de grande complexité, étaient compétents certains TJ au sein de chaque cour d'appel. Cette compétence a été supprimée par la loi du 6 décembre 2013 ;

– pour les infractions sanitaires, celles relatives aux « pratiques et prestations de service médicales, paramédicales ou esthétiques » et celles de dopage, sont compétents les TJ de Paris et Marseille, dès lors qu'elles sont commises sur le ressort d'une ou plusieurs cours d'appel et apparaissent d'une grande complexité (C. pr. pén., art. 706-2) ;

– pour les infractions de pollution maritime dans les eaux territoriales, les eaux intérieures et les voies navigables, sont compétents certains TJ appelés « juridictions du littoral maritime » (JULIS) de manière concurrente du TJ de

1. S. Lavric, C. Ménabé, M. Peltier-Henry, « Enjeux et perspectives de la correctionnalisation judiciaire », *AJ pénal* 2018, p. 188.

Paris et, pour ce dernier, uniquement en cas d'affaire présentant une grande complexité (C. pr. pén., art. 706-107) ;

– pour les infractions de pollution maritime hors des espaces maritimes sous juridiction française, est compétent le TJ de Paris (C. pr. pén., art. 706-108) ;

– pour les infractions d'atteintes aux biens culturels maritimes prévues à la section 2 du chapitre IV du titre IV du livre V du Code du patrimoine qui sont commises dans les eaux territoriales, la compétence d'un tribunal judiciaire peut être étendue au ressort d'une ou de plusieurs cours d'appel. Ces juridictions comprennent une section du parquet et des formations d'instruction et de jugement spécialisées pour connaître ces infractions (C. pr. pén., art. 706-111-1) ;

– pour les infractions relevant de la criminalité organisée (C. pr. pén., art. 706-75) ou les affaires d'une grande complexité listées par le Code de procédure (C. pr. pén., art. 704 al. 3), sont compétentes certains TJ, dits juridictions interrégionales spécialisées (JIRS) pour les actes commis sur le ressort d'une ou plusieurs cours d'appel mais aussi de manière concurrente le tribunal judiciaire et la cour d'assises de Paris sur l'ensemble du territoire national pour l'enquête, la poursuite, l'instruction et le jugement des crimes et délits mentionnés au premier alinéa du présent article, dans les affaires qui sont ou apparaîtraient d'une très grande complexité, en raison notamment du ressort géographique de ces affaires ;

– pour les accidents collectifs, sont compétents certains TJ, dès lors que lesdits incidents surviennent sur le ressort d'une ou plusieurs Cours d'appel (C. pr. pén., art. 706-176). Il s'agit des TJ de Paris et Marseille (C. pr pén., art. D. 47-38) ;

– pour les délits de guerre et les crimes contre l'Humanité, est compétent le TJ de Paris (C. pr. pén., art. 628 et 628-1) ;

– pour les délits militaires de guerre, est compétente une chambre détachée du TJ de Paris (C. pr. pén., art. 697-4 et 697-5) ;

– pour les délits de prolifération d'arme de destruction massive, le TJ de Paris est compétent, (C. pr. pén., art. 706-168) ;

– pour les actes de terrorisme, la juridiction d'instruction et de jugement de Paris est compétente, du moins de manière concurrente du tribunal de province (C. pr. pén., art. 706-17) ;

– pour les délits maritimes et les contraventions concernées, les tribunaux maritimes institués auprès de certains TJ (L. 17 déc. 1926, art. 2). Il s'agit des tribunaux de Brest, Bordeaux, Le Havre, Cayenne, Marseille, Saint-Denis ;

– pour les infractions complexes d'escroquerie à la TVA, concussion, corruption, trafic d'influence, prise illégale d'intérêt, influence illicite sur les votes d'une grande complexité, les infractions de fraude fiscale en bande organisée et celles de blanchiment, le procureur de la République financier, le juge d'instruction et le tribunal correctionnel de Paris exercent une compétence concurrente de celle de droit commun (C. pr. pén., art. 705) ;

– pour les infractions de délits d'initié et de manipulation des cours, le procureur de la République financier, le juge d'instruction et le tribunal correctionnel de Paris exercent une compétence concurrente de celle de droit commun (C. pr. pén., art. 705-1) ;

– pour la poursuite, l'instruction et le jugement des atteintes aux systèmes de traitement automatisé de données, le procureur de la République, le pôle de l'instruction, le tribunal correctionnel et la cour d'assises de Paris exercent une compétence concurrente à celle de droit commun (C. pr., art. 706-72-2).

En outre, la poursuite des affaires très complexes de matières économique et financière est confiée à un procureur national financier depuis la loi du 6 décembre 2013 (CPJ, art. L. 217-1). La poursuite des affaires de terrorismes est, elle, confiée à un procureur antiterroriste depuis la loi du 23 mars 2019 (C. pr. pén., art. 706-17-1).

Face à la crise du Covid-19, l'ordonnance du 25 mars 2020 a, dans son article 6, rendu possible le transfert de compétence d'une juridiction empêchée vers une autre sur décision du premier président de la cour d'appel après avis du procureur général.

II. Déroulement de l'audience

Aujourd'hui, la composition du tribunal correctionnel varie, bien loin du principe original de la collégialité (II.1). En revanche, l'expression des parties doit théoriquement demeurer au centre de l'organisation des débats (II.2).

II.1. Composition de la juridiction

(950) Le tribunal correctionnel est une formation du **TJ**. Ses magistrats sont donc des magistrats de cette juridiction.

(951) Le **principe de collégialité**, dont les fondements ont été présentés *supra*, demeure posé à l'article 398 du Code de procédure pénale, lequel énonce que le tribunal « *est composé d'un président et de deux juges* ». L'un des assesseurs peut être un magistrat à titre temporaire.

(952) Cependant, l'alinéa 3 prévoit que la procédure a lieu **à juge unique dans les cas énumérés à l'article 398-1**.

La création du juge unique pour des infractions déterminées remonte à une loi n° 95-125 du 8 février 1995. Dans le droit antérieur à la loi n° 2005-1549 du 12 décembre 2005, il était prévu une exception à l'application de cette règle en cas de récidive portant la peine encourue à cinq ans d'emprisonnement. Pour l'appréciation de ce seuil de cinq ans d'emprisonnement, il n'est pas tenu compte des aggravations résultant de l'état de récidive ou d'autres circonstances posées aux articles 132-76, 132-77 ou 132-79 du Code pénal.

La liste posée par l'article 398-1 s'allonge d'année en année. Ainsi, la compétence du juge unique s'étend, depuis la loi du 23 mars 2019, aux infractions suivantes : violences, appels ou messages malveillants et agressions sonores, menaces, atteintes involontaires à l'intégrité de la personne, exhibition sexuelle, cession ou offre illicite de stupéfiants à une personne en vue de sa consommation personnelle, risques causés à autrui lorsqu'il est commis à l'occasion de la conduite d'un véhicule, recours à la prostitution, atteintes à la vie privée et à la représentation de la personne, abandons de famille, violations des ordonnances prises par le juge aux affaires familiales en cas de violences, atteintes à l'exercice de l'autorité parentale, vol, filouterie, détournement de gage ou d'objet, recel, destructions, dégradations et détériorations ne présentant pas de danger pour les personnes, installation illicite sur un terrain communal, destructions, dégradations et détériorations involontaires par explosion ou incendie, menaces de destruction, de dégradation ou de détérioration, fausses alertes, intrusion dans un établissement d'enseignement scolaire, menaces et actes d'intimidation commis contre les personnes exerçant une fonction publique, outrages et rébellions, opposition à l'exécution de travaux publics ou d'utilité publique, usurpations de fonctions, de signes, de titres et l'usage irrégulier de qualité, atteintes à l'état civil des personnes, délit de fuite, prise du nom d'un tiers, atteintes au respect dû à la justice, faux, vente à la sauvette, sévices graves ou actes de cruauté envers les animaux, délits prévus par le Code de la route, délits en matière de chèques, délits en matière de réglementations relatives aux transports prévus aux quatre premières parties du Code des transports, délits de port ou transport d'armes de la catégorie D, délits prévus par le Code de l'environnement en matière de chasse, de pêche en eau douce, de pêche maritime, de protection de la faune et de la flore, délits prévus par le Code forestier et par le Code de l'urbanisme pour la protection des bois et forêts, délits prévus par le Code de la construction et de l'habitation, délits prévus par le Code rural et de la pêche maritime en matière de garde et de circulation des animaux, délits prévus aux articles L. 335-2, L. 335-3 et L. 335-4 du Code de la propriété intellectuelle, lorsqu'ils sont commis au moyen d'un service de communication au public en ligne, délits d'usage de stupéfiants, délits en matière d'habitat insalubre prévus à l'article L. 1337-4 du Code de la santé publique, délits pour lesquels une peine d'emprisonnement n'est pas encourue, à l'exception des délits de presse.

(953) Le juge unique a, par ailleurs, une compétence exclusive pour statuer sur les intérêts civils en cas de renvoi, précisément, pour statuer sur ces intérêts (C. pr. pén., art. 464, al. 5).

Le juge unique pourrait toujours **renvoyer une affaire à la formation collégiale** si :

– il la trouvait trop complexe (C. pr. pén., art. 398-2, al. 3) ;

– si la peine susceptible d'être prononcée excédait la limite qui lui est permise (C. pr. pén., art. 398-2, al. 2) ;

– si le prévenu était en détention provisoire (C. pr. pén., art. 398-1, dern. al.) ;

– le prévenu était jugé en comparution immédiate (C. pr. pén., art. 398-1, dern. al.) ;

– le délit prévu à l'article 398-1 était connexe avec un délit ne faisant pas partie de la liste qu'il énumère.

La loi du 23 mars 2019 a étendu la compétence du juge unique, en fixant un seuil maximal de cinq ans d'emprisonnement et en étendant sa compétence à divers délits dont les menaces par concubin, les blessures involontaires par un chien, la cession de stupéfiants pour consommation personnelle, certaines atteintes à la vie privée, les atteintes à l'exercice de l'autorité parentale, les atteintes à l'état civil des personnes, les atteintes à l'autorité de la justice, et certains faux et usages de faux.

(954) La **peine d'emprisonnement** que peut prononcer le tribunal correctionnel statuant à juge unique est **limitée à cinq ans** (C. pr. pén., art. 398-2, dern. al.).

La loi n° 2011-939 du 10 août 2011 avait modifié en partie la composition du tribunal correctionnel en introduisant des **citoyens assesseurs** désignés à partir des listes annuelles des jurés d'assises (C. pr. pén., art. 10-1 et s., 399-1 et s.). Le motif avancé par le législateur était de rapprocher la justice des citoyens. Toutefois, la réforme de 2011 traduisait tout autant une indéniable défiance à l'égard des magistrats.

Concrètement, le tribunal correctionnel était composé d'un seul magistrat professionnel et de deux citoyens assesseurs. Toutefois, la compétence du tribunal correctionnel ainsi composé n'était pas générale.

De plus, les citoyens assesseurs ne pouvaient participer qu'aux décisions prises sur la qualification des faits et sur la culpabilité, mais point aux autres décisions. Ils ne pouvaient pas non plus siéger en cas de jugement par défaut, de comparution volontaire ou de citation ou encore lorsque l'action de la partie civile n'est pas jointe à celle du parquet.

Après une expérimentation au sein de deux cours d'appel à compter du 1er janvier 2012, les citoyens assesseurs devaient être généralisés en 2014 mais le garde des Sceaux a renoncé à cette expérimentation, sonnant le glas de cette formation du tribunal correctionnel (arr. 18 mars 2013, *JO* 22 mars).

En réponse à l'épidémie de Covid-19, l'ordonnance du 25 mars 2020, en ses articles 8 à 12, a rendu possible la composition à juge unique du tribunal correctionnel devant siéger de manière collégiale en application d'un décret constatant la persistance d'une crise sanitaire de nature à compromettre le fonctionnement des juridictions malgré la mise en œuvre de la visioconférence, de la publicité restreinte, etc.

II.2. Instruction d'audience

(955) Avant que les parties ne plaident et que le parquet ne prononce ses réquisitions, l'audience de jugement s'analyse en **une instruction définitive**. Il s'agit d'établir la vérité grâce aux outils que fournissent les principes fondamentaux :

– l'oralité, qui permet souvent de faire entendre des vérités que l'écrit n'avait pas dévoilées ;

– la contradiction, qui permet, par la confrontation des approches, de dégager plus sûrement les faits.

(956) C'est dans cet esprit que notre droit encourage vivement la **comparution du prévenu**. Elle est en principe obligatoire en matière correctionnelle (C. pr. pén., art. 410).

La comparution est, certes, pénible pour l'intéressé ; le droit de comparaître constitue néanmoins un principe essentiel de procédure, inhérent à la règle fondamentale du contradictoire. Toutefois, la loi du 9 mars 2004 a reconnu au prévenu la possibilité d'être absent. Selon l'article 411 C. pr. pén., quelle que soit la peine encourue ou le mode de saisine du tribunal, le prévenu peut adresser une lettre au président du tribunal dans laquelle il demande à être jugé en son absence en étant représenté au cours de l'audience par son avocat. L'avocat intervient dans les débats et plaide. Le jugement est alors réputé contradictoire. Toutefois, si le tribunal estime nécessaire la comparution personnelle du prévenu, il peut renvoyer l'affaire à une audience ultérieure et ordonner la comparution ou par un avocat commis d'office.

(957) Le prévenu peut soit se défendre seul, soit être assisté d'un **avocat** (C. pr. pén., art. 417). Il n'est donc pas obligé d'avoir un avocat, à moins d'être atteint d'infirmité de nature à compromettre sa défense (C. pr. pén., art. 417, dern. al.) ou d'être majeur protégé (C. pr. pén., obs. 706-116). S'il veut être assisté, il en a le libre choix et peut demander à bénéficier d'un avocat commis d'office. À défaut de choix, il pourrait s'en voir désigner un d'office jusqu'à l'audience de jugement[1].

L'avocat assiste son client. Il a préalablement eu accès au dossier, que ce soit au cours de l'instruction ou avant l'audience trop rapidement dans le cadre de procédures comme la comparution immédiate. Ils ont aussi pu avoir communication du dossier, le cas échéant, en version numérique.

En cas de citation ou COPJ, le défaut de communication de la copie du dossier dans les délais prévus par la loi impose au tribunal de renvoyer l'affaire à au moins deux mois.

Sa plaidoirie est libre ; il doit toutefois s'en tenir à la stratégie de défense que son client lui demande de tenir. Il peut même mentir pour ce faire même si cela s'avère assez dangereux en termes d'efficacité et de crédibilité.

(958) D'une manière générale, **les audiences se déroulent dans l'ordre suivant** :

– lecture de l'acte de saisine (donc énoncé des faits) par le président ;

– interrogatoire du prévenu par le président après lui avoir rappelé son droit au silence[2] ;

– audience des témoins, lesquels doivent prêter serment (C. pr. pén., art. 446) : ils parlent, puis le président peut leur poser des questions ;

– écoute des experts, auxquels le président peut poser des questions.

Le prévenu comme la partie civile peuvent discuter contradictoirement et déposer des conclusions. Toutefois, les conclusions en nullité doivent être présentées *in limine litis*, c'est-à-dire avant toute défense au fond (C. pr. pén., art. 385)[3]. Si un écrit n'est pas indispensable en principe, il est plus que conseillé d'en déposer un, de le faire viser par le greffe et de le présenter au parquet afin de respecter la contradiction. En effet, cet écrit est utile pour que le juge comprenne bien les motifs de la défense et pour que les juridictions supérieures exercent leur contrôle « *en raison de l'absence de conclusions écrites, la Cour de cassation n'est pas en mesure d'exercer son contrôle sur les réponses apportées par la juridiction* »[4].

L'ordre des prises de parole des parties a été régi par le Code de procédure pénale. Ce sont d'abord les parties civiles qui interviennent (C. pr. pén.,

1. Mais, si l'avocat est absent et demande le renvoi, le tribunal ne peut statuer sans mentionner cette demande. Cass. Crim., 12 avr. 2012, n° 11-86.888.

2. Le défaut de ce rappel fait nécessairement grief : Cass. Crim., 8 juillet 2015, 14-85.699.

3. V. par ex., pour les exceptions tirées de la nullité de la citation qui doivent à peine de forclusion être présentées avant toute défense au fond et qui ne peuvent être relevées d'office par les juges, Cass. Crim., 11 déc. 2013, n° 13-81.271.

4. Cass. Crim., 26 avril 2017, n° 16-82.742.

art. 460) ; ensuite, le ministère public est entendu en ses réquisitions. **L'intéressé, ou son avocat, doit avoir la parole en dernier, à peine de nullité**[1]. Le fait que l'avocat ait parlé ne dispense pas de passer la parole au prévenu s'il l'a demandé là encore, à peine de violation des droits de la défense[2].

Le président mène les débats (C. pr. pén., art. 401), mais les parties peuvent lui demander de poser des questions.

Les droits de la défense ne sont respectés que si l'intéressé non francophone ou mal entendant dispose d'un **interprète** présent (C. pr. pén., art. 407 et 408) ; à défaut, la procédure serait nulle[3]. Le droit à la procédure pénale est rappelé par le président.

Si le tribunal s'aperçoit que l'affaire n'est pas en état d'être jugée, ou si les parties le lui demandent, il peut ordonner un supplément d'information qui sera réalisé par l'un de ses membres (C. pr. pén., art. 463). Il peut aussi ordonner un transport sur les lieux (art. 457).

Depuis la loi du 27 mai 2014, en cas de citation ou COPJ, la défense peut avant toute défense au fond ou à tout moment au cours des débats, demander, par conclusions écrites, qu'il soit procédé à tout acte estimé nécessaire à la manifestation de la vérité. Si la demande est faite avant l'audience, le président prend alors l'avis du parquet. S'il estime l'acte justifié (et s'il dispose des moyens suffisants !), il peut décider de faire réaliser ces actes. Les règles de l'enquête préliminaires sont alors applicables. Si le prévenu ou la victime doivent être réentendus, ils ont le droit à l'assistance de leur avocat. Si la demande est faite à l'audience ou que le président n'a pas ordonné d'investigation avant celle-ci, le tribunal statue sur cette demande. Dans l'affirmative, il peut commettre l'un de ses membres ou l'un des juges d'instruction du tribunal pour procéder à un supplément d'information. Les règles de l'instruction sont alors applicables et non celle de l'enquête. À l'inverse, la décision de refus doit être motivée. Elle n'est susceptible d'appel qu'en même temps que le jugement sur le fond (C. pr. pén., art. 388-5).

II.3. Police de l'audience

(959) La police des audiences correspond à la possibilité, pour la juridiction elle-même, de traiter directement des infractions, ainsi que des problèmes d'ordre qui pourraient se poser au cours de celles-ci. Concrètement, c'est le président de la juridiction (le juge unique, s'il n'est pas collégial) qui a la police de l'audience (C. pr. pén., art. 401) ; ainsi peut-il faire expulser des personnes qui troubleraient l'audience (C. pr. pén., art. 404) ou interdire la salle aux mineurs ou à l'un d'entre eux (C. pr. pén., art. 403). Par contre, c'est la juridiction elle-même, statuant par jugement rendu en audience publique, qui peut décider que les débats ne seront pas publics, car la publicité risquerait de porter atteinte à la dignité de la personne ou aux intérêts d'un tiers.

1. Cass. Crim., 8 juin 1983, *Bull. Crim.* n° 175 ; Cass. Crim., 2 dec. 1986, *Bull. Crim.* n° 363.
2. Cass. Crim., 11 déc. 1990, *Bull. Crim.* n° 425.
3. Cass. Crim., 24 mai 1951, *Bull. Crim.* n° 145 ; Cass. Crim., 24 nov. 1954, *Bull. Crim.* n° 345.

Il peut être décerné un mandat de dépôt sur le champ à l'encontre de la personne expulsée qui résisterait à cet ordre ou causerait du tumulte. Une peine peut être prononcée, laquelle peut aller jusqu'à deux ans d'emprisonnement (C. pr. pén., art. 404, al. 2). Cette mesure est même applicable au prévenu si c'est lui qui trouble l'audience (C. pr. pén., art. 405).

III. Le jugement

III.1. Caractère du jugement

(960) Le jugement sur le fond est rendu immédiatement ou ultérieurement (C. pr. pén., art. 462). S'il est rendu sur le champ, un temps est néanmoins nécessaire pour le délibéré.

Le jugement est **lu oralement** par le président ou l'un des juges (C. pr. pén., art. 485, al. 3), lors d'une **audience publique** (C. pr. pén., art. 400, al. 3), ce, même si les débats s'étaient tenus à huis clos. La lecture peut se limiter au seul dispositif et non porter sur la totalité de la décision (C. pr. pén., art. 485, al. 3) ; c'est le cas le plus courant.

Le jugement prend aussi la forme d'un **écrit**, qui doit être déposé au greffe au plus tard trois jours après son prononcé (C. pr. pén., art. 486, al. 2). Il comporte un certain nombre de mentions obligatoires nom des magistrats, constat de la présence du ministère public (C. pr. pén., art. 486, al. 1). Au fond, il doit comporter ses motifs et son dispositif (C. pr. pén., art. 485, al. 1) et, notamment, les infractions dont la personne est déclarée coupable, la peine, les textes de loi visés et la condamnation civile (C. pr. pén., art. 482, al. 2). Face à la crise du Covid-19, l'ordonnance du 25 mars 2020 a, dans son article 7, facilité le recours à la publicité restreinte ou, en cas d'impossibilité de garantir les conditions nécessaires à la protection de la santé des personnes présentes à l'audience, à huis clos, pendant l'état d'urgence sanitaire, même pour la lecture du jugement.

III.2. Contenu du jugement

Le tribunal se prononce sur la régularité de la procédure, sur la culpabilité et sur la peine.

(961) Le tribunal correctionnel peut :

– renvoyer le ministère public à mieux se pourvoir s'il estime les faits susceptibles d'une qualification criminelle ;

– relaxer le prévenu ;

– requalifier les faits[1] ;

– prononcer une déclaration de culpabilité, mais dispenser de peine si le préjudice est réparé, l'intéressé resocialisé et si le trouble causé par l'infraction a disparu (*cf.* C. pén., art. 132-59) ;

1. La défense doit alors avoir été en mesure de discuter la nouvelle qualification, Cass. Crim., 23 oct. 2014, n° 13-83.901 ; 27 janvier 2015, n° 14-81.723, *AJ pénal* 2016, p. 256, obs. G. Pitti.

– prononcer une déclaration de culpabilité, mais ajourner le prononcé de la peine à une audience ultérieure, au cours de laquelle sera possible soit une dispense, soit une peine soit, parfois, un nouvel ajournement (C. pén., art. 132-60 et s.) ;

– prononcer une peine privative de droits, restrictive de liberté ou privative de liberté ;

– prononcer l'ajournement ou une dispense de peine ;

– prononcer la restitution des objets saisis ;

– prononcer le maintien en détention ;

– prononcer l'irresponsabilité du prévenu ou son atténuation si celui-ci bénéficie des dispositions de l'article 122-1 al. 1 du Code pénal et éventuellement une ou plusieurs mesures de sûreté (C. pr. pén., art. 470-2 et 706-133) ;

– en cas de récidive ou si la peine prononcée est d'au moins une année d'emprisonnement forcé, le tribunal peut aussi prononcer le mandat de dépôt à l'audience qui conduit à l'incarcération immédiate du condamné (C. pr. pén, art. 465 et 465-1). La décision fait l'objet d'une motivation.

La Cour de cassation exige une **motivation de la peine**[1] en prenant en compte les circonstances de l'infraction, la personnalité, et la situation personnelle de son auteur. En cas d'amende, le juge doit en plus prendre en compte les ressources et les charges du prévenu. Ces éléments de motivations résultent du dossier et des informations sollicitées et recueillies lors des débats. Toutefois, la charge des justificatifs repose sur le prévenu. En cas d'absence du prévenu ou de non comparution et d'absence d'éléments sur la situation, le juge ne prendra en compte que ce dont il disposera. Lorsque plusieurs peines sont prononcées, une motivation commune peut être rédigée.

Restera au tribunal à statuer sur les intérêts civils.

(962) Après avoir rendu sa décision ou au sein du jugement, le tribunal doit avertir le condamné qu'il doit payer un droit fixe de procédure.

Il doit aussi l'avertir qu'il dispose d'une réduction de 20 % dans la limite de 1 500 euros, s'il paie dans le délai d'un mois ce droit fixe et toute amende correctionnelle ou contraventionnelle prononcée à son encontre. Le président informe l'intéressé que ce paiement ne fait pas obstacle à l'exercice des voies de recours (C. pr. pén., art. 707-2 et 707-3). Ces dispositions s'appliquent aussi devant le tribunal de police[2].

Selon l'article 1018 A du Code général des impôts, le droit fixe de procédure est de 31 euros pour les autres décisions des tribunaux de police et des juridictions de proximité ; 127 euros pour les décisions des tribunaux correctionnels ; 169 euros pour les décisions des cours d'appel statuant en matière correctionnelle et de police ; 527 euros pour les décisions des cours d'assises ; 211 euros pour les décisions de la Cour de cassation statuant en matière criminelle, correctionnelle ou de police. Il en est de même en cas de dispense de peine.

1. Cass. Crim., 27 juin 2018, n° 16-87.009.

2. En revanche, elle ne s'applique pas aux amendes douanières, Cass. Crim. 19 nov. 2014, n° 13-85.936, *AJ pénal* 2015, p. 254, obs. G. Roussel.

(963) Le juge est tenu au respect du secret du délibéré, principe à valeur constitutionnelle découlant de celui de l'indépendance des juridictions posé par l'article 16 de la Déclaration de 1789[1] et contenu dans son serment posé par l'article 6 de l'ordonnance du 22 décembre 1958, modifié par la loi du 8 août 2016 qui en a retiré une référence religieuse : « *Je jure de bien et fidèlement remplir mes fonctions, de garder le secret des délibérations et de me conduire en tout comme un digne et loyal magistrat* ».

1. Cons. Const., déc. nº 2015-506 QPC du 4 déc. 2015.

Chapitre 2

Le jugement par la cour d'assises

(964) La cour d'assises, qui a compétence exclusive pour connaître des crimes, est une juridiction exorbitante du droit commun, ce qui se traduit par des particularités importantes quant à la procédure et au jugement.

Nota : elle est régie par les articles 231 à 380-15 du Code de procédure pénale, figurant au Titre premier « *De la cour d'assises* », première juridiction à être traitée dans le Livre deuxième relatif aux juridictions de jugement.

Afin de désencombrer les cours d'assises, et mettre fin aux correctionnalisations de crimes, la loi du 23 mars 2019 a créé de manière expérimentale une nouvelle cour criminelle au premier ressort (C. pr. pén., art. 698-6). Cette cour est compétente pour juger les personnes majeures accusées d'un crime puni de quinze ans ou de vingt ans de réclusion criminelle, lorsqu'il n'est pas commis en état de récidive légale. La cour est également compétente pour le jugement des délits connexes. Elle n'est pas compétente s'il existe un ou plusieurs coaccusés ne répondant pas à ses conditions. La cour criminelle siège au même lieu que la cour d'assises. Elle est composée d'un président et de quatre assesseurs, Deux des assesseurs peuvent être des magistrats exerçant à titre temporaire ou des magistrats honoraires. La cour criminelle applique les règles de la cour d'assises. Cependant, il n'est pas tenu compte des dispositions qui font mention du jury ou des jurés. Le président possède les mêmes prérogatives que le président de cour d'assises. La cour criminelle délibère en étant en possession de l'entier dossier de la procédure. Les décisions sont prises à la majorité. Si la cour criminelle estime que les faits dont elle est saisie constituent un crime puni de trente ans de réclusion criminelle ou de la réclusion criminelle à perpétuité, elle renvoie l'affaire devant la cour d'assises. Si l'accusé comparaissait détenu, il demeure placé en détention provisoire jusqu'à sa comparution devant la cour d'assises. Dans le cas contraire, la cour criminelle peut décerner un mandat de dépôt ou un mandat d'arrêt contre l'accusé.

L'appel des décisions de la cour criminelle est examiné par la cour d'assises d'appel.

La création de cette cour est à saluer car elle permettrait de rendre une justice criminelle dans de bonnes conditions d'audiencement, de qualification des faits avec les garanties de participations de membres de la société civile que sont les magistrats à titre temporaire. Elle évitera aussi la correctionnalisation de la plupart des crimes de viol ou vol à main armée.

Section 1
LE CADRE GÉNÉRAL

C'est au cours de la Révolution que, empruntant au droit britannique, le principe du jury est intégré en droit français. Après le droit intermédiaire, le principe n'en restera plus qu'en matière criminelle.

I. Principes de fonctionnement

(965) La cour d'assises est **saisie par une ordonnance de mise en accusation**. Celle-ci comprend, à peine de nullité, énonce l'article 215 du Code de procédure pénale, « *l'exposé et la qualification légale des faits, objets de l'accusation, et précise l'identité de l'accusé* ». Elle indique, le cas échéant, s'il a fait des déclarations lui permettant de bénéficier d'une exemption de peine.

Elle ne le place plus, comme dans le droit antérieur à la loi du 15 juin 2000, en **détention** s'il ne s'y trouvait pas (ancienne ordonnance de prise de corps, contraignant l'accusé à se constituer prisonnier la veille du procès). L'article 215 renvoie simplement à l'article 181 du Code de procédure pénale : si l'intéressé était en détention provisoire, il y demeure.

(966) La cour d'assises est **compétente pour juger des crimes.** Elle ne peut juger que des faits qui sont renvoyés devant elle dans la décision de mise en accusation (C. pr. pén., art. 231). Si d'autres faits étaient révélés dans cette décision de renvoi, elle ne pourrait donc en connaître[1]. En revanche, elle peut juger de faits correctionnels connexes qui auraient été mentionnés dans l'ordonnance de renvoi.

(967) Contrairement aux autres juridictions, elle n'est **pas permanente**. Les périodes de sessions d'assises ont lieu chaque fois qu'il est nécessaire (C. pr. pén., art. 236, al. 1). Auparavant, les sessions avaient lieu tous les trois mois mais l'engorgement des Cours a eu raison de ce délai. Dans les départements d'Ile-de-France, toutefois, la cour d'assises siège quasiment en permanence.

(968) La cour d'assises est encore **départementale**. Elle siège ordinairement dans le chef-lieu de la Cour d'appel, lorsqu'il en existe une dans le département (C. pr. pén., art. 232 et 234, al. 1). Sinon, elle se tient au chef-lieu de la circonscription (C. pr. pén., art. 234, al. 2), à moins que, en vertu d'un règlement d'administration publique, le siège de la cour d'assises ne soit fixé dans une autre ville (C. pr. pén., art. 234, al. 3)[2]. Cependant, en matière de délinquance

1. Cass. Crim., 8 mars 2000, *Bull. Crim.* n° 110.

2. La cour d'assises des Bouches-du-Rhône siège à Aix-en-Provence, celle du Finistère siège à Quimper, celle de Charente-Maritime à Saintes, celle de la Manche à Coutances.

organisée (*i. e.* le jugement des infractions visées aux articles 706-73 et 706-74, C. pr. pén.), la compétence territoriale d'une cour d'assises peut être étendue au ressort d'une ou de plusieurs Cours d'appel (Cour interrégionale). En matière de crimes de guerre et de crime contre l'humanité est compétente la cour d'assises de Paris (C. pr. pén., art. 628 et 628-1). En matière de crime militaire, est compétente la cour d'assises de Paris (C. pr. pén., art. 697-4).

(969) La cour d'assises est tenue du respect des mêmes **principes** que ceux qui prévalent pour le jugement des contraventions et des délits : oralité, contradictoire, publicité et intime conviction. En pratique, elle est la juridiction répressive qui respecte le plus complètement ces principes.

(970) Il faut signaler que des cours d'assises spéciales ont été instaurées à côté de la cour d'assises de droit commun concernant les crimes des majeurs :

– **la cour d'assises des mineurs**, composée d'un conseiller à la Cour d'appel, président, de deux assesseurs qui, sauf impossibilité, sont des juges des enfants et de neuf jurés. Elle juge des crimes des mineurs de seize à dix-huit ans et leurs co-auteurs et complices, même s'ils sont majeurs (ord. 2 fév. 1945, art. 20 ; CJPM, art. L. 434-1 et L. 434-3) ;

– **la cour d'assises spéciale**, qui ne comprend que des magistrats professionnels (un président et des assesseurs dont le nombre s'est réduit en 2017 afin de ne pas peser trop sur les ressources humaines des juridictions parisiennes : quatre assesseurs au premier degré, six en appel, C. pr. pén. art. 698-6), compétente pour les crimes de terrorisme (C. pr. pén., art. 706-25), de trafic de stupéfiants (C. pr. pén., art. 706-27), d'armes de destruction massives (art. 706-174), d'atteinte aux intérêts de la Nation (art. 702), de crimes militaires (art. 698-7).

II. Le jury populaire

(971) La cour d'assises n'est pas composée en France uniquement de jurés : elle est mixte, même si le nombre de jurés est supérieur à celui des magistrats professionnels. Le nombre de jurés a été réduit par la loi du 10 août 2011. La cour d'assises comporte, d'une part, six jurés au premier degré (neuf auparavant) et neuf en appel (douze auparavant) et, d'autre part, la Cour proprement dite, c'est-à-dire trois magistrats professionnels, soit un président et deux assesseurs (C. pr. pén., art. 240 et 243), lesquels sont des conseillers de Cour d'appel ou des présidents ou vice-présidents du TJ du lieu où se tient la cour d'assises (C. pr. pén., art. 249).

Elle est présidée par un président de chambre ou un conseiller de Cour d'appel (C. pr. pén., art. 244).

(972) **Les jurés sont** (C. pr. pén., art. 255) :

– des citoyens ordinaires, tirés au sort sur la base des listes électorales ;

– âgés de vingt-trois ans révolus ;

– sachant lire et écrire le français, ce qui n'est toutefois pas contrôlé.

Ils ne peuvent, à peine d'amende, refuser leur mission. Pendant longtemps, le montant de l'amende a été dérisoire : 15 euros pour la première absence, 30 euros pour la deuxième et 75 pour la troisième. Ce montant a été radicalement augmenté par la loi du 9 mars 2004, de manière à réellement décourager les jurés de faire défection : il a en effet été porté à 3 750 euros. Cette sanction est applicable, d'une part, à celui qui ne déférerait pas à sa convocation, ou, d'autre part, ayant déféré, se retirerait avant l'expiration de ses fonctions, sans excuse jugée valable par la Cour (C. pr. pén., art. 388, al. 4 et 5).

(973) Cependant, **certaines personnes ne peuvent être jurés** :

– celles qui ne sont pas, pour une raison ou une autre, inscrites sur les listes électorales ;

– celles qui bénéficient d'une dispense, soit, en vertu de l'article 258 du Code de procédure pénale : les personnes âgées de plus de soixante-dix ans, celles qui n'ont pas leur résidence principale dans le département où siège la cour d'assises, celles pouvant invoquer un motif grave (généralement une maladie sérieuse) ;

– celles qui sont frappées d'incapacité par l'article 256 du Code de procédure pénale, soit : les personnes dont le bulletin n° 1 mentionne une condamnation pour crime ou pour délit à une peine égale ou supérieure à six mois d'emprisonnement, celles qui sont mises en accusation ou sont en état de défaut criminel, les fonctionnaires révoqués, les officiers ministériels et les membres des ordres professionnels destitués, les faillis, celles qui ont été condamnées pour avoir refusé de déférer à une convocation pour être juré, celles qui sont privées de leurs droits civiques, civils et de famille et, enfin, les majeurs protégés ;

– celles dont la profession est incompatible avec la fonction de juré, soit (C. pr. pén., art. 257) : les membres du gouvernement, du Parlement, du Conseil constitutionnel, du Conseil supérieur de la magistrature, du Conseil économique et social, du Conseil d'État, de la Cour des comptes, les magistrats de l'ordre judiciaire et administratif, ceux des tribunaux de commerce, des conseils de prud'hommes, les secrétaires généraux du gouvernement ou de ministères, les directeurs de ministères, les membres du corps préfectoral, les fonctionnaires de police ou de l'administration pénitentiaire, les militaires de la gendarmerie en activité de service.

(974) Le recours à des jurés est contesté à plus d'un titre :

– les jurés ne sont pas juristes ;

– ils peuvent avoir des préjugés ou des compétences intellectuelles limitées ;

– certaines affaires peuvent être traumatisantes pour eux ;

– ils peuvent subir des pressions ou l'influence des médias ;

– ils peuvent rendre des arrêts plus impulsifs que réfléchis ;

– novices en la matière, ils peuvent être très influencés par le président de la Cour pendant les délibérations.

Mais leurs partisans ont également des arguments :

– ils incarnent la souveraineté populaire et, à ce titre, sont incontestables ;

– il est pédagogique de faire participer la population au fonctionnement de la justice ;

– la pratique démontre qu'ils sont extrêmement soucieux de bien faire ;

– le fait qu'ils ne soient pas blasés évite les dangers d'une justice routinière[1].

---

1. Pour les arguments favorables et défavorables à la composition actuelle de la cour d'assises, *cf.* F. Saint-Pierre, *Au nom du peuple français*, Odile Jacob, 2013.

Section 2
LA PROCÉDURE

I. Avant l'audience

(975) Un certain nombre de **significations** doivent obligatoirement être faites à l'accusé :

– notification de l'ordonnance, ou, s'il y a eu appel, de l'arrêt de mise en accusation (C. pr. pén., art. 183 et 215) ;

– la liste des témoins, au plus tard un mois avant l'ouverture des débats[1] ;

– la liste des jurés de sessions (C. pr. pén., art. 282), ce, au plus tard l'avant-veille de l'ouverture des débats.

(976) Si l'accusé est détenu, il doit être transféré à la maison d'arrêt du lieu où se tiennent les assises (C. pr. pén., art. 269).

Dès qu'il s'y trouve et que les pièces de la procédure et pièces à conviction sont arrivées, il doit être, à peine de nullité[2], **interrogé avant l'audience par le président** ou l'un des assesseurs que ce dernier aurait désigné à cette fin (C. pr. pén., art. 272), et ce, sans délai. S'il est en liberté, il sera alors convoqué. Cependant, s'il ne se présentait pas, il pourrait être décerné mandat d'arrêt contre lui (C. pr. pén., art. 272-1). Il s'agit, formellement, de vérifier que l'accusé a bien reçu copie de l'ordonnance de mise en accusation (C. pr. pén., art. 273) et de lui permettre de constituer avocat si ce n'est fait (C. pr. pén., art. 274).

Concrètement, le but est de faire connaissance de l'accusé. L'entretien avec le président peut avoir à se dérouler, si nécessaire, avec un interprète (C. pr. pén., art. 272, al. 4) ; en revanche, la présence de son avocat n'a pas été prévue par la loi, ce que la jurisprudence explique par le fait que l'entretien avec le président a notamment pour but de permettre à l'intéressé de désigner librement un conseil pour l'audience de jugement et qu'il ne conviendrait pas qu'il soit gêné à cet égard par la présence de celui qui l'assistait jusque-là[3].

II. Durant l'audience

Avant que ne puissent commencer les débats, le jury de jugement doit être constitué.

II.1. La constitution du jury de jugement

(977) Après l'arrivée de l'accusé entre deux gardes « *pour l'empêcher de s'évader* » (C. pr. pén., art. 318) et la vérification de son identité (C. pr. pén., art. 294), le greffier

1. L'obligation est en réalité générale : l'article 281, alinéa 1, dispose que chacune des parties, y compris le ministère public, doit signifier aux autres la liste des témoins qu'il entend citer. La jurisprudence ne retient pas ici, à défaut, la nullité substantielle. Cass. Crim., 24 nov. 1971, *Bull. Crim.* n° 322.

2. C'est une formalité substantielle. Cass. Crim., 1er juill. 1892, *D.P.* 1892, 364.

3. Cass. Crim., 26 mars 1909, *Bull. Crim.* n° 91.

appelle les trente-cinq jurés de session. Leur nom est porté sur une carte, laquelle est placée dans une urne. Puis les jurés (et des jurés supplémentaires, en cas d'empêchement des premiers) sont **tirés au sort** (C. pr. pén., art. 296).

À mesure que les noms sortent de l'urne, ils peuvent éventuellement être **récusés**, à hauteur de :

– **trois** par le ministère public (quatre en appel ; C. pr. pén., art. 298) ;

– **quatre** par l'avocat de l'accusé (cinq en appel ; C. pr. pén., art. 298).

En France, la récusation est un exercice purement divinatoire, qui ne repose pas sur la possession d'informations autres que la profession, l'âge et le sexe des jurés[1].

II.2. Les débats

A. Le rôle de chacun

(978) Le rôle le plus important est tenu par **le président** :

– il a la police des débats (C. pr. pén., art. 309) ;

– il peut prendre toutes mesures utiles à la manifestation de la vérité, par exemple contraindre, au besoin par mandat d'amener, une personne à témoigner (C. pr. pén., art. 310) ;

– il interroge l'accusé (C. pr. pén., art. 328, al. 1) après lui avoir rappelé son droit au silence.

Il a toutefois un devoir : ne pas manifester son opinion sur la culpabilité de l'accusé (C. pr. pén., art. 328, al. 2). Cette obligation génère un abondant contentieux[2].

Depuis la loi sur la présomption d'innocence du 15 juin 2000, ce n'est plus par son seul intermédiaire que des questions peuvent être posées. L'article 312 dispose que « *le ministère public et les avocats des parties peuvent poser directement des questions à l'accusé, à la partie civile, aux témoins et à toutes les personnes appelées à la barre* ». Tout au plus doivent-elles, pour ce faire, demander la parole au président. L'alinéa 2 de ce texte ajoute même que « *L'accusé et la partie civile peuvent également poser des questions* », mais, cette fois, par l'intermédiaire du président.

(979) Les **assesseurs** ont un rôle secondaire. Ils sont magistrats de carrière ou, pour l'un d'entre eux, magistrat honoraire. Ils assistent le président et, en tant que membre de la Cour, ont comme lui une voix lors des délibérations. Ils ne peuvent poser de questions à l'accusé ou aux témoins qu'en demandant la parole au président (C. pr. pén., art. 311), lequel peut éventuellement déléguer à l'un d'eux l'interrogatoire préalable à l'audience (C. pr. pén., art. 272, al. 3).

(980) La force des **jurés** est leur nombre par rapport à la Cour. Ils n'ont cependant aucun rôle actif. Comme les assesseurs, ils ne peuvent poser de questions à

---

1. Pour comp. *Cf.* n° spécial de *l'AJ pénal* 2006, n° 6, « Formation d'un jury d'assises : la récusation en question » et spe. art. de T. W. Wells, « La sélection du jury aux États-Unis », p. 249.

2. Le fait de faire consigner au procès-verbal des débats des déclarations auto-incriminatrices de l'accusé n'est pas une manifestation d'opinion. Cass. Crim., 12 déc. 2012, n° 12-80.788. Mais dire « *vous avez une position insoutenable* » l'est. Cass. Crim. 14 juin 1983, *Bull. Crim.* n° 259.

l'accusé ou aux témoins qu'en demandant la parole au président (C. pr. pén., art. 311).

Ils ont en revanche des obligations et doivent jurer de respecter celles-ci après l'adresse qui leur en est faite solennellement, debout et non couverts (C. pr. pén., art. 304), soit :

– faire preuve de « l'attention la plus scrupuleuse » ;
– ne communiquer avec personne ;
– être impartiaux et sans préjugés ;
– conserver le secret des délibérations.

Par ailleurs, durant les débats, ils ne doivent pas manifester leur opinion (C. pr. pén., art. 311, al. 2).

(981) Les **avocats** peuvent poser directement des questions, sans devoir, depuis la loi du 15 juin 2000, solliciter à cette fin le président (C. pr. pén., art. 312). Leur mission est d'assister l'accusé mais non de le représenter, car celui-ci doit comparaître (C. pr. pén., art. 317 et s.). L'accusé doit obligatoirement être assisté (C. pr. pén., art. 317, al. 1), mais il peut exceptionnellement prendre pour conseil l'un de ses parents ou amis avec l'autorisation du président (C. pr. pén., art. 275). L'absence délibérée d'un avocat ayant refusé d'assister son client lors de l'audience n'entache pas la régularité de la procédure, dès lors que le président a considéré que les motifs avancés pour justifier le refus de la commission d'office n'étaient pas valables[1].

(982) Le **procureur général**, en tant que représentant de la société, requiert en son nom, y compris au cours des débats (C. pr. pén., art. 313). Il peut, lui aussi, poser directement des questions (C. pr. pén., art. 312).

B. Le déroulement

(983) Auparavant, l'audience commençait par la **lecture de la décision de mise en accusation** par le greffier ce qui pouvait prendre un temps considérable. Depuis la loi n° 2011-939 du 10 août 2011, le président doit seulement présenter de façon concise les faits reprochés à l'accusé, les éléments à charge et à décharge tels qu'ils résultent de la décision de renvoi, ainsi que la qualification légale des faits. En appel, le président doit désormais seulement présenter le sens de la décision rendue en premier ressort et sa motivation. Il n'a plus à lire les questions posées à la cour d'assises ayant statué en premier ressort et les réponses qui y ont été faites (C. pr. pén., art. 327).

Les débats proprement dits commencent toutefois par l'**interrogatoire de l'accusé** (C. pr. pén., art. 328), tant sur les faits que sur sa vie passée, y compris son enfance. Depuis la loi n° 2014-640 du 20 juin 2014, les débats font l'objet d'un enregistrement sonore. L'audition ou la déposition de la victime ou de la partie civile peuvent aussi faire l'objet d'un enregistrement audiovisuel (art. 308). Ces enregistrements seront très utiles en appel ou en cas de révision. Dès lors, l'absence de recours en nullité en cas de défaut d'enregistrement a été logiquement consacrée[2]. En effet, le défaut d'enregistrement est une cause de cassation s'il a pour effet de porter atteinte aux intérêts de la personne condamnée. Des

1. Cass. Crim. 24 juin 2015, n° 14-84.221.
2. Cons. Const., déc. n° 2015-499 QPC du 20 nov. 2015.

incidents peuvent évidemment se produire et certains avocats ne s'en privent pas dans le cadre de leur stratégie ou pour protester contre une atteinte aux droits de la défense. Dans ce cas, les conclusions d'incident doivent être déposées au visa de l'article 315 du Code de procédure pénale et soutenues oralement[1].

(984) Ensuite, **les témoins** sont entendus (C. pr. pén., art. 329 et s.). Retirés dans une salle à part, ils entrent au fur et à mesure qu'ils sont appelés, selon l'ordre établi par le président (C. pr. pén., art. 331, al. 1), mais restent dans la salle après leur déposition (C. pr. pén., art. 334). Ils doivent décliner leur identité, puis prêter serment « *de parler sans haine et sans crainte, de dire toute la vérité, rien que la vérité* » (C. pr. pén., art. 331, al. 3)[2]. Il leur est demandé de témoigner uniquement sur (C. pr. pén., art. 331, al. 5) :

– les faits ;
– la personnalité de l'accusé ;
– la moralité de l'accusé.

Ne peuvent être entendus sous serment mais ils peuvent l'être à titre de renseignement les membres de la famille de l'accusé suivants : ses ascendants et descendants, ses frères et sœurs, ses alliés au même degré, son conjoint, même après le divorce, la partie civile, les mineurs de seize ans (C. pr. pén., art. 335).

Selon l'article 331 C. pr. pén., le président ne peut interrompre la déposition spontanée d'un témoin. Cette interdiction s'applique même lorsque le témoin rappelle des déclarations incriminantes faites par une personne en l'absence de son avocat[3].

(985) En troisième lieu, les **experts** sont auditionnés. Ils doivent prêter serment (C. pr. pén., art. 168) « *d'apporter leur concours à la justice en leur honneur et en leur conscience* » (C. pr. pén., art. 168, al. 1) en exposant leurs conclusions quant « *aux opérations techniques* » auxquelles ils ont procédé, non quant à la culpabilité.

La loi de programmation et de réforme de la justice a modernisé la procédure d'assises en prévoyant un délai maximal d'un mois pour la signification de la liste des témoins, la remise du dossier aux assesseurs et supprimé l'interdiction d'interrompre la déposition d'un témoin.

(986) Ensuite viennent les **réquisitoires et plaidoiries**, selon l'ordre prévu à l'article 346 :

– plaidoirie de l'avocat de la partie civile (mais celle-ci peut s'exprimer elle-même) ;
– réquisitions du ministère public ;
– plaidoirie de l'avocat de l'accusé et parole de l'accusé.

La règle selon laquelle l'accusé ou son avocat a la parole en dernier est prescrite à peine de nullité[4]. L'usage veut qu'après la plaidoirie de l'avocat de l'accusé, il soit demandé à ce dernier de s'exprimer une ultime fois.

---

1. Cass. Crim., 15 nov. 2017, n° 16-86.913.
2. Est ainsi prohibé le fait de recueillir une déposition à titre de simple renseignement sans prestation de serment et alors qu'elle a exercé une influence sur la culpabilité. Cass. Crim., 23 oct. 2013, pourvoi n° 13-83.326.
3. Cass. Crim., 16 déc. 2015, n° 14-83.238, *AJ pénal* 2016, p. 209. obs. G. Royer.
4. Cass. Crim., 20 fév. 1913, *D.P.* 1916, 1, 181.

Section 3
L'ARRÊT DE LA COUR D'ASSISES

(987) L'arrêt intervient après que le président a déclaré clos les débats (C. pr. pén., art. 347).

I. Les questions

(988) La Cour doit répondre à une série de questions dont la liste a été établie au préalable par le président (C. pr. pén., art. 348), qui en donne lecture.

Les questions se présentent nécessairement comme suit : « *L'accusé est-il coupable d'avoir commis tel fait ?* », précise l'article 349, qui ajoute que les circonstances aggravantes[1] et les causes d'atténuation ou d'exemption de peine font l'objet de questions séparées.

De même, l'article 349-1 dispose qu'il doit y avoir une question séparée concernant l'application des articles 122-1 al. 1, 122-2, 122-3, 122-4 (al. 1 et 2), 122-5 (al. 1 et 2) et 122-7 du Code pénal, soit sur les causes d'irresponsabilité pénale lorsqu'elles sont invoquées comme moyen de défense. Une question séparée doit aussi porter sur l'application de cette cause à l'accusé.

II. Le délibéré

(989) Avant que les jurés et la cour ne se retirent pour délibérer, le président doit leur donner lecture de la **formule de l'article 353**, qui doit en outre être affichée en gros caractères dans la salle des délibérations. Elle leur demande s'ils ont une intime conviction.

La Cour se retire pour délibérer dans un lieu clos ; ses délibérations sont secrètes.

Un strict respect du principe de l'oralité lui fait interdiction de consulter le dossier (C. pr. pén., art. 347, al. 3).

(990) Les **délibérations** doivent porter sur plusieurs points :

– la **culpabilité**. Pour ce faire, la cour répond aux questions par bulletins secrets (C. pr. pén., art. 356) dépouillés par le président (C. pr. pén., art. 358, al. 1) et détruits aussitôt après (C. pr. pén., art. 358, al. 3). Les bulletins blancs ou nuls sont considérés comme favorables à l'accusé (article 358, al. 2). Les décisions défavorables à l'accusé sont prises à la majorité des six voix au moins, huit voix en appel (C. pr. pén., art. 359, huit et dix voix avant la loi du 10 août 2011) ;

– la **peine**. Il n'est naturellement délibéré sur la peine que si l'accusé est déclaré coupable. Le président doit expliquer aux jurés quelles sont les peines

1. *Cf.* Cass. Crim., 29 nov. 2017, n° 17-80.224, *AJ pénal* 2018, p. 92, obs. E. Clément selon laquelle « *le crime de violences ayant entraîné la mort sans intention de la donner, défini par l'article 222-7 du Code pénal, est une infraction distincte du délit de violences commises avec arme, défini par les articles 222-11 à 222-13 du Code pénal, dont elle était seule saisie, et non pas une circonstance aggravante de ce délit* ». Ce crime ne peut donc faire l'objet d'une question spéciale pour substituer l'une des qualifications à l'autre.

encourues et les *minima* criminels (C. pr. pén., art. 362). Le Conseil constitutionnel a néanmoins censuré l'absence d'explication relative à la période de sûreté applicable à certaines peines[1]. Les décisions sur la peine sont prises à la majorité absolue des voix (C. pr. pén., art. 362, al. 2). Le maximum de la peine ne peut toutefois être prononcé qu'à la majorité des six voix (huit en appel). Sinon, il ne peut être prononcé une peine de plus de trente ans lorsque la peine encourue était la réclusion criminelle à perpétuité, ou supérieure à vingt ans lorsque la peine encourue était de trente ans. Il est parfois nécessaire de procéder à plusieurs tours pour parvenir à un accord. À compter du deuxième tour, la peine la plus lourde retenue au précédent doit être écartée ;

– parfois, sera invoquée l'**irresponsabilité pénale** pour trouble mental de l'accusé. Dès lors, chaque fait doit faire l'objet de deux questions. L'une sur la commission des faits, l'autre sur le bénéfice de la cause d'irresponsabilité de l'article 122-1 du Code pénal (C. pr. pén., art. 349-1).

III. La décision

(991) La Cour et les jurés retournent dans la salle d'audience pour donner leur solution. Durant longtemps, seule était donnée **lecture** des réponses aux questions sur la culpabilité, puis sur la peine (C. pr. pén., art. 366). Les arrêts n'étaient pas motivés et cette absence de motivation était source de débats.

Durant longtemps, la Cour de cassation a estimé que le droit français était conforme au droit européen et au droit constitutionnel[2]. Le Conseil constitutionnel a lui aussi déclaré que l'absence de motivation explicite des arrêts d'assises était conforme à la Constitution. Il précise tout de même que « *l'obligation de motiver les jugements et arrêts de condamnation constitue une garantie légale du principe constitutionnel selon lequel la procédure pénale doit garantir contre toute forme d'arbitraire dans le jugement des affaires pénales* ». Pour lui, « *l'absence de motivation en la forme ne peut trouver de justification qu'à la condition que soient instituées par la loi des garanties propres à exclure l'arbitraire* »[3]. Dans le même temps, la Cour de Strasbourg a condamné la Belgique dans un arrêt *Taxquet* pour absence de motivation des arrêts d'assises avant de nuancer sa position en grande chambre. Elle a alors estimé que des questions précises étaient « *de nature à former une trame apte à servir de fondement au verdict* »[4].

La loi n° 2011-939 du 10 août 2011 a ainsi franchi le Rubicon et posé le principe de la **motivation des arrêts d'assises** (C. pr. pén., art. 365-1) même si cette motivation est assez minimale[5].

1. Cons. Const., déc. n° 2019-770 QPC du 29 mars 2019.
2. Cass. Crim., 14 oct. 2009, *D.* 2009. 2545, obs. K. Gachi ; 24 janv. 2010, *Procédure*, 2010, n° 129, obs. A.-S Chavent-Leclère ; Cass. Crim., 19 mai 2010 QPC, *RSC*. 2001. 190, obs. B. De Lamy.
3. Cons. Const., déc. n° 2011-113/115 QPC du 1er avr. 2011, *AJ pénal* 2011, p. 243, obs. J.-B. Perrier ; *Constitutions* 2011. 361, obs. A. Cappello.
4. CEDH, 13 janv. 2009, *Taxquet c/ Belgique*, *Procédures*, 2009, n° 172 J. Buisson ; CEDH, gr. ch. 16 nov. 2010, *Taxquet c/ Belgique*, *RSC* 2011. 214, obs. J. -P. Marguenaud.
5. *Cf.* L. Cadiet *et al.*, *Théorie générale du procès*, PUF, 2013, n° 193 qui évoque une « sorte de sous-motivation ».

Par cette exigence de motivation, le législateur met fin à une tradition datant de l'époque révolutionnaire. Elle n'en institue pas moins une garantie parfaitement logique : toute personne doit en effet pouvoir connaître et comprendre les raisons de sa condamnation à une peine qui, en matière criminelle, est souvent lourde. Il était illogique que les condamnations les plus fortes échappassent à la motivation. L'intime conviction des jurés, c'est-à-dire leur raisonnement logique fondé sur une appréciation libre des preuves, non seulement ne pouvait légitimer cette carence, mais encore s'avérait parfaitement incompatible avec cette exigence d'explication.

Pour la Cour européenne, l'absence de motivation des arrêts de cours d'assises n'est pas par elle-même contraire à la Convention dès lors que l'accusé dispose de garanties suffisantes pour lui permettre de comprendre les motifs de la condamnation[1]. Ainsi, dans l'arrêt Agnelet, elle a condamné la France pour non motivation des décisions de cours d'assises avant 2011, car le requérant n'avait pas disposé de « garanties suffisantes » leur permettant « de comprendre le verdict de condamnation »[2]. À l'inverse, dans l'affaire Legillion, la France échappe à la condamnation car il avait disposé de ces garanties suffisantes[3].

La jurisprudence de la Cour de cassation a adopté une position similaire. Dans un arrêt du 9 janvier 2013, elle considère que « *Les énonciations de la feuille de questions et celles de la feuille de motivation mettent la Cour de cassation en mesure de s'assurer qu'une cour d'assises, statuant en appel, a caractérisé les principaux éléments à charge, résultant des débats, qui l'ont convaincue de la culpabilité de l'accusée, et justifié sa décision, conformément aux articles 6 et 16 de la Convention européenne des droits de l'homme et à l'article 365-1 du Code de procédure pénale* »[4].

Cependant, certaines différences entre cours d'assises, notamment en matière de quantum de peine prononcée sans motivation explicite, continuaient de poser des difficultés de compréhension chez les condamnés et chez les avocats. Le Conseil constitutionnel a ainsi définitivement mis fin à l'absence de motivation complète de la décision de la cour d'assises dans sa retentissante décision du 2 mars 2018. Il a ainsi décidé que « *en n'imposant pas à la cour d'assises de motiver le choix de la peine, le législateur a méconnu les exigences tirées des articles 7, 8 et 9 de la Déclaration de 1789. Par suite, et sans qu'il soit nécessaire d'examiner les autres griefs, le deuxième alinéa de l'article 365-1 du Code de procédure pénale doit être déclaré contraire à la Constitution* »[5].

La loi du 23 mars 2019 a tiré les leçons de ces décisions et a précisé la motivation, y ajoutant celle de la peine.

Cette motivation est rédigée par l'un des magistrats professionnels de la Cour, président ou assesseur. En cas de condamnation, l'article 365-1 énonce qu'elle « consiste dans l'énoncé des principaux éléments à charge qui, pour

---

1. C. Renaud-Duparc, « Petits Arrangements de la Cour européenne des droits de l'homme avec l'exigence de motivation », *AJ pénal* 2013, p. 336.

2. CEDH, 10 janv. 2013, *Agnelet c/ France*, req. n° 61198/08.

3. CEDH, 10 janv. 2013, *Legillion c/ France*, req. n° 53406/10.

4. Cass. Crim., 9 janv. 2013, pourvoi n° 12-81.626. Voir aussi Cass. Crim., 3 nov. 2016, n° 15-87.038.

5. Cons. Const., déc. n° 2017-694 QPC du 2 mars 2018. Voir aussi Cass. Crim. 27 mars 2019, n° 18-82.351.

chacun des faits reprochés à l'accusé, ont convaincu la cour d'assises et qui ont été exposés au cours des délibérations menées par la cour et le jury en application de l'article 356, préalablement aux votes sur les questions ». Cette motivation s'applique aussi à la peine. Elle consiste alors « dans l'énoncé des principaux éléments ayant convaincu la cour d'assises dans le choix de la peine, au vu des éléments exposés au cours de la délibération prévue à l'article 362 ». Le prononcé d'une rétention de sûreté est également motivé. En revanche, la motivation des peines complémentaires obligatoires, de la peine de confiscation du produit ou de l'objet de l'infraction[1] ou des obligations particulières du sursis probatoire n'est pas nécessaire. Cette motivation s'ajoute aux réponses aux questions posées à la Cour. Elle figure dans une « feuille de motivation » annexée à la feuille des questions. En principe, la motivation doit être rédigée immédiatement après la délibération. Exceptionnellement, elle peut être réalisée dans les trois jours du prononcé de la décision en « raison de la particulière complexité de l'affaire, liée au nombre des accusés ou des crimes qui leur sont reprochés ».

En revanche, la cour doit faire attention à bien motiver sa décision par rapport au débat oral qui s'est déroulé devant elle. Elle ne peut se contenter de motiver par référence aux éléments du dossier ou, le cas échéant, à la motivation de la première cour d'assises. La feuille de motivation doit préciser quels sont les éléments à charge qui, en l'espèce, ont été retenus à charge contre l'accusé pour le condamner[2]. La motivation doit être concrète et précise[3].

S'il y a eu acquittement, l'accusé doit être aussitôt libéré, à moins qu'il n'ait été également détenu pour une autre cause. Il en va de même s'il était détenu provisoire et que la peine couvre la durée de celle-ci (C. pr. pén., art. 367).

Si la Cour répond positivement à la question de l'irresponsabilité pénale de l'accusé bénéficiant des dispositions de l'article 122-1, alinéa 1 du Code pénal, elle doit rendre un arrêt spécifique d'irresponsabilité. Cet arrêt se prononce le cas échéant sur d'éventuelles mesures de sûreté (C. pr. pén., art. 706-129 et 706-130).

Reste à la Cour et non plus aux jurés, à se prononcer sur les **intérêts civils** (C. pr. pén., art. 371 et s.). Elle peut aussi mettre en délibéré sa décision sur l'action civile. Elle peut également, après avoir recueilli les observations des parties, renvoyer cette décision à une audience ultérieure dont elle fixe la date. Ce renvoi est de droit à la demande des parties civiles. L'audience sur les intérêts civils a lieu au tribunal judiciaire dans le ressort duquel se sont tenues les assises. Sauf si la partie civile ou l'accusé a sollicité lors du renvoi le bénéfice de la collégialité, le président de la cour d'assises statue seul et peut prendre les décisions prévues à la présente section. L'audience est publique. La présence du ministère public n'est pas obligatoire.

---

1. Si aucune motivation n'est requise pour la peine complémentaire de confiscation, la cour doit néanmoins énumérer les objets dont elle ordonne la confiscation et indiquer, pour chacun d'eux, s'ils constituent l'instrument, le produit ou l'objet de l'infraction (Cass. Crim., 16 déc. 2020, nº 19-87.622).
2. Et notamment permettre de vérifier qu'un aveu sans avocat n'a pas fondé exclusivement la décision de condamnation ; Cass. Crim., 16 déc. 2015, nº 15-81.160, *AJ pénal* 2016, p. 209, obs. G. Mayer.
3. V. ainsi Cass. Crim., 20 nov. 2013, pourvoi nº 12-86.630, *AJ pénal* 2014, p. 81, obs. Combles de Nayves.

Titre 2. Les recours

Cinq recours seront traités ci-après. Si la décision n'a pas encore acquis l'autorité de la chose jugée, c'est d'abord l'appel (***Chapitre 1***) ou l'opposition (***Chapitre 2***) qui s'ouvre aux intéressés. Après que la Cour d'appel s'est prononcée, un pourvoi en cassation peut, le cas échéant, encore être formé (***Chapitre 3***). Lorsque la décision est entrée en force de chose jugée, seule la révision, le cas échéant, est encore possible, dans des conditions naturellement très strictes (***Chapitre 4***). Enfin, dans le cas où l'intéressé aurait obtenu un jugement de condamnation contre la France, il pourrait éventuellement prétendre au réexamen de sa condamnation (***Chapitre 5***).

Chapitre 1

L'appel

(992) C'est la voie de recours, nous l'avons vu, contre les décisions juridictionnelles du juge d'instruction ; c'est aussi la voie de recours ordinaire contre les jugements rendus en premier ressort par les tribunaux de police et correctionnels. Pour ces derniers, que nous allons étudier ici, il en existe deux formes, comme en procédure civile :

– l'appel principal, interjeté par l'une des parties ;
– l'appel incident, interjeté par une autre suite à cet appel principal.

Section 1
LES CONDITIONS DE L'APPEL

I. Décisions susceptibles d'appel

(993) L'appel est possible, depuis la loi du 15 juin 2000, **en matière criminelle**. Avant cette réforme, il était estimé qu'il n'était pas possible de remettre en cause la décision des jurés, lesquels représentaient la volonté populaire. En outre, il ne paraissait pas possible de confier à une juridiction professionnelle, la Cour d'appel, le réexamen de cette volonté. Aussi avait-on, en lieu et place, instauré un système de double instruction, la chambre de l'instruction (anciennement la Chambre d'accusation) étant censée mener une seconde instruction. Contre l'arrêt de la cour d'assises, seul un pourvoi était de ce fait possible.

La loi du 15 juin 2000 a permis de surmonter ces réticences. C'est une cour d'assises de second degré, composée simplement d'un nombre supérieur de jurés à celle du premier degré (neuf au lieu de six : C. pr. pén., art. 296, al. 1) depuis la loi du 10 août 2011, qui peut être saisie en appel de ces arrêts (C. pr. pén., art. 380-9 et s.). Ces règles sont applicables aux arrêts de la cour d'assises des mineurs (art. 24, al. 3 de l'ord. du 2 fév. 1945 ; CJPM, art. L. 531-2).

(994) L'appel est quasiment toujours possible **pour les délits** (C. pr. pén., art. 496). En revanche, il ne l'est **pour les contraventions** que dans une série de cas prévus à l'article 546 du Code de procédure pénale :

– la peine encourue est une contravention de 5e classe (soit 1 500 euros) ;
– la peine prononcée est la suspension du permis de conduire ;

– la peine d'amende prononcée est supérieure au maximum de l'amende encourue pour les contraventions de 2e classe (soit plus de 150 euros)[1] ;

– le juge prononce des réparations civiles.

De manière à réduire les délais d'audiencement devant la cour ainsi que la durée des audiences, la loi du 23 mars 2019 a rendu possible de limiter l'appel en obligeant le prévenu à en préciser la portée. Il devra préciser si son appel porte sur l'action publique, la culpabilité, ou se limite aux peines prononcées, à certaines d'entre elles ou à leurs modalités d'application. Le projet prévoit aussi l'examen à juge unique des appels portant sur un jugement rendu à juge unique avec possibilité de renvoi de l'affaire à la collégialité.

II. Personnes pouvant interjeter appel

II.1. Pour les contraventions et délits

(995) S'agissant de l'appel principal, l'article 497 pour les jugements correctionnels et l'article 546 pour les jugements contraventionnels ouvrent ce recours principalement :

– au prévenu ;

– au civilement responsable, s'agissant des seuls intérêts civils ;

– à la partie civile, s'agissant des seuls intérêts civils ;

– au ministère public (procureur de la République et procureur général).

S'agissant de l'appel incident, toutes les parties au procès de première instance peuvent l'interjeter en matière correctionnelle comme de police (C. pr. pén., art. 500).

II.2. Pour les crimes

(996) Peuvent interjeter appel des arrêts de la cour d'assises (C. pr. pén., art. 380-2) :

– l'accusé ;

– le ministère public qui peut d'ailleurs exercer son droit d'appel incident puis former un appel principal de l'arrêt pénal[2] ;

– la personne civilement responsable quant à ses intérêts civils ;

– la partie civile quant à ses intérêts civils ;

– en cas d'appel du ministère public, les administrations publiques, dans les cas où ce sont elles qui exercent l'action publique ;

– en cas d'arrêt d'acquittement, le procureur général peut aussi interjeter appel.

Auparavant, l'article 380-11, alinéa 5, permettait au président de la cour d'assises d'appel de constater la caducité du recours en cas de fuite de l'accusé. Cette disposition a été censurée pour atteinte au droit à un recours juridictionnel[3].

1. Si plusieurs amendes sont prononcées, il faut les additionner pour déterminer si le jugement est susceptible d'appel. Cass. Crim., 6 mars 2012, n° 11-85.333.

2. Cass. Crim., 11 mai 2016, n° 16-82.436.

3. Cons. Const., déc. n° 2014-403 QPC du 13 juin 2014.

L'appel formé par l'accusé ou le ministère public peut indiquer qu'il ne conteste pas les réponses données par la cour d'assises sur la culpabilité et qu'il est limité à la décision sur la peine. Dans ce cas, seuls sont entendus devant la cour d'assises statuant en appel les témoins et experts dont la déposition est nécessaire afin d'éclairer les assesseurs et les jurés sur les faits commis et la personnalité de l'accusé, sans que soient entendues les personnes dont la déposition ne serait utile que pour établir sa culpabilité. Lorsque la cour d'assises se retire pour délibérer, les dispositions relatives aux questions sur la culpabilité ne sont pas applicables (C. pr. pén.,art. 380-2-1 A).

III. Délais d'appel

(997) **L'appel principal** doit être formé dans les dix jours à compter du prononcé du jugement et ce à peine de nullité[1] (C. pr. pén., art. 498). Il est toutefois de 24 heures en cas d'appel sur une demande de mise en liberté ou sur le contrôle judiciaire (C. pr. pén., art. 501). Il est de deux mois pour l'appel du procureur général (C. pr. pén., art. 505), le délai courant à compter de la signification en bonne et due forme de la décision[2].

L'appel incident (C. pr. pén., art. 500) peut être interjeté à partir du moment où expire le délai d'appel au principal, pour un nouveau délai de cinq jours ; ce qui fait au total quinze jours (10 + 5). Face à la crise du Covid-19, l'ordonnance du 25 mars 2020 a, dans son article 4, augmenté, pendant l'état d'urgence sanitaire, les délais d'appel à vingt jours pour l'appel principal et dix jours pour l'appel incident du parquet et de la partie civile.

En **matière criminelle** aussi, le délai est de dix jours à compter du prononcé de l'arrêt (C. pr. pén., art. 380-9) pour l'appel principal et encore de cinq pour l'appel incident (C. pr. pén., art. 380-10).

Section 2
LES EFFETS DE L'APPEL

Comme en droit judiciaire privé, l'appel possède un effet suspensif et un effet dévolutif.

I. Effet suspensif

(998) L'effet suspensif signifie habituellement que la décision de première instance ne peut être exécutée. Toutefois, en matière pénale, il a peu de poids puisqu'il connaît de **nombreuses exceptions**, notamment quant à la question essentielle de la liberté du prévenu. Si ce dernier est détenu et si :

1. Cass. Crim., 14 janv. 2014, n° 12-84.592.
2. Cass. Crim., 7 mai 2014, n° 13-84.570.

– le jugement de première instance ne l'a pas condamné à une peine d'emprisonnement, *a fortiori* s'il a été relaxé, il doit être libéré (C. pr. pén., art. 471, al. 1);

– la peine d'emprisonnement prononcée couvre celle déjà effectuée au titre de la détention provisoire (C. pr. pén., art. 471, al. 2), il doit être libéré;

– la juridiction de première instance a délivré un mandat de dépôt ou d'arrêt et l'avait condamné au moins à une année d'emprisonnement, il reste détenu[1] (C. pr. pén., art. 465).

Il existe d'autres exceptions à l'effet suspensif. L'exécution provisoire des jugements suivants peut être prononcée:

– jugements prononçant des peines alternatives des articles 131-6 à 131-11 du Code pénal[2] (C. pr. pén., art. 471, al. 4);

– jugements prononçant des condamnations civiles (C. pr. pén., art. 464, al. 2).

(999) En matière criminelle, l'appel a également un effet suspensif. Cependant, le mandat de dépôt continue de produire des effets si la personne a été condamnée à une peine privative de liberté et ce, jusqu'à ce que la durée de cette peine soit purgée (C. pr. pén., art. 380-4 et 367 modifié). Si la personne a été condamnée à une peine non privative de liberté, relaxée ou condamnée à une peine couvrant la détention provisoire, elle est libérée. Selon l'article 380-3-1 du Code de procédure pénale, l'accusé doit comparaître devant la cour d'assises statuant en appel sur l'action publique dans un délai d'un an à compter soit de l'appel, si l'accusé est détenu, soit de la date à laquelle l'accusé a été ultérieurement placé en détention provisoire en application de la décision rendue en premier ressort. Si l'audience sur le fond ne peut se tenir avant l'expiration de ce délai, le président de la chambre de l'instruction peut, à titre exceptionnel, par une décision mentionnant les raisons de fait ou de droit faisant obstacle au jugement de l'affaire, ordonner la prolongation de la détention pour une nouvelle durée de six mois portée à un an en cas de poursuites pour crime contre l'humanité ou pour un crime constituant un acte de terrorisme. Cette prolongation peut être renouvelée une fois. Si l'accusé n'a pas comparu devant la cour d'assises avant l'expiration des délais prévus au présent article, il est remis immédiatement en liberté s'il n'est pas détenu pour une autre cause.

II. Effet dévolutif

(1000) Le principe de l'effet dévolutif **signifie** que la Cour d'appel se voit confier l'examen de tous les aspects de fait et de droit de l'affaire[3].

1. Le seul véritable effet suspensif tient au fait qu'il conserve le statut de prévenu, alors qu'il serait passé dans celui des condamnés s'il n'avait pas interjeté appel.

2. Ce sont notamment les sanctions affectant la conduite d'automobiles, la possibilité de chasser ou de détenir une arme, les confiscations de choses, le TIG, etc.

3. Un appel partiel d'une décision de cour d'assises n'est donc pas possible. Cass. Crim., 23 juin 2009, *Bull. Crim.*, n° 135; *AJ pénal* 2009, p. 413 obs. G. Roussel; 23 sept. 2015, n° 15-84.897, obs. F. Cordier, mais l'appel principal formé par un accusé ne remet pas en cause les acquittements prononcés. La cour d'assises d'appel ne peut donc se prononcer sur des infractions pour lesquelles il

Mais **la Cour d'appel ne peut pas statuer** en principe **sur des points qui ne lui seraient pas soumis**[1] (C. pr. pén., art. 509). De ce fait, les appelants peuvent restreindre l'objet de leur appel à certains aspects seulement du jugement de première instance. Le prévenu condamné à une peine d'emprisonnement et à une peine d'amende peut, par exemple, ne contester que la première.

La loi du 23 mars 2019 est venue permettre à l'appelant de limiter son appel sur l'action publique ou l'action civile (C. pr. pén. art. 502). Si l'appel concerne la décision sur l'action publique, la déclaration d'appel indique s'il porte sur l'ensemble de la décision ou s'il est limité aux peines prononcées, à certaines d'entre elles ou à leurs modalités d'application. Si la décision sur l'action publique a déclaré le prévenu coupable de plusieurs infractions, l'appel sur cette décision précise s'il concerne l'ensemble des infractions ou certaines d'entre elles. Si la déclaration ne comporte aucune de ces précisions, l'article 502 précise que l'appel est considéré comme portant sur l'intégralité de la décision. Le prévenu qui a limité la portée de son appel sur l'action publique aux peines prononcées peut revenir sur cette limitation dans un délai d'un mois à compter de la déclaration d'appel ou à l'audience dans le cas où celle-ci a lieu avant ce délai d'un moins. En outre, le prévenu qui n'a pas limité la portée de son appel lors de la déclaration d'appel peut toujours le faire ultérieurement, jusqu'à l'audience de jugement. En revanche, si le ministère public limite son appel de la décision de condamnation aux peines prononcées et que le prévenu n'a pas lui-même relevé appel de la décision sur sa culpabilité, le prévenu ne peut soulever des exceptions de nullité de nature à remettre en cause la décision de culpabilité, qui est revêtue de l'autorité de la chose jugée[2].

(1001) L'effet dévolutif est en outre largement contrebalancé **par la règle de l'interdiction de demandes nouvelles** en appel, que connaît aussi le droit processuel privé. Certes, ce principe est uniquement prévu pour la partie civile, à l'article 515, alinéa 3. Cependant, la jurisprudence y voit un principe général de procédure. Il concerne donc aussi les aspects répressifs : une personne condamnée pour vol ne pourrait, en appel, être également poursuivie pour violence. Par contre et toujours classiquement, **les parties pourraient toujours invoquer des moyens juridiques nouveaux** à l'appui de leurs demandes. Elles peuvent aussi demander un supplément d'information[3].

(1002) Par ailleurs, la **portée** de l'effet dévolutif est **différente selon la personne** qui exerce le recours. Si le ministère public fait appel, la Cour peut aussi bien confirmer le jugement que l'infirmer, dans un sens défavorable ou favorable pour le prévenu, énonce l'alinéa 1 de l'article 515.

a été acquitté. Cass. Crim., 4 mars 2015, n° 14-81.685, *AJ pénal* 2015, p. 434, obs. P. Combles de Nayres.

1. C'est l'adage *Tantum devolutum quantum appelatum*.

2. Cass. Crim., 26 nov. 2019, n° 18-84.956.

3. Néanmoins, si les parties ne font pas citer de témoins, la Cour peut rejeter la demande de supplément d'information. Cass. Crim., 25 févr. 2014, n° 13-81.508.

Lorsque c'est le prévenu, la partie civile, le civilement responsable ou l'assureur qui interjette appel, l'appel ne peut avoir un effet défavorable pour le prévenu (C. pr. pén., art. 515, al. 2), sauf à préciser que :

– lorsque c'est le prévenu qui fait appel, la Cour ne peut donc ni prononcer une peine plus sévère, ni ajouter une nouvelle peine, ni augmenter les dommages et intérêts[1] ;

– en revanche, lorsque c'est la partie civile, celle-ci ne peut faire appel que des aspects civils, mais, tout de même, demander et obtenir des dommages et intérêts plus élevés (C. pr. pén., art. 515, al. 3) ;

– quant au civilement responsable et à l'assureur, ils ne peuvent saisir la Cour que de la question de leur obligation de payer.

Néanmoins, en cas de relaxe du prévenu au premier degré de juridiction, l'appel de la partie civile relatif à son indemnisation ne peut avoir pour conséquence de méconnaître l'innocence reconnue par la décision du premier degré[2]. Afin d'indemniser la partie civile, la cour d'appel ne peut donc retenir qu'une faute civile démontrée à partir des faits objets de la poursuite et dans leur seule limite[3]. La cour ne peut prendre pour appui l'infraction et doit ainsi faire attention à ne pas retenir de terme qui incriminerait le prévenu relaxé. En outre, la partie civile constituée en première instance qui ne fait pas appel ne peut plus être entendue qu'en qualité de témoin[4]. À l'inverse, la partie civile ne peut intervenir pour la première fois en cause d'appel si elle n'a pas été partie en première instance[5].

1. Il en est de même en matière criminelle (C. pr. pén., art. 380-3).

2. Pour une condamnation de la France par atteinte à la présomption d'innocence suite à un appel de la partie civile et alors que le prévenu était décédé, v. CEDH, 12 avril 2012, req. n° 18851/07, *Lagardère c/ France*, *RSC* 2012.695, obs. D. Roets.

3. Cass. Crim., 5 févr. 2014, n° 12-80.154 ; 13 oct. 2015, n° 14-82.272 ;17 févr. 2016, n° 15-80.634.

4. Cass. Crim., 22 mars 2017, n° 16-82.484.

5. Cass. Crim., 20 avr. 2017, n° 16-83.199.

Chapitre 2

L'opposition

(1003) L'opposition est une voie de recours ordinaire, dite de rétractation : elle permet à une personne qui aurait été jugée par défaut, alors que, légitimement, elle ne pouvait être présente, d'être rejugée. En effet, dans ces conditions, le principe du contradictoire n'a pas été respecté.

Cette procédure n'est applicable qu'en matière correctionnelle et contraventionnelle. En effet, le défaut criminel aboutit à un réexamen de l'affaire et non à cette forme d'appel particulier.

Section 1
LES CONDITIONS DE L'OPPOSITION

(1004) Les conditions de fond et de forme sont prévues aux articles 489 à 494-1, en matière correctionnelle et 544 à 545, pour la matière contraventionnelle. Pour l'essentiel, en cette dernière matière, il est renvoyé aux textes relatifs aux procédures correctionnelles.

(1005) La première condition, essentielle, de l'opposition tient à la reconnaissance d'**un** authentique **défaut**. Il faut en effet que la personne ait été absente pour des motifs valables pour que le jugement puisse être tenu pour avoir été rendu par défaut. D'ailleurs, la personne peut toujours faire appel. Elle a le choix entre l'opposition et l'appel : si elle formait les deux recours, cependant, il ne pourrait être statué que sur l'opposition.

Il n'y a défaut que[1] :

– si la personne a fourni une excuse valable pour être absente (renv. de C. pr. pén., art. 489 à 410) ;

– si la personne n'a pas été jugée à sa demande en son absence, étant alors représentée par un avocat ;

– s'il n'a pas été fait application de la procédure prévue à l'article 416 du Code de procédure pénale permettant de l'entendre à la maison d'arrêt ou chez elle, en raison de son état de santé.

1. Pour la partie civile, il faudrait qu'elle n'ait pas, elle aussi, accepté d'être représentée par un avocat.

(1006) La personne doit en outre faire valoir un **intérêt pour agir** : il faut donc que la décision attaquée fasse grief.

(1007) L'opposition doit être exercée dans un **délai de dix jours** à compter de la signification du jugement si la personne réside en France métropolitaine ; un mois dans les autres cas (C. pr. pén., art. 491). Face à la crise du Covid-19, l'ordonnance du 25 mars 2020 a, dans son article 4, augmenté les délais d'opposition à vingt jours pendant l'état d'urgence sanitaire.

Section 2
LES EFFETS DE L'OPPOSITION

(1008) Le fait de faire opposition entraîne d'abord que le jugement qui avait été rendu par défaut est tenu pour non avenu (C. pr. pén., art. 489) : c'est l'**effet extinctif** de l'acte d'opposition. Il ne vaut pas, toutefois, si l'intéressé a limité son opposition aux dispositions civiles du jugement.

(1009) L'acte d'opposition a également un **effet dévolutif**. Cependant, c'est cette fois la juridiction qui avait été saisie de l'affaire qui va connaître de l'opposition. Elle réexamine entièrement l'affaire, en fait et en droit.

(1010) Le **prévenu doit comparaître** et, en pareil cas, est jugé normalement, soit contradictoirement. La juridiction est libre de statuer souverainement, que ce soit plus favorablement ou plus défavorablement.

Si le prévenu ne comparaissait pas, il y aurait alors « **itératif défaut** ». En pareil cas, l'opposition serait non avenue (C. pr. pén., art. 494, al. 1). Un appel serait alors possible contre la décision d'origine ; à défaut, elle serait exécutée.

Plusieurs alternatives existent toutefois à cette conséquence de droit commun. Tel est le cas, en premier lieu, si le prévenu avait été condamné à une peine d'emprisonnement ferme et si le tribunal décidait alors de renvoyer l'affaire. Cependant, en pareil cas, la personne serait alors recherchée sur ordre adressé à la force publique et conduite devant le procureur de la République, qui pourrait alors décider soit de la faire comparaître à l'audience de renvoi, soit de la mettre en demeure de se présenter. À défaut pour elle de le faire, dans ce dernier cas, la décision d'origine serait alors exécutée, à moins qu'un appel ne soit interjeté.

Deuxième exception aux conséquences de l'itératif défaut : « *si des circonstances particulières le justifient* », le tribunal peut modifier directement le jugement d'origine qui avait été frappé d'opposition. Il ne pourrait alors pas aggraver la peine et devrait, par ailleurs, prendre pour ce faire une décision spécialement motivée (C. pr. pén., art. 494-1).

Il faut enfin réserver une troisième hypothèse[1] : celle où l'absence du prévenu serait une fois encore justifiée. En pareil cas, il serait encore possible de rendre une décision par défaut qui serait, alors, susceptible d'opposition.

1. *Cf.* Cass. Crim., 8 juin 1998, *Bull. Crim.* n° 247, *JCP* 1990, II, n° 21512, note Y. Picod.

Chapitre 3

Le pourvoi

Section 1
LES CONDITIONS DU POURVOI

(1011) La Cour de cassation n'examinant que les questions de droit, il faut, comme dans les autres matières, pouvoir se référer à l'un des **cas d'ouverture** prévus par la loi et, notamment, la violation de la loi, l'incompétence de la juridiction du fond, etc.[1]

Par ailleurs, le pourvoi ne peut concerner qu'**une décision juridictionnelle**, à l'exclusion d'une décision purement administrative.

(1012) Seules les **parties au procès** peuvent former le pourvoi, à condition que **la décision attaquée leur ait fait grief.** Cette exigence, mentionnée à l'article 567 du Code de procédure pénale, entraîne les conséquences suivantes :

– la partie civile ne peut contester que la partie de la décision relative à ses intérêts civils ;

– le civilement responsable ne peut contester que la partie de la décision qui prononce sa responsabilité ;

– si le prévenu peut se pourvoir à la fois sur l'action publique et l'action civile, il ne peut le faire que dans le sens de ses intérêts.

Devant la Cour de cassation, il est en outre, de manière classique, trop tard pour invoquer des moyens nouveaux sauf s'il s'agit d'une QPC[2].

(1013) Les parties doivent saisir la Cour dans **les cinq jours francs** de la décision attaquée (C. pr. pén., art. 568, al. 1). La notion de « jour franc » signifie concrètement que le pourvoi est possible :

– le jour même de la décision ;

– pendant les cinq jours qui suivent ;

– le sixième jour à minuit (C. pr. pén., art. 801).

Ce délai court à compter de l'arrêt d'appel.

Face à la crise du Covid-19, l'ordonnance du 25 mars 2020 a, dans son article 4, augmenté le délai de pourvoi à douze jours pendant l'état d'urgence sanitaire.

1. *Cf.* J. et L. Boré, *La cassation en matière pénale*, Dalloz, 3e éd., 2011.
2. Ord. n° 58-1067 du 7 nov. 1958, art. 23-1 et 23-5.

Section 2
LES EFFETS DU POURVOI

(1014) Le pourvoi a les mêmes effets que l'appel, sauf à apporter quelques précisions.

L'effet suspensif, que rappelle l'article 569 du Code de procédure pénale, connaît également des limites énumérées par ce texte et notamment :

– la juridiction de jugement peut prononcer l'exécution provisoire du mandat de dépôt ou d'arrêt, à la condition d'avoir condamné l'intéressé à plus d'un an d'emprisonnement ; le contrôle judiciaire ou l'assignation à résidence prend fin sauf décision contraire de la cour d'appel.

– le prévenu qui n'a pas été condamné à une peine d'emprisonnement et, *a fortiori*, a été relaxé doit être mis en liberté ;

– les dispositions civiles du jugement sont exécutoires.

(1015) **L'effet dévolutif** est évidemment limité, de manière très classique :

– aux questions de droit, que peut seulement examiner la Cour de cassation ;

– aux moyens du pourvoi, sauf si une question est d'ordre public, auquel cas la Cour peut s'en saisir d'office ;

– aux seules questions civiles, si elle est saisie par la partie civile ;

– à la seule action publique, si elle est saisie par le ministère public.

Elle ne pourrait par ailleurs se prononcer dans un sens plus défavorable au prévenu[1].

(1016) C'est la chambre criminelle de la Cour de cassation qui connaît des pourvois formés en matière pénale (C. pr. pén., art. 567, al. 2).

(1017) La Cour peut, comme dans les autres matières, prendre les **décisions** suivantes :

– cassation partielle ou totale, avec ou sans renvoi ;

– rejet ;

– irrecevabilité ou déchéance.

Depuis la loi du 18 novembre 2016, la Cour peut, en cassant sans renvoi, mettre fin au litige lorsque les faits, tels qu'ils ont été souverainement constatés et appréciés par les juges du fond, lui permettent d'appliquer la règle de droit appropriée (COJ, art. L. 411-3).

1. Cass. Crim. 28 mai 1887, *S.* 1888, I, p. 185.

Chapitre 4

La révision

(1018) **La révision permet à la Cour de cassation de corriger les erreurs de fait commises par les juridictions de jugement une fois l'ensemble des recours épuisés.** Les révisions de condamnation pénales, reconnaissance d'erreurs judiciaires souvent terribles, sont rarissimes[1].

Un exemple récent peut illustrer comment une telle révision peut se voir accordée.

En 1997, sont découverts le corps d'un homme lardé d'une centaine de coups de couteau puis son véhicule. Cet homme était impliqué dans un trafic de stupéfiants. Deux hommes avec lesquels il était en relation téléphonique la veille furent placés en garde à vue. Ils reconnaissent l'avoir rencontré le soir de sa mort pour lui livrer de la drogue. Mais ils précisèrent que parti chercher de l'argent, il n'était jamais venu. Ils nièrent leur implication dans sa mort.

Or, un seul témoin unique déposa avoir vu de son véhicule la victime aux prises avec plusieurs hommes. Lors d'une parade d'identification, il désigna les deux hommes comme encadrant la victime sans la frapper. Puis, sur album, il désigna un troisième homme comme celui ayant frappé la victime. Des empreintes génétiques non identifiées et n'appartenant pas aux suspects furent aussi retrouvées sur la scène de crime. Les deux suspects furent condamnés à vingt ans de réclusion criminelle pour meurtre. Le troisième ne put être inquiété. Les condamnés épuisèrent ensuite tous les recours internes sans succès. Une première requête en révision fondée sur le revirement du témoin fut rejetée. Toutefois, les éléments issus de cette audition permirent d'ouvrir une nouvelle enquête laquelle fut suivie de l'ouverture d'une instruction. Au cours de celle-ci, de nouvelles expertises génétiques furent réalisées en 2010. Elles mirent en évidence trois profils inconnus et des mélanges d'ADN sur le bouton-manivelle de la portière du véhicule du défunt. Les profils relevés furent croisés avec ceux du fichier des empreintes génétiques créé par la loi du 18 juin 1998.

Ils concordèrent avec le profil d'une personne fichée depuis 2009. De nouvelles expertises identifiaient enfin l'ADN de cette personne sur le bouton manivelle de la portière et sur le rétroviseur intérieur du véhicule puis sur une chaussette de la victime. Non seulement la personne identifiée fit des aveux

1. F.-L. Coste et J. Danet, « Le sens de l'erreur judiciaire », *Les Cahiers de la justice*, 2012/2, p. 149 et s. ; D. Salas, « Le nouvel âge de l'erreur judiciaire », *RFAP* 2008/1, n° 125, p. 169.

circonstanciés, mais en plus « *aucune trace de la présence des condamnés n'a pu être relevée à l'occasion des constatations des enquêteurs ou au cours des différentes expertises* ».

La révision fut donc prononcée[1].

(1019) Dans le langage courant, la révision est souvent confondue avec la réhabilitation.

La réhabilitation est une procédure distincte, qui permet à une personne, condamnée à juste titre, d'obtenir l'effacement de ses bulletins n° 2 et n° 3, voire n° 1, de son casier judiciaire, sans pour autant remettre en cause le bien-fondé de la sentence (C. pr., pén., art. 782 et s.).

(1020) Afin de faciliter les révisions de condamnations pénales en cas de découverte d'un fait nouveau (par exemple une preuve que les progrès scientifiques inexistants au moment de la décision permettent d'exploiter par la suite), la loi n° 2014-640 du 20 juin 2014 a entièrement refondu la procédure de révision. Celle-ci est soumise à des conditions et une procédure très précises (*Section 1*), mais produit des effets considérables (*Section 2*).

Section 1
LA PROCÉDURE DE RÉVISION

(1021) L'article 622 du Code de procédure pénale pose le principe de la révision. Celle-ci ne vise d'abord qu'une **décision pénale définitive de condamnation**. Cette condamnation doit avoir été prononcée pour un crime ou un délit. Elle peut être demandée si le condamné démontre que « *vient à se produire un **fait nouveau** ou à se révéler **un élément inconnu** de la juridiction au jour du procès **de nature à établir l'innocence du condamné** ou **à faire naître un doute sur sa culpabilité*** ». Il convient de remarquer que l'ouverture de la procédure semble plus aisée désormais pour débuter la procédure de révision. La loi du 20 juin 2014 a abrogé l'ancienne liste, assez restrictive, des cas de révision ne reprenant que celui portant sur le fait nouveau ou inconnu. Ce fait ou cet élément doivent démontrer l'innocence ou porteur de doute sur la culpabilité. L'avenir dira si la cour de révision s'avérera moins stricte ou non qu'auparavant dans l'admission du fait nouveau ou de l'élément inconnu.

(1022) Selon l'article 622-2, **la révision peut être demandée** par :

– le ministre de la justice ;

– le procureur général près la Cour de cassation ;

– les procureurs généraux près les cours d'appel ;

– par le condamné ou, en cas d'incapacité, par son représentant légal ;

– par le conjoint, le partenaire lié par un pacte civil de solidarité, le concubin, ses enfants, les parents, les petits-enfants ou arrière-petits-enfants, ou les légataires universels ou à titre universel du condamné en cas de mort ou d'absence déclarée.

1. Cass. Crim. 15 mai 2013, n° 12-84.818.

(1023) Est compétente pour connaître de la demande de révision **une cour de révision**. Son nom officiel est Cour de révision et de réexamen puisqu'elle est aussi compétente pour connaître des demandes de réexamen.

Celle-ci est composée de dix-huit magistrats (et autant de suppléants) de la Cour de cassation, dont le président de la chambre criminelle, qui la présidera. Les autres magistrats sont désignés par l'assemblée générale de la Cour de cassation, pour une durée de trois ans, renouvelable une fois (C. pr. pén., art. 623).

La cour désigne en son sein, pour une durée de trois ans, renouvelable une fois, cinq magistrats titulaires et cinq magistrats suppléants. Ils composent **la commission d'instruction des demandes en révision présidée par l'un d'entre eux**.

Les treize autres magistrats composent la **formation de jugement de la cour de révision** qui statuera. Cette formation de jugement est présidée par le président de la chambre criminelle.

Le parquet général près la Cour de cassation assure les fonctions du ministère public devant la commission d'instruction et la formation de jugement.

Les règles d'impartialité sont très strictes. Les magistrats qui siègent au sein de la commission d'instruction ne peuvent siéger au sein de la formation de jugement de la cour de révision. Ne peuvent pas non plus siéger au sein de la commission d'instruction ni de la formation de jugement ou exercer les fonctions du ministère public les magistrats qui, dans l'affaire soumise à la cour ont accomplis un acte de poursuite ou d'instruction ou participé à une décision sur le fond relative à la culpabilité du requérant (C. pr. pén., art. 623-1).

(1024) Au niveau de la procédure, la demande en révision doit d'abord être adressée **à la commission d'instruction** qui se prononce sur sa recevabilité. Une demande manifestement irrecevable peut être rejetée par ordonnance motivée non susceptible de recours rendue par le président de la commission ou son délégué.

La commission peut ordonner un **supplément d'information**. Il sera confié à l'un de ses membres qui procédera lui-même ou par le biais de commission rogatoire. Il peut réaliser tout acte d'information utile à l'instruction de la demande. Mais il ne peut procéder à l'audition de personne soupçonnée.

La procédure devant la commission est ensuite **contradictoire**. Sont recueillies les observations écrites ou orales du requérant ou de son avocat et celles du ministère public. La partie civile constituée au procès dont la révision est demandée est avisée de la procédure et peut elle aussi, ou son avocat, formuler des observations. **Le requérant ou son avocat doit avoir la parole le dernier** (art. 624).

Bien évidemment, le requérant et la partie civile peuvent se faire délivrer **copie de tout ou partie des pièces et actes du dossier**, le cas échéant sous forme numérisée voire par un moyen de télécommunication selon les modalités prévues à l'article 803-1. La délivrance de la première copie est gratuite et doit intervenir dans le mois qui suit sa demande (C. pr. pén., art. 624-6).

Le requérant peut **demander de manière écrite et motivée** à la commission d'instruction qu'il soit procédé à tous actes qui lui paraissent nécessaires pour l'instruction de sa requête. La commission statue sur la demande, par une décision motivée et non susceptible de recours, dans le délai de trois mois (C. pr. pén., art. 624-5).

(1025) La commission d'instruction prend en compte les faits nouveaux et éléments inconnus même ceux sur lesquels se sont appuyées des requêtes présentées précédemment. **La commission statue par une décision motivée non susceptible de recours.** Sur demande du requérant ou de son avocat, la décision est rendue en séance publique.

Elle saisit la formation de jugement « *des demandes pour lesquelles elle estime qu'un fait nouveau s'est produit ou qu'un élément inconnu au jour du procès s'est révélé* ».

Si elle s'aperçoit que les éléments nouveaux qui lui sont soumis « *laissent apparaître qu'un tiers pourrait être impliqué dans la commission des faits* », elle saisit **le procureur de la République compétent.** Celui-ci peut réaliser toute investigation nécessaire et même ouvrir une information judiciaire. Ni le juge d'instruction, ni les enquêteurs ne doivent avoir connu l'affaire (C. pr. pén., art. 624 et 624-2).

D'office ou sur demande du requérant, la commission d'instruction peut saisir la chambre criminelle d'une **demande de suspension de l'exécution de la condamnation** (art. 625).

(1026) Une fois saisie, la formation de jugement de la cour de révision peut ordonner un supplément d'information si elle estime que l'affaire n'est pas en l'état. Ce supplément, confié à l'un de ses membres s'effectue de la même manière que devant la commission d'instruction (art. 624-3).

D'office ou sur demande du requérant, la cour peut saisir la chambre criminelle d'une **demande de suspension de l'exécution de la condamnation** (art. 625).

Quand l'affaire est en état, la formation de jugement de la cour l'examine au fond. Une **audience contradictoire** a lieu pendant laquelle les parties prennent des observations écrites ou orales. Le requérant a la parole en dernier. Le président de la cour peut, au cours des débats, demander l'audition de toute personne utile à l'examen de la demande.

Enfin, **la cour statue par arrêt motivé non susceptible de recours** (C. pr. pén., art. 624-3).

(1027) Quand elle est saisie d'une demande de suspension de condamnation, la chambre criminelle peut imposer à l'intéressé les **obligations d'une libération conditionnelle** ou d'un placement sous surveillance électronique pour une durée d'un an renouvelable. Un juge d'application des peines est alors désigné. Il peut modifier les obligations. En cas de violation des obligations, le juge peut saisir la chambre criminelle. Celle-ci peut mettre fin à la suspension de l'exécution de la condamnation ou modifier les obligations (C. pr. pén., art. 625).

Section 2
LES EFFETS DE LA RÉVISION

(1028) Si elle estime la demande fondée, la formation de jugement **annule la condamnation prononcée.**

Si de nouveaux débats contradictoires sont possibles, la cour **renvoie le requérant devant une juridiction de même ordre et de même degré**, mais autre que celle dont émane la décision annulée. Aucun renvoi n'est prononcé si l'annulation ne laisse rien substituer aucun fait pénalement qualifiable.

Sinon, la cour doit constater l'impossibilité de débats (en raison notamment d'une amnistie, d'un décès, de la contumace ou du défaut d'un ou de plusieurs condamnés, d'une irresponsabilité pénale, de prescription de l'action ou de la peine). Puis, elle statue au fond en présence des parties civiles, s'il y en a au procès, et des curateurs nommés par elle à la mémoire de chacun des morts. Elle annule alors les seules condamnations qui lui paraissent non justifiées. Elle décharge si besoin la mémoire des morts (C. pr. pén., art. 624-7).

L'annulation de la condamnation entraîne **la suppression de la fiche du casier judiciaire**.

La cour peut aussi ordonner la **suppression des mentions figurant dans les fichiers** de police judiciaire, dans le fichier automatisé des empreintes digitales, dans le fichier national automatisé des empreintes génétiques et dans le fichier judiciaire national automatisé des auteurs d'infractions sexuelles ou violentes. Cette suppression est ordonnée la conservation de ces données n'apparaît plus nécessaire (C. pr. pén., art. 624-7).

(1029) La personne reconnue innocente à la suite d'une révision de sa condamnation a droit à **la réparation intégrale du préjudice matériel et moral que lui a causé la condamnation (C. pr. pén., art. 626-1)**. Le préjudice peut être évalué sur demande par expertise.

Toute personne justifiant d'un préjudice causé par la condamnation peut aussi formuler une demande. On pense évidemment aux proches.

La réparation est allouée par le premier président de la cour d'appel dans le ressort de laquelle réside l'intéressé ou par la décision d'où résulte son innocence. Lorsque la décision émane de la cour d'assises, celle-ci statue sans les jurés.

Cette réparation est en principe à la charge de l'État et payée comme frais de justice, sauf recours contre la personne par la faute de laquelle la condamnation a été prononcée. Le Code évoque la partie civile, le dénonciateur et le faux témoin.

Les réparations accordées par la justice française sont d'un montant très loin d'égaler ceux d'autres ordres judiciaires.

En outre, l'article 626-1 alinéa 2 précise qu'« ***aucune réparation n'est due lorsque la personne a été condamnée pour des faits dont elle s'est librement et volontairement accusée ou laissée accuser à tort en vue de faire échapper l'auteur des faits aux poursuites*** ». L'aveu est donc une cause d'absence de réparation. Mais pas n'importe quel aveu. Pas la reconnaissance des faits réalisée sous la pression de la procédure et de ses acteurs (enquêteur ou juge). L'aveu libre et volontaire en vue de faire échapper le véritable coupable.

(1030) Le requérant peut obtenir **l'affichage de la décision d'innocence** dans :

– la ville où a été prononcée la condamnation ;

– dans la commune du lieu où l'infraction a été commise ;

– dans la commune de son domicile ;

– dans les communes du lieu de naissance et du dernier domicile du condamné, s'il est décédé ou déclaré absent.

Le requérant peut obtenir **la publication, aux frais du Trésor, d'extraits de la décision d'innocence** au Journal officiel et dans cinq journaux.

Chapitre 5

Le réexamen

(1031) **Le réexamen est une voie de recours extraordinaire qui a pour but de mettre la France en conformité avec une décision de condamnation par la Cour européenne des droits de l'homme**[1]. Il s'agit de faire respecter de manière effective les décisions de la Cour de Strasbourg, lorsque celle-ci a constaté une violation de la Convention EDH dans une affaire pénale. L'article 46-1 de la Convention fait d'ailleurs obligation aux États de « *s'engager à se conformer aux arrêts définitifs de la Cour* ». Certes, une décision de condamnation par son aspect symbolique, peut inciter le législateur à supprimer ou modifier les dispositions dont l'application est à l'origine de la violation. Toutefois, le législateur peut très bien ne pas agir. Pour autant, s'agissant de l'affaire jugée par la Cour, la décision ne peut laisser le requérant dans la même situation après condamnation de la France. Un recours a donc été inséré dans le Code de procédure pénale par la loi du 15 juin 2000 avant d'être totalement remanié par celle du 20 juin 2014. Il permet de réexaminer l'affaire. La procédure ne donne pas raison à l'intéressé *per se*. Elle lui donne simplement une chance nouvelle d'être jugé au fond.

Ce réexamen répond à des conditions et une procédure précise (*Section 1*) et produit des effets limités (*Section 2*).

Section 1
LA PROCÉDURE DE RÉEXAMEN

(1032) Selon l'article 622-1 du Code de procédure pénale, le réexamen vise une **décision pénale définitive** ou un **pourvoi en cassation** suite à un **arrêt de la Cour européenne des droits de l'homme**. Il est demandé au bénéfice de toute **personne reconnue coupable** d'une infraction.

1. E. Dreyer, « À quoi sert le réexamen des décisions pénales après condamnation ? », *D.* 2008, chron. 1705.

Toute décision de la Cour de Strasbourg n'ouvre pas pour autant droit au réexamen. Il faut en outre :

– que la condamnation de l'intéressé ait été prononcée en violation de la Convention européenne de sauvegarde des droits de l'homme et des libertés fondamentales ou de ses protocoles additionnels ;

– que la violation constatée entraîne, « **par sa nature et sa gravité** », des « **conséquences dommageables** » auxquelles la satisfaction équitable accordée par la Cour européenne ne pourrait mettre un terme. Le condamné devra donc les démontrer.

Ce réexamen est inséré dans le **délai d'un an** à compter de la décision de la Cour européenne.

(1033) Le réexamen est formulé auprès de la même **cour de révision et de réexamen** que le recours en révision (C. pr. pén., art. 623). Les mêmes règles de composition et de division entre commission d'instruction et une formation de jugement s'appliquent (art. 623-1).

(1034) Le réexamen peut être demandé par les mêmes personnes que la révision (art. 622-2) c'est-à-dire :

– le ministre de la Justice ;

– le procureur général près la Cour de cassation ;

– les procureurs généraux près les cours d'appel ;

– par le condamné ou, en cas d'incapacité, par son représentant légal ;

– par le conjoint, le partenaire lié par un pacte civil de solidarité, le concubin, ses enfants, les parents, les petits-enfants ou arrière-petits-enfants, ou les légataires universels ou à titre universel du condamné en cas de mort ou d'absence déclarée.

(1035) La demande de réexamen est adressée **à la commission d'instruction** qui se prononce sur sa recevabilité. Le président statue par ordonnance. S'il constate l'existence d'un arrêt de la Cour européenne des droits de l'homme établissant une violation de la convention applicable au condamné, il saisit alors la formation de jugement de la cour de révision et de réexamen (C. pr. pén., art. 624-1). La chambre criminelle peut être saisie par la commission d'une **demande de suspension de l'exécution de la condamnation** (art. 625).

(1036) Une fois la formation de jugement de la cour de réexamen saisie, aura lieu une audience contradictoire pendant laquelle les parties prennent des observations écrites ou orales. Le requérant a la parole en dernier. Le président de la cour peut, au cours des débats, demander l'audition de toute personne utile à l'examen de la demande. Un supplément d'information peut être prononcé. **La cour statue par arrêt motivé non susceptible de recours** (C. pr. pén., art. 624-3).

Section 2
LES EFFETS DU RÉEXAMEN

(1037) Si elle estime la demande fondée, la formation de jugement **annule la condamnation prononcée.** S'il est possible de procéder à de nouveaux débats, la cour renvoie le requérant devant une juridiction de même ordre et de même degré, mais autre que celle dont émane la décision annulée.

La cour peut aussi faire droit à une demande en réexamen du pourvoi du condamné. Dans ce cas, la condamnation n'est pas annulée.

En effet, si le réexamen du pourvoi du condamné, est de nature à remédier à la violation constatée par la Cour européenne des droits de l'homme, la cour de réexamen renvoie le requérant devant l'assemblée plénière de la Cour de cassation.

L'annulation de la condamnation entraîne **la suppression de la fiche du casier judiciaire**. La cour peut aussi ordonner la **suppression des mentions figurant dans les fichier**s de police judiciaire, dans le fichier automatisé des empreintes digitales, dans le fichier national automatisé des empreintes génétiques et dans le fichier judiciaire national automatisé des auteurs d'infractions sexuelles ou violentes. Cette suppression est ordonnée la conservation de ces données n'apparaît plus nécessaire (C. pr. pén., art. 624-7).

(1038) Lorsque la formation de jugement de la cour de réexamen annule la condamnation sans ordonner la suspension de son exécution, la personne qui exécute une peine privative de liberté demeure détenue. Mais **sa détention ne peut pas excéder la durée de la peine prononcée**, jusqu'à la décision de l'assemblée plénière de la Cour de cassation ou de la juridiction du fond. Cette décision doit intervenir dans le **délai d'un an** à compter de la décision d'annulation. Faute de décision dans ce délai, la personne est mise en liberté, sauf si elle est détenue pour une autre cause.

Pendant ce délai d'un an, l'intéressé est considéré comme placé en **détention provisoire**. Il peut former des **demandes de mise en liberté** dans les conditions du droit commun (compétence selon les cas de la juridiction correctionnelle saisie ou de la chambre de l'instruction en matière criminelle, C. pr. pén., art. 148-1, 148-2, 148-6, 148-7). Toutefois, lorsque l'affaire est renvoyée devant l'assemblée plénière de la Cour de cassation, les demandes de mise en liberté sont examinées par la chambre de l'instruction de la cour d'appel dans le ressort de laquelle siège la juridiction ayant condamné l'intéressé (C. pr. pén., art. 625).

(1039) La personne reconnue innocente à la suite d'un réexamen de sa condamnation a droit à **la réparation intégrale du préjudice matériel et moral que lui a causé la condamnation** (C. pr. pén., art. 626-1). Le préjudice peut être évalué sur demande par expertise.

Toute personne justifiant d'un préjudice causé par la condamnation peut aussi formuler une demande. On pense évidemment aux proches.

La réparation est allouée par le premier président de la cour d'appel dans le ressort de laquelle réside l'intéressé ou par la décision d'où résulte son innocence. Lorsque la décision émane de la cour d'assises, celle-ci statue sans les jurés.

Cette réparation est en principe à la charge de l'État et payée comme frais de justice, sauf recours contre la personne par la faute de laquelle la condamnation a été prononcée. Le Code évoque la partie civile, le dénonciateur et le faux témoin.

Les réparations accordées par la justice française sont d'un montant très loin d'égaler ceux d'autres ordres judiciaires.

En outre, l'article 626-1 alinéa 2 précise qu'« ***aucune réparation n'est due lorsque la personne a été condamnée pour des faits dont elle s'est librement et volontairement accusée ou laissée accuser à tort en vue de faire échapper l'auteur des faits aux poursuites*** ». L'aveu est donc une cause d'absence de réparation. Mais pas n'importe quel aveu. Pas la reconnaissance des faits réalisée sous la pression de la procédure et de ses acteurs (enquêteur ou juge). L'aveu libre et volontaire en vue de faire échapper le véritable coupable.

(1040) Le requérant peut obtenir **l'affichage de la décision d'innocence** dans :

– la ville où a été prononcée la condamnation ;

– dans la commune du lieu où l'infraction a été commise ;

– dans la commune de son domicile ;

– dans les communes du lieu de naissance et du dernier domicile du condamné, s'il est décédé ou déclaré absent.

Le requérant peut obtenir **la publication, aux frais du Trésor, d'extraits de la décision d'innocence** au Journal officiel et dans cinq journaux.

Index

Les numéros renvoient aux paragraphes.

Table des matières

Deuxième partie
LA PHASE PRÉPARATOIRE DU PROCÈS PÉNAL

Titre 1. L'action

Titre 2. L'établissement des faits

Troisième partie
LA PHASE DÉCISOIRE DU PROCÈS PÉNAL

Titre 1. Le jugement

Titre 2. Les recours

N° d'éditeur : MAGSI20200153 – Dépôt légal : août 2021 – N° d'imprimeur : G21/61109N
Imprimé en France en août 2021 par l'Imprimerie Maury S.A.S. à Millau (12)
PEFC 10-31-2774 / Certifié PEFC / Ce produit est issu de forêts gérées durablement et de sources contrôlées. / pefc-france.org